"十四五"时期国家重点出版物出版专项规划项目

第二次青藏高原综合科学考察研究丛书

环喜马拉雅地区
贸易通道的历史形成与变迁

阎建忠 蓝 勇 张镱锂 等 著

科学出版社

北 京

内 容 简 介

本书是环喜马拉雅地区传统贸易通道形成演变的首次系统展示，基于大量历史资料与实地考察数据，系统阐述了环喜马拉雅地区中印、中尼、中不和中缅传统贸易通道的历史沿革、贸易概况、演变过程及其对经济社会的影响与发展建议。

本书可供历史学、地理学、经济学、政治学等专业的科研人员和院校师生，以及负责区域可持续发展与国土安全主管部门的相关人员参考阅读。

审图号：GS(2024)3906号

图书在版编目(CIP)数据

环喜马拉雅地区贸易通道的历史形成与变迁/阎建忠等著. — 北京：科学出版社，2024.9

（第二次青藏高原综合科学考察研究丛书）

ISBN 978-7-03-077511-5

Ⅰ. ①环… Ⅱ. ①阎… Ⅲ. ①国际贸易－贸易合作－研究－中国、南亚 Ⅳ. ①F752.735

中国国家版本馆CIP数据核字（2024）第013698号

责任编辑：石 珺 李嘉佳 / 责任校对：郝甜甜
责任印制：徐晓晨 / 封面设计：马晓敏

科学出版社 出版

北京东黄城根北街16号
邮政编码：100717
http://www.sciencep.com

北京建宏印刷有限公司印刷

科学出版社发行 各地新华书店经销

*

2024年9月第 一 版 开本：787×1092 1/16
2024年9月第一次印刷 印张：29 1/4
字数：691 000

定价：398.00元

（如有印装质量问题，我社负责调换）

《环喜马拉雅地区贸易通道的历史形成与变迁》

编写委员会

第二次青藏高原综合科学考察研究
边疆安全与人类活动科考分队
人员名单

姓名	职务	工作单位
张镱锂	队　长	中国科学院地理科学与资源研究所
阎建忠	分队长	西南大学资源环境学院
程　先	副分队长	西南大学资源环境学院
杨续超	副分队长	浙江大学海洋学院
蓝　勇	副分队长	西南大学历史地理研究所
吴仕海	队　员	西南大学资源环境学院
张茜茜	队　员	西南大学资源环境学院
余　燕	队　员	西南大学资源环境学院
宋继鹏	队　员	西南大学资源环境学院
闭秋蝶	队　员	西南大学资源环境学院
余天玥	队　员	西南大学资源环境学院
尹　航	队　员	西南大学资源环境学院
王语桐	队　员	西南大学资源环境学院
文尚言	队　员	西南大学资源环境学院
彭　婷	队　员	西南大学资源环境学院
杨四梅	队　员	西南大学历史地理研究所

石令奇　　队　员　　西南大学历史地理研究所

王钊勤　　队　员　　西南大学历史地理研究所

张莲卓　　队　员　　西南大学历史地理研究所

余　鑫　　队　员　　西南大学历史地理研究所

徐　行　　队　员　　西南大学历史地理研究所

彭　斯　　队　员　　西南大学历史地理研究所

李珊珊　　队　员　　西南大学历史地理研究所

李晓丽　　队　员　　西南大学历史地理研究所

阳大智　　队　员　　中国科学院地理科学与资源研究所

周　迪　　队　员　　中国科学院地理科学与资源研究所

丛书序一

　　青藏高原是地球上最年轻、海拔最高、面积最大的高原，西起帕米尔高原和兴都库什、东到横断山脉，北起昆仑山和祁连山、南至喜马拉雅山区，高原面海拔 4500 米上下，是地球上最独特的地质－地理单元，是开展地球演化、圈层相互作用及人地关系研究的天然实验室。

　　鉴于青藏高原区位的特殊性和重要性，新中国成立以来，在我国重大科技规划中，青藏高原持续被列为重点关注区域。《1956—1967年科学技术发展远景规划》《1963—1972 年科学技术发展规划》《1978—1985 年全国科学技术发展规划纲要》等规划中都列入针对青藏高原的相关任务。1971 年，周恩来总理主持召开全国科学技术工作会议，制订了基础研究八年科技发展规划（1972—1980 年），青藏高原科学考察是五个核心内容之一，从而拉开了第一次大规模青藏高原综合科学考察研究的序幕。经过近 20 年的不懈努力，第一次青藏综合科考全面完成了 250 多万平方千米的考察，产出了近100 部专著和论文集，成果荣获了 1987 年国家自然科学奖一等奖，在推动区域经济建设和社会发展、巩固国防边防和国家西部大开发战略的实施中发挥了不可替代的作用。

　　自第一次青藏综合科考开展以来的近 50 年，青藏高原自然与社会环境发生了重大变化，气候变暖幅度是同期全球平均值的两倍，青藏高原生态环境和水循环格局发生了显著变化，如冰川退缩、冻土退化、冰湖溃决、冰崩、草地退化、泥石流频发，严重影响了人类生存环境和经济社会的发展。青藏高原还是"一带一路"环境变化的核心驱动区，将对"一带一路"20 多个共建国家和 30 多亿人口的生存与发展带来影响。

　　2017 年 8 月 19 日，第二次青藏高原综合科学考察研究启动，习近平总书记发来贺信，指出"青藏高原是世界屋脊、亚洲水塔，是地球第三极，是我国重要的生态安全屏障、战略资源储备基地，是中华民族特色文化的重要保护地"，要求第二次青藏高原综合科学考察研究要"聚焦水、生态、人类活动，着力解决青藏高原资源环境承载力、灾害风险、绿色发展途径等方面的问题，为守护好世界上最后一方净土、建设美丽的青藏高原作出新贡献，让青藏高原各族群众生活更加幸福安康"。习近平总书记的贺信传达了党中央对青藏高原可持续发展和建设国家生态保护屏障的战略方针。

第二次青藏综合科考将围绕青藏高原地球系统变化及其影响这一关键科学问题，开展西风−季风协同作用及其影响、亚洲水塔动态变化与影响、生态系统与生态安全、生态安全屏障功能与优化体系、生物多样性保护与可持续利用、人类活动与生存环境安全、高原生长与演化、资源能源现状与远景评估、地质环境与灾害、区域绿色发展途径等 10 大科学问题的研究，以服务国家战略需求和区域可持续发展。

"第二次青藏高原综合科学考察研究丛书"将系统展示科考成果，从多角度综合反映过去 50 年来青藏高原环境变化的过程、机制及其对人类社会的影响。相信第二次青藏综合科考将继续发扬老一辈科学家艰苦奋斗、团结奋进、勇攀高峰的精神，不忘初心，砥砺前行，为守护好世界上最后一方净土、建设美丽的青藏高原作出新的更大贡献！

孙鸿烈

第一次青藏科考队队长

丛书序二

　　青藏高原及其周边山地作为地球第三极矗立在北半球，同南极和北极一样既是全球变化的发动机，又是全球变化的放大器。2000年前人们就认识到青藏高原北缘昆仑山的重要性，公元18世纪人们就发现珠穆朗玛峰的存在，19世纪以来，人们对青藏高原的科考水平不断从一个高度推向另一个高度。随着人类远足能力的不断加强，逐梦三极的科考日益频繁。虽然青藏高原科考长期以来一直在通过不同的方式在不同的地区进行着，但对于整个青藏高原的综合科考迄今只有两次。第一次是20世纪70年代开始的第一次青藏科考。这次科考在地学与生物学等科学领域取得了一系列重大成果，奠定了青藏高原科学研究的基础，为推动社会发展、国防安全和西部大开发提供了重要科学依据。第二次是刚刚开始的第二次青藏科考。第二次青藏科考最初是从区域发展和国家需求层面提出来的，后来成为科学家的共同行动。中国科学院的 A 类先导专项率先支持启动了第二次青藏科考。刚刚启动的国家专项支持，使得第二次青藏科考有了广度和深度的提升。

　　习近平总书记高度关怀第二次青藏科考，在 2017 年 8 月 19 日第二次青藏科考启动之际，专门给科考队发来贺信，作出重要指示，以高屋建瓴的战略胸怀和俯瞰全球的国际视野，深刻阐述了青藏高原环境变化研究的重要性，要求第二次青藏科考队聚焦水、生态、人类活动，揭示青藏高原环境变化机理，为生态屏障优化和亚洲水塔安全、美丽青藏高原建设作出贡献。殷切期望广大科考人员发扬老一辈科学家艰苦奋斗、团结奋进、勇攀高峰的精神，为守护好世界上最后一方净土顽强拼搏。这充分体现了习近平生态文明思想和绿色发展理念，是第二次青藏科考的基本遵循。

　　第二次青藏科考的目标是阐明过去环境变化规律，预估未来变化与影响，服务区域经济社会高质量发展，引领国际青藏高原研究，促进全球生态环境保护。为此，第二次青藏科考组织了 10 大任务和 60 多个专题，在亚洲水塔区、喜马拉雅区、横断山高山峡谷区、祁连山－阿尔金区、天山－帕米尔区等 5 大综合考察研究区的 19 个关键区，开展综合科学考察研究，强化野外观测研究体系布局、科考数据集成、新技术融合和灾害预警体系建设，产出科学考察研究报告、国际科学前沿文章、服务国家需求评估和咨询报告、科学传播产品四大体系的科考成果。

　　两次青藏综合科考有其相同的地方。表现在两次科考都具有学科齐全的特点，两次科考都有全国不同部门科学家广泛参与，两次科考都是国家专项支持。两次青藏综合科考也有其不同的地方。第一，两次科考的目标不一样：第一次科考是以科学发现为目标；第二次科考是以摸清变化和影响为目标。第二，两次科考的基础不一样：第一次青藏科考时青藏高原交通整体落后、技术手段普遍缺乏；第二次青藏科考时青藏高原交通四通八达，新技术、新手段、新方法日新月异。第三，两次科考的理念不一样：第一次科考的理念是不同学科考察研究的平行推进；第二次科考的理念是实现多学科交叉与融合和地球系统多圈层作用考察研究新突破。

　　"第二次青藏高原综合科学考察研究丛书"是第二次青藏科考成果四大产出体系的重要组成部分，是系统阐述青藏高原环境变化过程与机理、评估环境变化影响、提出科学应对方案的综合文库。希望丛书的出版能全方位展示青藏高原科学考察研究的新成果和地球系统科学研究的新进展，能为推动青藏高原环境保护和可持续发展、推进国家生态文明建设、促进全球生态环境保护作出应有的贡献。

姚檀栋

第二次青藏科考队队长

序

  2023 年伊始，很高兴收到了"第二次青藏高原综合科学考察研究丛书"之一《环喜马拉雅地区贸易通道的历史形成与变迁》。边疆安全与人类活动科考分队在对环喜马拉雅地区的人类交流和贸易通道深入调查的基础上，以贸易通道为主题，系统阐述了贸易通道变迁及其对环喜马拉雅地区的影响，为新时代背景下我国边疆稳定、发展和安全提供了宝贵的研究成果。

  环喜马拉雅地区拥有世界上海拔最高的喜马拉雅山脉，它像一道巨大的天然屏障，将环喜马拉雅地区分割成南北不同的自然景观和人文景象，而沿喜马拉雅山脉断裂河谷及山口关隘，形成的一系列传统贸易通道，将高亚洲和南亚紧密联系在一起，从而成为古丝绸之路的重要组成部分。在长期的历史发展变迁过程中，这些通道逐渐成为文化宗教传播、货物贸易运输和人员交流互动的通道，并依托这些通道上的"盐粮贸易"，在喜马拉雅山脉南北两侧形成了尼泊尔、不丹、锡金、拉达克、克什米尔、古格、木斯塘等大小不一的王国。随着吐蕃及中原王朝势力的扩张，以及连接中国内地与环喜马拉雅地区之间通道的打通，中原王朝逐步对喜马拉雅山脉南北两侧地区的大小王国进行了整合，构建了以中原地区为核心，周边地区为外围的宗藩体系，让环喜马拉雅地区成为我国历史上重要的国家安全屏障。

  随着"一带一路"倡议的提出和实施，该地区作为丝绸之路连接南亚的关键地带，开始受到越来越多的关注。从中央政府到西藏地方政府，都非常重视该地区的重要战略地位，先后提出了南亚大通道建设、环喜马拉雅经济合作带、中尼印经济走廊、跨喜马拉雅互联互通建设等发展战略。2015 年 2 月 5 日，《2015 年西藏自治区政府工作报告》中提出"扩大对内对外开放"，并进一步提出"加快建设南亚大通道，积极对接'一带一路'和孟中印缅经济走廊,推动环喜马拉雅经济合作带建设"。2015 年 5 月 14～16 日,印度总理莫迪访华,中国国家主席习近平倡议建立"中尼印经济走廊"。2015 年 8 月第六次援藏工作会议中,李克强总理提出"把西藏打造成为我国面向南亚开放的重要通道"。2016 年《西藏自治区"十三五"时期国民经济和社会发展规划纲要》中提出要主动融入丝绸之路经济带和"孟中印缅经济走廊",推进"环喜马拉雅经济合作带"建设,促进基础设施互联互通,拓展南亚市场,构建国家面向南亚开放重要通道。2019 年 10 月 11～13 日,国家主席习近平出席中印领导人第二次非正式会晤并对尼泊尔进行国事访问,继续加强中印尼之间的合作与发展,加快跨喜马拉雅互联互通建设。2021 年 1 月通过的《西藏自治区国民经济和社会发展第十四个五年规划和二○三五年远景目标纲要》中进一步提出"全面提升对外开放水平""建设面向南亚开放的重要通道",以及"积极推动'环喜马拉雅经济合作带'、高原丝绸之路、冈底斯国际旅游合作区、跨喜马拉雅立体互联互通网络建设"。

基于国家的战略发展需求,第二次青藏高原综合科学考察边疆安全与人类活动科考分队从 2018 年开始对环喜马拉雅地区的传统贸易通道进行野外调查和研究工作,历时 4 年,对贸易通道进行了全面考察,弥补以往研究中仅针对少数通道的不足。

该书分析和研究了环喜马拉雅地区传统贸易通道的历史变迁及其对区域发展的影响,成果将为南亚大通道建设、跨喜马拉雅互联互通建设、环喜马拉雅经济合作带等相关战略的实施提供科学依据。同时,揭示了环喜马拉雅地区贸易通道对于保障我国西南边疆安全的重要战略地位。环喜马拉雅地区的传统贸易通道不仅是连接周边地区进行人文交流和商贸往来的主要通道,也是周边地区保护国家领土安全和军事战略的关键通道。这些通道也是我国未来对环喜马拉雅地区进行整合、引领区域发展的关键区域。

希望该书可以让更多的人了解和认识环喜马拉雅地区贸易通道的形成发展历程及其重要地位和作用。

2023 年 2 月

前　言

　　环喜马拉雅地区在中国政治经济发展与沟通中外的战略中具有重要地位，但由于海拔高、交通不便，该地区贸易通道的建设需要攻克投资大、周期长、不确定性因素多、危险性高等诸多难题。面对这种情况，结合通道现状，对历史时期环喜马拉雅地区传统贸易通道的变迁进行梳理和研究对构建中国南亚陆路贸易通道具有重要参考价值。

　　全书由环喜马拉雅地区传统贸易通道概述（第1章）、该区域各国家间传统贸易通道的形成与变迁（第2~7章），即中印（第2~4章）、中尼（第5章）、中不（第6章）、中缅（第7章），以及环喜马拉雅地区传统贸易通道的变迁（第8章）三部分构成。主要分述内容如下。

　　第1章为总论。从总体上论述了环喜马拉雅地区传统贸易通道的形成与变迁。本章分为四个部分，第一部分阐述了环喜马拉雅地区的区域概况；第二部分论述了环喜马拉雅地区传统贸易通道的空间分布特征；第三部分分析了传统贸易通道萌芽、形成、发展、衰落和恢复的演变过程；第四部分探讨了货物交换、宗教传播、政局稳定、国家战略等因素对传统贸易通道演变的影响。

　　第2~第4章按中印边境地区的西段、中段和东段三部分，分别论述了历史时期各边境地段的商业交往和传统贸易通道的形成与变迁。各章的第一部分主要阐述了该地段的区域范围变化情况，其中西段涉及阿里地区和阿克赛钦，中段涉及日喀则的部分区县及印度锡金邦，东段涉及门隅、珞隅和察隅地区；第二部分主要论述了清代以前的传统贸易通道概况；第三部分阐述了清代至民国时期传统贸易通道的发展状况，特别对区域的贸易进行了研究；第四部分探讨了近现代形成或设立的贸易市场和贸易通道（分县域）的发展历程及现状。科考研究中，分区域重点考证了清代以来边境县对外贸易路线及通道的发展演变。在第2章中，重点论述了西段在汉晋时期作为中西交通枢纽的发展过程及其重要性，阐述了象雄时期食盐之路的发展历程，探讨了罽宾道、雪山道的发展演变。

第5章论述了中尼边境地区传统贸易通道的形成与变迁。本章分为六个部分，第一部分阐述了中尼边境日喀则和阿里地区所辖边境县的历史沿革；第二部分阐述了清代以前中尼边境地区的贸易与交往，包括吐蕃时期、吐蕃分裂割据时期以及元明三个历史时段中尼边境地区的贸易与交往；第三部分阐述了三次廓尔喀战役背景下清代中尼边境地区的贸易与战争，考证了清代蕃尼古道的作用和影响；第四部分阐述了民国时期与西藏和平解放后两个时期中尼边境地区传统贸易通道的发展状况；第五部分和第六部分分别探讨了中尼边境地区主要贸易口岸和传统贸易路线情况。

第6章论述了中不边境地区传统贸易通道的形成与变迁。本章分为四个部分，第一部分阐述了中不边境地区亚东县、康马县、浪卡子县、洛扎县和错那市以及不丹的历史沿革；第二部分阐述了清代以前中不边境地区传统贸易通道的发展状况；第三部分阐述了清代、民国以及新中国成立以来三个时期中不边境地区传统贸易的发展与变迁，考证了该地区传统贸易通道的线路与途经站点；第四部分讨论了中不边境地区传统贸易通道的现状，总结了中不边境地区的五个主要边贸市场和四条主要贸易通道。

第7章论述了中缅边境地区传统贸易通道的形成与变迁。本章分为五个部分，第一部分阐述了中缅边境地区沿线市县的历史沿革；第二部分阐述了宋代以前"蜀身毒道"的确立与发展；第三部分阐述了元明时期中缅边境地区传统贸易通道的发展；第四部分阐述了清代以来中缅边境地区传统贸易通道的发展和演化，结合谭其骧《中国历史地图集》补充了清代中缅边境地区传统贸易通道沿线的途经地点；第五部分讨论了中缅北段地区传统贸易通道和边贸市场的现状情况。

第8章为结语。总结和概述了历史时期环喜马拉雅地区的贸易重心、物品以及传统贸易通道的地位变化，发现了不同时期西藏与南亚大陆和中原地区的贸易物品、贸易重心不尽相同，在不同历史背景下，不同地区的传统贸易通道的地位有明显变化；总结和凝练了环喜马拉雅地区贸易通道建设的历史经验，提出了促进环喜马拉雅地区传统贸易通道建设和发展的建议。

本书是环喜马拉雅地区传统贸易通道研究团队结合历史文献与实地科考，历时四年倾力打造的专著。通过对环喜马拉雅地区中印边境（中印西段、中印中段、中印东段），中尼边境，中不边境，中缅边境的调查研究，厘清了该地区传统贸易通道的形成与现状。本书是中国科学院地理科学与资源研究所、西南大学资源环境学院、西南大学历史文化学院历史地理研究所诸多科研人员不畏艰险、辛勤钻研的共同成果。这项成果能够顺利呈现给读者，特别感谢中国科学院青藏高原研究所姚檀栋院士、陈发虎院士，中国科学院地理科学与资源研究所郑度院士等专家学者在本研究设计与实施过程中的鼎力支持，西南大学阎建忠、程先等研究团队成员的倾情付出与奉献，青藏高原研究所科考办的安宝晟研究员、王传飞副研究员、王伟财研究员的大力支持和帮助！

在考察研究和撰写中，张镱锂、阎建忠和刘林山负责总体设计与实施；本书由蓝勇、杨四梅和阎建忠负责统稿；前言由阎建忠、蓝勇、张镱锂、杨四梅和吴仕海执笔，第 1 章由吴仕海、阎建忠和张镱锂执笔，第 2 章由张茜茜、吴仕海、张莲卓、彭斯和阎建忠执笔，第 3 章由吴仕海、王钊勤和蓝勇执笔，第 4 章由文尚言、徐行和蓝勇执笔，第 5 章由彭婷、李晓丽和阎建忠执笔，第 6 章由彭婷、余鑫和阎建忠执笔，第 7 章由文尚言、李珊珊、杨四梅和蓝勇执笔，第 8 章由蓝勇、阎建忠和张镱锂执笔。

限于作者的学术水平和能力，本书还存在许多不足，期望学术界同行和广大读者给予批评指正，以促进环喜马拉雅地区贸易通道历史演变研究。

《环喜马拉雅地区贸易通道的历史形成与变迁》编写委员会
2022 年 3 月

摘 要

环喜马拉雅地区包括中印（西段、中段、东段）、中尼、中不和中缅边境地区，历史时期上述各地区形成了多条传统贸易通道，已有研究多从一条或几条通道展开研究，少有对环喜马拉雅地区传统贸易通道进行全面梳理的文献。此外，这些文献多从历史视角开展研究，通过历史文献资料考证通道的形成和演化过程。而作为国家边境地区的战略要道，环喜马拉雅地区传统贸易通道的形成会对区域间人文交流、经济发展乃至国家战略产生影响。历史视角的研究忽视了从地缘环境视角来对传统贸易通道的历史变迁、地缘价值及建设意义进行分析。在第二次青藏高原综合科学考察研究项目支持下，边疆安全与人类活动科考分队自 2018 年起，结合历史文献、舆图与实地科考对该地区传统贸易通道的形成与变迁进行了综合调查研究，系统梳理了环喜马拉雅地区传统贸易通道的空间分布特征，分析了环喜马拉雅地区传统贸易通道的历史变迁及影响因素，为优化环喜马拉雅地区传统贸易通道规划和管控边境地区地缘风险提供了相关历史经验和建议。

阐述了中印边境地区传统贸易通道的形成与变迁。汉晋时期，象雄部落与北部的阿克赛钦和克什米尔地区就已存在一定的交通联系，中西商贸交流过程中形成的罽宾道和雪山道在中印边境西段地区中转，并形成著名的"食盐之路"。吐蕃时期，西藏及周边地区首次产生了统一政权，西藏与外界的交流与贸易开始逐步增加，形成了散点分布的商贸市场，西段地区的勃律道不断繁荣、以"麝香之路"为代表的商贸通道渐趋成熟；中段地区成为佛教入藏与印度朝贡必经之地；东段地区产生了多个小型贸易市场，呈现出散点状的空间分布特征。宋元明时期，中印商贸通道呈现出区域差异，西段以局域商贸交易为主，中东段形成了连通其他区域的枢纽城市，发展成了商贸交易的块状分布区域；伴随元代驿道的建立和完善，逐渐连通各散状区域的边贸市场，并把我国西南地区通过西藏边疆地区同南亚连接起来，交流商品日益丰富且长距离的大宗贸易更受重视。清代时期，中印商贸站点广泛分布，通道关键节点发展成固定的商贸市场（西段），贸易市场层级分明，贸易路线覆盖范围增大，传统贸易通道正式形成。清后期，"亚东开埠"后，由锡金噶伦堡经春丕到拉萨的通道逐渐成为中印中段地区的主要传统贸易通道。1912～1949年，中印西段的羌臣摩道、克里阳古道和桑株古道贸易较为繁荣；中印东段，早期受帝国主义势力入侵影响，破坏了该区域的传统贸易往来；在抗日战争期间，东段通道成为西南地区的关键商贸通道。1949年至今，受中印国际关系影响，中印边境贸易总体上受两国边疆管控而难以大规模开展，中印西段地区的传统贸易通道时开时闭，东段地区的传统贸易在20世纪60年代后逐步衰亡。

阐述了中尼边境地区传统贸易通道的形成与变迁。唐朝，公元7世纪赤尊公主入藏，蕃尼古道开通；吐蕃中后期，西方的大食、西北方的回鹘、东北方的唐朝、东南方的南诏国，一直威胁着吐蕃的边境，曾经盛极一时的蕃尼古道也随之没落。宋元时期，一些著名的译师沿蕃尼古道经吉隆到尼泊尔、再到印度学法。明朝时期，藏尼地区的商贸交易更加繁荣，出现了作为交换媒介的货币。清代时期，藏尼通道上的贸易往来继续走向繁荣，在三次廓尔喀战役背景下，由尼泊尔入藏的通道发展为四条。1904~1949年，英国势力侵入，尼泊尔在西藏与南亚贸易中的中心地位衰落。1949年至今，中尼边境贸易逐渐规范化，并在聂拉木、吉隆、普兰、定结、定日等地设立海关，形成了五条重要通道：一是尼泊尔东部—陈塘—日屋—萨迦，二是多拉卡—绒辖—定日，三是加德满都—樟木—拉萨，四是加德满都—吉隆—拉萨，五是木斯塘—科里拉山口—仲巴。

阐述了中不边境地区传统贸易通道的形成与变迁。唐代，不丹贡确松寺发现的吐蕃铜钟是迄今发现最早能证明不丹与历史时期西藏地方有贸易往来的物证，提供了中国西藏与不丹在政治、经济和文化上联系的诸多线索。元明时期的中不传统贸易缺乏相关文献支撑。清代时期，关于中国西藏和不丹之间贸易通道情况的文字记录开始涌现。通过对相关图像和文字资料进行研究，并结合具体的实地考察，发现历史时期中国西藏与不丹之间的传统贸易通道主要有四条：一是帕罗—拉萨，二是普那卡—拉萨，三是布姆唐—拉萨，四是塔希冈—拉萨。

阐述了中缅边境地区传统贸易通道的形成与变迁。汉晋时期，已经出现从四川经云南至缅甸的传统贸易通道。唐宋时期，中缅边境地区形成从大理出发经诸葛亮城后分两路进入缅甸境内的传统贸易通道。元朝时期，元朝政权将云南纳入行政区划，整合了南诏、大理等少数民族政权，中缅间贸易再次繁荣，其贸易路线在唐代入缅通道的基础上另开四条新路线于缅甸江头城汇合。明朝初期，中缅陆路贸易通道变化不大；

明朝后期，广东、福建等沿海城市与缅甸之间的海上贸易通道得以发展。清朝初期，滇缅陆路通道甚为通畅，主道仍是继承了元代以来的大道，另外小路也多有开辟，仅民间贸易通道至少有五条，两国间朝贡的路线多经虎踞关出入，后受政治影响，陆路贸易通道曾一度中断直至乾隆时才得以恢复；陆路贸易通道的禁止促进了两国海上贸易通道的发展，商旅多从两广、福建经漾贡，直达缅甸；清朝后期，中缅传统贸易逐渐向口岸贸易转变，其中，仰光成为中缅贸易重要的中转港口。1949 年以来，中缅边贸经历了从规划发展到时开时闭的异常局面，两国商人主要通过古骡马驿道以及少数口岸进行商业贸易。

环喜马拉雅地区传统贸易通道的形成与发展受区位、政治、经济因素影响较大，各通道在历史的齿轮间不断沉浮到如今愈显重要。喜马拉雅山脉复杂特殊的自然地理环境限制边贸市场主要沿断裂河谷分布和发展。交通可达性和区位优势不断塑造西藏边境地区的贸易格局，促使贸易向集镇聚集。象雄部落联盟时期，中印边境西段地区传统贸易通道居于主要地位；吐蕃延续、发展了象雄时期传统贸易通道的基本格局，这一时期经克什米尔西部的传统贸易通道在通道体系中居于主体地位；吐蕃分裂至清前中期，中央王朝控制下南部传统贸易通道在通道体系中居于核心地位；清中后期，环喜马拉雅地区受英国殖民者控制，此时亚东口岸在对外贸易中居核心地位；1949 年以来，中印、中尼传统贸易通道在贸易体系中居于主导地位。就贸易商品而言，元明以前以西藏与南亚大陆的本土产品贸易为主，元明以来以中原、西藏与南亚大陆跨区域贸易为主。目前，环喜马拉雅地区有主要边贸市场 27 个，其中中尼边境 16 个，中尼印边境 1 个，中印边境 3 个，中不边境 6 个，中缅边境 1 个；边贸市场的发展初步形成了以口岸型为主，集镇型和村落牧场型边贸市场为辅的边贸体系。

在经济全球化、"一带一路"倡议实施、中国沿边开放的大背景下，边境地区的建设与发展成为研究的热点或前沿领域。西藏边境贸易通道作为南亚大通道建设的重要组成部分，是西藏开拓南亚市场的关键环节。但是，中国的南亚大通道建设并非一帆风顺，有的国家将喜马拉雅山脉及周边地区视作战略缓冲区，其目的在于阻断和把控边贸发展；有的国家希望通过边贸发展来抗衡对印度的过度依赖；有的国家试图通过离岸平衡战略来抑制中国的发展，进而对边贸的发展产生不利影响。此外，西藏地方当前的边境社会管理策略在一定程度上限制了边贸的发展。在这样的形势下，调查和分析环喜马拉雅地区贸易通道的演变过程和分布特征，对优化边境地区的对外开放格局、促进南亚大通道建设、管控地缘风险具有重要的现实意义。

为发展与危机并存的环喜马拉雅地区传统贸易通道的规划提出四点建议：第一，加大内部通道建设力度，加快环喜马拉雅地区贸易模式的现代化进程，加强边境集镇口岸与拉萨、川、滇等地区的贸易联系。第二，重视贸易通道的战略防御作用。第三，加大对环喜马拉雅地区友好邻国的经济帮扶力度，增强中尼、中巴等环喜马拉雅地区友好国家的睦邻友好关系，促进环喜马拉雅地区经济合作带与南亚大通道的构建。第四，重视国内入藏通道的作用，提高川藏线、青藏线、滇藏线以及新疆入藏路线等重要交通要道与西藏的互动与防卫工作，构建公路、铁路、航空、管道等多种运输方式并存的骨架网络，建立现代化高效物流运输体系。

目　　录

第1章　环喜马拉雅地区传统贸易通道概述 ···················· 1

1.1　环喜马拉雅地区 ·· 2

1.2　传统贸易通道的空间分布特征 ······························· 4

    1.2.1　阿克赛钦通道 ······································· 4

    1.2.2　斯利那加至拉萨至康定通道 ······························ 6

    1.2.3　西部通道 ··· 6

    1.2.4　中尼通道 ··· 7

    1.2.5　噶伦堡至拉萨通道 ···································· 7

    1.2.6　中不通道 ··· 7

    1.2.7　藏南通道 ··· 7

    1.2.8　中缅通道 ··· 8

1.3　传统贸易通道的演变过程 ···································· 8

    1.3.1　萌芽期（公元7世纪之前） ······························ 8

    1.3.2　形成期（公元7世纪至842年） ························· 9

    1.3.3　发展期（公元842～1959年） ······················· 9

    1.3.4　衰落期（1959～1962年） ························· 10

    1.3.5　恢复期（1962年至今） ························· 10

1.4　传统贸易通道演变的影响因素 ······························ 11

    1.4.1　货物交换和宗教传播推动通道的萌芽和形成 ··············· 11

    1.4.2　西藏及中原地区政权稳定和边贸政策影响通道的发展 ··········· 11

    1.4.3　英国的殖民扩张和商业利益推动通道的发展 ··············· 12

    1.4.4　印度的战略误判和前进政策导致通道的衰落 ··············· 12

    1.4.5　中国的战略需求推动通道的恢复和建设 ················· 12

1.5　小结 ·· 13

参考文献 ·· 14

第2章　中印边境西段地区传统贸易通道的形成与变迁 ············ 17

2.1　历史时期中印边境西段地区概况 ·························· 18

2.1.1 中印边境西段阿克赛钦范围和历史沿革 ·························· 19
2.1.2 中印边境西段阿里地区范围和历史沿革 ·························· 21
2.1.3 中印边境西段印度境内区域范围和历史沿革 ·················· 26
2.2 清代以前中印边境西段对外贸易与通道发展 ····················· 29
2.2.1 汉晋时期的对外贸易和贸易通道 ································· 30
2.2.2 隋唐–吐蕃时期的对外贸易与通道建设 ······················ 41
2.2.3 宋元明时期的对外贸易与通道发展 ······························ 51
2.3 清代以来中印边境西段地区对外贸易与通道发展 ················ 54
2.3.1 清代阿里地区对外贸易状况概述 ································· 55
2.3.2 清代中印边境西段地区与拉达克、克什米尔之间的贸易与通道 ······ 57
2.3.3 民国时期中国西藏、新疆地区和拉达克的贸易与通道 ········ 66
2.4 中印边境西段地区贸易市场及通道的形成与现状 ················ 70
2.4.1 中印边境西段对外贸易市场及发展过程 ······················ 71
2.4.2 中印边境西段北部地区形成的贸易通道 ······················ 80
2.4.3 中印边境西段南部地区形成的贸易通道 ······················ 94
2.5 小结 ·· 111
参考文献 ··· 113

第3章 中印边境中段地区传统贸易通道的形成与变迁 ·················· 119
3.1 历史时期的中印边境中段地区概况 ································ 120
3.1.1 日喀则市、亚东县、岗巴县与定结县的历史沿革与聚落发展 ········ 120
3.1.2 印度锡金邦地区的历史概况 ······································ 126
3.1.3 历史时期的中印边境中段划界 ···································· 127
3.2 清代以前中印边境中段地区贸易与通道的渊源 ·················· 128
3.2.1 唐宋时期中印边境中段地区的贸易通道 ······················ 128
3.2.2 元明两朝西藏与南亚地区的交流和贸易通道 ·················· 129
3.3 清代亚东开埠前中印边境中段地区贸易与通道的形成 ··········· 131
3.3.1 清代亚东开埠前中印边境中段地区的商贸概况 ·············· 131
3.3.2 两次廓尔喀战役对边境商贸之影响 ···························· 133
3.3.3 清代中印边境中段地区的交通邮政系统 ······················ 137
3.3.4 文献与图像所见清代中印边境中段地区的贸易通道 ·········· 138
3.4 清代后期边疆危机下的中锡贸易与清末亚东口岸 ················ 141
3.4.1 廓尔喀第三次入侵西藏 ·· 141
3.4.2 英国对中国西藏的经济侵略 ······································ 142
3.4.3 晚清时期西方人对中印边境中段地区的记载 ················· 146
3.4.4 亚东开埠前后中印边境中段局势 ································ 148
3.4.5 亚东开埠后中印边境中段地区贸易通道形态及其影响 ········ 151
3.5 民国时期中印边境中段地区贸易通道发展概况 ·················· 159

　　　3.5.1　民国时期中国西藏与印度之间的商贸往来与交通路线 ················· 159

　　　3.5.2　民国时期中国西藏和印度贸易的影响 ······························· 165

　　3.6　现当代中印边境中段地区商业与贸易通道 ····························· 166

　　　3.6.1　边贸市场 ··· 168

　　　3.6.2　贸易路线 ··· 171

　　　3.6.3　中华人民共和国成立以来的中印边贸通道历史状况简述 ··········· 181

　　3.7　小结 ··· 183

　　参考文献 ··· 185

第4章　中印边境东段地区传统贸易通道的形成与变迁 ····························· 189

　　4.1　历史时期中印边境东段地区概况 ····································· 190

　　　4.1.1　门隅地区历史沿革概况 ··· 191

　　　4.1.2　珞隅地区历史沿革概况 ··· 193

　　　4.1.3　察隅地区历史沿革概况 ··· 195

　　4.2　清代以前中印边境东段地区贸易与通道的形成 ······················· 196

　　　4.2.1　远古时期的交流 ··· 197

　　　4.2.2　吐蕃政权前后期的交流与贸易通道 ······························· 198

　　　4.2.3　元明时期的交流与贸易通道 ····································· 201

　　4.3　清代以来中印边境东段地区贸易与通道的发展 ······················· 204

　　　4.3.1　清初滇藏印交通的形成与其发展 ································· 205

　　　4.3.2　清至民国时期英国殖民者侵藏与通道发展 ··················· 210

　　　4.3.3　新中国成立以来中印边境东段地区的贸易通道 ····················· 219

　　4.4　中印边境东段地区的贸易通道的形成与现状 ························· 220

　　　4.4.1　传统边贸市场 ··· 222

　　　4.4.2　传统贸易路线 ··· 234

　　4.5　小结 ··· 239

　　参考文献 ··· 241

第5章　中尼边境地区传统贸易通道的形成与变迁 ····························· 245

　　5.1　历史时期中尼边境地区概况 ··· 246

　　　5.1.1　日喀则地区中尼边境历史沿革概况 ······························· 247

　　　5.1.2　阿里地区中尼边境的历史沿革 ··································· 249

　　5.2　清代以前的中尼边境地区贸易与交往 ································· 249

　　　5.2.1　吐蕃时期西藏地区与尼泊尔的贸易与通道 ··················· 249

　　　5.2.2　宋代（吐蕃分裂割据时期）西藏地区与尼泊尔的贸易与交往 ····· 252

　　　5.2.3　元明时期西藏地区与尼泊尔的贸易与交往 ··················· 253

　　5.3　清代中尼边境地区贸易与战争 ······································· 256

　　　5.3.1　清代前中期的中尼边境贸易与交往 ······························· 257

　　　5.3.2　清代后期的中尼边境地区贸易与战争 ··················· 261

5.4 近现代中尼边境地区的贸易状况 ·· 264

　　5.4.1 民国时期中尼边境地区的贸易与通道 ································· 265

　　5.4.2 西藏和平解放后中尼边境地区贸易情况 ··························· 266

5.5 中尼主要贸易口岸的历史变迁 ·· 269

　　5.5.1 樟木口岸 ·· 269

　　5.5.2 吉隆口岸 ·· 271

　　5.5.3 普兰口岸 ·· 275

　　5.5.4 日屋口岸 ·· 278

　　5.5.5 陈塘口岸 ·· 279

　　5.5.6 里孜口岸 ·· 280

5.6 中尼边境地区传统贸易通道 ·· 282

　　5.6.1 传统边贸市场 ··· 283

　　5.6.2 中尼传统贸易路线 ·· 297

5.7 小结 ··· 311

参考文献 ·· 313

第 6 章 中不边境地区传统贸易通道的形成与变迁 ··························· **317**

6.1 历史时期的中不边境地区概况 ·· 318

　　6.1.1 日喀则地区与山南地区历史沿革概况 ······························· 319

　　6.1.2 历史时期的不丹历史沿革概况 ·· 320

6.2 清代以前中不边境地区贸易与通道的形成 ································ 324

　　6.2.1 吐蕃时期的交流与贸易通道 ··· 324

　　6.2.2 元明时期的交流与贸易通道 ··· 326

6.3 清代以来的中不边境地区贸易与通道的发展 ···························· 327

　　6.3.1 清代中不边境地区贸易通道发展与变迁 ····························· 328

　　6.3.2 民国时期中不边境地区贸易通道发展与变迁 ····················· 335

　　6.3.3 新中国成立以来中不边境地区贸易通道发展与变迁 ··········· 336

6.4 中不边境地区贸易市场及通道的形成 ······································ 338

　　6.4.1 传统边贸市场 ··· 339

　　6.4.2 贸易通道的形成 ·· 346

6.5 小结 ··· 354

参考文献 ·· 355

第 7 章 中缅边境地区传统贸易通道的形成与变迁 ··························· **359**

7.1 中缅边境地区及其历史沿革概况 ··· 360

　　7.1.1 藏南滇西北边境地区 ··· 360

　　7.1.2 滇西南边境地区 ·· 365

　　7.1.3 缅甸边境地区 ··· 367

7.2 宋以前"蜀身毒道"的确立与发展 ··· 369

7.2.1　秦汉时期川滇贸易通道 ······························· 370
7.2.2　唐宋时期"蜀身毒道"的发展 ······················· 374
7.3　元明时期中缅间贸易通道的发展 ······························· 380
7.3.1　元代中缅之间朝贡贸易的发展 ······················· 381
7.3.2　明代陆路贸易的衰落与海路贸易的兴起 ··········· 382
7.4　清代以来中缅贸易及其通道发展 ······························· 386
7.4.1　清中前期陆路通道的衰落与海上通道的兴起 ······ 386
7.4.2　晚清民国时期中缅海陆贸易通道的变化 ··········· 390
7.4.3　新中国成立以来中缅贸易通道及其市场 ··········· 399
7.5　中缅北段地区的贸易市场及通道的形成 ····················· 400
7.5.1　贸易通道 ··· 401
7.5.2　边贸市场 ··· 413
7.6　小结 ··· 416
参考文献 ··· 417
第 8 章　环喜马拉雅地区传统贸易通道的变迁 ························· **421**
8.1　历史时期环喜马拉雅地区贸易重心与物品的变化 ·········· 422
8.1.1　元明以前以西藏与南亚大陆的本土产品贸易为主 ··· 423
8.1.2　元明以来中原、西藏与南亚大陆跨区域贸易的形成 ·· 425
8.2　历史时期环喜马拉雅地区贸易通道的地位变化 ·············· 427
8.2.1　象雄部落联盟时期西部丝路南道与支线的主体地位 ··· 427
8.2.2　吐蕃统治下经克什米尔西部通道主体地位的延续 ··· 428
8.2.3　宋元明至清前中期中央王朝控制下南部贸易通道的核心地位 ··· 429
8.2.4　清中后期英国殖民控制下亚东口岸的外贸主导地位 ··· 432
8.2.5　中华人民共和国成立以来中印、中尼贸易通道的主导地位 ··· 432
8.3　历史经验与建议 ·· 434
参考文献 ··· 436

第1章

环喜马拉雅地区传统贸易通道概述

　　距今约 6500 万年以前，在印度板块的碰撞作用下，青藏高原强烈隆起，巨大的抬升作用使喜马拉雅山脉拔地而起，形成了喜马拉雅南北交流的巨大屏障。然而，南北两侧人民充分利用喜马拉雅山脉可利用的地形条件，积极开辟交流与往来的通道。据考古及历史文献记载，早在史前时期，沿喜马拉雅山脉断裂河谷及山口就已形成了一系列传统贸易通道（Murton，2016），成为古丝绸之路的重要组成部分（仝涛，2017）。在经济全球化大趋势背景下，随着现代交通和通信技术的快速发展，如何跨越喜马拉雅山脉将南亚和东亚两大市场整合，已成为全球和我国战略关注的重点。2015 年 8 月中央第六次西藏工作座谈会议提出"把西藏打造成为我国面向南亚开放的重要通道"。《西藏自治区"十三五"时期国民建设和社会发展规划纲要》中提出要"主动融入丝绸之路经济带和'孟中印缅经济走廊'，推进'环喜马拉雅经济合作带'建设，促进基础设施互联互通，拓展南亚市场，构建国家面向南亚开放重要通道。"2019 年 10 月 11～13 日，国家主席习近平出席中印领导人第二次非正式会晤并对尼泊尔进行国事访问，在《将跨越喜马拉雅的友谊推向新高度》的署名文章中，提出"双方要积极推进跨喜马拉雅立体互联互通网络建设"。环喜马拉雅地区的传统贸易通道是跨越喜马拉雅山脉的载体，对南亚大通道建设和跨喜马拉雅互联互通建设具有重要意义。

　　早在 16 世纪，罗马天主教传教士从印度北部、尼泊尔等地翻越喜马拉雅山脉进入中国西藏阿里、日喀则和拉萨等地进行传教活动，试图开辟一条从欧洲经中东、印度、中国西藏到内地的欧亚内陆交通路线（伍昆明，1992）。18 世纪，英国东印度公司先后派遣波格尔和特纳从加尔各答出发经不丹进入中国西藏，试图打通至中国西藏的贸易通道（Bergmann，2016a），最后均以失败而告终。为此，英国开始实施"前进政策"（Lamb，1960；梁俊艳，2008），首先吞并环喜马拉雅地区的诸侯小国，控制主要的传统贸易通道，将跨喜马拉雅传统贸易纳入以英国为中心的贸易体系（Pande，2017）；然后，于 20 世纪初武力入侵中国西藏，打通了加尔各答至噶伦堡至拉萨通道。民国时期，传统的汉藏贸易通道基本上被噶伦堡至拉萨通道所取代，这种状态一直持续到西藏和平解放时期（戴超武，2013a，2013b）。1962 年中印边境自卫反击战后，传统通道中断，边贸衰落，边境地区长期陷入封闭和半封闭状态（Kreutzmann，2007；Bergmann，2016a；Wallrapp et al.，2019）。20 世纪末期，随着中印关系的改善，如何通过恢复和开通通道，促进环喜马拉雅地区的发展受到越来越多的关注。

1.1　环喜马拉雅地区

　　喜马拉雅山脉位于世界屋脊青藏高原的南巅边缘，是地球上海拔最高和最年轻的山脉，近东西向分布，位于中国西藏、巴基斯坦、印度、尼泊尔和不丹境内，西起克什米尔的南迦帕尔巴特峰，东至雅鲁藏布江大拐弯处的南迦巴瓦峰，全长约 2400 km，南北宽 200～350 km，北以雅鲁藏布江-狮泉河为界，南界为印度恒河平原北面边界的主前缘断层。

喜马拉雅山脉南北差异较大，山脉南坡落差较大，从极高山到恒河平原形成约 6000 m 的高差，受西南季风和西风影响，降水丰富，流水侵蚀强烈，植被类型丰富多样，垂直地带性明显；山脉北坡地势较为平缓，降水较少，河流侵蚀切割能力弱，植被稀疏，河谷地形平坦、堆积地貌发育（郑度，1988）。根据断裂河谷及河流的流向，自西向东将喜马拉雅山脉划分为三段：普兰孔雀河以西为西段，普兰孔雀河和亚东河之间为中段，亚东河以东为东段。

喜马拉雅山脉受特殊地质构造的影响，在局部地段发育了数条近南北向的断裂山谷，形成了山脉的锯齿形转向及南向缺口（中国科学院青藏高原综合科学考察队，1983）。在这类南北向断裂山谷中发育了数条由北向南的河流，经过长期的自然过程和人类活动等综合作用，逐渐成为青藏高原跨越喜马拉雅山脉与南邻地区进行贸易和往来的天然通道（西藏自治区交通厅和西藏社会科学研究院，2001），这些通道被形象地称作"沟"。

环喜马拉雅地区是指喜马拉雅山脉南北两麓的广大山地地区（刘志扬，2017）。该地区是中国、印度、尼泊尔等国家的交界地区，是多文明碰撞、多学科交融、荟萃的区域。帕米尔高原地区被视作西喜马拉雅的延伸区域（西喜马拉雅被视作古丝绸之路的重要组成部分），云南藏族聚居区也被别视为东喜马拉雅的延伸区域。因此，从行政区划来看，环喜马拉雅地区包括中国西藏边境地区的阿里地区、日喀则市、山南市和林芝市及所属边境县（日土县、噶尔县、札达县、普兰县、革吉县、亚东县等），以及阿克赛钦地区和克什米尔的拉达克地区；喜马拉雅山脉南麓地区主要包括克什米尔的斯利那加和查谟地区，印度西北边境地区的喜马偕尔邦、北阿坎德邦和东部地区的锡金邦，尼泊尔和不丹两国，以及中国云南省境内的贡山独龙族怒族自治县、福贡县、泸水市，缅甸境内的克钦邦（图 1.1）。

环喜马拉雅地区是青藏高原与南亚次大陆的中间过渡地带，也是连接中亚、南亚和东亚地区的枢纽，战略位置突出。该地区有藏族、门巴族、珞巴族等民族及僜人、夏尔巴人、尼瓦尔人、锡金人、不丹人、克什米尔人等几十个群体；宗教信仰以藏传佛教为主，少数信仰本教、萨满教、印度教和伊斯兰教（夏敏，2004）。由于长期处于封闭状态，经济发展落后，以畜牧业和种植业为主，边境传统贸易和手工业占据重要地位。

文献记载、民族志、历史时期的考古发现都表明，贸易在环喜马拉雅地区的生活中自古至今都发挥着重要作用（吕红亮，2017）。古希腊文和拉丁文中的大量记载可以表明，青藏高原西部地区早在公元前 5 世纪就与印度河流域有贸易活动（多杰才旦，1995）。藏族、门巴族、珞巴族等民族群体及夏尔巴人、僜人经由这些自然通道，与南亚地区开展着持续不断的文化经贸往来，并在一些山口、通道地区自然形成了许多民间互市交易场所。

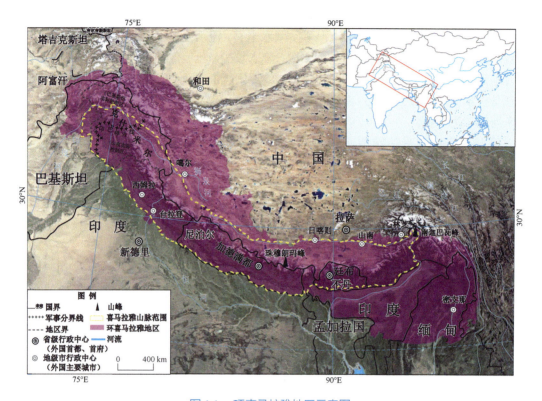

图 1.1　环喜马拉雅地区示意图

1.2　传统贸易通道的空间分布特征

结合历史文献及实地调查显示，边境地区虽然有很多山口，但由于有些山口海拔较高，难以通行，甚至只能单人或牲畜通行，且辐射范围小，并没有发展成为主要的贸易通道。因此，最终环喜马拉雅地区形成的传统贸易通道主要有 31 条，自西向东依次为阿克赛钦通道、斯利那加至拉萨至康定通道、西部通道、中尼通道、噶伦堡至拉萨通道、中不通道和藏南通道，在空间上形成了"一横多纵"的空间分布状态（图 1.2）。

1.2.1　阿克赛钦通道

阿克赛钦（维吾尔语，源于古突厥语 Aksai Chin，意为"中国的白石滩"），位于喀喇昆仑山脉与昆仑山脉之间，是西域新疆翻越喀喇昆仑山脉与昆仑山脉进入西藏西部和中亚乃至南亚地区的必经之地，在大多数文献中又将阿克赛钦通道称作"吐蕃—于阗道"（董知珍和马巍，2012；王小甫，2016）。考古研究表明，早在汉晋时期，西藏西部地区就已成为与中亚和西域新疆的文化交汇地带，并初步开通了从西藏高原通往西域、南亚等地的"高原丝绸之路"（霍川和霍巍，2017）；唐代吐蕃时期，通过阿

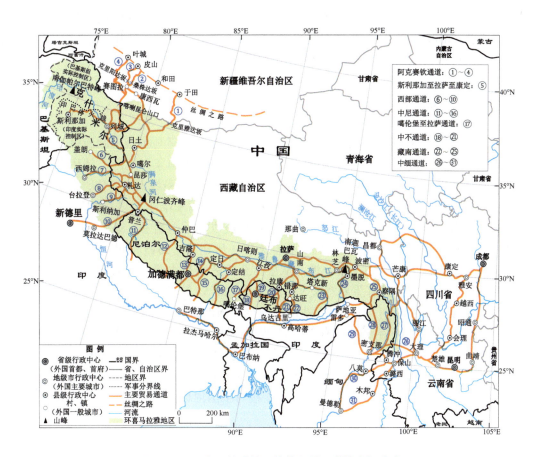

图 1.2　环喜马拉雅地区传统贸易通道的空间分布

克赛钦地区的通道成为吐蕃和唐朝为把控丝绸之路而争夺的关键通道；晚清时期，其成为西方殖民者进行争夺和探险的主要通道；民国时期，其又成为突破日本封锁战略物资运输路线的关键通道。综合相关学者的研究（Hayward，1870；陆水林，2011；朱晨辉，2014；史雷，2017），阿克赛钦地区的通道主要包括 4 条，按图 1.2 编号如下：①克里雅道，从于田出发，翻越克里雅山口，进入西藏西部阿里地区。1950 年 8 月 1 日，进藏先遣英雄连从新疆于田县普鲁村出发，翻越克里雅山口进入西藏。同年，解放军开始在克里雅河上游修筑新藏公路，但由于地质情况复杂、塌方严重、高山缺氧等原因，最终被迫放弃，于 1956 年改道修建新疆叶城到西藏普兰的新藏公路。②桑株道，通常被称作"夏季路线"，从皮山县桑株乡出发，过桑株达坂，到达赛图拉，后沿喀拉喀什河谷，翻越素盖提达坂，过喀喇昆仑山口后，再经穆尔古，越萨塞尔山口、卡尔东山口到达到拉达克首府列城。抗日战争期间，为突破日本对我国抗战运输补给线的封锁，1942～1945 年，由陆振轩带队沿着桑竹古道翻越喜马拉雅山脉和喀喇昆仑山脉驮运抗战物资。③克里阳道，又称"叶尔羌之路"或"奇灵道"，从叶尔羌绿洲出发，翻越克里阳达坂，与桑株道汇合于赛图拉，后沿喀拉喀什河谷，经康西瓦、大红柳滩、阿克赛钦的林济塘平原，再越昌器利满达坂（今空喀山口附近），沿羌成摩河谷到达列城，进而通往南亚或西藏西部地区。④库库尔雅道，今 219 国道新藏线。从叶尔羌出发到达麻扎，沿叶尔羌河谷，与桑株道汇合于马克立夏，在穆尔古分开，沿什约克河谷，翻越羌拉山口，到达列城。这条路线与克里阳道通常又被称作"冬季路线"。

1.2.2　斯利那加至拉萨至康定通道

从克什米尔首府斯利那加至拉萨至康定的通道连接了喜马拉雅山脉西段、中段和东段地区，涉及印度、尼泊尔、锡金、不丹、中国西藏等国家和地区，是环喜马拉雅地区贸易的主干道，也是古丝绸之路的重要组成部分。通道沿线人口密集、聚落众多，形成了斯利那加、列城、噶大克（原阿里地区夏季首府噶尔雅沙）、日喀则、拉萨、昌都、康定等商贸中心。其中，从斯利那加至拉萨段以羊毛、麝香、茶叶和食盐最具代表性，又被称作麝香之路、羊毛之路、食盐之路（房建昌，2015），也是佛教、印度教等教徒前往冈仁波齐朝圣的主要通道；从康定至拉萨段是主要的汉藏商贸通道，对于促进西藏的稳定与发展具有重要意义。据房建昌（2015）等学者的考证，从克什米尔首府斯利那加至拉达克首府列城有 16 站，列城至中国西藏西部中心噶大克有 18 站，从噶大克沿雅鲁藏布江河谷至拉萨有 22 站。从斯利那加可以前往印度、阿富汗等南亚和中亚地区；从列城经喀喇昆仑山口可前往中国新疆地区。根据古代文献记载和自然地理情况来看，从西藏西部进入中亚和新疆塔里木盆地主要是通过拉达克地区实现（仝涛，2017）。拉萨至昌都至康定段，一方面连接与中国内地的主要通道，另一方面连接通往藏南地区的传统商贸通道。

1.2.3　西部通道

西部通道发源于喜马拉雅山脉西段的狮泉河（森格藏布）—印度河、马泉河（当却藏布）—布拉马普特拉河、象泉河（朗钦藏布）—萨特累季河、孔雀河（马甲藏布）—恒河支流哥格拉河的上游，向西或向南横切喜马拉雅山脉而注入印度次大陆，河流流经的一系列山口自远古时期就成为西藏地区与南亚次大陆、中亚进行贸易、朝圣、探险和战争的主要通道（吕红亮，2017）。其中主要的通道有 5 条，按图 1.2 编号如下：⑥桑三桑巴通道，从印度拉胡尔与斯皮提地区的吉隆出发，沿斯皮提河谷经桑三桑巴通道进入西藏境内楚鲁松杰、扎西岗等地。⑦什布奇通道，从印度西姆拉出发，沿萨特累季河而上，经什布奇山口进入西藏，然后前往底雅、札达、噶大克等地。⑧公贡桑巴通道，从印度台拉登出发，沿巴吉拉提河谷而上，抵达葱沙地区，经公贡桑巴通道抵达西藏境内波林三多、达巴、札达、噶大克等地。⑨玛那山口或尼提山口通道，从古加瓦尔王国都城斯里纳加出发，沿恒河河谷而上翻越玛那山口或尼提山口，抵达西藏境内札达、达巴、冈仁波齐、噶大克等地；1624 年，耶稣会传教士安多德等人经玛那山口沿象泉河到达古格进行传教，试图借传教之机打通通往中国内地的陆路通道，最后引发拉达克与古格之争，导致古格王朝灭亡（伍昆明，1992）。⑩强拉通道，从印度沿卡利河谷经强拉山口（也称里普列克山口），抵达中国西藏境内普兰、甲尼玛、冈仁波齐、噶大克等地。

1.2.4　中尼通道

中尼传统贸易历史悠久，自汉唐以来存在由中国内地经西藏地区，到达尼泊尔（古称泥婆罗）、印度的丝绸贸易交通路线。据《西藏志》《钦定巴勒布纪略》《西藏源流考》等文献记载，综合相关学者研究（张力，1991；谢延杰和洛桑群觉，1994），中尼通道主要有 6 条，按图 1.2 编号如下：⑪沿孔雀河河谷进入普兰及前往冈仁波齐朝圣。⑫从仲巴沿卡利甘达基河谷进入尼泊尔的木斯塘。⑬从吉隆沿吉隆沟到达加德满都。⑭从聂拉木沿樟木沟到达加德满都。⑮从绒辖沿绒辖沟进入尼泊尔。⑯从定结沿嘎玛沟或陈塘沟进入尼泊尔。其中以吉隆或聂拉木至加德满都（又称蕃尼古道）最为繁华。唐朝李义表及王玄策出使印度、尼泊尔赤贞公主入吐蕃均走这条通道（多杰才旦，1995）。

1.2.5　噶伦堡至拉萨通道

噶伦堡至拉萨通道是近现代西藏地区通往南亚的主要通道，始于英国殖民者的开拓，21 世纪初英国入侵中国西藏并强迫签订了《拉萨条约》，开放了亚东、江孜、噶大克通商口岸，将噶伦堡至拉萨的通道正式打通，并在亚东至江孜建立了 11 个驿站（图 1.2 编号⑰）。1962 年以前，经亚东一线的贸易占当时中国西藏进出口贸易总额的 80% 左右（Karackattu，2013）。

1.2.6　中不通道

在特殊的自然地理条件、宗教信仰等影响下，不丹（古称布鲁克巴）与中国西藏之间的贸易往来已久，沿断裂高山河谷形成了数条传统贸易通道，其中主要的通道有 4 条（扎洛和敖见，2017；Williams，2017），按图 1.2 编号如下：⑱从不丹的帕罗沿帕罗河谷经则莫拉山口进入中国西藏帕里，再至拉萨；早期英国派遣波格尔和特纳入藏试图打通印度与中国西藏之间的贸易通道，均走这条路线。⑲从不丹的普那卡沿桑科希河谷至康马，再到江孜、日喀则和拉萨等地。⑳从不丹沿洛扎河谷至中国西藏拉康、洛扎县境内，最后抵达拉萨。㉑从塔希冈沿玛纳斯河（勒布沟）到达达旺、错那，最后抵达拉萨。

1.2.7　藏南通道

藏南地区为我国传统门巴族、珞巴族和僜人的主要聚居地，分为珞瑜、门隅和察隅三个地区，自古以来就与藏族地区及阿萨姆地区进行贸易往来，并在边境地区形成了一些传统边贸市场和贸易点（徐近之，1936；扎西和普布次仁，2014）。其中进行贸易往来的主要通道有 4 条，按图 1.2 编号如下：㉒达旺通道，从乌达古里出发，经德让宗、色拉山口等地到达达旺，然后再从达旺至错那和拉萨等地。㉓西巴霞曲（又称苏班西里河）通道，从阿萨姆地区沿西巴霞曲河谷而上，至宗教圣地扎日山转山终点塔克新、

7

隆子等地。㉔墨脱通道，从阿萨姆地区的巴昔卡出发，沿雅鲁藏布江河谷而上，经更仁、墨脱等地至波密地区。㉕察隅通道，从阿萨姆地区的萨地亚出发，沿察隅河河谷而上，经瓦弄、白玛（下察隅）等地至察隅地区。

1.2.8 中缅通道

中缅段传统贸易通道主要有9条，其中境内3条，境外6条。境内的3条主要通道（蓝勇，1992）以腾冲、保山和大理下关为节点，分别至西藏、成都等地。境外形成了6条主要通道（蓝勇，1992），按图1.2编号如下：㉖从中国大理经片马口岸至缅甸境内，英国殖民入侵缅甸时期，利用该路线不断向云南地区渗透。㉗从德钦县到达缅甸密支那地区，这条通道在英国殖民入侵缅甸期间，主要被用以向中国西南地区派遣间谍。㉘从中国腾冲经猴桥口岸进入缅甸境内，翻越库阳山口回到中国西藏察隅，而后沿察隅传统通道到达西藏地区各地。㉙从中国腾冲经猴桥口岸至印度巴特那。该条通道是抗日战争期间为打破日本的封锁而修建的战略公路，即为"史迪威公路"（牛鸿斌等，2005）。㉚从中国腾冲经盈江到达缅甸境内的八莫和曼德勒。㉛从中国保山地区经潞西、畹町口岸到达缅甸境内，最后抵达曼德勒。

1.3 传统贸易通道的演变过程

环喜马拉雅地区传统贸易通道在自然和人文因素的综合影响下不断变迁，根据不同时期对通道造成严重影响的重大历史事件，将通道的演变过程划分为萌芽、形成、发展、衰落和恢复5个时期（图1.3）。

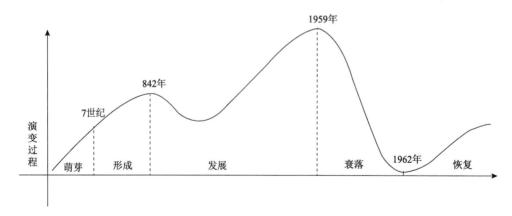

图 1.3 传统贸易通道的演变过程

1.3.1 萌芽期（公元 7 世纪之前）

近年来考古新发现和历史文献记载表明，早在距今 5000 年左右（旧石器时代晚期和新石器时代），西藏高原就与喜马拉雅山脉周边地带、南亚地区、中原地区及黄河上游地区有密切联系（霍巍，2013；刘志扬，2017；许肖阳，2018）。进入金属时代早期，该时期大致是西藏地区诸"小邦"时期，各部落之间的贸易往来伴随战争而展开，并逐渐形成了象雄王国、雅隆悉补野小邦和苏毗小邦三足鼎立的局面（张云，2016）。以西藏西部地区为中心的象雄王国凭借其优越的地理位置优势，在汉晋时期就已经成为一个与西域新疆、中亚、南亚次大陆等地有着密切联系的区域性政治、文化、商贸中心，初步开通了从西藏高原通往西域、南亚等地的"高原丝绸之路"（霍川和霍巍，2017），主要通过环喜马拉雅地区的拉达克、阿克赛钦来实现交往和贸易（仝涛，2017，2020）。公元 6 世纪之后，雅砻部落征服象雄及其他各部，形成吐蕃，完成对西藏高原的统一，为通道的形成和发展奠定了基础。

1.3.2　形成期（公元 7 世纪至 842 年）

公元 7 世纪到 9 世纪中叶（公元 842 年），是吐蕃鼎盛时期，建都逻娑（今拉萨），与象雄、木雅、泥婆罗（今尼泊尔）、唐朝等地进行联姻，开辟了从吐蕃至南亚的丝绸之路分支——唐蕃古道和蕃尼古道（多杰才旦，2016）。同时，打通了拉萨至阿里地区、克什米尔拉达克地区至中亚和南亚地区的食盐之路和麝香之路（李涛，2017）。随着佛教在吐蕃的迅速发展，藏传佛教开始向不丹、锡金、拉达克等喜马拉雅山脉南麓地区迅速传播，逐步开辟与这些地区的贸易和朝圣通道。

1.3.3　发展期（公元 842 ～ 1959 年）

公元 842 年，吐蕃国王朗达玛发动了"灭佛"事件，从此吐蕃进入分裂时期，西藏西部地区进一步分化为古格、拉达克、普兰 3 个同源分立的地方政权（黄博，2012），造成大量佛教徒逃向周边阿里、锡金等地区，以及尼泊尔、不丹等（伯戴克和张长虹，2012），通道呈现出一定程度上的衰落。13 世纪末期，元朝将西藏纳入版图，结束了西藏的割据状态，并在境内设立驿站，促进了通道的建设与发展；明朝沿袭元朝对西藏统治，并与周边锡金、不丹等地区建立宗藩关系。16 世纪末至 17 世纪中叶，西方传教士打着传教的旗号从阿里地区入藏，其主要目的是寻找一条通往中国的陆路通道，希望将欧洲资本主义商品销往中国，最后以失败而告终（伍昆明，1992）。18 世纪，英国开始侵入南亚次大陆，开始从喜马拉雅山脉各个方向寻求通往中国内地的陆路通道，击败尼泊尔，吞并喜马拉雅山脉西段的加瓦尔与库马盎地区，控制西部地区通道（兰姆和邓锐龄，2016a；Bergmann，2016b）；侵占大吉岭、不丹、阿萨姆平原地区，控制中不通道；1904 年武力入侵西藏，打通了噶伦堡至拉萨通道，开放了亚东、江孜、噶大克 3 个通商口岸（兰姆和邓锐龄，2016b）；1914 年，英国试图控制和打通藏南地区的达旺通道、察隅通道和墨脱通道（吴从众，1988；戈尔斯坦，2005；梁俊艳，2015）。中华人民共和国成立后，1954 年 4 月 29 日，中国和印度两国政府签订了《中华人民共和国和印度共和国关于中国西藏地方和印度之间的通商和交通协定》，开放了噶大克、普兰宗（塔格拉各特）、姜叶马加尔果、姜叶马查克拉、热姆惹、董不惹、波林三多、那不拉、尚格齐和扎锡岗 10 个边贸市场，什布奇山口、尼提山口、昆里宾里山口、达玛山口和里普列克山口（强拉山口）6 个山口；同年 12 月 25 日，川藏公路正式通车。1956 年 9 月 20 日，中国和尼泊尔两国政府签订了《中华人民共和国和尼泊尔王国保持友好关系以及关于中国西藏地方和尼泊尔之间的通商和交通的协定》简称（《中尼协定》），中尼贸易通道得到恢复和发展。

1.3.4 衰落期（1959～1962 年）

1959 年 3 月，西藏拉萨发生叛乱事件，印度借机干涉中国内政。1959 年 4 月，印度开始对中国西藏实施禁运，刁难和阻挡通过噶伦堡至拉萨通道前往锡金经营、驮运货物的西藏商人和骡帮，干扰中国驻印度的噶伦堡、加尔各答两地商务代理处的正常活动。1959 年中期，印度公开挑起边界争端，同年 8 月挑起朗久事件，10 月挑起空喀山口事件，导致中印关系急转直下。由于《中华人民共和国和印度共和国关于中国西藏地方和印度之间的通商和交通协定》将于 1962 年 6 月 3 日期满失效，1961 年 12 月 3 日，中国政府照会印度政府，建议两国政府举行谈判。印度不仅拒绝通商和交通协定谈判，而且开始挑起边界争端。1962 年 5 月，中国政府再次照会印度政府，希望两国政府回到谈判桌上，举行通商和交通协定谈判，但是遭到印度政府的拒绝。在中印协定期满失效后，中国驻印度噶伦堡和加尔各答商务代理处随之撤销。1962 年底，中印边界冲突爆发，中印、中不贸易通道全部关闭，中尼通道只剩下樟木和吉隆两条通道。

1.3.5 恢复期（1962 年至今）

中印边界冲突后，西藏边境贸易全部集中于中尼通道，先后开通了樟木、普兰、日屋—陈塘、吉隆、里孜 5 个口岸。中国商务部数据统计显示，中尼贸易额由 2000 年的 14.68 亿元上升到 2018 年的 79.18 亿元。20 世纪 80 年代，中印关系解冻，中印通道开始恢复，于 1992 年和 1993 年先后恢复了强拉山口、什布奇山口的边境贸易；2006 年 7 月 6 日重新开放乃堆拉山口边境贸易；2015 年 6 月，增开乃堆拉山口作为印度官方香客的朝圣新路线。其他的边境小额贸易市场虽然有所恢复，但受中印边境关系影响，多数处于关闭状态。实地调查显示，札达县楚鲁松杰乡、日土县都木契列近年来受中印关系影响逐步关闭；隆子县的加玉乡、准巴乡、斗玉乡和玉麦乡尚存有边境小额贸易往来。改革开放后，中不边境的小额贸易有所恢复（扎洛，2015），但受印度对不丹的外交控制影响，中不至今未建交，通道主要被印度控制。实地调查显示，当前中不之间的边贸市场主要集中在康马县涅如堆乡、错那市库局乡、亚东县帕里镇和堆纳乡、洛扎县色乡等地。

1.4　传统贸易通道演变的影响因素

从环喜马拉雅地区传统贸易通道的演变过程来看，自然环境、宗教、西藏地方及中央政权稳定、边贸政策、不同时期的战略利益是推动通道形成、发展、衰落和恢复的主要驱动力。其中自然环境和宗教推动了通道的形成和发展，西藏地区及中原地区政权稳定和边贸政策影响通道的发展，不同时期的战略利益是通道演变的核心因素，推动了通道的发展、衰落和恢复。

1.4.1　货物交换和宗教传播推动通道的萌芽和形成

史前时期各部族之间生产力的发展、人口数量的增加及生存环境和资源压力等条件，促使彼此间需要依靠贸易来维持生存和发展。喜马拉雅山脉北侧畜牧业发达，盛产羊毛、食盐、硼砂等物品，而山脉南侧盛产大米、小麦等粮食作物，人们为满足基本生活需求而产生盐粮交换，并形成了相互依赖的农业 – 贸易 – 牧业经济系统（Vasan，2006）。其中，作为必需品的食盐曾是这里贩运的代表性商品。由于山脉南侧缺乏食盐，因此南侧的食盐是由北坡所控制的。山脉北侧的牧民将食盐运到南侧进行盐粮交换，从农区换回的则是青稞及其他农产品（张建世，1994）。同时，从货物运输的距离和成本来看，边境地区比印度恒河平原和中国内陆地区具有显著优势（Karackattu，2013）。因此，以满足基本需求而发展起来的传统货物交换推动了通道的萌芽和形成。

吐蕃时期借助佛教传播开通了唐蕃古道和蕃尼古道等通道。克什米尔、不丹和锡金等地区的群众主要信仰佛教，长期以来一直是中国的藩属。同时，西藏阿里地区的冈仁波齐峰和玛旁雍错被印度教、佛教、本教和耆那教视作共同信仰的神山和圣湖（夏敏，2004）。自古以来，环喜马拉雅地区的民众就有通过强拉山口、什布奇山口等通道朝拜神山圣湖的传统，这些通道既是朝圣通道，也是传统贸易通道。

1.4.2　西藏及中原地区政权稳定和边贸政策影响通道的发展

吐蕃统一青藏高原，打通内外通道，连接中亚、南亚和东亚。中原地区建立强大统一王朝时期，采取积极的边疆政策，高度重视加强与包括西藏地区在内的边疆地区的交通联系，并逐步建立朝贡贸易体系，促进通道的发展。然而，在历代王朝的衰落时期，中原地区处在多个政权分治时期，其对青藏高原地区的经营能力相对减弱，通道被外部势力掌控。尤其是在民国时期，由于国内政局动荡，英国等帝国主义势力插手破坏，不断鼓噪"西藏独立"，竭力阻断中原地区与西藏地区之间的联系，控制环喜马拉雅地区通道，垄断贸易。

18 世纪以前，环喜马拉雅地区的贸易主要被克什米尔和巴勒布（今尼泊尔）的商人控制，并享有贸易特权，贸易主要集中于吉隆和聂拉木两条通道（许肖阳，2018）。1791 ～ 1793 年因商业贸易和货币而引发廓尔喀战争，战后清政府颁布实施《钦定藏内善后章程二十九条》，对边境贸易进行规范化管理，确立了喜马拉雅周边地区与清朝的朝贡关系，促进了通道的扩张。20 世纪初，英国入侵中国西藏，强迫签订《拉萨条约》，在亚东、江孜和噶大克通商口岸设立商务代表公署，享有贸易特权，利用殖民手段逐步开拓和控制环喜马拉雅地区的通道（扎西和刘玉，2014）。印度独立后，企图继承英国在环喜马拉雅地区的边贸政策，但中国通过加强西藏地区与中原地区通道的建设，逐步摆脱印度对其的控制和干扰。西藏和平解放后，中国实施援藏政策，加强中原地区与西藏的通道建设和商贸往来，积极恢复和发展边贸，促进通道的发展。1962 年后，中印和中尼在新的国际形势下，签订边贸协议促进通道的恢复和发展。

1.4.3　英国的殖民扩张和商业利益推动通道的发展

在殖民扩张和商业利益的驱使下，从西方传教士开始，英国一直寻求打通至中国中原地区的陆路通道，直到殖民印度时期才打通噶伦堡至拉萨的通道。从英国打通通道的方式来看，首先，利用工业革命的技术手段，降低生产成本，种植茶叶，发掘硼砂、盐等替代产品（Vasan，2006）；其次，通过修建铁路、公路等基础设施，改善可达性，降低运输成本，增强环喜马拉雅地区与印度恒河平原地区的贸易往来，削弱环喜马拉雅地区的传统货物交换；最后，通过战争吞并喜马拉雅山脉诸国，构建以英国为中心的"条约关系"，替代以中国为中心的传统"朝贡贸易"体制（李育民，2018），控制和打通环喜马拉雅地区的主要传统贸易通道，垄断贸易往来，将环喜马拉雅地区连入南亚市场，并一直延续到 1959 年。但受第二次世界大战影响，英国忙于战乱，使得藏南地区的达旺通道、察隅通道等通道的打通未能实现。

1.4.4　印度的战略误判和前进政策导致通道的衰落

印度独立后，试图继承英国殖民遗产，继续控制环喜马拉雅地区的主要传统贸易通道，垄断地区贸易。1950 ~ 1962 年，先后两次利用通道的控制对中国西藏实施贸易管制和禁运（戴超武，2013a，2013b）。同时，由于印度对中国的战略误判，认为"只要印度不对中国阵地发动进攻，无论印度派出多少哨所和巡逻队进入中国主张和占据的领土，中国都不会进行干预"，并开始实施"前进政策"（马克斯韦尔，1981）。最终导致 1962 年中印边界冲突，造成通道迅速衰落。

1.4.5　中国的战略需求推动通道的恢复和建设

20 世纪 80 年代，中印关系改善，传统贸易通道开始恢复，但由于战略互信及边界争端问题，边境通道恢复和建设缓慢。从已开通的什布奇通道、强拉通道和乃堆拉通道来看，主要表现为：商品清单过时（商品清单还停留在 19 世纪末 /20 世纪初的水平），单向贸易（只允许印度商人到西藏进行交易，而西藏商人不能进入印度进行交易）（Chettri，2018），只考虑通道的宗教朝圣功能，而忽视通道的商贸功能。从未开通通道来看，主要表现为：吞并锡金，限制乃堆拉通道的发展；控制不丹，阻断中不通道；在藏南地区设立"阿鲁纳恰尔邦"，并实施蚕食策略，挑起边界争端，拉拢日本和美国介入地区基础设施建设等，阻断藏南通道和西部通道。

"一带一路"倡议是当前中国统筹内外发展的重大倡议（杜德斌和马亚华，2015）。针对南亚地区提出了孟中印缅经济走廊、中巴经济走廊、南亚大通道建设、中尼印经济走廊和环喜马拉雅经济合作带等发展规划。然而孟中印缅经济走廊进展缓慢（林民旺，2017）。南亚大通道建设、中尼印经济走廊和环喜马拉雅经济合作带都需要跨越喜马拉雅山脉连接南亚腹地，环喜马拉雅地区的传统贸易通道将是相关规划实施的关键，迫切需要恢复和继续建设这些通道。

尼泊尔和不丹一直被视作"夹在两块巨石之间的山药"（Harris，2013）。印度试图通过双边协议来在南亚建立其霸权地位，并控制和干预尼泊尔、不丹等国的国家主权（Chand，2019）。2015 年 9 月，由于尼泊尔推出新宪法未能满足印裔马德西人的诉求，印度突然对尼泊尔实施能源禁运，导致长期依赖印度能源运输线路的尼泊尔经济几乎陷入停滞。然而，中国当前的南亚大通道建设、中尼印经济走廊和环喜马拉雅经济合作带等战略，符合尼泊尔渴望成为"中印之间的经济和文化桥头堡"发展诉求（Datta，2017）。因此，中尼通道的恢复和建设将是中国战略实施的首选。

印度是南亚市场的主体，近年来中国已成为印度最大的贸易伙伴、最大的进口来源和第三大出口市场，印度对中国出口的产品以资源型产品与原材料等初级产品为主，而中国对印度出口的产品以劳动密集型工业制成品为主，双方的互补性较强。但当前中印贸易主要通过海上通道完成，陆路通道的开发利用潜力较大。同时，由于中印边境通道的长期关闭，边境地区呈现出空心化（Bergmann，2016b），传统边贸市场消失，城镇衰落，农户生计方式发生变化，通过古老贸易路线发展起来的牢固的社会文化联系正在消失（Vasan，2006）等问题突出。但是边境地区旅游资源丰富，喜马拉雅山脉被印度教徒视作"精神空间"，朝圣旅游已成为喜马拉雅山脉西段南坡地区社会经济发展的主要驱动力（Sati，2015）。印度喜马偕尔邦边境地区多数受访者认为从什布奇通道前往神山圣湖朝圣的路线更短且更容易，通道的旅游开发潜力巨大（Vasan，2006）。中央第六次西藏工作座谈会议提出"建设好重要的世界旅游目的地"。据统计，2018 年西藏接待旅游人次达到 3368.7 万，实现旅游收入 490.1 亿元，创下历史新高，旅游业已逐渐发展成为西藏的支柱产业。为此，以旅游业的合作与发展来促进中印通道的恢复和建设，振兴边境地区，增强战略互信，符合中印两国的共同利益。尤其是在经济全球化背景下，地缘政治时代的对抗、冲突逻辑，正逐步让位于地缘经济时代的竞争逻辑（陆大道和杜德斌，2013）。中印两个大国的崛起需要彼此间的合作与发展，从阻断通道转变为恢复和建设通道，从军事对抗转变为经济合作。

1.5　小结

本章基于 GIS 技术手段，采用历史文献资料及实地调查数据，对环喜马拉雅地区传统贸易通道的空间分布特征、演变过程及影响因素进行了分析，结果表明：

环喜马拉雅地区主要的传统贸易通道有 31 条，其中阿克赛钦通道 4 条，中尼通道 6 条，中不通道 4 条，中印通道 11 条，自西向东在空间上形成了"一横多纵"的空间格局。

根据不同时期对通道产生重大影响的历史事件，将通道的演变过程划分为萌芽期（公元 7 世纪之前）、形成期（公元 7 世纪至 842 年）、发展期（公元 842 ~ 1959 年）、衰落期（1959 ~ 1962 年）和恢复期（1962 年至今）5 个时期。其中，萌芽期表现为高原人类活动扩张和部落之间的征伐促使通道的初步形成。形成期表现为吐蕃的统一和扩张促进通道的形成。发展期表现为 3 个方面：①因宗教纷争而导致通道出现一定程度的衰落；②环喜马拉雅地区形成以中国为中心的"朝贡贸易"体制，通道得到恢复和发展；③西方传教士和英国殖民者围绕打通至中国内地的通道而进行的百年探索，最后于 20 世纪初以武力形式打通了噶伦堡至拉萨通道，该通道发展至 1959 年成为环喜马拉雅地区最主要的贸易通道。衰落期表现为 20 世纪 60 年代中印边界冲突导致通道关闭。恢复期表现为，20 世纪 80 年代以来随着中印关系改善，传统贸易通道才开始逐步恢复。

喜马拉雅山脉南北两侧的自然地理环境差异性为通道的形成提供了基础，人们为满足生存需求而进行以"盐粮交换"为主的货物交换促进了通道的萌芽。藏传佛教的引入和传播促进了通道的形成和发展，但也因宗教纷争而导致通道衰落。中国西藏及中原地区政权稳定，规范边贸管理，促进了通道的有序发展。英国的殖民扩张和商业利益推动了通道的发展。印度的战略误判和前进政策引发了中印边界冲突，导致通道迅速衰落，造成环喜马拉雅地区长期陷入封闭、落后状态。中国"一带一路"倡议的实施及南亚地区的经济发展需求将推动通道的恢复和建设，但战略互信和边界争端问题将是通道恢复和建设面临的主要障碍，以旅游发展和振兴边境地区为基础，将是通道恢复和建设的主要切入点。

参考文献

伯戴克, 张长虹. 2012. 西部西藏的历史. 藏学学刊, (1): 135-176, 199.

戴超武. 2013a. 印度对西藏地方的贸易管制和禁运与中国的反应和政策 (1950—1962)（下）. 中共党史研究, (6): 24-37.

戴超武. 2013b. 印度对西藏地方的贸易管制和禁运与中国的反应和政策 (1950—1962)（上）. 中共党史研究, (7): 57-70.

董知珍, 马巍. 2012. 吐蕃王朝时期吐蕃与西域的交通及驿站述考. 社科纵横, (3): 126-128.

杜德斌, 马亚华. 2015. "一带一路"：中华民族复兴的地缘大战略. 地理研究, 34(6): 1005-1014.

多杰才旦. 1995. 关于丝路吐蕃道的交通路线问题. 传统文化与现代化, (4): 45-54.

多杰才旦. 2016. 吐蕃研究二三题. 中国藏学, (S1): 122-132.

房建昌. 2015. 近代西藏麝香之路考：兼论印度大三角测量局班智达、日本僧人河口慧海和侵藏英军噶大克考察团在沿路的活动等. 西藏研究, (4): 17-37.

戈尔斯坦 M. 2005. 喇嘛王国的覆灭. 杜永彬, 译. 北京：中国藏学出版社.

黄博. 2012. 三围分立：11 世纪前后阿里王朝的政治格局与政权分化. 中国藏学, 2(3): 35-42.

霍川, 霍巍. 2017. 汉晋时期藏西"高原丝绸之路"的开通及其历史意义. 西藏大学学报（社会科学版），32(1)：52-57.

霍巍. 2013. 从考古发现看西藏史前的交通与贸易. 中国藏学，(2)：5-24.

兰姆 A, 邓锐龄. 2016a 《英属印度与西藏》摘译（二）. 西藏民族大学学报（哲学社会科学版），37(2)：39-54.

兰姆 A, 邓锐龄. 2016b. 《英属印度与西藏》摘译（三）. 西藏民族大学学报（哲学社会科学版），37(3)：47-57.

蓝勇. 1992. 南方丝绸之路. 重庆：重庆大学出版社.

李涛. 2017. 曾与"丝绸之路"齐名的食盐之路. 中国盐业，(18)：64-67.

李育民. 2018. 晚清中外条约关系与朝贡关系的主要区别. 历史研究，(5)：53-70, 190.

梁俊艳. 2008. 论 18 世纪末至 20 世纪初英国对华陆路战略：以西藏为中心. 世界历史，(5)：47-55, 160.

梁俊艳. 2015. 《麦克马洪线》摘译（五）. 西藏民族大学学报（哲学社会科学版），36(6)：37-48.

林民旺. 2017. 中尼印经济走廊建设：战略价值及建设思路. 现代国际关系 (2)：31-39, 67.

刘志扬. 2017. 青藏高原及其周边地区的民族构成与文化互动. 民族研究，(2)：55-67, 124.

陆大道, 杜德斌. 2013. 关于加强地缘政治地缘经济研究的思考. 地理学报，68(6)：723-727.

陆水林. 2011. 新疆经喀喇昆仑山口至列城道初探. 中国藏学，(S1)：88-136.

吕红亮. 2017. 西藏之西 喜马拉雅最早的山民. 西藏人文地理，(3)：56-69.

马克斯韦尔 N. 1981. 印度对华战争. 陆仁，译. 北京：世界知识出版社.

史雷. 2017. 清代拉达克与新疆之间的交通路线研究. 云南大学学报（社会科学版），(5)：63-73.

仝涛. 2017. 西藏西部的丝绸与丝绸之路. 中国国家博物馆馆刊，(2)：6-16.

仝涛. 2020. 喜马拉雅的丝绸之路与古国风俗考：时代背景与考古新证. 中华文化论坛，(6)：13-23.

王小甫. 2016. 七至十世纪西藏高原通往西北之路 // 王小甫. 边塞内外. 北京：东方出版社：55-86.

吴从众. 1988. 英国入侵西藏东南地方史略. 西藏研究，(3)：35-42.

吴仕海, 阎建忠、张镱锂，等. 2021. 喜马拉雅地区传统贸易通道演变过程及动力机制. 地理学报，76(9)：2157-2173.

伍昆明. 1992. 早期传教士进藏活动史. 北京：中国藏学出版社.

西藏自治区交通厅, 西藏社会科学研究院. 2001. 西藏古近代交通史. 北京：人民交通出版社.

夏敏. 2004. 喜马拉雅山区宗教的生态分布. 西藏民族学院学报（哲学社会科学版），(6)：1-4.

谢延杰, 洛桑群觉. 1994. 关于西藏边境贸易情况的历史追朔. 西藏大学学报（汉文版），(3)：48-51.

徐近之. 1936. 西藏西康国防线上之通路及其重要. 地理学报，3(4)：713-726.

许肖阳. 2018. 西藏与南亚经济交流的历史与现实. 南亚东南亚研究，(4)：63-72.

扎洛. 2015. 西藏的边境小额贸易与边民增收：基于洛扎县的田野调查. 中国藏学，(3)：128-137.

扎洛, 敖见. 2017. 中国西藏与不丹之间传统贸易的三种模式. 中国边疆史地研究，(4)：126-135.

扎西, 刘玉. 2014. 西藏边境人口较少民族分布区传统贸易及其特点分析. 西部发展研究，(1)：15-22.

扎西, 普布次仁. 2014. 西藏边境贸易的历史演进与现实情况分析. 西藏大学学报（社会科学版），(4)：1-7.

张力. 1991. 历史上的印藏交通. 南亚研究季刊，(1)：41-48.

张云. 2016. 象雄王国都城琼隆银城今地考：兼论象雄文明兴衰的根本原因. 中国藏学，(2)：5-11.

张建世. 1994. 藏北牧民传统的盐粮交换. 成都：四川大学出版社.

郑度. 1988. 喜马拉雅山区与横断山区自然条件对比. 山地研究, (3): 137-146.

中国科学院青藏高原综合科学考察队. 1983. 西藏地貌. 北京: 科学出版社.

朱晨辉. 2014. 大博弈时代南疆与英属印度的通道研究. 南京: 南京大学硕士学位论文.

Bergmann C. 2016a. Trans-Himalayan trade in an imperial environment//Bergmann C. The Himalayan Border Region: Trade, Identity and Mobility in Kumaon, India. Cham: Springer International Publishing: 23-73.

Bergmann C. 2016b. Confluent territories and overlapping sovereignties: Britain's nineteenth-century Indian empire in the Kumaon Himalaya. Journal of Historical Geography, 51: 88-98.

Bolch T, Kulkarni A, Kääb A, et al. 2012. The state and fate of Himalayan glaciers. Science, 336: 310-314.

Chand B. 2019. Dynamics of rivalry between geographically contiguous regional powers: The case of Sino-Indian competition. Asian Politics & Poliy, 11(1): 122-143.

Chettri P. 2018. India-China border trade through Nathu La Pass: Prospects and impediments. Himalaya, the Journal of the Association for Nepal and Himalayan Studies, 38: 11-22.

Datta S. 2017. India: The Bridge Linking South and Southeast Asia. London: Global Policy and Observer Research Foundation.

Harris T. 2013. Trading places: New economic geographies across Himalayan borderlands. Political Geography, 35: 60-68.

Hayward G W. 1870. Journey from Leh to Yarkand and Kashgar, and exploration of the sources of the Yarkand River. The Journal of the Royal Geographical Society of London, 40: 33-166.

Karackattu J T. 2013. India-China trade at the borders: Challenges and opportunities. Journal of Contemporary China, 22(82): 691-711.

Kreutzmann H. 2007. Boundaries and trade - geopolitical implications in the Indo-Chinese mountain barrier of Eastern High Asia. Grenzen und Handel: Geopolitische Implikationen im Indisch-Chinesischen Spannungsfeld, 59(11): 4-11.

Lamb A. 1960. Britain and Chinese Central Asia: The Road to Lhasa, 1767 to 1905. London: Routledge and Kegan Paul.

Murton G. 2016. Trans-Himalayan transformations: Building roads, making markets, and cultivating consumption between Nepal and China's Tibet//Zhou Y M. Roadology: Roads, Space, and Culture. Chongqing: Chongqing University Press: 328-340.

Pande V. 2017. Borderlands, empires and nations: Himalayan and trans-Himalayan borderlands (c 1815-1930). Economic & Political Weekly, 52(15): 68-78.

Sati V P. 2015. Pilgrimage tourism in mountain regions: Socio-economic and environmental implications in the Garhwal Himalaya. South Asian Journal of Tourism and Heritage, 8(2): 164-182.

Vasan S. 2006. Indo-Tibetan border trade in Himachal Pradesh. China Report, 42(1): 41-55.

Wallrapp C, Faust H, Keck M. 2019. Production networks and borderlands: Cross-border yarsagumba trade in the Kailash landscape. Journal of Rural Studies, 66: 67-76.

Williams T. 2017. Silk Roads in the Kingdom of Bhutan and the development of a National Heritage Inventory. Archaeology International, 19: 122-133.

第 2 章

中印边境西段地区传统贸易通道的
形成与变迁

中印西段边境地区主要是指普兰以西的喜马拉雅地区，通常也被称作"西喜马拉雅地区"（张荣祖等，1982）。从行政区范围来看（图2.1），中国境内主要包括西藏西部阿里地区和新疆南部的和田县、皮山县。其中阿里地区主要涉及日土县、噶尔县、札达县和普兰县，新疆南部的和田县和皮山县主要涉及阿克赛钦地区（喀喇昆仑山和昆仑山之间的新疆柯尔克孜族和维吾尔族牧民放牧之地①。印度境内主要涉及喜马偕尔邦、北阿坎德邦及印控克什米尔地区。

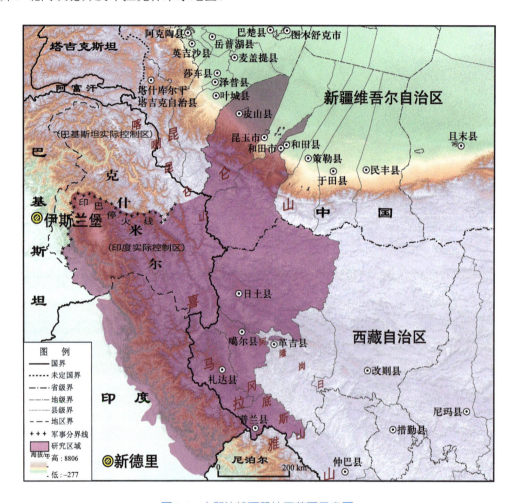

图2.1　中印边境西段地区范围示意图

2.1　历史时期中印边境西段地区概况

历史上中印西段边境地区，具有独特的地理环境，存在过大大小小不同的政权，

---

① 上海人民出版社编：《辞海·地理分册·中国地理》，上海：上海人民出版社，1977年，第4页。

也曾因为领土争夺而发生过众多族群的诞生或消亡。因此，依现在的分界线和边境区域的行政区划并不能完全反映这一区域的历史状况，当涉及这一区域的贸易发展和贸易通道开通的情况时，首先需要理顺这一区域历史上的行政区划变更与现状，以更清晰、准确地梳理历史时期中印西段边境地区贸易的发展及其商贸通道的变迁情况。

2.1.1　中印边境西段阿克赛钦范围和历史沿革

阿克赛钦，维吾尔语意为"中国的白石滩"，平均海拔在 4000 m 以上，盆地地势相对平坦，域内多内流湖，有著名的阿克赛钦湖，塔里木河的重要支流喀拉喀什河也发源于该区域。在现行中国的行政区划中，阿克赛钦大部分区域在和田县南部，主要划归喀什塔什乡和郎如乡，小部分区域在皮山县和西藏自治区阿里地区的日土县。其中和田县和皮山县在汉以来的历代史书中多有记载，而日土县则因位于西藏阿里地区而出现在汉文史料的时期较晚。和田和皮山二县的区域范围和政区变化具体情况详述如下：

1）历史上的和田县

和田县地处新疆维吾尔自治区西南部与印控克什米尔地区交界处，为古丝绸之路南路要冲，是东西方贸易的中转站。和田县为古于阗国地，"于阗"一名最早见于《史记·大宛列传》，始皇帝五年（公前 242 年），建立于阗国，张骞出使西域时"其北则康居，西则大月氏，西南则大夏，东北则乌孙，东则扞罙，于寘。"[①] 于阗在汉以来的文献中记载不一。唐代玄奘的《大唐西域记》和《新唐书》中称作"瞿萨旦那"，《大唐西域记》释瞿萨旦那，系梵语"地乳"之意。《元史》称"斡端"，又作"忽炭"，《元秘史》称"兀丹"，又称"忽丹"。《西游录》中称"五端"。《明史》初称"阿端"，又称"于阗"。清代称"赫探""里台"，又称"和阗"。清嘉庆《回疆通志》记载："和阗，毗沙府号右于阗，和阗为古于阗国，唐设毗沙都督府，西倚葱岭，于阗为和阗，相距一千三百余里。而叶尔羌乃其适中之地，和阗者，回人谓汉人为黑台，和阗即黑台之讹音，汉人众尚弃其众于此，故以汉人名其地。《西域闻见录》译为"赫探"[②]。清《西域释地》言"回人谓汉人为黑台，和阗即黑台之讹。由此可见和阗的名称记载不一定是因为音译不同，豁旦、五端、忽炭，均系同名异译。一说源自阗，于阗系古代尉迟部落名。一说系藏语，意为"玉邑"。一说为印地语"栅栏""牲畜圈"，或"碉堡"之意。

中原王朝自张骞凿空西域后，对和阗地区的控制和行政建制代代不绝。东汉末年，于阗为西域长史驻地，曹魏咸熙二年（公元 265 年），于阗属西域长史管辖。隋仁寿四年（公元 604 年），归服隋王朝。唐代在于阗设毗沙都督府，任其王为都督。景德三年（公元 1006 年），归喀喇汗王朝。元代于阗成为屯兵重地，设斡端宣慰使。光绪九年（公

---

① （汉）司马迁：《史记》，北京：中华书局，1963 年，第 3160 页。

② （清）和宁：《回疆通志》卷八，民国十七年铅印本。

元 1883 年），置和阗直隶州，辖洛浦、于阗两县。民国二年（公元 1913 年）改置和阗县。1920 年，析墨玉县置和阗道。1959 年 9 月，经国务院批准，按简化字规定，将和阗的"阗"改为"田"。和田地区自古以来作为丝绸之路的必经之地，和内地、西域诸国都有密切的联系。境内道路相通，车马行走，与外部区域也有道路相连。至清代时，主要官设大道有 2 条。

2）历史上的皮山县

皮山县以古国名命名。维吾尔族称皮山县为"固玛"，其含义尚不确定，有"小屋""笼子""可疑之地"等几种说法。《西域同文志》释："谓可疑也。初，其地人奉回教后，有逃去者，因以名之也。"《钦定皇舆西域图志》作"皮什雅"。皮山县位于新疆维吾尔自治区南部，塔克拉玛干大沙漠南缘，喀喇昆仑山北麓，东与和田县、墨玉县毗邻，西同叶城县相连，南与印度、巴基斯坦在克什米尔的实际控制区交界，北与麦盖提县、巴楚县接壤。地处 77°31′E ～ 79°38′E，35°22′N ～ 39°01′N，总面积 4.14 万 km²，其中山区占 37.9%，平原占 22.6%，沙漠占 39.5%。

皮山县隶属于新疆维吾尔自治区和田地区，在汉朝时期为皮山国地，《汉书·西域传》载："皮山国，王治皮山城，去长安万五十里，户五百，口三千五百，胜兵五百人。[1]"东汉时被于阗国所吞并，后来又复立。《汉书注校补》考证"皮山国，《三国志》作皮穴国，后《魏书》作蒲山国，今在叶尔羌所属之皮什南地[2]"。而《魏书·西域传》载"蒲山国，故皮山国也。居皮城，在于阗南，去代一万二千里，其国西南三里，有冻凌山，后役属于阗[3]"。即三国时为皮穴国，北魏时为蒲山国。自北周以后，皮山再度被于阗兼并，成为于阗的一个部分。清光绪八年，即公元 1882 年，皮山地属叶城县，隶属喀什噶尔道之莎车府。民国九年，即公元 1920 年皮山县隶属和田道；1929 年皮山县属和田行政区辖治。1936 年皮山县设置七个行政区。1941 年皮山县划为八大区。1946 年实行保甲制度，1949 年 9 月 25 日新疆和平解放，同年 12 月 25 日中国人民解放军进驻皮山县、军事接管旧政权。1950 年 3 月，新疆和田皮山县人民政府命名八个行政区。1954 年 4 月召开和田皮山县首届人民代表大会，选举出正、副县长，成立皮山县人民委员会。1956 年撤销八区建制，除小部分区域划归叶城县外，均并入二区。1957 年设皮山镇，改一区的一二两乡为镇直属乡。以后一段时期，先后实行过"人民公社""革命委员会"等。到 1981 年通过皮山县第八届人民代表大会复立"皮山县人民政府"。1984 年 10 月政社分设建乡政权，在以后的几年，依据人文、地理条件，在八社的基础上先后建立 15 个乡镇。1986 年，皮山镇更名为固玛镇（维吾尔族称皮山县为"固玛"）。2012 年皮山县辖 4 镇、12 乡。2021 年皮山县辖 6 镇、10 乡。

皮山县赛图拉镇，常接待来自印度方面的商民和香客。20 世纪 40 年代，每年货物交易量常达数百吨，赛图拉镇既是商业、军事重镇，也是中外商品集散地。

---

① （汉）班固：《汉书》卷九十六《西域传》，北京：中华书局，1962 年，第 3881 页。
② （清）周寿昌：《汉书注校补》卷五十三，清光绪十年周氏思益堂刻本。
③ （南北朝）魏收：《魏书》卷一百二列传第九十，清乾隆武英殿刻本。

2.1.2　中印边境西段阿里地区范围和历史沿革

从自然地理环境来看,阿里地区主要位于喜马拉雅山脉西段,西北边是帕米尔高原,北边是塔里木盆地,西边为印度平原,是中国西藏地区连接"古丝绸之路"的必经区域,也是印度和中国西藏地区的香客朝圣和贸易往来的必经区域。在中国现行行政区划中,阿里地区位于西藏自治区西部、青藏高原西北部,东起唐古拉山以西的杂美山,与那曲市相连;东南与冈底斯山中段的日喀则市仲巴、萨嘎、昂仁 3 县接壤;北倚昆仑山脉南麓,与新疆维吾尔自治区喀什市、和田地区相邻;西南连接喜马拉雅山西段,与克什米尔及印度、尼泊尔毗邻。在西藏文明发展过程中,这一区域早期为"象雄"(汉文记载为"羊同")区域,后来很长时间内统称"阿里",或为这一区域内的主要政权或族群实际控制。在近代边界以及边界线划分理论和实际运用之前,这一区域只是一个统一而又模糊的地理空间单位,其区域划分和命名往往随着生活在这片区域的族群或政权的更迭而变化。

中国学界基本认同阿里地区最早进入汉族史料时名为"羊同",而藏文史料中的"象雄"在很大程度上等同于"羊同"。然而就历史事实而言,"象雄"的概念出现及历史显然要比"羊同"更久远。石硕(1992)结合藏文典籍《汉藏史集》和《贤者喜宴》认为,新石器以来,父系氏族时代西藏地区已经出现了众多"小邦",并延续了很长时间。直到公元 4 世纪时,西藏高原范围内在不断征服和兼并小邦的基础上逐渐形成了象雄、吐蕃和苏毗三个势力较大的部落联盟。当然,这里面象雄是"形成年代最早、历史最古老"的部落联盟,其主要分布在今天阿里地区。据本教传说,其都城为琼隆城(堡),又称穹窿银城,即阿里札达县境内的琼隆。

作为一个部落联盟,象雄的实际控制范围、影响范围以及人们认知中的象雄统治区域在历史时期曾有一个发展变化的过程。本教学者扎顿•阿旺格桑丹贝坚赞参著的《世界地理概说》中讲到象雄分里、中、外三部分。"里象雄应该是冈底斯山西面三个月路程之外的波斯、巴达克和巴拉一带,这块土地上有大小 32 个部落,范围涉及今克什米尔地区、伊朗、阿拉伯、中国新疆维吾尔自治区一带;中象雄在冈底斯山西面的一天路程之外,那里有詹巴南喀的修炼地穹隆银城,为象雄王国的都城,这片土地曾经为象雄十八国王统治,本教文化史上的四大贤人就诞生在这里;外象雄是以穹保六峰山为中心的地区,又叫孙巴金雪,包括 39 个部落和北甲 25 个部落,这是现在的安多上部地区"(得荣•泽仁邓珠,2001)。

在《通典》所载的"大羊同,东接吐蕃,西接小羊同,北直于阗,东西千余里,胜兵八九万人"[①]中,羊同指象雄范围地区。《通典》也是阿里进入中原主体叙事史的开端,也基本是汉文史料对象雄统治范围及阿里地区的最早认知和唐以来的主流认识,影响了中国内地对象雄乃至继之而起的西藏西部阿里地区众多部落、政权的认知与了解。2001 年,杨铭在《羊同国地望辑考》中尽可能全面地列举了所有汉、藏文中关于"羊同"

---

① (唐)杜佑撰:《通典》卷一百九十《边防六》,北京:中华书局,1988 年,第 5177 页。

与"象雄"位置及范围的史料并众多关于大、小羊同与吐蕃关系的观点，认为大羊同的地理位置当以《释迦方志》所载更可靠。他指出大羊同东南为小羊同，其东为吐蕃，而小羊同在吐蕃西南。只是到8世纪中叶以后由于吐蕃的扩展，小羊同被迁到了大羊同以西，从而呈现了《通典》的记载（杨铭，2001）。

2018年，霍巍在《论古代象雄与象雄文明》中认为象雄的地理位置与《世界地理概说》所勾勒的范围比较接近，具体可分为上下两部分，其中

> 上象雄可能包括今克什米尔、西藏西部阿里高原以及印度和尼泊尔的一部及藏北羌塘高原，亦即史书中所记载的"大羊同国"，这里所说的"上"，按照藏语的习惯，主要有江河之"上部"与"北部"之意；而下象雄则主要是指沿喜马拉雅山南麓向西南延伸的西藏西南部吉隆（芒城、贡塘）以东的一大片土地亦即史书中所记载的"小羊同"（小杨同）。这里所言的"下"，在藏语中则主要有江河之"下游""南部"等含义在内，而作为历史上象雄王国的统治中心区域，则主要是在本教史籍中载的"中象雄"一带，亦即以今阿里古格王国所在地札达盆地及冈底斯山附近一带为其中心区（霍巍，2018）。

霍巍（2018）进一步肯定了前人的研究结论，指出象雄的东面，当以小羊同为界与吐蕃和苏毗接壤。他也直言"就目前所见的资料来看，还没有足够的证据表明象雄的疆域已达西藏东北部的多康地区"。

可以确定的是，在西藏早期的历史中，位于今阿里地区的象雄扮演了非常重要的角色，且8世纪以前的象雄地域范围远大于今天西藏西部阿里地区的范围。到吐蕃时，"尽收羊同、党项及诸羌之地，东与凉、松、茂、嶲等州相接，南至婆罗门，西又攻陷龟兹、疏勒等四镇，北抵突厥。地方万余里，自汉、魏已来，西戎之盛未之有也"[1]。热巴巾时期，其疆域"东方与汉人交界处的边哨抵达贺兰山，该山犹如被白绸覆盖，西方与大食交界处的边哨到达大夏海螺之门，北方与霍尔交界处的边哨抵达如象大鱼脊背的沙梁，南方到达如同水晶块的门达拉瓦底"（达仓宗巴·班觉桑布，1986）。可见吐蕃极盛时不仅有今阿里之地，还包含今拉达克地区，甚至今克什米尔部分区域。

尽管象雄（即羊同）在公元7世纪中期被吐蕃征服，但也仅仅作为吐蕃之下的众多部族之一，依然保留着部分政治权力，直到吐蕃瓦解，吐蕃王族后裔进入这一区域并取代象雄王族，从而产生"阿里"这一继象雄之后西藏西部地区的主要统称词。目前的学界都认同"阿里"是藏语音译，意为"属地""领地""领土"等。在当时，整个藏族地区主要包括上部"阿里三围"、中部卫藏四茹、下部多康六岗。其中上部"阿里三围"包括今西藏自治区的阿里地区，新疆南部昆仑山以北和塔克拉玛干沙漠之间的和田、于田等地区，以及西藏与克什米尔交界地带的拉达克地区（蒲文成和王心岳，2008）。简言之，当时的阿里应当还包括"印度喜偕尔邦北部和印控克什米尔地区的

---

① （后晋）刘昫等撰：《旧唐书》卷一百九十六上《吐蕃上》，北京：中华书局，1975年，第5224页。

拉达克（时称玛尔玉）、巴控克什米尔地区的巴尔蒂斯坦、尼泊尔北部"（阿里地区地方志编纂委员会，2009）。当然，应该注意到"阿里"这一概念形成的历史过程：7世纪以前，阿里地区主要统治于"象雄"，即"大羊同"。7世纪中叶随着吐蕃的征服，这一区域被纳入卫藏统治之下。然而在 7～10 世纪，这里虽然附属于吐蕃，但象雄王室依然实际占有这一区域，这里依然被称为"象雄"。10世纪以后，象雄王国被吐蕃取代，吐蕃后裔凭借在象雄地区的吐蕃王室势力成为这一区域的实际统治者（古格·次仁加布，2012）。伴随吉德尼玛衮以"领地"命名象雄故地并发展经营该地区，"阿里三围"的概念逐渐形成并逐步取代了"象雄"的命名，而逐渐以阿里之名留存于世（黄博，2011）。

"阿里三围"形成以后也并没有一成不变地保留着，而是随着活跃于这一区域的族群和政权的兴衰更替而发生剧烈的区域划分以及名称的变化。最初，吉德尼玛衮三子贝吉德日巴衮、扎西德衮、德祖衮三人的封地被称为"上部三衮"，其中长子贝吉德日巴衮封地芒域和勃律之间（主要在今拉达克地区），次子扎西德衮封地布让（今普兰，其后代为古格王系或阿里王系），幼子德祖衮袭封地象雄亚泽地方（陈庆英和高淑芬，2003）。之后，各自后裔相继在各地建立起许多小王朝，在不断征伐的过程中出现了古格、拉达克等强盛一时的区域政权。这一区域也先后有古格王朝、拉达克等的统治与称呼。这一点在清代众多史料都有记载，民国以来的史料亦有记述。1847 年前后进入阿里地区的英印勘界官从藏族人那里了解到的"西藏西部芒域、廓森和玛域三部合起来统称阿里"的概念足以说明"阿里"这一概念的历史延续性。据言：芒域包括定日、协噶尔、聂拉木、吉隆、贡塘等地，而玛域的主体部分是拉达克与巴尔蒂斯坦，廓森即指阿里基恰地区。

可以说，无论阿里地区的族群和政权变更多么频繁，这一区域在吐蕃之后的相当长时间里在政治上形成了自成一体的格局。黄博（2011）指出，阿里诸王在元、明时期与卫藏地区相继兴起的萨迦政权、帕竹政权都无政治上的隶属关系，但却与当时的中央政府保持着名义上的政治隶属关系，阿里地区也被安排在王朝的地方行政体系中。这一点，元、明正史都有记载，至元二十九年（公元 1292 年）元朝政府正式在西藏实施地方军政建制，"九月……丁亥，从宣正院言，置乌斯藏纳里速古儿孙等三路宣慰使司都元帅"[①]。明太祖于洪武八年（公元 1375 年）正式下诏置俄力思军民元帅府、帕木竹巴万户府、乌斯藏笼答千户所[②]，几百年内，上三部阿里地区同出一源的拉达克和古格争权夺势，几成水火。到 17 世纪 30 年代，拉达克攻占古格王城，持续 600 多年的古格王朝覆灭，拉达克一跃成为"阿里三围"的实际控制者，阿里地区的统治者又转向单一，但三围的概念已深入人心。

1642 年，西藏地方第二个统一政权甘丹颇章政府在蒙古和硕特部支持下成立。甘丹颇章政权并未实际控制"阿里三围"地区，阿里地区却实际控制在拉达克之手，"阿里三围"包括拉达克、亚泽等地作为一个整体的地域概念依然是西藏地区三部之一（黄

---

① （明）宋濂等撰：《元史》卷十七《世祖本纪》，北京：中华书局，1976 年，第 367 页。

② （明）官修：《明太祖实录》卷九十六，洪武八年正月庚午。

博，2011）。然而，实际控制阿里地区的拉达克因为对格鲁派的残酷打击从而产生了与甘丹颇章政权的军事冲突。到 17 世纪 70 年代末，甘丹颇章政府占领了"阿里三围"大部分地区，设置相当于卫藏地区的行政体制后，"阿里三围"地区大部分再一次统一于西藏地方政府之下。但这一时期的阿里地域范围与阿里行政区是有区别的，"阿里基恰（甘丹颇章政府的地级行政机构，主要包括原古格王朝统治区一部分）辖区之外的拉达克、亚泽等地，虽然不在甘丹颇章政府统治下，但它们仍是阿里的一部分，并在政治上与甘丹颇章政府具有宗藩关系，也是西藏的一部分"（黄博，2011）。

到清朝初期，清政府虽然取得了对西藏地区的地方统治权，也在阿里地区设置了相应的政权组织，但清政府与西藏的关系多有变动，对阿里地区的范围以及阿里与拉达克的关系认知都存在一定的错位。1644 年清入关后，因为与蒙古部族的关系，很顺利地发布了关于西藏统领权的诏书，也得到了实际控制西藏地区的蒙古和硕特部固始汗的认可。同时，顺治皇帝还积极派员进入西藏与藏传佛教领袖接触，延请其领袖人物进京朝见。1653 年，五世达赖喇嘛、四世班禅以及固始汗代表在京师受到顺治皇帝的高规格接待，顺治对五世达赖喇嘛的册封确立了清王朝对西藏地方的完全主权关系。然而，这一时期阿里地区各领主对本区域内的行政事务依然有较大的决策和控制权。

康熙年间，清王朝、蒙古和硕特部拉藏汗以及藏传佛教实际主持西藏地方政务的第巴·桑结嘉措围绕六世达赖喇嘛花落谁家展开了对西藏实际掌控权的争夺，甚至吸引了蒙古准噶尔部的参与。清王朝在废除仓央嘉措后，平定准噶尔部，从"振兴黄教、保安生灵，庶可以冀黄教久远，始终均得裨益的大局"出发，敕封了在理塘找到的灵童格桑加措为七世达赖喇嘛，稳定了当时西藏的政、教局势。乾隆四年时，多罗郡王管辖卫、藏、喀木与阿里，其时，清王朝认为阿里"东自藏界马尔岳木岭，西至巴第和木岭二千一百余里，南自匝木达喇岭，北至乌巴拉岭一千三百余里，此西藏极西边鄙也"[①]。

据载，当时阿里有五个大城，分别是布拉木之地的布拉木达克喇城，下有喀尔多木、日底二城；古格札什鲁木布则城，下有冲龙则布、龙楚、木尔的三城；拉达克城有扎实刚、丁木刚、喀式三城，以及毕底城和鲁多克城[②]。《西藏图考·地利类》概述了清代西藏阿里地区的界限范围及其与清王朝西藏之间的归属情况：

> 后藏之西为阿里，其西北界近底穆冈城，东有拉达克城，本一小部落也。东西境长一千五百余里，北至叶尔羌十八站，西北为克食米尔，西南为森巴，南为哲孟雄，洛敏汤，廓尔喀。又西南为披楞，其西境内有茫玉纳山，自茫玉纳山以西有地曰补仁，又西曰达坝噶尔，又西曰杂仁，又西北曰堆噶尔本，又西北曰茹妥，皆拉达克之地。堆噶尔本产金，五辈达赖喇嘛盛时，夺取此

---

① （清）穆彰阿，潘锡恩等纂修：康熙《大清一统志》卷三百五十二《西藏·建制沿革》，清道光九年 [1849] 木活字本。

② （清）穆彰阿，潘锡恩等纂修：康熙《大清一统志》卷三百五十二《西藏·建制沿革》，清道光九年 [1849] 木活字本。

五处，拉达克不敢较。道光十年，有张格尔余党，自叶尔羌逃至其地，拉达首长擒献，赏五品顶戴。又尝入藏，礼达赖班禅，后为西界外野蕃。森巴侵占其地，走唐古忒求救，驻藏大臣拒之弗纳，拉达克怨，反投森巴，诱之寇唐古忒，欲复茫玉纳山西故地[①]。

可以看到清代早期，现在的巴控、印控克什米尔都是拉达克部落的活动区域而属于清朝疆域。只是后来拉达克部落被森巴侵占，驻藏大臣未及时采取措施收回占领区域，才导致后来英国等侵占印度时，理所当然地认为这一区域不属于清朝疆域，对其进行侵占。

实际上，拉达克是青藏高原羌塘地区的自然延伸，在地理、政治、经济、民族、宗教、语言、文化等方面与西藏是不可分割的整体。这一点，在当时英国出版的大清帝国疆域图中就有体现。然而，作为一个政权，虽然受到中国历代王朝的管辖与领导，却又有一定的自主性，因此，在探讨族群之间商贸交流时，亦可将拉达克作为阿里古格王朝的贸易对象而论。

阿里地区现行行政区划下日土、噶尔、札达县在历史时期的状况及现状如下。

1）日土县历史沿革

日土，藏文意为"枪叉支架状山上"，又有"如妥"之别字，在宋文献中为"日托"，清文献写作"茹拖"或称鲁多克，为如朵宗、卢多克、罗多克（西藏自治区革命委员会测绘局和西藏军区司令部侦察处，1979）。其位于西藏自治区西北部，西与克什米尔接壤，北连新疆维吾尔自治区，东、南两面分别与噶尔、革吉、改则三县相邻，南距狮泉河120 km，是新疆进入西藏的北大门。日土发现的岩画和石器材料表明在一两万年前，这里就有先民生活。3世纪时，日土为象雄部落统治。644年，赞普松赞干布将象雄收归治下后，日土成为吐蕃属地。923年，赞普之孙吉德尼玛衮建立的阿里王统治了日土。10世纪中叶时，阿里王之长子受封成为拉达克王，日土西部归于拉达克王，其余部分为普兰境内的普兰王管辖。11世纪中叶时，日土归古格王朝统治。1630年，拉达克取代古格王朝，成为日土的实际拥有者和管理者。1686年，清康熙帝在阿里设置噶本政府，日土和其下辖的嚓卡、古巴（过巴）、加康（甲岗）、日土地巴几个区域（朗色和闫法臣，2016）成为噶本政府的下属政权。当时，众多文献记载该地治所名"鲁多克城"或"茹拖"或"罗多克喀尔"（阿里地区地方志编纂委员会，2009）。1960年1月成立日土县，县政府驻日土镇。1970年，日土县随阿里地区归新疆维吾尔自治区领导，1980年复还西藏自治区领导。1983年县政府驻地迁至德汝昆孜。

2）噶尔县历史沿革

噶尔，藏语意为"兵营"，汉文文献资料称"克尔""堆噶尔"等（西藏自治区革命委员会测绘局和西藏军区司令部侦察处，1979）。噶尔县在阿里地区的早期历史上并没有特别突出的地位，到10世纪时还是拉达克统属区域。直到1681年，甘丹才旺率兵收复阿里，途中在噶尔藏布中下游一带扎营，故名噶尔（阿里地区地方志编纂委员会，2009），

---

① （清）黄沛翘纂：《西藏图考》卷之六，清光绪甲午申荣堂本。

其后在阿里建立噶本政权，噶本驻地为噶尔昆萨和雅萨，噶尔成为阿里地区的政治和军事中心。1959 年 3 月，阿里地区进行民主改革，随后设立噶尔县，县政府驻地昆萨，1960 年 5 月从昆萨搬至雅萨，1966 年再次迁回昆萨，1988 年 9 月，由昆萨搬迁至狮泉河镇至今。噶尔县的西北与印控克什米尔地区相连，边境线长 98 km。

　　3）札达县历史沿革

札达县地处西藏西北部，阿里地区西南部，东接噶尔县，西接印度，北邻克什米尔，南靠普兰县。原为扎布让宗和达巴属地，1956 年 10 月两宗合并，1960 年 5 月成立札达县，县政府驻托林镇。札达，是扎布让和达巴的合称，藏语意为"草和箭"，扎布让则意为"独草"，达巴，藏语意为"射箭者，溪口居民"。达巴区又有"达卡、达噶尔豁、达咯尔、大巴、达吧、达坝喀尔、达巴喀尔、达巴卡宗、达巴宗"（西藏自治区革命委员会测绘局和西藏军区司令部侦察处，1979）等众多称呼和写法。扎布让则是古格扎什伦布、古格扎什鲁木布则城，明代文献写作"杂布兰"，又有"杂人、杂不让、则布龙、泽布隆、扎普兰宗、匝布朗宗、杂申宗、扎布兰宗"（西藏自治区革命委员会测绘局和西藏军区司令部侦察处，1979）等称呼或写法，傅恒对古格扎实伦博的解释是"古格旧地，名扎实伦博，吉祥山也，地以山名"[①]，主要指 10 世纪时，松艾在扎布让创立古格王系，到 17 世纪后期，西藏地方政府曾在此设立扎布让宗、达巴宗和曲木底本、萨让如本（阿里地区地方志编纂委员会，2009）。实际上，以上众多在明清文献中出现的表示札达县的名称也主要来源于此。

据统计，札达县边境线长达 575 km，占阿里地区边境线总长的 52%，是西藏自治区最边远、边境线最长、通外山口最多的县之一（杜莉等，2007）。札达县西部、西南部分别与印控克什米尔地区，印度的喜马偕尔邦、北阿坎德邦相连。

2.1.3　中印边境西段印度境内区域范围和历史沿革

中印边境西段印度境内的喜马偕尔邦、北阿坎德邦及印控克什米尔地区，在历史上曾有一些时段属于中国西藏的统治政权，正如印控克什米尔属拉达克在历史上的很长时期内是属于中国阿里地区一样。只是到了近现代边界划分过程中，受多方因素影响才被划入印度境内。这一区域印控克什米尔地区主要包含拉达克地区，南部的喜马偕尔邦主要涉及拉胡尔和斯皮提及金瑙尔两县，北阿坎德邦主要涉及北卡什、查谟利县、皮特拉加尔三县。各区县历史上与中国的关系和现状具体如下。

　　1）拉达克（Ladakh）

其位于喀喇昆仑山脉南缘、今印控克什米尔最东隅，是南亚次大陆通向西藏西部地区的咽喉要道，是连接南亚、中亚、中国西南和西北的重要交通枢纽和贸易往来的重要中转站。中国东晋高僧法显在 4 世纪曾路过拉达克，当时其名称为"竭叉国"；

---

　　① （清）傅恒撰：《钦定西域同文志》卷十八《西番地名·阿里属》，台北：台湾商务印书馆，1982 年，第 235 册，第 330 页。

7世纪大唐高僧玄奘西行求法也曾到此，称其为"钵露罗"，意为红土地（朱卫，2004）。历史上，拉达克地区是中国西藏的一部分，是"阿里三围"之一，其地理、民族、宗教、文化都和西藏非常接近，素有"小西藏"之称。以别于被称为"中央西藏"的卫藏地区，是古象雄之地。7世纪，吐蕃兴起后统一包括象雄在内的整个青藏高原，拉达克作为象雄王朝一部分隶属于吐蕃。9世纪中叶，吐蕃瓦解后，吐蕃末代赞普达磨曾孙吉德尼玛衮逃入，于10世纪初重新统一象雄各部，统称"阿里"，建都古格（今西藏札达）。吉德尼玛衮将其长子贝吉德日巴衮封于玛域，即拉达克，并在随后的发展中形成"拉钦王朝"。13世纪，元朝在中央设宣政院，在地方"置乌思藏纳里速古儿孙等三路宣慰使司都元帅"，管理西藏地方事务，其下属机构"纳里速古儿孙元帅府"，管辖地包括玛域（今拉达克）、古格（今西藏札达地区）和布让（今西藏普兰），拉达克统一于元朝。明朝期间，继续对西藏地方行使统治权，于洪武八年（公元1375年）在"阿里三围"正式设立"俄力思军民元帅府"等行政机构进行管理。15世纪中叶，贝吉德日巴衮另一支后裔推翻拉达克"拉钦王朝"，建立"南杰王朝"。17世纪初，拉达克王森格南杰趁古格上层求援之机，率兵占领古格，灭亡古格王国，重新统一"阿里三围"。

　　然而，拉达克的外部环境并不安稳，1586年莫卧儿帝国吞并克什米尔，迫近拉达克。1639年克什米尔的莫卧儿统治者发兵拉达克，强迫其称臣纳贡，拉达克并不履行。1663年莫卧儿皇帝奥朗则布巡视克什米尔，进行威胁，拉达克被迫许诺称臣纳贡。奥朗则布离开后，拉达克试图背弃许诺。1665年奥朗则布遣使拉达克，以兵威逼迫兑现许诺。自此，拉达克被迫臣服于莫卧儿帝国。与此同时，1642年，蒙古和硕特部固始汗扶持藏传佛教格鲁派首领五世达赖喇嘛在西藏建立甘丹颇章地方政权，确立格鲁派在青藏高原的统治地位。然而，拉达克崇奉旧有的藏传佛教噶举派，因教派冲突，1679～1684年，双方爆发战争。西藏甘丹颇章收复阿里古格和布让地区，拉达克开始臣服，每年遣使进贡，达赖喇嘛和班禅喇嘛成为拉达克的宗教领袖。1720年，清朝统一西藏，拉达克随之为清朝所属。

　　19世纪初，锡克王国崛起于旁遮普，占领克什米尔。信奉印度教、臣属于锡克的查谟土邦王公古拉伯·辛格野心勃勃，向四周侵略扩张。在锡克支持下，1834年，古拉伯·辛格发兵入侵拉达克，遭到顽强反抗。拉达克势单力薄，数次向西藏求援，清朝未能给予重视，任由事态恶化。1840年，查谟军顺势吞并拉达克以西的巴勒提斯坦，次年入侵阿里。至此，清朝方组织西藏地方军反击，击溃入侵军，击毙其统帅佐尔阿弗尔·辛格。1842年4月，西藏地方军攻入拉达克首府列城，与拉达克军民联合作战，力图恢复拉达克王权。古拉伯·辛格随即向拉达克增派大军，锡克政府也派遣大批援军。因实力悬殊，西藏地方军败退，拉达克军民反抗遭到血腥镇压。当时正值第一次鸦片战争，清朝无心恋战。当年9月，西藏地方军首领与查谟代表议和，达成停战协议，商定西藏与拉达克各守旧界和贸易惯例，拉达克照旧每年向拉萨遣使进贡。至此，存续800余年的拉达克王国灭亡，拉达克一方面被查谟侵占，另一方面仍在一定程度上维持着与清西藏地方的传统关系。

英国在南亚侵略扩张过程中，通过1845～1849年两次锡克战争，灭亡锡克王国。因战争中古拉伯·辛格转而协助并效忠英国，英国将克什米尔卖给古拉伯·辛格，合并为"查谟-克什米尔"土邦，封古拉伯·辛格为大君。其间，英国擅自将属于拉达克的拉胡尔（Lahul）和毕底（Spiti）（总面积约1.38万km^2）等地从拉达克划出，并入英属印度旁遮普邦。这样，拉达克丧失大片领地，被强行并入查谟-克什米尔。1947年英国在南亚的殖民统治结束，印巴分治，巴基斯坦控制了原吉尔吉特专区、巴勒提斯坦和蓬奇，此即"巴控克什米尔"。印度控制了原查谟、克什米尔和拉达克，设为"查谟-克什米尔邦"，此即"印控克什米尔"。原属拉达克的拉胡尔、毕底等地成为由原旁遮普邦分出的印度喜马偕尔邦的一部分。

1846年以后，英国侵吞了克什米尔地区，并占领了本属清西藏地方的拉达克地区。为了将所侵占的这一地区合法化，英国多次向清政府提出了划界的要求，单方面提出了"约翰逊线""马继业-窦讷乐线"等边界线，但直至1911年各届中央政府均未承认过拉达克是英属印度的一部分。

2）拉胡尔和斯皮提县（Lahaul and Spiti district）

其位于喜马偕尔邦东北部，北与印控克什米尔地区接壤，东与中国西藏阿里地区的札达县接壤，人口和城镇主要沿斯皮提河谷和拉胡尔河谷集中分布，首府为吉隆（Keylong），属于藏传佛教信仰地区，早期为古格王朝领地，古格王朝灭亡后为拉达克王国领地，后拉达克先后被锡克教徒和克什米尔人征服。马纳里（Manali）是通往拉达克的古老贸易路线的起点，也是通往拉胡尔与斯皮提县以及列城的门户[1]。

3）金瑙尔县（Kinnaur district）

其位于喜马偕尔邦东部，北与拉胡尔和斯皮提县接壤，东与中国西藏阿里地区的札达县接壤，人口和城镇主要集中分布于苏特莱杰河河谷，首府为卡帕（Kalpa）[2]。

4）北卡什县（Uttarkashi district）

其位于北阿坎德邦西北部，北与中国西藏阿里地区的札达县接壤，县治的名称与县名相同，叫作乌德尔格希或北迦尸，意为"神光照耀之地"，印度教的传说中，该地是6000年前由湿婆神创造的。首府为乌塔尔卡斯希镇，拥有众多印度教寺庙，是印度教的朝圣中心，人口和城镇主要集中分布于帕吉勒提河谷。恒河的两大源头之一帕吉勒提河发源于该县的根戈德里冰川；恒河的最大支流亚穆纳河发源于该县的本德尔本杰山亚穆纳斯特里冰川（亚姆诺德里冰川）[3]。

5）查谟利县（Chamoli district）

其是印度北阿坎德邦第二大县，东北部与中国西藏阿里地区的札达县接壤，首府

---

① Lahul and Spiti（Lahal and Spiti）District-Population 2011-2024. https://www.census2011.co.in/census/district/231-lahul-and-spiti.html.

② Kinnaur District-Population 2011-2024. https://www.census2011.co.in/census/district/240-kinnaur.html.

③ Uttarkashi District-Population 2011-2024. https://www.census2011.co.in/census/district/574-uttarkashi.html.

为戈佩斯瓦尔（Gopeshwar），是印度著名的印度教徒朝圣地及旅游胜地，土著民族为来自西藏的菩提亚人，人口和城镇主要集中分布于阿勒格嫩达河谷。位于喜马拉雅山脉南坡，气候类型亚热带季风气候，经济主要以农业为主，主要种植小麦、水稻、马铃薯和药材。境内主要河流为阿勒格嫩达河（恒河源头之一）。

6）皮特拉加尔县（Pithoragarh district）

其位于印度北阿坎德邦东北部，北与中国西藏阿里地区的札达县和普兰县接壤，东与尼泊尔接壤，首府为皮特拉加尔镇。该区域历史上曾属于尼泊尔，1815年，英属东印度公司入侵尼泊尔后归入印度，该地区是印度教徒进入西藏朝圣的必经之地，具有重要的战略意义。主要居民为库马盎人，少数民族为菩提亚人，人口和城镇主要集中分布于河谷。

通过以上简介可以看出，虽然按当代国际标准，将中印边境西段地区按国界线分为两部分。但因为相似的地理环境、宗教信仰和文化风俗，区域内的村庄和族群往往保持着相当密切的商贸往来。

2.2　清代以前中印边境西段对外贸易与通道发展

阿克赛钦地区和阿里地区在历史的早期就已经存在区域内的商贸交流和对外的交流与贸易。考古发现的古代岩画表明，古代的象雄与其北方的阿克赛钦、克什米尔等地存在一定的交通与联系。汉晋时期的文献对新疆和田的繁荣与周边区域的商贸来往记载颇多，如《西京杂记》记载："武帝时，身毒国献连环羁，皆以白玉作之，玛瑙石为勒，白光琉璃为鞍"[①]。阿里地区的对外交往历史虽不见于诸多史料文献之乘，但众多的考古发现显示这一区域的历史早在有文字记载之前就已经存在。阿里地区日土县的岩画、噶尔县花纹陶片等考古遗物亦反映出这一区域在石器时代的繁荣与发展。考古学家指出卡若遗址出土的一种靠近两端刻有横槽的长方形骨片与伊朗西部克尔曼沙区（Kermanshah district）甘吉·达维（Ganj Dareh）新石器时代早期遗址（碳14测定其年代约在公元前8000年）的骨片如出一辙，显示出西亚文化很可能与西藏文化产生过交流（四川大学中国藏学研究所和四川大学历史文化学院，2018）。他们又认为，克什米尔布尔兹霍门（Burzahom）的新石器遗址中发现的半地穴式房屋及长方形双孔石刀有受到中国黄河流域文化的影响，而同期西藏也有类似受中国黄河流域文化影响的遗迹，表明在文明的早期，西藏就已扮演着文明交流的中介的作用[②]。2017年12月以来在以札达桑达隆果墓地为主的考古发现，更是表明从战国晚期到魏晋晚期（公元前366年至公元668年）的近千年间，以札达为中心的阿里地区与其西部的众多族群、南部

[①]　（晋）葛洪：《西京杂记》卷二《武帝马饰之盛》，西安：三秦出版社，2006年，第79页。

[②]　Asthana S. History and Archaeology of India's Contacts with Other Countries, from Earliest Times to 300BC. New Delhi: B. R. Publishing Corporation, 1976, P.79. 转引自四川大学中国藏学研究所，四川大学历史文化学院编：《青藏高原考古》第5册，成都：天地出版社，2018年，第1750页。

的印度文明、东部的中原地区以及北部的新疆地区都有密切的交流与交往①。即在文明的早期，西藏就已经在中西交通中获得了相应的发展，其作为交通通道的作用也在历史发展早期就已经奠定。但是在历史发展的过程中，因为中国和中亚、南亚的政治局势的发展变化和欧亚大陆的民族迁移等原因，中国汉语史书关于阿克赛钦和阿里地区的记载在汉以来的不同时期略有侧重。在中西交流的过程中，两个区域因为其境内外政局变化，实际发挥作用的时期呈现出不同特点。西汉凿空西域后，于阗和皮山是丝绸之路南道上的重镇，在两汉的丝绸之路贸易网中发挥了重要的作用。到魏晋南北朝时期，因为中原与西域的动荡，吐蕃的崛起和西部阿里地区稳定发展的象雄则在丝路南道稍有式微的情况下发展了"高原丝绸之路"。吐蕃兴盛后控制了阿里地区，之后甚至一度北上控制了经过阿克赛钦地区的丝绸之路南道。吐蕃分裂、唐朝式微之后，阿克赛钦和阿里地区的政治局势也经历了一个动荡的时期，阿克赛钦先后被西洲回鹘、黑汗、于阗、西辽等政权控制，阿里地区则逐渐统一于古格、拉达克之下，此一时期的商贸，在历史基础上重点发展了区域内的贸易往来，稳固了汉唐时期形成的贸易通道。元明时期，西域于阗地区丝绸之路上的商贸发展和对外交流有进一步的发展，阿里地区虽统一于中央王朝之下，但史书记载依旧较少。到清代时，国家治边政策虽有从新疆转向西藏的倾向，对新疆和西藏的关注超乎以往时期，对阿里以及阿克赛钦的关注较历史上其他时期亦有增加。到清后期，在英、俄中亚博弈、中国东部地区被迫开放为门户的双重影响，以及晚清政府对该区域无力管控的情况下，阿克赛钦和阿里地区一度成为西方探险者的天堂，他们在侵犯中国边境安全的同时，也留下了不少珍贵资料。

2.2.1 汉晋时期的对外贸易和贸易通道

1）阿克赛钦的贸易状况与罽宾道、雪山道的发展演变

尽管考古资料显示早在汉代之前，西域与中亚的交流交往就已经存在，但于阗作为重要节点的文字记载最早主要见于汉代文献。阿克赛钦所属之于阗古国，始建于秦始皇五年（公元前 242 年），在西汉张骞出使西域时，已经与西域诸国乃至南亚印度和西亚大食等国有了频繁的商贸往来②。到张骞"分遣副使使大宛、康居、大月氏、大夏、安息、身毒、于寘、扞罙及诸旁国乌孙"③，以于阗为中心的地理框架逐渐为人所熟知，这一区域的商业贸易也逐渐进入中原史书体系。"自贰师将军伐大宛之后，西域震惧，多遣使来贡献"④。"自宣、元后，单于称藩臣，西域服从，其土地山川王侯户数道里

①　《2020 年度全国十大考古新发现：西藏札达桑达隆果墓地》，《中国西藏》2021 年第 4 期，第 91-93 页。

②　按：《汉书·西域传》西域 36 国之间地理上相互接壤，不是风俗相通或类似，就存在蒲犂国"寄田莎车"的习惯，且国家间物产、生计差异颇多，故可以想见当时西域诸国之间的交流与贸易。

③　（汉）司马迁：《史记》卷一百二十三《大宛列传》，北京：中华书局，1959 年，第 3169 页。

④　（汉）班固：《汉书》卷九十六上，北京：中华书局，1962 年，第 3873 页。

远近翔实矣"①。随着西域都护府的正式建立，汉廷对西域各地安辑方正的施行，西域于阗、疏勒等小国的经济和对外贸易获得了进一步的发展。实际上，自武帝时期张骞带来西域各国的信息后，西域与中原的商贸往来和朝贡交流就逐渐展开，元鼎六年汉初置酒泉郡，以通西北诸地，"益发使抵安息、奄蔡、黎轩、条枝、身毒国。而天子好宛马，使者相望于道"②。《后汉书·西域传》描述了当时于阗地区商道繁荣的景象，言当时"驰命走驿，不绝于时国月；商胡贩客，日款于塞下"③。东汉和帝在位期间（公元 89～105 年），天竺数遣使向汉廷贡献（殷晴，2017）。《汉书·西域传》记载当时罽宾国"其民巧，雕文刻镂，治宫室，织罽，刺文绣，好治食。有金银铜锡，以为器。市列。以金银为钱……出……珠玑、珊瑚、虎魄、璧流离"④。《后汉纪》还记载："大秦……凡外国诸珍异皆出焉，以金（银为钱），银钱十当金钱一，与天竺、安息交市于海中，其利十倍"⑤。可见当时丝绸之路沿线贸易的兴盛程度。

张骞出使西域，不仅打通了中原与西域的交通路线，还通过游历了解了当时西域多个国家之间的贸易及交通状况，以至于《汉书》成书时，西域南北两道均已为汉朝所有，并与西域以外的国家有了交流和往来。对于这一时期通往印度的道路，《汉书·西域传》记载于阗以西的皮山国"西南至乌秅国千三百四十里，南与天竺接……西南当罽宾、乌弋山离道。同样，皮山西南的乌秅国"西与难兜接"⑥，难兜以西为"鸡谷不通，以绳索相引而渡"⑦的悬度，同时难兜"西南至罽宾三百三十里"⑧，罽宾"东至乌秅国二千二百五十里，东北至难兜国九日行，西北与大月氏、西南与乌弋山离接"⑨，乌弋山离亦"东与罽宾接"⑩。即在汉代已经存在皮山、乌秅、难兜、罽宾构成的交通通道。对此，《后汉书》总结为"皮山西南经乌秅，涉悬度，历罽宾，六十余日行至乌弋山离国"⑪。《汉书》还记载汉成帝时汉使护送罽宾商人至悬度的具体行走路线，其言：

> 起皮山南，更不属汉之国四五……国或贫小不能食，或桀黠不肯给，拥强汉之节，馁山谷之间，乞匄无所得，离一二旬，则人畜弃捐旷野而不反。又历大头痛、小头痛之山，赤土、身热之坂。令人身热无色，头痛呕吐，驴畜尽然。又有三池，盘石坂道，陿者尺六七寸，长者径三十里。临峥嵘不测之深，行者骑步相持，绳索相引，二千余里乃到县度。畜队未半阬谷，尽靡

---

① （汉）班固：《汉书》卷九十六上，北京：中华书局，1962 年，第 3874 页。
② （汉）班固：《汉书》卷六十一，北京：中华书局，1962 年，第 2694 页。
③ （南北朝）范晔撰：《后汉书》卷八十八《西域传》，北京：中华书局，1965 年，第 2931 页。
④ （汉）班固撰：《汉书》卷九十六《西域传》，北京：中华书局，1962 年，第 3885 页。
⑤ （晋）袁宏：《后汉纪》卷十五《孝殇皇帝纪卷》，北京：中华书局，2002 年，第 302 页。
⑥ （汉）班固撰：《汉书》卷九十六《西域传》，北京：中华书局，1962 年，第 3882 页。
⑦ （汉）班固撰：《汉书》卷九十六《西域传》，北京：中华书局，1962 年，第 3882 页。
⑧ （汉）班固撰：《汉书》卷九十六《西域传》，北京：中华书局，1962 年，第 3884 页。
⑨ （汉）班固撰：《汉书》卷九十六《西域传》，北京：中华书局，1962 年，第 3884 页。
⑩ （汉）班固撰：《汉书》卷九十六《西域传》，北京：中华书局，1962 年，第 3888 页。
⑪ （南北朝）范晔撰：《后汉书》卷八十八《西域传》，北京：中华书局，1965 年，第 2917 页。

碎，人堕势不得相收视。险阻危害，不可胜言。……今遣使者承至尊之命。送蛮夷之贾，劳吏士之众，涉危难之路，罢弊所恃，以事无用，非久长计也。使者业已受节，可至皮山而还"①。

对以上行走路线中为数不多几个地点的现今地理位置目前已有一定的共识：头痛山，据《新唐书》《通典》记载在喝盘陀西南，喝盘陀，即今葱岭中之撒里库尔，头痛山应该就在其附近，即在帕米尔高原上，属于今新疆维吾尔自治区塔什库尔干塔吉克自治县②。悬度，"就是印度河，特别是从吉尔吉特河与印度河的汇合处起，直至吉拉斯及其以西一带的印度河"（殷晴，2017；余太山，2009；陆水林，2011；艾哈默德·哈桑·达尼，2011），在今塔什库尔干西南（干福熹，2007）。此外殷晴研究认为乌秅当在罕萨河的中游谷地（殷晴，2017）。而汉代罽宾在今克什米尔一带，魏晋时期在喀布尔下游，东晋南北朝时期指迦湿弥罗，隋唐为迦毕试，主要是犍陀罗地区（石云涛，2007）。同时，学界也将这条路线称为"罽宾道"。对于"罽宾道"，石云涛提出其路线为"西域经丝路南道，翻越葱岭，过塔什库尔干（竭盘陀）至瓦罕谷地途中，越明铁盖达坂等处，可南下吉尔吉特（在今克什米尔），进而抵达罽宾、乌苌、犍陀罗等地，便进入北天竺，这是中国和北印度之间最早的一条陆路"。同时，其也指出汉唐以来，频繁的佛教活动促成了"罽宾道"的贯穿和繁盛（石云涛，2007）。

根据《汉书·西域传》记载，可以认为这条始于皮山，终于罽宾或经罽宾至乌弋山离（当时役属安息③）的通道最迟在汉武帝时期，罽宾来朝时已经全线打通。至于这条通道的开辟时间，《大汉辉煌 丝绸之路的盛大开拓》一书引用《佛祖统纪》《大唐大慈恩寺三藏法师传》两本佛经关于于阗为阿育王部下翻越大雪山移民而建成的记述认为先秦时，经过塔什库尔干的克什米尔（汉罽宾）和于阗一道已经成为中印交通的一条重要通道，到西汉时发展成为"乌秅罽宾道"（《大汉辉煌》编委会，2018；武斌，2018a，2018b）。武斌在《丝绸之路史话》《丝绸之路全史》中亦表达了相同的意思（武斌，2018a，2018b）。干福熹等指出位于喀布尔河下游今克什米尔一带的罽宾经过大雪山中的谷道进入南疆（于阗）的通道为"罽宾道"，两者之间的具体路线为从新疆皮山西南行，经叶尔羌河上游，越过帕米尔高原的县度到罽宾，南行越过乌弋山离至印度（干福熹，2007）。《新疆古代道路交通史》称为"罽宾丝道"（新疆维吾尔自治区交通史志编纂委员会，1992）。李崇峰在《佛教考古从印度到中国》一书中总结到连接中印，始发于阗所属之皮山的通道一般称为"罽宾道"，该道是丝绸之路新疆段南道的重要支线（李崇峰，2015）。由此，则可以看出秦汉时期，西域通印度的"罽宾道"已经开辟，并有了成熟的路线体系。

实际上，考虑到《汉书》中各国间距离数据基本靠人为行走测量得来，而相对方位大致可以参考的情况，我们可以认为当时的皮山以西已经有了比较发达的交通网络。故在汉代，皮山至罽宾，西域至天竺的道路均可沿已知路线及相对方位而绕行到达未

①（汉）班固撰：《汉书》卷九十六《西域传》，北京：中华书局，1962年，第2886-2887页。
②辞海编辑委员会编：《辞海 地理分册 历史地理》，上海：上海辞书出版社，1982年，第359页。
③（汉）班固撰：《汉书》卷九十六《西域传》，北京：中华书局，1962年，第3888页。

知区域或只知方位而暂无直达通道的地方。因此，可以认为当时西域通天竺的通道当不止罽宾道，甚至皮山至罽宾的道路也不止经过乌秅的一条道。《新疆古代道路交通史》即认为两汉的葱岭地区除了上述罽宾道外，还有张骞出使大月氏返回时"从明铁盖山口西行，翻克克吐鲁克达坂至葱岭地带，右傍尸弃尼国，左傍古商弥国，穿过走廊值拜克拉（今阿富汗东部）"的瓦罕道北线和"从于阗西南行至葱岭，再西行至波律国，度雪山至罽宾"的瓦罕道南线，以及由皮山至乌秅的两条通道（新疆维吾尔自治区交通史志编纂委员会，1992）。比较罽宾道、瓦罕道和乌秅道的具体走向，可以发现罽宾道、乌秅道均以皮山为起点，而乌秅、罽宾均在皮山西南，故乌秅道当是罽宾道之一段。就整体而言，"罽宾道"更能概括地反映皮山、乌秅、罽宾之间的交流通道。据该书"葱岭丝路及其分道示意图"中瓦罕、皮山、罽宾三者之间的相对位置以及作者所绘道路图，可以认为瓦罕道为皮山至罽宾之间的另一条通道，即可以认为两汉时期皮山至罽宾之间的"罽宾道"通道有两条具体路线：一条是西行至瓦罕，再东南至罽宾；另一条是西南行经乌秅至罽宾。

1989年季羡林提出佛教传到中国的路线有二：一是从印度经过大月氏（大夏），即今阿富汗和巴基斯坦北部地区，而后到中国；二是直接从印度经过中亚新疆的小国到中原地区（季羡林，2007）。即在佛教传入中国的过程中，中印之间已经开辟了两条通道。对此，1992年出版的《新疆古代道路交通史》指出在公元前5～公元前4世纪时，中国北方形成的丝绸之路"起自辽东，经蒙古草原，向西经科布多，沿天山北麓，向西北，经新疆的塔城地区进入今中亚费尔干纳盆地，折向南行，一路经阿富汗抵印度，一路经叙利亚向西至东罗马"（新疆维吾尔自治区交通史志编纂委员会，1992）。公元前3世纪，因为匈奴、羌族等的崛起，除了以前的丝绸之路南北道之外，还有丝路青海道"从阳关西南行进入新疆，或经西宁，沿大通河，经湟水流域，穿过柴达木盆地，沿昆仑山北麓，经于阗、叶城、莎车，折向南至塔什库尔干，又经明铁盖山口，逾葱岭至今巴基斯坦境内"（新疆维吾尔自治区交通史志编纂委员会，1992）。此外，国内学者多用托勒密在公元150年（东汉和平元年）《地理学》一书中的叙述反映两汉的中印西段交通通道。据言"从中国不仅有一条路通过石塔（帕米尔瓦罕谷）到巴克特里亚，而且还有一条路可通印度华氏城（今巴特那）"（石源华，1991）。查阅相关资料可知，巴克尔利亚为汉代的大夏，主要指今阿姆河以南，兴都库什山以北的区域。华氏城即华子城，在今比哈尔邦巴特那附近[①]。比较《地理学》中的两条通道与罽宾道、丝绸之路的走向和站点位置，可知通往巴克特里亚的通道当是丝绸之路路线，而非罽宾道。而通往华氏城的路线《地理学》中并没有说清楚，因此难以说明罽宾道与这条通道的关系。

不过近些年众多研究者提出，在秦汉时期，上述"罽宾道"虽为中印交通的捷径，但通行艰难，所以当时中印间的贸易交通还有一条"中印雪山道"，又称为"中印阿富汗道"。然而，对于雪山道之雪山，众多著述中的叙述表达了两种含义：一种观点

---

① 辞海编辑委员会编：《辞海 地理分册 历史地理》，上海：上海辞书出版社，1982，第369页。

认为雪山即指今兴都库什山，另一种观点则体现为中印交通时经过的所有雪山的概称。例如，王志强和俞丽娟（2016）在《青藏历史移民与民族文化的变迁》中提到"雪山是古代印度人和中亚南部人对喜马拉雅山和兴都库什诸山的总称"。另外，1985年沈福伟指出，《释迦方志》记载了唐朝时中印间的三条交通通道，其中东道为唐代开辟的吐蕃泥婆罗道，又称为中印藏道，"中印藏道介于中印缅道和雪山道之间"（沈福伟，1985）。众所周知，中印缅道为我国中原地区经四川、云南，后经缅甸进入印度的通道，且缅甸在泥婆罗（今尼泊尔）东，则唐代时的"雪山道"为《释迦方志》中的北道和中道，即雪山道为中印交通中一些路线的概称，雪山则泛指通道上所有冰雪覆盖的山。此外，对《释迦方志》中三条通道的引用及"中印藏道介于中印缅道和雪山道之间"的总结又见于武斌《中华文化海外传播史》（武斌，1998）和陈志贵《唐太宗》等书（陈志贵，1995）。因此，可以认为雪山道是一种概称的说法在学界有一定的认可度。当然，位于亚洲中南部的兴都库什山是一条山脉的名称，且山上有众多河谷及山口，因此翻越兴都库什山的通道当也有多个，这是可以肯定的，故雪山道当不止一条具体路线。

"从克什米尔经过塔什库尔干至于阗这一中印雪山道"（石源华，1991）和"经塔什库尔干出明铁盖山口沿喷赤河上游西行，再由昆都士或巴尔克南转旁遮普，称为中印雪山道"（范毓周等，1993）是常被提及的中印西段交通中的主要路线。然而，"经塔什库尔干的克什米尔—于阗通道为中印交通的重要线路，西汉时发展为乌秅、罽宾道"（范毓周等，1993），而"雪山道"则专指"经塔什库尔干出明铁盖山口沿喷赤河上游西行，再由昆都士或巴尔克南转旁遮普"（范毓周等，1993）的路线，是得到众多学者认可的观点。如1997年，《中国文化杂说》指出公元前3世纪以来"中印雪山道主要经过塔什库尔干出明铁盖山口沿喷赤河上游西行，再由昆都士或巴尔克南转旁遮普"。该书还提出当时有一条取道昆都士经过迦毕（遗址在今喀布尔北帕格曼），由塔克西拉南下通印度孔雀帝国都城华氏城（即今天巴特那）的道路（关立勋，1997）。由于该书作者将两条道路均放在"艰难的雪山佛道"标题下，先引出了"中印雪山道"的定义，而后再详述了具体路线，故可以认为该书以为两汉时期中印之间交通的通道被统称为"中印雪山道"，但雪山道不止一条路线。

对于雪山道的具体走向和路线，贾应逸和祁小山（2002）认为雪山道当是从中国喀什西出帕米尔，进入今巴基斯坦境内的斯瓦特地区，从而到达印度。2005年胡世庆的《中国文化通史》一书亦言"中、印贸易大都由塔什库尔干出明铁盖山口，沿喷出河上游西行，再经昆都士或巴尔克南转旁遮普"（胡世庆，2005）。2007年，《丝绸之路上的古代玻璃研究》指出雪山道"经过塔什库尔干出明铁盖山，沿喷赤河上游西行，至巴尔克南后，东南向越过兴都库什山，经过喀布尔、白沙瓦，进至旁遮普（印度）"（干福熹，2007）。同年，石云涛指出"雪山道"从于阗出发，经渠沙国（莎车国）、阿钩羌国、波沦国（波路国）、小月氏国，其走向是"经西域南道翻越葱岭，过塔什库尔干（竭盘陀），至瓦罕谷地。瓦罕谷地以西有伊什卡什姆、法扎巴德、塔利甘、昆都士、巴尔赫（巴克特里亚）等阿富汗北部城市。巴尔赫通向西北方的道路，在伊朗的麦什德与伊朗北道相接。巴尔赫南下经巴米扬大佛所在的巴米扬盆地，可到达喀布尔，自喀布尔向西南方向行进，经过加兹尼、坎大哈可达伊朗南道。自喀布尔继续东南行抵犍陀罗”（石云涛，2007）。2010年，廖肇羽在《南北纵向丝路与环塔里木文明融合》一文中指出“丝路南线从皮山西南行，越巴基斯坦达丽尔（悬渡），经阿富汗喀布尔（罽宾）、阿富汗南部（乌戈山离），行至波斯湾头（条支），如果罽宾折向南面雪山道，至印度河口（今巴基斯坦卡拉奇），连接海上丝绸之路也可以转到波斯和罗马等地”（廖肇羽，2010）。2016年，王志强和俞丽娟在《青藏历史移民与民族文化的变迁》中提到的“藏北雪山道从西藏的西北，穿越阿里高原，经过塔什库尔干出明铁盖山口，沿喷赤河上游西行，取道昆都士或巴尔克，转向东南越兴都库什山，经过今阿富汗喀布尔、白沙瓦，进至怛叉始罗（今巴基斯坦沙德里西北之哈桑阿卜杜勒），南下进入今印度的旁遮普”（王志强和俞丽娟，2016）。虽然说法众多，但重要站点基本一致，路线也比较明确。即主要经过塔什库尔干、明铁盖山口、喷赤河、巴尔克南或昆都士、兴都库什山、喀布尔、白沙瓦，最终到达旁遮普。

以上众多研究可得出几点结论：①当雪山道的含义为所有经过雪山之通道时，罽宾道可以包含在雪山道之下。②当雪山专指兴都库什山时，罽宾道在雪山道东侧，较雪山道距离更短。

“罽宾道”和“雪山道”形成后，中印西段的交通也不尽然沿着这两条路线行走。毕竟葱岭以西的山谷、河流众多，翻越兴都库什山的山口也不止一两个，而且因为两汉在西域的经营，对西域以及中亚、南亚政局都有一定影响，当汉朝衰落后，这一区域的政局也被动或自发地发生了变化。所以石云涛提到3～6世纪时出葱岭的通道有三，除了上述“雪山道”外，还有“经朱俱波等国西行而后至乌苌国”西行取经之路和法显经“于阗、子合、于麾、竭叉诸国，度葱岭至北天竺陀历，渡辛头河至乌苌”入天竺之路线。据其考证，汉罽宾—悬度一线便在法显所行路线上（石云涛，2007）。殷晴也根据《汉书》《后汉书》《魏略·西戎传》等关于大月氏人所建贵霜帝国对罽宾等的征服和于阗、皮山政治形势的变化，认为《魏略·西戎传》中“从玉门关西出，经婼羌转西，越葱岭，经悬度，入大月氏”[①]的路线与《后汉书》记载的莎车国“西经蒲犁、无雷至大月氏”[②]的路线方位与走向完全不同，即到三国时期西域经帕米尔高原至天竺的道路已经发生了变化。实际上，后秦弘始二年（公元400年），法显西行，“进向子合国，在道二十五日，便到其国（罽宾国）”[③]，具体经过了葱岭、于麾国（汉乌秅）、竭叉国，又渡河到乌苌国、犍陀卫国。民国《新疆志稿》记载其路线“自于阗而南经皮山，今莎车府皮山县；西夜，今蒲犁厅。上葱岭蹑悬絙，今进坎巨堤境亦攀绳桥而渡，而至罽宾，今克什米尔，则可入于天竺”[④]。殷晴指出此为“从于阗向南经赛图拉通过

① （晋）陈寿：《三国志》卷三十，北京：中华书局，1959年，第859页。
② （南北朝）范晔撰：《后汉书》卷八十八《西域传》，北京：中华书局，1965年，第2923页。
③ （东晋）沙门释法显撰；章巽校注：《法显传校注》，北京：中华书局，2008年，第16页。
④ （民国）钟广生撰：《新疆志稿》，台北：台湾学生书局，1967年，第56页。

喀喇昆仑山口,向亦称为罽宾的克什米尔谷地进发"的通道,是"大体上循沿汉道而选择捷近的路线",却也是《汉书·西域传》未载的路线,当是汉代未开发的通道(殷晴,2017)。《魏书》也记载北魏太延年间(公元 435 ~ 440 年)散骑侍郎董琬、高明等出使西域,而后使者自天竺、罽宾还,"俱会鄯善"。他们的往返路线为"其出西域本有二道,后更为四:出自玉门,渡流沙,西行二千里至鄯善为一道;自玉门渡流沙,北行二千二百里至车师为一道;从莎车西行一百里至葱岭,葱岭西一千三百里至伽倍为一道;自莎车西南五百里葱岭,西南一千三百里至波路为一道焉"[①]。可见在汉晋时期,西域于阗通天竺等国的通道众多。

对于法显等所行路线及沿途状况,《佛国记》有详细记载,《高僧传》则记载:

> 晋隆安三年,与同学慧景、道整、慧应、慧嵬等发自长安,西渡流沙。上无飞鸟,下无走兽。四顾茫茫,莫测所之。唯视日以准东西,望人骨以标行路耳。屡有热风恶鬼,遇之必死。显任缘委命,直过险难。有顷,至葱岭。岭冬夏积雪,有恶龙吐毒,风雨沙砾,山路艰危,壁立千仞。昔有人凿石通道,傍施梯道,凡度七百余所。又蹑悬絙过河,数十余处,皆汉之张骞、甘英所不至也。次度小雪山,遇寒风暴起,慧景噤战不能前,语显曰:"吾其死矣。卿可前去,勿得俱殒。"言绝而卒。显抚之泣曰:"本图不果,命也奈何。"复自力孤行,遂过山险。凡所经历三十余国。将至天竺,去王舍城三十余里,有一寺,逼冥过之。显明旦,欲诣耆阇崛山,……显既至山,日将曛夕……显独留山中……明晨还返……进至迦施国……后至中天竺[②]。

对法显前往印度的路线及沿途诸国情况,现当代多有研究。一般认为从帕米尔高原到小雪山也就是今迦布罗城东南之西非得山后到天竺,但是"所经历三十余国将至天竺"中的三十余国可能是总共路途所经,而不是从长安出发到天竺中间有三十余国。

与此同时,西魏时期僧人阇那崛多"逾大雪山西足,固是天险之峻极也。至厌怛国,既初至止,野旷民希,所须食饮,无人营造。崛多遂舍具戒,竭力供侍。数经时艰,冥灵所祐,幸免灾横。又经渴罗槃陀及于阗等国,属遭夏雨寒雪,暂时停住。既无弘演,栖寓非久,又达吐谷浑国、便至鄯州。……十人之中,过半亡没,所余四人,仅存至此"[③]。大致就是喀菲利斯坦到今阿母河南诸地过葱岭撒里库尔一带以及于阗地区再继续东行。而《洛阳高僧传》提到隋朝达摩笈多曾"逾雪山西足,薄佉罗国、波多又拏国、达摩悉鬓多国……又至渴罗槃陀国……又至沙勒国……又至龟兹国……间行至乌耆国……渐至高昌……又至伊吾……踟蹰进退乃任前行,遂达于瓜州"[④]。这与阇那崛多在刚开始所选择路线相同,后进入新疆之后选择的是北道。可以由此看出这条路应

---

① (北齐)魏收撰:《魏书》卷一零二《西域传》,北京:中华书局,1974 年,第 2261 页。

② (南北朝)释慧皎撰:《高僧传》卷三,北京:中华书局,1992 年,第 87-88 页。

③ (唐)释道宣撰;赖永海释译:《唐高僧传》,北京:东方出版社,2019 年,第 41 页。

④ 王孺童:《王孺童集》第 13 卷《比丘尼传校注·雪峰义存法嗣行录汇考·洛阳高僧传》,北京:宗教文化出版社,2018 年,第 534 页。

该是当时商人所选择较多的一条贸易通道。

另外，南朝释智猛的西行路线记载如下：

> 渡河跨谷三十六所，至凉州城。出自阳关，西入流沙，陵危履险，有过前传。遂历鄯善、龟兹、于阗诸国，备睹风化。从于阗西南行二千里，始登葱岭，而九人退还。猛与余伴进行千七百里，至波沦国，同侣竺道嵩又复无常，将欲阇毗，忽失尸所在。猛悲叹惊异，于是自力而前，与余四人共度雪山。渡辛头河，到罽宾国。国有五百罗汉，常往反阿耨达池……孟于奇沙国……。复西南行千三百里，至迦惟罗卫国……后至华氏国[①]。

鄯善国大约距今罗布泊南岸不远，龟兹即今库车县，波沦国即博罗尔今巴基斯坦吉尔吉特一带，雪山即大雪山，兴度库士山，在帕米尔南，随后到罽宾国，大致就是如今所说的于阗-罽宾道。

南朝宋永初元年释昙无竭"招集同志……远适西方。初至河南国，仍出海西郡，进入流沙，到高昌郡。经历龟兹、沙勒诸国，登葱岭、度雪山，障气千重，层冰万里。下有大江，流急若箭，于东西两山之胁，系索为桥，十人一过，到彼岸已，举烟为帜。后人见烟，知前已度，方得更进；若久不见烟，则知暴风吹索，人堕江中。行经三日，复过大雪山，悬崖壁立，无安足处。石壁皆有故杙孔，处处相对。人各执四杙，先拔下杙，手攀上杙，展转相攀，经日方过。及到平地相待，料检同侣，失十二人。进至罽宾国。……复西行至辛头那提河，汉言师子口。缘河西入月氏国。……后至檀特山南石留寺。……复行向中天竺界。路既空旷，唯赍石蜜为粮，同侣而有十三人，八人于路并化，余五人同行。……将至舍卫国……后度恒河。……后于南天竺随舶汎海达广州"[②]，与法显相同，从陆路前往，自南天竺乘船归广州。

殷晴研究认为汉晋时期，随着商贸通道的变化，中印西段贸易节点城市也有兴衰变化。罽宾是得到公认的当时的中西贸易中转站，其变化尤其明显。汉与西方大秦的贸易往来是通过安息与印度两地中转，所以作为交通枢纽的罽宾国首都循鲜城，即塔克西拉（Taxila）从事转口贸易，获利甚多，城市建设颇具规模（殷晴，2017）。按《汉书》记载，罽宾国"东至乌托国二千二百五十里。东北至难兜国九日行。西北与大月氏、西南与乌弋山离接。"[③]可见罽宾的交通位置优越。又载"罽宾实利赏赐贾市，其使数年而一至云"[④]，但罽宾的来人"无亲属贵人，奉献者皆行贾贱人，欲通货市买，以献为名"[⑤]，可见在张骞打通西域交通以后，罽宾来使频繁，且其使节中部分假借其名来

---

① （南北朝）释慧皎撰：《高僧传》卷三，北京：中华书局，1992年，第125-126页。

② （南北朝）释慧皎撰：《高僧传》卷三，北京：中华书局，1992年，第93-94页。

③ （汉）班固撰：中华书局编辑部点校：《汉书》卷九十六《西域传》，北京：中华书局，1962年，第3884页。

④ （汉）班固撰：中华书局编辑部点校：《汉书》卷九十六《西域传》，北京：中华书局，1962年，第3887页。

⑤ （汉）班固撰：《汉书》卷九十六《西域传》，北京：中华书局，1962年，第3886页。

内地贸易，或为求取赏赐而进一步促使这一区域的商贸发展。然而，西汉末政局动荡，中原和西域商贸往来一度有所中断。1世纪中叶，罽宾国被贵霜帝国所并，中印贸易无法顺利进行。东汉政权稳定西域后，贵霜帝国的统治也趋于繁盛，在班固等的推动下丝绸之路长途贸易才得以重新恢复。然而东汉和帝在位期间（公元89～105年），天竺数遣使向汉廷贡献，"这时罽宾的名字在汉文史籍里虽有提及，但已失去昔日的重要地位。为贵霜统属的印度城邦通过于阗等地与汉朝经贸往来，俱以天竺（身毒）为名，或以月氏相称"（殷晴，2017）。

至于这一时期通过丝绸之路路网体系交流的商品和物资，除了众所周知的中原丝绸之外，中原输出的还有各种手工业产品。西域于阗的玉石早在两汉之前就已输入了内地，当然贩卖到大食等西亚国家和大羊同、身毒等南方地区的也不少，到两汉时输入量可能达到一定的程度。同时，这一区域也向中原输出大宛的葡萄、苜蓿，天竺的胡椒，安息的石榴、乳香，西方出产的琉璃，以及狮、象、孔雀等。据《史记》以及《本草纲目》记载，可能有原产于埃及、印度、克什米尔等地，用途广泛的番红花（赵中振等，2019），还有孜然、胡麻（芝麻）、蚕豆、葫（大蒜）、胡荽（香荽、蒝荽）、胡瓜（黄瓜）、安石榴、胡桃（核桃）、酒杯藤、胡萝卜等也是在这一时期传入中国的。同样《后汉纪》记载罽宾"多金银、真珠、珊瑚、虎魄、琉璃、金缕罽绣、杂色绫涂布，又有细布或言水羊毛"[1]。《西京杂记》则言"武帝时，身毒国献连环羁，皆以白玉作之，玛瑙石为勒，白光琉璃为鞍"[2]。而正如《汉书》所记，皮山有通罽宾和天竺的通道，故罽宾、天竺的物资输入当以皮山、于阗为中转中心。可见这一时期位于交通要道上的于阗和皮山的商贸之繁荣和交易物资的多样性。

此外，这一时期西方大秦、波斯的百戏、杂技，印度、波斯、阿拉伯等地的宗教、音乐、舞蹈、绘画等艺术文化的引进，也丰富了中国的艺术宝库和各族人民的文化生活，在吸收融化过程中，形成了光辉灿烂的东方文化。

以上对这一时期以于阗、皮山为中心的商贸发展及中西交流的梳理和这一时期交通道路以及佛教僧侣西行路线的记载梳理，可以看到汉晋时期丝绸之路及其南下支路上商品贸易的频繁和中印西段阿克赛钦地区交通通道的发端情况。通过史料文献的记载，可以看到汉代时，随着张骞对西域的了解和两汉王朝对西域的扩张，通过于阗、皮山的商贸通道进入中原史书书写体系，成为汉以后重要的东西交流通道。而由于阗、皮山西南至罽宾、天竺的丝绸之路支路则为中原王朝带来了佛教文化和宝玉石等珍贵资源，这些通道在当时的开通不仅实现了当时中原王朝对外交往的目的，也为当时乃至后来隋唐王朝的向西扩张提供了思想和认知上的条件。

2）象雄的贸易状况与食盐之路的发展

近万年以来的西藏气候环境整体变化不大，过去的2000年内，青藏高原的植被

---

① （晋）袁宏撰：《后汉纪》卷十五《孝殇皇帝纪卷》，北京：中华书局出版社，2002年，第302页。

② （晋）葛洪撰：《西京杂记》卷二《武帝马饰之盛》，转引自：杨富学主编：《丝路五道全史 上》太原：山西教育出版社，2019年，第92页。

以高寒草原和高山草甸为主，其"具体格局与现今类似，波动幅度有限"（张云，2016），即青藏高原的气候环境整体偏寒凉，这导致青藏高原物产有限。因此，由部族联合而成的象雄与周边的区域天然就存在通过征服与兼并获取有限的资源的动力。与此同时，象雄周边存在着农业为主的中原大地，宗教发达的南亚印度和商贸发达的中亚诸国，因此阿里地区与周边区域都有基于生业模式和自然环境的差异而产生经济和物质交流交换的先决条件。

有研究认为，阿里地区凭借着地理位置优势，在青藏高原地区曾经存在的玉石之路、食盐之路、丝绸之路、麝香之路、茶叶之路、白银之路乃至本教传播之路中都发挥了一定的作用。正是这些商贸经济的发展"助力象雄经济社会的发展进步，通过交流借鉴，推动象雄文明的诞生与灿烂"（张云，2012）。近些年这一区域的考古发现更是证实了象雄王朝繁荣发展的对外贸易与贸易通道的发端。西藏出土的椭圆形和圆形料珠中7世纪以前的遗物可能来自伊朗（童恩正，1985）。噶尔县卡东的"大石遗址"和具有防御性质的宫殿遗存表明"骑马民族国家"的象雄本身就有融合来自西藏西北、北部广大游牧民族区域的文化特色（四川大学中国藏学研究所和四川大学历史文化学院，2018）。噶尔县故如甲木墓地的"王侯"字样丝绸和茶叶残留都反映了汉晋时期象雄与东部中原王朝的密切接触状况。在这些考古成果的基础上，霍川提出汉晋时期的阿里地区已经"成为一个与西域新疆、中亚、南亚次大陆等地有着密切联系的区域性政治、文化、商贸中心"，由于这一区域与周边的交通实际上和主要经过新疆境内的丝绸之路的贯通时间大致相似，故可称为"高原丝绸之路"（霍川和霍巍，2017）。据言，分布于今阿富汗和巴基斯坦一带而在古代属于波斯和印度的内向雄"位于冈底斯山西面三个月路程"，位于冈底斯山西面即今阿里地区的中象雄距冈底斯山"一天路程"（得荣·泽仁邓珠，2001）。表明这一时期，阿里地区已经有了通往今阿富汗和巴基斯坦的通道与路线。而《释迦方志》中记载"自汉至唐，往印度者，其道众多，未可言尽"[1]更直接反映了汉晋时期，已有众多西藏通往印度的交通通道。即可以说在汉晋时期，中国阿里地区与印度的贸易与交通已形成了规模。

《阿里地区志》总结道"象雄部落联盟时期，阿里百姓以黄金、矿石和畜产品等物资与中亚和周边的各部族进行以物易物的交易，尤其以食盐交换粮食为主要方式，喜马拉雅山线各部族用米、面、荞麦等粮食及各类干果与阿里羌塘牧人的食盐进行交换。……从阿里王开始，羊绒、黄金和珠宝交易比较频繁"（阿里地区地方志编纂委员会，2009）。即象雄时期的对外交往以"食盐之路"最有特色。《隋书·西域传》载女国之地"尤多盐，恒将盐向天竺兴贩，其利数倍"[2]。霍巍通过出土碑刻资料与隋唐史料，认为此处女国"应位于西藏西部，处在西域葱岭之南"（袁晓文和陈国安，2014），而象雄在地理位置上正好处于女国和天竺之间，则可以知道至少在唐代以前，阿里的羊同与其北部的女国之间就已经存在以食盐为主的贸易往来。也正是因为汉文

---

[1]　（唐）释道宣：《释迦方志》卷上，大正新修大藏经本。
[2]　（唐）魏徵等撰：《隋书》卷八十三，北京：中华书局，1973年，第1851页。

史料对女国与天竺之间食盐贩卖的记载，一些学者借鉴丝绸之路的说法提出了食盐之路贸易路线来概括以阿里为中心，以食盐为主要贸易物资的商贸往来及其贸易通道与路线。

实际上，对于食盐之路的记载，在汉藏文献以及西方史料中记载的并不多。一些学者认为藏文史料《王统世系明鉴》"朗日论赞从北方的突厥人那里得到了食盐"反映出吐蕃控制了女国、勃律旧地后，打通了"食盐之路"（李涛，2017）。而王小甫（1992）则依据《隋书·西域传》等魏晋时期汉文史料的记载认为"女国从北方的突厥地得到食盐，再向南贩往天竺和吐蕃"，主要发生在象雄时期，尽管后期象雄被吐蕃征服，但这条食盐之路的路线依然主要在阿里地区，食盐之路依然是这一区域的主要贸易通道。通过食盐贩卖，阿里亦打通了北上西域，南下天竺的贸易路线。

李涛认为"食盐之路"贯通了西藏的两大产盐地带，阿里地区则是自古至今"食盐之路"的枢纽。他对革吉县擦咔乡驮盐商队的跟踪记录，还原了古代的食盐之路路线及行走方式。据言，擦咔乡的男人在春夏之交绵羊产羔高峰刚过便打点行装，赶着牛羊去盐湖采盐，行程中，他们有明确的分工；采盐结束后，他们会举行盛大而庄严的祭拜仪式。而后在秋天时，他们将盐巴带回，一小部分留为家用后，他们继续带着多数食盐及牧区的牛羊肉，从革吉县出发。"一路东南行进，过了改则、措勤两县，要耗费十多日，短暂歇息后，小伙子们的队伍转而向南，沿措勤县至昂仁县之间的山谷行走……到了吉隆县城驻地宗嘎镇，牧民和农民完成了盐粮交换"（李涛，2017）。随后，队伍原路返回。中间，他们穿越冈底斯山，在"比较原始的石头山路"上行走，夜晚则以天地为铺盖，裹着自己随身的袍子在火堆边睡觉，而绵羊身上的食盐则从不卸下，直到到达终点。他结合传统中国的传世文献、18世纪以来西方人的游记，梳理出"清晰的食盐之路"路线如下：

> 它从拉萨出发，向西经日喀则、出阿里，通过今日拉达克地区到达中亚、西亚、欧洲。"食盐之路"向东，可延至昌都，进入滇、川后与"茶马古道"相连，向北则通过阿里中转至中亚，与"丝绸之路"交会。在西藏地区，它的南线途经桑珠孜、萨嘎、拉孜、亚东、吉隆、仲巴等重镇，北线则穿过羌塘高原上的安多、尼玛、那曲、改则、革吉、噶尔（阿里地区行署驻地）等重镇（李涛，2017）。

以上，可以管窥古代的食盐贸易全程，"按照当时比价，一袋盐能换回一袋青稞"，可以看到，无论是贸易终点的食盐需求还是贸易起点商人的粮食需求，他们交换的都是生活必需品，他们的贸易活动只见生活的艰辛而利润空间则非常之低。可以想象，历史时期的食盐贸易路线本身就是高原与山区人们的生命维持线，它并不像丝绸之路那样具有高昂的利润空间。然而，正因为这条商贸路线上交换的都是生活必需品，所以它也能在政治、宗教文化发生变化的情况下顽强地存在，唯一影响这条商路的因素可能就是极端变化的自然环境。然而，过去的几千年内，整个西藏的高寒气候环境并没有发生极端恶劣的变化，所以，这条商路当是自象雄时期开始后就比较稳定地存在于阿里与周边区域的贸易通道。

2.2.2　隋唐－吐蕃时期的对外贸易与通道建设

魏晋南北朝时期，西域也经历了一系列战乱，两汉打通的丝绸之路虽然被众多僧侣和商人使用，但也在一定程度上受到战争和割据的影响。此一时期，象雄王朝也受到崛起的吐蕃的影响，直到7世纪中叶完全归属吐蕃之后，这一区域才趋向稳定。实际上，于隋朝时期崛起，到唐中叶强盛起来的吐蕃也试图翻越昆仑山脉北上，与同样强大的唐朝争夺于阗等丝绸之路南道沿线区域的实际控制权，以彻底掌控通往西亚、南亚的通道，隔绝唐朝向西扩张的通道。当吐蕃控制了于阗和象雄地区后，也借着于阗和象雄绝佳的地理位置优势，积极主动地在这一区域发展了规模宏大的东联大唐、西达大食、南至印度诸邦的中转贸易。甚至凭借强大的军事实力，发展完善了这一贸易网中的交通和贸易通道。其中经过大、小勃律东达安西四镇，西往吐火罗、波斯的通道被称为"勃律道"。同时因为吐蕃对于阗的征战，开辟了由象雄直接翻越喀喇昆仑山口以及昆仑山脉达西域的通道。随着阿里与西域通道的打通，这一区域的一体化加强，区域内商贸得到进一步发展，以"吐蕃"之名见载于史书的阿里与阿克赛钦的中转贸易亦有了长足发展。

1) 唐朝与吐蕃的战争以及"勃律道"的畅通

公元581年隋朝建立，于阗属西突厥。公元618年，唐王朝取代隋朝统一中原王朝，公元640年，唐置安西都护府，于阗受安西都护府管辖。7世纪中叶，吐蕃征服象雄的同时，于公元665年侵占于阗。此后，唐朝与吐蕃几度争夺于阗所在地安西四镇。据慧超所撰《往五天竺国行传》记载："大勃律原是小勃律王之所，为吐蕃来逼，走入小勃律国坐。首领百姓在彼，大勃律不来"[1]。然而小勃律在大勃律西南地区，更接近吐蕃，吐蕃以"非谋尔国，假道攻四镇尔"[2]之缘由曾先后攻占大、小勃律。《旧唐书·高仙芝传》载："小勃律国王为吐蕃所招，妻以公主，西北二十余国，皆为吐蕃所制，贡献不通。"[3]即反映出吐蕃的西向扩张阻碍了西域诸国与唐王朝的朝贡贸易发展。公元747年，唐朝在屡次用兵攻夺取失败后，派安西副都护、四镇都知兵马使高仙芝前往收复已被吐蕃控制的大、小勃律。有学者认为，吐蕃与唐朝所争夺、控制的经大小勃律到安西四镇的通道可称之为"吐蕃—勃律"道，或可直接称为勃律道。高仙芝在这条通道的行军路线如下：

> 自安西行十五日至拨换城，又十余日至握瑟德，又十余日至疏勒，又二十余日至葱岭守捉，又行二十余日至播密川，又二十余日至特勒满川，即五识匿国也。仙芝乃分为三军，使疏勒守捉使赵崇玭统三千骑趣吐蕃连云堡，

---

① 转引自张云著：《吐蕃丝绸之路》，南京：江苏人民出版社，2017年，第228页。

② （宋）欧阳修撰：《新唐书》，北京：中华书局，1975年，第6251页。

③ （后晋）刘昫等撰：《旧唐书》，北京：中华书局，1975年，第3203页。

自北谷入。使拔换守捉使贾崇瓘自赤佛堂路入。仙芝与中使边令诚自护密国入，约七月十三日辰时会于吐蕃连云堡。……大破之。……仙芝遂进三日至坦驹岭，直下峭峻四十余里，……娑夷河藤桥已斫，仙芝……号令兵士尽下娑夷河即古之弱水也，不胜草芥毛发。下岭三日，越胡果来迎，明日至阿弩越城。当日令将军席元庆贺娄余润先修桥路，仙芝明日进军，又令元庆以一千骑先谓小勃律王曰："不取汝城，亦不斫汝桥，但借汝路，过向大勃律去。"城中有首领五六人，皆赤心为吐蕃。……仙芝至，斩其为吐蕃者五六人，急令元庆斫藤桥，去勃律犹六十里，及暮缱斫了，吐蕃兵马大至，已无及矣。藤桥阔一箭道，修之一年方成，勃律先为吐蕃所诈，借路遂成此桥。至是，仙芝徐自招谕勃律及公主出降，并平其国。天宝六载八月，仙芝虏勃律王及公主趣赤佛堂路班师，九月复至娑勒川、连云堡，与边令诚等相见。其月末还播密川，令刘单草告捷书，遣中使判官王廷芳告捷。仙芝军还至河西[1]。

由这段记载结合其他相关文献记载，高仙芝直领军队行走路线大概是：安西—拨换城—握瑟德—疏勒—葱岭守捉（喝盘陀）—播密川（帕米尔）—特勒满川（五识匿国[2]）—护密国（阿富汗）—连云堡—坦驹岭—阿弩越城—孽多城—藤桥—大勃律—吐蕃。2007年，杨铭曾撰文考证过这条"勃律道"的路线和走向。指出大勃律，即布露或"钵露罗"地在今巴控克什米尔巴尔蒂斯坦，首府在今斯卡都。小勃律则在今巴控克什米尔西北的吉尔吉特和亚辛一带（杨铭，2007）。2017年杨铭和李锋新修订的著述中指出这条路线上的护密国为今阿富汗的瓦汗，是当时唐朝通往吐火罗的重要节点。连云堡为今阿富汗东北萨尔哈德一个叫坎西尔的古堡，其下为瓦罕河（杨铭和李锋，2017）。《西藏通史》亦言连云堡之娑勒川在今萨尔哈德附近（张云，2016）。坦驹岭是兴都库什山的一个山口，当地人称为"达尔克特"，是从妫水上游的巴洛吉尔、马斯杜日河到雅辛山谷的唯一实际可以通行的大路。由此岭到阿弩越城，需要四天的路程，途中道路艰险（杨铭和李锋，2017）。杨铭指出阿弩越可能是吉尔吉特人称亚辛为"阿尔尼雅"或"阿尔尼阿赫德"的译音，位于吉尔吉特河谷（杨铭，2014），《西藏通史》言阿弩越城在今克什米尔古皮斯（张云，2016）。孽多城位于今吉尔吉特首府吉尔吉特城（杨铭，2014）。杨铭和李锋认为藤桥是大、小勃律之间的通道，距小勃律王城约60里[3]，可能就是汉代的悬渡（杨铭和李锋，2017），《西藏通史》言藤桥是位于吉尔吉特河（娑夷水）上（张云，2016）。而大勃律则是今天巴基斯坦北部的巴勒提斯坦，小勃律则是今天巴基斯坦北部的吉尔吉特地区（王小甫，2009）。

将此"勃律道"与汉代的"雪山道"和"罽宾道"路线和走向对比可知，"勃律道"

---

① （后晋）刘昫等撰：《旧唐书》，北京：中华书局，1975年，第3203-3205页。
② 杨铭：《唐代中西交通吐蕃—勃律道考》，见《中国藏地考古 综合研究编 专题研究》第10册，成都：天地出版社，2014年，第3255页。杨铭认为五识匿国又名赛格南，位于喷赤河西岸，今塔吉克斯坦共和国与阿富汗交界处的荷罗格以北不远。
③ 此处60里当是唐代的里数。

几乎是"雪山道"和"罽宾道"的融合，勃律道因是行军路线，既要考虑快捷，又要考虑大规模通行的安全性。因此，其先沿雪山道走瓦罕走廊（护密国），而后转向西南行进，进入大、小勃律。而唐代的大、小勃律与汉代乌耗、罽宾大体方位和位置多有重合，因此可以认为唐代的"勃律道"即汉代"雪山道""罽宾道"的融合。这条路线虽然是汉代"雪山道"在帕米尔高原段路线的延续，但其价值在于开辟了葱岭以西通过大、小勃律沟通西域和吐蕃的通道，而这一时期印度通过西藏和西域进入中原的通道依然要看求法僧侣的行走路线。如宋云、惠生：

> 从鄯善城西行一千六百四十里至左末城。……从左末城西行一千二百七十五里，至末城。……从末城西行二十二里至捍麼城。……从捍麼城西行八百七十八里，至于阗。……神龟二年七月二十九日入朱驹波国。……八月初入汉盘陀国界。西行六月，登葱岭山。复西行三日，至钵盂城，三日至不可依山，其处甚寒，冬夏积雪。山中有池，毒龙居之。……自此以西，山路欹侧，长阪千里，悬崖万仞，极天之阻，实在于斯。……自发葱岭，步步渐高，如此四日，乃得至岭。依约中下，实半天矣。汉汉盘陀国正在山顶。……九月中旬入钵和国。……十月之初，至嚈哒国。……十一月初入波知国。……十一月中旬入赊弥国，此国渐出葱岭……峻路危道，人马仅通。一直一道。从钵卢勒国向乌场，铁锁为桥，悬虚而度。下不见底，旁无挽捉，倏忽之间，投躯万仞，是以行者望风谢路耳。十二月初入乌场国。北接葱岭，南连天竺。……至正光元年四月中旬，入乾陀罗国。……于是西行五日，至如来舍头施人处。……复西行三日，至辛头大河。……复西行十三日，至佛沙伏城。……复西行一日，至如来挑眼施人处。……复行西一日，乘船渡一深水，三百余步。复西南行六十里至乾陀罗城[①]。

其路线大致从捍麼城，即汉时的扞弥国到于阗再到朱驹波国（现叶尔羌附近），再到帕米尔东北面的撒里库尔一带，过帕米尔高原到博勒根回庄过池克里克山口到博罗尔。

张星烺（2003）在《中西交通史料汇编》中考证玄奘在新疆的往返两道。他指出：

> 往印度者，大抵皆取道葱岭入迦湿弥罗，而玄奘则涉天山，过热海，至突厥可汗之廷，而后经昭武九姓之地，出铁门，渡雪岭，而后至于印度。从印度返程时选择的是南道……送法师度雪山，负刍草粮食资给。行七日，至大山顶。……策杖而前。复经七日，至一高岭……至明尽日，方渡凌峻……行八百余里，出葱岭至乌缎国（今英吉沙尔）。从此北行五百余里至怯沙国（今喀什噶尔城），又从此东南行五百余里，渡徙多河，逾大岭，至研句迦国（今之叶尔羌）。……从此东行八百余里至瞿萨旦那国。……业自阶州出塞，西

---

① （北魏）杨炫之：《洛阳伽蓝记》，尚荣译注，北京：中华书局，2012年，第350-386页。

行灵武、西凉、甘肃、瓜沙等州，入伊吾、高昌、焉耆、于阗、疏勒、大石诸国。度雪岭，至布路州国，又度大葱岭、雪山，至伽湿弥罗国。

这些僧人所经过的道路几乎也都是当时的商道，从中可以找到当时的大概路径，不过由于时代的变化，当时所记载的很多地名又多是使用音译，所以地名记载不一，又有些已经不存在，具体在何处难以确考。

义净所撰《大唐西域求法高僧传》提到的玄照以及隆法师、信胄与大唐三僧等人曾从这条通道行走。

此外，相关研究也表明，在唐朝与吐蕃围绕大、小勃律的归属争夺过程中，吐蕃为避锋芒，也曾试图直接打通从吐蕃翻越昆仑山脉直达阗所在安西四镇中心的通道，于是逐渐开辟了吐蕃—于阗道。有研究认为这条通道大致同于现今新藏公路干线，即南起阿里高原今日土县，经过界山达坂、阿克赛钦湖、泉水沟、大红柳滩、康西瓦，北抵叶城。杨铭更是根据南疆出土的零星汉文和吐蕃文史料考证出一条由吐蕃中部地区出发，过克里雅山口进入西域，过普鲁、渠勒、扜弥、杰谢至西域于阗以北军事据点神山堡（麻扎塔格）的通道（杨铭，2012）。《西藏通史》记述这条通道所经各点古今情况为：普鲁，古称"帕涅"或"普罗"，今属新疆于田县阿羌乡，北距县城 144 里；渠勒，位于今新疆策勒县努尔乡，其地交通方便，向北可抵达玛沟，折向东南约 80 里可至普鲁，向南出克利雅山口可达藏北高原；扜弥，扜弥原为绿洲城邦，汉代为于阗所并，其地在今达玛沟以北约 200 里[①]的乌曾塔提或铁提克日木一带；杰谢，杰谢位于克里雅河与玉珑喀什河尾之间，在乌曾塔提北约 120 里处，唐代置有军镇；神山，或称"神山堡"，其地位于和田城以北 370 里，神山其地扼塔里木盆地南北交通之咽喉（张云，2016）。

同样，也不能忽视吐蕃在东北与吐谷浑较量的过程中企图控制吐谷浑，直接在西域东端切断唐朝与西域沟通，进而彻底掌控西域的路线。然而，由于吐谷浑和唐王朝的紧密联系，这一企图并未完全达成。不过，安史之乱后，在唐朝军力撤往内地，在唐朝中央政府对西域的控制减弱的情况下，吐蕃又重新从勃律道和高原东北的吐谷浑道（或青海道）进入西域，开始了近百年的统治。

2）阿里地区商贸通道的进一步发展

实际上，吐蕃与唐朝关于大、小勃律与安西四镇控制权的争夺完全是为了控制从汉代以来形成的中西贸易通道——丝绸之路在阿克赛钦和阿里地区的实际控制权。而因为这一区域的地理位置，此一时期，在吐蕃北向打通阿里与于阗的交通通道，实际控制这一区域后，逐渐串联并进一步巩固和发展了阿里地区交通和贸易枢纽的作用。《释迦方志》记载了隋唐时期，由中原经西域、吐蕃乃至中亚进入印度的三条通道，"其东道者，从河州西北度大河，上曼天岭，减四百里至鄯州……至北印度泥婆罗"[②]

---

① 1 里 =500 m。

② （唐）道宣撰：《释迦方志》，北京：中华书局，2000 年，第 14 页。

为中印泥婆罗道，属中尼部分，而中道和西道及西道支线的路线及行经国家和地点具体如下：

其中道者……从鄯州东川行百余里……又西入大流沙，行四百余里至瞿萨旦那国东境，（即汉史所谓于阗国也）……其国南界接东女国。从国城西越山谷，行八百余里至斫句迦国（即沮渠也。）南境……又于国西北上大沙岭，度徙多河，五百余里至佉沙国（即疏勒也。）……从此南行，山野石碛，五百余里至乌铩国。……从国城西度河，登葱岭东岗，八百余里至福舍。……又西南踰大岭，至朅盘陀国。又西北行三百余里，方至王都。东南临徙多河，山岭连属。又西少南，登山冰雪，五百余里至波谜罗川。……川南越山有钵露罗国，此川在大葱岭上，赡部一洲地最高也。中有大龙池……池北即大葱岭也。……岭南接大雪山，北至千泉应有二千五百许里。东极乌铩，西达活国应三千余里。又从川西南入山险，七百余里至商弥国。……北越达摩悉帝大石山至尸弃尼国。……又南越山河至达摩铁悉帝国，（一名镬侃国，一名护密国。）即覩货罗之故地也。……又西南登山入谷，五百余里至屈浪拏国，亦故地。……铁门已南诸小国多属突厥，地安平，俗多信佛。……西至缚喝国四五百里。东南越山谷诸城，三百余里至阔悉多国，亦是故地。……东南入谷越岭，度诸小城，四百余里至安呾罗缚国，亦是故地。……从此西南上大雪山婆罗犀罗岭东头，经三目行，又至极顶，通望赡部一洲，诸山并皆四下。又寻岭下行，亦三日，极峻，曲谷，凿冰而度，西经迦毕式国，边城小邑数十，又西南数百里方至王都。又西少南一千三百里，越山川至弗栗恃萨傥那国。……从此南行五百余里至漕矩咤国，（亦曰旱利。）……王城东南二千余里至西印度伐剌拏国，方合北道，南趣佛国。

其北道入印度者，从京师西北行三千三百余里，至瓜州。……又西百余里至西洲，（即高昌故地。）……今为塞内。又西七百余里至阿耆尼国，（即乌耆也。）……从此黑岭，胡类群分……又西南行二百余里，踰一小山，越二大河，川行七百余里至屈（居勿反）支国（即丘慈也。）……又西经小碛，六百余里至跋禄迦国（古名姑墨，又名亟墨）。……西北行三百余里，度石碛至凌山，即葱岭北原也。水多东流，此路不得赭衣持瓠及声叫，有犯者，龙能飞风雨沙，遇必皆没。山行自西四百余里至大清池，（又名热海，亦名咸海，）周千余里，东西长，四面有山，行人祈福。又西北五百余里至素叶水城，周六七里，商胡杂居。已西数十孤城亦尔。又西四百余里至千泉，泉涌多出，方二百余里。南面雪山，三垂平陆。又西百五十里至呾逻私城，又西南二百余里至恭御城。又南五十里至笯（奴故）赤建国，周千余里。又西二百余里至赭时国，（唐言石国。）周千余里，西临素叶河。又东南千余里至怖捍国，周四千余里，山周四境。又西行千余里至窣堵利瑟那国，周千四百里，东临叶河。叶河出葱岭北，西北流。又西北入大碛，行五百余里至飒秣建国，（唐言康国。）周千六百余里，南北狭，都城周二十余里，处极险固。自此东南至弭秣贺国，（米国也。）周绕四五百里，东西狭。又西北至劫布咀那国，（曹国也。）……又西三百余里至屈霜你迦国，（何国也。）……又西二百余里至喝捍国，（东安国也。）……又西四百余里至捕喝国，（中安国也。）……又西四百余里至伐地国，（西安国也。）……又西南行行五百余里，至贷利习弥伐国。……又从飒秣建国西南行三百余里，至羯霜那国，（云史国也。）……又西南二百余里，入大山，山路绝险，又少人物。东南山行三百余里至铁门关。左右石壁，其色如铁。铁固门扉，悬铃尚在，即汉塞之西门也。出铁门关便至覩货逻国（古云吐火罗也。）之故地，南北千余，东西三千余。东拒葱岭，西接波斯，南大雪山，北据铁门，缚刍大河中境西流，其中自分二十七国。僧以十二月十六日安居，由温热多雨故也。顺河北下，至咀蜜国……又东至赤鄂衍那国……又东至忽露摩国……东至愉（朔俱）漫国……西南临缚刍河，便至鞠和衍那国……又东至镬沙国……又东至珂咄罗国……东接葱岭，至拘谜陀国。广二千余里，纵二百余里，据大葱岭之中。王城周二十余里，西南临缚刍河。国南接尸弃尼国，南度此河至达摩悉帝等国，如前中道所引也。

又从铁门南而少东，五百余里至缚喝国。一道拘谜西南至嚩伽浪国，……又南至纥露悉泯健国……又西北至忽懔国……又西至缚喝国……北临缚刍河。……又从大城西南入雪山阿三十余里，至锐秣陀国……又西南行三百里至胡寔建国。……又西北至咀刺健国……西接波剌斯国界，又缚喝国，东至忽懔国。于此东南至纥露悉泯健国，千余里。于此北近缚伽浪国，东西五十余里，此国东北接活国，又从缚喝国南百余里至揭职国……陵阜相连，东南入大雪山，六百余里出覩货罗故地，又至梵衍那国……在雪山中，城依岩险。……东南二百余里，度大雪山东。……大雪山东至小川泽，东入雪山，踰黑岭，至迦毕试国，周四千余里，北背雪山，三垂黑岭。……城西北二百余里大雪山，顶有龙池……又从龙池东行六百余里，越雪山度黑岭，至北印度界。已前诸邑，并名胡国，至此方合中间道也。其地名曰滥波国。（北印度所摄也，入天竺婆罗门地也）[①]。

《西藏古近代交通史》研究指出，在吐蕃时期，阿里地区就已经以日土为中心，形成了北达叶城（碛南州），西北经列城（拉达克）到箇失密，东北至于阗，南下经噶尔至札达，再东南经仲巴、日喀则到拉萨（逻些城）从而与中原内地交流的交通道线（西藏自治区交通厅和西藏社会科学研究院，2001）。《阿里地区志》总结为：一是由吐蕃经象雄（羊同）过迦湿弥罗可到中天竺。阿里可扼控吐蕃向勃律（今克什米尔）的进出，称为"吐蕃王大道"；二是吐蕃至于阗路线，起点为今日土县，穿昆仑山直达于阗（今

---

① （唐）道宣撰：《释迦方志》，北京：中华书局，2000年，第15-27页。

新疆和田);三是与今天的新藏线阿里段基本一致,南起日土,经界山达坂、阿克赛钦湖、泉水沟、大红柳滩、康西瓦,北抵叶城、皮山等地;四是西线,从日土经班公湖南岸,穿拉达克直抵箇失密(今克什米尔西南部)(阿里地区地方志编纂委员会,2009)。《中国边疆通史论丛·西藏通史》也总结到吐蕃时代,吐蕃已经建立了"以经过克什米尔地区为主,同时也有经尼泊尔、印度再至西亚,或者先至中亚,再至西亚"的交通道路。而由吐蕃至中亚、西域的道路,"一条是经过后藏、象雄(羊同)、大勃律、小勃律,越帕米尔高原,然后往西或者往东,进入中亚、西域各地;一条是经过羌塘至柴达木盆地,然后走青海道,经过今茫涯进入新疆南部、昆仑山以北地区,沿丝绸之路南道到达各地,或者经萨毗泽(今阿雅格库木库勒)进入若羌,与丝路南道相接"(张云,2016)。《西藏通史·吐蕃卷(下)》则结合近些年来关于吐蕃交通道路的研究,提到吐蕃时期存在一条由吐蕃经营的"吐蕃—勃律道",该路线东起河西四镇,西抵吐火罗,在阿里以西经过今克什米尔地区北部的大、小勃律和阿富汗东北部的护密,而在阿里地区则由大、小勃律经列城,过日土、噶尔、札达、仲巴、萨嘎、昂仁、日喀则东行至西藏逻些城(张云,2016)。2017年张云更是在《吐蕃丝绸之路》一书中结合众多研究和最新考古发现,将这条途经西藏阿里地区或说以阿里地区为关键节点的贸易路线绘制出来(图2.2)。同时,张云还绘制了吐蕃时期,吐蕃周边贸易路线即丝绸之路的走向图(图2.3)。

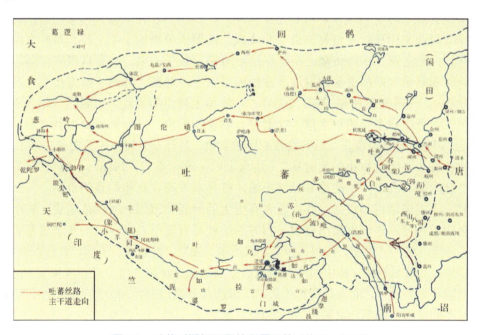

图2.2 吐蕃时期经阿里的贸易网络(张云,2017)

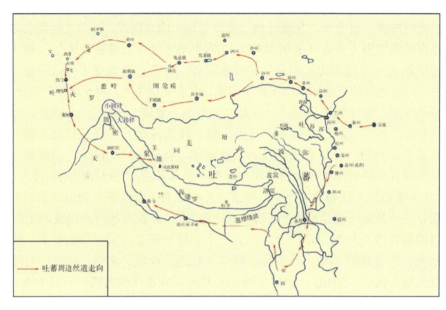

图 2.3　吐蕃时期吐蕃周边丝路走向（张云，2017）

3）吐蕃治下的阿克赛钦、象雄的对外贸易状况

限于青藏高原整体气候环境和生业模式，吐蕃统治者在未强大起来之前就已经有了浓厚的商业文化和对外贸易的思想和实践。汇聚于象雄的玉石之路、茶叶之路、丝绸之路、白银之路、本教传播之路都在这一时期见载于史书。吐蕃自雅隆部落达布聂西开始就非常重视商品贸易的发展，在他的带领下，吐蕃"开始了双方按照意愿进行的商业活动"（陈庆英和高淑芬，2003）。《吐蕃七良臣的事迹》记载达日年色王在位时，第三位贤臣赤多日朗察之前"吐蕃没有驮畜和运价"，而到赤德祖赞王时，第五位贤臣"以称、斗计量收支，调剂农牧业区的食物，昌行双方满意的买卖和交换工作"，使得吐蕃有了"度量衡和买卖贸易"（达仓宗巴·班觉桑布，1986）。《贤者喜宴》记载为"这时始有升、斗、造量具以秤粮油，贸易双方商议互相同意的价格。"到松赞干布时，不仅疆域得到扩张，其商贸也有更大的空间和范围。《西藏通史》转引藏文《弟吴宗教源流》进一步指出松赞干布时期的吐蕃有设于八处山口的八个贸易市场，形成了环绕吐蕃的"唐朝、门巴、印度、尼泊尔、波斯、拉达克、于阗、粟特以及勃律、苏毗等地"的贸易网络。其中四个大的山口分别是东方汉绢之口，南方米和糜子之口，西方蔗糖和燃料之口，北方盐和犏牛之口（陈庆英和高淑芬，2003）。由此便可以看到，吐蕃时期的贸易之繁荣，贸易种类之多样。

《汉藏史集》记载吐蕃松赞干布为求娶泥婆罗公主时提到"若大王喜爱财宝，我可向三宝祈请，并分现化身，在此雪域吐蕃开发宝藏，并向四方开通众多山口，使五妙欲享用成百上千地化现，最后还能将归国及其他各国之财宝吸收至雪域吐蕃"（达仓宗巴·班觉桑布，1986）。这体现了当时的交通状况和吐蕃开辟对外交往通道的决心和信心。吐蕃对各小邦的征服与吞并，打通了各小邦之间内部的交通网络，逐步建立了横跨和纵贯高原的远程贸易系统（霍巍，2013）。"经克什米尔的西北，通往于田、大小勃律、大食等中西亚各国和欧亚各国；吐蕃占领河西沙州（今敦煌）后，丝绸之路成为对外贸易的主要交通要道"（得荣·泽仁邓珠，2001）。汉文史料均显示吐蕃还设有专门的"商官"，专司对内对外贸易（陈继东，2003）。研究认为在吐蕃统治西藏的几百年间，"盐粮交换"依然是这一时期主要的贸易商品，其中西藏主要进口粮食、珠宝等商品，湖盐、马匹、羊毛、麝香等则是主要出口物资。吐蕃的稳定和强大为这一区域的商贸发展提供了安全稳定的社会环境，也进一步促成了商贸的发展。因此到公元7世纪时，随着吐蕃与中原地区的政治、经济、文化交往的发展，茶马古道进一步畅通，麝香之路获得进一步繁荣发展。

来自内地的茶叶流入西藏的历史也较为久远，《汉藏史集》有言"对于饮茶最为精通的是汉地的和尚，此后噶米王向和尚学会了烹茶，米扎衮布向噶米王学会了烹茶"（达仓宗巴·班觉桑布，1986）。虽然这条史料没有比较明确的时间，但也体现了西藏地区饮茶风俗传播的过程。阿里地区如甲木出土的茶叶遗存则反映出至少在西汉时期，茶叶已经通过丝绸之路被输送到了西藏阿里地区。在200多年后被输入中亚，即公元2～3世纪时，以阿里地区为中间节点的茶叶贸易路线就已经在中国与中亚之间建立起来（Lu et al.，2016）。同时，《汉藏史集》记载吐蕃王朗日伦赞征服汉人和突厥人，也将"十八头骡子驮的玉石运到吐蕃"，在北方修建"托巴城"回去的路上在羌塘地方发现了湖盐（达仓宗巴·班觉桑布，1986）。而到热巴巾王"从突厥地方运来十八头骡子驮载的玉石，奉献给国王"，又言"在吐蕃，没有比这一批真正的突厥玉石更好的玉石"，即这一时期，吐蕃已与北方的突厥产生联系，并开启了玉石运输之路线。此外，中国的谷子、高粱、樟脑、肉桂、姜黄、生姜、大黄等物资也是顺着丝绸之路或说香料之路一路传播到欧洲的（阿里·玛扎海里，2006）。可见吐蕃时期经阿里、阿克赛钦地区的贸易繁盛状况，贸易物资种类繁多的特点。另外，阿里地区除了在象雄王朝时期在本教的传播中起了重要的作用外，在吐蕃时期乃至之后的分裂时期，在藏传佛教向内地的传播过程中也起了重要的作用（这一点在分裂时期的阿里部分详述）。

总之，吐蕃时期，阿里地区在众多史料中都被吐蕃所代表，但这一区域在东西方向上沟通中国与中亚乃至西亚、欧洲，南北方向上联络印度和西域以及中原地区之间都以其优越的地理位置而占据不可取代的地位，因此这一时期的吐蕃整体的商贸发展也部分反映了阿里地区对外商贸与交往的繁荣程度。

4）麝香之路的进一步发展

据《唐书·地理志》等文献记载可知，吐蕃东扩后，曾占据过当时唐朝陇右、剑南的大片地区，其中成州、文州等众多州郡都是麝香主产地（张莲卓，2020）。而这些州郡无论是在唐王朝的管理下，还是在吐蕃的占领下，都以上贡麝香为主。因此这一时期吐蕃的麝香储备充足，再加上吐蕃对商贸的重视，这一时期的麝香贩卖自然兴盛。"阿巴斯王朝首都巴格达有从事直接贩运吐蕃麝香的批发商人"（张云，1995）便是历史事实。

实际上，在艰难的食盐贸易过程中发展出利益高昂的麝香贸易本身就不是难事，因此有研究认为麝香的交易出现很早，甚至在西汉"丝绸之路"时期就已诞生。志玛泽仁、土登彭措指出尽管公元 3 世纪至 10 世纪的文献对西藏和中亚、西亚的麝香贸易记述不多，但依然可以依据中文和外文，得出"从公元 3 世纪伊始，西藏麝香就通过古代丝绸之路出现在以波斯和阿拉伯为主的西方市场"（志玛泽仁和土登彭措，2019）的结论。安娜·阿卡索伊等亦通过对阿拉伯的多种文献研究指出自八世纪始，中国西藏和阿拉伯世界之间就已存在一条活跃的商贸之路（阿卡索伊等，2017）。甚至 6 世纪的波斯文献《科斯洛埃斯二世及其侍从官》记载："最香的香精"中有"麝香"，而"天空的香味"是"科斯洛埃斯的仙露、波斯的玫瑰、撒马尔罕的罗勒……印度的龙涎香、芦荟等一系列香料，吐蕃的麝香和希赫尔的琥珀。这就是真福者在天空闻到的香味"（张云，1995）。"自 9 世纪中叶起，在阿拉伯文学中，西藏常被描述成为麝香之地"（阿卡索伊等，2017）。甚至《旧唐书》记载波斯国"其事神，以麝香和苏涂须点额，及于耳鼻，用以为敬，拜必交股"[①]。可见，在历史的早期，麝香就已经作为深受西方贵族阶层青睐的商品而沟通了中国与西方世界的交流与贸易。

当时的西方社会认为"麝生息在秦、契丹、西藏、库特康拉以及尼泊尔、巴赫莱治、穆朗、朗普尔这一片广阔地域上相互连接的群山之中，人们从这些山地把麝香带往世界各地。例如，印度孟加拉的麝香得自穆朗、朗普尔和尼泊尔的山中，伊朗、霍拉桑和罗马的麝香则从秦、契丹和西藏而来，或从陆路，或经海路"（王一丹，1993）。这段引用阿吉利·霍拉桑尼在《药物宝库》中的叙述大致反映的是契丹时期的麝香出产与贸易状况。《世界境域志》中的"巴达赫尚（Badakhshan），是一个很令人喜爱的国家和商人常去之地。其地有银、金、石榴子石、青金石诸矿。其麝香是从吐蕃输入的"（佚名，2010）。则明确反映出这一时期的麝香贸易的源头在吐蕃，而阿富汗即当时的大食，则成为凭借麝香贸易沟通中西的枢纽。法国学者阿里·玛扎海里在《丝绸之路：中国—波斯文化交流史》中引用当时巴格达商人的叙述，指出麝香由伊拉克商人直接从吐蕃获取，同时他认为麝香之路"早在伊斯兰教之前，在西突厥人和嚈哒人统治时代，或者是在更为古老的贵霜人或大月氏人在位时代"（阿里·玛扎海里，2006）。同时，他指出因为麝香的医药学用途和作为名贵香料的价值，甚至在当时的哲学理论中也有麝香的一席之地。他也根据"麝香"及其衍生词汇的语音语言学原理，认为西方语言中的词汇都源于中世纪的阿拉伯文，甚至拉丁人、拜占庭人和撒拉逊人都自伊朗语言中创造了自己的"麝香"词汇，而伊朗的阿拉伯语中"麝香"的词汇则源于萨珊时期由吐蕃传入的"麝香"来源（阿里·玛扎海里，2006）。总之就是在中世纪，伊拉克、伊朗地区的商人将原产于中国，经吐蕃之手转卖的麝香，进一步转卖给了中世纪的西方社会。阿里·玛扎海里的论述是对麝香远销世界的再次肯定，也进一步反映了吐蕃时期麝香贸易的繁荣发展。

阿里·玛扎海里甚至指出唐朝－吐蕃时期麝香贸易路线"一条是吐蕃西南部的迦湿弥罗之路，一条是西藏高原以北的塔里木之路。但当时要经过于阗和疏勒，也就是

---

① （后晋）刘昫等撰：《旧唐书》卷一百九十八，北京：中华书局，1975 年，5311 页。

通过丝绸之路而出口麝香"（阿里·玛扎海里，2006）。《阿里传统建筑与村落》所言"还有一条与丝绸之路平行的麝香之路，大约形成于1世纪，连接西亚、阿里、拉萨与昌都，据说，当时的罗马帝国通过这条道路购买西藏盛产的麝香，该要道也由此得名"（汪永平，2017）。该书指出"麝香之路"大致是从今天的昌都丁青县，经拉萨、日喀则，到阿里的普兰，然后分为南北两个方向：向北则经日土，到达拉达克、吉尔吉特等地；向南的商道直接越过普兰南面的山口，到达印度、尼泊尔。房建昌在系统梳理国内外学者对西藏的麝香之路的研究后，指出近代的两条麝香贸易线，一条是"从克什米尔首府斯利那加经过拉达克首府列城至阿里地区夏季首府噶大克"，另一条是"拉萨南行经过聂拉木、吉隆、亚东、达旺与尼泊尔、锡金、不丹和印度的贸易交通道线"（房建昌，2015）。

2.2.3　宋元明时期的对外贸易与通道发展

吐蕃势力退出于阗后，于阗一度独立于中原王朝之外，但却与宋、西夏等较大的势力之间保持着以玉石为媒介的朝贡关系，也有继续发挥贸易中转站的作用，与中亚、南亚之间保持贸易往来。同样，吐蕃崩溃后的西藏西部地区逐渐从象雄转变成阿里地区，并诞生了几个比较有实力且延续时间较长的政权组织控制着这一区域。总体上来看，中原王朝在这一区域控制力的减弱虽然导致了这一区域的动荡，但也给这一区域自主发展提供了绝佳的机会，一直到元、明时期，尽管这一区域在政治上隶属于中原王朝，但区域内的独立性和商贸发展却有了区别于汉唐一体格局下的特点。同时，经历唐末混乱的时局后，在宋代整体分裂的情况下发展出的区域间贸易和对以往以丝路为主线的贸易路线有较大的区别。

1）阿克赛钦地区丝绸之路的发展

据《通典·西戎传》记载，后汉建武末，莎车王贤强盛，攻占于阗。明帝永平中，于阗将军休莫霸自立为王，后遂灭莎车，其国转强盛，从精绝西北至疏勒十三国皆服从。时鄯善王亦逐渐强盛起来。"自是南道自葱岭以东，唯此二国为大。后汉、魏、后魏、梁、后周、隋、大唐贞观中，并遣使通焉。……自汉孝武帝至今，中国诏令、书册、符节，悉得传以相付，敬而存焉。今并有汉戎卢、杆弥、渠勒、皮山、精绝五国之地"[①]。到唐朝、吐蕃对西域的控制减弱后，这一区域本土政权便得以发展。967年时，于阗军队占领喀什噶尔。989年，于阗成为辽的属国。1006年，喀拉汗王朝征服于阗，从此于阗改奉伊斯兰教。1128年，西辽灭喀拉汗王朝，1218春夏之交，成吉思汗军队哲别部占领于阗等地，1279年，设斡端设宣慰使司都元帅府管理。明永乐四年（公元1406年）七月，于阗遣使赴明朝贡方物。明正德八年（公元1513年）察合台汗国占领于阗。

这一时期，阿克赛钦归属的多番变动实际上也影响了这一区域的商贸发展和贸易中转站作用的发挥。加上宋王朝失去对西域的控制，而逐渐开辟了海上丝绸之路。到

---

① （唐）杜佑撰：《通典》，北京：中华书局，1988年，第5224-5225页。

明朝郑和下西洋进一步贯通了由海路到达中亚、西亚的通道。宋元明时期，阿里地区的商贸一度衰落。《明史·西域传》言"元末时，其主暗弱，邻国交侵。人民仅万计，悉避居山谷，生理萧条。永乐中，西域惮天子威灵，咸修职贡，不敢擅相攻，于阗始获休息。渐行贾诸蕃，复致富庶"①。有研究总结这一时期商贸衰落的原因，指出有四：其一，海上丝绸之路的开辟，航海技术的发展与成熟，海运可以运送更多的商品并且相较于传统的翻越喀喇昆仑山安全度更高，指南针的发明对其也有一定的影响。其二，中亚中道的稳定，由于喀喇汗王朝的对外扩张，双方贸易往来密切，减少了南道的贸易。其三，哥疾宁王朝与喀喇汗王朝在阿姆河沿岸的对峙，使中亚南道发展受阻。其四，佛教热退却，之前的更多来往与佛教传播相关，伊斯兰教在边境地区的传播也对佛教传播产生了一定冲击。元朝虽然统治范围较广，具有稳定的外部条件进行通商贸易，但是元朝主要是与印度沿海的城市商业往来较频繁，从众多游记中就可以看到，明朝由于实际控制范围只达哈密一带，对哈密以西的记载并不多。除此之外，由于明代郑和下西洋带动的海路贸易，政府与民众对该阿克赛钦地区贸易通道的关注度便不断减少。

但是，这一时期的通道依然有使用，《马可波罗游记》言："世界各国船舶，多来麻罗拔。尤以蛮子国（即中国南部）来者为最多。土产粗香料运出口至蛮子及西方各地"（张星烺，1979）。马可波罗在15岁就随叔父从意大利经波斯到中国内地。他们的行程是从威尼斯出发，跋山涉水，穿越幼发拉底河、底格里斯河流域以及波斯、中亚的沙漠地带，翻过葱岭，再东行经哈失合耳、鸦儿看、斡端、阁壁罗卜等地，到喀喇火洲，然后经河西走廊的肃州、甘州等地，抵达上都开平（今内蒙古正蓝旗东约20 km的闪电河北岸，当时是元朝的首都）（新疆维吾尔自治区交通史志编纂委员会，1992），从中可以看出当时斡端一线的交通通道。但元代与印度之间更多的是进行海上贸易，经斡端进行贸易的史料记载极少。

此外，明代永乐年间，在郑和出使西洋的同时，陈诚、李暹等从陆路5次西行，出使丝绸之路沿线诸国。但主要沿天山北麓前行，后来陈诚等出使回朝的数年之间，帖木儿帝国又派出使团从哈烈出发，经中亚、西域到明朝。从哈烈出发的使团加上巴达克山等地的商人共500多人，其中有一位名叫火者盖耶素丁的人写了《沙哈鲁遣使中国朝廷记》一书。书中记载，庞大的使团里，除有沙哈鲁所辖各地区的代表之外，还有专程到明朝做生意的商人。他们东来的路线和明朝使臣陈诚往返哈烈的行程大体相同。永乐十七年底（公元1419年）他们从哈烈起程后，东北经撒马尔罕、塔什干，又向北过赛兰，向东沿着西天山北麓经伊塞克湖和伊犁河到吐鲁番。在吐鲁番，明朝官员将他们的人数、姓名登记入册。随后，使团人员经哈密向东南过哈顺沙漠，从肃州到北京，沿途费用由明朝政府供给。永乐十九年（公元1421年），使团返回时抵达敦煌以后，改走丝路南道，经且末、于阗、喀什噶尔，越葱岭西去（新疆维吾尔自治区交通史志编纂委员会，1992）。但是由于察合台后裔的时常攻击，明朝实控范围达哈

---

① （清）张廷玉撰：《明史》，北京：中华书局，2003年，第8614页。

密一带，哈密以西的西域部分处于放弃状态，所以贸易情况相对不是太好。

2）阿里地区的商贸和通道发展

吐蕃灭亡后，阿里地区经历了统一到分化，再到统一的过程，贸易受宗教、政治影响较大。据史料记载，公元 9 世纪末期，阿里地区的统治末代赞普朗达玛之孙吉德尼玛衮逃往阿里，与当地部酋之女生有三个儿子，后"其长子贝吉德日巴衮占据磨域，以今克什米尔的列城为中心，后成为拉达克之首领；次子扎西德衮占据普兰，以今西藏普兰县为中心，成为当地的首领；三子德祖衮占据乍布朗，继承其父的事业，以今西藏札达县为中心，后成为古格之首领"（藏族简史编写组，2000）。在公元 10 ～ 12 世纪，阿里王朝逐渐分化为古格、拉达克、普兰 3 个同源分立的地方政权，形成了历史上所谓的"阿里三围"（黄博，2012），同时开启了藏传佛教的后弘期。古格王朝时期（公元 9 ～ 17 世纪），阿里地区商贾云集，物产丰饶，遍地黄金，金银铜手工艺超强精湛；佛教兴旺，寺庙如林，经济、文化、艺术空前繁荣。逾十万古格人在象泉河畔安居乐业、富足生活（林如，2015）。但受宗教之争影响，"阿里三围"地区的混战少有停歇，直到 1630 年，拉达克率兵攻占古格，古格王朝灭亡为止，这一区域的政治才再一次统一。

但是政治上的分裂并没有影响宗教信仰的传播和经济贸易的往来。具体而言，吐蕃崩溃后阿里地区建立了相当多的小王朝，如"拉达克王朝""古格王朝""亚泽王朝"以及更多的小部落，在宗教上与西藏密切联系。这一时期，宗教信仰成为西藏及周边藏传佛教影响区域的黏合剂，其影响甚至超越国界和族群。尽管各政权和族群之间经常因为生存与资源问题发生战争与掠夺，但商贸一直是阿里与周边区域间物资交换及获取的重要手段。"止贡赞普在位之时，由象雄和勃律的本波传来了辛吉都本教法"（达仓宗巴·班觉桑布，1986），反映出宗教由西部阿里传入西藏东部的过程。尽管由于语言关系，佛教在当时的阿里并没有得到很好的传播，但在吉德尼玛衮王朝建立后，统治者都极力地发扬佛教，称为"佛法后弘"时期。据《汉藏史集》记载，住在尼桑城堡的扎西尼玛衮的孙子自己在佛像前受戒，并携带黄金等"前往克什米尔寻求佛法"，虽然一定程度上恢复了西藏与外界的交流，但由于动乱，这一时期西藏"译师和班智达的来往中断"（达仓宗巴·班觉桑布，1986）。然而不久后，统治古格、普兰、玛域的吉德尼玛衮之玄子后裔依然于 1403 年请到印度阿底峡大师。阿底峡大师经过尼泊尔，进入吐蕃，在西藏的 11 年里，促进了佛法的传播，他的弟子促成了噶当派的传承。

此后，这里的统治者还迎请了印度、克什米尔众多班智达，尼泊尔人等大量翻译印度和尼泊尔班智达的著述，大力推动佛教的传播。同时，此一时期在阿里地区的亚泽王系之日俄美曾分别在阿里用白银铸造佛像、在拉萨铸造佛像金顶，拉达克之拉钦·恩珠也有向佛教止贡噶举创始人敬献宝物并派遣人员前往学法（陈庆英和高淑芬，2003）。僧格南杰在 1590 ～ 1635 年统治整个拉达克地区期间，他也从西藏邀请了大成就者达仓热巴在拉达克地区传播佛教，并且修建了 He-mi 寺，甲德寺（Lce-lde），Wam-le 和扎西岗殿（扎西·扎西冈，2002）。这一时期尽管有战争和分裂，但在共同的宗教信仰下，各个分裂政权依然有与印度、中国西藏内地乃至其西方的克什米尔的交往，而这一时期的交通通道也并没有被完全终止。

正因为吐蕃分裂后佛教的传播强化了这一区域的宗教立场和思想认同，以至于直到阿里地区再从政治上一统时，阿里、拉达克地区的人民也都认同这种统一状态，并且与拉萨的统治政权只有经济贸易上的纠纷，却始终保持着对西藏拉萨政府和宗教领袖的认同与遵从。在拉达克王平错南嘉在 1770 ～ 1775 年的执政期间，拉达克因王位继承问题发生争端后向拉萨求援便是这种态度的最直接反应。"达赖喇嘛应拉达克方面请求，命正在尼泊尔修缮佛塔的不丹喇嘛仁增才旺诺尔布赶赴拉达克，解决王位继承问题"则反映出不仅在阿里和拉达克认同拉萨的宗主权，拉萨政权和宗教领袖也自觉领导和帮助解决阿里拉达克的宗教和政治问题。仁增才旺诺尔布"命令王位由长子继承，其余诸弟应入寺当喇嘛"的决定也得到了拉达克方面的认真执行，且这一决定的副本分别被送给拉达克、玛尔巴、赞斯格尔诸王，并于喜密寺存放一份，反映出藏传佛教在这一区域的影响和力量（陆水林，1994）。

另外，自象雄时期就已经在阿里地区形成的麝香贸易和盐粮交换确实很难因为政治的多变和战争的发生而完全中断，尽管史书对这一时期的经济发展记载有限，但我们依然可以依据食盐贸易和麝香贸易的特点推测，两者在分裂以后依然有发展，只是少见于史料而已。这一点在前面关于食盐之路、麝香之路的论述中已有提及。分裂以后的阿里地区主要受到古格王朝与拉达克的统治，陆水林对《查谟史》的研究与翻译显示出，分裂以后被拉达克统治的阿里地区与克什米尔以及当时的西藏地方政府都有比较频繁的商贸往来，即使是战争也是因为商贸问题而发生以及因商贸的协商而终止（陆水林，1994；1999）。

应当看到，虽然阿里地区在吐蕃之后进入分裂时期，到元代时虽然朝廷在这一区域设置了政治军事机构，但实际控制者还是当地土著，明代亦如是。所以元明时期亦可划入分裂时期。而元明时期，随着藏传佛教在整个西藏的发展成熟，寺院经济便成为这一时期主要的经济模式。这一时期，寺院、高僧、封建农奴主、世俗贵主共同垄断了西藏的商业，并部分地享有免税的特权。有不少僧人渡河在寺庙附近组织集市贸易，从中收取财货作为税利，《朗氏家族史》《青史》等史料均有对这一时期经营寺院经济的记载。据研究，这一时期整个西藏的寺院经商范围比较广泛，有"西藏的羊毛、药材等土特产，有内地的茶叶、布匹等生活用品"（唐景福和才让，2010）。

2.3　清代以来中印边境西段地区对外贸易与通道发展

清王朝统治中国西部边疆的整体战略有一个从新疆转向西藏的过程，不过到中期完全控制新疆和西藏以后，西部边境地区基本定型，逐渐形成了比较固定的习惯边界线。阿克赛钦和阿里地区与拉达克、克什米尔之间的贸易往来可做整体考察。众多记载和研究者提出在 17 ～ 20 世纪，这一区域的贸易以"羊绒"最有特色，甚至围绕"羊绒"贸易，阿里、拉达克与克什米尔之间发生多次军事冲突。与此同时，随着这一时期羊绒贸易的发展，阿里、阿克赛钦与拉达克、克什米尔之间的贸易通道与路线记载和地图绘制增多，这一区域的贸易路线和通道详情逐渐展现在世人面前。

2.3.1　清代阿里地区对外贸易状况概述

清王朝时期，阿里区域属西藏地方政府管辖，此时的阿里地区有明显的区域范围上的差异。清王朝在阿里日土、噶尔、札达、普兰等东部地区设置相当于中原内地的县、乡镇等地方基层组织。而原本属于"阿里三围"的拉达克等部族虽然也与清王朝保持着紧密的"朝贡－赐封"关系，甚至在平定准噶尔部及善后事务中以清朝军队的侦察部队和先遣部队存在。拉达克等部族也会不定期地前往拉萨熬茶，但他们在政治上始终保有一定的独立性，有自己的建制而不受清朝中央政府和西藏地方政府的直接监管。对于清代阿里地区的对外商贸，清代西藏地区与中亚的贸易往来在《西藏纪闻》中总结如下：

> 西藏贸易……所市有藏茧、羊绒、毯子、氆氇、藏香、藏布及食物，如葡萄、核桃等物。……外番商贾有缠头回民，贩卖珠宝、白布。回民卖氆氇、藏锦、卡契、缎布皆贩自布鲁克巴、巴勒布、天竺等处。有歪物子专贩牛黄、阿魏。市中设碟巴一人平价值，禁争讼，即外番至藏贸易者，亦必有头人同来议禁①。

由此可以看出到清代时，西藏与中亚、西亚的整体贸易状况。同时，《西藏图考》序言以"惟方今圣化洋溢，北覃于俄罗斯，西迄于英吉利，互市者三十有六国"②极言清代西藏的互市贸易兴盛状态。

清代的历史文献对清代西藏的对外贸易和西藏内各区域的对外贸易记载都非常多，以阿里地区而言，清代的记载与当代研究较集中的就有阿里与准噶尔、拉达克、克什米尔以及阿里之间的对外贸易往来。如《藏事纪要初稿》言：

> 全藏商业，以拉萨、札什伦布、江孜等处较为繁盛，余则西以买多克礼市、阿尔摩拉、克什米尔与印度及亚细亚人往来……藏人所需货物，由中国内地运入者为食物、茶砖、绸缎、布匹、哈达等类，由尼泊尔运入者为五金、米、藏香原料等，类目哲孟雄运入者，为剪刀、镜子、火柴、洋烛、香皂等类，此物品藏人尤所嗜好具，余为宗教器物，如经轮、铃子、索珠、油灯、缘钵等物……输出货物，除麝香、鹿茸、熊胆、豹骨、狐皮、药材、食盐、毡氇、赤金、藏红花等外，所产羊毛，底绒甚厚，质地轻细如丝，最合纺织之用。牛皮、绵羊、山羊毛亦最著名，每年夏季由干壩庄转运至哲孟雄印度等处销售价值极昂。③

以上已基本明确指出了清后期西藏对外贸易的整体概况，虽然提到了阿里地区的

---

① （清）郑光祖辑：《舟车所至》卷十一《西藏纪闻》，清道光二十三年刻本。

② （清）黄沛翘纂：光绪《西藏图考·序一》，清光绪甲午申荣堂本。

③ （民国）石青阳撰：《藏事纪要初稿》第六章，民国二十二年 [1933] 油印本，第 7 页。

对外贸易，但细节部分还是有待细究。

具体而言，清前期阿里的对外贸易对象是东部的西藏腹地、西部的拉达克和克什米尔，北部的准噶尔乃至后来的叶尔羌、和阗，南部则是印度，然而文献少有提及阿里地区与印度的贸易往来及交通通道。但是，当英国控制印度后，不仅侵占了缅甸、尼泊尔与西藏地区的交通线，还妄图通过控制克什米尔、拉达克进而控制西藏地区，至此清政府也开始了对阿里地区与印度贸易的关注，并通过政治手段去解决中英在阿里地区与印度之间的领土纠纷和贸易摩擦。同一时期，英国人也有关注阿里地区的贸易与地理状况，如阿里地区与中国内地、印度通商，其"商贾往来，道路维艰。一时山崩地裂，赖高桥绳索。攀援而过，技艺制造略精。……土产所出不过珍珠、玉宝、毛货"[①]，即是英国人慕维廉在当时对阿里商贸发展的记载。慕维廉还指出，阿里地区"贸易多属妇人，而缝纫又多属男子。贸易之品，以藏茧、羊绒、氆氇、藏香、布等为大宗。然皆布席于地，不设园阁也。其藏香一项，尤与藏枣、珊瑚、蜜蜡、木碗等，皆为入贡之物云"[②]。这与清人对西藏与阿里地区的认知是一致的，由此可以看到，清后期，尽管英属印度控制了西藏地区，但西藏地区千百年来形成的贸易习俗和输出物品并没有因为贸易对象的变化而发生变化。

另外，藏传佛教中的熬茶和朝拜对整个西藏的商贸发展都有深远的影响，尤其是在清初战乱时期和清末列强瓜分世界之时，正是因为超越政治意识形态的宗教纽带连接了当时阿里地区对外的商贸交往，维系了这一时期的通道畅通。藏传佛教信徒向寺庙布施酥油茶及金钱等物便是熬茶。清代时不少人记载了西藏地区这一活动，魏源在《圣武记》中言西藏地区"（黄教）东西数万里，熬茶膜拜，视若天神"[③]。俞正燮又有"阿睦尔撒纳又寄信藏中熬茶，言己总四部。时，善待达赖喇嘛，振兴黄教"[④]。可以看到，清代的熬茶实际上不仅是向寺庙捐献财物，更重要的是大多数人都是带着贸易或交流的目的去寺庙。例如，1860年以后，英属印度当局训练了一批印度班智达化妆入藏，潜入阿里地区秘密从事测绘工作，绘制了大量较为详细的阿里地图，这是英国向西藏扩张的企图，在当时对阿里地区的安全和清政府国土的安全都有一定的威胁。而英国之所以训练班智达化妆入藏，一方面是因为当时清政府对边关口岸的控制，另一方面也是因为宗教人物在当时的特殊性。到18世纪中期时，喜马拉雅地区以西藏为主的藏传佛教的宗教影响超越了西藏的自然边疆，当时整个喜马拉雅山区的拉达克、锡金、拉胡尔－斯比蒂地区（印）尼泊尔、不丹、阿萨姆、缅甸都因为密切的商业交往而成为西藏的藩属。据研究，当时的贸易与宗教紧密相连，西藏许多商品的输入、输出以及市场都由西藏的许多寺院和朝圣者运作（李强和纪宗安，2007）。当然，朝圣才是熬茶最早的目的，但也是在熬茶过程中，边境贸易市场以及边境线上总是有络绎不绝的

---

① （英）慕维廉（Muirhead W.）撰：《地理全志（上）·西藏志》，刻本，第12页。

② （清）罗汝南撰；方新校绘：《中国近世舆地图说》卷二十三《青海西藏·民俗职业》，石印本，第4页。

③ （清）魏源：《圣武记》卷五，清道光刻本。

④ （清）俞正燮：《癸巳类稿》卷八《驻札大臣原始》，清道光日益斋刻本。

外籍人士进入，带动了边境贸易的发展，也延续了贸易通道的辉煌。正如研究显示的那样，每年藏历4月来，8～9月回去，每年进入国境，除商人外，若逢马年朝圣者人数多达1万人。朝圣者来自拉达克、印度、尼泊尔，有些还来自斯里兰卡。除拉达克人外，入境的人大部分经尼古玛山口及靠近普兰县的丁喀尼普拉、强拉进出（中国社会科学院民族研究所和中国藏学研究中心社会经济所，2000）。

2.3.2 清代中印边境西段地区与拉达克、克什米尔之间的贸易与通道

研究认为，到19世纪六七十年代时，英国为谋求在中国西藏的特殊利益以及巩固英属印度的北部边防，开始在拉达克派驻临时代表，以监督克什米尔对拉达克的管理以及分析调查拉达克历史上的商贸情况。1888年，英国为打破尼泊尔垄断环喜马拉雅传统贸易，开通了从大吉岭噶伦堡地区通过锡金到达西藏的贸易路线；20世纪初英国正式入侵西藏拉萨，签订《拉萨条约》，开放噶大克、江孜和亚东通商口岸，英印商人取得了进入西藏境内游历和贸易的权利。英属印度控制了从噶伦堡至亚东、江孜为主的贸易通道，其主导的贸易取代了以藏尼贸易为主的贸易格局。至此，西藏边境贸易活动更为广泛，集市趋于定型。从阿里西北边境起，直到东南部边境，日土、噶尔、札达、普兰、里孜、雄如、吉隆、樟木、绒辖、陈塘、卡达、帕里、错那、白马岗（现墨脱）等传统边境贸易集市已经初步形成。有的集市已成为西藏内外商品流通的主渠道（肖怀远和卓扎多基，1994）。同时，英国也逐步控制了克什米尔、拉达克地区的主要贸易通道，开始通过这些贸易通道从中国西藏和新疆向中国内地倾销各类商品，削弱了中国西藏与中国内地地区的政治、经济联系。同样，广泛出产于中国西藏羌塘高原和阿里地区北部、那曲地区西部的藏盐深受周边盐产匮乏的尼泊尔、不丹、锡金、克什米尔、拉达克等地的喜爱，历史上早有发展的食盐贸易在20世纪上半叶的拉达克口岸输出量也巨大。

这一时期的贸易以阿里为主体，可以细分为阿里与新疆、阿里与拉达克、阿里与克什米尔三个主要方向。与此同时，新疆阿克赛钦与拉达克和克什米尔的贸易与阿里及拉达克的贸易往来也略有差异。

1）阿里与新疆的贸易与通道

西藏北接新疆，具体而言，就是西藏阿里地区的北部是新疆的叶尔羌、和田地区。清初，新疆北部为准噶尔所占，清统一新疆后，虽一直在防范着准噶尔，但也在一定范围内允许阿里地区与新疆的商贸往来，甚至通过商贸团队深入准噶尔区域刺探情况。康熙十九年（公元1680年）准噶尔首领噶尔丹进军叶尔羌后，获得了对天山南路诸城的实际控制权，但"准噶尔部在天山南路并不常驻军队，对各城的统治主要通过扶立傀儡，代收贡赋的方式进行"（余太山，2003）。鉴于此，康熙之后，西藏与新疆叶尔羌地区的贸易及通道时常因为准噶尔发生变化。乾隆时期，拉达克通过阿里地区与准噶尔及其役属部众之间贸易往来频繁，也间接影响了叶尔羌等与拉达克的贸易往来，但噶尔丹入藏熬茶、贸易往往受到乾隆皇帝对准噶尔的态度影响，处于极度不稳定的

状态。例如，乾隆七年拉达克汗曾将"自准噶尔脱出之马甲卓鼐办给口粮、马匹送至藏内"，噶尔丹派遣使者"进藏熬茶"，同时携带皮张，却无"从前羚羊角、绿葡萄等项"。可见，阿里地区与噶尔丹有比较常规的贸易往来，噶尔丹输入拉达克地区羚羊角、绿葡萄及皮张等物资。但"前次来使，因贸易羁留，遂至过时，不能前进，半道空回"现象又说明乾隆皇帝对噶尔丹入藏贸易有较多关注，且对其入藏贸易时间有严格限制①。乾隆十年十二月，拉达克汗言"从前叶尔羌人等，每年到我所属地方贸易，自准噶尔熬茶以来，一年有余，不见有人来此贸易"②，即噶尔丹入藏熬茶影响了叶尔羌等与拉达克的正常贸易。乾隆十一年，在获知准噶尔部王权交替中有混乱，且对清王朝态度良好的情况下，"许令进藏熬茶，又准走喀喇乌苏一路"，致使噶尔丹新任首领"不胜欣喜"③。至于准噶尔通往西藏阿里地区的通道及关卡，在乾隆十六年二月，就有奏章提出"凡准噶尔通藏道路，应行防范之处，详议具奏"，指出从准噶尔经叶尔羌至阿里的路线有多条，具体如下：

> 准噶尔由叶尔羌城至阿里地方，中间横隔大山，水草甚少，难以行走。……又叶尔羌城有路可通鲁都克地方，亦须经过戈壁，行走月余，现在鲁都克地方，常设卡伦……自咱拉山以外至拉卜赛那穆，自阿哈雅克以外至顺图古尔等处，亦属通准噶尔之路④。

乾隆十七年，乾隆皇帝晓谕军机大臣令驻藏都统关注准噶尔情势，驻藏大臣上书皇帝的奏稿中提到：

> 至准噶尔通藏隘口系阿里那克桑、腾格里淖尔、阿哈雅克四路，惟那克桑一路稍近，现已展放卡伦，至从前准夷犯藏，系由拉卜赛那穆一路，然多戈壁难行。故彼时由勒底雅路邈走年余，抢掠拉藏汗牲畜，始能接济到藏。今亦于此路展放卡伦，倘有贼踪，即速报信⑤。又言"拉达克至阿里之路亦近，但拉达克与准噶尔往来贸易人数无多"⑥，即反映出拉达克有直接通往准噶尔的道路，但与前几年准噶尔往西藏熬茶相比，此一时期贸易有所收缩。同时，又指出不经拉达克而直接由阿里至新疆叶尔羌也有路线，但这条路线"其中有大山障隔，且水草少，而戈壁多"，稍显艰险⑦。

以上可以看到乾隆年间，由于对准噶尔的防备，清王朝让阿里拉达克等族群详细调查和汇报阿里与准噶尔的通道及贸易情况。阿里地区与准噶尔乃至新疆地区就这样

① （清）傅恒：《平定準噶尔方略·前编》卷四十七，清文渊阁四库全书本。
② （清）傅恒：《平定準噶尔方略·前编》卷四十八，清文渊阁四库全书本。
③ （清）傅恒：《平定準噶尔方略·前编》卷五十，清文渊阁四库全书本。
④ （清）傅恒：《平定準噶尔方略·前编》卷五十三，清文渊阁四库全书本。
⑤ （清）傅恒：《平定準噶尔方略·前编》卷五十四，清文渊阁四库全书本。
⑥ （清）傅恒：《平定準噶尔方略·前编》卷五十四，清文渊阁四库全书本。
⑦ （清）傅恒：《平定準噶尔方略·前编》卷五十四，清文渊阁四库全书本。

在清王朝的督促和监管下，以政治目的优先的情形时断时续地发展着。

到道光中期时，清王朝依然对阿里、阿克赛钦之间的贸易交流多有限制，道光八年八月，由于平叛需要，曾在阿克苏、叶尔羌等地详查克什米尔、阿里等地"外夷"身份，尽管查实两地近 500 户人口多为移民阿克苏、叶尔羌多年之人，却依然将其编入回户，"只准种地，不准贸易，有请票出卡者，准其给票，出卡不准再回"[①]。

2）阿里与拉达克的贸易及通道

拉达克地区作为连接南亚、中亚、中国西南和西北的重要交通枢纽和贸易往来的重要中转站，到 20 世纪时，英属克什米尔边省拉达克由"鲁布斯库（Rupsku）、赞斯噶尔（Zansgar）、努布拉（Nubra）区和中部拉达克构成"（朱卫，2016）。土地贫瘠，土壤沙化严重，适于耕作的土地面积小，仅有处于河谷中的小块土地可用于种植作物，粮食产量很低的拉达克非常依赖于同周边区域的贸易以换取粮食等生活必需品。19 世纪 30 年代前，拉达克都是作为历代中国中央政府的管辖区存在的，直到 17 世纪中叶，受到外部环境的影响，拉达克与清王朝以及印度、克什米尔之间关系复杂，因为自然环境和交通的限制，清王朝对西藏阿里地区的商贸管控力有限，拉达克与阿里之间的商贸往来虽受政治影响，但也有一定的规模。

拉达克王国一直有向拉萨方向推进领土的企图，而西藏前藏、后藏，甚至阿里地区的古格王国也都有西扩的雄心。1649 年拉达克攻占普兰后，便直接与西藏政府相邻，从而引发了西藏与拉达克的战争。甚至在 1624 年，耶稣会神父安夺德等沿象泉河到札达，在古格传教，建立了西藏高原上第一座耶稣教堂后，耶稣教与佛教之间的斗争随后在这一区域展开。也是在战争中，双方增加了彼此的了解，也促进了商贸范围的拓展，使得原产于羌塘等地的羊绒，经过拉达克人的加工织造的羊绒披巾随后进军欧洲市场，从而促进了 17 世纪以来拉达克驰名中外的羊绒贸易。研究认为，在 17～19 世纪的羊绒贸易中，以列城为中心，北上达叶尔羌，西南通过赞斯卡尔、吉什德瓦尔、查谟、拉合尔可至旁遮普，西北方向还有通过斯卡杜往兴都库什山区一些穆斯林聚居区的商路被广泛使用。

事实上，在宗教和经济的双重影响下，拉达克与西藏之间的大规模军事冲突在清代尤为明显，以达赖喇嘛为代表的格鲁派向以拉达克为代表的噶举派宣战。到 1681 年，在甘丹颇章政府派出的蒙藏联军打击下，拉达克向莫卧儿帝国在克什米尔的藩属伊卜拉欣汗求援，出于克什米尔与阿里地区的羊绒贸易利益考虑，伊卜拉欣汗从喀布尔等地方招募士兵与巴尔蒂斯坦人组成伊斯兰联军，抵抗蒙藏联军。在 1681～1683 年经过三次战役后，西藏与拉达克在拉达克丁木刚（Tingmosgang）地方议和，莫卧儿与拉达克之间、拉达克与拉萨政府之间分别签订了条约，条约规定：① 西藏羌塘的游牧民要把这一地区的帕什米纳（高级羊绒）以易货方式全部卖给拉达克商人，同时，拉达克同莫卧儿单独签订条约，拉达克保证将全部运往列城的羊绒连同本地出产的一些羊绒，卖给克什米尔山谷中的毛纺工人；② 拉达克成为西藏的藩属，并将侵占"阿里三

---

① （清）曹振镛：《钦定平定回疆剿擒逆裔方略》卷六十九，清道光刻本。

围"的部分地区还给西藏，还划定双方边界；③ 西藏地方政府商人每年赶 200 头驮畜运送茶叶，销往拉达克；拉达克王每年向西藏进贡，向商上缴纳十钱黄金和十两藏红花，10 匹霍索布料及 1 匹颇达布料；西藏为拉达克贡使发放路费，派驮畜 200 头、马 15 匹等帮助运输；克什米尔通过在比吐驻扎四位贸易官员，充当拉达克在羌塘和克什米尔间羊绒贸易的中间人。最后，莫卧儿帝国则控制了整个羊绒之路，克什米尔垄断了整个羊绒贸易，环喜马拉雅西部地区这种约定俗成的贸易模式成为该地区保持政治稳定和经济繁荣的基础（李强和纪宗安，2008）。与此同时，甘丹颇章政府在阿里地区实施宗行政体制管理，设置了普兰、日土、扎布让、达巴四个宗，促进了阿里地区的稳定与发展，保障了羊绒、麝香、茶叶、湖盐等贸易的顺利开展，带动了周边沿线城镇的发展。

乾隆五十七年（公元 1792 年）清朝派大军击退廓尔喀侵略军，于乾隆五十八年（公元 1793 年）颁布和实施《钦定藏内善后章程二十九条》，建立起了西藏地方政府时期的边贸管理体制，对边境贸易开始进行一定程度的限制。其中涉及中印西段的主要内容为

①准许在藏居住之巴勒布（尼泊尔）、克什米尔等商人自由贸易，但须查明人数，造具清册，交驻藏大臣衙门存案备查。②巴勒布商人每年准贸易三次，克什米尔商人每年准贸易一次，于前赴外番营贩货物时，该商头需呈明驻藏大臣行走路线，由驻藏大臣发给执照，以便稽查出入。③凡在藏贸易之外国商人需持有驻藏大臣批发之照票，才能通往江孜、定日归国。其自外番来藏者，亦由该处备弃查明人数，报明驻藏大臣，按名注册，以备查考[①]。

然而，此时世界正处于殖民化时期。早在 1757 年，英国东印度公司侵略并占领了孟加拉邦后，就开始了英国在印度的殖民史，并制定了开辟跨喜马拉雅贸易路线的北部边疆政策，以求通过与西藏的贸易来平衡在中国东部沿海茶叶贸易中的白银出超的问题。这一过程中，首先是克什米尔羊绒披肩引起了英国人的注意，为此，1799 年，英国农业部咨询东印度公司，能否找到制造羊绒披肩的西藏绵羊，从而在英国进行养殖，派遣代理人前往噶大克收集羊绒样本，拉达克担心这将打破他们对西藏羊绒的垄断地位，因此，要求噶大克颁布禁令，严禁将羊绒卖给除拉达克人以外的人。1812 年，威廉•穆尔克罗夫特（Willion Moorcroft）乔装前往噶大克探险，成功购买了一些羊绒，并认为东印度公司可以用利诱手段从拉达克取得羊毛贸易，只要稍微提高一些市场价格即可（兰姆和梁俊艳，2015）。这为英国接下来的殖民化战争埋下伏笔。

1815 年，巴沙尔国（Bashahr）成为英国的保护国，英国东印度公司保留了占有巴沙尔的廓特噶尔（Kotgarh）村，因为这里是与西藏贸易的有利地点，可以沿萨特累季河（上游为中国境内的象泉河）河谷直接到达噶大克，直接从西藏商人手中收购羊绒，但此方案最终以失败而告终。因为廓特噶尔村庄位于靠萨特累季河的下游远处，西藏人不愿旅行到这里（兰姆和梁俊艳，2015）。1816 年，英国通过廓尔喀战争，夺取了尼泊尔的库马盎和加瓦尔地区（Kumaon and Garwhal）的领土，将英属印度在喜马拉雅山脉

---

① （清）佚名：《皇清奏议》卷六十八，民国景印本。

西段直接与西藏西部边境地区接壤。西藏西部的噶大克等地区的贸易主要与拉达克进行，与喜马拉雅山脉西段印度北部山区之间的贸易只能满足当地需求，在西部西藏地区，人们维持生活绝大部分须依靠同四邻贸易的收入。

1822 年，锡克军队侵占克什米尔地区。随后，在英国的默许下，1834 年，锡克王国入侵拉达克，使得锡克王国与中国直接接壤，与此同时，道格拉人开始对羊绒贸易进行强制征收各种苛捐杂税，扰乱了该地区长期以来形成的商业模式（朝贡贸易）。因为拉达克和西藏之间的贸易很大程度上是基于一种传统习惯维系，很容易受到文化和宗教差异的影响，其影响所带来的结果之一是噶大克与喜马拉雅山脉南麓国家之间的贸易额大幅增长，削弱了拉达克与噶大克之间的贸易（兰姆和邓锐龄，2016）。这种变化可以由坎宁汉的调查得到证实，根据坎宁汉（J.D.Cunningham）于 1841 ～ 1842 年在萨特累季河上游的卡纳瓦（Kanawar）的调查显示，1834 年之前，出口到兰普尔的羊毛数量很少，但是到 1837 年，羊绒出口额迅猛增加了 200%，1837 年羊绒在兰普尔售出 35630 卢比，1839 年升至 73080 卢比；1840 年达到 94807 卢比。在此影响下，锡克王国为阻止西藏与英属印度的羊绒贸易（兰姆和梁俊艳，2015），于 1841 年春，由索热瓦尔·辛格（Zorawar Singh）率领道格拉军队入侵西藏西部阿里地区，并占领日土、噶大克等地区，历史上称为"森巴战争"。

受森巴战争的影响，噶大克与喜马拉雅山脉南麓地区的羊绒贸易受到削弱，贸易额迅速下降，1841 年，兰普尔的羊绒进口额跌至 17766 卢比，较 1840 年的贸易额 94807 卢比下降了 81.26%。同时导致拉胡尔、库鲁和斯皮提等西藏西部边境地区的所有贸易中断。而此时，英国正忙于阿富汗战争，无暇顾及锡克王国的地盘扩张。后西藏击败锡克军队，于 1842 年 10 月 17 日在列城签署合约，拉达克再次成为西藏的属地，并恢复了拉达克至西藏的茶叶和羊绒贸易惯例（兰姆和梁俊艳，2015）。

实际上，在 1555 ～ 1780 年，由于拉达克与西藏地方政府以及其周边国家的复杂的政治关系，拉达克既有向西藏地方政府上贡以求援的行为，也有通过侵略阿里以获得大量马匹、牦牛和羊只的武力活动。同样，也因为共同的宗教信仰，他们也有与西藏地方政权以及克什米尔、印度宗教界保持和平友好的交流往来，其中在 1610 ～ 1645 年与拉萨地方政府发生地盘争夺战争后，以名为"洛"的河流为双方界线。而在 1665 ～ 1695 年，拉达克在与西藏的再次冲突后，确定西藏当局将波希米纳羊毛只售卖给拉达克，日土不允许普通商人经商，同时克什米尔商人只能去拉达克购买羊毛且拉达克商人也只能在拉达克将从西藏购买的羊毛贩卖给克什米尔商人（陆水林，1999）。总之，就是通过这样的规定，限制了西藏、拉达克、克什米尔商人的商贸自由，但也为三方商人共同获利提供了保障。

1889 年、1899 年和 1900 年，英国派遣官员对拉达克进行详细研究，发现拉达克与西藏之间形成了一种朝贡性质的政治和商贸关系，即通过互派使团将拉达克首府列城和拉萨联系起来，称为"洛恰、恰巴"，其中"洛恰"使团每三年一次，使团带着拉达克国王送给达赖喇嘛的信函和礼物，从列城出发，经噶大克，沿雅鲁藏布江河谷前往拉萨，其目的为半交易、半外交；同时作为"洛恰"使团的交换，西藏每年向列城派出一个使团，称作"恰巴"，每年六月，使团带着来自中国内地的砖茶、来自印度和欧洲纺织品以及其他手工制品前往拉达克销售。伴随"洛恰、恰巴"使团还有许多小规模的小使团，所有使团都享有支配苦役的权利，即从当地居民那里强征劳动力和运送货物的牲畜。拉达克与西藏的这种朝贡体制即使是在拉达克并入克什米尔后依旧存在（兰姆和邓锐龄，2016）。随着阿里地区政治局面的稳定与发展，环喜马拉雅地区商贸往来更加密切，在一些主要山口、通道附近逐渐形成了较为固定的交易点，如甲岗、普兰、吉隆、聂拉木、错那、定结、帕里等。通过这些交易点，西藏的许多土特产和一些过境商品流向周边地区，境外的许多商品也通过这些交易点流入西藏。西藏地方政府在部分地区陆续设官，管理边境商贸活动（肖怀远和卓扎多基，1994）。阿里牧区习惯用当地的硼砂、湖盐、羊毛等土产，西向拉达克，南向库马翁（今印度北阿坎德邦的库马盎地区）交换布匹、干果和日用品。

陆水林翻译《查谟史》中关于拉达克的部分内容，指出也是在这次纠纷后，确定"拉达克年贡使很久以来每三年去一次拉萨"（陆水林，1994）。而在关于拉萨官商的部分更详细地提到了这样的贸易活动，指出"现在，拉萨的商官依例每年都来"（陆水林，1999）。据介绍，《查谟史》于1936年完成，作者赫希默杜拉·汗在20世纪初任拉达克地方长官时考察了解当地情况（陆水林，1994）。西藏每年派遣一位官商前往拉达克的惯例延续了很久，拉达克往拉萨的贡使在1900年前是每3年一次，而在1900年左右则变成每年一次。3年一次时，拉达克贡使向拉萨官库缴纳1两金子，10两红花，各色叶尔羌棉布6匹，同时向拉萨大人（包括达赖喇嘛、班禅及其副手）赠送金花缎各1匹，1满（约37.3 kg）的杏干，一种名为勒塔的棉布各2加兹，同时还要向甘丹寺大喇嘛、萨迦法王、楚布寺、那当寺、达顶寺、德庆曲阔尔寺、德贡寺、桑珠林寺、乔札寺、诺尔寺等寺庙赠送与前者等量的杏干及勒塔，给清政府的驻藏大臣赠送叶尔羌布2匹，杏干1满，勒塔2加兹以及哈达1条。在1900年以后，拉达克依然要向拉萨拉让（即官库）缴纳1两金子，10两红花，各色叶尔羌布6匹，旁遮普棉布1匹。与拉萨官商同往拉达克的还有阿里噶尔地方噶本派遣的两位官商，日土宗本派遣的一名商人以及桑耶寺购买黄油的人。所有这些从西藏出发前往拉达克的人员赠送和购买物资的主要资源是"中国茶叶"，每年拉萨官商要携带200驮茶叶前往拉达克，而拉达克贡使则携带绿茶22筒、绸缎7匹、拉萨氆氇2匹以及哈达等圣物返回拉达克作为贡礼。

由于度量衡的问题，我们很难直观地了解到当时每次往来的物资及人员规模，但是可以通过当时载运物资的驮畜一目了然地看到商队的规模以及其行走路线。据载，拉萨政府在其境内为拉达克贡使提供"200头驼畜、15匹马、10头供骑乘的牦牛、3名仆役、渡河所需的船只、作厨房用和放置货物的帐篷或房屋以及往返时他们骑乘的马匹的草料"，而拉达克则给拉萨官商260头驮畜，仆役2名和15匹乘马，其他费用均由拉萨官商自己支付（陆水林，1999）。这只是常规的一年一次的贸易规模，这样的规模可能不大，但也不小。实际上，拉达克与西藏地方政府之间的矛盾往往是因为贸易而发生，也因为贸易协定而终止，当然其间也有双方因共同的宗教信仰而相互妥协的因素。到清朝后期，尤其是清末，阿里地区与拉达克的政治归属越来越明确，到近现代时，阿里地区对外商贸，尤其是中印贸易更多是阿里与拉达克之间的商贸往来。

3）阿里与克什米尔的贸易往来及通道变化

英国慕维廉（Muirhead William）撰写的《地理全志•印度国志》中提到印度北部克什米尔在印度极北，言其"山峰环拱，地多深谷。土壤甚腴，有沟渠以资灌溉。谷菜丰稔，俗尚繁华。民为商贾，利于远行。无出门惘惘之态，所出羊毛氆货，为天下最"[①]。可见克什米尔与阿里地区产业上的互通性，但克什米尔"民为商贾，利于远行"的描述也间接反映了历史时期高原多山环境下，克什米尔的商品贸易发达程度及克什米尔地区对外开展远程贸易的特点。该书又言印度"西北都城曰'阿拉哈巴'，又有伯那利，人民繁滋，商旅辐辏，为印度文学荟萃之薮"[①]，不仅指出了阿拉哈巴商贸气息浓厚的社会特性，还间接反映了商贸发展对文化发展的影响与作用。

克什米尔作为重要的佛教基地和连接西藏与中亚之间的商贸通道，在贸易中，克什米尔商人表现极为活跃，至清朝乾隆年间，克什米尔人垄断了西藏同拉达克之间的商业贸易，据乾隆五十七年（公元1792年）福康安等人的调查，当时在拉萨的外国商人中，来自尼泊尔的有40名，商头3名；克什米尔商人197名，商头3名（苏发样，2001）。这一时期，克什米尔从印度购买铁器、刀剪、布匹、棉织品等商品卖到西藏，再从西藏阿里地区购买羊毛、丝绸等商品，而阿里山羊的细绒毛运往克什米尔后制成高贵的毛织品，远近驰名，长久以来被克什米尔上层视为一种特殊的利源。

陆水林翻译巴基斯坦G.M.米尔撰写的《十九世纪的克什米尔与中亚》一文，详细介绍了作为独立自主政权的英属克什米尔地区19世纪时与英国、俄国的接触过程及贸易发展状况。研究指出，到19世纪初，俄国人和英国人先后了解了克什米尔及其羊绒披巾贸易，随后英国派员进入克什米尔，与俄国就中亚的权力展开争夺。然而虽然当时英、俄的争夺比较激烈，甚至他们都将争夺目标转移到了中国西藏，但处于纠纷中心的克什米尔商贸依然活跃，据估计，"每年有123万卢比的披巾出口到阿姆利则，再从那里输往欧洲，并经喀布尔线输往突厥和俄国"（米尔和陆水林，2002）。

当时的克什米尔周边国家中，"和田以地毯、麝香、丝绸和玉而著名，撒马尔罕以造纸、棉织品和麻绳著名，布哈拉以地毯著称，巴达赫尚以红宝石著名，西藏以麝香和织披巾的山羊绒著名，吐鲁番以羊毛著名，克什米尔以高级红花、披巾、书法、造纸和书籍印刷著名。经过这些地区的丝绸之路把中国、中亚和克什米尔的产品输送到世界各地"。然而在所有著名的商品中，"精细的高级丝绸一直从布哈拉、浩罕和安集延经中国突厥输入到拉达克，再从那里转口到斯利那加和其他地方"。克什米尔从中国叶尔羌进口高级毛毡、从"中国的突厥输入宝石、麝香和一种专门的绿茶"，另外克什米尔从"中国突厥输入金银锭、金银币和金粉的传统十分古老"（米尔和陆水林，2002）。可以看到，拉达克以优势产业羊绒贸易为主，确定了从中国进口物品，又转卖出去的交通枢纽和贸易中转站的作用。

但是，到了清中后期，英国占领印度，骚扰西藏之后，清政府关于中印关系的反

[①]　（英）慕维廉（Muirhead William）：《地理全志（上）•印度国志》，刻本，第25页。

应与态度往往体现在一系列的条约和政策上。例如，1845年，锡克战争爆发，英国占领锡克帝国领土，吞并克什米尔和拉达克地区。并于1846年3月9日签订《拉合尔条约》，规定在萨特累季河与印度河之间锡克的所有山区，包括查谟、克什米尔、拉达克都并入英国。此后英国开始派遣大量人员进入西藏边界地区进行秘密测绘，开始着手考虑中亚的英国商业贸易前景。同时，为加强对拉达克贸易枢纽的控制，英国于19世纪六七十年代开始在拉达克派驻临时代表，并逐步转变成一种常设机构，其目的是监督克什米尔在拉达克的管理和各地商人的贸易往来情况，并向英属印度政府汇报有关拉达克的年度贸易情况，这一局面一直持续到1947年印度脱离英国的殖民统治（朱卫，2004）。

4）阿克赛钦与拉达克、克什米尔的贸易往来与通道

在清朝统一新疆之前，受战乱影响，新疆所属阿克赛钦地区并未与清政府有直接的官方贸易往来，但民间贸易往来不断。嘉庆《西域总志》卷二《异域谈》里对于叶尔羌的记载比较详细："余皆回民，比屋鳞次而居，讫无隙地，中国商贾，山陕浙江之人不辞险远，各携货赍构觅宝玉以至。其地故店铺字号辉耀整齐，而外藩之人，如安集延、退摆特、郭酣、克什米尔等处，各国之人皆来贸易。八栅尔街长十里，每期会货如云屯，人如蜂聚"[1]。可以看出当时这里各地商人汇集，商业贸易繁荣。18世纪中叶后，叶尔羌成为商贸中心。同样，1715年意大利传教士德西迪利到达列城，发现此处有来自克什米尔的商人从事羊毛贸易，也有来自中国和田地区、西藏地区及内地的商人，带来了马匹、棉织品、茶叶、烟叶、丝绸以及其他物品等（依波利多·德西迪利，2004）。据刘宗唐记载，列城的商业一直相当繁荣，在交通兴旺发达的时期，列城一带居民生活几乎都依赖商队贸易。此外，据记载，清朝平定大、小和卓叛乱的过程中，乾隆帝为防大、小和卓经拉达克和巴尔蒂斯坦等地外逃，曾多次谕令前方将领严防各处隘口。拉达克统治者也凛遵清廷旨意，频频派人至叶尔羌探信，并多次奏报。从乾隆二十五年（公元1760年）至乾隆三十九年（公元1774年），巴尔蒂斯坦同中国的官方往来极为频繁（陆水林，2011）。可以看到16世纪以来，新疆阿克赛钦地区与克什米尔之间的贸易与联系之紧密。

研究指出，至17～18世纪时，盛产于克什米尔地区的羊绒披肩曾享誉世界。这种羊绒披肩轻柔异常，由山羊细绒织成（柏尔，1940）。但克什米尔并不出产羊绒，克什米尔羊绒披肩所用山羊细绒产自羌塘或西藏西北部高原的一种藏山羊（布鲁斯，2000），这种山羊粗毛下又有一层极柔腻细毛，能抵御西藏高原上的严寒，而这层柔腻细毛所生产的羊绒被称作"中亚羊绒"，是羊绒中的一等品。中亚羊绒具有细、轻、柔软、滑糯、保暖性好等优良特性，适宜织造软绸（李强和纪宗安，2008）。于是在吐蕃丝路罽宾道上就形成了一条连接羊绒产地、羊绒集散地、生产地、销售市场的"羊绒之路"贸易线。实际上，在清朝统一新疆后，塔里木盆地南缘叶尔羌、皮山、和阗诸地，通过克什米尔和印巴次大陆的贸易兴盛，有关交通道线的记述也就越来越多[2]。这一时期，

---

① （清）椿园：嘉庆《西域总志》卷二《异域谈》，清嘉庆八年刻本。

② 参阅清宣统元年（1909年）绘制的《新疆全省舆地图》中喀什道总图及和阗州图。载中国社会科学院中同边疆史地研究中心编《新疆乡土志稿》，全国图书馆文献缩微复制中心，1988年。

使团和商队从巴尔蒂斯坦经努布拉河谷和喀喇昆仑山口，进而进入新疆阿克赛钦等地区的道路即是"羊绒之路"，也是当时通往新疆的一条常用的道路。

19世纪中叶，沙俄势力以及英国势力的入侵，还有冰川的运动消融，对彼此双方贸易产生了重要影响。这一地区的贸易往来变化较多，具体通道也较为复杂。《卫藏通志》记载藏西北通藏的两条通道分别是由和阗南山以及沙雅尔出发，向南需要翻越世界上海拔最高山脉之一的喀喇昆仑山脉，海拔6000 m以上，共有19座山超过7260 m，8个山峰超过7500 m，其中4个超过8000 m，诸山峰通常具有尖削、陡峻的外形，多雪峰及巨大的冰川。所以其中的山口显得极其重要，其中提及最多的是喀喇昆仑山口和明铁盖山口。19世纪60～70年代，英国为了进一步加强与西藏的贸易往来，开始了对列城—喀喇昆仑山口—叶尔羌以外贸易通道的探索。这个时期经阿克赛钦地区的羌臣摩河谷通道被发现，罗伯特·沙敖谈到他开拓的羌臣摩道时就说："所以我们由此重开从印度到叶尔羌的这条新捷径，希望会有越来越多的人使用它，而不再使用那条穿过拉达克，并翻过喀喇昆仑山口的古老的而且更为难走的线路，克什米尔的官员们至今还逼迫商人们走那条路线"（沙敖，2003）。在英国殖民者的支持下，阿古柏通过这条通道入侵中国南疆，导致通道关闭，贸易停止。同时，英国借机通过这条通道向新疆倾销商品，其中有一部分就是通过克什米尔运销到新疆叶尔羌地区，再从叶尔羌转运到中国内地。1906年斯文·赫定以前往新疆为名，从喀喇昆仑山口折向阿克赛钦，然后进入藏北，此道即"羌臣摩河谷通道"，斯文·赫定对这条通道进行了描述"这条艰险的通道还会被继续使用，因为它连接着自然条件迥然不同的两个地区。民国《新疆志稿》记载："和阗岁制裁绒毯三千余张，输入俄属安集延、浩罕，英属印度、阿富汗等处者约千余张。每张价值平均计之，约合银七两左右。于阗、洛浦、皮山三县输出口者亦千余张。""其余小方绒毯、椅垫、坐褥、鞍鞯之类不可胜纪"[①]。可证明当时于阗地区与印度等商业贸易往来频繁，通道使用较多。

鸦片战争后，英国派遣商队、传教士及间谍，从南亚循新印交通线进入新疆。他们有的驮运呢绒、绸布、香料、染料、茶叶等到南疆各地推销，然后又从南疆收购珍贵毛皮、生丝、地毯、药材、麻烟、牲畜、金、银等运销国外；有的则披着宗教或考古学者的外衣，到处搜集情报，盗窃文物，进行投机冒险活动。以考古和传教形式的活动范围广至疏附、疏勒、伽师、巴楚、英吉沙、莎车、和田、于田、柯坪、温宿、库车、轮台、吐鲁番以及省会迪化等地（新疆维吾尔自治区交通史志编纂委员会，1992），这些活动虽然记录了当地的客观情况，但让当地民众不堪其扰。

对于羊绒贸易的发展及这一时期交通通道发生变化的原因，亨廷顿指出"战争期间，旅行者和商人被迫使用更艰险，但也更经济、更安全的喀喇昆仑通道。甚至在最近，即使俄日两国争尔太平洋沿岸而造成的动乱（指1905年日俄战争）离此地很远，也已影响了亚洲中部铁路的运行，而使人们转而使用喀喇昆仑通道"（亨廷顿，2001）。他还指出由于贸易的巨大动力，"几乎毫无例外，那些翻越了喀喇昆仑高原的旅行队遭受了饥饿、风雪和高山病的折磨后，

---

① （民国）钟广生撰：《新疆志稿》，台北：台湾学生书局，1967年，56页。

常常有四分之一，甚至一半的牲口会在路途中死去。尽管如此，这条充满险恶艰难的道路上，几个世纪以来从未间断过疲惫、饥饿的旅行队的身影。人类对新奇事物、对获得财富、对能带来贸易和金钱的事物总是充满特殊的热情。这条艰险的通道还会被继续使用，因为它连接着自然条件迥然不同的两个地区，一边是炎热的印度，盛产茶叶、香料、布料；另一边是温暖适宜的新疆塔里木，各种优质羊毛、毛毡、羊皮制品。这些不同的产品，激发了人们贪婪的本性，使他们长期以来在这条最糟的道路上来回奔波"（陆水林，2011）。

2.3.3 民国时期中国西藏、新疆地区和拉达克的贸易与通道

1911 年辛亥革命后，中国进入民国时期，军阀割据，几乎无暇顾及对西藏和新疆地区的治理，因此新疆和西藏长期处于一种自治状态，地方事务全由其地方统治者依据当地实际来治理，于是，英国和苏联竞相向中国新疆和西藏地区进行经济渗透；1919～1945 年，世界局势处于动荡变化中，环喜马拉雅地区的贸易受到其直接或间接的影响。第一次世界大战爆发，虽然英国的霸权地位开始动摇，但是英属印度的殖民统治持续向北推进；同时，俄国过渡到苏联，在加强国内建设的同时，积极发展与中国新疆的双边贸易关系。第二次世界大战时，受日本帝国主义的侵略，国民政府退守大西南，新疆和西藏便成为抗战的大后方。国民政府为巩固西部边疆，曾试图对新疆和西藏地方事务加以直接控制，并欲凭借两地的地理位置优势，开通获取援华战略物资的重要贸易通道（朱卫，2004）。随后，西藏和新疆成为战时国内抗战物资运输的重要通道和中转站。这些影响可以根据 1919～1945 年拉达克与中国新疆和西藏地区的贸易数据来加以证实。

从具体的贸易额来看，1919～1945 年，拉达克与中国新疆、西藏地区的贸易总体上呈现出下降趋势，不同阶段的下降幅度存在差异，如表 2.1、图 2.4 所示。

表 2.1　1927 年中国新疆与印度贸易明细

印度输入中国新疆货物			中国新疆输出印度货物		
物品	价额 / 卢比	占比 /%	物品	价额 / 卢比	占比 /%
欧洲棉布	276916	23.76	新疆马及小马	101235	5.20
西药	29426	2.52	新疆土布	35698	1.83
兽皮	61663	5.29	Cnakas	96434	4.95
革制品	41448	3.56	铜及铁	742654	38.15
涂料、染料	326254	27.99	生丝	31294	1.61
真珠	71335	6.12	毛制品	358451	18.41
天鹅绒	115334	9.89	绒毡	25524	1.31
印度丝织品	24876	2.13	铸货	66789	3.43
香料	36562	3.14	金	72631	3.73
俄国金货	41298	3.54	俄国金货	189242	9.72
印度红茶	117386	10.07	银	110377	5.67
欧洲红茶	23098	1.98	元宝	50751	2.61
			皮革	16339	0.84

续表

印度输入中国新疆货物			中国新疆输出印度货物		
物品	价额/卢比	占比/%	物品	价额/卢比	占比/%
			羊毛	17288	0.89
			毛丝	16037	0.82
			驴马	7508	0.39
			硬玉	8271	0.42
总额	1165596	100	总额	1946523	100

资料来源：《英驻喀领事馆报告》，转引自张大军：《新疆风暴七十年》第四卷，第2274-2276页。

注：加和不等于100%为修约所致，全书同。

图 2.4　拉达克与中国新疆、西藏地区的贸易额变化图[①]

　　1919～1928年，拉达克与中国新疆、西藏地区的贸易呈锐减趋势，年度贸易额波动幅度最大。①年贸易额由1919年的8513139卢比下降为1928年的3271430卢比，下降了61.57%。②进出口贸易商品种类大约都在30种，主要从中国新疆和西藏地区进口活畜、药品、生丝、羊毛、毡毯、藏盐、砖茶等商品；主要向中国新疆和西藏地区出口棉织品、丝织品和毛织品、各类颜料和染料、皮革制品、茶叶（包括印度红茶），这些产品以来自英国、印度和欧洲其他国家的工业制成品为主。③贸易主体方面，中国新疆与拉达克之间贸易主体以从中国新疆和田等地经拉达克、印度去麦加（Mecca）朝圣的教徒为主，他们在朝圣途中带来大量马匹、珠宝、棉布、绸缎、毛毯、黄金、金币等作为旅费，回程时又带回大量欧洲棉毛织品、香料、酥油、茶叶等[②]；拉达克与中国西藏之间的贸易主体以贸易使团为主，拉达克派出的使团携带棉毛织品、粮食、水果和蔬菜、黄金到中国西藏，换取西藏的羊毛、藏盐和砖茶；中国西藏派出的使团则主要将西藏的

---

　　① 图中的年贸易额数据主要根据《1919—1945年拉达克与中国新疆、西藏的贸易》论文中的数据整理得到。朱卫：《1919—1945年拉达克与中国新疆、西藏的贸易》，西安：西北大学，2004年。

　　② 见档案《印档》，档案编号为 LP/5/10/980，具体文件档号为 9P42/1924，有关拉达克进口品增减原因分析中。转引自朱卫：《1919—1945年拉达克与中国新疆、西藏的贸易》，西安：西北大学，2004，第18页。

土特产品带到列城，以换取粮食、干果、蔬菜和其他日用品等。④虽然开通了噶大克贸易口岸，但是受噶伦堡至亚东、江孜贸易通道开通的影响，同时英国和英属印度开始将注意力主要集中于亚东商路的建设中，拉达克与中国西藏贸易还是逐步呈现出下降趋势。

1929～1937年，拉达克与中国新疆、西藏地区的年贸易额先减后增，但总体上呈现出减少趋势。①年贸易额由1929年的3340376卢比下降为1937年的2766924卢比；②商品贸易种类有所减少，进出口商品基本都维持在20种左右，各类商品的交易额总体呈下降趋势。其中，拉达克从中国新疆和西藏地区进口的商品主要有生丝、羊毛、织毯、藏盐等，但其贸易额明显减少；③受战乱影响，贸易主体（朝圣者）呈现出减少趋势，朝圣者必须持有由拉达克当地管理部门颁发的朝圣通行证才可经拉达克前往朝圣地。

1938～1945年，受第二次世界大战影响，拉达克与中国新疆、西藏地区的年贸易额在1939年跌至历史最低点，仅为365341卢比；此后双方贸易逐渐恢复，到1945年双方年贸易额达到2541384卢比（朱卫，2018）。进出口商品种类缩减，仅有十几种，其中拉达克从中国新疆和西藏地区进口的商品主要有藏盐、羊毛、活畜、兽皮等，其中以来自中国西藏的进口品为多，来自中国新疆的只占很少部分；拉达克向中国新疆和西藏地区出口的商品主要有水果和蔬菜、各种谷物、石油、外国红茶等。

抗日战争时期，1941年底太平洋战争爆发，日本出兵缅甸，企图断绝反法西斯同盟国的中印公路。中国政府派出远征军入缅作战，出师不利。中国抗日战争进入最困难时期，有大量作战军用物资滞留在印度，为了打破日本的封锁，国民政府考虑经由拉达克至叶尔羌这条古道，辗转新疆运输军用物资。经过勘察和组织准备，1944年夏正式启动拉达克至叶尔羌古商道。新疆各族民众被充分发动起来，数千名驮工和3000余头牦牛参与其中（阿依吐松·苏旦和潘志平，2009）。据统计，这条通道一年间运输了444套汽车轮胎、782包军用布匹、588件装油袋、电讯总局呢料63匹2850件（陆水林，2011）。驮工风餐露宿，不畏艰难，有的甚至献出自己宝贵的生命，为世界反法西斯斗争做出伟大贡献，为纪念这些驮工所作出的贡献，这条路线也被称为"英雄之路"。

1947年印度独立，实行印巴分治，印巴对克什米尔地区展开争夺。受此影响，穿越喀喇昆仑山口的传统贸易逐步走向衰落；1949年，穿越喀喇昆仑山口的最后一批商队来到了叶尔羌，他们给当地人带来了克什米尔的藏红花、印度的香料以及喜马拉雅山脚的特产，返程时又带走了烟草、茶叶、珠宝等（朱卫，2004）。

实际上，由于地理上的亲缘关系，拉达克很早以来就与中国，尤其是与中国西南的西藏和西北的新疆之间存在着十分密切的关系。从拉达克首府列城出发，有商路可通往中国新疆和西藏。拉达克与中国新疆有着十分悠久的交流史，但在19世纪30年代以前，双方的交流基本上是局限于贸易往来方面，主要的贸易形式是一些民间的物物交换。从中国新疆输入拉达克首府列城的商品主要有茶叶、丝绸、黄金和白银、地毯、雕塑、宝石、干果和小马，这些货物大多再经过拉达克运往印度；而从拉达克输出到新疆叶尔羌和喀什噶尔等地的商品则主要是围巾、织锦、皮革、食糖、香料、烟草、五金器具、棉花、花布以及锡和靛蓝等（朱卫，2004）。1931年金树仁政权与苏联秘密签订了《新苏临时通商协定》之后，给拉达克地区贸易造成了一定影响。

　　然而，无论是藏盐输出，还是整体贸易发展，19 世纪前半叶，拉达克与中国西藏的贸易都沿袭了历史时期形成的以物易物的传统交易方式，其贸易物资在种类上的变化不大，改变的也只是部分物资的品种以及贸易双方身份的变化，变化最大的是贸易量，这一点源于交通运输工具的根本性变革。交通路线的建设也是促成大宗贸易进行的必要条件。到 20 世纪时，中国西藏和新疆的茶叶、丝绸、金银、玉石、马匹、羊毛、食盐、干果等都经过拉达克输入印控克什米尔、旁遮普邦等地，而印度各地、阿富汗以及英国等欧洲国家的棉织品、毛织品、皮革制品、茶叶、香料以及各类颜料、染料和金属制品进入中国西藏、新疆也都要经过拉达克。此后，这一条路线一直是阿里地区与周边地区沟通的主要通道，所经地区海拔较低，有不少人类聚居区，不但可以提供必要的补给，还可以在中途进行交易。其中拉达克的列城是联系中国新疆和印度北部的重要交通枢纽，西藏的产品也都是通过西藏和拉达克的商人从藏地运至该地，然后再辗转至克什米尔和叶尔羌（莎车）。而藏地所需物品也在该地进行搜集和交换，并运送回藏地，这一交通路线直接决定了拉达克地区的经济繁荣。1962 年中印边境自卫反击战后，喀喇昆仑山口关闭。明铁盖山口由于冰川原因通行困难后逐渐废弃。

　　关于拉达克、克什米尔与新疆叶尔羌和阗地区及西藏阿里地区在长期的战争与贸易发展中形成的比较稳定的贸易通道，研究认为从列城到叶尔羌就有三条主要路线，其一是扎密斯坦或冬季路线，这条路线大部分在河谷中行走，由于夏季河谷涨水，行路风险大，故多在冬季枯水期封冻了部分汹涌湍流后前行，商旅们穿越什约克河谷后翻过喀喇昆仑山口，通过叶尔羌河谷抵达叶尔羌。其二是夏季路线，从西藏阿里北行经拉达克，进而翻越喀喇昆仑山后经和田之咽喉赛图拉，再行 40 日可达叶尔羌。其三是从拉达克翻越昌器利满达坂后至阿克赛钦，沿喀拉喀什河河谷通过昆仑山到喀喇格托克 (Karagetok) 山口，再经克里雅到达叶尔羌的路线。

　　关于这一时期阿里地区经拉达克到克什米尔的贸易路线与通道情况，18 世纪后期俄国人的游记中记载了三条克什米尔的羊绒贸易路线：①布哈拉—浩罕—喀什噶尔—叶尔羌—列城—斯利那加；②塞米巴拉金斯克—伊犁—阿克苏—喀什噶尔—叶尔羌—列城—斯利那加；③布哈拉—喀布尔—白沙瓦—穆扎法尔阿巴德—斯利那加。到 19 世纪时"突厥和俄国同克什米尔的披巾贸易除走斯利那加、列城、叶尔羌、喀什噶尔和浩罕商道外，也走斯利那加、阿姆利则、喀布尔一线"（米尔和陆水林，2002）。

　　到 20 世纪时，克什米尔经过阿里地区进入新疆的道路未发生大的变化，但路途依然艰难。例如，1906 ～ 1907 年，斯文·赫定于 7 月 16 日从斯利那加出发，经列城，"朝藏北方向而去，到达奥萨溢金的无人区后，从那里向东南方向前行，便抵达了藏地"，半年后到达西藏日喀则扎什伦布寺，这条路上"相遇的路人虽然很少，……只是许多驮马死在了途中"（韩鸿，2020），可以判断当时斯文·赫定所经过的无人区主要在阿里地区。1913 年，奥雷尔·斯坦因从斯利那加出发，经吉拉斯、达丽罗 (Darel)、丹吉尔 (Tangir) 等地北上亚辛，然后取道瓦罕进入新疆，其间他曾登上海拔 10050 英尺[①]的

———————
　　①　1 英尺 =0.3048 m。

沙尔达伊山口（陆水林，2011）。对沙尔达伊山口附近的道路，奥雷尔·斯坦因引用了《大唐西域记汇校》中"途路危险，山谷杳冥，或覆縆索，或牵铁锁。栈道虚临，飞梁危构，椽杙蹶瞪"①的描写来说明这段路的艰险情况。通过奥雷尔·斯坦因的介绍和叙述，我们也可以看到这条路线在唐代玄奘出使西域之前就已经存在，而在玄奘之后到20世纪初依然有使用，可见这一区域交通路线的稳定性。

1936年，英驻克什米尔调查官发现，当时克什米尔的商贸往来都是经汽车运输至拉瓦尔品第的铁路站点，在道麦尔接受税官检查，到斯利那加后再次接受检查，之后运往中亚的商品以小马驮运至列城，而后进入中国，转运叶尔羌、和阗和喀什噶尔（朱卫，2016）。从喀什噶尔、叶尔羌、和阗前往列城的贸易路线"首先穿越喀喇昆仑山脉高18270英尺的山口，然后进入德普桑平原（Depsang Plains），之后再次翻越喀喇昆仑山脉高10781英尺的羌隆（Changlung）山口，从这里沿努布拉和沙尧克峡谷走60英里②，到达高13500英尺的卡尔东（Kardung）山口，最后再走30英里抵达列城"（朱卫，2016）。

1913年北京新亚洲舆地学社编辑印行的《卫藏新图（附青海）》中，拉达克至新疆和阗的路线也是两条，由克勒部东南行至坦吉分路，一条路线东北行过黑昆仑喀拉阔鲁穆岭之盘龙山口后基本保持正北方向前行过塔勒达特，再北过万治山口至塔什，再北至和田。另一条路线是从坦吉继续东南行，在班公错南侧前行进入阿里，过和诺湖至和诺，由和诺东北行过拉隆、令郎孙、郎东、尹西、康马尔、康甲拉，再北经科里雅山口进入新疆，过阿拉什、鲁波后西北行至和田③。1938年编绘的《西康西藏详图》中，当时已经有列城经巴尔三、多尔古、济潭、沙枣、塔格尔黑、蝶穆绰克、札锡冈、噶尔冈萨、拉贡至阿里噶大克的"大道"，甚至，当时有蝶穆绰克北上经楚尔冈、罗孙、罗克多、和善、拉隆、令即孙、即东、卡匦、康马尔、康甲拉至竹冈拉西北的里何田盐湖的公路④。当然这条公路一路北上，一直延伸到了新疆于阗地区。可见当时商贸发展促进了道路建设。但整体上，新的公路选线基本与旧有贸易路线一致。

2.4 中印边境西段地区贸易市场及通道的形成与现状

总的来看，阿克塞钦地区和西藏阿里边境地区是历史上中西交通的主要枢纽。其中，阿克赛钦地区早在西汉时期就已经成为丝绸之路南线的重要中转站和贸易输出区，阿里地区亦是丝绸之路主要经过的区域、佛教文明和伊斯兰文明交汇地区，也是中西方势力最先发生碰撞的地方，更是东亚、南亚、中亚贸易重要的交通枢纽和中转站。由于特殊的自然条件以及独特的地理位置，这一区域自古以来就在中国的对外沟通中发挥着重要的作用。自西汉张骞出使西域之后，阿克赛钦地区的对外商贸通道就已经

---

① （唐）玄奘，辩机撰：《大唐西域记汇校》，上海：上海古籍出版社，2011年，第151页。
② 1英里=1.609344 km。
③ （民国）《卫藏新图（附青海）》，北京新亚洲舆地学社编辑，民国二年（1913年）。尺寸：48.4 cm×68 cm。
④ 赵璇，李炳卫，等：《西康西藏详图》，1938年，尺寸：108.2 cm×65.1 cm，国家图书馆藏。

出现在汉语史书中。考古材料则证明西藏西部通过北部阿克赛钦、喀喇昆仑和昆仑山而与新疆叶城一带的交通道线，最迟在象雄时期可能就已经开通。汉晋时期有关雪山道、罽宾道的记载已屡见不鲜，通过阿里地区的高原丝绸之路亦是这一时期进入克什米尔，通往中亚南亚的重要通道。到吐蕃时期，吐蕃—于阗道的使用趋于频繁，阿里和阿克赛钦东联中原、西通中亚、南亚的通道已基本确立。唐之后，由于海上丝绸之路的开辟，陆上丝绸之路贸易的频次逐渐降低，汉语史料关于这一区域的商贸与交通记载多沿袭旧例。清至民国时期，由于英、俄在中亚的博弈和全球趋势的变化，这一区域的区位优势和地理价值被更多提及，商贸往来和贸易通道更成为众多探险者和侦察者关注的重点。其中记载较多的主要有羌臣摩道、克里阳古道、桑株古道以及克里雅古道。四条纵向通道以拉达克列城、西藏阿里地区罗多克城（日土县）、新疆和田和叶尔羌为四角，构成了这一区域切实可靠的贸易通道和交通网络。

2.4.1 中印边境西段对外贸易市场及发展过程

伴随着贸易通道的兴盛，贸易通道上的贸易点和贸易市场得以确立和发展，"交换将生活在广阔草原的卓巴（牧人），河谷流域的俞巴（农民）和高山峡谷的荣巴（半商半农）吸引到相对固定的区域进行物物交换，从而形成市场"（阿里地区地方志编纂委员会，2009）。吐蕃之后逐渐在封建领主的寺院附近，交通要道、驿站边形成了一些较为固定的贸易集市（陈庆英等，2016）。古格王朝凭借地理区位和交通优势，形成了甲尼玛、曲木底和丛萨荣市场等众多对外贸易点。到清后期，外商掠夺阿里时，阿里地区除了古格时期形成的贸易市场之外，还"增设塘嘎、董布惹、扎西岗、甲岗、日曲、乌江、日土勒热、日帮勒热、丁则和多玛等市场"（阿里地区地方志编纂委员会，2009）。然而时移世易，我们很难寻找历史上形成的贸易市场在今天的确切位置。但通过调查走访，还是可以从当地人的乡土回忆中，找到一些过去的贸易市场的影子。同时，自1949年中华人民共和国成立以来，随着对外开放和通商贸易需求的增加，阿里地区中印边境线上的日土县、噶尔县、札达县、普兰县先后在历史时期传统贸易市场的基础上设立了众多对外贸易市场，进一步凸显了西藏沟通中亚、南亚乃至西亚、欧洲的良好区位优势。

阿里和阿克赛钦地区各县及发展情况具体如下。

1）和田县对外贸易市场

环喜马拉雅地区的传统贸易通道自古以来，就与"古丝绸之路"[①]密切相连。新疆地区是古丝绸之路上的重要组成部分，其中和田县和皮山县作为古丝绸之路上的重要节点城市，将环喜马拉雅地区的传统贸易通道与古丝绸之路相连接，促进了环喜马拉

---

① 按："古丝绸之路"一般指古陆上丝绸之路，是西汉（公元前202年至公元8年）时张骞出使西域开辟的连接古代中国与地中海各国的陆上通道。古丝绸之路总长超过7000 km，在中国境内超过4000 km，是古代横贯欧亚大陆的贸易交通干线（详见：马锦，李发源，庞国伟等：《古陆上丝绸之路复原及沿线基本地理特征分析》，《地理与地理信息科学》2017年第4期，第123-128页）。

雅地区传统贸易的繁荣与发展。

2）皮山县对外贸易市场

皮山是古丝绸之路途经的重镇之一，自古以来就是中西方文化交流碰撞的前沿阵地，有着浓郁的历史文化底蕴。在皮山先后曾流行过袄教、景教、萨满教、佛教、伊斯兰教等宗教，具有独特的宗教文化背景。（详细介绍见本章 2.1.1 节）。

3）日土县对外贸易市场

日土县境内以牧业为主，畜牧业主要饲养牦牛、黄牛、马、骡和绵羊、山羊；农作物主要种植青稞、春小麦和豌豆。便利的区位条件致使日土县和印度、拉达克地区的贸易往来较为频繁。据统计，日土县通外山口 25 条，有传统边贸点 3 个[①]，涉及的边境乡（镇）有日土镇和日松乡（西藏自治区阿里地区日土县地方志编纂委员会，2011）。日土县的传统贸易点主要为甲岗、热角、乌江、日曲、多玛、热帮列垫及丁孜堆扎国列热等。其中列热既是贸易点，又是收税地点，贸易时间从 5 月底持续到 7 月，主要与拉达克开展贸易，贸易商品主要是盐粮及其他生活必需品的交换，日土方面主要用羊毛、牲畜、酥油、奶渣、牛羊皮等产品进行贸易，拉达克方面则带来粮食、布匹、香烟、木材、糖果、小型农具、金属等。

日土县的主要贸易点和对应印方的贸易市场具体如图 2.5 所示。

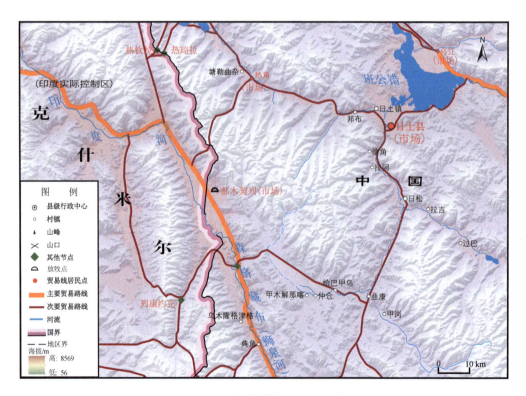

图 2.5　日土县传统边贸市场示意图

①　日土县概况 . http://www.xzali.gov.cn/rtl/651.jhtml.

热角市场，其位于日土县西部的日土镇热角村，距离日土县城 67 km，海拔约 4360 m，居民以藏族为主，属于半农半牧村。热角市场对应境外楚舒勒市场，连接两个市场的主要山口、通道有热琼拉、热钦拉、比隆拉、莫尔多。楚舒勒市场位于拉达克列城县楚舒勒村（Chushul），班公湖南侧，海拔约 4337 m，距离列城县 127 km。

甲岗市场，其位于日土县日松乡甲岗村的都木契列，即都木契列边贸点，海拔 4100 m，距离日土县城 140 km，距离狮泉河镇 120 km，属于日松乡甲岗村 1 组和 3 组的秋季牧业点，主要商户为甲岗村商户。都木契列边贸市场是日土县保留的唯一传统边贸市场，于 2012 年正式开放，2016 年受中印关系影响关闭；市场未关闭前，每年的 11 月为边贸开放时间，每年开放 40～50 天，主要贸易商品为生活日用品，包括毛毯、暖瓶、卡垫、糖食、被子、瓷碗、衣物及其他商品，其中毛毯、被子、糖食、瓷碗最受印方商户的欢迎。主要销售商品为杏干、冰糖、卡垫、奶制品、洋酒、佛珠、食品等商品[①]。

乌江市场，其位于日土县日松乡乌江村，班公湖旁，距离日土县城 69 km，海拔约 4300 m，为半农半牧村[②]。对应的印度边境贸易市场地点为赫拉，连接的主要山口、通道有纳嘎栋、翁姆隆拉。

4）噶尔县对外贸易市场

噶尔县地处西藏最西部，四面环山，中部低平，平均海拔 4350 m，以牧业为主，主要饲养牦牛、黄牛、马、骡和绵羊、山羊；农作物主要种植青稞、春小麦和豌豆等作物。噶尔县的西北与印控克什米尔地区相连，边界线由隆巨山南行至森格藏布起，穿过河口，沿科尤里龙帕河东南分水岭南行至海拔 5721 m 的恰尔丁山口以西。县内有通外山口 2 个，传统边贸点 1 个，涉及的边境乡（镇）为扎西岗乡，境内共设有两个贸易市场，另有噶大克贸易市场。

扎西岗市场，扎西岗，又有"扎锡冈、札锡冈、扎锡岗、扎石冈"（西藏自治区革命委员会测绘局和西藏军区司令部侦查处，1979）几种写法。扎西岗市场位于森格藏布（印度河上游）河谷中的噶尔县扎西岗乡，距离噶尔县 60 km（图 2.6）。下辖扎西岗村、鲁玛村和典角村 3 个行政村，其中典角村（碟穆绰克）与印控区的巴里加斯（曾经属于典角村，现被印度占据）隔典角曲相望，相距不足 1 km。1959 年西藏局势动荡，典角村仅剩 3 户牧民。1984 年，出于维护国家安全和边疆稳定的需要，噶尔县开始从狮泉河镇动员群众迁居典角村，截至 2017 年，典角村共有 48 户 171 人[③]。

扎西岗市场为季节性边贸市场，噶厦政府时期由扎西岗寺负责管理，商品交易价格由寺庙主持与外商定价。对应的印度边境贸易市场地点为宁大列，连接的主要山口、通道有茫冬拉、伊米斯拉、索朗拉。扎西岗市场的商人主要有三支，一是从什布奇山口进入，多为印度错区乌、昆仑等地的商人；二是从典角山口进入，多为拉达克商人；三是从普兰宗姜叶玛等地来的称为交趾（中国社会科学院民族研究所和中国藏

---

①　日土县顺利完成 2015 年独木齐列边贸点开放工作 . http://rt.al.gov.cn/info/1024/3494.htm.

②　日土县乌江村 . http://xz.people.com.cn/GB/139189/10229177.html .

③　资料来源于典角村村史馆。

学研究中心社会经济所，2000）。1953 年，阿里地区通过扎西岗市场出口羊毛 1000 余吨。1954 年，《中华人民共和国和印度共和国关于中国西藏地方和印度之间的通商和交通协定》签订，开放噶大克（噶尔雅萨）和扎西岗两个边贸市场。1962 年，中印边境自卫反击战结束后，中印边贸市场全部关闭。1980 年 6 月，随着中印关系解冻，扎西岗乡境内的边贸交易功能恢复，交易方式主要是用畜产品（中方）交换印方的纺织品、糖果等，但交易规模较小，交易金额无统计（西藏自治区阿里地区噶尔县志编纂委员会，2013）。2019 年 6 月科考分队前往扎西岗实地调查，了解到当地政府于 2003 年左右在典角村建立边贸市场（图 2.7），但是建成之后从未使用过。

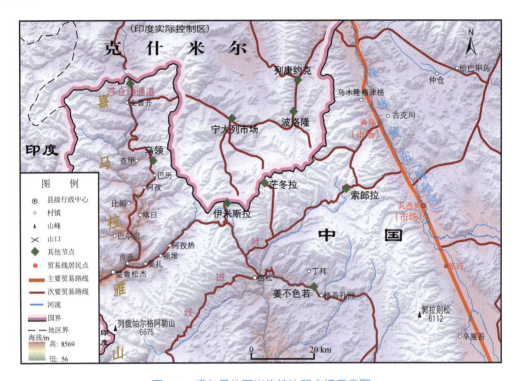

图 2.6　噶尔县扎西岗传统边贸市场示意图

　　噶大克，清代至民国时期西藏阿里地区的首府，又有"噶尔渡，噶尔亚莎、噶尔雅沙"之名，为"夏季营地"（西藏自治区革命委员会测绘局和西藏军区司令部侦察处，1979）。海拔约 4602 m，距离噶尔昆莎 54 km；位于今天阿里地区首府狮泉河镇东南约 120 km 处，森格藏布（狮泉河）支流噶尔河的东岸，有 219 国道与狮泉河镇和普兰县相连（黄博，2014）。清政府平定准噶尔后，中亚地区道路安全，骚乱平息，同时世界市场上兴起克什米尔披肩的消费潮流。到 18 世纪中期，环喜马拉雅西部地区形成了一条连接羊绒产地、集散地、生产地、销售市场的披巾之路，传统商贸繁荣发展，古道沿线的列城、叶尔羌等城镇得到迅速发展。阿里地区作为羊绒的集中产地，为噶大克的迅速发展提供了坚实的基础，噶大克遂逐渐成长为西部西藏的商业重镇（黄博，2009）。西藏和平解放后，由于噶尔县首府迁往狮泉河镇，噶大克逐渐走向衰落，现为一个村落。

图 2.7　噶尔县扎西岗典角边贸市场

据不同时期英国人对噶大克的探查记录,噶大克是中国西藏西部的政治、经济中心,但只不过是一个贸易市场,四周散布着一些小泥屋,到了夏季,来自周边地区(主要指中国新疆、中亚、俄国)的数千名商人,用他们各自带来的产品交换中国西藏的特产,包括硼砂、湖盐、黄金、羊毛和矮种马,以及来自中国内地的茶叶、瓷器和丝绸等(兰姆和梁俊艳,2015)。1904 年,根据《拉萨条约》开放噶大克为通商口岸,噶大克成为西藏西部地区对外的主要贸易口岸,并在阿里地区设置商务代办,标志着噶大克英国商务代办邮驿系统正式建立,开启了阿里地区近代商业发展时期。噶大克所处的地理位置突出,沿狮泉河而下可以进入克什米尔和拉达克地区,向西沿象泉河(萨特累季河上游)可进入札达县和印度北部山区,向东沿雅鲁藏布江河谷而下可前往神山圣湖并到达拉萨,是西藏西部地区的主要交通枢纽。依靠其独特的地理位置,在政治上有利于控制阿里地区,在经济上有利于发展同环喜马拉雅地区的商业贸易,在区位上有利于充分发挥其贸易中转站的作用(图 2.8)。

1812 年,在英属印度当局服务的威廉·穆克罗夫特(William Moorcroft)和海德·扬·何塞(Hyder Jung Hearsey)从尼泊尔的加瓦尔地区进入阿里地区的达巴宗境内,随后前往噶大克、拉昂错和玛旁雍错湖区进行地理考察;1840 年整理出版的穆克罗夫特的回忆录中,将噶大克描述为一个帐篷城和商业集市(Wilson,1841)。1850 年,英属印度军官查尔斯·谢林(Charles A. Sherring)率队强行进入阿里,并出版了调查报告:噶大克是噶尔本的夏季指挥部,房屋很少,主要居住在帐篷中,总人口大约有50 户(Charles,1906)。1847 年,英属印度总督哈定委派坎宁汉(A. Cunningham)、斯特拉彻（H. Strachey）和汤姆逊（T. Thomson）三人组成划界委员会准进入阿里西部地区从事非法的边界划定工作（周伟洲，1991），1854 年斯特拉彻（H. Strachey）在伦敦出版了其考察报告《西部西藏的自然地理》，书中对阿里的各种地理知识进行了详细的描述，噶大克是"由无数的帐篷组成的大型的营地，而不是一个由房屋建筑组成的城镇"。1860 年以后，英属印度当局训练了一批印度班智达化装入藏，潜入阿里地区秘密从事测绘工作，绘制了大量较为详细的阿里地图。1904～1905 年荣赫鹏从拉萨返回印度经过江孜时，派遣塞西尔·戈弗雷·罗林（Cecil Godfrey Rawling）率领考察和勘测队穿越噶大克，并出版了《大高原，1903 年卫藏考察及 l904～1905 年噶大克考察说明》。1904 年，查尔斯·谢林（Charles A. Sherring）再次前往噶大克的时候，观察到当地已有 15～20 间用晒干的泥砖建成的房屋（Charles，1906）。

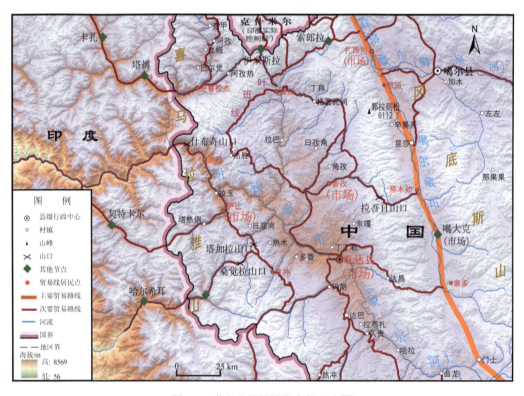

图 2.8　噶大克传统边贸市场示意图

5）札达县对外贸易市场

札达县是阿里地区主要的边境县，境内以牧业为主，畜牧业主要饲养绵羊、山羊、牦牛、犏牛、黄牛、马、驴等；农作物主要种植青稞、春小麦、大麦、豌豆等。《札达县志》载该县有姜叶马加尔果（甲尼玛）、那木拉、楚鲁松杰、萨让及什布奇 5 个边贸市场，有来自印度、尼泊尔等国的商户，在每年夏季前往上述交易市场从事贸易活动，交换的主要产品有畜产品、盐、粮食及民族用品（阿里地区地方志编纂委员会，2009）。据统计，札达县有通外山口38条，传统边贸口岸4个（杜莉等，2007），涉及边境乡（镇）7个（托林镇、萨让乡、达巴乡、底雅乡、香孜乡、曲松乡、楚鲁松杰乡），其中楚鲁松杰乡边境线长92 km，通外山口3条；萨让乡边境线长157 km，通外山口4条；达巴乡边境线长250 km，通外山口5条；曲松乡边境线长56 km，通外山口3条。

久巴市场，其对应印度境内喜马偕尔邦金瑙尔县的南加（Namgia），连接的主要山口为什布奇山口（图2.9）。根据中印两国达成的协定，设立"久巴-南加"边贸市场，并将什布奇山口作为新增加的，供从事边境贸易的人员、货物和交通工具出入的山口，以便进行商品交换和交通运输。久巴是札达县底雅乡什布奇村的一个村民小组，平均海拔2800 m，与印占区交界，是中印边境上最前沿的村庄。每年十月中旬，是什布奇村旅游、商贸的旺季，商人们会带着藏毯、粮油、红糖等货物，翻过海拔3500 m的博珠拉山口来到这里，村民们则牵着成群的牛马，与商人物物相易[①]。

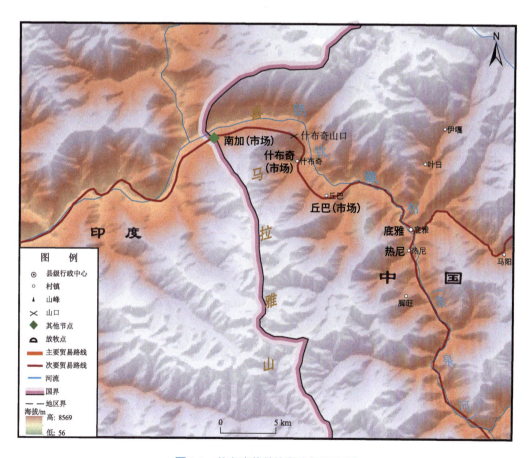

图2.9　什布奇传统边贸市场示意图

---

① 什布奇村：中印边境最前沿的"世外桃源". http://www.gov.cn/jrzg/2013-08/07/content_2462898.htm.

什布奇山口，其位于什布奇村西面约 5 km 处，中印边界传统习惯线活不桑河以东 6.5 km 处，是朗钦藏布（象泉河，在印度境内称作萨特累季河）流经喜马拉雅山脉拉克马山形成的山系缺口，海拔约 3104 m，山口道路宽广，过往商旅多取此道，为阿里地区重要对外门户之一（中印边境自卫反击作战史编写组，1993）。现被印度侵占并实控，1958 年 4 月，印军侵驻什布奇山口，在拉克马山顶修建营房 6 间，后建立永久哨所和多条公路实际控制，侵占什布奇山口以西，活不桑河以东朗钦藏布流域共 35 km^2 的中国领土。

札达市场，其是连接区内扎西岗市场与普兰口岸的交通纽带，西北方向有沿朗钦藏布（象泉河，在印度境内称作萨特累季河）的传统贸易通道，经久巴贸易市场与印度相通，东南沿象泉河连接普兰口岸，接通印、尼市场，南部是传统的达巴边贸市场（图 2.10）。

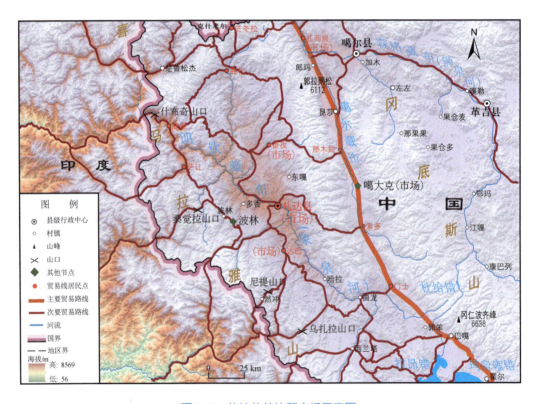

图 2.10　札达传统边贸市场示意图

达巴市场，达巴市场位于札达县达巴乡，东邻普兰县，南以喜马拉雅山山脉雪峰线与印度为界，西邻托林镇，北邻噶尔县门士乡，边境线长 75 km，有通外山口 3 个；距札达县城区 96 km。历史上属中国西藏地方达巴宗，1961 年 4 月，设达巴区。1999 年，撤区并乡，设达巴乡。截至 2019 年末，达巴乡户籍人口为 1381 人。辖达巴村、东波村、曲龙村共 3 个行政村，10 个村民小组，以及拉不底地区、乌热地区和均郎、然冲、香扎、朱毕钟、哈拉、拉布扎、托皮丹格、喀尔果、西兰塔、久坚、扎贡阿、久德霍迪、尼提等自然村。连接达巴市场的主要山口、通道有尼提山口、东径拉山口（Tun Jun La 或 Tanjula Pass）、乌扎拉山口、昆里宾里山口等，如图 2.11 所示。

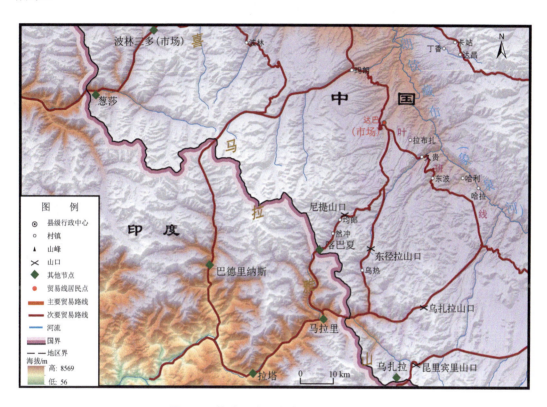

图 2.11　札达县达巴传统边贸市场示意图

波林三多，其位于札达县托林镇西南部，地处三岔路口，为 1954 年中印通商协定中国开放的市场之一，1954 年的协议签订后不久被印度侵占，现为印度实际控制，划入印度北阿坎德邦北卡什县东北边境的尼兰－贾德汗（Nilang-Gadh）地区，印改称波林松达（Pulam Sumda）。波林三多与桑、葱莎地区相邻，均属札达县管辖，居民均为藏族，历来都向中国原扎布让宗交纳差税。桑、葱莎、波林三多地区是指桑觉拉山口（桑久拉山口，Tsang Chok La）西南，公贡桑巴以东，甲扎岗噶河及其支流所经之地。桑、葱莎分别位于甲扎岗噶河的北南两岸，相距 25 km；此段边界传统习惯线位于贡桑布（桥），在葱莎以西跨过甲扎岗噶河再往东，长约 100 km。连接波林三多市场的主要山口、通道有公贡桑巴通道、桑觉拉山口、塔加拉山口（图 2.12）。

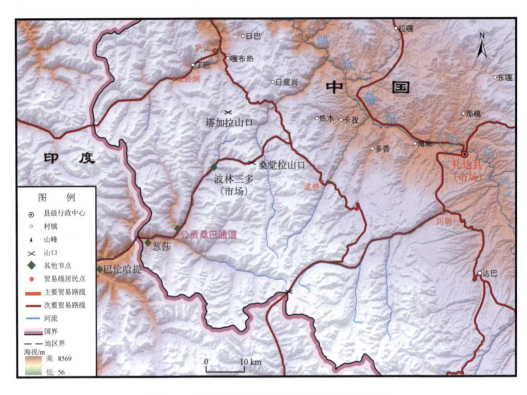

图 2.12　札达县波林三多传统边贸市场示意图

尚格齐，今札达县香孜乡，原为尚格齐宗，1961 年，设立香孜区；1999 年，改香孜乡。香孜乡位于阿里地区札达县的东北部，东邻噶尔县，距札达县城 70 km。截至 2019 年末，香孜乡户籍人口为 1369 人。辖 2 个村委会：香孜村（辖夏益、奇里普、苏康、香孜、香巴 5 个村民小组）、热布加林村（辖角孜、羌塘、日孜角、热嘎夏、色嘎、西谢、夏朗、热布加林 8 个村民小组）。香孜乡的通外山口主要为什布奇山口。从什布奇山口沿象泉河而上，经底雅乡到达香孜乡；同时，从香孜乡翻越拉吾日山口到达噶大克商贸中心（图 2.13）。

2.4.2　中印边境西段北部地区形成的贸易通道

清末时，由于世界局势的变化，中国对新疆西藏西部边疆区域加强了调查与了解。以至于在舆图绘制和方志编纂中逐渐提到了众多这一时期切实使用的交通路线和贸易通道。例如，《西藏图考》总结到历史上"中国请经之僧往印度者有三道焉：一由和阗南行，经毒龙池，蹑悬渡，过沙河，入罽宾国，是为东道。晋法显、北魏慧生所行之程也。一由伊犁西行，愻霍罕至赛马尔罕，折而东南，输铁门，渡缚刍河，越兴都哥士大雪山，入克什米尔，是为西道。唐玄奘及元邱长春所行之程也。一由叶尔羌西南

图 2.13 札达县香孜乡传统边贸市场示意图

行，循徙多河而上，陟葱岭，至寒勒库儿泊，再南输印度河，是为中道。玄奘归途无经之程也"[1]。李源鈵[2]在《六月查覆莎车城各属东南边界图说》中记载了自莎车、叶城附近至喀喇昆仑山脉中印边境地区的通道。朱晨辉将李源鈵所绘地图中这一区域的交通路线概括为 16 条（朱晨辉，2014），大致如下：①桑株道，叶城至阿巴伯克里；②八沙拉达坂道，克里阳卡至素盖提；③昌器利满达坂道，素盖提至昌器利满达坂，通退摆特；④康挖克道，康挖克至达尔乌孜；⑤卡拉胡鲁木达坂道，素盖提至卡拉胡鲁木达坂，通退摆特；⑥宠托和一道，达尔乌孜至宠托和一；⑦星峡达坂道，宠托和一至星峡达坂，通坎巨提；⑧阿格里达坂道，星峡阿格嘴过阿格里达坂；⑨阿布朗达坂道，色勒苦木什过阿布朗达坂；⑩红孜纳普达坂道，宠托和一至红孜纳普达坂，通坎巨提；⑪和家克巴依卡道，它斯曼至和家克巴依卡；⑫坏一克达坂道，和家克巴依至坏一克达坂；⑬明铁盖达坂道，坏一克山口至明铁盖达坂，通坎巨提；⑭克里满苏达坂道，明铁盖阿格嘴至克里满苏达坂；⑮克里克达坂道，明铁盖阿格嘴至克里克达坂，通坎巨提；⑯色勒库尔道，和家克巴依至色勒库尔。

对以上记载的交通通道，可结合清末民国绘制的关于这片区域的众多地图，以阿里日土为节点，分为北上通道和南下通道两部分。其中北上通道以日土、列城以及其

① （清）黄沛翘纂：（光绪）《西藏图考》卷之八，清光绪甲午申荣堂本。
② （清）李源鈵：《六月查覆莎车城各属东南边界图说》，《新疆图志·卷九·国界五》，第2-7页。

81

西部的斯利那加一线为南线，新疆和阗、叶尔羌一线为北线，两线之间形成的几条南北向的重要通道在当下地形图上显示如图 2.14 所示。

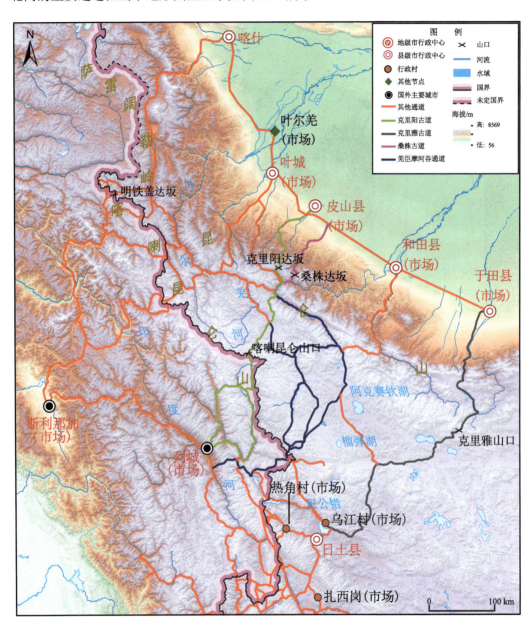

图 2.14　历史时期形成的日土以西、以北的中印通道

1. 日土至于田的克里雅山口道

这是一条由新疆于田县南下经克里雅山口到西藏阿里地区日土县的通道。由于自然环境的影响，克里雅通道所经区域每年 10 月至次年 5 月为冬季，其间大雪封山，通

行艰难，故夏季为古道的主要通行时间。清《西藏志》就有"冬夏不可行，困难异常"[①]的记载。清末官修的《于阗县乡土志》记载："克里雅河发源于克里雅山，有路通后藏"，还详细地记述了从于阗县治南行715千米即是新疆与后藏的交界处[②]。《钦定平定回疆剿捦逆裔方略》言"惟查和阗另有草径，由克里雅、沙里雅可通库车。该处地方，现关紧要，不可无兵防范。已饬行提督齐慎将所带官兵三千名，令副将胡超、李士林等分起带领行至该处，择其扼要驻劄"[③]。即在清初平定新疆的过程中，西藏和新疆的交通通道亦发挥了重要的作用。

就历史发展看，从克里雅山口穿越昆仑山的道路是西藏与新疆之间的主要通道。古代这条古道不仅用于军事用途，也是南北贸易交流的主要通道，新疆和阗、叶尔羌地区的玉石也是通过这条通道进入西藏的。据载唐朝时，吐蕃先后2次通过翻越克里雅山口，穿过乌鲁克盆地进入塔里木地区入侵西域，并在唐朝中期后统治塔里木盆地百余年（王铁男，2012）。到公元10～11世纪时，西迁回鹘联合其他民族以喀什噶尔为中心建立的喀喇汗王朝，灭掉于阗国。由于喀喇汗王朝推行伊斯兰教，一部分信仰佛教的于阗人被迫翻越昆仑山经克里雅山口逃入吐蕃境内。康熙五十六年（公元1717年），盘踞新疆的策妄阿拉布坦亦从克里雅山口进入西藏。"準噶尔策妄阿喇薄坦，遣大台吉策零敦多布及宰桑吹音匹儿率精兵六千，绕戈壁逾和阗大雪山，由腾格里海北岸大山冒险突入，藏中无备，破布达拉，杀拉藏汗"[④]。1723年，青海蒙古亲王罗布藏丹律通过克里雅山口逃亡西藏。1878年，左宗棠率领清军追杀白彦虎时，这条通道被毁。

1885年6月，俄国探险家普尔热瓦尔斯基（1839—1888）率队曾沿克里雅山口的北麓走了将近一个月时间，吃尽了苦头，最终也未找到一条通往西藏的便捷之路。20世纪初，日本探险家橘瑞超（1890—1968）在第三次探险中亚时，试图翻越克里雅山口进入西藏，但最终以失败而告终，自己也差点死在阿什库勒盆地。1930年，植物学家刘慎谔循昆仑山南麓行进3个月，曾翻过克里雅山口沿河而下。1950年8月1日，由136人组成的进藏英雄先遣连从新疆于田县普鲁村出发，翻越克里雅山口沿克里雅古道进入西藏，经过45天的艰苦行军，最终到达西藏阿里地区的改则县，行程600多千米，其间牺牲了68人。为了纪念英雄先遣连的壮举，这条古道也被后人称为"英雄古道"。1950年，解放军开始在克里雅河上游修筑新藏公路，但由于地质情况复杂、塌方严重、高山缺氧等原因，最终被迫放弃，于1956年改道修建新疆叶城到西藏普兰的新藏公路。自此，这条古道逐渐淡出人们的视野。

实际上，清以来就有对这条穿越克里雅山口的新藏通道的记载，光绪三十年的《西藏全图》详细绘制了由西藏罗多克（即日土县城）北经诺和湖，过诺和、拉隆、孙即令、东郎、匝卡、康马尔、康甲拉，竹冈特、拉竹龙，过克里雅山口（其右侧为岗龙丁罗勒）

① （清）《西藏志》卷上《山川·北方之山》，拉萨：西藏人民出版社，1982年。
② （清）贺家栋纂修：光绪《于阗县乡土志》，民国间[1912-1949]抄本。
③ （清）曹振镛：《钦定平定回疆剿捦逆裔方略》卷十九，清道光刻本。
④ （清）黄沛翘撰：光绪《西藏图考》卷之二，清光绪甲午申荣堂本。

进入新疆，再北行至阿拉什、阿克所、经古波力克泊，过古罗力克山口、西巴什、述克特、古罗克至布鲁即塔克努拉，而后沿克里雅河，过图喀拉克、布噶尔至于阗（今于田县）的路线[①]。1913 年北京新亚洲舆地学社编辑印行的《卫藏新图（附青海）》和 1938 年编绘的《西康西藏详图》也都有绘制这条大路。只是《卫藏新图（附青海）》中孙即令为"孙郎令"、匝卡为"匝尹"，过克里雅山口进入新疆后由阿拉什过"波鲁"即布鲁到和阗的路线沿途站点绘制较为简略。而 1938 年编绘的《西康西藏详图》中东郎为东即、拉竹龙北标为岗龙丁罗勒，述克特为"休克特"[②]。直到 20 世纪 80 年代，随着新疆山峰的对外开放，对这条古道的探险再次走入人们的视野。1990 年，日本 NHK 广播公司探险队沿着克里雅河成功穿越塔克拉玛干沙漠，后组建分队探险克里雅古道，首次通过电视媒体向外界揭示了学术上有争议的亚洲一号火山和神奇的高原盆地。2005 年冬季，我国探险家王铁男率领探险队从于田县阿羌乡普鲁村出发，沿克里雅古道进行探险，登上了亚洲一号火山；在 2008 年 7 月，王铁男再次率领探险队探险克里雅古道，并到达西藏羌塘地区，成为自 1951 年 8 月进藏先遣队之后唯一一支成功穿越克里雅山口的探险队。2008 年 8 月 8 日，王铁男率领探险队翻越克里雅山口，进入西藏境内，沿邦达错继续向西前进至阿里地区的松西村、吉普村、乌江村，最后到达日土县。这一路线见图 2.15。

这条通道今日路线及沿途站点中，新疆境内主要有于田县、兰干乡、普鲁村、阿拉叫依、苏巴什、硫磺达坂、脱特拉尕特达坂、阿克苏河谷及阿克苏卡子、克里雅河谷、阿特塔木帕夏达坂、克里雅山口、阿特塔木帕夏古堡。过克里雅山口后在阿里境内所经区域，现在行政区划上主要有松西村、吉普村、乌江村主要沿 G219 国道分布。这些站点古今名称及地理位置如下。

兰干乡，其位于于田县城南 38 km 处，东邻阿日希乡、阿羌乡，西接策勒县博斯坦乡，南连阿羌乡，北与先拜巴扎镇和托格日尕孜乡毗邻。兰干，维吾尔语意为驿站。过去有道路通往普鲁，因设车马店而得名。旧称布尕孜兰干，意为有怀胎牲畜的车马店。1959 年成立爱国公社，1978 年改称布尕孜兰干公社，1984 年改建兰干乡。境内为山前砾石戈壁地带，位于克里雅河冲积带状平原上，地势由南向北倾斜。克里雅河流经东境，灌溉水源丰富。

普鲁村，其位于于田县阿羌乡，库拉甫河与喀什塔什河的交汇处，距离于田县城 100 km。普鲁，维吾尔语意为金钱，因金沙流过而得名，同时还有一种说法，世代生活在这里的人们从远古时代就掌握了一种独特的编织工艺，用当地的山羊毛为原料，编织出工艺独特的地毯，深受吐蕃人的青睐，被称为毯氆毯，历史上用"氆氇"命名这个小山村，后简化为普鲁村（王铁男，2012）。历史上是进入西藏的门户，是近现代探险的必经之地。普鲁村位于克里雅河岸。普鲁人来历有两种说法，一种是西藏阿里地区古格王朝的后裔，为避战火，翻越昆仑山脉，逃入克里雅河谷；另一种是源自克里雅河谷下游的土著居民，据考古发现，克里雅河的发源地阿什库勒盆地和普鲁村附近有多处距今 3300～10000 年的石器遗址。

---

① （清）黄沛翘撰：光绪《西藏图考》卷之二，清光绪甲午申荣堂本。
② 赵璇，李炳卫等：《西康西藏详图》，1938 年，尺寸：108.2 cm×65.1 cm，国家图书馆藏。

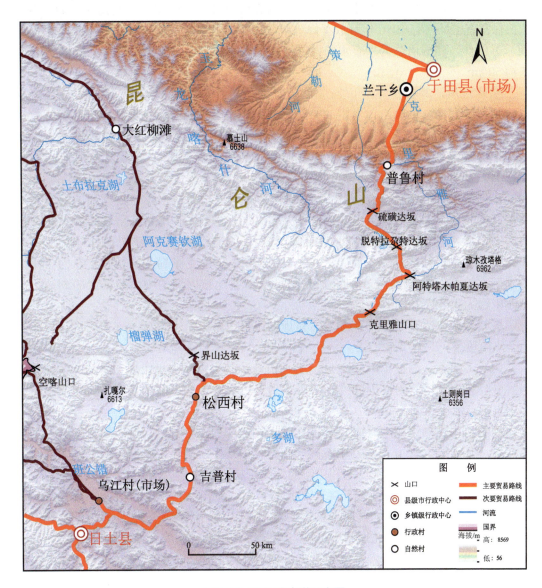

图 2.15　克里雅古道示意图

　　克里雅河谷，其维吾尔语意为"漂移不定"，发源于昆仑山主峰的乌斯腾格山北坡，分别由库拉甫河和喀什塔什河等支流组成，自南向北流动，从出山口普鲁村经于田县向北流进塔克拉玛干沙漠，最后消失于达里雅布依附近，全长200多千米，河水主要由昆仑山雪水融汇而成，经常因季节性洪水改道而得名。清代《学海堂四集》载克里雅河为"建德力河"[①]，《于阗县乡土志》则指出克里雅河即"克勒底雅河"[②]。

----

① （清）金锡龄辑：《学海堂四集》卷十五，清光绪十二年启秀山房刻本。
② （清）贺家栋纂修：光绪《于阗县乡土志》，民国间[1912-1949]抄本。

阿拉叫依，其为古代军事要塞，自清代起就有驻军，一直持续到民国时期。现在依旧保存有遗址，有 1956 年解放军修筑新藏公路的大军营地遗址。

苏巴什，其维语意为"有水的地方"，海拔 4200 m，普鲁河的源头，距离阿拉叫依约 50 km。

硫磺达坂，其位于昆仑山的北侧山脊喀拉塔什山，距离苏巴什约 10 km，海拔 5114 m。是去昆仑山火山口考察的必经之地。当地人也称作"依斯达坂"，维吾尔语意为"有瘴气的地方"。翻过硫磺达坂，进入平均海拔 5000 m 的阿什库勒盆地。盆地中分布有阿什库勒湖、色格孜库勒湖和乌鲁克库鲁湖三大湖以及阿什库勒火山，据王铁男 2005 年实地探险，火山口海拔 4921 m，火山口直径约为 100 m，深约 60 m（王铁男，2012）。色格孜库勒湖是三大湖中唯一的淡水湖，与西面的阿其克库勒湖紧密相连。早在十几年前已基本干枯，只有在夏季阿其克库勒湖的渗水和来自南面雪山融水的注入，形成由水洼连成的湖。日本探险家橘瑞超在 1911 年第三次中亚探险时在色格孜库勒湖宿营（王铁男，2012）。乌鲁克库勒，维吾尔语意为"伟大的湖"，长 7 km，最宽处 3.6 km，是阿什库勒盆地三大湖泊中面积最大的湖泊，水域面积约为阿什库勒湖的一倍。

脱特拉尕特达坂，海拔 5030 m，盆地周边平均海拔超过 4800 m，显得该达坂如同一个小山梁子。

阿克苏河谷，海拔 4810 m，阿克苏河流流淌其中，是克里雅河上游的一条支流，河谷中野牦牛众多。阿克苏的维吾尔语意为"白水河"，在新疆带有"阿克苏"的地名中表示有河流经过。

阿特塔木帕夏达坂，海拔 5500 m。周边山坡和岩石为红色。翻过达坂，进入克里雅河谷，海拔约 4950 m，河谷中藏羚羊、野牦牛众多，沿克里雅河谷而上，即可到达克里雅山口。河谷西侧的雪山为和田河的源头，长 80 km。

阿特塔木帕夏古堡，其位于克里雅河谷西岸，是曾经的阿特塔木帕夏古堡遗址。阿塔木帕夏是西藏通往塔里木盆地的必经要地，关于古堡有两种说法：一种说法是建于公元 7～8 世纪，南抵西藏，北通和田，扼古道咽喉，是中世纪回鹘人为阻挡吐蕃北上所设；另一种说法是《新疆图志》记载的"唐将都督驻兵遗迹"；但王铁男认为两种说法都靠不住，因为把守要塞，至少需要几十个士兵，不到 20 m² 的古堡无法容纳那么多士兵。据此推测，古堡也可能是吐蕃牧民放牧的住所，因为阿塔木帕夏一带水草丰盛，是优质的高原牧场，牧民常年在此放牧，必定要建永久性的住所（王铁男，2012）。

克里雅山口，海拔 5546 m，其位于昆仑山西段与中段的分界处，是克里雅河的发源地，西方附近是玉龙喀什河（即和田河东支）的发源地。克里雅山口东侧是海拔 6920 m 的琼木孜塔格山的山脊线延伸，也是南疆克里雅河的源头。

2. 日土、列城至和阗的路线

根据光绪三十年《西藏全图》和 1913 年北京新亚洲舆地学社编辑印行的《卫藏新图（附青海）》以及 1938 年编绘的《西康西藏详图》，可以发现，在罗多克北，诺和亦有分路可北上至和阗。其具体路线是：由诺和西北经巴和、丁葛山口、萨拉木、尼牙等吉河上游山口、盖浦桑山口、隆康拉山口北行在罗克宗以南唐泊附近与主路汇合。而这条主路是由雷城，即拉达克列城东行过巴尔三、长拉山口、多尔古至潭济，由谭济东行至拉堪，北上过玛尔吉米克山、彭租勒、卓格拉、盘龙山口、尼东、巴尔拉塘、罗克宗、塔勒达特、波匝仑、羊义山口、塔什至库司拉士，此路在当时亦为大路，而由库司拉士过尼雅沙木山口、普林噶、喀巴司、喀郎郭塔克、必自雅、白雅、必沙山口、羊几、喀玛特亮噶尔至和阗。

与此同时，《西藏全图》中还有一条和阗西行至桑株，由桑株南下经过葱岭山口至列城后，东行到罗多克的路线。其具体走法是从罗多克西过纯帕、隆马尔、东沙、潭济、多尔古、长拉山口、巴尔三至雷城。由列城北上经喀尔东山口、工六、西噶尔（塔噶尔）、巴那米克、萨尔西勒至济几勒思古为当时小路。由济几勒思古继续北上与雅普善过葱岭山口至新疆和阗的主路相连。其后北行经过马力克沙、苏几特山口、苏几特、沙都山口、米尔匝阿布拜克尔、古尔干阿力巴杂尔、几木山口、塔木云噶克、玛杂尔、桑株、滚得里克台，在滚得里克台东南行经坡雅尔满台、志瓦至和阗。以上《西藏全图》所绘西藏西部通新疆的路线具体见图2.16。

图2.16　光绪三十年《西藏全图》中日土与新疆和田之间主要通道及站点[①]

---

① 改绘自光绪三十年《西藏全图》，底图来源于世界数字博物馆。

以上当时由西藏西部出发的通新疆路线，在民国时期的地图中亦有不同程度的绘制。《西康西藏详图》中由善和分路的通道，基本沿雅尔木湖北岸西北行，翻越该处 5000 m 等高线山，下山至卓格拉后背上经尼东、巴尔拉塘，过磨泊（湖泊）东岸至罗克宗，由罗克宗西北至塔勒达特、爱企庭、波匝仑，而后下山沿哈拉哈什河流进入新疆 [1]。这条路线所经卓格拉前后在当时的边界线划分下，有一部分属于拉达克，在《西藏全图》中亦有体现。不过，《西藏全图》中这条路线在卓格拉附近为更东侧一些的盖浦桑山口与隆康拉山口。即《西康西藏详图》中这条路线西偏程度更大，故其路程可能更远。

3. 列城至和阗、叶尔羌通道 —— 喀喇昆仑山口道

实际上，由列城至和阗的路线，清代文献和西方游记中多有提及，众多说法中当以经过喀喇昆仑山口的通道最为典型。喀喇昆仑山口处中国、印度、巴基斯坦的交界地段，具有重要的政治意义和军事意义。喀喇昆仑山口道是新疆对外交通路线中非常重要的一条路线。喀喇昆仑山口道并不是单纯的一条路线，实际上是很复杂的，其中包含了皮山线、桑株线等多条线路。喀喇昆仑山口汉史文料称作"卡拉胡鲁木达坂"，呈马鞍形，海拔 5540 m，宽 45 m。终年无雪，周边区域全年一片荒芜，没有任何植被生长。这条通道已有 3000 年的贸易历史，常年有往返于叶尔羌（今叶城）和列城之间的商队通行。对于喀喇昆仑山口道经久不衰的原因，亨廷顿有着很好的解释。他指出，新疆南部依靠两条通道与外界连接，一条是喀喇昆仑通道，另一条是铁列克达坂。"从历史到现在，利用铁列克达坂和西方联系要比其他通道更频繁，但却经常被战争阻断"（陈戈，1990）。陈正祥将喀喇昆仑山口道记做"莎车—列城线"，称其为全世界最高最险的商道。1906 年，德国探险家阿尔伯特·冯·勒柯克从喀什回程时所经的冬季路线为：从叶尔羌到库库雅、提斯纳布河、喀喇昆仑山口、迪普桑高原、布尔策、摩尔吉山口、什约克河、萨赛尔山口、努布拉河谷、杜蒂亚拉克、卡拉瓦尔山口、帕那米克、卡尔东山口、列城（阿尔伯特·冯·勒柯克，1999）。1892 年李源钶记喀喇昆仑山口"西北流之水即泽普勒善河源也，询有铁铸界牌埋藏此地，因雪深未便启视，离界牌内约三里许，有石砌三角墩一座，每方七尺高三尺，竖石牌于墩上，书有洋文，字迹照抄呈览"。白生良在喀喇昆仑山口上还看到这界碑，是一座约一人多高、用石块垒起的锥形堆，刚过界碑就是叶尔羌河的发源地 [2]。

据殷晴先生文，新疆—列城道在越喀喇昆仑山口之后，头 5 站是东西两线共有。实际上喀喇昆仑山口道与羌臣摩道、叶尔羌之路上的克里阳古道以及桑株古道基本都有重合，所以严格来说此阶段这一地区的古道主要有羌臣摩道（殷晴，1992）、克里阳古道（王铁男，2012）、桑株古道（王铁男，2011，2013）3 条。

---

① 赵璇、李炳卫等：《西康西藏详图》，1938 年，尺寸：108.2 cm×65.1 cm，国家图书馆藏。
② 白生良：《一次鲜为人知的国际运输亲历记》，王佳贵主编：《盟国军援与新疆》（新疆文史资料第 24 辑），乌鲁木齐：新疆人民出版社，1992 年 1 月第 1 版，228 页。

1）羌臣摩道

由英国探险家从列城出发，经过班公湖畔、沿羌臣摩河东行，在阿克赛钦西部探险、行走的通道被称为羌臣摩道，又称列城道。

1868 年英国探险家、军人乔治·海华德曾由羌臣摩道前往塔里木盆地。曾任英国驻克什米尔专员的地质学家弗雷德里克·德鲁（Frederick Drew）在《查谟和克什米尔领王》（*The·Jummoo·And·Kashmir·Territories*）一书中介绍了 3 条从拉达克首府列城（Leh）经羌臣摩到叶尔羌的路线，他分别命名为东线（Eastern route）、海沃德线（Hayward's route）及西线（Western route）（Drew，1971）。朱晨辉综合其他材料对弗雷德里克·德鲁所提到的路线作了适当的修改，并将羌臣摩道分为东线、中线与西线 3 条路线（朱晨辉，2014）。3 条线路在赛拉图汇合后经吐日苏分别从克里阳古道和桑株古道北段进入中国南疆地区。

羌臣摩河谷通道均以列城为起点，向北经羌拉山口、坦克策、马西密克山口、戈格拉，在羌隆山口分为羌隆约格马山口、羌隆巴马山口、羌隆班隆山口 3 个分支。东线由羌隆约格马山口出发，经林济塘、塔勒塔得、东喀拉喀什河谷、三十里营房、赛图拉到中国和田地区；西线由羌隆班隆山口出发，经克孜勒吉勒尕、琼塔什、喀拉塔格山口、马立克厦、赛图拉到中国和田地区；中线由羌隆巴马山口出发，经克孜勒吉勒尕在琼塔什向东至东喀拉喀什河谷汇入东线、向西到喀拉塔格山口汇入西线。具体可见图2.17。

2）克里阳古道和桑株古道

克里阳古道又称"叶尔羌之路"，即从叶尔羌绿洲出发，翻越克里阳达坂，通过喀喇昆仑山口到达拉达克首府列城的传统贸易通道。根据德鲁（Frederic Drew）的记载，从列城至叶尔羌，仅 515 英里（829 km）[①]。据刘宗唐记载，从列城至叶尔，全程 675 km。其中，列城至喀喇昆仑山口 285 km[②]。清末李源钠在调查这段路线中的莎车边界时，所记录的克里阳一线"由叶城县向东南行，一百里至波内庄，即洪图博喇，六十里至克里阳卡。……由克里阳卡向南行九十里至阿克寿。草盛薪缺，有敖罕种民数户居此，尚有七十余户于各山沟放牧。向东南行九十里至拉木拢。薪足草无多。向南行一百里至渠坤，左右两山，上下二三十里，皆青色，有野葱。转向西南行六十里至八沙拉达坂。壬丙骑仑，甲庚过径。极其峻峭，俨入云天。时寒时热，乍雨乍晴，积雪即盛夏不消，瘴雾时作。每年六月内起，至九月内止，人马可行。余月皆为雪阻。山梁尚属平坦。查该达坂东流转北流之水，绕克里阳卡，出喝吗，伏戈壁。向东南行九十里，至铁克迷列克，柴草俱缺。又九十里至波斯坦，柴草俱有，又五十里至阿巴伯里克。与桑株道会。向南行十二里至托古尔苏，由英艾达坂以东诸山之水出此。向东南行三十里至赛图拉……"[③]。

[①]　弗雷德里克·德鲁：《查谟与克什米尔地区》，1875 年伦敦出版，1980 年卡拉奇印度河出版社影印，第 539 页。

[②]　刘宗唐：《印度列城到新疆叶城国际驿运路线的踏勘及物资试运》，手稿。

[③]　（清）宣统《新疆图志》，卷 9《国界五》，民国十二年刻本。

实际上，以喀喇昆仑山口为节点可以分为南北两段。其中，喀喇昆仑山口以南部分，可分为夏季和冬季路线，陆水林和殷晴将其分别称为东线和西线（图2.18）。

夏季路线为：列城、卡尔东山口、卡尔东村、克尔德萨尔、蒂加尔、帕那米克、羌隆村、萨塞尔山口、穆尔古、喀喇昆仑山口。冬季路线使用频率不高，只有在萨赛尔山口完全不能通行时才会考虑此道，它自列城出发，往东面经迪加尔山口和阿格哈姆进入什约克河谷，或者也可以依羌臣摩道的路线，翻越羌拉山口，再经什约克村进入什约克河谷，然后沿河而上，直到穆尔古（朱晨辉，2014）。其具体路线从列城到萨布，过迪加尔山口、阿格格姆、吉姆贾克、萨约克、昌格、古塔克里克、穆尔古至喀喇昆仑山口。

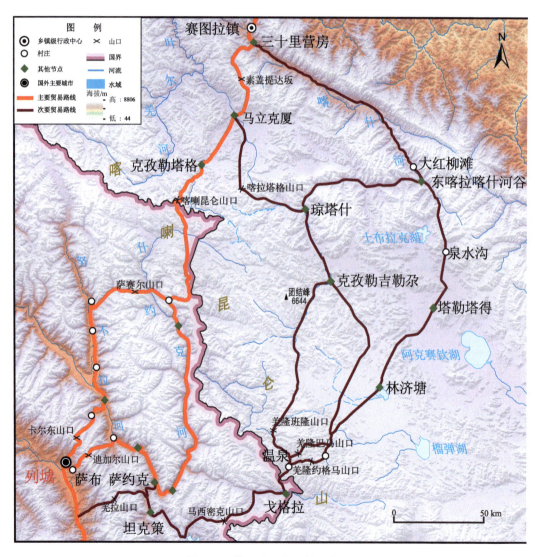

图2.17　羌臣摩河谷通道分布图

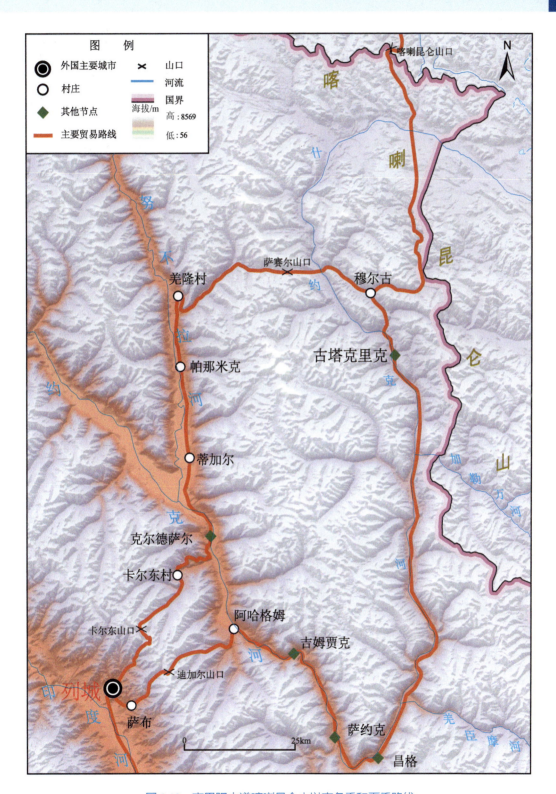

图2.18 克里阳古道喀喇昆仑山以南冬季和夏季路线

　　克里阳古道路线中喀喇昆仑山口至皮山县为北段，以一道经过克里阳、一道主要经过桑株而称为桑株古道（图 2.19）。克里阳古道喀喇昆仑山口至皮山县，赛图拉为其中一个重要连接点，喀喇昆仑山口至赛图拉主要经过喀喇昆仑山口、克孜勒塔格、马立克厦、素盖提达坂、三十里营房等节点。赛图拉以北经过吐日苏至克里阳库尔干后道路分为东西两支，西线因经过克里阳达坂而被称为"克里阳古道"，其主要站点有赛图拉、吐日苏、克里阳库尔干、克里阳达坂、塔拉合、阿克硝尔、垴阿巴提塔吉克民族乡、克里阳乡、皮山县等节点。

图 2.19　克里阳古道和桑株古道喀喇昆仑山口以北路线图

　　赛图拉以北经过吐日苏至克里阳库尔干后的东线经过蒙古包、桑株达坂、曲谷达克、苏干特阿合侧、库尔浪、阿咯孜、乌拉其村、康克尔柯尔克孜民族乡、桑株镇至木吉镇，为"桑株古道"部分，也称之为"喀喇昆仑之路"。1927 年 8 月，德国西域探险家特林克勒沿桑株古道进入叶尔羌绿洲，对叶城县以南的昆仑山以及和田地区进行短暂的考察后，于次年 7 月离开叶城，取道克里阳山口，穿过昆仑山脉和喀喇昆仑山脉回到拉达克的列城。其在《未完成的探险》(*Series of Western Regions' Exploration*) 一书中，将这条线路称作"叶尔羌之路"（王铁男，2013）。桑株古道从新疆南部的皮山县桑株镇起，穿越世界高山最密集地区，到达西藏或克什米尔拉达克的列城，是新疆通往西藏三条古道中最便捷的一条。桑株古道主要站点情况如下。

桑株，即桑株卡伦，《西域地理图说注》记载其位置"离城（叶尔羌）正南二百四十里"（刘景宪和阮明道，1992），《新疆通志》也记载："由桑株南行 20 里（这里应是公路）到康凯，一名坑坑牙（即康克尔），此地有营房一座，可宿人马 50 余。即为桑株卡伦驻地，方位是东经 78°19′，北纬 37°5′"[①]。此外，殷晴曾经在此地进行考察，并指出了该地有营房存在（殷晴，1992）。今利用 Google Earth 量取了木吉镇（即木吉驿所在地）到康凯（今康克尔柯尔克孜民族乡）之间里程合 96 km，这与《皮山乡土志》中所述木吉驿与桑株之间里程九十里相近。由是可以认为，康克尔柯尔克孜民族乡即是上文所说的桑株卡伦。同时，可以认定《皮山乡土志》将桑株卡伦误认为是桑株（哈尔哈尔庄）。按《西域地理图说注》桑株卡伦瞭望山口，路通图伯特。这里的山口应即桑株达坂。国家测绘总局编绘的《J-44 和阗图幅》标注有桑株达坂（史雷，2017）。

蒙古包，有一院落，在院落西边高耸的山壁上有许多洞穴，洞穴之间有通道相连，表明在很久以前就有人居住。特林克勒路过此地时，认为这是昆仑山穴居人的"家"，但洞穴开凿于何时，穴居人究竟是从何而来无从考证（王铁男，2012）。据相关学者研究，蒙古包与在 1919 年出版的斯坦因地图《和阗、桑株图幅》中的"Alī-nazār Kurghān"（直译为"阿里纳扎尔库尔干"，库尔干维吾尔语意为"城堡"）为同一地点，在军事委员会陆地测量总局编绘的《赛图拉图幅》中标注为"阿里拉沙库尔干"（史雷，2017）。

桑株达坂，海拔 5030 m，为桑株古道上海拔最高的山口，翻越山口，即进入西藏境内。桑株达坂的东南麓为桑株河和波斯喀河的源头，均为新疆西南内陆河流，位于皮山县南部。波斯喀河与桑株河平行东南流，经阿帕勒克、冬巴克等地，经皮山县波斯喀，消失于藏桂西南侧沙漠，全长约 80 km；桑株河东流折向东南流，经皮山县桑株等地，至托格热塔孜洪附近分支东流，东支过木吉，在阿亚克买里消没于沙丘之中，南支经藏桂消没于汉口格附近沙漠，木吉以上河长约 110 km，其中常年性河道长 77 km。翻过桑株达坂后进入喀拉喀什河谷。喀拉喀什河，维吾尔语意为"墨玉河"，是新疆和田的两大河流之一，发源于喀喇昆仑山北坡开拉斯山，河源最高峰是团结峰（6644 m），河源支流约 24 条，其中 16 条系源自中昆仑冰川发育带，在下游与玉龙喀什河（白

[①]　新疆维吾尔自治区地方志编纂委员会，《新疆通志·文物志》编纂委员会编：《新疆通志》第 81 卷《文物志》，乌鲁木齐：新疆人民出版社，2007 年，第 391 页。

玉河）在阔什拉什附近汇合后形成和田河，最终流入塔克拉玛干沙漠，为高山融雪补给型河流。

曲谷达克，桑株达坂以南的高山牧场，平均海拔 4200 m，是翻越桑株达坂前的最后一个落脚点，四面环山（王铁男，2012）。

库尔浪，其位于桑株河旁，有几户柯尔克孜族人的房屋坐落在树木丛生的河谷中央，石头堆砌的房屋旁清澈的山泉在茂密的马莲草中流淌，山坡高处零星分布着几幢荒芜的牧羊屋。众多的高山垭口、激流、冰川使得库尔梁成为世外桃源，它是远行者的精神慰藉。1928 年，德国探险家特林克勒途经此地。

康克尔柯尔克孜民族乡，沿桑株古道进入塔里木绿洲的第一个大型人类聚居点，1984 年 9 月成立乡政府，位于皮山县东南部，东与和田县、墨玉县毗邻，西与喀什地区的叶城县交界，南与西藏的日土县接壤，并与印度在克什米尔实际控制区交界，边境线长 40 km。全乡三面环山，地形以高山、丘陵为主，平均海拔 3000 m。乡政府驻地距县城 94 km，距 315 国道 50 km。以柯尔克孜族为主，有维吾尔族、藏族等少数民族。截至 2018 年末，康克尔柯尔克孜民族乡有户籍人口 1746 人，全乡辖两个行政村，六个村民小组，五个站所等单位。人均占有耕地不足 1 亩[①]，曾为贫困乡，主要收入来源为牧业和林果业，2010 年全乡农牧民人均收入 2773 元。有"桑株岩画"等文物古迹。岩画刻在乌尔其村的一块岩石上，长 3 米多，高 1.3 m，内容主要是狩猎图，是昆仑地区先民们的生活写照，据考证刻画于青铜时代，是原始氏族社会时期的人类作品（《走遍中国》编辑部，2007）。1927 年德国探险家特林克勒路过此地，将岩画公布于世。

桑株镇，其为新疆维吾尔自治区和田地区皮山县下辖镇，地处喀喇昆仑山北麓桑株河流域中部。东邻藏桂乡、杜瓦镇，西靠阔什塔格乡，北至木吉镇，南抵康克尔柯尔克孜民族乡。2016 年 3 月 22 日，撤乡建镇。截至 2018 年末，桑株镇户籍人口总数 37327 人。截至 2019 年 10 月，桑株镇下辖 23 个行政村。全乡主要有维吾尔族、柯尔克孜族，以维吾尔族为主，主要信仰伊斯兰教。

克里阳古道和桑株古道喀喇昆仑山口以北站点和走向如图 2.19 所示。

2.4.3 中印边境西段南部地区形成的贸易通道

以上虽系统梳理了日土以西、以北通新疆的主要通道与路线，但实际上，日土以西的斯利那加东至列城，再东沿印度河过日土境内典角等地至阿里噶尔县，由噶尔县东行至拉萨的通道也是西藏在历史时期形成的主要对外通道，同时日土围绕班公错周围山川地势形成的西通列城的通道也是历史时期的重要通外通道。阿里地区札达县、噶尔县和普兰县也有众多通外山口连接的对外通道，兹详述如下（普兰县情况见中尼通道部分）。

---

① 1 亩 ≈ 666.67 m²。

1. 日土至列城南下印度之路

现代拉达克之楚舒勒市场是日土通外的主要贸易市场。由现代地形和公路可以看到从楚舒勒市场可以直接通过阿里地区日土县的莫尔多通道，沿斯潘古尔湖向前到达热角市场；也可翻越热钦拉山口或热琼拉山口，然后沿斯潘古尔湖到达热角市场。实际上，班公湖、亚尔木湖以及诺和湖一线是西藏阿里地区西北经日土与拉达克交通的主要通道。光绪三十年的《西藏全图》中，罗多克（即日土）西北过纯帕、隆马尔、束沙、潭济、多尔古、长拉山口、巴尔三至列城的路线均在班公湖、雅尔木湖以及诺和湖以南的区域内。1913年北京新亚洲舆地学社编辑印行的《卫藏新图（附青海）》亦绘制了由罗多克城（日土）沿诺和湖、班公错南缘山路西北行至拉达克坛吉，再沿印度河北流至克勒部，进而北通克什米尔的通道。《西藏地方明细地图》亦绘制了由罗多克西过纯帕、隆马尔至舒沙勒的小路。而后由舒沙勒西北经唐克西、休克至列城为大路[1]。《西康西藏详图》亦有罗多克城沿雅尔木湖、班公湖南西行至拉达克的路线，其中由罗多克、纯帕、隆马尔至束沙为小路，由束沙过潭济、多尔古、巴尔三至列城为大路[2]。《西藏地方详图》对班公湖周围路线和通道绘制较为详细（图2.20），其中罗多克至舒沙勒亦为小路，由此可以看到从光绪三十年左右至民国中后期班公湖周围通道地位的变化。尽管这条通道上的站点和现今地名差异巨大，三图的湖泊形状差异较大。但结合山形水势，依然可以看到这条通道与今天的莫尔多附近斯潘古尔湖南北的通道大体相似。

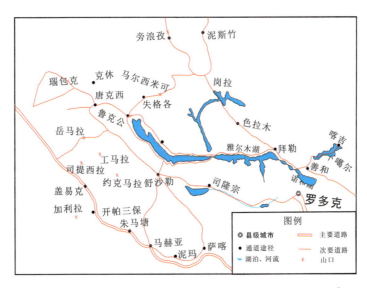

图 2.20　《西藏地方详图》中班公湖周围至日土的交通道线[3]

①　欧阳樱监制，欧阳鹏绘：《西藏地方明细地图》，亚新地学社，1937年。尺寸：彩色，47.3 cm×72 cm，国家图书馆藏，编号：/266/1936.05-2。

②　赵璇，李炳卫等：《西康西藏详图》，1938年，尺寸：108.2 cm×65.1 cm，国家图书馆藏。

③　改绘自：张庚金编绘，葛绥成校订：《西藏地方详图》，中华书局，1939年。尺寸：彩色，88.3 cm×118 cm，国家图书馆藏。

另外，位于印度河转向西部拐角处的拉达克之龙空市场也是与阿里日土交易的主要贸易市场之一。是列城沿大路进入西藏的主要中转点，从拉达克列城的龙空市场沿印度河谷上游，经翁姆隆拉山口到达位于日土境内都木契列的甲岗市场。同时，印度边境的赫拉市场也是日土对外贸易的主要市场，赫拉市场亦通过翁姆隆拉山口，经纳嘎栋通道，进入日土。《西康西藏详图》绘制了罗多克南下过罗孙、楚尔冈可达碟穆绰克（即典角村），由碟穆绰克沿森格藏布河谷西北可达束沙的大路 [1]。而从地形图上亦可以看出莫尔多沿河谷东南行至典角村的路线都在河谷中，大体与古道路线一致，且在 20 世纪早期，公路未通前的大路当与古道路线相差不大，故此可以管窥历史时期西藏阿里地区以日土县为中心联通拉达克与克什米尔乃至印度的通道走向及大致站点情况。《西藏地方详图》中由拉达克列城而来的大路在西藏阿里地区的大路从盖易克东南行，过开帕三保、朱马塘、马赫亚、尼马、那威、萨喀、碟穆绰克、席尔商、札锡冈、拉荣楚木克、南姆罗至噶达克 [2]。《西康西藏全图》中列城东南至巴尔三，折东北至多尔古，西南过潭济、束沙、塔格尔马、碟穆绰克、札锡冈、噶尔冈隆、拉贡至噶达克为大路 [3]。《西藏地方明细地图》中列城先东南，折而东北至休克，而后东南过唐克西、舒沙勒、塔格尔马、碟穆绰克、札锡冈、喀尔库沙、拉贡至噶达克亦为大路 [4]。而《卫藏新图（附青海）》中并没有显示班公湖西北拉达克地区在班公湖东南侧直通噶达克的道路。光绪三十年《西藏全图》亦未绘制拉达克列城沿印度河东南直达噶尔渡的路线。通过几张地图的绘制时间及其反映的情状，可以清晰地看到清末民国时期这一地区交通路线的变迁。

2. 日土东南至噶尔县出印度的路线

《西藏全图》绘制罗多克南下经罗孙，楚尔冈，西南过印度河西南到汗仑山口，继续西南而后东南过沙尔丁山口，继续东南过来多克，来吉雅令，札尔公，老石拉山口，至噶尔渡的路线为当时的大路。《卫藏新图（附青海）》中也有一条由罗多克南下至罗孙，由再西南行至楚尔冈、登卓克、米多克、来吉雅令、扎尔公可达噶尔波（噶尔县）的路线，该路为寻常路。《西藏地方明细地图》中亦以罗多克南下过罗孙、楚尔冈、札拉山口至碟穆绰克为小路，而后以碟穆绰克过札锡冈、喀尔库沙、贡拉至噶达克的路线为大路。《西康西藏详图》标明由罗多克南下经罗孙、楚尔冈、碟穆绰克、札锡冈、噶尔冈萨、拉贡至噶达克为大路 [5]。《西藏地方详图》罗多克南下经隆喀尔、克勒喀尔贡玛、竹尔冈、吉亚冈、努曾桑、加拉山口至碟穆绰克为小路。碟穆绰克、席尔商、札锡冈、拉荣楚木克、

———————

[1]　赵璇、李炳卫等：《西康西藏详图》，1938 年，尺寸：108.2 cm×65.1 cm，国家图书馆藏。

[2]　张庚金编绘，葛绥成校订：《西藏地方详图》，中华书局，1939 年。尺寸：彩色，88.3 cm×118 cm，国家图书馆藏，编号：/266/1939.11。

[3]　赵璇、李炳卫等：《西康西藏详图》，1938 年，尺寸：108.2 cm×65.1 cm，国家图书馆藏。

[4]　欧阳樱监制，欧阳鹏绘：《西藏地方明细地图》，亚新地学社，1937 年。尺寸：彩色，47.3 cm×72 cm，国家图书馆藏，编号：/266/1936.05-2。

[5]　赵璇、李炳卫等：《西康西藏详图》，1938 年，尺寸：108.2 cm×65.1 cm，国家图书馆藏。

南姆罗至噶达克为大路。

另外，《西康西藏详图》标明由罗多克南下经罗孙、楚尔冈、碟穆绰克、札锡冈、噶尔冈萨、拉贡至噶达克为大路。另有罗多克南下罗孙，罗孙北经拉旺、郭拉、打克喀喀尔，东南至沙鲁即，而后西南过苏尔伦、扎伦、石勒东至噶达克为小路[①]。而这条路线在《卫藏新图（附青海）》等其他几张地图亦有绘制，只是中间站点稍有差异，由于此间以对外通道为主，而这条路线完全在西藏阿里乃至后藏，故不赘述。

3. 斯利那加、列城、噶尔县至拉萨的东西大通道

从克什米尔首府斯利那加至拉萨至康定的通道连接了喜马拉雅山脉西段、中段和东段地区，涉及印度、尼泊尔、不丹、中国西藏等国家和地区，是环喜马拉雅地区贸易的主干道，也是古丝绸之路的重要组成部分。具体来说，噶尔县西北可至拉达克（或过日土县通拉达克），进而进入克什米尔，由拉达克西至斯利那加可以前往印度、阿富汗等南亚和中亚地区。东沿雅鲁藏布江河谷至拉萨，进而由拉萨经康定连通中国内地与中亚、西亚、南亚。也因为这条路线主要经过世界第三极的青藏高原，而被称为高原丝绸之路。据房建昌等学者的考证，从噶大克到列城有 18 站，从列城到克什米尔首府斯利那加有 16 站。而由噶大克至拉萨的驿站，清朝曾设有 22 个（房建昌，2015）。

据调查可知，这一高原大通道沿线人口密集、聚落众多，形成了斯利那加、列城、噶大克（阿里地区夏季首府噶尔雅沙）、日喀则、拉萨、昌都、康定等商贸中心。其中，从斯利那加至拉萨段以羊毛、麝香、茶叶和食盐最具代表性，又被称作麝香之路、羊毛之路、食盐之路（房建昌，2015），也是佛教、印度教等教徒前往冈仁波齐朝圣的主要通道。从康定至拉萨段是主要的汉藏商贸通道，对于促进西藏的稳定与发展具有重要意义。17、18 世纪以来的一些英国探险家反而对这条路线有较为详细的记载。第一次详细记载这条道路的是意大利耶稣会神父叶普里图·德斯得利（Ippolito Desideri），他从克什米尔出发，经过列城，扎西岗穿过西藏西部的噶大克，沿雅鲁藏布江河谷，经萨嘎等地，于 1716 年到达拉萨并在此定居。1841 年，英国探险家威廉·穆尔克罗夫特和乔治·特雷贝克（William Moorcroft and George Trebeck）合著的《1819—1825 年穿越喜马拉雅的印度斯坦诸省、旁遮普、拉达克、克什米尔、白沙瓦、喀布尔、昆都士、布哈拉游记》（*Travels in the Himalayan Provinces of Hindustan and the Panjab in Ladakh and Kashmir in Peshawar, Kabul, Kunduz and Bokhara...from 1819-1825*）中的附图首次清晰地标出了西藏麝香之路斯利那加至玛旁雍错北面的大部分地名。

1）斯利那加至列城（16 站）

依据房建昌等学者考证（房建昌，2015），斯利那加至列城共有 16 站（图 2.21），分别如下。

---

① 赵璇，李炳卫等：《西康西藏详图》，1938 年，尺寸：108.2 cm×65.1 cm，国家图书馆藏。

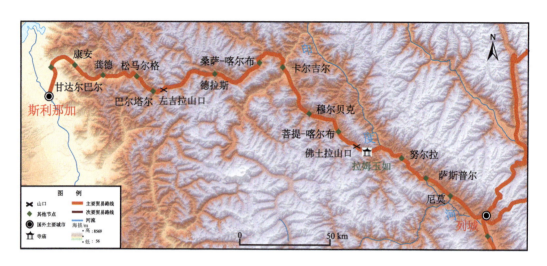

图 2.21 斯利那加至列城路线

斯利那加,位于印度河支流杰赫勒姆河畔,是印控"查谟和克什米尔邦"的夏季首府。由克什米尔国王普拉沃尔辛哈二世所建,原名普拉沃尔普尔。唐朝到印度取经的玄奘曾拜访此地,1588 年为蒙兀儿帝国的阿克巴大帝所统治。1819 年锡克教推翻了兰吉特•辛王公的统治。1846 年多格拉斯将克什米尔从英国殖民者的统治下挽救回来,并在 1947 年将查谟 - 克什米尔作为他的首都,加入印度联盟。谭其骧所编《清代西藏历史地图》中标注为"则布龙"。

甘达尔巴尔(Gandarbal),距离斯利那加 21 km;

康安(Kangan),距离上一站 18 km,海拔 1766 m;

龚德(Gund),距离上一站 21 km,海拔 1981 m;

松马尔格(Sonmarg),距离上一站 23 km,海拔 2667 m;

巴尔塔尔(Baltal),距离上一站 14.5 km,海拔 2880 m;

马却衣(Machoi),距离上一站 11 km;

德拉斯(Drass),距离上一站 20 km,海拔 3242 m;

桑萨 - 喀尔布(Samsa-Kharbu),距离上一站 36 km;

卡尔吉尔(Kargil),距离上一站 26 km,海拔 2679 m;

穆尔贝克(Mulbek),距离上一站 36 km,海拔 3155 m;

菩提 - 喀尔布(Bodh-Kharbu),距离上一站 14 km;

拉姆玉如(Lamuyuru)拉达克最大的寺院之一,距离上一站 8 km,海拔 3475 m;

努尔拉(Nurla),距离上一站 14 km;

萨斯普尔(Saspul),距离上一站 23.74 km;

尼莫(Nyimoo),距离上一站 18.5 km,前往列城的最后一站;

列城(Leh),距离上一站 28.6 km,海拔 3506 m,距离斯利那加 389 km。

2）列城至噶大克（18 站）

依据房建昌等学者考证（房建昌，2015），列城至噶大克共有 18 站，分别如下。

列城至噶大克路线如图 2.22 所示。

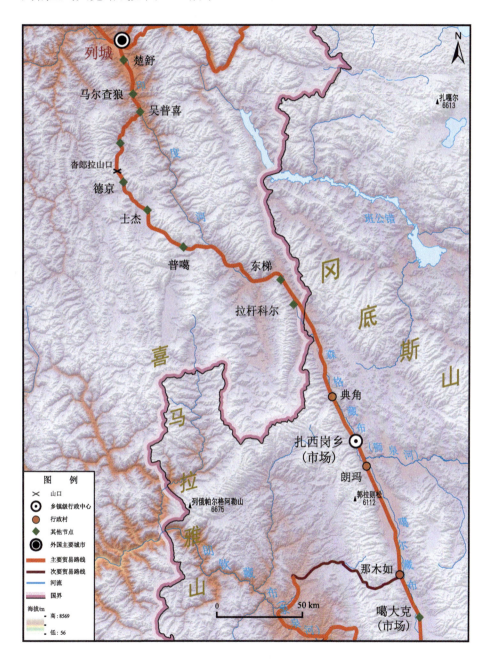

图 2.22　列城至噶大克路线

楚舒（Chushot，也作 Chushul），距离上一站 19 km，位于印度河西南岸；

马尔查狼（Marchalang），距离上一站 3 km；

吴普喜（Upshi），距离上一站 16 km；

甲（Gya），距离上一站 27 km。前往下一站需要翻越 Taglang La（沓朗拉山口，海拔 5334 m）；

德京（Debring），距离上一站 6.4 km，海拔 4810 m。1909 年 6 月 14 日，弗兰克从西姆拉出发，8 月 18 日抵达沓朗拉山口南面的德京（Debring），为牧民宿营地，在此换牦牛。有些玛尼墙和瞿昙，无房屋；

土杰（Thugje），距离上一站 24 km；

普噶（Puga），距离上一站 25.7 km，海拔 4359 m。此地有温泉和硫黄矿，矿的附近有无人居住的房屋；

狼山（Langsham），距离上一站 29 km；

东梯（Dungti），距离上一站 29 km；

泥古且（Niguche），距离上一站 21 km；

浦且（Phugche），距离上一站 22.5 km；

拉杆科尔（Lagankhel），距离上一站 19 km；

典角，也称作碟穆绰克（Demchok），历来为我国西藏边境村庄，1907 年 11 月 15 日，斯文赫定离开扎西岗，北上来到典角，将其称为"西藏最后的村子"；

扎西岗（Tashigong），距离上一站 30.6 km，海拔 4237 m；1715 年 9 月，意大利耶稣会士德西德瑞与同僚福瑞热抵达扎西岗，将其称为碉堡式镇，为边境要塞，有驻兵，主要是防御准噶尔、独立的高地鞑靼人和其他有野心的不被信任的人等。1907 年 11 月 13 日，斯文赫定首先来到扎西岗大寺进行详细考察，随后来到位于山脚下的由 20 座小矮石头屋构成的扎西岗村，屋顶有茅草；

郎玛，距离上一站 30.6 km，斯文赫定的记录为此地只有 6 或 7 户牧民居住在黑色帐篷的郎玛小村；

噶尔昆沙，距离上一站 29 km，海拔 4287 m；

那木如（Namru），距离上一站 39 km，村落；

噶大克（Gartok），西藏官员夏季首府，临近森格藏布河东岸，驻两位噶尔本和一位细查（Shipchat，马站总监察员）。距离上一站 24 km，距离斯利那加 837 km，海拔 4602 m，西藏西部商贸中心。根据印度调查局所编《西藏及毗邻地区的勘查》中记录班智达的入藏报告及路线图，1865～1866 年，拉萨到阿里首府噶尔堆之间官道马站有 22 站，全程 1271 km；1866 年 9 月 5 日，印度班智达南·辛格在噶大克的练兵场进行了测绘。清光绪三十年圣彼得堡印制的世增译的《西藏全图》作"噶尔渡"。

3）噶大克至拉萨（22 站）

依据房建昌等学者考证（房建昌，2015），噶大克至拉萨共有 22 站（图 2.23），分别是：

图 2.23 噶大克至拉萨路线

尼玉（Nikyu），位于森格藏布河东岸，流入噶大克的尼玉河北岸，在噶大克东南方 10 km 处，没有房子，只有帐篷。

门士（Missar），也作门泽，距离上一站 60 km，是拉达克地方政府在西藏的飞地，是西藏地方政府通往噶大克的驿站，有道路可通往达巴宗和姜叶马集市，四面为群山环绕，所以避风。清光绪三十年世增译的《西藏全图》作"米杂尔"。1941 年 6 月，哈萨克人抢劫了普兰县的姜叶马集市，然后前往门士，并沿着象泉河（朗钦藏布）而下到直达布日寺（Tirthapuri，也译作"芝达布日寺"，为托林寺属寺）和古如甲寺等地进行抢劫。

巴喀（Barkha），今普兰县巴嘎乡，距离门士 64.4 km，清光绪三十年世增译的《西藏全图》作"巴尔喀"）。一宗本驻此。清道光二十一年（1842 年）驻藏大臣与噶厦组织藏军在阿里抗击森巴侵略时，拉萨至托林寺间这条官道设有 33 个驿站，巴喀（barkha）为第 30 站。1812 年，穆尔克拉夫特考察该地描述为"噶大克至卫藏的第一个马站"；1939 年，普拉那瓦南达对此地的描述为"海拔 4587 m，有两间房屋，一间为马站，一间为休息屋；房屋旁有一些牧民的黑帐篷，可以买到酥油、奶等乳制品"。

图钦（Tokchen），距离上一站 54.7 km，今普兰县托克钦村，光绪三十年世增译的《西藏全图》作"卓山"。清道光二十一年（1842 年）驻藏大臣与噶厦组织藏军在阿里抗击森巴侵略时（后简写为阿里抗击森巴侵略时），拉萨至托林寺间这条官道设有 33 个驿站，图钦（Tokchen）为第 29 站。

丹坚（Tamjan），距离图钦 124 km，光绪三十年世增译的《西藏全图》作"塔木札"。

阿里抗击森巴侵略时，萨木仓（sramtshang）为第 28 站。

楚松（Truksum），距离丹坚 66 km，今仲巴县境，楚松宗本驻此。光绪三十年世增译的《西藏全图》作"达克萨木"。阿里抗击森巴侵略时，楚松（grugsum）为第 27 站。

扎东（Tradom），距离楚松 84 km，光绪三十年世增译的《西藏全图》作"大屯"。阿里抗击森巴侵略时，扎东（Tradom）为第 26 站。扎东有扎东寺。1904 年 10 月洛林和伍德抵达扎东，扎东为一个重要的村子，193 km 以内没有种植，辐射 241 km，没有树木；石头建的寺院维护得较好，内部装饰亦佳，可以说这一带最有文化的城镇。

纽库（Nyukku），距离扎东 50 km，今萨嘎县牛库村，光绪三十年世增译的《西藏全图》作"拉克身"。阿里抗击森巴侵略时，纽库（Nyukku）为第 25 站。

萨嘎（Saka），距离扭库 46.7 km，为一大村，有许多晒干砖房子，有一宗本驻此。光绪三十年世增译的《西藏全图》作"萨噶"。阿里抗击森巴侵略时，萨噶（sadgav）为第 24 站。

色莫库（Semoku），距离萨嘎 41.8 km，今萨嘎县斯莫苦牧点。1865 年 10 月 10 日，印度班智达南·辛格在色莫库进行了测绘。阿里抗击森巴侵略时，色库（sedkhud）为第 23 站。

拉嘎（Raga），距离色莫库 37 km，光绪三十年世增译的《西藏全图》作"拉喀札宗"。阿里抗击森巴侵略时，拉嘎（Raga）为第 22 站。

桑桑（Sang-sang），距离拉嘎 43.5 km，1865 年 10 月 15 日，印度班智达南·辛格在桑桑进行了测绘。阿里抗击森巴侵略时，桑桑（zangzang）为第 21 站。

桑桑口（Sang sang Kau），距离桑桑 54.7 km，除了马站，有许多帐篷，但是只有两间房子。1865 年 10 月 17 日，印度班智达南·辛格在桑桑口站点进行了测绘。光绪三十年世增译的《西藏全图》作"桑桑古"。

昂仁（Ngap ring），距离桑桑口 54.7 km。1865 年 10 月 20 日，印度班智达南·辛格在昂仁马站进行了测绘。光绪三十年世增译的《西藏全图》作"章阿布林城"。阿里抗击森巴侵略时，昂仁（ngam ring）为第 20 站。

拉孜宗（Janglache），距离昂仁 53 km，此地只有一间房子，拉孜宗本驻此。1865 年 10 月 22 日，印度班智达南·辛格在拉孜宗用来安排清朝官员住宿的甲康（Gia·Khang）进行了测绘。光绪三十年世增译的《西藏全图》作"拉子"。阿里抗击森巴侵略时，拉孜宗萨（lha-rtse-rdzong-gsar）为第 18 站，拉孜（lha-rtse）为第 19 站。

彭措林（Pin-dzo-ling），距离拉孜宗 41.8 km，彭措林宗本驻此。光绪三十年世增译的《西藏全图》作"朋错岭"。阿里抗击森巴侵略时，龙喜（lung-shel）为第 16 站，平措林（phun-tshogs-gling）为第 17 站。

日喀则（Shigatse），距离彭措林 98 km，Tasam 马站为城里一大建筑）。甲日村 24 千米至此。宗本驻此。以上属日喀则宗本辖地。1865 年 10 月 29 日～11 月 21 日，印度班智达南·辛格在日喀则城用来安排清朝官员住宿的公康（Kunkhang）进行了测绘。阿里抗击森巴侵略时，日喀则东（gzhis-rtse-shar）为第 14 站，日喀则宗加日（gzhis-rtse-rd-zong-bya-rig）为第 15 站。

白朗（Pen-nang），距离日喀则 30.6 km，白朗宗本驻此。1865 年 12 月 23 日，印度班智达南·辛格在白朗的（用来安排清朝官员住宿的）甲康（Gia Khang）进行了测绘。阿里抗击森巴侵略时，白朗宗东那（pa-rnam-rdzong-du-sna）为第 10 站，白朗那本（pa-rnam-gnam-bon）为第 11 站，白朗西（pa-rnam-nub）为第 12 站，白朗（pa-rnam）为第 13 站。

江孜（Gyantse），距离白朗 46.7 km，江孜宗本驻此。阿里抗击森巴侵略时，热龙（ra-lung）为第 6 站，江孜宗朵卡（rgyal-rtse-rdzong-mdo-mkhar）为第 7 站，江孜宗觉巴（rgyal-rtse-rdzong-lcog-pa）为第 8 站，江孜宗巴措（rgyal-rtse-rdzong-bar-vtsho）为第 9 站。1865 年 12 月 27 日，印度班智达南·辛格在江孜城的（用来安排清朝官员住宿的）公康（Caravansarai 或 Konkhang）进行了测绘。

浪卡子（Nang-kar-rse），距离江孜 91.7 km，浪卡子宗本驻此。阿里抗击森巴侵略时，浪卡子（sna-rtse）为第 5 站。

白地（Pe-de），距离浪卡子 29 km，位于羊卓雍湖旁。白地宗本驻此。1866 年 1 月 1 日，印度班智达南·辛格在白地村的附近的羊卓雍错岸边的要塞进行了测绘。阿里抗击森巴侵略时，白地（dphal-di）为第 4 站。

曲水（Chu-shul），距离白地 40 km，距离拉萨 54.7 km。曲水宗本驻此。阿里抗击森巴侵略时，曲水（Chu-shul）为第 2 站，第 1 站为聂唐（snye-thang），第 3 站为巴策（bar-tshig）。

4. 斯利那加至叶尔羌通道

实际上，从新疆叶尔羌南下至克什米尔首府斯利那加的通道，还有经巴尔蒂斯坦至斯利那加。根据王小甫等在《七至十世纪西藏高原通其西北之路》的考证研究，从西藏高原通往西域的道路主要有两条，第一条为向北进入西域（塔里木盆地）。第二条为向西跨越帕米尔（古称葱岭）的 Palur（勃律，今巴基斯坦控制克什米尔地区的大部分），这条通道即唐朝时期吐蕃就与大、小勃律彼此征战形成的勃律道。朱晨辉将这条通道分为两支：①斯利那加—特拉格巴尔山口（Tragbal Pass）—古雷斯河谷（Gurez Valley）—布尔吉山口（Burzil Pass）—斯卡杜—木斯塔山口—克勒青河谷—叶尔羌；②斯利那加—特拉格巴尔山口（Tragbal Pass）—古雷斯河谷（Gurez Valley）—布尔吉山口（Burzil Pass）—阿斯托里河谷（Astore Valley）—吉尔吉特（Gilgit）—罕萨河谷—基里克山口/明铁盖山口/红其拉甫山口/星峡山口—塔什库尔干塔吉克自治县—叶尔羌（朱晨辉，2014）。具体见图 2.24。

斯利那加（Srinagar），其坐落在克什米尔的中心地带，海拔 1730 m，位于印度河支流杰赫勒姆河畔，是印控"查谟和克什米尔邦"的夏季首府，历史上是中国西藏属地，现为印度与巴基斯坦争议地。斯里那加的语意为"太阳城"，当地气候凉爽，经常是丽日当空。总人口 894940 人（2001 年），当地的居民多为克什米尔雅利安族人。玄奘曾拜访此地，1588 年为莫卧儿帝国的阿克巴大帝所统治。1947 年加入印度联盟。从斯利那加可前往印度。

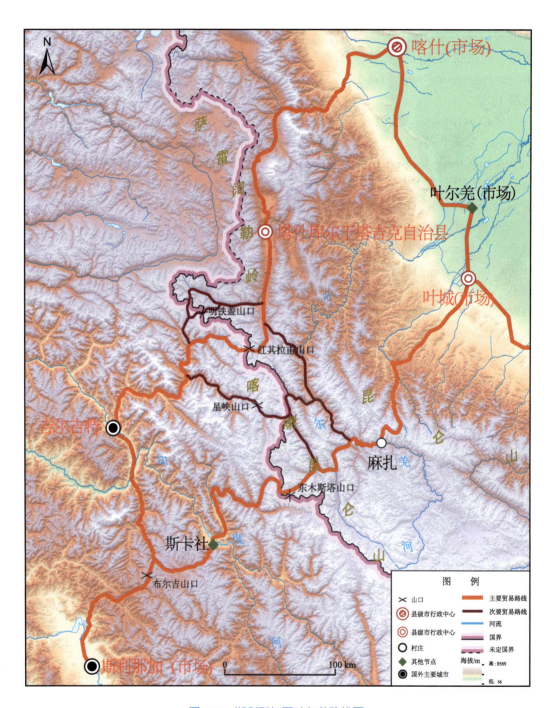

图 2.24　斯利那加至叶尔羌路线图

　　巴尔蒂斯坦（Baltistan），唐代称为大勃律，清代称巴勒提，是巴基斯坦控制下克什米尔吉尔吉特 - 巴尔蒂斯坦的一个地区。地处喜马拉雅山脉西北端，喀喇昆仑山脉，兴都库什山脉的交会地，印度河上游河谷之中，下辖斯卡杜县（Skardu）和甘且县（Ghanche），其中斯卡杜为其首府所在地，70%的人讲藏语。曾为象雄王朝的一部分，为吐蕃的附属国，素有"小西藏"之称，受藏传佛教影响较为强烈。16世纪，受伊斯兰教扩张影响，大多数人转为穆斯林。《新唐书》记载，唐代大将高仙芝所征大小勃律中的"大勃律"即为此地，"小勃律"为吉尔吉特（Gilgit）与亚辛（Yasin）一带。乾隆二十四年（公元1759年）清朝平定大、小和卓之乱后，巴尔蒂斯坦于次年（乾隆二十五年，公元1760年）遣使朝贡，同清廷建立官方联系，从乾隆二十五年一直到乾隆三十九年（除乾隆三十五年），巴尔蒂斯坦每年都会遣使至叶尔羌大臣处请安、贸易，而叶尔羌大臣则每次均有详细奏报（陆水林，2004）。

古雷斯河谷（Gurez Valley），其主要位于印控克什米尔境内，是从斯利那加至吉尔吉特翻越布尔吉山口前的河谷。

布尔吉山口（Burzil Pass），海拔4100 m，其位于巴控克什米尔境内，历史上是斯利那加通往吉尔吉特的传统贸易通道。

阿斯托里河谷（Astore Valley），其位于巴控克什米尔境内，沿线有阿斯多县。

吉尔吉特（Gilgit），古称"小勃律"，为唐属国，是吐蕃通往四镇的交通要道，位于克什米尔西北部，吉尔吉特河南岸，海拔1454 m，现为克什米尔北部经济、交通中心。

罕萨河谷，罕萨为坎巨提（Kanjut，也译作"乾竺特""谦珠特""喀楚特"等）的都城，是洪扎和那噶尔两个山邦的统称，晚清以后多作坎巨提，位于今巴控克什米尔北部吉尔吉特－巴尔蒂斯坦的罕萨河谷一带，东、北与中国新疆塔什库尔干塔吉克自治县相接，南邻吉尔吉特，东南与巴尔蒂斯坦相连。地处由帕米尔和南疆通往印度北部的要道上，经红其拉甫山口、明铁盖山口、基里克山口和星峡山口的通道都要经过罕萨地区。1891年，罕萨被英国军队占领；1892年，中英达成共识，清政府承认坎巨提为"两属之国"，英国将坎巨提视为英属印度的一个土邦，并同意其继续向中国纳贡。坎巨提地处新疆与南亚、西亚间的交通要道，以劫掠来往于列城和叶尔羌的商队和贩卖奴隶为主要经济来源。罕萨河谷位于山谷中，因地势险峻而难以进入，斯坦因发现坎巨提居民在语言和种族上都是明显孤立于周围地方的。1891年英国打败坎巨提后，英属印度当局铺设了可供人马通行的道路。

明铁盖山口（Mintaka or Mingteke Pass），也称作"明铁盖达坂""明塔戛山口"等，柯尔克孜语，"千只公羊的山口"，海拔4749 m。其位于坎巨提西北、塔克敦巴什帕米尔西南，红其拉甫山口东部，基里克山口西部，为明铁盖河的源头，自古以来就是沟通中国西域和印度次大陆的重要传统通道，与红其拉甫山口均为中国南疆经塔什库尔干与英属印度之间的对外通道，但是由于海拔更低、两侧山谷更易通行的缘故，似乎更为人所知。清末时，此路更是成为当时英国驻喀什领事馆的邮路。但近几百年来由于冰川的发育和侵袭，山口通行越来越困难，逐步被西边的克里克达坂所取代。民国时期学者对中国新疆与印度的交通路线研究认为，明铁盖山口是通往印度的重要路线之一。1889年，荣赫鹏在考察了红其拉甫山口后，通过明铁盖山口前往罕萨（即坎巨提），最后回到克什米尔（荣赫鹏，1981）。1893年，科里克尔中尉在考察了红其拉甫山口后，继续对明铁盖山口和基里克山口进行了考察；1902年，日本的大谷光瑞率探险队从塔什库尔干出发，翻越明铁盖山口，到达克什米尔谷地的斯利那加（大谷光瑞等，1998）。1909年春，英国中尉埃瑟顿（P. T. Etherton）从克什米尔的斯利那加出发，翻越明铁盖山口进入中国新疆一带（魏长洪和何汉民，1994）。目前，由于中巴国际公路的修建，明铁盖山口逐步被红其拉甫山口取代。

基里克山口，又作"克里克达坂"，海拔4827 m，位于明铁盖山口西面30 km，基里克河的源头，是南疆与英属印度（现巴基斯坦）间最西侧的通道，靠近阿富汗边境。较明铁盖河谷更加宽阔，适合牲畜和驮夫通行，来往于阿富汗、巴达克山和中亚的人多取此道。1886年，洛克哈特（Lockhart）上校从罕萨河谷翻越基里克山口前往帕米尔；1890年，荣赫鹏前往帕米尔考察，翻越基里克山口返回吉尔吉特。1897年，迪西（Deasy）上校从斯利那加出发，经吉尔吉特和罕萨（坎巨提），翻越基里克山口到达叶尔羌；1900年，斯坦因前往新疆考察，从斯利那加出发，经基里克山口到达塔什库尔干和喀什噶尔（沈福伟，2003）。1931年，法国"雪铁龙穿越亚洲探险车队"（Citroen Trans-Asiatic edition）的"帕米尔分队"驾驶雪铁龙爬行汽车，从贝鲁特出发，抵达克什米尔斯利那加，后翻越基里克山口，经塔什库尔干到达喀什噶尔（杰拉尔·德·奈瓦尔，2008）。

红其拉甫山口（Khunjerab Pass），又作"红孜纳普""昆者拉伯""浑楚鄂帕"等，海拔约5044 m，位于坎巨提之北、色勒库尔之南，距塔什库尔干塔吉克自治县130 km。现在的中巴国际公路（喀喇昆仑公路）通过该山口，是世界上海拔最高的铺设公路的国际山口。G. M. 米尔认为，除从喀喇昆仑山口进入新疆外，从斯利那加至新疆的第二条安全的道路是丝绸之路的南段，即从喀什噶尔向南，翻越帕米尔高原，从红其拉甫进入克什米尔境内。从克什米尔沿罕萨河谷而上，然后沿其支流红其拉甫河而上到达红其拉甫山口，随后进入新疆塔什库尔干塔吉克自治县，沿叶尔羌河支流塔什库尔干河，最后到达喀什地区；除此之外，也可翻过红其拉甫山口后，向右翻越伊里苏山口，沿伊里苏河谷而下到达宠托合一，进入克勒青河谷，最后抵达叶尔羌。1889年，荣赫鹏在考察完星峡山口后取道红其拉甫山口到达坎巨提。1893年，科里克尔中尉从克什米尔沿罕萨河谷而上，翻越提提利普山口后，抵达红其拉甫山口；1925年，维塞尔（Visser）夫妇从斯里那加出发，到达罕萨，后沿罕萨河谷而上，于当年6月26日到达红其拉甫山口。

星峡山口（Shimshal/Shingshal Pass），海拔4735 m，其位于星峡村（海拔3100 m，位于罕萨河支流星峡河的河谷中）东北部，印度河与塔里木河的分水岭上。根据《汉书·西域传》所载皮山之罽宾的路线中有一路就从皮山向南至赛图拉，西行至宠托和一，再越星峡山口至坎巨提，而后抵克什米尔，此道路程直捷，但翻越冰达坂，险恶难行，行者不多。1888年，俄国的格罗姆切夫斯基上校（Captain Bronislaw Grombchevsky）前往坎巨提勘察，翻越了星峡山口，并在此与荣赫鹏（前往罕萨调查罕萨匪徒袭击赛图拉的柯尔克孜人一事）相遇。根据荣赫鹏的记载："星峡山口非常平缓，虽有两千米左右的陡坡，但攀爬起来毫不费力，两侧都是广袤的平原，而且山上没有积雪，即使骑马也能越过山口"（荣赫鹏，1981）。星峡山口是上述所有山口中除现在中巴国际公路通过的红其拉甫山口外唯一还在使用的山口，其通行难度较低，且不在两国的边境线上。

塔什库尔干塔吉克自治县，其位于帕米尔高原东部，喀喇昆仑山和兴都库什山北部，塔里木盆地边缘，新疆维吾尔自治区西南部，西北、西南、南分别与塔吉克斯坦、阿富汗、巴基斯坦三国相连，东南和东部与叶城、莎车县相连，北与阿克陶县相连。古为蒲犁、依耐、西夜、乌托地。清光绪二十八年（1902 年），置蒲犁分防厅，属莎车府。1913 年，设立蒲犁县，属喀什噶尔道。1954 年 9 月 17 日，成立塔什库尔干塔吉克自治县。"塔什库尔干"系塔吉克语"色勒库尔"，意为"群山之酋""最高的地方""石头城堡"。2019 年末，塔什库尔干塔吉克自治县户籍人口为 41188 人。全县辖 2 个镇、11 个乡（含1 个民族乡）；境内居住有塔吉克、维吾尔、柯尔克孜族等 15 个少数民族（中国民族年鉴编辑部，2016）。有石头城遗址、公主堡遗址、吉日尕勒遗址、香宝宝古墓群遗址、慕士塔格冰川、塔合曼温泉等主要旅游资源；境内气候属高原山区寒温带干燥气候（新疆维吾尔自治区地方志编纂委员会，2012）。

木斯塔山口（Mustagh Pass），其位于喀喇昆仑山脉的巴尔托洛慕士塔格山（Baltoro Mustagh）北部，现在为中国与巴基斯坦的边界。根据荣赫鹏的记载，"木斯塔山口，跨越喜马拉雅山主脉，是中国与英国殖民地的天然分界线，位于流向印度洋河流与流向西域河流的分水岭上。在喜马拉雅地区，该山口是最高、最险的山口之一"。经木斯塔山口的传统贸易路线是从巴尔蒂斯坦的斯卡杜至叶尔羌的最短路线（Ferber，1907）。木斯塔山口有东、西两个山口，相距 16 km，两个山口都通向喀喇昆仑山脉北侧的河谷。东木斯塔山口又称老木斯塔山口，海拔 5422 m；西木斯塔山口又称新木斯塔山口，海拔 5370 m（陆水林，2015）。受到冰川的影响，1887 年荣赫鹏从新疆去巴尔蒂斯坦时了解到，因冰块堵塞，老木斯塔山口已被废弃多年（Younghusband，1888）。根据他的描述："在木斯塔山口向下看时，除了陡峭的绝壁和崩塌得无法通行的大冰块之外，无路可走。……除了脚下数百米的冰川之外什么也看不见"（扬哈斯本，2001）。1903 年，德国人费伯（Aug.C.F.Ferber）和霍尼希曼（E.Honigmann）从南坡翻越老木斯塔山口，发现由于附近冰川的扩张，在此之前的差不多 50 年间，木斯塔山口都被当地人弃用（Ferber，1907）。翻越木斯塔山口后进入克勒青河谷。

克勒青河谷，叶尔羌河上游的最大支流，巴基斯坦称为木斯塔河（Muztagh River），夹峙于喀喇昆仑山主脉与阿吉里山之间，发源于海拔 5400 m 的胜利南达坂，近于南东东–北西西流向，于吾甫浪附近突然折向东汇入叶尔羌河干流，全长 200 多千米。克勒青河谷是一条典型的 U 形谷，谷地开阔，谷底坡降小，平坦顺直，谷地无交错山嘴，利于交通发展，其众多支流形成的河谷成为重要对外通道（陆水林，2015）。沿克勒青河谷向东前进至与叶尔羌河汇合处，然后向北可取道叶城线经库库雅尔至叶尔羌，也可沿叶尔羌河继续前进至赛图拉通过桑株道或克里阳道前往塔里木盆地的绿洲。

叶尔羌，18 世纪中叶后，叶尔羌取代于阗成为商贸中心。叶尔羌为汉代莎车，早在西汉末年和东汉初年时雄霸西域，三国时属魏，隋以后归入于阗。在漫长的历史岁月里，叶尔羌是中国新疆、西藏，以及周边帕米尔、阿富汗、印度、中亚间的重要贸易中心。在清朝平定准噶尔及大、小和卓的叛乱后，新疆进入和平稳定发展期，商贸繁荣，叶尔羌城"规模宏敞，甲于回部"①，成为维吾尔人地区最大商业城市和贸易中心（陆水林，2011）。后来，清政府出于对南疆整体防务的战略需要，又将原设在喀什噶尔的参赞大臣移到了叶尔羌，称叶尔羌参赞大臣，这不仅提升了叶尔羌的地位，也更有利于它的繁荣。"一个访问过叶尔羌和孟买两处地方的浩罕人认为，叶尔羌可以和孟买媲美。"到了近代，叶尔羌又成为英属印度、中国、沙皇俄国之间的贸易中心。根据《剑桥中国晚清史》的所言：叶尔羌与克什米尔的贸易（首先去列城，然后到印度、旁遮普、巴尔提斯坦或克什米尔）是由马帮运输的，主要包括来自中国本部的银子、少量金子、上好茶叶、丝、钢铁和药材，以及从新疆或是经由新疆从俄国或西部中亚来的羊毛披巾、羔羊毛毡、丝、驼绒羽纱、羊皮、马匹、绿松石、冰糖、皮靴、皮革、锦缎、天鹅绒、细平布和烟草。这些东西主要用来交换披巾、绣花制品、漂白布匹和皮革等（费正清，1985）。

5. 札达对外贸易通道

仅就阿里地区边境线而言，札达县的边境无疑是最长的。象泉河（朗钦藏布）流经札达县而进入印度，河流切割的谷地成为天然的对外通道。与此同时，众多发源于阿里境内的河流在札达县的西南方流入印度境内，共同组成了札达县天然的对外通道。

1）桑三桑巴通道

从楚鲁松杰经过桑三桑巴，沿斯皮提河谷可达印度拉胡尔与斯皮提地区的吉隆地区，这条路线在 20 世纪 50 年代依然被当地人使用，他们在村子里接待来自印度的行商。

楚鲁松杰，是由楚鲁和松杰两个自然乡的名字拼连而来的，这个地区 7 个自然村都集中在楚鲁松杰河（当地人称为"许藏布河"）两岸峡谷之中。高山深谷阻隔了该地人们与外界的交往，不过印度商人还是会赶着骡子，由印度的司丕提河溯源而上，经过桑三桑巴继续逆流而上过帕里曲河上的拉曼桑巴桥，进入江巴村（帕里曲河流和松杰曲河流的交汇处），继续溯源而上，可达楚鲁松杰曼扎村，进而深入西藏内部。

帕里河（Pare chu river），也称作巴拉河。发源于印占拉达克东南部咙色冈日山（lungser kangri，海拔 6666 m）的冰川，向东南流入楚鲁松杰乡境内，在桑三桑巴桥（江阿尔）附近，与从印度流入中国巨哇‐曲惹印占区的司丕提河汇合，再向西、向南，在中国西扎马流出国境。该河下游进入印度喜马偕尔邦，与萨特莱杰河相连。

2）什布奇通道

札达县政府驻地托林镇沿象泉河（朗钦藏布）西流经底雅乡，至什布奇山口的通

---

① 乾隆《西域图志》卷十八，钟兴麒等：《西域图志校注》卷十八，乌鲁木齐：新疆人民出版社，2002 年，第 279 页。

道是札达县的主要对外贸易通道，也是由札达县连接的阿里地区北自噶尔县，南自普兰县的主要对外通道之一。1904 年 Captain Rawling 率领探险队从噶大克出发，沿象泉河而下，通过什布奇山口，最后到达印度的西姆拉，其探险全程 563 km，从普兰县甲尼玛市场出发，经门泽、琼龙、达巴、札达县、底雅乡、什布奇山口、印度拉胡尔和斯皮提县而至西姆拉。

门泽，今门士乡所在地，阿里抗击森巴侵略时，拉萨至托林寺间这条官道设有 33 个驿站，门泽（mon-vtsher）为第 31 站。通过门士乡向左可抵达噶大克，向右可前往日喀则、拉萨等地。

琼龙，今曲龙村所在地。阿里抗击森巴侵略时，拉萨至托林寺间这条官道设有 33 个驿站，琼龙（khyung lung）为第 32 站。从琼龙向右继续前进可抵达甲尼玛集市，向北可抵达门士乡。

达巴乡，海拔 4188 m，历史上属于达巴宗，乡政府驻地达巴村。阿里抗击森巴侵略时，拉萨至托林寺间这条官道设有 33 个驿站，达巴（mdav-pa）为最后一站，即第 33 站。

札达县，为扎不让宗和达巴宗合并，县政府驻地托林镇（Tooling）。托林镇历史上属西藏地方扎布让宗，是著名的托林寺和古格王朝遗址所在地，海拔约 3800 m。

什布奇村，1904 年 12 月 23 日，罗林前往西藏西部地区考察，记录什布奇村有 700 人，村子位于山坡上，居民已经采取了各种优势技术在任何允许的地方耕种土地，并且在那些岩石太多而无法耕种的地方，种植了杏和其他果树（Rawling，1905）。

什布奇山口（Shipki La），海拔 3104 m，自古以来为西藏西部地区与印度进行贸易往来的主要通道，是古丝绸之路的一个分支。据统计，2014 年通过什布奇山口进行的中印跨境贸易创下新纪录，总营业额超过 9.72 亿卢比，创下自 1994 年恢复什布奇山口中印贸易以来的最高水平。其中印度从中国进口了价值 4.36 亿卢比的商品，贸易增长了 22%，出口了价值为 5.36 亿卢比的商品。

拉胡尔和斯皮提县，位于印度喜马偕尔邦，根据查尔斯的记录：该地区人主要讲藏语，最早与西藏进行交易；拉胡尔并没有与西藏的阿里地区直接相接壤，中间被斯皮提隔开，然而令人很诧异的是，与中国西藏边民进行贸易的不是斯皮提地区的人，而是拉胡尔地区的人；斯皮提是一个很冷清的县地区，没有树，全部是农业且与贸易无关。在日土县和西藏的其他很多地方都能发现有来自拉胡尔地区的人，他们主要的贸易商品有羊毛和羊绒，他们每年需要进口价值大约 3500 英镑的这些物品。相反，奇怪的是，他们（印度）没有好的东西拿来交易，他们只是付出了现金，这主要归因于印度铜币非常受欢迎而广泛流通。

西姆拉，印度最北部的喜马偕尔邦首府，位于德里以北 280 km 喜马拉雅山地中，海拔 2205 m，是著名的避暑胜地和旅游城市，1905 年起成为英属印度的夏都。人口约 7 万（1981 年）。始建于 1819 年，原为英国军队营地，1865 年后逐渐成为避暑胜地，1905～1939 年取代达兰萨拉而成为英属印度的夏都。1947～1953 年为旁遮普邦首府。第二次世界大战时期，撤销夏都后，城市一度冷落。1971 年成为喜马偕尔邦首府后又稍有复兴。从西姆拉出发，沿萨特累季河（西藏境内称作象泉河，也称作朗钦藏布）而上，到达什布奇山口。随后，什布奇山口逐渐成为英国殖民者及探险家进入或返回印度的主要路线（图 2.25）。

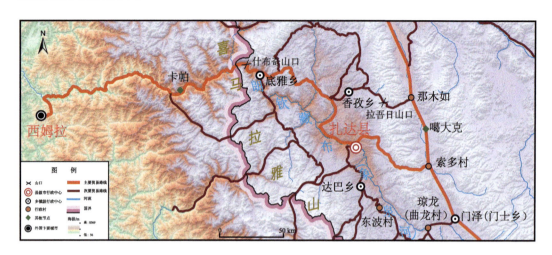

图 2.25　什布奇山口通道示意图

3）尼提山口通道

从古加瓦尔王国都城斯里纳加出发，沿恒河河谷而上，翻越尼提山口，可抵达札达境内达巴乡，进而可达冈仁波齐、噶大克等地。1624 年，耶稣会传教士安夺德等人曾经此山口，沿象泉河到达古格进行传教，试图借传教之机打通通往中国内地的陆路通道（伍昆明，1992）。

民国二十五年绘制的《西藏地方明细地图》[①]显示托林西南行只有玛那山的路线，同时托林东南过曼南，在崖窟与昆格之间有一条象泉河的支流，沿支流溯源而上，西南行有尼提山口。而《西藏地方详图》显示托林西南过朱郎拉山口，可达马那拉，而后东南方向下山至巴得里那司、塔坡板，东南至江吉西，折西南行可达尼提山口，继续南行至兰木巴格、过塔马克，西南至塔坡板与马那拉线汇合，而这两条路线均是在喀米特峰的东西两端分布[②]。而《西康西藏详图》则只绘出了托林至卡美特山西侧至巴特力那木的路线[③]。

4）公贡桑巴通道

调查认为，从印度台拉登出发，沿巴吉拉提河谷而上，抵达葱沙地区，经公贡桑巴通道可抵达西藏境内波林三多、达巴、札达、噶大克等地。就卫星地图看，葱沙沿

---

①　欧阳樱监制，欧阳鹏绘：《西藏地方明细地图》，亚新地学社，1937 年。尺寸：彩色，47.3 cm×72 cm，国家图书馆藏，编号：/266/1936.05-2。

②　张庚金编绘，葛绥成校订：《西藏地方详图》，中华书局，1939 年。尺寸：彩色，88.3 cm×118 cm，国家图书馆藏，编号：/266/1939.11。

③　赵璇，李炳卫等：《西康西藏详图》，上海商务印书馆，1938 年。尺寸：彩色，108.2 cm×65.1 cm，国家图书馆藏，编号：266.001/1938.01。

玛那曲往东北，与西南而下的甲纳维曲汇合、沿甲纳维曲北上可达托林镇波林三多。

另外，《西藏地方详图》显示，在札达县西南部另有一条由什布奇东南方向上山至皮米赤克山口，过河谷至竹苏寺，折南过塔格拉，沿河谷下行至尼蓝格的小路。该通道整体上在札达县西南方，并没有从该条路线进入札达县的通道，因此可以推测，在清末民国时期，还存在着不经区县首府而仅在边境地区使用的小道。

2.5　小结

现代中印边境西段阿克赛钦地区和阿里地区以及印控拉达克等地的实际归属在历史时期常有变动，如阿里地区在历史的早期属于象雄王朝，而象雄繁盛的时候甚至包含今克什米尔地区，其地域范围远大于今中印西段边境区域。吐蕃时期，阿里地区和阿克赛钦所属和阗地区属吐蕃统治，今克什米尔地区亦有部分归附于吐蕃。元朝以后，这一区域内活动的族群和政权之间的界线和范围划分越发明确，但也因为长期的历史融合，加上独特的自然地理环境，这一区域依然是相对特殊的地区而长期保持着神秘的色彩。

2008 年丹尼索瓦人的发现将古人类在高海拔地区生活的年代推向更远的时期。2019 年在中国青藏高原东北部白石崖溶洞的丹尼索瓦人 DNA 数据进一步指出，至少在 16 万年前丹尼索瓦人已经在青藏高原生产生活。丹尼索瓦人的分布区域从阿尔泰山扩展至东亚地区的现象也说明高海拔、雪山等自然条件并不影响这些区域的对外交流，且青藏高原的对外交流与交往早在人类早期文明出现以前就已经产生。中印边境西段地区的岩画以及新石器时代以来的考古发现进一步表明这一区域的交流交往和商贸发展在历史早期就已经存在。到汉代，张骞出使西域带动了中原王朝对西域及西域通印度的交通通道的探索和记载，并基于丝绸之路南线通道形成了雪山道、罽宾道等固定交流通道。魏晋南北朝时期，这一区域受商品贸易和佛教交流影响，推动传统贸易通道在汉代基础上进一步发展。至唐代时，吐蕃通过克里雅山口通道与唐朝争夺对西域的控制权，通过勃律道、桑株道等从岭西侧通道与唐朝争夺丝绸之路的控制权，进一步繁荣了汉以来在葱岭以西形成的交通网络和贸易通道。宋、元、明时期，这一区域的长途贸易受到海上丝绸之路发展的影响而呈式微状态，但已形成的贸易和交通通道依然在继续使用。到清代时，因为国际局势的变化和清王朝对新疆和西藏的治理策略，这一区域的贸易有所发展，贸易通道也逐渐被更多的人考察和记录。结合众多的记录和研究，可以梳理出清末、民国以来这一区域几条重要交通通道的确定路线。

结合考古出土文物、历史文献记载以及近现代相关研究可知，新石器时代，这一区域内各族群间交流的有制陶技术、陶器纹样等。到两汉时，中原的丝绸、西域的美玉，西方的琉璃以及狮、象、孔雀等都通过西域阿克赛钦的中转而发生了交换和传播。印度的红花，罽宾的金银、珍珠、珊瑚、琥珀、琉璃、金缕、罽绣、杂色绫、涂布等亦通过这一时期开通的商道传入中国。甚至西方大秦、波斯的百戏、杂技，印度、波斯、阿拉伯等地的宗教、音乐、舞蹈、绘画等艺术文化也在秦汉至魏晋时期引入中原。同一时期，阿里地区开辟了食盐之路、麝香之路，向其东西两侧的地方输出食盐、麝香等特色物产。到唐朝时，中原地区的谷子、高粱、樟脑、肉桂、姜黄、生姜、大黄等物资通过这一地区的商道传入欧洲，而印度通过阿里和阿克赛钦地区与中原王朝的交流更深入。宋元以来，这一区域的贸易频率和贸易额整体下降，但贸易物资基本与以往一致——均以中原土特产换取印度以及中亚、西亚的特产物资。同时，阿里、阿克赛钦本土的食盐、羊毛因为其资源独特性而成为这一区域历代主要输出物资，并一直延续到清中后期。民国时期，因为战争，这一区域一度成为中国抗战物资输入线，然而战争结束后，这一区域的政治并没有稳定下来，贸易往来反而因为政治势力的强制干预，一度断绝。

对这一地区贸易发展及贸易通道的梳理可以看到，尽管历史时期这一区域的交通和贸易都受到高原高寒山地的影响而发展艰难，但也正是在这样独特而封闭的环境下，这一区域发展出了比较稳定和独特的商贸，其贸易通道也呈现出沿河谷、沿山脊的特点，而山谷、河流的交汇地往往发展成为商贸市场。同时因为这一区域自然环境的独特性，普兰、札达、噶尔、日土虽有众多通外山口和河流，但并不是每条河流、每个山口都被发展成为贸易通道。究其原因，这一区域商贸发展和交通路线产生及变化的因素主要有宗教的传播和扩散、激烈的政治争夺战争以及贸易政策的变更。此外，受高寒山区自然地理环境的影响，该区单一的生计模式也是导致商贸持续存在并顽强发展的主要原因。工业革命以后，这一区域在英国和俄国影响下，先后修建公路、铁路，将汽车、火车运用于商贸运输，但受限于当时的公路修筑技术和火车、汽车的环境适应性，在一些山区以及较为艰险的地区，传统的牦牛、山羊、小马以及毛驴依然是主要运输工具。朱卫翻译的1936年英国驻克什米尔代理的考察报告显示，1846年，印控区的克什米尔政府确定了由斯利那加至列城修建公路及定时维护的协定。该路线上设置16个驿站，每个驿站都设有招待所和商栈，还可以提供驮运小马。直到1950年以后，阿里地区各县区完善公路体系，进一步完善了贸易通道和贸易基础设施建设，这一区域的贸易路线才稍有改变，但大体方向和路线依然与以往差异不大。

中国在很多地方都有进出口口岸，但阿里地区的商贸口岸是极为重要的，因为这里不仅是阿里人对外贸易，获取资源的途径，更是他们与克什米尔地区、印度北部那些与他们有相同或相似的信仰与文化的族群之间保持交流的通道。封闭的交流环境只会让他们渐走渐远，而密切又互相需要的商贸往来则更能促进边境地区的和谐与稳定。另外，相同的宗教信仰和宗教活动以及相似的生活方式促进了中印边境地区民众之间的理解与交流，然而当今世界上，依然存在众多企图通过宗教信仰分裂西藏的组织与个人。宗教信仰和宗教活动很多时候是难以用政治强制措施监控和解决的。因此，在促进双边贸易与通道建设的过程中，应该注意宗教领域的诸多问题，保护合法的、正常的宗教活动。通过积极有效的引导，促进边境人民在宗教思想领域的共识建设，从而推动边境贸易的良性循环。

参考文献

阿尔伯特·冯·勒柯克.1999.新疆的地下文化宝藏.陈海涛,译.乌鲁木齐:新疆人民出版社.

阿卡索伊A,约耶里-特拉里姆R,叶静珠穆.2017.麝香之路:西藏与伊斯兰世界的交流.藏学集刊,(2): 292-313.

阿里·玛扎海里.2006.丝绸之路:中国-波斯文化交流史.耿昇,译.乌鲁木齐:新疆人民出版社.

阿里地区地方志编纂委员会.2009.阿里地区志(上册).北京:中国藏学出版社.

阿依吐松·苏旦,潘志平.2019.丝路叶尔羌-拉达克段商路及贸易的历史考述.史学集刊,(3):78-85.

艾哈默德·哈桑·达尼.2011.喀喇昆仑公路沿线人类文明遗迹.赵俏,译.北京:中国国际广播出版社.

柏尔.1940.西藏志.董之学,傅勤家,译.上海:商务印书馆.

布鲁斯CD.2000.走出西域:沿着马可·波罗的足迹旅行.周力,译.北京:海潮出版社.

陈戈.1990.新疆古代交通路线综述.新疆文物,3:55-92.

陈继东.2003.西藏开拓南亚市场及其特殊性研究.成都:巴蜀书社.

陈庆英,高淑芬.2003.西藏通史.郑州:中州古籍出版社.

陈庆英,张云,熊文彬.2016.西藏通史·元代卷.北京:中国藏学出版社.

陈志贵.1995.唐太宗.长春:吉林文史出版社.

达仓宗巴·班觉桑布.1986.汉藏史集.陈庆英,译.拉萨:西藏人民出版社.

大谷光瑞,等.1998.丝路探险记.章莹,译.乌鲁木齐:新疆人民出版社.

《大汉辉煌》编委会.2018.大汉辉煌 丝绸之路的盛大开拓.成都:电子科技大学出版社.

得荣·泽仁邓珠.2001.藏族通史·吉祥宝瓶.拉萨:西藏人民出版社.

杜莉,土多旺久,多布杰,等.2007.西藏发展县域经济与农牧民增收问题的研究.拉萨:西藏人民出版社.

范毓周,等.1993.新编中国通史第一册.福州:福建人民出版社.

房建昌.2015.近代西藏麝香之路考:兼论印度大三角测量局班智达、日本僧人河口慧海和侵藏英军噶 大克考察团在沿路的活动等.西藏研究,(4):17-37.

费正清.1985.剑桥中国晚清史(上).北京:中国社会科学出版社.

干福熹.2007.丝绸之路上的古代玻璃研究.上海:复旦大学出版社.

古格·次仁加布.2012.略论十世纪中叶象雄王国的衰亡.中国藏学,(2):120-123.

关立勋.1997.中国文化杂说10 中外交流卷.北京:北京燕山出版社.

韩鸿.2020.《拉达克新闻报》与《拉达克信使报》:东方主义视角下的西喜马拉雅地区早期藏文报刊. 中国藏学,(3):184-194.

赫定斯文.2000.失踪雪域750天.乌鲁木齐:新疆人民出版社.

亨廷顿.2001.亚洲的脉搏.王彩琴,葛莉,译.乌鲁木齐:新疆人民出版社.

胡世庆.2005.中国文化通史(下)(2版).杭州:浙江大学出版社.

黄博.2009.清代西藏阿里的域界与城邑.中国藏学,4:9-16.

黄博.2011.试论古代西藏阿里地域概念的形成与演变.中国边疆史地研究,(1):130-138.

黄博.2012.三围分立:11世纪前后阿里王朝的政治格局与政权分化.中国藏学,(3):35-42.

黄博.2014.噶大克的准望:清末民初学界之阿里地理知识讨论.中国藏学,(2):91-98.

霍川,霍巍.2017.汉晋时期藏西"高原丝绸之路"的开通及其历史意义.西藏大学学报(社会科学版),
　　(1):52-57.

霍巍.2013.从考古发现看西藏史前的交通与贸易.中国藏学,(2):5-24.

霍巍.2018.论古代象雄与象雄文明//四川大学中国藏学研究所,四川大学历史文化学院.青藏高原考
　　古第5册.成都:天地出版社:184.

季羡林.2007.佛教十五题.北京:中华书局.

贾应逸,祁小山.2002.印度到中国新疆的佛教艺术.兰州:甘肃教育出版社.

杰拉尔•德•奈瓦尔.2008.东方之旅.北京:国际文化出版公司.

拉巴平措,陈庆英.2016.西藏通史 吐蕃卷(下).北京:中国藏学出版社.

兰姆A,邓锐龄.2016.英属印度与西藏摘译(二).西藏民族大学学报(哲学社会科学版),37(2):
　　39-54.

兰姆A,梁俊艳.2015.1816-1861年的西部西藏.中国边疆民族研究,(1):256-275.

朗色,闫法臣.2016.日土年鉴.西安:三秦出版社.

李崇峰.2015.佛教考古 从印度到中国.上海:上海古籍出版社.

李强,纪宗安.2007.18世纪中期清政府对西喜马拉雅山地区贸易的影响//纪宗安,汤开建.暨南史学
　　(第5辑).广州:暨南大学出版社.

李强,纪宗安.2008.17-19世纪喜马拉雅地区的羊绒贸易和战争.中国历史地理论丛,23(4):57-69.

李涛.2017.曾与"丝绸之路"齐名的食盐之路.中国盐业,(18):64-67.

廖肇羽.2010.南北纵向丝路与环塔里木文明融合//张柱华.草原丝绸之路学术研讨会论文集.兰州:
　　甘肃人民出版社:250.

林如.2015.神秘消失的古格王朝.绿色中国,(16):46-49.

刘景宪,阮明道.1992.西域地理图说注.延吉:延边大学出版社.

陆水林.1994.《查谟史》简介.中国边疆史地研究,(3):111-118.

陆水林.1999.《查谟史》摘译.中国藏学,(4):106-116.

陆水林.2011.新疆经喀喇昆仑山口至列城道初探.中国藏学,(S1):88-136.

陆水林.2015.叶尔羌河上游通巴尔蒂斯坦的道路.西域研究,(4):83-105.

米尔G M,陆水林.2002.十九世纪的克什米尔与中亚.南亚研究季刊,(4):48-57.

蒲文成,王心岳.2008.汉藏民族关系史.兰州:甘肃人民出版社.

荣赫鹏.1981.英国侵略西藏史.台北:台湾学生书局.

沙敖R.2003.一个英国"商人"的冒险:从克什米尔到叶尔羌.王欣,韩香,译.乌鲁木齐:新疆人民
　　出版社.

沈福伟.1985.中西文化交流史.上海:上海人民出版社.

沈福伟.2003.西方文化与中国(1793—2000).上海:上海教育出版社.

石硕.1992.关于唐以前西藏文明若干问题的探讨.西藏艺术研究,(4):53-56.

石源华.1991.中外关系三百题.上海:上海古籍出版社.

石越.2018.象雄至吐蕃经济史研究.北京:中央民族大学博士学位论文.

石云涛.2007.三至六世纪丝绸之路的变迁.北京:文化艺术出版社.

史雷.2017.清代拉达克与新疆之间的交通路线研究.云南大学学报,16（5）:63-73.

四川大学中国藏学研究所,四川大学历史文化学院.2018.青藏高原考古 第5册.成都:天地出版社.

苏发祥.2001.清代治藏政策研究.北京:民族出版社.

孙振华.2002.西藏的诱惑.合肥:安徽文艺出版社.

唐景福,才让.2010.西北宗教论丛（第2辑）.兰州:甘肃人民出版社.

童恩正.1985.西藏考古综述.文物,（9）:9-19.

汪永平.2017.阿里传统建筑与村落.南京:东南大学出版社.

王树枬,朱玉麒.2015.新疆图志（上）.上海:上海古籍出版社.

王铁男.2012.昆仑秘道:王铁男徒步探险笔记.乌鲁木齐:新疆青少年出版社.

王铁男.2013.叶尔羌之路 未完成的探险.旅游,（9）:52-57.

王铁男.2011.探访桑株古道,穿越喀喇昆仑山的抗战运输线.环球人文地理,4:136-145.

王小甫.1992.唐、吐蕃、大食政治关系史.北京:北京大学出版社.

王小甫.2009.唐、吐蕃、大食政治关系史.北京:中国人民大学出版社.

王一丹.1993.波斯、和田与中国的麝香.北京大学学报（哲学社会科学版）,（2）:80-90.

王志强,俞丽娟.2016.青藏历史移民与民族文化的变迁.上海:上海大学出版社.

魏长洪,何汉民.1994.外国探险家西域游记.乌鲁木齐:新疆美术摄影出版社.

伍昆明.1992.早期传教士进藏活动史.北京:中国藏学出版社.

武斌.1998.中华文化海外传播史.西安:陕西人民出版社.

武斌.2018a.丝绸之路史话.沈阳:沈阳出版社.

武斌.2018b.丝绸之路全史（上）.沈阳:辽宁教育出版社.

西藏自治区阿里地区噶尔县志编纂委员会.2013.噶尔县志.成都:巴蜀书社.

西藏自治区阿里地区日土县地方志编纂委员会.2011.日土县志.北京:中国藏学出版社.

西藏自治区阿里地区札达县志编纂委员会.2018.札达县志.北京:中国藏学出版社.

西藏自治区革命委员会测绘局,西藏军区司令部侦察处.1979.西藏地名资料简编（初稿）.内部出版.

西藏自治区交通厅,西藏社会科学研究院.2001.西藏古近代交通史.北京:人民交通出版社.

肖怀远,卓扎多基.1994.西藏边贸市场建设与个体私营经济发展.拉萨:西藏人民出版社.

新疆维吾尔自治区地方志编撰委员会.2007.新疆通志卷81.乌鲁木齐:新疆人民出版社.

新疆维吾尔自治区地方志编纂委员会.2012.新疆年鉴.乌鲁木齐:新疆年鉴社.

新疆维吾尔自治区交通史志编纂委员会.1992.新疆古代道路交通史.北京:人民交通出版社.

扬哈斯本.2001.帕米尔历险记.乌鲁木齐:新疆人民出版社.

杨铭.2001.羊同国地望辑考.敦煌学辑刊,（1）:86-94.

杨铭.2007.唐代中西交通吐蕃—勃律道考.西域研究,2:76-84.

杨铭.2012.唐代吐蕃与西北民族关系史研究.兰州:兰州大学出版社.

杨铭.2014.唐代中西交通吐蕃—勃律道考//四川大学中国藏学研究所,四川大学历史文化学院.中国
藏地考古第10册.成都:天地出版社:3255.

杨铭,李锋.2017.丝绸之路与吐蕃文明.北京:商务印书馆.

依波利多·德西迪利.2004.德西迪利西藏纪行.杨民,译.拉萨:西藏人民出版社.

佚名 . 2012. 世界境域志 . 王治来 , 译 . 上海 : 上海古籍出版社 .

殷晴 . 1992. 古代于阗的南北交通 . 历史研究 , (3): 85-99.

殷晴 . 2017. 6 世纪前中印陆路交通与经贸往来——古代于阗的转口贸易与市场经济 . 中国经济史研究 , (3): 82-95.

余太山 . 2003. 中国边疆通史丛书·西域通史 . 郑州 : 中州古籍出版社 .

余太山 . 2009. 早期丝绸之路文献研究 . 上海 : 上海人民出版社 .

袁晓文 , 陈国安 . 2014. 中国西南民族研究学会建会 30 周年精选学术文库 四川卷 . 北京 : 民族出版社 .

藏族简史编写组 . 1985. 藏族简史 . 拉萨 : 西藏人民出版社 .

扎西·扎西冈 . 2002. 阿里古格、拉达克及喜马拉雅地区的重要历史与考古细节（公元 1000—1700 年）. 北京 : 西藏考古与艺术国际学术讨论会 .

张莲卓 . 2020. 历史时期麝香的认知发展和产地分布变迁研究 . 贵州文史丛刊 , (1): 79-86.

张荣祖 , 郑度 , 杨勤业 . 1982. 西藏自然地理 . 北京 : 科学出版社 .

张星烺 . 1979. 中西交通史料汇编 . 第 6 册 . 北京 : 中华书局 .

张星烺 . 2003. 中西交通史料汇编 . 北京 : 中华书局 .

张云 , 石硕 . 2016. 西藏通史早期卷 . 北京 : 中国藏学出版社 .

张云 . 1995. 罽宾、勃律与吐蕃丝路 . 杭州 : 浙江人民出版社 .

张云 . 2012. 象雄王国都城琼隆银城今地考—兼论象雄文明兴衰的根本原因 . 中国藏学 , 2: 9.

张云 . 2016. 象雄王国都城琼隆银城今地考 : 兼论象雄文明兴衰的根本原因 . 中国藏学 , (2): 5-11, 47.

张云 . 2017. 吐蕃丝绸之路 . 南京 : 江苏教育出版社 .

赵中振 , 郭平 , 洪雪榕 . 2019. 百药西来 . 北京 : 中国中医药出版社 .

志玛泽仁 , 土登彭措 . 2019. 古丝绸之路上的西藏麝香商贸流通考略 . 西藏大学学报（藏文版）, (1): 166-180.

中共中央党校国际战略研究院 . 2017. 新战略研究 . 北京 : 九州图书出版社 .

中国科学院青藏高原综合科学考察队 . 1982. 西藏自然地理 . 北京 : 科学出版社 .

中国民族年鉴编辑部 . 2016. 中国民族年鉴 . 北京 : 民族出版社 .

中国藏学研究中心社会经济所 , 中国社会科学院民族研究所 . 2000. 西藏的商业与手工业调查研究 . 北京 : 中国藏学出版社 .

中国社会科学院中同边疆史地研究中心 . 1990. 新疆乡土志稿 . 北京 : 全国图书馆文献缩微复制中心 .

中印边境自卫反击作战史编写组 . 1993. 中印边境自卫反击作战史 . 北京 : 军事科学出版社 .

周伟洲 . 1991. 19 世纪前后西藏与拉达克的关系及划界问题 . 中国藏学 , (1): 54-69.

朱晨辉 . 2014. 大博弈时代南疆与英属印度的通道研究 . 南京 : 南京大学硕士学位论文 .

朱道清 . 2007. 中国水系大辞典 . 青岛 : 青岛出版社 .

朱卫 . 2004. 1919 ~ 1945 年拉达克与中国新疆、西藏的贸易 . 西安 : 西北大学硕士学位论文 .

朱卫 . 2016. 1936 年英驻克什米尔驻扎官代理 L. E. 兰格上校拉达克巡查报告——英国印度事务部档案选译 . 西藏民族大学学报（哲学社会科学版）, 37(2): 64-68.

朱卫 . 2018. 1929-1938 年拉达克与中国新疆、西藏的贸易 . 青海民族大学学报（社会科学版）, (1): 82-87.

《走遍中国》编辑部 . 2007. 新疆 . 北京：中国旅游出版社 .

Charles A. 1906. Sherring: Western Tibet and The British Borderland: The Sacred Country of Hindus and Buddhists with an Account of the Government Religion and Custom of Its Peoples. London: Edward Arnold.

Charles A B. 1940. 西藏志 . 上海：商务印书馆 .

Drew F. 1971. The Jummoo and Kashmir Territories: A Geographical Account. Delhi: Oriental publisher.

Lu H, Zhang J, Yang Y, et al. 2016. Earliest tea as evidence for one branch of the Silk Road across the Tibetan Plateau. Scientific Reports, 6(1): 18955.

Rawling C G. 1905. The great plateau: being an account of exploration in central Tibet, 1903, and of the Gartok Expedition,1904−1905. London: Edward Arnold.

Sherring C A. 1906. Western Tibet and the British Borderland: The Sacred Country of Hindus and Buddhists with an Account of the Government Religion and Custom of Its Peoples. London: Edward Arnold.

Wilson H H. 1841. Travels in the Himalayan Provinces of Hindustan and the Panjab, in Ladakh and Kashmir, in Peshawar, Kabul, Kunduz, and Bokhara by Mr. William Moorcroft and Mr. George Trebeck, From 1819 to 1825. London: William Clowes and Sones.

Younghusband F. 1888. A Journey Across Central Asia, from Manchuria and Peking to Kashmir, over the Mustagh Pass. London: Proceedings of the Royal Geographical Society and Monthly Record of Geography.

第 3 章

中印边境中段地区传统贸易通道的
形成与变迁

历史时期中印边境中段地区曾长期作为沟通西藏高原与南亚大陆地区的桥梁。近年来不断挖掘出土的相关文物便可证明，在史前时期，这里就已经开始有交流和贸易活动。吐蕃时期，西藏高原进入一个政治相对统一、社会稳定的时期，吐蕃与印度等国的诸多商业贸易、官方及民间交流会经由这条通道。到元明时期，随着生产力的不断提升，这条通道来往的商旅日渐增多，其运输的商品也日益丰富多元，这一地区原本的"藏印贸易"开始转向"中印贸易"。许多僧人、工匠等也沿这条通道来往于中国西藏与印度之间，传播了佛教文化和不同地区的建筑、绘画、手工技艺。进入清代以后，由于廓尔喀的战役提升了清朝中央对西南边疆地区的重视，使得边界逐步划定。当时中印边境中段地区为清朝与哲孟雄（锡金旧称）两国交界地带，途经这一地区的商贸通道是联系中国与南亚地区的重要纽带。

进入 19 世纪后，英国殖民者对西藏的觊觎迫使衰落的清王朝签订了一系列不平等条约，一方面打破了环喜马拉雅地区传统的"朝贡贸易"体制，另一方面也推动了中印边境中段地区贸易城镇的建设与发展。中印边境中段地区逐步成为中国与南亚地区商贸交流的主要通道，在人员流动、商品种类等方面相较之前显著增长。亚东开埠使中印边境中段地区在整个环喜马拉雅地区商贸通道中的重要性得到凸显，亚东海关的设立推动了中国近代陆上边境地区涉外贸易制度体系的建立、健全与发展。民国时期，抗战爆发后，中印边境中段地区一度被国民政府考虑建设为接受国际社会物资援助的"陆上生命线"。中华人民共和国成立以来，中印边境中段地区商业贸易与两国间政治经济交往密切相关，在两国政治交往紧密时期，中印边境中段地区商业贸易呈现繁荣发展的态势；反之，当两国之间因边境摩擦爆发冲突时，这一地区的商业贸易就会陷于停滞萎缩状态。

中印边境中段地区贸易通道，无论是在历史时期还是现当代的中印交流中都扮演了极为重要的角色（图 3.1）。在改革开放不断深化的今天，历史上的对外贸易通道尤其值得今人关注。就中印边境中段地区而言，地区贸易通道的历史变迁研究不仅能够凝练历史时期中国与南亚间政治、经济与文化交往的宝贵经验，而且能够从诸多的历史中得到启迪，从而更好地面向未来。

3.1　历史时期的中印边境中段地区概况

中印边境中段地区主要是指今天喜马拉雅山脉中部一带，即中华人民共和国西藏自治区日喀则市定结县、岗巴县和亚东县与印度共和国锡金邦接壤的地区。

3.1.1　日喀则市、亚东县、岗巴县与定结县的历史沿革与聚落发展

日喀则在吐蕃时代被称为"娘达"，意即"年楚河下游之地"，11 世纪以后被称为"娘麦"，今日喀则宗城堡所在山被称为"尼玛山"。元至正十八年（公元 1358 年，藏

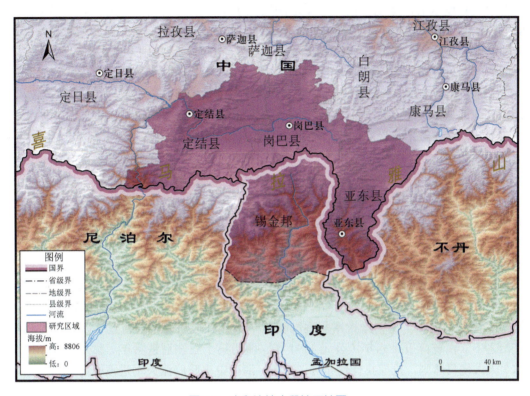

图 3.1 中印边境中段地区地图

历第六饶迥土龙年）西藏地方帕木竹巴政权建立谿卡桑珠孜宗，从此称为"谿卡桑珠孜宗"或"娘麦桑珠孜"。17 世纪以后西藏地方政府公文和民众口语中把"谿卡桑珠孜"简称之"谿卡孜"，故清代史料中译音写成"日喀则"。此名在汉文文献中一直沿用至今。

历史上在高原部落时期，西藏邦国林立，征战不已，互不统属，各自扩大势力范围，先后有四十二小邦国。至 7 世纪中期，十二邦国中今"藏"地区有两个邦国政权，"藏蕃"和"娘若"。"藏蕃"中心在今拉孜县境内，"娘若"中心在今白朗县辖境。《西藏通史》对"十二邦国"的名称和地理位置进行了较为详细的考证，其中"象雄"和"娘若其噶尔"应当是今中印边境中段边界附近区域。7 世纪前后，日喀则地区（今日喀则市）仲巴、萨嘎、吉隆等县辖境和昌都地区的西部部分地区，还包括今尼泊尔北部属于藏族文化圈的洛门塘、堆布等地区。"娘若其噶尔"地处何处？辖境有多大？史料无明确记载。古藏文文献中"娘若"一词大致是指今日喀则市白朗县辖境至江孜县辖境范围。娘若境内有两个部落，娘若其噶尔和娘若香波，因娘若香波地处江孜一带，故娘若其噶尔辖境当在今白朗县一带（张云和石硕，2016）。

唐贞观三年（公元 629 年，藏历土牛年）松赞干布登基，建立统一的吐蕃政权后设置行政区划，吐蕃全境划分"茹""东迪"（千户府）、"域参"（基层行政村）等地方机构。今"藏"地区分属于"茹拉"和"叶茹"两个"茹"（徐永清，2017）。"茹拉"下设有 10 个东迪和 18 个域参。9 世纪 40 年代，吐蕃赞普达玛灭佛，佛教受到沉重打击，赞普达玛被刺杀后，随之在两个王子之间发生了争夺王位的战争。唐咸通十年（公元869年，藏历土牛年）吐蕃全境爆发平民暴动，吐蕃政权随之崩溃。西藏全境陷入长达近400年的分裂割据时期。这一时期内，今拉萨、山南、日喀则一带出现了11个互不统属的地方政权和其他许多小型地方政权。

13世纪中叶，藏传佛教萨迦派首领在蒙古汗国的扶持下，在萨迦建立萨迦地方政权，是为管理西藏地方事务的地方政权，同时蒙古汗国通过萨迦政权对西藏地方正式实行新政管辖，在西藏本土设立名为"乌思藏纳里速古鲁孙等三路宣慰使司都元帅府"（陈庆英等，2016）的行政机构，其中"乌思藏"中的"藏"指吐蕃时期的叶茹、茹拉地方行政组织的范围，包括日喀则地区的辖区。元朝统治者兼顾西藏各教派势力与区域划分，实行"十三万户行政体制"，并在各地设立大小驿站，由万户负责支应其所需。稳定局面并没有维持多久，元至正之后，西藏境内各部落又长期陷入纷争局面。

清康熙五十六年（公元1717年，藏历第十二饶迥火鸡年），游牧于新疆天山一带的蒙古族准噶尔部派兵六千经阿里、越藏北草原，以突袭方式占领拉萨，拉藏汗被杀（喜饶尼玛等，2016），西藏置于蒙古准噶尔的统治之下达3年之久。其间，准噶尔军队在日喀则一带烧杀抢掠，人们备受战争之苦。清康熙五十九年（公元1720年，藏历第十二饶迥土鼠年）清朝派大军驱逐准噶尔军队，日喀则一带重新置于西藏地方政府统治之下。清乾隆五十六年（公元1791年，藏历第十二饶迥铁猪年）廓尔喀（今尼泊尔）人入侵日喀则，抢掠扎什伦布寺。次年，清朝中央政府派大军进藏驱逐廓尔喀兵，恢复日喀则地方安宁。随后清朝中央政府还在这一地区建立常备藏军制度。

民国二年（公元1913年，藏历第十五饶迥水牛年），十三世达赖喇嘛推行新政，各地区设立了一批基巧①（基巧即总管，相当于行署级地方机构）级别的地方组织机构（周伟洲，2016）。民国三年（公元1914年，藏历第十五饶迥木虎年）在日喀则设立"基宗"，由一僧一俗的四品官员出任，总管隶属于西藏地方政府的后藏十六宗谿的一切地方事务。

据《日喀则市志》记载，和平解放前，日喀则地区无公路，仅有骡马驿道，人背马驮是主要的交通运输方式。当时日喀则通往尼泊尔等国的古驿道主要有日喀则县经定日、吉隆县（宗嘎）、吉隆镇热索友谊桥到尼泊尔首都加德满都；日喀则县经萨嘎、阿里普兰到尼泊尔境内的鲁美；日喀则县经江孜、康马、亚东至尼泊尔首都加德满都；日喀则县经江孜、帕里至不丹；日喀则县经萨迦、定结县郭加村再到尼泊尔境内；日喀则县经拉孜、协噶尔、定日、聂拉木到尼泊尔首都加德满都；还有从聪堆（今日喀则市甲措雄乡）南行通往不丹的道路，后藏商人与印度、尼泊尔商人途经这些驿道进

---

① "基巧"相当于现代专区一级的地方行政和执法机构名称，其设置时间较早，但不完善。十三世达赖喇嘛亲政后，特别是民国时期，西藏地方政府于重要的边界口岸、商贸汇集的地方或几个宗溪之上，又设基巧一级行政机构，称基巧公署，委派噶伦或四品以上的官员前往施政、执法，处理宗溪难以解决的军政、司法、宗教事务。有关边界归属的纠纷、重大的军事行动，以及杀人等重大司法问题，基巧仍需请示噶厦后遵行。基巧任期一般是3～4年，任满去留由噶厦决定。基巧兼任其公署所驻宗宗本者，称为"基宗"。

行货物运输及简单的商品交易（西藏自治区日喀则市地方志编纂委员会，2017）。

亚东、岗巴与定结目前为日喀则市所辖的三个县级行政区，为中印边境中段部分中方一侧区域。限于十分稀少的史料记载，梳理该边境三县的历史沿革颇为困难，其早期历史难以追溯，近代以来的历史则相对明晰。

亚东，古称"卓木"，意为"激流的深谷"，位于日喀则地区，地处喜马拉雅山脉中段南坡，海拔 2980 m，与锡金、不丹两国接壤，山口通道有 41 个。公元 7 世纪初叶，崛起于山南地区的雅砻部落在松赞干布的统帅下，统一了西藏高原，建立了吐蕃，设立"五茹"之一的"茹拉"。1990 年西藏自治区文物管理委员会文物普查队在帕里镇的嘎列村、达热村、萨都村发现了近百座吐蕃墓葬，帕里的墓葬多数均遭盗掘。公元 9 世纪中叶，吐蕃崩溃。此后，在近 4 个世纪的时期里，西藏陷入各地方势力分裂割据的时期。在此期间，赞普赤德微松（朗达玛之子）的后裔杰则统治了年楚河流域，建立了割据政权，亚东县当时应当属于杰则的势力范围（达仓宗巴·班觉桑布，1986）。公元 13 世纪初，西藏地方最有实力的萨迦教派接受了蒙古皇帝所规定的地方行政制度。元世祖封萨迦派的宗教领袖八思巴为帝师，管理西藏政事，又先后设立"吐蕃等处宣慰司都元帅府""乌思藏、纳里速古鲁孙等三路宣慰司都元帅府"驻地西藏，直接管理当地的军政，并把西藏划分成 13 个万户府为行政区划单位。当时亚东县属于夏鲁万户府管辖（索朗旺堆，1993），夏鲁万户府驻地为"夏鲁寺"，在乌斯藏萨斯迦之东北（中国社会科学院民族研究所和西藏自治区档案馆，1997）。

公元 14 世纪中叶，萨迦政权派遣帕巴贝桑布降服珞冬部落。帕巴贝桑布率军到了帕里仁钦岗后，以善言巧计诱杀了 160 名珞冬豪酋，修建了帕里南杰城堡，将巴卓、黑达垅等珞冬部落的地方全部收归其统治之下，并在帕里设置了大小官署，任命他的弟弟帕巴仁钦为帕里宗的第一任宗本（达仓宗巴·班觉桑布，1986）。这是亚东地区第一次正式成为一个地方行政单位。其后，萨迦地方政权的势力开始衰败，代之而起的是帕竹地方政权。帕竹地方政权受明朝中央政府的委托管理西藏政务，取消了元朝制定的十三万户制度，建立了豀宗制度，这时原为萨迦朗钦的帕巴贝桑布占据了江孜地方，自建江喀孜宗，当时帕里宗从属于江喀孜宗（索朗旺堆，1993）。公元 1644 年，明朝灭亡，清王朝建立，创建于 15 世纪的格鲁教派得到了清朝中央政府的支持，取得了西藏地方的统治权。公元 1751 年，清王朝建立了噶厦作为西藏地方政府，并正式授权达赖喇嘛管理西藏的地方行政事务。噶厦政府成立后，在西藏各地大力推行宗制度。彼时帕里宗仍保持了宗的建制，管理今亚东县全境，并一直保持到 1960 年亚东县人民政府成立。

亚东县城位于春丕河边的下司马镇，距拉萨有 580 km，是西藏历史上最大的边贸口岸，距原锡金王国首都甘托克约 100 km，距不丹首都廷布约 300 km，中不两国间有 20 多千米未通公路。由亚东穿过锡金、不丹两国可到达印度北部西里古里和印度的出海口加尔各答。

清咸丰四年（公元 1854 年），西藏地方政府在亚东设立"豀堆"，负责商务管理。中国西藏与印度间的年贸易额约为 60 万卢比。清光绪十四年（公元 1888 年），根据《中英会议藏印续约》，亚东被辟为商埠。次年，清朝政府在亚东设立税关，置理事同知，管理亚东贸易等事务，并裁判中英商人间涉外事件。理事同知由四川总督委派，受驻藏大臣节制①。自亚东开埠设关以后，英印商品源源不断地涌入中国西藏市场。光绪二十一年（公元1895年），贸易额达105万卢比，英印向西藏输入棉、毛织品等日用商品，西藏输出品是各种原料。光绪二十八年（公元1902年），西藏地方政府在亚东设"卓木基恰"（税收检察机关）。第一任卓基麦若吉布（三品）下有共堆4人，定本1人率士兵25名负责安全，还设有负责关卡的官吏。英人戴乐尔所著《亚东论略》记载："亚东系属荒陬，迨至通商定地，于此始盖有公所"②。清政府在亚东还设有"亚东汛""有中国千总一员，部下汉兵二十名，番兵八名，驻防于此，筑有边墙"③。

据《西藏自治区·外事志》记载："民国十三年（公元1924年）至民国十四年（公元1925年），亚东商路贸易额已达5322260卢比；1934～1935年，经亚东运往西藏的茶叶达57万磅。1937～1945年抗日战争期间，因滇缅国际交通被截断，西藏遂成为西南的一个商贸中心。大批货物经由亚东等口岸转达内地。1949～1951年由印度噶伦堡经亚东口岸输入西藏的货物，每年平均在四万驮（每驮大约60 kg），平均价值1200万卢比。输入的货物主要是布匹、毛织品、香烟、茶叶、大米等"（西藏自治区地方志编纂委员会，2005）。由此可见，在短短一百年时间里，亚东县就由一个荒凉的边塞之地转变为一处重要的商贸口岸。

岗巴县，在《西藏地名资料简编（初稿）》记载："岗巴县，藏文意义为近旁、雪山附近。即在卓木雪山和康钦甲午雪山附近之村庄。曾用名：夏木霸、康巴（明）、冈巴、冈马、干坝（清）、干木坝、甘巴、甘坝、岗巴宗"（西藏自治区革命委员会测绘局和西藏军区司令部侦查处，1979）。黄沛翘在《西藏图考》卷八《西藏艺文考·下·和宁西藏赋》中记载："自宗喀通济咙至热索桥设立鄂博，此外为廓尔喀境。自定日通聂拉木，至铁索桥设立鄂博，此外为廓尔喀境。丈结雅纳之巅波底羊玛之隩，自干坝至丈结山顶设立鄂博，此外为哲孟雄境"④。其中出现的"干坝"便是今天的岗巴县。由于岗巴县土地贫瘠，地处边境，人烟稀少，历代史籍中关于岗巴县的记载不多。因此，对于其历史沿革只能依据西藏地方各个时期的行政区划进行推论性的概述。据《亚东康马岗巴定结县文物志》记载，吐蕃时期，西藏地方的行政区划划分为"五茹"，当时"五茹"之一的"茹拉"位于羊卓雍错湖以西，雅鲁藏布江以南地区，岗巴县正位于这一区域之内，当时应属"茹拉"管辖。岗巴县昌龙乡乃加村发现的乃甲切木石窟寺，表明吐蕃时期开始，这里就有民众就开始繁衍生息。吐蕃崩溃以后，西藏地方陷入了400多年的分裂割据时期，在这一时期赞普赤德微松的后裔杰则统治了年楚河流域，岗巴县在地理位置上距杰则的统治区域最近，当属杰则的势力范围。元代时，岗巴县当属萨迦万户管辖，14世纪中叶，帕莫竹巴推翻了萨迦王朝，推行"宗谿制"，

---

① 参见《东方杂志》第9卷，第5号《内外时报》，24页，1912年。
② 〔英〕戴乐尔：《亚东论略》，清光绪二十三年（1897年），铅印本，不分页。
③ 〔英〕戴乐尔：《亚东论略》，清光绪二十三年（1897年），铅印本，不分页。
④ （清）黄沛翘撰：《西藏图考》卷八《西藏艺文考·下·和宁西藏赋》，清光绪甲午堂刊本。

建立了干坝宗，属班禅堪布厅直辖区。清代时，噶厦政府建立后设立岗巴宗，管辖今岗巴县全境（索朗旺堆，1993）。又据《清史稿》记载："后藏中营十四：曰昂忍……曰干坝，营者皆六品"[①]。公元 1962 年，岗巴县人民政府成立，20 世纪 90 年代初辖 5 个乡、28 个村民委员会。2020 年，岗巴县下辖 1 个镇、4 个乡，县人民政府驻地岗巴镇。

由于岗巴县与印度锡金邦之间有着喜马拉雅山脉阻隔，因此并没有通畅的大道供两地之间民众交流。只有一些狭小的山口，据《西藏地名资料简编（初稿）》记载，岗巴县共有 21 处山口，其中"曲典尼马拉山口有一寺，寺中三经塔是从印度运来的，据说经塔到此山口时，刚出太阳"（西藏自治区革命委员会测绘局和西藏军区司令部侦查处，1979）。朋古拉山口，"据说江孜人去锡金做生意，驮驴死在此山"（西藏自治区革命委员会测绘局和西藏军区司令部侦查处，1979）。因此曲典尼玛拉山口和朋古拉山口应当为历史时期中国西藏与印度、锡金之间经贸往来通道所经之地。这些山口规模较小，故岗巴县在历史上留下的记载极为稀少。与同处边界地带的亚东县相比，岗巴县的聚落规模在 19 世纪至 20 世纪中叶呈现出相对缓慢的增长态势。

定结县，"定结"在藏文中为"水底长出"之意，"神话传说从湖水深处长出一座小山，以后在小山上建宗，取名定结宗"（西藏自治区革命委员会测绘局和西藏军区司令部侦查处，1979）。历史上定结县曾名"丁结（明）、丁洁、丁吉、丁吉牙、丁鸡、坦克伊宗、定结宗（清）"（西藏自治区革命委员会测绘局和西藏军区司令部侦查处，1979）。据《定结县志》记载，该县边境线长 176 km，通尼泊尔山口 9 个，通锡金山口 1 个。其中与锡金接壤主要涉及琼孜乡。"琼孜"为藏语音译，琼的语意为"大鹏鸟"，孜的语意为"顶"。琼孜乡位于县域东部，下辖 11 个行政村，14 个自然村，截至 2017 年，全乡总人口为 2725 人；乡人民政府驻地琼孜村。琼孜乡面积 800 km^2，平均海拔 4450 m；为半农半牧区，以农业为主；农作物主要有青稞、豌豆、油菜籽；牧业以养殖绵羊、山羊为主（西藏自治区地方志编纂委员会和西藏自治区定结县地方志编纂委员会，2013）。

定结县在早期文献中缺乏记载，今人难以考证清代以前这一地区的情况。《清续文献通考》中记载："定集，一作丁吉牙，或作定结、丁家，在日喀则西南四百二十里，极高二十八度二十分，西经二十八度三十分，南通哲孟雄，其西属地曰喀尔达"[②]。清代中后期随着西南边疆危机的加深，定结县成为西南边陲的一处扼要之地。《中西并略指掌》一书中记载："至若西南有萨喀、有济咙、有聂拉木、有绒辖、有喀达、有定结、有干坝、有帕克哩一带既为沿边阨塞，皆宜审辨详识也"[③]。由此可见，定结县在有清一代发挥更多的是其军事职能，作为边塞聚落的经济、文化等职能并未得到重视。

总之，整个西藏地区与中原地区相比，历史上保留下来的古代典籍数量本身就十分稀少，而地处日喀则南部的亚东、岗巴和定结三县又地处边陲地区，故无法掌握更

---

① 赵尔巽等撰：《清史稿》卷五百二十五《列传》三百十二《藩部》八《西藏》，北京：中华书局，1977 年，第 14571 页。

② （清）刘景藻纂：《清续文献通考》卷三百三十《舆地考》二十六，民国景十通本。

③ （清）陈龙昌：《中西并略指掌》卷二十三《军防》五《西招审隘篇》，清光绪东山草堂石印本。

多的早期文献梳理其建置沿革与聚落发展史。直至清代，随着中央政府对边疆地区管理的加强，加之廓尔喀之战的发生，才使得对这一地区文献记载逐渐增多，今人方能从为数不多的传世文献中梳理其清代以来的发展概况。可以明确的是，亚东、岗巴与定结三县，大体上经历了由军事职能向经贸职能转变的过程。随着19世纪以来边疆危机的日益严重，英国对西藏地区的觊觎，今天的中印中段边界在当时逐渐成为西藏与南亚之间经贸通商的前沿。商人们沿着前辈开辟的交通路线，源源不断地将青藏高原的土特产品运往南亚地区，同时也将印度等地出产的商品输入青藏高原地区。中印中段边境地区由此逐渐兴起了一批商贸集市，这些集市在丰富区域民众物质与文化生活的同时，也带动了聚落规模的拓展。

3.1.2 印度锡金邦地区的历史概况

锡金位于东部喜马拉雅山区，面积约 2445 km^2，全国为一高山地带，且系喜马拉雅山主要山链的一节。黄盛璋在《清代中锡边界历史研究》一文中写道"地势南低北高，东西山脉形成锡金与中国西藏地区的分界线，主要山口有'NatuLa'与'YelepLa'，两者都在14000尺（1尺≈33.33 cm）以上，在此两条山脉之间，全国分为若干山脊区与低深的河谷，北面为喜马拉雅山主脉，与西藏分界大致即以此山最高分水脊为界"。锡金北面与中国西藏接壤，东面与不丹相邻，西面与尼泊尔相接。全境西、北、东三面被高山围绕，形如马蹄。锡金境内多山，平坝较少，但海拔已从拉萨的3600 m左右降至约1500 m。锡金拥有良好的光照及降水条件，这里盛产水稻。早期西藏民众俗称锡金为"哲孟雄"，意为稻米之谷。

锡金是尼泊尔人所起的名字，意为"新宫"。锡金土著"来卜卡"自称为"绒"。在中国古代典籍中，锡金名为"哲孟雄"。在廓尔喀王朝入侵以前，锡金的主要居民是土著列普恰人与从西藏移居来的康巴人，统治家族为康巴人（吕昭义，2016）。锡金在清朝时曾是中国属国，定期向中央朝廷纳贡，与西藏地方也有较为密切的经济文化和宗教联系。尼泊尔廓尔喀王朝向外扩张，侵占了锡金的泰莱和莫兰西地区，锡金一直要求收复失地。在清王朝反击廓尔喀入侵西藏获胜后进行善后处理时，锡金提出收复故地的要求，但清王朝以锡金在战争中未能响应福康安发出的征讨廓尔喀的檄谕为由予以拒绝。后来锡金多次向清王朝提出同样的要求，均被驳回（吕昭义，2016）。

进入19世纪后，随着英国殖民者的到来，英国东印度公司开始逐步渗透锡金。1826年，劳埃德上尉和格兰特到锡金调查处理尼泊尔和锡金之间的纠纷，到了锡金一个名为大吉岭的小村庄，发现该地不仅是一个理想的英属印度官兵的避暑休养地，又可作为监视锡金与周边国家的哨所，而且该地近邻中国西藏，有利于开辟"孟加拉国与中国间的道路"（吕昭义，2016），提议设法占有这一地区。劳埃德的建议得到英属印度的批准，1835年英国强占大吉岭和兰吉德河以南领土，之后英属印度锐意开发大吉岭，大兴土木，修筑道路，兴建旅馆和疗养院，并发展商业贸易，到19世纪40年代末，大吉岭已从原来仅有百十来人的小村庄发展为人口逾万的旅游、商业中心（吕昭义，2016）。

1840 年，英国向中国悍然发动第一次鸦片战争，清朝无力顾及西南边疆，锡金与清廷朝贡体系逐步瓦解。1861 年，英国强迫锡金签订不平等条约，将锡金置于英国控制之下。1887 年，英国强占锡金，并派驻专员。1888 年，英国出兵西藏，锡金成为英国入侵西藏的跳板与前沿。英帝国主义攻占西藏隆吐山、亚东等战略要隘。面对侵略者的嚣张气焰，清政府一意妥协，派驻藏帮办大臣升泰前往议和。1890 年，升泰与英国驻印度总督兰斯顿在加尔各答签订了《中英会议藏印条约》，共 8 款，主要内容包括：清廷承认锡金归英国保护；划定中国和锡金的边界；游牧、通商等问题，留待日后再议。由此锡金沦为英国的"保护国"。1893 年 12 月 5 日，中英又签订《中英会议藏印续约》，解决游牧、通商等问题。

19 世纪，英国殖民者鼓励大批尼泊尔人移居锡金南部，他们砍伐森林、开辟水稻梯田。这些早期的尼泊尔移民称锡金尼泊尔人，和今天只是来到锡金劳动的尼泊尔人有区别。锡金开始时曾抵制尼泊尔移民，后来被完全接受。1918 年，英国将政府权力归还锡金国王，在国王塔希 50 年统治期间，实行了很多经济和社会改革，司法制度现代化，地主的行政和司法职能被废止，各种形式的无偿劳役被废除，开始了土地改革和税制改革。1947 年印度独立，英国在亚洲的势力和影响大大下降。印度继承了英国在锡金的地位，1950 年两国签订条约，锡金成为印度保护国，锡金一切与国外联系被印度控制，印度还负责军事保护。锡金有一个管理国内事务的政府，有一个半数选举产生、半数任命的国务院，有政党和直接与在首都的代表取得联系的农村官吏。但是，根据条约由印度人担任的首席行政官完全控制了外交事务，锡金没有对外关系，也没有外交官，一切由印度人掌握。1975 年在印度的操纵下，锡金举行全民投票，废除锡金王国，正式变为印度的一个邦，锡金末代国王佩登东杜南嘉流亡美国（中国大百科全书总编辑委员会，1998）。

3.1.3 历史时期的中印边境中段划界

锡金（哲孟雄）与中国西藏的划界在六世达赖后期就有明确记载。乾隆五十九年（公元 1794 年），福康安率兵击退廓尔喀侵略军，随后清朝与廓尔喀勘定了中锡边界，设立鄂博（界标）。根据《卫藏通志》卷二"疆域"的记载，新勘定边界为"自干坝至洛纳山顶、丈结山顶（东结拉，升泰称丈纳山）、雅纳山顶，设立鄂博（界标），此内为西藏境，此外为哲孟雄境。又自帕克哩至支木山顶、臧猛谷山顶、日纳宗官寨，设立鄂博（界标），此内为西藏境，此外为哲孟雄、布噜克巴二部落境"。乾隆五十九年（公元 1794 年），清政府指示驻藏大臣和琳，主持勘定中锡边界，呈文提到边界的走向：雅纳山顶、支木山顶、顺小河一带藏猛谷、日纳官寨以北。即沿大拉、罗那克山、甲岗、夹仓拉（江措拉）、雅木山、章姐拉（东结拉）一线并竖立鄂博（界标）；自帕克里（帕里）至支莫挚（吉布马珍）山顶、藏猛谷山顶、日纳官寨，其鄂博以内属中国，以外分属哲孟雄（经锡金）、不丹（布鲁克巴）（经不丹）；道光二十三年（公元 1843 年），清中央政府驻藏官员奉旨巡查边界，又在东结拉（章姐拉）、甲岗、羊散（江山峰）山口等处竖立木质界标；光绪十四年（公元 1888 年），西藏地方政府在鄂博内的隆吐山设置哨卡，英国以清政府越界为由发动第一次侵略战争。战后，英国迫使清政府于光绪十六年（公元 1890 年）在印度加尔各答签订了《中英会议藏印条约》，划定中锡边界线，条约中第一款规定："藏、哲之界，自布坦交界之支莫挚山起，至廓尔喀边界止，分哲属梯斯塔及近山南流诸小河，藏属莫竹（卓莫曲）及近山北流诸小河分水流之一带山顶为界"。把卓木山谷以南包括隆吐山在内的日纳宗以及岗巴宗南端大片牧场和险要地区划归锡金。由于西藏地方政府的强烈反对，边界并未加以勘定。1904 年英国发动第二次侵藏战争，甲岗等处领土经由《拉萨条约》而被割让给英国，边界退至"洛纳山顶—纳金山顶—甲岗—丈结山顶—东结山口"以北。此后，在民国中央政府无暇顾及喜马拉雅山区的同时，印度却逐渐接管了英国在该地区的特权，双边边界一直延续至今。

3.2 清代以前中印边境中段地区贸易与通道的渊源

唐宋时期大体上对应青藏高原地区的吐蕃时代，当时佛教由印度传入西藏的诸多路线中便已有部分路线穿越今天中印边界中段地区，与此同时，这一区域亦是印度向吐蕃进贡的途经之地。交易商品种类以食盐等生活必需品为主。入宋之后，吐蕃虽然衰落，但是当时这一区域的商贸活动并未停止，反而渐趋繁荣，逐步出现一些民族市场。元代中央政府将西藏纳入有效管辖范围后，商路驿站制度也在西藏地区开始确立，连接西藏与南亚地区的商贸路线成为整个西藏交通体系的重要组成部分，藏印贸易开始向中印贸易过渡。在宋元时期商贸发展的基础上，明代西藏出现一批连通其他城镇贸易活动的枢纽城市，南亚国家的货币随着地区间的商贸交往开始传入西藏。

3.2.1 唐宋时期中印边境中段地区的贸易通道

中原王朝的唐宋时期正值青藏高原吐蕃时期，这一时期的中印边境中段既是佛教传入西藏高原地区的线路之一，也是印度进贡的途经之地。当时中印中段边境地区贸易通道上的商品，主要为食盐等生活必需品。这些商贸往来，对于吐蕃本土的社会经济和生活产生了比较大的影响。

除了经济上的交流，中印边境中段通道在吐蕃时期还扮演了文化沟通的"桥梁"。吐蕃艺术中的印度风格主要受到东印度波罗艺术的影响，甚至带有些许"后笈多时期"的风格成分（张云林等，2016）。然而，吐蕃艺术以其雪域高原独有的风格气派，在 7～9 世纪前后与周边地区民族漫长的政治经济文化交流中不断充实壮大，为 11 世纪以后融入以东向趋势为主的汉藏艺术潮流奠定了坚实的基础，成为丰富多彩、博大精深的中华民族文明史的一部分。

宋代喜马拉雅山脉南麓尼泊尔等地亦有许多物品进入西藏地区。绛曲坚赞在萨迦寺学习期间，曾被赐予"泥婆罗关桃子（一种酸果名）的汁液"（大司徒·绛曲坚赞，

2002)。南方的尼泊尔曾长期作为北部西藏民众出售羊毛的贸易市场，而北方的大牧场则出产畜牧产品。据《米拉日巴传》载："多吉森格经营商业，做大买卖时，冬天去南方的尼泊尔，夏天则到北方的大牧场；做小买卖时，只在芒域与贡塘之间活动"（桑杰坚赞，2000）。由此证明，早在公元 10 世纪时，今天的中印边境中段地区已经出专门从事两国交易的商人。又《青史》载："雅隆区的玛惹色波（黄胡子）去到印度东西方，也未求得如意的教法，遂同商人结伴而返西藏"（廓诺·迅鲁伯，1985）。

宋代随着西藏与外界交流的频繁，逐步出现了一些民族市场，这些民族市场通常分布于以下一些地方：封建大小领主的辖区、大的寺院附近、交通要道、驿道附近等地。而这些集市既是领主的政治中心，又是大的寺院所在和交通要道所经之地。到吐蕃后期青藏高原陷入分裂时期，西藏西部阿里的列朗、后藏的拉孜等地方也形成了贸易商市（东噶·洛桑赤列，1985）。这些市场上交易的货物多是农产品、畜产品，以及当地有一定特色的手工业产品。这些商品与普通民众生产、生活直接相关，就如同现代商业集散地所起到的对周围地区的辐射作用。宋代西藏商业的发展、集市的繁荣比吐蕃时代有了明显的进步，这些已经初具规模的商业集市，为明清时期西藏地区的经济发展奠定坚实的基础。

宋代游走于边境的商人群体中，最具代表者是寺院僧侣商人，其次是贵族、官员和大领主商人等，他们掌握着边贸特权。这种现象与政教合一的体制不无关联，寺庙高僧拥有很大的政治经济特权，他们经商行为不仅受到法律认可保护，而且享有许多免除缴纳商税的权利。宋代西藏地区边境商贸呈现出两种不同的面向，一方面，寺院、贵族领主商业资本迅速发展；而另一方面，社会经济仍相对落后，普通牧民生活贫困、购买力低下，自给自足的自然经济仍然在青藏高原根深蒂固。

宋代中印边境中段地区仍然发挥着文化交往的作用，这一点主要体现在佛教的传播。进入 11 世纪后，藏传佛教从佛教复兴转入建立教派时期，以 1042 年阿底峡入藏为标志（陈庆英等，2016）。当时青藏高原重新陷入了分裂割据的混乱局面，各方势力为了安定社会、发展自身实力，纷纷向南亚求法，由此掀起了南亚高僧来藏弘法、西藏高僧赴南亚求法的高潮，涌现出一大批仁钦桑布等优秀的翻译家，他们沿着西藏与南亚的交通线路，不仅为西藏与南亚的交往、交流做出重要贡献，同时也大力推动藏传佛教自身的发展。翻检流传至今的藏文历史及宗教文献中，"来藏印僧"的名单和故事多次出现（扎西龙主，2014）。这些"来藏印僧"群体与同时期"赴印求法高僧"之间本身存在的差异，以及他们自己心得与见解并不完全一致，使得西藏地区后来出现了不同的佛教流派，由此构成了后来在西藏出现不同教派思想、修法方面的主观条件（王森，2002）。

3.2.2　元明两朝西藏与南亚地区的交流和贸易通道

元代时西藏正式纳入中国版图，成为多民族国家不可分割的一个重要组成部分。中央王朝为通达边情，宣布号令，加强对西藏地区的治理，开辟了内地到西藏的交通路线。由此西藏与中原地区的政治经济联系更加紧密，藏印贸易逐渐向中印贸易过渡是元代以来中印边境地区商贸活动所表现出来的新趋势。

元代国家大一统，驿站系统得以在西藏地区较为完备地建立起来。《西藏通史·元代卷》中对乌思藏驿站的位置进行了考证，其中关于日喀则地区有"达驿站""春堆""达尔垅"（陈庆英等，2016），"达驿站"即今日喀则市和南木林县交界的大竹卡，意为达地方的渡口，后来写作大竹卡。"春堆"在大竹卡以西100多千米，即今天日喀则市市区的附近，历史上的春堆就是年楚河下游有名的贸易市场。"达尔垅"应该在春堆驿站以西100多千米的地方，在今日喀则市曲美区（曲弥）有一个达拉山口，可能达尔垅驿站即在其附近。除了乌思藏11处大驿站组成的主要商路外，元代在西藏还有通往阿里、山南等地的驿站，只是限于文献记载稀少而无法将其详细考证。

明初，今天日喀则一带相继有夏卡哇家族、拉堆洛家族、拉堆绛家族和贡塘家族等兴起，这些家族掌握着这一地区的政治经济大权，他们与南亚地区的商贸交流仍然延续了以往的交通路线。明代西藏社会对于手工业产品的需求，大致可分为如下三类：一是封建领主消费，二是寺院特殊需求，三是广大农牧民生产生活所需。在元代乌思藏各宗府建立发展的基础上，出现了一批人口集中、僧俗并居的城镇。明代中央与西藏众多政教势力间保持了频繁而密切的政治、经济往来，在客观上促进西藏手工业生产规模的扩大。明代西藏手工业生产所需原料除了生产于西藏各地之外，还有一部分出境外传入。《西藏通史·明代卷》记载当时西藏所稀有或不产的玛瑙、琥珀、水晶、象牙、珊瑚、珍珠等原料，则是通过商业等各种途径从印度等地区传入（拉巴平错等，2016）。

明代，西藏主要手工业产品有氆氇，大小不同规模的氆氇生产几乎遍及西藏高原各个地区，以雅隆、江孜等地最为著名。此外，16～17世纪，日喀则所在的年楚河流域，还盛产牦牛尾、毡子、哔叽，以及垫毯、绪边褥子、帽子、腰带、藏靴等手工业产品（觉囊达热那特，1994）。明代西藏手工业除毛纺织品生产之外，还有瓷器、木碗、纸张、香料、盔甲、腰刀、马鞍等产品的制作，以及金、银、铜、玉石、珊瑚等矿藏的开采和加工（拉巴平错等，2016）。尤其是西藏的瓷器，产品曾流行于西藏各地，并远销印度和尼泊尔。

一般而言，商品交换作为联系生产和消费的纽带，受到农业、畜牧业与手工业发展水平以及交通运输等客观条件的制约。由于西藏高原地域辽阔、地理类型多元，经济形态与物质生产的区域差异明显，因此商品交换存在于农牧区之间、城镇中买卖双方之间、边境地带与邻国之间等多方。其中边境贸易虽然占比较少，但是在一些文献中亦有所记载。例如，《中亚蒙兀儿史：拉施德史》中写道："明代散处藏北羌塘草原的牧民，在季节性的游牧活动中参与商品交换。冬季他们用牲畜驮运盐块、羊毛衣料、药材等产品，远途跋涉前往印度等地进行贸易；春季则从那里携带布匹、食糖、米谷等货物满载而归；经过不长时间的休整之后又连续向东行进，在次年冬季将西藏本地和购自印度的货物运抵汉地，交换当地的各类货物并于春季返运西藏"（米尔咱·马黑麻·海答儿，1983）。虽然该文献中没有明确列出牧民的具体路线，但是就其活动区域而言，今天的中印中段边境地区应当是当时牧民所经之地。

明代西藏许多重要的城镇,既是地方势力或重要寺庙的所在,又是联通其他地区贸易活动的枢纽。例如,帕木竹巴的统治中心泽当以及当时的强巴林等地,16、17 世纪的年楚河流域,已经形成数处规模较大、地域固定的集市,尤以白居寺的集市规模最大,当时年楚河上游和中游地区的大宗贸易主要汇集于此(觉囊达热那特,1994)。明代西藏长期同边境的尼泊尔、印度等地保持着传统边贸往来,除官方或领主从事的商贸之外,边民之间也进行频繁的小额交换,双方商人经常抵达对方地区从事贸易活动。因此在明代西藏的一些集市中,会有一定数量的来自印度等地的商人前来进行商品交易。当时作为交换媒介的流通货币,在明代西藏仅限于一定范围和领域。16 世纪中叶,尼泊尔加德满都河谷的三个尼瓦尔土邦铸造的银币"章喀"开始流行于西藏,并曾与西藏地方正式缔结了提供货币并换取白银的条约(肖怀远,1987)。因此在边境地区,尼泊尔银币开始流通,这一现象背后的原因是西藏与喜马拉雅南麓国家之间贸易往来越发频繁。而直到清代在西藏监造"乾隆藏宝"银钱时,尼泊尔银币才被彻底废止。

总而言之,与以往相比,明代的中印边境中段地区的商贸交易更加繁荣。这种繁荣不仅带动了边境地区城镇商业的兴起,而且交易货物商品也比以往更为多元。此外作为交换媒介的货币,在明代西藏地区也出现了新的情况,尼泊尔铸造的银币在西藏边境地区流通,这本身就是对当时贸易繁荣的真实写照。明代中印边境贸易活动中来自内地诸如茶叶等的商品逐渐增加。明王朝牢固地控制着西藏与周边地区的茶马贸易专利权,这不仅使明朝从西藏获得了数量颇多的马匹,而且使得茶叶成为当时中印之间的重要商品。西藏高原上定期的茶马贸易,在带动边境一些地区经济交流的同时,也使其逐步成为区域贸易中心,从而为清代中国与南亚国家地区间贸易的进一步发展奠定了基础。

3.3　清代亚东开埠前中印边境中段地区贸易与通道的形成

清代是这一地区贸易通道正式形成的时期,与中国西藏相邻的锡金(哲孟雄)在经济、政治和文化等方面取得了较为显著的发展。在英国殖民者尚未涉足这里之前,哲孟雄与西藏保持着传统贸易联系,来自锡金(哲孟雄)的商人及边民,用当地生产的粮食及其他土特产品,穿越乃堆拉山口进入今天的亚东县境内,来到帕里与西藏的商人及边民交换盐、茶等物品。

3.3.1　清代亚东开埠前中印边境中段地区的商贸概况

清代西藏地区的食物、生活用品等物资高度依赖境外输入,据《卫藏图志》记载:"藏内一切食用物件,全赖外番。"这是对当时西藏地区与外地经贸联系密切的真实写照。另陈立明在《藏门珞民族关系研究》写道,当时在亚东方向,锡金、不丹的商人及边民,也用粮食及其他土特产品到帕里来与西藏的商人及边民交换盐、茶等物品(陈立明,2003)。

乾隆五十八年(公元 1793 年)《钦定藏内善后章程二十九条》的颁布,西藏地区与印度、尼泊尔等的通商贸易得到更为迅速的发展，不仅商品交易的地点逐渐固定化，由此形成了一些规模较大的边境集市点，而且商品交易的规模也日益扩大。这一时期，西藏地区输往南亚地区的商品有皮、羊毛、氆氇及畜肉等，输入的有檀香木、香料、红糖、布匹以及一些日用品等（狄方耀，2002）。这一时期，中印边境中段地区在对外贸易方面发挥了独特的作用。亚东开关后，西藏地区与南亚之间的贸易由聂拉木等地开始转移到以亚东口岸为主。据《西藏亚东关档案选编》相关统计数据，1897～1907年，西藏地区出口产品以羊毛、皮、麝香等原料为大宗，进口棉布、绒布、五金、料珠、瓷器、钟表、珊瑚、茶、颜料、面粉、火柴、油漆、米、绸缎、糖、烟叶、雨伞等商品（中国第二历史档案馆和中国藏学研究中心，2000）。

在商贸通道方面，清代西藏与南亚周边邻邦的历史交往中形成了数量繁多的边境通道，如聂拉木和济咙、绒辖、日土、噶尔宗、定结宗、措拉、卓木（亚东）、帕里、白马岗（今墨脱）、察隅等（谢延杰和洛桑群觉，1994），是西藏地区通往印度、尼泊尔、锡金、不丹等地的重要交通和商贸通道。这些交通和商贸通道不仅是联系中国与南亚之间的经济纽带，而且在一定程度上还起到了国际中转站的作用，如中国新疆和田生产的丝、喀什和阿克苏地区的剪羊绒、白银和黄金常经中国西藏运销印度，同时中国内地和印度的一些商品也经中印边境中段地区商贸通道相互流通。

清代西藏与南亚贸易的发展推动了币制改革。在改革前，西藏地方以尼泊尔土邦铸造的银币作为商品交换的媒介（邓锐龄等，2016）。后来随着与南亚地区贸易的日益繁荣，廓尔喀人铸造新银币与西藏地区进行银钱交易，故当时西藏市场上流通着各式各样的银币，同时还充斥着大量旧币和私铸伪币。在这种情况下，物价上涨，边境交易混乱，西藏地区的社会经济社会遭到严重损害。因此，在驻藏大臣的监督下，西藏地方政府鉴于西藏的实际情况和藏族人民使用货币的习惯，制造了"九松西阿"，这是清王朝在西藏铸造的最早银币，为清代西藏地方货币制度的最终确立开了先河（邓锐龄等，2016）。币制改革后，紧接着清朝又对西藏对外贸易进行了整顿，在《钦定藏内善后章程二十九条》中，对西藏地方与南亚地区的贸易活动细则作出了较为明确的规定[①]。新的条例推动了西藏地方与周边邻国地区的贸易往来，交易商品种类日渐增多，交易规模不断扩大，在当时边境地区形成了一些比较固定的集市点，如普兰、樟木、察隅、绒辖、日土等（邓锐龄等，2016）。清政府对西藏的贸易管理格局直到19世纪后期英国强迫签订一系列不平等条约而发生改变。

今天中印边境中段地区的乃堆拉山口和则里拉山口，历史上曾长期作为传统的商业活动和军事入侵的通道（索尔兹伯里，1978）。商队取道这里前往拉萨和以远。从蒙古瀚海和土耳其斯坦荒原来的香客，从这里艰苦地寻找前往恒河和雅鲁藏布江圣地的通道。这里地处心脏地带的中心，位于最伟大的古代文明的交汇处。南亚的印度外国传教士的记载亦表明当时珞巴人与藏族之间的联系："他们用蜂蜜、蜂蜡、小豆蔻和

---

① （清）袁昶纂：嘉庆《卫藏通志·条例》卷一二，拉萨：西藏人民出版社，1982年，第343-344页。

茜草等同藏族人交换"①。总之，在亚东开埠以前，中印边境中段地区就凭借优越的地理位置，在西藏地区与南亚贸易交往中发挥了重要作用。

3.3.2　两次廓尔喀战役对边境商贸之影响

廓尔喀战役是清代发生于中印边境中段地区一次具有重要意义的军事战争，极大程度影响了当时西藏与南亚地区的边境贸易。廓尔喀本是喜马拉雅山脉南麓尼泊尔境内的一个小部落，到乾隆初年时，在其酋长博纳喇赤的领导下强盛起来，凭借其武力向四方扩张，先后征服了向清朝纳贡称臣的巴勒布部和其他一些小部落，并与不丹联合，对锡金进行东西夹击。廓尔喀逐渐成为与西藏紧邻的一个新兴强大政权。乾隆后期，廓尔喀和西藏地方之间因贸易问题发生纠纷，为廓尔喀军队入侵西藏地区提供了一个借口。由于尼泊尔与西藏地方之间历来存在十分密切的经济联系，尼泊尔民众日常生活中所必需的食盐、茶叶、布匹等向来依靠从西藏地区进口，在交易中一直使用巴勒布部落所铸造的银币。廓尔喀征服巴勒布后，改铸新币，并要求西藏地区人民在交易中承认一个新银币当两个旧银币使用（陈庆英等，2019）。由此造成西藏地区人民手中的旧银币大幅贬值，西藏地区商人为了减少廓尔喀新旧银币币值造成的损失，就在廓尔喀人必须购买的食盐中掺杂沙土，增加重量。西藏地方官员也对廓尔喀商人增加课税，故意刁难、勒索钱财。廓尔喀商人对此极为不满，要求廓尔喀王出兵西藏地区。

1788 年，廓尔喀军队在抢掠西藏地区与尼泊尔之间的卓木朗部落后，突然入侵西藏地区，此为廓尔喀第一次入侵西藏地区。乾隆皇帝得知后，下令驻藏大臣雅满泰带领在西藏地区的绿营兵和达木蒙古兵前往扎什伦布布置御敌，同时命令四川的清兵进藏反击廓尔喀军队。当时西藏仲巴呼图克图和萨迦法王及噶伦等人却通过红帽系活佛与廓尔喀人联系纳银赎地求和，驻藏大臣庆麟、雅满泰也只图省事，认为西藏地方武备薄弱，害怕战争爆发后胜负难定，于是同意议和。西藏地区每年向廓尔喀交纳 300 锭白银，并订立赎地约和合同后，廓尔喀军队退出聂拉木、吉隆、宗喀等地。西藏地方大臣等人向乾隆报告收复失地，廓尔喀人畏罪求和并请求朝廷允许朝贡。乾隆盲目相信清朝的国威使廓尔喀人畏服，下令班师，第一次廓尔喀入侵结束。

然而，1791 年廓尔喀再次大举兴兵来犯，攻占聂拉木、吉隆等地，并向扎什伦布进兵。廓尔喀军队占据扎什伦布寺后，肆行抢掠，将历代班禅大师灵塔上的宝石、珊瑚、金银饰品摘去，寺内金银佛像被抢去大半，清朝颁给班禅的金册、金印也被掠走。乾隆皇帝得知详情后，下决心认真组织反击廓尔喀战争，将保泰、雅满泰的驻藏大臣职务革去，免去鄂辉的四川总督和成德的成都将军的职务，任命吏部尚书孙士毅为摄四川总督，和琳、舒濂、奎林为驻藏大臣，奎林为成都将军。为统一指挥作战，乾隆皇帝又将在两广总督任上的福康安火速召回北京，面授机宜，任命其统率大军反击廓尔喀，又任命屡建战功的海兰察和成都将军奎林为参赞大臣。由于清朝的严密组织安排，

---

① 德斯得里 . 1932. 西藏记事 . 伦敦 .

各族人民同仇敌忾，战争局面很快就发生根本改观[1]。

乾隆五十七年（公元 1792 年）四月，福康安从定日出发，仅用一个月就歼灭据守聂拉木和吉隆的廓尔喀军队 1000 余人，收复全部失地。之后清朝军队攻入廓尔喀境内，在热索桥、协布鲁、雅尔赛拉、噶勒拉、堆补木等地连败廓尔喀军，歼敌 4000 多人。7 月初，清军已经打到甲尔古拉、集木集，深入到廓尔喀境内 700 余里（1 里 =500 m）。在甲尔古拉战斗中，清军虽然取得胜利，但也死伤甚众。此时廓尔喀国王一再派人向清军求和，乾隆皇帝看到若战争时间延长，屯兵于坚城之下，到 9 月以后大雪封山，后勤运输困难，可能会造成大军无法撤出从而遭受严重损失的后果。因此乾隆下令接受廓尔喀的乞降。第二次廓尔喀入侵战争结束。

乾隆认识到造成廓尔喀入侵的深层原因和将来安定西藏的办法，认为彻底改变西藏旧有情况，必须制定严密章程，令汉藏僧俗官员一体遵循，才能使西藏长治久安。所以，还在反击廓尔喀入侵激烈之时，乾隆皇帝就指示福康安制订处理善后章程，即后来的《钦定藏内善后章程二十九条》。这份章程成为清朝政府管理处理西藏事务的指导文件，亦是西藏地方政府办理政务时必须遵守的准则。章程中规定了涉及境外的事务，均须通过驻藏大臣的批准和管理，邻国入境贸易的商人和旅客，必须进行登记。由此之后，西藏与锡金（哲孟雄）等地区的商贸往来被纳入到驻藏大臣管辖之下。在击退廓尔喀军队第二次入侵后，乾隆皇帝下令勘定西藏地区与尼泊尔边界，设立鄂博，其中关于哲孟雄者，清人黄沛翘在《西藏图考》中有如下记载：

> 又自拉孙通绒辖至波底山顶，设立鄂博，此内为西藏境，此外为哲孟雄境。又自定结至隆热喀山顶、顶龙支达山顶、羊祛山顶，设立鄂博，此内为西藏境，此外为哲孟雄境。又自克里至支木山顶，藏猛谷山顶、日纳、宗官察，设立鄂博，此内为西藏境，此外为哲孟雄境、不丹（布鲁克巴）二部落境。又藏曲大河南，本系哲孟雄地界，被廓尔喀侵占已久。藏曲大河以外，俱系廓尔喀境。[2]

从波底山顶到羊玛山顶后来都为尼泊尔所占，现在都在尼泊尔境内，现在中印边境中段实际上自岗巴之洛纳山顶以下。黄盛璋在《清代中锡边界历史研究；清代中不边界历史研究》一文中对当时设立的鄂博位置逐一进行考证[3]：

（一）洛纳山顶

洛纳山顶就是 LhonakLa，据佘素《清季英帝侵略西藏史》中记载，罗那克山是乾隆旧界所设鄂博，尼泊尔境内也有 Lhonak 村，但非山口，其山口乃是 LongsongLa，1884 年仁景南嘉、二但就是十世纪初推气非尔达都曾

---

[1] （清）黄沛翘撰：《西藏图考》卷二《西藏源流考》，清光绪甲午堂刊本。
[2] （清）黄沛翘撰：《西藏图考》卷八《西藏艺文考·下·和宁西藏赋》，清光绪甲午堂刊本。
[3] 文中关于各个山口内容引自黄盛璋：《清代中锡边界历史研究；清代中不边界历史研究》，中国科学院地理研究所编印《边界历史地理研究论丛》，北京：中国科学院地理研究所，1972 年，第 53-56 页。

经由 Lhonok 村山 Jongsong 山口。据升泰奏有"青纳穷以外之丈结、路纳"，青纳穷即群纳穷河，丈结、路纳都在纳穷河外，应相去不远，不可能达到尼境内之 Lhonak 村。

（二）纳金山顶

纳金可能是甲岗，1891 年英锡金专员怀特来藏锡边界查看，从汤古到甲岗，当时西藏有兵在此把守，阻止他前进，1902 年怀特私自带兵到甲岗，赶走藏兵藏民，又将这里西藏所设立的界碑移除，此处的界碑应为清时所设立的鄂博，应位于纳金河上，所以应即纳金山。

（三）丈结山顶

丈结山顶大致是 KongraLamaLa，简称 Kongra 山口，丈结可能是对 Kongra 之音，1849 年何可曾由此经过，指出这里是界线：从这地方往西藏去有两条路，一条路向西北，由 Lachen 河谷上行，至 Kongra 山口；另一条向东，由 Lachoong 河上行行至 Donkia 山口，在 KongraLama 山口的边界，据当地人说，这是一条政治的，而非自然的界线，由一些石堆作为标记，立在一片平原上面，跨过 Lachen 河去。（《喜马拉雅山旅行》卷 2，第 29 页）

下午很早我们就到达西藏和锡金的边界。这条界线是沿着 KongraLama 山划定的。（《喜马拉雅山旅行》卷二，第 80 页）。

在上述佘素书中 103 页附图 Kongra 写作夹仓拉，为乾隆旧立鄂博之处。

（四）藏猛谷

大致就是 Chumoko 的对音，此地现在仍在藏锡边界上。

（五）雅纳山顶

雅纳山顶就是 JelepLa。外人游记中多指这里是藏锡边界。1885 年仁景南嘉奉印度测量局之命，自大吉岭入西藏进行预测。他害怕 DjeRle 山口附近人民认识他，窥破他越入西藏，所以又绕回 Rai 村想冒险入 Dja-Lep 山口，可是这里和 cho 山口一样，为西藏人把守不准旅客通过（以上间《印度测量局报告》第八卷，第二册，第 363-779 页，《1885-86 年 RinjinNimgyal 锡金、不丹、西藏的探险报告》，又据该文后附《1885-86 年 Phurba 不丹与西藏的探测报告》RinjinNimgyal 要他自 DjeLep 山口进入西藏，他于 1885 年十一月二十四日到达这个山口，指出："DjeLep 山口是西藏和锡金的边界，和 Thanka 山口及 Cho 山口位于同一条山脉上"，这条山脉就是藏锡界山，后两个山口也是藏锡边界。）

（六）支木山顶

支木山顶就是 Gyi-Mo-chi，也就是 1890 年英所订藏锡边界的支莫挚山，该条约规定"藏哲之界自布坦（不丹）交界之支莫挚山起至廓尔喀边界止，分哲属、梯国塔及近山南流诸小河，藏属莫竹及近山北流诸小河分水流之一带山顶为界"。

（七）日纳宗宫寨

日纳又写作热纳，它就是今锡金境内的 Rhenok，据《文硕奏牍》卷三：

查西藏江孜汛地，向设换防守备一员，戴奉一员，其属帕克里管隘口营官二员。其下有贡巴棍及寺院，并有上下卓玛依（按即亚东）、捻纳、硕披（即春卑）、廓布、格压、青仓（即纳汤）、隆吐、日纳等地村寨百姓等住户。

自热纳（即日纳）以外，西南是哲孟雄地方，东南系不丹（布鲁克巴）地方，嘉庆初年第八辈达赖喇嘛因彼时哲孟雄部长人面恭顺，尊重黄教，赏准将热纳宗草场一段赏给该部民通融住牧，并令该部长代办热纳宗营官事，该部长领有高上正部为执，地虽然准通融住牧，仍是藏中之地。这在《文硕奏牍》（卷三）也交代非常清楚。

在上述鄂博之外，藏锡旧界可考的还有以下几处：

（一）金城章加峰：据《印度及其邻国条约集》卷二锡金项引一古代文献述哲孟雄小山，其中提到金家章加山与 Zar 的 ThemarGamen 神守着它的北面，金城章加山是锡金传统边界线，早期英人所绘地图为 1849 年 J.D.Hooker《喜马拉雅游记》所附锡金图，1870 年 RiohardTempleBert 的《西藏边界的锡金湖区》附图，金城章加峰正位于边界上。

（二）朱拉（ChoLa）：锡金西境清代与现在都以 Chola 山脉为界，据外人游历记载，Cho 山口清代还设立界椿。上引 J.D.Hooker 的书卷 2，页 201 提到，经 ChoLa 情况，证明这里是藏锡边界。

（三）雅克拉：上引 J.D.Hooker 书卷 200：

Lampbell 已在我的前面（到达）了（指 ChoLa 山口），我见他和几个西藏人在讲话，西藏人告诉他说：此处往 Yakla 无路可通，并且也不应准许我们去到春碑，因为中国守兵驻在附近。

根据该书附图，Yakla 正位于边界线上。

（四）乔尔顿尼依马山口：

据 1884 年 RinjinNimgyal 在金城章加峰北及西北探险报告（《印度测量局报告》第八卷，第一册，页 162），指出这里是藏锡边界。

往西最近的山口是 Chabukla，约 19000 尺，往北就是我们后来的 ChhorlenNima，往南山脊不能翻越。

……于是我们转北到达 ChhorlenNyima 山口，它是位于西藏与锡金的边界上。

（五）东结山口

东结山口是由纳穷河外出之口，在上述 J.D.Hooker 书提到这里是界，同书中附图也将 Donkia 山口绘在边界上，这个 Donkia 在上述佘素书 103 附图中写作"东结"，有乾隆旧立鄂博。

总之，第二次廓尔喀入侵后，中国与尼泊尔、锡金、不丹之间首次划定较为明确的界线，这为考证当时中国与锡金具体的边界提供了较为详细的史料记载。

乾隆时期廓尔喀两次入侵，短期来看，在战争期间边境贸易一度中断，给西藏地区与南亚地区之间的商贸交流造成极为不利的影响。但是清政府凭借强大的军事实力赢得了战争的胜利，也捍卫了边境地区的和平与安宁，这为之后中国与锡金两国之间的贸易交流创造了一个相对稳定的外部环境。加之《钦定藏内善后章程二十九条》的颁布，使得西藏地区与南亚国家之间从以往无组织的自由商贸活动变得更加有序和规范起来，推动了当时中国与锡金两国的经贸交流，乃堆拉山口等边境地区的商贸通道呈现出更加繁荣的态势。

3.3.3　清代中印边境中段地区的交通邮政系统

清代西藏的交通路线，一般可分为两类，即官方驿道与民间商道，前者是清朝中央政府出于维护政治统治、巩固国家边防目的而修建的道路，有一整套行之有效的管理和运转系统；后者则是民间商旅往来自然形成，或由民间自发集资修建。二者并非泾渭分明，有些民间商道后来被纳入官方驿道，而官方驿道亦常为民间商旅所利用。

除了四川、青海等内地省份入藏驿道，清朝时西藏为防范准噶尔、廓尔喀等外族异邦侵扰，在西藏境内设置了若干条以台站和驿路紧密衔接的军事纽带，主要作为地方军机传报和国防运输的机构。这些道路系统在发展过程中逐渐形成了以拉萨、日喀则、昌都为中心的交通枢纽，并以此为中心，发展为四通八达的交通要道。

值得一提的是，西藏高原地区道路选线极为讲究，它能够巧妙地穿越各种地质复杂的环境，绕过地质灾害多发地区，选择合适的地点设置津渡，按照不同季节选择洪水期、封冻期路线。所有的道路大多都符合高原自然特点，是较为理想的捷径。因此也就成为历代商道、官道乃至现代公路修筑时"选循"的参照，这亦是西藏高原地区官方驿道与民间商道时分时合的主要原因。

在交通运输方面，西藏地区民众除牦牛之外，还广泛利用马、羊等其他动物畜力作为交通运输工具。在西藏民间商道中极具特色的"盐粮交换"所形成的交通路线上，牧民们以羊作为驮畜，一些体格强健的绵羊或山羊，在传统的"盐粮交换"中发挥了重要作用。牧民们将藏北地区盐湖生产的食盐装入袋中，系在驮羊背上。由数百只驮羊群组成的长途运输队伍，将食盐运到西藏南部农区进行盐粮交换，甚至运到更远的南部边境地区，与印度、尼泊尔等地的商人进行交换。通过这种"盐粮交换"，每年牧民从藏北运往农区的有食盐、土碱及各种畜产品，而从农区换回的则是青稞及其他农产品（张建世，1994）。因此，在当时中印中段边界贸易通道上，曾经有大批羊群在"盐粮交换"过程中扮演了重要角色。

邮政的开办始于20世纪初，1904年英国侵占拉萨后，强迫西藏地方政府与其签订《拉萨条约》，其后，在今天的中印边境中段地区亚东县的春丕（下司马）、帕里以及江孜等地相继设立邮电局，在春丕至江孜沿途建造旅舍，供邮电局修理电线的官役以及来往英印人员住宿和送信者存电线等物资。清政府为维护西藏主权，根据《中英续订藏印条约》《中英修订藏印通商章程》，在西藏地方设立邮局，开办邮政业务（刘武坤，2000；吕平，1999）。筹办西藏邮政过程中，联系拉萨与亚东间的邮路成为清政府首先考虑开辟的对象，并派遣当时北京邮界（邮区）的顺德府邮局"巡察供事"邓维屏赴西藏筹办邮政。1910年6月16日，"大清邮政总局"黑底白字在拉萨挂出，拉萨邮界（西藏）正式成立通邮。邓维屏致函亚东关同文供事王曲策忍，要求他尽快开设亚东邮局，邮局暂设在海关楼内，由其负责。数日后，亚东邮局即挂牌对外营业，并于每日下午4点封包向拉萨发送邮袋。此后江孜邮局（9月18日）、日喀则邮局（10月3日）和帕里邮局先后成立。至此，拉萨邮界的邮政网络初步形成，亚东关署理税务司张玉堂兼署拉萨邮界邮政司，实际邮政事务及拉萨总局由邓维屏负责（邓锐龄等，2016）。

至辛亥革命前，西藏邮界共建邮局7处，分别是拉萨、亚东、江孜、日喀则、帕里、察木多、硕板多，其中位于中印边境中段地区的亚东是唯一设立在边境地区的邮局。随着近代邮政事业的兴起，中印边境中段地区在整个环喜马拉雅边贸通道中的地位愈加凸显，亚东海关和亚东邮局的设立进一步巩固了这一地区与南亚交流的重要地位，使以亚东为核心的中印边境中段（中锡）地区成为当时中国西藏与南亚间交往最为频繁、人员流动最为密集、商品种类最为丰富的通道。

3.3.4　文献与图像所见清代中印边境中段地区的贸易通道

中印边境中段地理位置处于西藏自治区日喀则地区，道光《拉萨厅志》在《道里》部分对拉萨至札什伦布（今日喀则市）路程有较为详细的记载：

> 拉萨西南至札什伦布沿路数：登龙岗四十里，业党四十里，僵里四十里，曲水五十里，铁索桥二十里，岗巴泽三十五里，马陇驿四十里，拜底城六十里，达鲁五十里，郎噶孜五十里，翁古五十五里，热龙七十里，谷洗七十里，江孜七十里，人进岗五十五里，白浪五十里，春堆五十里，札什伦布四十里（西藏社会科学院和西藏学汉文文献编辑室，1999）。

清代，西藏地区不仅以拉萨为中心形成了一整套发达的道路网络系统，而且以日喀则为中心，也有一套较为完善的道路。《西藏图考》记载由日喀则前往定结，共有两条路。一条路是扎什伦布—那尔汤—那尔—仁津孜—塔克—拉固隆—喀木巴拉山—念孜—多布札—鲁琼拉—定结；另一条路是：札什伦布—白朗—江孜—堆琼—萨木岭巴—金谷尔拉—达汤—汤达拉山—玛尔局—卓巴汤泉—错莫志—定结[①]。这两条沟通日喀则与定结的道路，是清代中印边境中段地区商贸通道的延长部分。当然，除了通达的官道之外，还有许多民间小道和支线，这些道路共同组成了清代中印边境中段地区较为发达的交通系统。

---

① （清）黄沛翘撰：《西藏图考》卷三《西招图略·西藏图考》，拉萨：西藏人民出版社，1982年，第119-120页。

据《西招审隘篇》记载，清代从中锡（金）边境前往拉萨的主要交通路线有从札什伦布（今日喀则市）向东行九十里抵达白朗官寨（今白朗），此寨东南入山，经堆琼官寨、金谷尔拉等山，金谷尔拉一带皆为阨要。走错莫志通海子南岸，共行六日至定结，由定结东行一站至干坝（今岗巴县），又东三站至帕克里（今亚东县帕里镇）。帕克里是一处交通枢纽，既可以向西抵达定结县，又可向北四站至江孜沿途多有阨塞，由江孜至康玛尔一带有连山丛石，自康玛尔迤南间有山峡。而帕克哩东西南三面皆山，北有海子名萨木错[①]。道光时期，经由中锡边境的商贸通道已经成为印度洋烟入藏的主要路线，如丁宝桢在《丁文诚公奏稿》中记载："从前为不丹（布鲁克巴）廓尔喀之中界，哲孟雄邛大山所阻，山极险峻，中通一线。道光年间，哲孟雄属于英，此山已为英所据。前二十余年海道未甚通，印洋烟入川即由此路"[②]。综合文献记载来看，江孜是清代西藏一处交通重地，黄沛翘在《西藏图考》中这样写道"江孜在前藏西南，后藏东北，面山背水，为卫茸交通之重地，又与定结、帕克哩、噶尔达相通，不丹（布鲁克巴）、哲孟雄、宗木等处部落来藏之要路也"[③]。从帕克里至江孜中间经过"噶拉、康玛尔两处，又西北行经白朗、僧多两处，过河至札什伦布。帕克哩之南为巴珠布拉，西通哲孟雄，东达不丹（布鲁克巴），其外夷达甲噶尔，南达噶里噶达"[③]。

而帕克里向南，《由后藏帕克里至珠拉巴里路程》有较为详细的记载：

帕克哩顺河南行六十里至噶林噶，有四十余家烟户，树林极多，山路乱石崎岖。又十五里至哲孟雄部，王过冬之府有番人十余家，又南行十五里至仁青岗，路甚平坦，旁多树木，又顺河南行。由西上坡有大松林，内有往来人住宿窝铺。上岭十五里，下坡又十五里，地名郭布，有过往住宿土房一所。又十五里平路，再从小山走五里，又上山顶，计程一百二十余里。英人已将大路修至此处，宽一丈五尺，下坡二十里至那塘，有往来人住宿房子一所，旁有黑账房六七家，又下坡一里，从山脊背上走十五里到山顶，上有一鄂博，向西望去即是印度北边一带，平坦。又下坡二十里，有竹笆房子，又下坡三十里，有河一道，过木桥行里许有四五家烟户，又下坡三里有小河一道，过木桥上坡二十里到山顶，下坡十里到曲河站，有七八家人烟，均住竹房。再下坡二里，有大河一道，过木桥十里，地名多里，占有五六家人。再上黑山顶五里，又下坡二十里，有人户二十余家，又下坡十五里，到一大河，过木桥上坡二十里到洋人公所，有洋官一员，并通事一人，过往贸易人货物均过秤，不抽厘金。公所之旁有四五家人，附近又有四五十家人。自山腰向西行五十里，至噶连鲁有洋官衙门、洋商铺面，又有印度商人二三十家，又遍山均有人家居住。又下坡二十里，里尼去卡有大河，河水夏天多毒，有铁索

---

① （清）陈龙昌：《中西并略指掌》卷二十三《军防》五《西招审隘篇》，清光绪东山草堂石印本。

② （清）丁宝桢：《丁文诚公奏稿》卷十四《英人窥探西藏陆路情形片》，清光绪十九年（1893）刻，光绪二十五年（1899）补刻本。

③ （清）黄沛翘撰：《西藏图考》卷三《西藏程站考·诗附》，清光绪甲午堂刊本。

桥，宽大如泸定桥。洋人有官守桥铺面五六家，约有四五十人。又上坡十五里有茶树、茶店，居人五百余家，现盖之家无数。又从山腰行五十里，地名宗木拉棒喀住英印杂人，有五六百家，番民亦有三四百家。洋官衙门一座，此处有三道：一向东通西藏，一向南通噶里噶达，一向西通解林。其适中之地有山一座，名珠拉巴里。洋人屯兵五百名于其上，下坡一二里与多解岭相连。多解岭洋人住有五六百家，商人铺面亦有。五六百家修盖房屋，木匠广东人有二百余名，番子木匠亦有百余人。多解岭东边有哲孟雄，人五六百家，有番官一员，并有电线。英人修有铁路宽一丈五尺，多解岭到噶里噶达步行约须三月路程，由火轮车每日十一点钟起身，次日十一点钟即到，此段应归入诸路程站之列。因现在防务，吃正在此路，持录以备筹边者之首采焉[①]。

综合上述相关文献记载，能够发现，中印边境中段地区在清代的主要交通路线为从锡金（哲孟雄）入境后，经巴珠布拉、帕里宗、康马抵达江孜，再向东经白地、马陇驿、岗已泽、铁索桥、曲水、僵里、业党和登龙岗行至拉萨，这是从锡金（哲孟雄）前往拉萨最为便捷的一条交通路线，与今天从亚东前往拉萨的204省道基本重合。此外还有从江孜向西经白朗抵达扎什伦布（日喀则）。

国家图书馆保留了数量丰富的西藏古旧地图，这些古旧地图初步复原了晚清民国时期，中国与锡金之间的交通路线与途经地点。

《西藏地方明细地图》[②]（局部）成图于民国二十五年（公元1936年），据此图可知，从纳都拉山口入境，途经春丕、帕里宗、孤拉、成都、喀拉、沙鲁、格拉、康马、中拉抵达江孜。从该图中，亦能看到当时中国与锡金之间还有唐拉山口、东加山口、色尔布山口，这些山口位于岗巴县和定结县境内，是从锡金进入中国众多贸易通道支线。

《西藏印度间之交通要道》，成图于民国二十七年（公元1938年），是《西康西藏详图》[③]的附图。该图清晰地记载了从哲孟雄入境，经过亚东、春丕、帕里宗、唐拉、堆乃和成都抵达樟木错海地区，再向北经过格拉、皮卡、萨鲁、康马、中拉抵达江孜。该图中还记载从哲孟雄境内的大吉岭向北出发，经过党伦、川滩后分为两条路线，一条向东经东加山口入境中国，再向东至格拉并入亚东至江孜大道；另一条为继续向北，在一处未标明山口的边境进入中国后路线一分为二，一条向东北至江孜，另一条则向西抵达冈马（今岗巴县）。

《西康西藏详图》（局部）更加详细地记载了从锡金（哲孟雄）大吉岭前往西藏江孜的路线，中间需要途经锡金（哲孟雄）境内的众多炮台，进入中国后第一站为亚东，

① （清）黄沛翘撰：《西藏图考》卷三《西藏程站考·诗附·由后藏帕克里至珠拉巴里路程》，清光绪甲午堂刊本。

② 欧阳樱监制，欧阳鹏绘：《西藏地方明细地图》，1：2200000，民国二十五年（1936.05）彩色，47.3 cm×72 cm。附地势图、拉萨图。

③ 赵璇，李炳卫绘，童卓然等校勘：《西康西藏详图》，1：2400000，民国二十七年（1938年），彩色，53.5 cm×100 cm。

之后经过春丕、靖西、帕里宗、堆乃、孤拉、成都、沙鲁、格拉、皮卡、萨鲁、康马、中拉抵达江孜。但该图没有记载从锡金（哲孟雄）进入中国的其他交通路线。

《卫藏新图》[①]（局部），成图于民国二年（公元 1913 年），该图记载从哲锡金（孟雄境）内大吉岭出发，经噶伦棚、昔塘镇和咱利山进入中国，经由亚东、靖西、春碑、泊里宗、堆乃、成都、皮卡、康马抵达江孜，此外还记载了锡金（哲孟雄）与中国交界的工格拉山口，从工格拉山口进入中国后，向西可抵达定结县。

《西藏地方详图》[②]（局部），成图时间为民国二十八年（公元 1939 年），该图可知，从哲孟雄境内的大吉岭出发，向东经噶伦堡、江托克，从色尔布进入中国，经亚东、春丕、八江洋营、大营、格林卡、夺打塘行至帕里宗，从帕里宗向北道路分为东西两线，西线经堆乃、成都、夺金、喀拉协尔、沙鲁、格拉、皮卡、萨马达、康马、骆冈扫江、乃宜寺抵达江孜，再从江孜向东经义岭、谷喜、白查棍寺至春堆；东线则是从帕里宗东北方向经黑来木木后直接到春堆。由于不再绕行江孜，因此东线能够更为便捷地抵达拉萨。从春堆向东北经过哈拉、翁古、浪噶孜、改桑散巴桥、白地、塔木隆、区热、巴孜、曲水、拉巴朗、僵美、江堆、业党、札什和别蚌寺抵达拉萨。该图还记载一条从江托克向北抵达冈马（岗巴县）的路线，首先经过锡金（哲孟雄）境内的盘吉木寺，之后又经贞冬寺、拉珍寺和散冈，从色尔布（高鲁）山口进入中国后抵达冈马（岗巴县）。岗巴县是一处交通枢纽，既可向东经都林、当穆抵达喀拉协尔并入亚东至江孜大道，又可向西经温泉、唐噶、左穆车东池、多帕特拉抵达定结县。

3.4　清代后期边疆危机下的中锡贸易与清末亚东口岸

清代后期，南亚大陆已完全沦为英国的殖民地，英国殖民者将这一区域作为侵略中国的跳板，由此爆发了较为严重的边疆危机。锡金（哲孟雄）地处印度与中国西藏之间，加之历史上早已形成的传统通道，使之成为英国经济入侵西藏地区的最前沿。受国际环境影响，清代后期中国与南亚地区贸易呈现诸多新的态势，尤其是亚东开埠使得途经这一地区的通道成为一条重要的对外贸易路线，对西藏社会乃至之后的中印贸易产生了深远影响。

3.4.1　廓尔喀第三次入侵西藏

进入 19 世纪后，随着英属印度政府不断进行殖民扩张，历史上曾与中国西藏相邻或其藩属的喜马拉雅山诸邦逐一沦陷，成为英属印度政府侵略中国的急先锋，开始骚

---

① 新亚洲舆地学社编辑：《卫藏新图》（附青海），民国二年二月（1913.02），石印本，彩色，48.4 cm×68 cm。

② 张庚金编绘，葛绥成校订：《西藏地方详图》，1∶1250000，民国二十八年十一月（1939.11），彩色，88.3 cm×118 cm。

扰我国的西南边疆。1841 年，道格拉人入侵阿里地区，史称"森巴战争"，森巴战争最终在西藏军民的团结一致下取得胜利。但在森巴战争刚刚结束不久，廓尔喀军队便第三次出兵侵略我国西藏地方。英国东印度公司在1815年强迫廓尔喀签订《塞哥里条约》后，在加德满都设置公司代办官邸，并侵占了廓尔喀南部几乎所有平原土地，自此廓尔喀沦为英国附庸。钟·巴哈杜尔掌权后，奉行对外依附英国的政策，进一步扩充军备，等待时机，准备向西藏扩张势力。

在廓尔喀第三次入侵西藏地区前，道光二十年（公元 1840 年），廓尔喀以中英鸦片战争爆发，向驻藏大臣孟保呈请出兵助剿[①]；1842 年，廓尔喀又以受印度压迫，请求清廷出兵或赏赐金钱相助，并以拉达克被森巴人占领，要求易地或赏地助清廷固守边境[②]；咸丰四年（公元 1854 年）廓尔喀再三致函驻藏大臣，呈请允许派兵协助镇压太平天国运动（中国藏学研究中心等，1994）。以上种种要求，都被清廷以不合体制为由拒绝。廓尔喀还在边境地区不断制造摩擦冲突[③]，这使得当时边境地区的商业贸易活动受到严重影响。

1855 年 3 月 23 日，廓尔喀军队兵分数路侵入西藏地区。4 月攻占聂拉木、济咙（吉隆）和宗喀，5 月攻占补仁和绒辖。面对廓尔喀入侵，清廷多次妥协退让。由于四川、湖北二省清军正与太平天国对峙，因此难以抽调兵力入藏，因此抵抗廓尔喀侵略的重担就落在西藏地方军民身上。1855 年 11 月初，西藏地方军民在噶伦策垫夺吉的率领下发动反击，切断了廓尔喀的补给线，兵分三路，几乎同时攻击了聂拉木、济咙（吉隆）、宗喀等地的廓尔喀军队。后来双方在边境地区边谈边打，直到 1856 年 3 月 24 日，西藏地方官员与廓尔喀官员在廓尔喀之塔帕塔利签订了和约（阿里亚尔和顿格尔，1973）。条约中规定，西藏对尼泊尔商人免税，这实际上是对英属印度商品免税，为英国商品在西藏地区倾销扫清了道路。

第三次廓尔喀入侵的直接影响，就是极大地改变了中印中段边境通道上原有流通的商品种类。根据当时中英双方签订和约，英国向中国西藏境内商品输出"合法化"，而且不需要向西藏地方政府交纳税款，这使得当时中印中段边境商贸通道交易市场中，由以西藏和南亚地区生产的土特产品为主逐渐转变为土特产品和西洋货物相互交织的局面。

3.4.2　英国对中国西藏的经济侵略

英国自 1840 年鸦片战争之后，通过一系列不平等条约的签订[④]，将中国长江流域划为其势力范围。与此同时，英国还利用英属印度与中国西藏地方接壤的便利条件，

[①]　详见孟保撰：《西藏奏疏》卷三，北京：中国藏学出版社，2006 年，第 77-79 页。

[②]　详见孟保撰：《西藏奏疏》卷三，北京：中国藏学出版社，2006 年，第 85-88 页。

[③]　参见西藏研究编辑部编辑：《清实录藏族史料》（九），咸丰三年十二月丁酉条，卷一一六，页三二下一三三上，拉萨：西藏人民出版社，1982 年，第 4218 页。

[④]　研究者根据《中外旧约章汇编》统计，1840～1911 年，中英所订的约章共计 120 种，其中正式条约 45 种，正式条约外的章程、合同等 75 种。参见胡门祥：《晚清中英条约关系研究》，长沙：湖南人民出版社，2010 年，第 302-307 页。

将侵略魔爪逐步伸向西藏，企图控制西藏地区，将印度及其在长江流域的势力范围连成一片，进而把中国的中部和南部变为其势力范围。当时与西藏相邻的锡金、不丹，长期以来与中国保持着密切关系，定期向清政府纳贡，是清朝事实上的藩属国，三方之间边境线长期保持着历史上形成的传统习惯线。乾隆五十九年（公元1794年）清朝政府在驱逐廓尔喀入侵后，就派驻藏大臣和琳随带游击张志林、噶伦丹津那木吉等，明确标定了中国西藏与锡金（哲孟雄）的边界[1]。和宁所写《西藏赋》注释中，对这段边界有明确的说明，"帕克里俗名帕里，自帕克里至支木一带藏猛谷、日纳宗官塞，此外为锡金（哲孟雄）（锡金）境，其东为不丹（布鲁克巴）（不丹）境，俗名竹巴云"[2]。西藏、锡金（哲孟雄）和不丹（布鲁克巴）三者交界地在雷诺克，雷诺克东北三英里是西藏的日纳，而隆吐山离日纳还有二十多英里的路程，不丹的噶伦堡在雷诺克西南二十多英里处，而大吉岭离雷诺克还有七十多英里，这说明隆吐山不仅在中国西藏境内，而且离边境还有二十多英里的距离（白玛朗杰等，2015）。

英国在占领锡金后，为发动侵略战争，于1861年强迫锡金（哲孟雄）订约，不仅擅自划界，把锡金（哲孟雄）与西藏边界从日纳改到捻纳山一带，向西藏境内推进三十多英里，而且积极做好战争前的准备工作。面对英国的侵略，清政府未能据理力争，认为"英人考察地界甚精，必不妄称日纳以内为外"[3]。这在客观上大大助长了英国殖民者的侵略野心。英国还强行租借大吉岭，在这里广设铺面，组织各种商业机构，其目的就是吸引汉藏商人前去贸易。在同汉藏商人贸易的过程中，为笼络藏族商人、挑起藏汉之间矛盾，对藏族商人"广行要买，尤为殷勤"，而对汉族商人"次之"[4]。随着大吉岭通商贸易的繁荣，西藏地方政府看出英国险恶用心，曾向清朝中央政府提出禁止汉藏商人前往大吉岭经商的主张，并从1884年就采取了积极的防范措施，在西藏边境地段的险要之地、必经之处建卡设防，以阻断英人窥藏道路。至1886年，英印政府声称卓木（亚东）山谷以南包括隆吐山在内的地区，为它所"保护"的锡金（哲孟雄）领土，随即派遣一支配有300驮畜、几门山炮和1000名士兵的队伍越过隆吐山探路，并将隆吐山至捻纳的一段崎岖狭窄的道路开宽垫平。当西藏人发现前来阻止时，英国侵略者不但不停止越界筑路，反而继续在沿途的廓尔喀、不丹等地兴修驿站（白玛朗杰等，2015）。西藏地方政府通告周边国家，一致对付"英吉利族"，在一些地区"修筑碉堡战壕"，并立下"信誉不变之甘结"（中国社会科学院民族研究所和西藏自治区档案馆，1997）。锡金国王保证阻止英印跨越边界（吕昭义，1996）。西藏地方政府在取得锡金国王保证后，决定拨给锡金驻牧的日纳宗的隆吐山设卡防卫。

隆吐山位于入亚东要道之上，1886年7月初，西藏地方政府决定在此据险守卫，在隆吐山上"盖造碉楼卡房，由江孜汛拨兵防守"[5]。1887年10月，英国武力驱逐藏

---

① 吴丰培辑：《清季筹藏奏牍·文硕奏牍》卷五，上海：商务印书馆，1938年，第3页。

② （清）黄沛翘撰：《西藏图考》卷八《西藏艺文考·下·和宁西藏赋》，清光绪甲午堂刊本。

③ 吴丰培辑：《清季筹藏奏牍·文硕奏牍》卷四，上海：商务印书馆，1938年，第9页。

④ 吴丰培辑：《清季筹藏奏牍·文硕奏牍》卷一，上海：商务印书馆，1938年，第45页。

⑤ 吴丰培辑：《清季筹藏奏牍·文硕奏牍》卷二第1页、卷三第36页，上海：商务印书馆，1938年。

军。中英围绕隆吐山设卡及隆吐山是否藏地之争持续一年多，西藏地方政府向清廷申辩同时，还在全藏上下动员，积极准备抗英①。在隆吐山设卡问题上，面对英国一再威逼，清政府虽然提出隆吐山是否藏属尚需调查，但因内外交困，不希望发生战争，故多次命驻藏大臣迫令西藏地方政府撤兵设卡。光绪十三年（公元1887年）西藏地方色拉、布赉绷、噶勒丹三大寺致文硕公禀，认为隆吐山"实是藏治本境门户，并非甲噶尔与廓尔喀等互相往来大路。……所有隆吐山撤去卡房兵役一事，无论如何实多碍难，断不可行"②。清朝中央政府指令一再遭到西藏地方和驻藏大臣文硕抵制，于是1888年3月3日（光绪十四年正月二十一日）决定撤回文硕，由升泰暂时主持藏事③。清廷的妥协退让并没有使英国放弃其入侵西藏地区的计划，1888年2月，英国与西藏地方军队第一次交战④。西藏地区第一次抗英战争正式爆发。由于武器落后、指挥失当，而且得不到中央政府强有力的支持，面对强大的英国，这场战争最终以西藏的失败告终（山县初男，1986）。

战争结束后，清政府命驻藏大臣升泰亲赴边界与英国代表"面议"，与英国人议和。经过一年多的谈判，《中英会议藏印条约》于1890年3月17日由升泰与印度总督兰斯顿在加尔各答签订。英国通过该条约，不仅正式吞并了中国的藩属锡金（哲孟雄），而且割占了中国西藏南部隆吐、捻纳至咱利山一带领土，此后英国正式宣布锡金为英国的保护国，并委派政治专员常驻锡金，统治该地。中国在喜马拉雅南麓的影响也日益没落，而条约中关于藏锡边界分水岭的提法，以及通商、游牧、交涉等诸项缓议问题，成为印度进一步侵略西藏地区的新借口。与清政府愿望相反，《中英会议藏印条约》的签订，不是战争的结束，而是印度向西藏地区发起商业渗透、政治扩展和军事进攻的序幕。

《中英会议藏印条约》签订后，中英就西藏地区与印度通商问题进行谈判。从1891年2月开始，到1893年12月5日双方签字，维持近三年之久。谈判的主要内容为解决《中英会议藏印条约》中规定的续议的三个问题，即通商、游牧和文移往来。游牧和文移往来，双方争执不多，通商问题为谈判迁延不决的症结所在，其中又以商埠开设地点和印茶入藏问题为双方争执的焦点。《中英会议藏印续约》中关于中印边境中段地区的主要内容为：亚东于1894年5月1日（光绪二十年三月二十六日）通商，英商在亚东贸易自交界至亚东而止，听凭随意往来，得在亚东租赁住房栈所，5年试办期内，百货免税，期满印茶入藏销售，茶税不得超过内地茶入英所征之税；亚东开关一年后，藏民在锡金（哲孟雄）游牧者应照应该在锡金（哲孟雄）订立的游牧章程办理（王铁崖，1957）。

① 吴丰培辑：《清季筹藏奏牍·文硕奏牍》卷五，国立北平研究院史学研究会，上海：商务印书馆，1938年，第10页。

② 《三大寺等为隆吐山撤卡断不可行事致文硕公禀》，中国藏学研究中心、中国第一历史档案馆、中国第二历史档案馆、西藏自治区档案馆、四川省档案馆编：《元以来西藏地方与中央政府关系档案史料汇编》第3册，北京：中国藏学出版社，1994年，1120-1121页。

③ 顾廷龙，戴逸：《李鸿章全集·电稿一》，合肥：安徽教育出版社，2008年，第928-929页。

④ 吴丰培辑：《清季筹藏奏牍·文硕奏牍》卷六，上海：商务印书馆，1938年，第26页。

通过《中英会议藏印条约》和《中英会议藏印续约》，英国打开了中国西藏门户。亚东设立商埠后，大量英印货物进入西藏地区。英国方面并未遵守条约规定，偷运印茶入藏销售，5年期满后，百货也未定税则，长期免税入藏，西藏地区成为英国和印度商品的销售市场，并远及川滇省份。严重损害了中国内地与西藏地方的传统经济联系，加速了中国西南边疆的半殖民地化过程（中国第二历史档案馆和中国藏学研究中心，2000）。而中印边境中段地区的贸易通道，也随着不平等条约的签订体现出诸多半殖民地化特征。大量洋货充斥着这一边贸通道，对西藏传统手工业造成了极为严重的影响。

英国第一次侵藏战争后不久，1903年冬，英国在与俄国争夺中国西藏的过程中，为削弱清朝中央对西藏的影响，打开与西藏通商的大门，利用日俄战争之际，再次发动了对西藏地方的侵略战争。1903年12月10日，英国侵略者拉开了第二次入侵西藏地区的序幕。

英国侵略者首先翻越咱利山进入春丕谷地，随后逼近亚东关，向西藏边境重镇帕里进攻。此次英军入侵路线便是沿今天中印边境中段通道进入西藏地区。由于西藏地方未进行有效抵抗，英军顺利侵占帕里宗政府，之后进一步占据帕里东北的堆纳。西藏地方政府一直幻想能够进行和平谈判以阻止英军前进，驻藏大臣升泰依然奉行"战后求和"之策。这为英军加强后勤补给提供有乘之机，并完成了入侵江孜的部署。1904年3月，英国侵略者在古鲁[①]一带与西藏地方军队展开交锋。西藏地方军队虽然人多，但大多为临时征发，平时无军事训练，多数没有战斗经历，且装备极为落后，因此西藏地方军队最终失败。古汝之役中，英军还进行惨无人道的血腥屠杀（恰白·次旦平措等，2008），这使得原本繁荣的中印边境中段贸易通道成为一处人间地狱，无数无辜西藏地方军队将士血洒疆场，谱写了西藏人民英勇反抗外来侵略的感人篇章。

古汝之役后，英军趁势向北继续进犯，攻占康马，并突破进入江孜要地——藏昌峡谷，于4月11日进抵江孜。西藏地方军队一万多人集聚在江孜、日喀则及由拉萨到江孜的大道上，准备开展江孜保卫战。英军初期陷入被西藏军民包围的困境，但是随着后来英军援军的到来，战争态势扭转直下，江孜最终失守。江孜保卫战是西藏人民第二次英勇抗英斗争的一个转折，西藏地方军队大部分奉令后撤，大规模军事行动结束，只剩零星阻击。而英印军队则开始向拉萨推进，8月3日，英军占领拉萨，实现了其最初的军事目标。十三世达赖喇嘛已在英军占领拉萨前出走，西藏地方事务暂时由甘丹赤巴洛桑坚赞代理。这对英国逼迫西藏地方政府签订不平等条约的阴谋是个打击。但是在英军和驻藏大臣升泰的双重压力下，1904年9月7日（光绪三十年七月二十八日），在拉萨布达拉宫，西藏代理摄政甘丹赤巴在不平等条约上盖达赖喇嘛之印，其余噶伦、三大寺代表及僧俗大众代表分别被迫签字，同意英国事先炮制好的《拉萨条约》。《拉萨条约》严重损害了中国对西藏地区的主权，企图建立英国对西藏地区的直接关系。

---

① 古汝，又译作"古鲁"，地名，在亚东帕里镇一辈多庆湖附近通往江孜的地方，今为亚东县堆纳乡古汝村。

　　然而，《拉萨条约》引起了清朝中央政府的反对，1905 年初，英国政府为缓和各方面对《拉萨条约》的不满，也为了强迫清政府在基本条款上承认这个条约，同意对该条约作一些修改（白玛朗杰等，2015）。1905 年 1 月，清政府任命外务部侍郎唐绍仪为全权代表，率参赞张荫堂、梁士诒等赴印度加尔各答，与英印政府谈判。经过艰难谈判，1908 年 4 月 20 日（光绪三十四年三月二十日），《中英修订藏印通商章程》最终签署。通过这一章程，英国取得了在亚东的商务代理处派驻名为卫队的武装部队权；英人在江孜商埠内有租地权，英国在西藏各商埠享有"治外法权"；保留了从中印边境到江孜的十一处驿站和邮政、电报等侵犯我国主权的设置，并规定英印官员就商埠事宜同我国西藏地方官员进行直接交涉。也就是说，英国在西藏各商埠均享有经济和政治特权。

　　19 世纪末、20 世纪初，英国对西藏地区的两次侵略，终于以武力打开了中国西藏的门户，强迫清政府签订了丧权辱国的《中英会议藏印条约》《中英会议藏印续约》《中英续订藏印条约》《中英修订藏印通商章程》等一系列不平等条约。这些不平等条约不仅严重损害了中国内地与西藏地方的传统经济联系，加速了中国西南边疆的半殖民地化进程，还使西藏地方政府与清朝中央政府之间、西藏僧俗上层与清朝统治者之间的关系日趋恶化。

3.4.3　晚清时期西方人对中印边境中段地区的记载

　　从 17 世纪开始，有几批欧洲传教士从喜马拉雅山南部或者中国内地进入青藏高原，他们在中国西藏一些地方进行长期的传教活动，之后紧接着一些服务于欧洲殖民者的探险家也进入青藏高原。近代以来，在亚东海关工作的一部分西方人也对当时边境地区进行了记录。因此，17 世纪以来欧洲传教士、探险家们以及海关税务司的欧洲职员撰写的游记、日记等，成为今人了解历史时期环喜马拉雅地区以及青藏高原内部情况的珍贵史料。

　　最早来到中国西藏地区的西方人士是葡萄牙籍传教士安多德等人（伍昆明，1992），1624 年 3 月，安多德等人从印度果阿出发，历经艰险，穿过喜马拉雅山脉，当年 8 月抵达中国西藏阿里南部的古格王朝都城扎布让。这是西人传教士到达中国西藏的最早记载。中印边境中段还进入青藏高原的西方人有耶稣会传教士意大利人卡赛拉神父、卡布拉尔神父和丰泰伯纳修士等人，他们于 1626 年 3 月接到赴藏建立教会的任务后，从柯钦出发，几经周转，最终于 1628 年到达日喀则进行传教并收集资料。卡赛拉神父等人作为第一批抵达不丹、中国西藏日喀则、尼泊尔等地的欧洲人（伍昆明，1992），通过耳闻目睹，把沿途各方面的情况都报告给柯钦耶稣会。由于藏传佛教在西藏势力强大，在文化上亦深入人心，因此一般藏民很难接受西方文化。加之传教士的方式不当、人员往来较少、物资供应和交通联络极端困难等种种原因，使得早期西方传教士并未广泛在这一地区活动。但是这些活动都为之后清代西方传教士进入西藏、进行中西文化交流等提供了宝贵的经验。

17世纪,耶稣会传教士白乃心神父、吴尔铎神父 (伍昆明,1992) 开辟欧亚陆路捷径,他们于1661年1月~1664年2月,受命进行了一次从北京出发,经过西宁、拉萨,穿越尼泊尔和印度返抵欧洲的尝试。虽然这次开辟前往中国的内陆交通线并未成功,然而作为16世纪以来首次涉足拉萨的西方传教士,白乃心和吴尔铎在中国内地和西藏、印度和尼泊尔以及沿途收集了大量材料,德国耶稣会传教士阿塔纳修斯·基歇尔根据上述材料出版了一部名为《中国宗教、世俗和各种自然、技术奇观及其有价值的实物材料汇编》 (基歇尔,2010) (简称为《中国图说》) 的图书,在该书中记录了白乃心、吴尔铎从北京到拉萨再到南亚的旅行路线。《中国图说》一书所描述西藏的有关情况和中国其他地区的地理、政治、城市、居民习俗、自然资源、建筑、文字等文化、科学技术方面的情况,引起了欧洲人对西藏的强烈兴趣,这在17世纪中后期的东西方文化交流和中西交通等方面具有积极意义。

18世纪之后,相继有在印度苏拉特的法国卡普清修会 (伍昆明,1992) 传教士、意大利人意波利托·德西迪利和意尔·德布兰多·格拉斯神父以及法国天主教遣使会传教士古伯察等西方人进入西藏地区。传教士带来了西方的诸如天文、数学、地理等科学,以及希腊、罗马等宗教和哲学领域的人文思想;同时他们学习藏语、研究西藏的习俗、历史、宗教,欣赏西藏的艺术和文学,留下了大量的游记、日记、札记和报告。例如,意大利人伯戴克将德西迪利的数十件信函和报告,收入《赴西藏和尼泊尔的意大利传教士文献》第五册,在其他册中收入德西迪利利用意大利文撰写的详细记载和论述他往返西藏的沿途情况与西藏各个方面,特别是藏传佛教情况的记事书,共四卷。菲力波·德·菲力毕将德西迪利的四卷论述旅行和西藏情况的数种手稿,加以综合,译成英文,编成《西藏纪事:1712—1721年耶稣会士毕斯托利的意波利托德西迪利的旅行》。古伯察则在后来完成回忆录的整理,命名为《鞑靼西藏旅行记》 (古伯察,2006)。虽然这些西方人游记中包含有一些错误观点,但其中更多的是有关西藏物质文化及政治、历史、地理、宗教等方面具体翔实的记载,这些包罗万象的关于西藏的文字,记录了传教士独特的西藏见闻,并以自身的文化视角开始了中西文化最初的碰撞,使西方了解西藏,对人类不同观念的多元文化的形成与发展产生了重大影响。

1894年亚东开埠后,首任税务司戴乐尔对印度至中国西藏的贸易路线进行了一定研究,详细描述了该段路线以及印度和中国西藏当地的地势状况:

> 复查进口之货多自盂拉贩来,盂拉之北,在西金境内,有一埠头名大吉岭,相距盂拉二千余里,英国建有铁路,乘轮车二十三点钟便达岭头。途中有一地名曰西里古里,即大吉岭山脚,距山巅当有一百五十里之遥,换坐小火轮车,八点钟工夫可至。其铁路系就山势而修,迂回曲折,奇妙非常,轮行虽不十分迅速,然而圆转自如,上下悉随其便,坎离之功,于斯愈见其妙矣……大吉岭高海面七千尺 (英尺),岭距亚东当有二百四十余里,须历七日之程。经层峦叠嶂,过大树深林,六日之程到纳荡地方。此地在隆吐山之北,自光绪十四年藏印交绥后,英国常有兵丁驻扎于此,距藏印边界二十里。纳荡北

行，登咱利山顶，即藏印分界处，计高一万四千七百尺，春冬二季，冰雪颇多，朔风尤烈，下山路极陡险。约十余里到朗热，其他[地]稍形平坦，举头北望，则诸莫拉利山峭然独立，上存积雪从不消融，俨如玉笔高插云霄。由朗热下赴亚东，途中乱石纵横，荆榛碍道，闻较蜀道犹难，越小桥六次，始达亚东。其地在两山之间，两河萦绕，前为咱利发源，后系拉堆来脉，两水均在此处合流，直向藏属莫竹河而去……中英未经分界立约以前，亚东系属荒陬，殆至通商定地于此，始盖有公所一处，即章程所载另设公所一处，以备印度随意派员驻寓者；又有街房一十八间，均非工坚料实，即章程所载中国允建之住房、栈所以备英商租赁者。公所之房亦建有小院落二处，时有番目在内居住。亚东地方尚高海面一万四百八十尺，中国税务司并未建有办公之处，即暂寄于公所之中，逐日在此稽查进出货物……过此一里，名亚东汛，有中国千总一员，部汉兵二十名、番兵八名驻防于此，筑有边墙，亦就山形而修，曰靖西关。凡属英印官商人等，适此而止。下三里即仁进冈，地势低洼，为南北山水河流之所。地之总名曰卓木，然分上下，格林卡为上卓木，仁进冈即下卓木也[①]。

戴乐尔该段描述，为今人呈现了一幅19世纪末的亚东图景，能够使今人对当时亚东及周边的地理分布等有了非常明确的概念。后人常常用以区别亚东关、亚东汛、上下卓木、格林卡、仁进冈等，均源于此。

3.4.4 亚东开埠前后中印边境中段局势

1792年《钦定藏内善后章程二十九条》颁行后，西藏地区的行政管理事务逐渐"内紧外松"（葛全胜等，2017）：一方面，一切外事交涉权统归驻藏大臣负责，对境外入藏制订严格的管理章程（王文静，1989）；另一方面，不再介入"外藩"间纠纷，各部"求赏求兵，一概不准，或战或和，一概不问"（张永攀，2016）。这样，清朝中央政府主动削弱了自身在喜马拉雅山脉南麓对锡金等国的影响，使得英国殖民者乘机逐步蚕食南亚诸国。喜马拉雅诸邦丧权失地，先后沦为英国的保护国或殖民地。锡金在分别签署1817年《梯塔利亚条约》、1861年《英印锡金条约》后沦为英国附庸。这使得中印边境中段地区在19世纪成为中国西藏与英印政府接触的最前沿。

清光绪年间，初期西方人只是被严禁进入帕里其他地区，而日纳宗的出入并不受到限制（吕一燃，2007），因此英国认为该地并不归属帕里宗管辖，并挑起了与西藏地区之间的隆吐山之战。隆吐山之战的惨败，清朝驻藏大臣升泰被迫于1890年签订《中英会议藏印条约》，该条约规定中国西藏与锡金之间"以自布坦交界之支莫挚山起，

① 《戴乐尔关于光绪二十年亚东关进出口贸易情形报告（光绪二十年十二月二十八日1895年1月23日）》，中国第二历史档案馆、中国藏学研究中心合编：《西藏亚东关档案选编》（上），北京：中国藏学出版社，1996年，第375-376页。

至廓尔喀边界止，分哲属梯斯塔及近山南流诸小河、藏属莫竹及近山北流诸小河，分水岭之一带山顶为界"。这直接导致原日纳宗中国领土的丧失。需要指出的是，该条约并无藏文本，对规定的国界并未绘图示意或是署名旧界山名。并且由于西藏地方政府的强烈反对，边界并未加以勘定。这些问题形成了后来国界纠纷的导火索。英国当时也一度同意锡金北部与西藏干坝宗"洛纳山顶—纳金山顶—甲岗—丈结山顶—东结山口"的传统边界。因为后来英方不满足于既有条约所获取的利益，于1902～1904年发动第二次侵藏战争，甲岗等处领土在《拉萨条约》中被割让与英国。对于20世纪初亚东周边国界轮廓，英国1900年出版的《西藏及其周边地区地图》有较好的图示。之后30多年内，亚东段国界在整体上较之现今没有大的差异。

事实上，虽然清政府奉行妥协政策与英国签订一系列不平等条约，但是西藏毕竟不同于内地，西藏地方政府对于不平等条约怀有抵触心理。例如，英国第一次侵藏战争后，1893年签订《藏印续约》中涉及通商方面，第四款规定："除第三款所开禁货物外，其余各货，由印度进藏，或由藏进印度，经过藏、哲边境者，无论何处出产，自开关之日起，皆准以五年为限，概行免纳进出口税：俟五年限满，查看情形，或可由两国国家酌定税则，照章纳进、出口税"（周伟洲，2000）。英国以国际条约的形式，从清政府那里获得了所谓合法的通商权益，但是西藏地方政府却以"该约原由中国签订，西藏并未与闻"（罗布，2016）为由，对清政府与英国签订的这一国际条约的合法性不予认可。"即令货物可免税通过亚东，藏人仍坚持其在裴利（帕里）任意征税之权"（罗布，2016）。事实上，按照条约所规定的，藏印之间贸易免征五年关税，只是在西藏亚东和藏哲边界的亚东交通沿线实行，而帕里并非属于藏哲（锡金）边境地带，地方政府在帕里所抽的什一税是约定俗成的地方商业贸易税，根本不在条约规定的免税范围之内。英印孟加拉省首席秘书的公函中也承认"帕里远离边境，除非怀德（即惠德）所说的税是新进加征的，否则英印政府就很难提出合法的反对"（周伟洲，2000）。

尽管西藏地方政府一再争取自己的利益，但驻藏大臣与英国所签订的不平等条约有一定的局限性。1890年《中英会议藏印条约》使得锡金沦为英国保护国，亚东被迫于1894年5月1日正式开放为通商口岸，地址位于今天亚东县下司马镇春丕村（西藏自治区地方志编纂委员会和西藏自治区亚东县地方志编纂委员会，2013）。之后以亚东为中心的边境地区通商大门势必会随着英国的进一步扩张而打开。据英国不完全统计，"在1890年的《中英会议藏印条约》签订前的1887～1888贸易年度，经亚东的藏印贸易额仅为369226卢比，在该条约签订后五年的1894～1895年贸易年度，经亚东的藏印贸易额增至1149150卢比，到1899～1900贸易年度，更增至2206405卢比，十年内增长了近600%"（周伟洲，2000）。由此可见，双方在"你推我抵"的交涉过程中，继续争取着各自利益最大化的实现。

亚东开关后，清政府不仅丧失关税自主权，海关行政权力也一直被英国人所掌握。历任亚东税务司中除张玉堂和汪曲策忍外，均由英国人代理，他们秉承总税务司意志，直接或间接参与中国与英属印度之间的任何商业谈判和交涉。英国第二次侵藏战争后，根据《拉萨条约》规定，西藏开放江孜、噶达克为通商口岸。至此，西藏条约口岸数量由一变为三。为加强管理，西藏地方政府在亚东、江孜和噶达克三个地方设置基巧，委派噶伦或四品以上官员处理所属区域的军政大事和商贸活动。其中，有关今中印边境中段地区商贸通道的为亚东和江孜，在亚东为卓木基巧，在江孜为江孜商务基巧。

卓木基巧。早在咸丰四年（公元1854年），西藏地方政府就已经在亚东设立"谿堆"负责商务管理（西藏自治区地方志编纂委员会和西藏自治区亚东县地方志编纂委员会，2013）。英国第二次侵藏战争后，光绪三十一年（公元1905年），西藏地方政府在亚东设卓木基巧，任命四品俗官米介巴为亚东总管，于上亚东的噶灵岗新建总管府，所需办事、文秘人员，从上、下亚东地区百姓的世袭头人中选精明干练者充任（西藏自治区政协文史资料研究委员会，1991）。卓木基巧的主要职能是统管上下亚东地区内政执法事务，兼管口岸商贸所涉一切事务，核查进出口商品内容，以及出入境人员核查工作。卓木基巧除了管理与英印政府之间的商业活动外，还管理西藏与锡金、不丹、印度接壤处的有关边界遇有重大问题，须向噶厦地方政府请示。至于边境地区双方百姓的牲畜越界食草、饮水或关于人口问题的争端，可由亚东总管全权处理。

江孜商务基巧。1906年，英国在江孜设立商务总管，于是析置地方政府也设立江孜商务基巧，负责供应英国驻江孜商务人员柴草等日常所需物品，并管理商务活动。《西藏文史资料选辑13》中记载，"江孜商务总管的任务就是为这些英国人供应饲草、木柴以及土产、日用食品，招收、安置学习英语的藏族弟子，管理商业口岸事务等"（西藏自治区政协文史资料研究委员会，1991）。

卓木基巧与江孜商务总管在职能上虽不是单纯的商事机构，但它作为特定历史时期的特殊政治机构，不仅保证了口岸贸易的正常运行，而且也维护了与锡金、不丹、印度等接壤处的边境的稳定。

进入民国时期以后，越来越多的西方人通过亚东口岸进入中国西藏境内，他们在进行经济侵略的同时，还留下了诸多对当时这一地区贸易通道的记载。例如，英国人Rondldshay曾在1918年从当时锡金前往春丕，在10月底启程出发，从大吉岭长途跋涉30多英里到噶伦堡，进入西藏地区的主要贸易通道，在那里有很多羊毛和其他商品，该英国人在噶伦堡进行粮食补给并安排了接下来的交通路线。由此可见，由亚东口岸进入西藏地区的贸易通道是当时西方商人、学者入藏的主要交通路线。从西姆拉到岗巴宗的路线是沿着山脊行进，途经提斯塔河，在这一条通道上行进能够看到白雪皑皑的干城章加峰。

总之，亚东开埠对晚清中印边境中段地区的商贸通道产生了巨大影响。开埠以后的亚东成为中国西藏与南亚地区商业贸易的重要区域。清朝中央政府设立税务司等在客观上保障了亚东这一国际贸易口岸的基本秩序，使得双方贸易得以有序进行。其积极作用不言而喻。虽然亚东税务司多数时间由英国人担任，其在日常工作中常出现干涉地方行政事务等超出职责范围之内的举措，但它的设立不仅体现了双方贸易的官方性质，也从某种意义上维护了晚清中央政府国家主权的独立性，故这一点是值得肯定的。而西藏地方政府在关口设立基巧，不仅维护协调了中国西藏与印度、不丹和锡金等各邻邦之间的商业贸易活动，也起到了稳定边境、振兴贸易的作用。19世纪后期由于一系列军事战争导致的中印边境中段地区贸易萎缩的局面开始逐步扭转，为之后贸易繁荣创造了相对和平稳定的外部环境。

3.4.5 亚东开埠后中印边境中段地区贸易通道形态及其影响

1894 年清政府设立专门负责管理亚东口岸的海关税务司，并制定相关规章制度，使得西藏地方对外贸易开始具有较为系统的官方统计资料。由于西藏地方与印度进出口贸易具有近代中国其他条约口岸不同的贸易规则，因此对近代西藏殖民贸易过程中商品结构及货值平衡的细致性分析就显得很有必要。庆幸的是，中国第二历史档案馆、中国藏学研究中心合编的《西藏亚东关档案选编》，为今人探讨亚东开关后，今天中印边境中段地区在当时的对外贸易结构、商品种类等情况提供了十分翔实的文献资料。

"由于多山、自然障碍和人烟稀少,西藏需从其他国家和地区获得大量供应"（兰姆，2002）。正如《波格尔关于西藏贸易的报告》中所提，西藏地区由于土壤性质和气候寒冷等先天性因素，在日常生活中所需的很多物资需要从与邻近国家和民族之间的贸易中获取。尽管西藏地区传统的民间贸易状况没有较为可靠的统计数字,但到 19 世纪末时，中国西藏与印度的贸易规模已经相当可观。以 1890 ～ 1895 年中国西藏与孟加拉（印度）、旁遮普（印度）之间的商品交易总值为例，已经初具规模。如表 3.1 所示。

表 3.1 1890 ～ 1895 年孟加拉（印度）、旁遮普（印度）与中国西藏之间的贸易值

（单位：卢比）

贸易年度	中国西藏出口至孟加拉（印度）	孟加拉（印度）出口至中国西藏	中国西藏出口至旁遮普（印度）	旁遮普（印度）出口至中国西藏
1890 ～ 1891	180893	199788	119890	20217
1891 ～ 1892	618146	203131	135591	24791
1892 ～ 1893	351519	229117	140532	23519
1893 ～ 1894	358799	331613	174014	34658
1894 ～ 1895	701348	447802	122646	34177
合计	2210705	1411451	692673	137362
贸易总额	3622156		830035	

资料来源：〔英〕阿拉斯太尔·兰姆著，伍昆明译：《印度与西藏的贸易》，载《国外藏学研究译文集》（第 16 辑），拉萨：西藏人民出版社，2002 年，第 175、179 页。

根据《印度与西藏的贸易》，这五年中，在双方贸易差额方面：①中国西藏与孟加拉（印度）的贸易中西藏地方以 80 万卢比的优势处于出超的有利地位；②中国西藏与旁遮普（印度）的贸易中，西藏地方还是以超过 53 万卢比的优势处于出超地位。而亚东开关通商，为英国扩大对西藏地区对外贸易创造了前所未有的有利条件，在这一前提下，中国西藏与印度之间的贸易也迅速发展起来（表 3.2）。

表 3.2　1895 ～ 1899 年中国西藏亚东商路与印度贸易情况　（单位：卢比）

贸易年度	商品		金银	
	印度出口至中国西藏商品	中国西藏出口至印度商品	中国西藏出口至印度金银	印度出口至中国西藏金银
1895	416200	634000	328400	20200
1896	561395	781269	291106	18965
1897	674139	820300	207074	65185
1898	718475	817851	145590	194350
1899	962637	822760	1023989	319983
合计	3332846	3876180	1996159	618683
进出口总额	7209026		2614842	

资料来源：中国第二历史档案馆、中国藏学研究中心合编：《西藏亚东关档案选编》（上），北京：中国藏学出版社，2004 年，第 558 页。

由表 3.2 可见，商品进出口贸易和金银进出口贸易出现不同的发展趋势：①亚东开关前 5 年内，商品贸易方面西藏地方处于出超地位，其贸易差额约 54 万卢比；②金银贸易方面印度政府处于出超地位，其贸易差额约为 138 万卢比；③双方贸易的总货值平衡方面，印度处于出超地位，贸易差额约为 84 万卢比。由此可见，开埠后，西藏地方与印度贸易的增长，主要依靠的是西藏地方进口贸易的增长。西藏地方与印度之间的贸易在亚东开埠之后发生了根本性的转变，西藏地方从开关前的出超变为入超，呈现逐步沦为英国商品倾销地和原料掠夺地的趋势。

在设关通商前，中国西藏与印度孟加拉进出口贸易商品结构情况主要见于阿拉斯太尔·兰姆在《印度与西藏的贸易》中记载，见表 3.3。

表 3.3　1892 ～ 1893 年中国西藏与印度孟加拉进出口贸易的商品结构　（单位：卢比）

中国西藏出口至印度孟加拉	金额	印度孟加拉出口至中国西藏	金额
羊毛	248930	欧洲棉布匹	90487
牦牛尾	48180	欧洲羊毛织品	40803
马和矮种马	19170	烟叶	20467
汉地砖茶	2849	黄铜制品和铜	12704
杂货	9140	靛蓝	10446
金粉	—	欧洲棉纱	5859
		谷物	3710
		陶器	3366
		铁	3036
		油漆	2843
		水果与蔬菜	2476
		紫胶	1870
		金属制品	1635
		杂货	29415

资料来源：〔英〕阿拉斯太尔·兰姆著，伍昆明译：《印度与西藏的贸易》，载《国外藏学研究译文集》（第 16 辑），拉萨：西藏人民出版社，2002 年，第 176 页。

　　从表 3.3 可以看出，亚东开关前双方贸易商品显得较为单一，尤其是中国西藏出口至印度孟加拉的仅 6 种产品，所占货值较少。而印度孟加拉出口至中国西藏的商品内容则相对较为丰富，涉及面较广。亚东开关后，入藏洋货快速增长，出口土货也有所增长，双方贸易的商品结构基本上延续了开关前的状况，而印度出口至中国西藏的商品中，棉织品的出口量还是占据着主导地位，并呈急速增长的态势，而中国西藏地方出口至印度的商品中，羊毛依然居首位，具体见表 3.4 与表 3.5。

表 3.4　1895 年及 1896 年经亚东进入中国西藏大宗进口货物

货物名称	单位	1895 年	1896 年	增加	减少
棉织品	码	812526	1102262	289736	
棉纱、棉线及毛织品	蒙德	269	264		5
绒布	码	28315	27881		434
棉绒布	码	282	5120	4838	
五金	蒙德	1364	2920	1556	
料珠	蒙德	99	116	17	
瓷器	蒙德	317	320	3	
钟表	件	125	88		37
珊瑚	多拉	333	803	470	
儿茶	蒙德	292	198		94
洋颜料	蒙德	0.28	5		4.72
土颜料	蒙德	20	30	10	
面粉	蒙德	97	128	31	
干鲜果	蒙德	984	1684	700	
土靛	蒙德	228	88		140
茜草	蒙德	76	137	61	
玉米	蒙德	7756	5954		1802
火柴	各罗斯	1438	1956	518	
火油	箱	312	224		88
油漆	蒙德	100	43		57
米	蒙德	318	888	570	
各项绸缎	码	3452	6905	3453	
外国食物	蒙德	63	67	4	
糖	蒙德	144	279	135	
烟叶	蒙德	1731	2792	1061	
雨伞	把	1943	2821	878	

　　注：1 码 =0.9144 m，下同。"蒙德"（Maund，亦译作"扪"），印度的一种计量单位，一蒙德折合英制 82.28 磅，公制 37.35 kg，1 多拉（Tola）=3 钱。

　　资料来源：中国第二历史档案馆，中国藏学研究中心合编：《西藏亚东关档案选编》（上），北京：中国藏学出版社，2004 年，第 560-561 页。

表 3.5　1895 年及 1896 年中国西藏出口印度之大宗货物

货物名称	单位	1895 年	1896 年	增加	减少
床毡	条	1004	461		543
干酪	蒙德	37	67	30	
藏绒布	码	21803	3936		17867
药材	蒙德	7	51	44	
骡子	匹	303	142		161
麝香	多拉	5023	3109		1914
马	匹	444	282		162
中国绸缎	码	170	582	412	
紫胶	蒙德	10	3		7
羊毛	蒙德	30994	38361	7367	
牦牛尾	蒙德	738	782	44	

资料来源：中国第二历史档案馆，中国藏学研究中心合编：《西藏亚东关档案选编》（上），北京：中国藏学出版社，2004 年，第 561 页。

　　由表 3.4 和表 3.5 可见，西藏地方与印度之间贸易在亚东开埠后迅速增长，主要表现在西藏方面进口商品的增加。1895 年和 1896 年经亚东进入西藏地区的大宗货物中除棉纱、棉线及毛织品、绒布、钟表等少量商品外，其余商品都呈快速增长的趋势。而亚东开埠后，虽然西藏地区土货的出口量相对于之前有所增长，但远不及洋货涌入西藏地区的数量。在不平等条约制约下的对外贸易中，西藏地区出口贸易发展存在严重的局限性。

　　通过上述贸易数据的分析，可得出以下几点认识：第一，由于亚东关是英国殖民主义者侵略西藏地区的直接产物，其商品进出口贸易明显具有在外力作用下的被动反应与适应，双方贸易具有明显的殖民色彩；第二，亚东开关前，中国西藏的进出口贸易有了较为可观的发展，这一时期中国西藏每年的进出口贸易额约为 197 万卢比，其中出口约为 90 万卢比，进口约为 107 万卢比，正是有了这种贸易的发展，才为亚东开关后进出口贸易的进一步扩展创造了前提条件；第三，亚东开关前中国西藏的商贸活动以与中国内地之间的互市贸易为主，对外贸易居于次要地位。这一时期中国西藏与印度之间虽然也有间接性的贸易往来，但以极为少量的贵重物品为主要商品，中国西藏商贸总值中所占比率很低；第四，虽然开关后的西藏地方已被纳入世界资本主义市场体系，但印度与中国西藏的贸易在很大程度上保持着传统的贸易结构，具有一定的保守性和传统性；第五，开关后的中国西藏和印度双方贸易中中国西藏地方的进口量远大于出口量，因此中国西藏和印度贸易的殖民化色彩日益明显。

　　总体而言，亚东开埠后，中国西藏与印度贸易商品结构呈现出以下特点。

　　其一，印度卢比伴随英国商业资本的进入而流通于西藏地区。

　　中国西藏在历史上长期流通尼泊尔铸造的银币，廓尔喀之战后，《藏内善后章程二十九条》对中国西藏地方的货币制度也进行了较为明晰的规定，清朝中央政府决定在西藏设立铸钱局，并由驻藏大臣亲自督造银币"乾隆宝藏"，以铸造统一官钱代替尼泊尔银币。到咸丰以后，由于银料匮乏，"宝藏"铸造时断时续，后来甚至停止铸造，导致民间苦于缺少货币。这就为印度卢比入侵中国西藏提供了可乘之机。印度卢比作为英国侵略和殖民环喜马拉雅地区而铸造的特殊金融工具在这一区域流通，此外印度卢比的多种辅币也在中国西藏大量使用，印度卢比的大量流入，对近代中国西藏对外贸易活动产生了严重影响。另外，印度卢比本身是获利甚大的金融产品，亚东在其开埠 20 年间从英属印度输入中国西藏的金银货币值约为 320 万卢比（陈一石，1990）。印度还乘机哄抬物价，使其市面流通价值远高于币面价值。随着中国西藏市场对印度卢比的依赖性越来越强，卢比的市面价值也随之上升，亚东开埠之后计量单位逐步从银两改换为卢比。

其二，进出口商品结构的单一性较为突出。

波格尔关于中国西藏贸易的报告中称"西藏出产黄金、麝香、牦牛尾、羊毛和盐，粗制的羊毛织品和窄幅哔叽几乎是他仅有的制造品"（兰姆，2002）。这段文字表明了 18 世纪西藏地方传统手工业基础之薄弱。在尚不具备农副产品精细加工能力的前提下，其出口商品只能以粗放原始的商品形式供销口外，这一状况在百余年后的 20 世纪初亦未能得到改善。因此，西藏对周边国家和地区的出口贸易自始至终都是以自然禀赋差异而产生的稀缺性货物为主要交换，以"羊毛牛皮为大宗"，麝香、砂金、硼砂等重要工业原料和珍贵药材次之。

随着工业革命的顺利发展，机械化大生产对原料的需求不断扩大，英国总体原材料在总进口量中所占比例迅速增长，基本保持在 50% 以上。因此，西藏地方的出口贸易集中于原材料的供应上，是"日不落帝国"殖民地、半殖民地贸易的普遍特征。在中国西藏与印度贸易中，西藏地方的出口货物集中在羊毛牛皮等原材料上外，其进口商品则过分集中在轻工业制成品上。

在中国西藏进口棉织品中，最畅销的商品是五色袈裟布，亚东关首任税务司戴乐尔就曾说，"西藏向称佛地，其俗最好求神媚鬼，或入庙烧香，或凭空祈祷，均须随带无色袈裟布，裂为小片，或敬献与神佛之前，或恳（悬）挂于庙堂之外，甚至山巅树杪、旷野荒原，到处张挂，意谓其能消灾解厄。……宜其行销畅旺也。次及各种棉布、绒布暨食物，芋、米、叶烟之类"（中国第二历史档案馆，2004）。另外，西藏地方仕宦富家也喜欢外国织造绒布。由此可知，中国西藏与印度贸易中，西藏地方进口的商品更多地倾向于上层僧俗贵族的日常消费品。当然，这种情况并非亚东开关后才出现。据阿拉斯太尔·兰姆在《印度与西藏的贸易》中记载，亚东开关的前一个月（公元 1894 年 4 月），时任英国驻锡金（哲孟雄）政治专员怀特（J.C.White）怀疑西藏商人饶米菩提走私武器进藏，遭到搜索检查，其 51 包商品中的货物内容包括，"羊毛织物、靛蓝、绸丝、雨伞、豆类、刀、蔬菜和化学染料、棉质物品、氯化铵（硇砂）、黄铜杯、香、毛巾、玛瑙贝和海螺壳、挂锁、丝围巾、水银、旧鞋、硬币、铜壶、梳子、铅笔、表链、中国纸张、锡盘、搪瓷盘、钉子、木工工具、藏红花、灭跳蚤药"（兰姆，2002）。基本上全是棉毛织品等各类生活消费品，这种状况在开关 20 年贸易中未见改观。因此，近代西藏地方进口的商品虽然在其结构上品种繁多，但如果从商品性质上进一步分析，则可知进口商品几乎全属日常生活中吃穿用的消费品。

当然，亚东开埠对西藏社会经济与文化习俗等方面产生诸多影响。

第一，随着英国商品的倾销与原料掠夺，在破坏中国自给自足自然经济基础、破坏城市手工业和家庭手工业的同时，一定程度上促进了西藏地区城乡商品经济的发展。1894年亚东开埠后，很快就成为西藏地区与印度贸易往来的主要通道，英国的轻工业制品或半制成品不断由此流入西藏地区市场，并远及川滇和青海等省份。在与印度的贸易过程中，西藏地方以最原始的农牧产品换取英国的工业制成品和半制成品。1894年后，甚至在地处偏远的藏北草原，也很容易在牧民的帐篷里看到一两件进口商品。河口慧海在《西藏秘行》中把拉萨的八廓街比作东京的银座，"商品大部分是西藏本地的产品，但是也有从印度的加尔各答和孟买等地进口的。有趣的是这里竟大量地卖着日本火柴，九谷窑制造的日本陶器，也能在贵族家看到"（河口慧海，1998）。到20世纪20年代初，拉萨市场"最为引人注目的是铝饮具，其次是产自印度、英国、日本和其他欧洲国家的进口劣等货"（妮尔，1997）。

第二，亚东开埠推动了中印边境中段地区城镇商品经济的发展。亚东原是一个偏僻的山沟，人口仅数百，只有少量从不丹、锡金境内前来的边民贸易。自1893年《中英会议藏印续约》签订以来，这里成为销售和转运外国商品的市场，商路四通八达，亚东通往不丹和锡金的道路各有8条。贸易内容包括两方面：一方面是中国西藏与印度之间的进出口贸易，经亚东商路的进口商品中除了英印商品外，还有一定数量的美、法、日、澳大利亚、意大利和捷克等西方各国的商品，由亚东批发转运到帕里、江孜、日喀则、拉萨等地，故这种商业贸易具有一定的国际性和转口性。另一方面是与不丹、锡金之间的边民小额贸易，数量有限，交换物均为人们生活必需品。据统计，到20世纪50年代，亚东地区的"印商有24家，尼商4家，由于藏商、汉商资金少，无法与印商竞争，汉商已不存在，藏商仅有两户，1户专营皮靴，1户杂货店，面向当地藏族"（中国社会科学院民族研究所和中国藏学研究中心社会经济所，2000）。当时在亚东还出现了印度锡金公司、L.噶鲁拉姆锡金贸易公司、红房子商店等外商开办的公司和商号。"这些商店办货快，路子广，有些还和印度锡金政治官员、锡金王室有联系，尤其锡金贸易公司内还拥有锡金王室潘特的股份"（中国社会科学院民族研究所和中国藏学研究中心社会经济所，2000）。

第三，亚东开埠推动了西藏农牧产品的商品化趋势。开埠以后的亚东在西藏封闭的自给自足的经济体系打开了一个"豁口"，通过这一"豁口"，西藏被卷入近代资本主义世界市场，农牧经济的商业化进程由此发生。中国西藏与英属印度贸易的发展和英印对西藏地区原材料需求的扩大，客观上刺激了西藏地区农牧产品的商品化。例如，"阿里、藏北的羊毛，过去利用率不高，相当一部分任其脱落丢弃。自口岸开设后，印度北部山区的小贩进入阿里地区直接收购羊毛、硼砂等，扩大了西藏土特产品的销路"（多杰才旦，2005）。根据亚东关相关数据也可得知，西藏地方出口至英属印度的商品主要是以床毡、牛奶干、藏绒布、药材、骡子、麝香、马、牦牛尾、羊皮狐皮、紫胶等农牧产品为主的土货。据相关统计数据，"1903年经亚东出口的羊毛价值仅为四五十万卢比，到20世纪40年代末，每年出口羊毛增至6万包，约计360万斤

（1 斤 =500 g），价值大洋 240 万元，折合 756.9 万卢比，为 40 多年前的 15 倍"（中国社会科学院民族研究所和中国藏学研究中心社会经济所，2000）。此外，农牧产品在藏内市场的商品化也较为突出，其交换主要是采取集市贸易的形式，多半使用"以物易物"的形式。除了定期集市贸易外，还有一些流动商贩将自产的农牧产品和手工业品不定期地投入市场。亚东口岸的开通和外商的进入，毋庸置疑，在一定程度上促进了近代西藏农牧产品商品化。

第四，亚东开埠促使近代西藏商业从业者的急剧增长。西藏民众历来善于经商，英国人柏尔则将西藏人分为三个等级，即贵族、农民和商人。"全藏人民皆不时从事商业，西藏人实天赋有商人之才能"（周晶，2012）。但是，由于受封建农奴制下生产资料所有制和人身依附关系的限制，西藏的商业贸易活动经营者局限于三大领主。这种状况在一定程度上决定了开关以来口岸贸易对西藏社会的影响局限在僧俗贵族等上层社会。不过，随着英国对西藏经济侵略的加剧，西藏商业的逐渐繁荣，从商人数增加，城市容量进一步扩大。20 世纪初，拉萨商品经济的持续发展，参与商业活动的中小贵族和城市平民人数不断增加。随着条约口岸的开放，口岸城镇的居民从事商业活动的数量急剧增长，其中亚东的居民，不少从事运输业，大约有三分之一的民户有骡马运输。

然而，亚东开埠在带来中印边境中段地区众多"新因素"的同时，"繁荣"表象背后隐藏更多的是停滞与动荡。

首先，亚东开埠标志着英国正式打开了侵略中国西藏的大门，开始了中国西藏经济社会发展半殖民地化的过程。在双方贸易中，英商享受免征关税的特权，英国商品大量倾销，使西藏手工业、商业受到了沉重打击，随着 19 世纪末 20 世纪初，中国西藏和英属印度贸易的持续发展，"大量质量好，价格低的外国商品进入西藏，使得劳动工具落后，以纯粹手工制作为主的西藏手工业，因为在价格和质量上都缺乏竞争力而处于尴尬的地位，某些对客户依赖性强的手工业者陷入破产境地，季节性或间歇性地沦为城市的流民和乞丐。在某种程度上，城市乞丐是手工业者的兼职"（周晶，2012）。由此可见，近代商业的发展和外货的涌入，严重阻碍了西藏民族手工业发展。与此同时，西藏农牧业生产亦遭到严重破坏，据黄万伦的《英俄对西藏经济侵略的历史考察》一文中所述，"西藏亚东自开辟为商埠以后，有将近二分之一的人口抛弃了农业生产而去从事运输、旅馆、堆栈各业，有资金者自行开业，无资金者去这些行业充当工人或仆佣，每年有 2000～3000 匹骡马用于商业驮运，使亚东出现草比粮贵的怪事；田园荒芜，严重缺粮，只好从国外进口粮食和生活必需品"（黄万伦，1982），使农牧业不能进行扩大再生产，有些农牧区连简单再生产也未能维持，使农牧生产业的发展受到严重的阻碍。

其次，亚东开埠削弱了传统汉藏贸易的交往与联系。在亚东开埠通商之前，中国西藏地区与内地之间的商业贸易是西藏商业贸易的主体，波格尔关于西藏贸易的报告中提及，"中国西藏商业的最大部分是与内地进行的。从事者为西藏本地人、克什米尔人以及喇嘛的代理人。他们去西宁，有时还去北京。运入西藏的是消耗巨大的粗制茶叶、各种花色的锦缎、欧洲手帕、丝绸、毛皮、瓷器杯、玻璃、鼻烟盒、菜刀与其他刀具、银圆和一些烟叶。返销内地的是黄金、珍珠、珊瑚、梳齿贝壳、宽幅布和极少的孟加拉布"（兰姆，2002）。但是在亚东开辟为通商口岸后，英国商品由此大量流入中国西藏，使得中国西藏地区与内地的经济联系遭到严重削弱。与此同时，中国内地输往西藏的商品也大幅度减少。"到1924年前后，传统的汉藏直接贸易已基本停止，英印商品已几乎完全占领了中国西藏东部和中部地区市场"（周伟洲，2000）。随着中国西藏地方与内地茶贸易的减少，传统的汉藏贸易被藏印贸易所取代后，西藏商贸活动的中心明显西移，使藏东地区与中国内地之间的商贸联系减少，经济萧条、物价上涨最终引发社会的动荡。

最后，亚东开埠加剧了西藏地方上层贵族的离心倾向。在亚东开埠之前，英国对中国西藏的政治经济侵略已经使得一部分西藏地方僧俗上层产生了离心倾向。随着英国商品大量流入和藏英贸易的不断发展，一些原本从事汉藏贸易的上层僧俗贵族、商人和寺庙在利益的驱使下，也开始经营中国西藏与英国贸易，西藏僧俗贵族内部出现分化。在经营中国西藏与英国贸易中，一部分僧俗贵族经济实力逐渐增强，其在噶厦政府中势力越来越大，他们的经济利益越来越直接或间接地和中国西藏与英国贸易所联系，由此导致他们的政治态度越来越倾向于英国。由此可见，亚东开埠与20世纪前半叶西藏地方"分裂势力"的产生有着密切关联。

亚东开埠之后，光绪三十四年（公元1908年），陶思曾被任命为"调查西藏开埠事宜委员"，曾前往亚东、江孜两地踏勘埠界，测绘地图，著有《藏輶日记》一书。在《藏輶日记》中记载：

> （光绪三十四年十一月）十五日，出驻亚东关，从事测量。
>
> 亚东处山夹之中，高峰夹束，一水中流，复员峻狭，绝勘平地，人户稀少，惟正居咱利山之下，为西藏、印度之孔道，商旅往来，靡不出此。下游里许为亚东汛，人户十余家，驻千总一员，边墙一道，跨流枕出，横截径路，名曰"镇西外关"，乃光绪十七年修筑者也。旧例晨启晚闭，稽查出入，英兵入藏毁之，颓垣屹立，仅存遗址而已。
>
> 立于亚东对面高岗上，回望税关后，峻岭绵亘，如城如墙，有大路一线，踏其岭脊而行，至卡竹康巴庙前，蜿蜒曲折，如飞帛自天而下，皆英人进兵之道也。盖英兵入藏是，其辎重粮运均由咱利山来，而奇兵则出甘托，自那图伐山开道，俯瞰亚东，过吉玛，靖西厅前一里直走格林卡前，而镇西内外关，反隔在后，虽有重兵，亦无能为力矣。兵无常势，地无常形，观此益信。今英兵更代者，来往均由此路，惟闻有一二极狭之处，驮骡俱不能过。否则，商人由此绕越者必多矣。甘托克在通龙之东南，为锡金（哲孟雄）之重镇，其地南至大吉岭一百八十中里。甘托三十六里至米道铿，又三十六里至冷铺，又六十二里至巴削克，又四十六里至大吉岭[①]。

[①] （清）陶思曾：《藏輶日记》，收录于葛剑雄、傅林祥主编：《中华大典·交通运输典·交通路线与里程分典·交通路线总部·西南部》，上海：上海交通大学出版社，2017年，第549页。

3.5　民国时期中印边境中段地区贸易通道发展概况

进入民国以后，亚东口岸在中印之间交通贸易方面的地位大大提高，并得到进一步巩固。当时有一批学者、官员行走于此通道，为今人留下当时通道的描述。梳理相关记载能够发现，民国时期中印边境中段地区贸易得到进一步发展，这是受西方第二次工业革命影响，工业产品种类较以往更为丰富，新式交通工具火车亦开始出现在这一区域。然而，一小撮民族分裂势力也在这一时期利用商业贸易从事非法活动，给西藏和平稳定带来消极影响。

3.5.1　民国时期中国西藏与印度之间的商贸往来与交通路线

英国自 18 世纪以来通过强迫清政府签订一系列不平等条约，攫取了在西藏免税、治外法权等一系列通商特权，在亚东、江孜和噶大克开通海关，建立商埠，掠夺工业原料，实行商品输出，倾销工业产品，逐渐使西藏由一个自然经济为主导的边疆民族地区逐渐沦为英国的半殖民地。民国六年（公元 1917 年，藏历第十五饶迥火蛇年），西藏地方政府任命米若加吧·齐美多吉为亚东总管，兼管边境贸易，在亚东（比比塘）设关口，征收进口商品海关税，监督锡金、印度进出口商品。允许西藏地方羊毛、皮类等商品正常出口，严禁麝香、羚羊角、熊胆、药草等走私出口。严禁从锡金、印度进口烟草、香烟等（西藏自治区地方志编纂委员会和西藏自治区亚东县地方志编纂委员会，2013）。民国时期，西藏的半殖民地化程度加深。1914 年 7 月 3 日，英国诱迫西藏地方政府代表在《西姆拉条约》和秘密的《英藏新立通商章程》签字（拉巴平措等，2016），尽管这两个条约没有得到中国中央政府承认，但是英国却以这两个条约为依据，扩大了对西藏的经济掠夺，如表 3.6 所示。

表 3.6　1910～1925 年亚东商路中国西藏与印度贸易统计表　（单位：卢比）

贸易年度	中国西藏输入印度商品价值额	中国西藏输往印度商品价值额	商人携入中国西藏金银额	商人携入印度金银额	亚东商路中国西藏与印度贸易总额
1910～1911	825141	956214	10550	226935	2018840
1911～1912	671382	1245283	17844	212446	2146955
1912～1913	861554	830745	2000	191480	1885779
1913～1914	682906	799678	12276	246453	1741313
1914～1915	1109357	1177183	13330	195245	2495115
1915～1916	1162257	1530885	87618	355240	3136000
1916～1917	1133723	1709577	59000	315083	3217383
1917～1918	1186488	2105435	5000	268958	3565581
1918～1919					
1919～1920					

续表

贸易年度	中国西藏输入印度商品价值额	中国西藏输往印度商品价值额	商人携入中国西藏金银额	商人携入印度金银额	亚东商路中国西藏与印度贸易总额
1920～1921	1859232（包括金银额）	2468680（包括金银额）	已计入商品额	已计入商品额	4327912
1921～1922	1356896（包括金银额）	2385683（包括金银额）	已计入商品额	已计入商品额	3742579
1922～1923	2193831（包括金银额）	2075662（包括金银额）	已计入商品额	已计入商品额	4269493
1923～1924		3035128			
1924～1925	2793681	2528579	1117600	624900	7264760

资料来源：拉巴平措，陈庆英，周伟洲：《西藏通史·民国卷》（下），北京：中国藏学出版社，2016 年，第 557-558 页。

由表 3.6 可见，在民国政府成立之前，亚东商路中国西藏与英属印度贸易总额为 2018840 卢比，到英国与中国西藏秘密签订"英藏通商章程"后一年（公元 1914～1915 年），即增至 2495115 卢比。到 1924～1925 年，亚东商路印藏贸易总额竟增至 7064760 卢比，15 年内贸易总额增长了 250% 左右。

民国时期，英国从中国西藏进口的商品，仍然以羊毛为大宗商品。1911 年前十年里，英国经亚东商路进口西藏羊毛数量在 40000～45000 蒙德。民国以后，西藏羊毛绝大部分出口印度，其中亚东商路的年出口量约在 80000 蒙德，最高年份达 148779 蒙德。除羊毛外，西藏地方向英国出口的商品还有农牧土特产品，例如，牦牛尾、皮张、紫胶等也有所增加。例如，1916～1917 年，经亚东到印度的西藏牦牛尾达 1268 蒙德，价值 66718 卢比（兰姆，1960）。1924～1925 年，经亚东出口至印度的皮张价值为 80256 卢比，牦牛尾价值 69830 卢比，紫胶价值 68230 卢比，均比民国以前有较大幅度的增长。牦牛尾、皮张和紫胶三项产品占当年经亚东出口至印度的西藏产品输出总额的 8%。如果再加上西藏当年输出到印度的羊毛价值 2315847 卢比，四项产品的价值额超过该年经亚东出口至印度商品价值总额 2528579 卢比中的 90%。由此可见，西藏地区已经完全成为英国轻工业原料供应地。

民国时期，英印向西藏输入的商品基本上仍是工业制品。例如，1924～1925 年度，印度经亚东输入西藏的棉纺织品价值 855979 卢比、毛纺织品价值 282550 卢比、丝织品价值 300122 卢比，仅此三种商品就占当年印度输入西藏商品总额（2793681 卢比）的 51%。其余输入西藏的商品也多是金属制品、火柴、五金百货等工业产品，以及茶叶、烟草（此为西藏明令禁止入口商品）。关于印茶，民国初年在西藏销路较少，原因是藏族民众不习惯饮用。但在 20 世纪 40 年代后，印茶进行改良，仿川滇茶的制作工艺，藏民饮用才逐渐增多，当时滇茶由海路入藏多受阻，故印茶入藏增多、销路畅通（中国藏学研究中心和中国第二历史档案馆，2005）。

武器弹药是民国时期中印边境中段贸易通道上出现的特殊产品。当时英国为支持西藏地方僧俗贵族"离心势力"对抗中国中央政府，向川康、青海进攻，多次出售武器弹药给西藏。据不完全统计，在 1932～1942 年及 1947～1950 年，噶厦政府用于购买英国武器弹药的开支共计 4556506 卢比，平均每年 160000 卢比，约占噶厦政府外汇财政支出的 40% 左右。实际情况，应超过这个数字（中国人民银行西藏自治区分行金融研究所，1989）。

民国时期，中央政府为加强对西藏地方的控制，派遣官员对西藏进行视察。那些前往西藏视察的官员中有人将自己随行所见所闻记录下来，成为今人研究民国时期西藏地方社会及其中印边境地区的珍贵史料。民国时期陆军高级将领黄慕松曾于 1934 年由拉萨至亚东一线前往锡金，他对这一线路有着较为详细的记述。从拉萨至中锡两国边境亚东，尚需 14～15 日行程，黄慕松发挥军官之长，特制了里程表，供军民使用，见表 3.7。

表 3.7　由拉萨至江都路程单

站名	英里数	气候	备考	抵达日期
业党	15	温和	路平，有民房 50 余所	11.28
僵美	10	温和	路平，有民房 30 余所	
曲水	10	温和	路平，附近有民房 140 余所	11.29
冈巴白嘴	15	温和	路平，有民房 30 余所	
擦马龙	3	颇冷	过冈巴拉山靠吉祥海	11.30
白地	12	颇冷	路平，有民房 10 余所	12.1
浪噶孜	15	冷	路平，有民房 60 余所	
扎拉	15	冷	路甚不平，有民房 1 大所	12.2
热龙	15	极冷	路甚不平，有民房 50 余所，前清时驻有汉军 30 名	12.3
谷喜	16	冷	路尚可行，有民房 20 余所	12.4
江孜	16	冷	路平，附近有民房 1100 余所。有英兵 50 名驻于英人所建立之汽车站内	12.5-6
锁冈	14	颇冷	路平，有民房 3 所。自江孜以后，沿途虽未行驶汽车，而各站均有英国人建立站房	
康玛	15	冷	路尚平，有民房 20 余所	12.7
苏达	14	冷	路平，有民房 30 余所	12.8
卡拉	14	极冷	路平，有民房 30 余所	12.9
多金	12	极冷	路平，有民房 20 余所	
图纳	13	极冷	路平，附近有民房 100 余所	12.10
帕里	21	极冷	路平，有民房 150 余所。驻有西藏之营官及税务官员	12.11
沟屋	16.5	冷	大半路平，小半路不甚好走。地势极为险要，前清时驻有汉军 120 名，后中英作战于此，我驻军之营皆成焦土	
亚东	12	温和	路甚不平，有民房 200 余所。英兵 25 名，英国人商务委员一人	12.12
昌谷	17	颇冷	路险，过图纳山，此山即喜马拉雅山之支峰	
江都	25	温和	路险，下山此处为锡金（哲孟雄）之地，其国王现尚住此。有汽车可直达喜里古里，亦可通噶伦堡及大吉岭	
喜里古里	60		路平，下山由此处上火车至印度加尔各答	

注：共计 315.5 mile，约合 550 km。冬日行走较便。

资料来源：崔保新：《西藏 1934——黄慕松奉使西藏实录》，北京：社会科学文献出版社，2015 年，第 130-131 页。

黄慕松认为从拉萨至亚东之间，最大的平坝当属江孜，在日记（12.5 日记）（崔保新，2015）中这样写道：

> 江孜平原与拉萨相似，民户八百余，分两宗：一为在东之局扎宗，一为在南之马兰宗，共辖千余户。两宗本俱外出，由其一管家偕同夏地寺僧俗官二人来迎，并献礼物。余亦分别回赠。

根据黄慕松的记载，可以得知民国时期由拉萨前往江都的主要交通路线途经亚东，由此可见，中印边境中段地区承担了民国时期由西藏前往南亚地区的主要交通职能。

黄慕松于 1934 年 12 月 12 日抵达西藏与锡金边境小镇亚东，驻于春丕谷。春丕谷位于西藏札什伦布南，毗邻不丹、锡金（哲孟雄），是一处雪山之间的峡谷地带，海拔 3267 m，境内山清水秀、气候温和、水源充沛，有春丕河灌溉其间，土壤肥沃、富产谷果，兼宜牧畜，是西藏之最，素有"西藏小江南"之美誉。谷中有三个著名的城镇，分别是帕里、亚东、靖西。1934 年 12 月中旬，黄慕松从亚东进入锡金境内。由占高至加伦堡需两天行程，12 月 14 日，黄慕松先抵达江都，行程约 33 km。前段路比较原始险峻，需要轿、马并行。

> 本晨因炊事不便，九时始得早膳，故延至九时四十五分始出发。约行一里，架窝（一种简易的担架）不能进，改乘骡，幸得路亦佳。闻占高之高度，逊于纳图拉一千英尺。在加坡南前后之路，均建于深谷石壁之上，险峻极点，所喜修筑得法，并有铁栏。化险为夷，以人补天。

将至江都时，地势渐缓，始有公路、汽车、电灯、自来水等现代元素，一应俱全。

> 将至江都五里处之处，道路更佳，可驶汽车，沿途树木栽植井然。江都在群山乱谷中，并无平原，而道路精良，电灯自来水具备，可谓善于开发。居民数百户，约三千人，商店二十余家，街市道路亦宽。

是日，黄慕松宿于江都。15 日再行，由江都至噶伦堡约 90 km。

> 顺壬铺河前进，树木茂盛，风景绝佳。十八里至新担，有商铺数十家；二十一里至壬铺，市场尤盛，多印商人。

黄慕松在英印度旅行，并不享有外交官待遇，而且为英印政府所嫉恨。

> 自此过桥，为锡金（哲孟雄）与大吉岭交界处，有印度警官检查旅行执照。
> 此闻人口数千，大小街中商店栉比，多为印度人及帕里人，原来之锡金（哲孟雄）人几至绝迹，亦可哀已。有西藏商店二家，刻在初冬有藏人运羊毛来此，若在夏季，亦鲜至此。华商不过数大家，如洪盛公司、恒顺公司、马思元等，华侨亦不多。

噶伦堡地处锡金往尼泊尔、不丹及印度腹地的交通要道上。海拔1200 m，气温适宜，今已成为南亚著名的旅游和避暑胜地。当地居民大多为藏族后裔，藏语通行，由此成为旅藏人士的大本营。晚清时，十三世达赖与驻藏大臣联豫失和，曾一度避难于此。英国殖民锡金，为这里带来现代文明元素，亦将当地人拖入了本与他们毫不相干的战争。第一次世界大战后遗症在此可见：

有一遗族学校，为世界大战阵亡将士之遗孤，均为欧人。校后有礼拜堂一所，设备尚佳，英人居此者，除学生外，约百余人。

欧洲人的生活方式已引入噶伦堡：

另有欧人住宅区，般加庐即在其地。此地位于山上，高度四千五百尺，日中较热，早晚则寒，山风尤烈，市内道路良好，附近风景甚佳，并有铁索电机运物，六里至扬站，换装小火车约二十五里至司里苦里。

噶伦堡至大吉岭仅有43 km，基础设施仍在完善之中。

九时，与列齐门君乘邦达昌之汽车由捷路赴大吉岭，计二十八里。若非此小型汽车，则必须绕道司里苦里四十五里，再五十里而后能到达，当需时六小时半。今由捷路行，循昨日来路下至山麓，过特斯他桥（为铁骨洋灰所建，异常坚固，去岁始落成），再向北通过特斯他市，驶登山路，经陆祖布，逾库冷，循小火车路前进，即抵大吉岭矣。

本日为市期，异常热闹，多为帕里人，因尼泊尔之边界距岭仅二十里，故帕人多移居于大吉省，自此登山，路不宽，仅容小汽车，而林木茂盛，十六里至红茶制造公司，有铁索电机，续行至陆祖市，为种茶工人之村落，遍山皆茶树。

大吉岭海拔与云南普洱、临沧等茶叶产地相似，大吉岭产茶，改变了中国西藏与印度传统贸易格局。

大吉岭还是交通枢纽（12.17日记）。

再行至地名六里之处，则道路较宽，可驶大汽车矣。再行至库冷，有小火车站，通司里苦里，此处分三岔路，一往节把巴哈，一往尼泊尔，一往大吉岭，地较高，气候亦较寒。

大吉岭亦是华侨聚集地。

华侨分广州、梅县及山东三邦，共百余人，有中华会馆，吾梅县人，多营皮鞋业，以山上至新复兴营业最佳。

英国在大吉岭有常驻军队。

闻英国夏季兵营有二处，一为黎本，可容五百人；一为节把巴哈，可容二百五十人，前者距此仅三里云。

民国时期黄慕松出使印度所写的行程日记，真实还原了当时中印边境中段地区贸易通道的自然环境与社会人文情况，是今人探究当时贸易环境的珍贵资料。

民国时期，西藏经济中商业占据着重要地位。这一时期西藏的商品市场大致可分为两种类型：一是历史上形成的大中城镇，有的是西藏政教的中心或重地，有的是交通发达的枢纽地区，如首府拉萨、后藏的日喀则、江孜、亚东、帕里、聂拉木、吉隆，藏东的昌都等。这些城镇从历史上即是商业较为发达的地区，已经形成固定的商业市场、固定的店铺的大商人，也有一批在市场上摆摊或流动的中小商人。二是广大农村、牧区，在西藏基巧或宗一级的地方普遍形成有季节性的集会或庙会，没有固定市场，商品主要是农牧民自产的粮食、畜产品（羊毛、皮张、酥油等）和自产的手工艺品，大多是采用物物交换的结算方式（拉巴平措等，2016）。

在西藏地区市场上流通的商品种类繁多，其中大多与中印边境中段地区相关。例如，农产品方面，西藏地区进口粮食主要从亚东入关，据统计，1953年进口粮食达2359620斤。有学者估计，20世纪50年代，"西藏投入市场流通的粮食每年约计1700万斤"（李坚尚，2000）。在畜产品方面，包括羊毛、牦牛尾、酥油、皮张、麝香、骡、马等出口商品，也大部分经由亚东地区出口至南亚乃至欧洲国家。柏尔（1940）的《西藏志》记载："牦牛尾，或运至印度，或经由印度而运销他处，有若干印度庙宇需用此物。牦牛毛可制蝇拂，可供骑马行于热带者之用。蝇拂远销于德国为数较多。"此外，茶叶与食盐作为西藏地区市场上的重要商品，来自南亚的印度茶叶输入西藏地区亦主要经由亚东海关。

在西藏商人群体中，印度商人占据一定的比重，据在20世纪50年代初的统计，拉萨一地如按民族划分，2230户中有印商724户，藏商占总数的59.1%，印商次之，占32.5%（李坚尚，2000）。由此表明，民国时期，有大量来自印度的商人活跃于西藏地区商业市场。

交通运输方面，民国时期西藏地区通往印度的道路主要有两条，一是"由拉萨经江孜、帕里，到亚东，越龙头山，到喀伦堡（今译作'噶伦堡'），计程二十一站"。此为英国与印度官员、商人入藏的主要道路。二是"由拉萨经江孜、帕里，越纳都岭、昌谷，到锡金（哲孟雄）（锡金，时已为英国所控制）都城江都（今甘托克），山陡而平，英国人在山脚下已筑有汽车路，为印藏交通往来之孔道，但在阴历一至四月大雪封山，即不易通行"（拉巴平措等，2016）。

民国时期，西藏地区邮政进一步发展。据1913年6月17日暂代亚东税务司事宜的汪曲策忍致英亚东总税务司安格联函称："最近西藏当局在拉萨与江孜之间建立独立邮政服务设施，其间距离为一百五十英里，发行是一种不同价值的、标有藏英两种文字邮票，除纸张外，全由西藏印制。邮政服务设施不成系统，工作效率甚低"（中国第二历史档案馆和中国藏学研究中心，2000）。邮政干路有五，其中"中路，由拉萨至穹科至扬则，由尼尔、曲水、江孜、帕里（帕克里）、干坝（康马）、亚东，以达印度的噶伦堡老人岭，直通印度"（王珏，1990）。

至于近代电报、电话的通信设施，在民国初年时，英国已经完成架设印度到西藏江孜的电线，设邮政、电报局（拉巴平措等，2016）。1935 年入藏的黄慕松在报告中也说："至电报、电话，可谓英人为便利其商业及易通藏情而设。江孜以北至拉萨，属藏人范围；江孜、帕里至亚东关，归英人经营"（黄慕松，1993）。据此可知，民国时期，中印边境中段地区的邮电事业已经获得了初步的发展。

抗战爆发以后，国际援助物资亟待运往中国内地，但由于中印公路修建的拖延，国民政府至 1940 年 7 月 15 日才召开讨论驿运的会议。同年 9 月，交通部成立"驿运总管理处"，交通部常务次长龚学遂提出，驿运管理处应筹划三条运输线路：其一为康藏线，连接中印交通。此线取道印度之锡金，入藏经亚东、江孜、拉萨、太昭、昌都、甘孜至康定，路程较短，时间较省，运费较廉，但因政治关系，此线未能得以开通（龚学遂，1947）。这条线路便是延续了以往由南亚经亚东地区进入西藏的交通路线。1942 年初，国民政府决定正式开通驮运线，以运送"非军事物资"。这条运输线为：起自印度，经甲拉山口，贯穿西藏中部、东北（不经拉萨），至青海的玉树或玉树南的巴塘。但西藏噶厦政府以"如果军用物资通过西藏，则其他势力也会照例行之"（拉巴平措等，2016）的理由，对国民政府开通印藏驮运线加以拒绝。于是，英国驻西藏代表又希望噶厦政府同意开辟另一条运输线，即起自锡金，通过拉萨、昌都至巴塘和打箭炉这一传统的康藏商贸道路。虽然该建议仍被噶厦政府所拒绝，但是这条驮运线与传统西藏与南亚之间主要交通线路重合，即贯穿整个中印边境中段地区。

然而，由于西藏噶厦政府的阻挠，国民政府开辟驮运线的计划遭遇失败，中国西南地区另一条重要的中缅公路为抗战国际物资补给发挥了关键作用。无论如何，中印边境中段地区贸易通道在抗战时期曾被国民政府纳入考虑的范围，表明该区域不仅在和平年代是一处贸易往来的必经之地，在战争时期亦可能成为中国内地获得外界物资援助补给的"生命线"。

3.5.2　民国时期中国西藏和印度贸易的影响

民国时期中国西藏与英属印度贸易的增长以及西藏地方半殖民地化经济的加深，对中国（包括西藏地方）的影响和后果至为严重。其中最为严重的是极大削弱了中国内地与西藏地方历史上长期形成的紧密经济联系，使西藏经济在很大程度上依赖于英国，严重损害了传统的汉藏关系，严重破坏了中国中央政府对西藏地区的主权。对此国民政府相关人士有充分的认识。1944 年 10 月 14 日，国民政府财政部贸易委员会官员赵恩纯在一份致贸易委员会报告中，说得更为透彻："西藏与内地经济之联系，其重要性远在政治以上，而经济关系之转变，则又以边茶与羊毛二者极为关键"（中国藏学研究中心，2005）。

首先，中国西藏与内地经济联系削弱的主要原因就是英国对中国西藏经济的垄断和掠夺。1924～1925年度，印度经亚东输入西藏商品交易额达到了5332260卢比，比1913年英国与中国西藏地区贸易总额（1692299卢比）增加了三四倍，而同期的汉藏贸易不仅没有增加，反而大量减少。1935年入藏的黄慕松报告书中写道，"盖因康藏交通不便，年来战事时起，中国内地货物多改海道入藏，因之无论英印、日、中国内地各货物大半由亚东海关进口，经江孜分转各地"（黄慕松，1993）。据1943年国民政府财政部视察员李如霖致财政部贸易委员会报告说："边区贸易，年来渐就衰零，即以茶、毛而言，边茶向销康、藏各地，每年数十万包，近受印茶倾销影响，减至十万以内，羊毛尤为被印度吸收，每年入关者极少；以是康藏商民，与内地之关系渐疏，对国家之感念益薄"（中国藏学研究中心和中国第二历史档案馆，2005）。英国和印度商品充斥中国西藏地方，这种情况必然使中国西藏与内地的经济联系被严重削弱，西藏地方更加依赖于英国，从而影响到中国对西藏主权的行使，同时严重损害了内地邻藏各省的经济利益。这种情况一直持续到1951年西藏获得和平解放后才有所改变。

其次，民国时期英国通过中印边境中段地区开展对西藏的贸易垄断与资源掠夺，严重损害了西藏地方政府的经济利益和财政收入，并给西藏社会带来严重的后果。民国以来，随着西藏地区与印度贸易的增加，西藏地方仅在这方面的财政损失就巨大。例如，按1924～1925年度由亚东输入英印商品价值总额2792681卢比计算，次年西藏仅亚东商路就损失入口税约280000卢比（总额的十分之一）（拉巴平措等，2016），这还不包括印度从西藏地区入口商税的损失。此年度情况如此，按年累计西藏地方财政损失更为巨大。与此相关的是，内地输入西藏地区的茶等商品，因印茶及藏边形势等原因，在民国时期大幅度减少，西藏地区的税收也大规模减少。这使得西藏地方财政收入陷入困境，于是只有加重对广大农奴的剥削，增加各种苛捐杂税。民国时期英印对西藏地区的贸易，是导致当时西藏人民生活水平严重下降的重要原因之一。

最后，民国时期中国西藏与英属印度贸易的进一步发展促使西藏上层中一部分人加快转变为英国的"买办派"和"亲英派"核心。民国以来，随着印度与中国西藏地区贸易的增加，一些原本从事汉藏贸易的贵族、商人和寺院也参与到贸易中来，在藏地经营英印商品的过程中，积累了大量财富，对西藏的政局产生影响。

3.6 现当代中印边境中段地区商业与贸易通道

1949年中华人民共和国成立后，中印同为第二次世界大战后取得民族独立和人民解放的国家，两国间的政治、经贸合作密切。在20世纪60年代之前，亚东口岸是中印两国主要的边境贸易市场。然而，印度当局为实现"地区大国"目标与周边国家不断发生边境摩擦，最为严重者便是与中国在1962年发生的边境冲突，由此导致了中印关系进入长期对峙状态。中印关系恶化对中印贸易产生了严重影响，边境口岸关闭后，原本繁荣的边境贸易开始萎缩。直至 20 世纪 90 年代中印关系缓和后，这一地区商业贸易才再度恢复。近年来，中印两国在洞朗和班公湖地区发生边境对峙，对两国经贸交流造成不利影响。因此，中印边境中段地区贸易与两国关系有极为紧密的联系。换言之，当两国和平共处，贸易通道就会呈现繁荣态势；当两国发生边境对峙时，贸易通道就会陷入停滞状态。

历史上，中印边境中段地区的传统贸易通道多为自然形成的山口，多为骡马驿道，在险要处有人为修筑和架设的简易木桥，其中很多山口每到冬季便大雪封山，人们出行十分不便。通过这些山口、通道，我国亚东、岗巴境内的边民与不丹、锡金的边民不断进行贸易往来，这些山口通道中有自噶伦堡至江孜、拉萨的西藏贸易主干道，也有连接边境村庄之间的边境小额贸易（边民互市贸易）通道，同时在一些山口、通道附近形成了较为固定的边贸市场。

1947 年印度获得独立后继承了英国在西藏地区以前的种种特权，继续对西藏地区进行不平等的贸易。中华人民共和国成立后的 1951 年，西藏实现了和平解放。和平解放后，我国政府同印度政府就西藏等问题举行了洽谈。1954 年 4 月 29 日，中印两国签订了《中华人民共和国和印度共和国关于中国西藏地方和印度之间的通商和交通协定》。协议内容中取消了印度在西藏地区沿袭的各种特权，首次将和平共处五项原则写进了协议，推动了中印关系的正常发展，也为西藏地方和印度的正常边境贸易打下了基础。协议生效后西藏地区与印度的贸易量明显增大，亚东口岸也成为当时的重要通商口岸。此外，西藏在阿里地区确定了 6 个山口、10 个市场对印度开放。中国西藏和平解放初期，中国西藏于 1954 年和 1956 年，分别与印度、尼泊尔两国签订了通商和交通协定，中国西藏与印度、尼泊尔等国的对外贸易和边境贸易才有了较大的发展。其中，与印度的贸易额较大，主要通过亚东口岸进行（佟海山，1997）。

结合传世文献及实地考证，亚东范围内共有 8 条通往锡金的道路，分别为：①乃堆拉山口（Nathu La），位于下亚东西南，是通往锡金、印度的重要通道。1904 年后，英国入侵者才辟这条小路。1923 年左右，锡金甘托克开辟了公路，并派人与亚东人协商，开辟了乃堆拉商道。②则里拉山口，是中国西藏与印度的主要通道之一，可直达噶伦堡，人马均可通行。③东巨拉山口，从仁青岗经东巨拉进入锡金，然后汇合于则里拉山脚下的大道。9 月至次年 4 月为雪封山期。④温久拉山口（沈久拉山口、多卡拉山口），从下亚东的阿桑经此山口进入锡金后，汇合东巨拉山口的道路，进入则里拉大道。⑤唐古拉山口，位于亚东西北约 40 km 处，是通往锡金曲珍、拉穷进行小额贸易的道路，主要是拉穷人背水果、蔬菜等贩运到亚东。⑥巴尼山口，位于亚东西南约 40 km 处，经此山口可达锡金的克冬地区。中方边境有小路，过往人很少。⑦亚拉山口，位于下司马西北约 20 km 处。据说此路为英国 1904 年入侵亚东时开辟，每年 4 ～ 10 月人马可通。⑧咋拉山口（卓拉山口），又称美拉。以前为锡金人入藏的通道。从春丕到此山口要走一天，人马可通行，冬天大雪封山（中国社会科学院民族研究所和中国藏学研究中心社会经济所，2000）。

1951 年西藏和平解放后，1952 年中国政府从广州等地调运来的 10 万余斤大米从印度的加尔各答转到锡金岗拖，中方派人驻岗拖，将这批粮食雇用骡帮运回西藏，这就需要很多骡马驮运，除了粮食外，其他日用品、布匹等也随之运来西藏。这样，西藏商人以及尼泊尔商人就大大增加了。

据银行统计，我国在藏商业部门从 1951 ～ 1956 年公路修通为止，用外汇向印度购进物资为 74 万驮，年平均为 12.5 万驮。另外，尼、印商人与藏族商人大做走私生意，他们运来的货物就无法统计。那时不只在亚东边境市场，就连拉萨八廓街也开设了不少印、尼商店，外国货充斥于整个市场，除了印、尼商人外，西藏的贵族和寺庙也大做生意，有名的如邦达昌、三多昌、察珠昌、察绒、功德林、堪厅（班禅下属）久毕冲康、白帽子、甲穷冲康、木的冲康等，他们不只垄断西藏的羊毛、牦牛尾等物，也经营其他日用品及贵重商品。

当时袁大头银圆占据市场，外汇价每个银圆值印度 3 个卢比，以此比价与印度进行贸易，据估计光亚东一个口岸，从 1952 年到 1958 年上半年，印度货进口值 2 亿银圆，印度将这些银圆以白银出口赚了大笔外汇。

3.6.1　边贸市场

中印边境中段地区涉及中国境内 1 个区、3 个县、8 个乡（镇），如表 3.8 所示，各县及乡（镇）形成了不同的边贸市场，下面将首先围绕各县及各乡镇的传统边贸市场阐述。

表 3.8　中印边境中段地区涉及中国乡镇统计表

区	县	乡（镇）
日喀则地区	亚东县	1 吉汝乡 2 康布乡 3 下司马镇 4 下亚东乡
	岗巴县	1 昌龙乡 2 岗巴镇 3 龙中乡
	定结县	1 琼孜乡

1）亚东县

在下司马、仁青岗等地有 11 条通向锡金的骡马驿道。这也是西藏地区与当时锡金王室主要联系的古道。西藏地方政府派往锡金等地的官员也主要通过这些道路前往锡金等地，在清中晚期清军和西藏地方军队在日纳宗驻军也是通过这些道路前往锡金等地。实地调查显示，由于道路险峻不便，从亚东到拉萨一般骡马要走半个月路程，到江孜需要一个星期的行程。

主要的边贸市场如下。

帕里市场，其对应的是不丹境内的信格卡勒昔。

对于帕里市场的详细介绍和描述详见第五章"中不边境传统贸易通道"。

桑姆市场（图3.2），其对应锡金境内的拉穷。

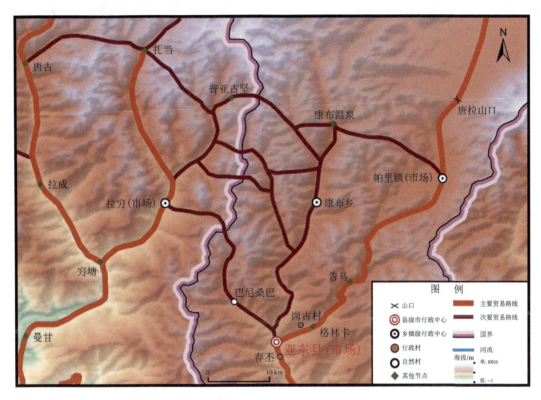

图 3.2　桑姆边贸市场传统贸易路线示意图

拉穷市场，也译作拉昌，根据夏特洛·Y. 索尔兹伯里于1970年到锡金旅行，途经拉昌，采访了当地的林琴·纳姆伽尔·拉琼帕，他既是一个喇嘛，一个农民，又是一个承包商，有3个儿子和1个女儿，家用的地毯、毛毯和其他物品均来自西藏，在中锡边界纠纷之前，他们和西藏人越过山脉，通过山口，购买和出售各自的货物，其中锡金商人出售木材、甘蔗和燃料，交换西藏的羊毛、原料和小麦等；由于边界纠纷，锡金与西藏的贸易被尼泊尔取代，所需物资需要先经过尼泊尔的中转才能到达锡金（索尔兹伯里，1978）。

阿桑市场（图3.3），位于下亚东乡的阿桑村。其主要针对锡金的甘托克和印度。

则里拉山口，又称作咱利隘口，海拔4267 m，是西藏地区通往锡金使用最为频繁的传统通道之一，人马均可通行。锡金内有两条路线通往则里拉山口：①通过甘托克（Gantok）到达；②通过噶伦堡（Kalimpong）到达，这条路线也被称为羊毛之路，是西藏通往南亚的主要传统贸易通道。

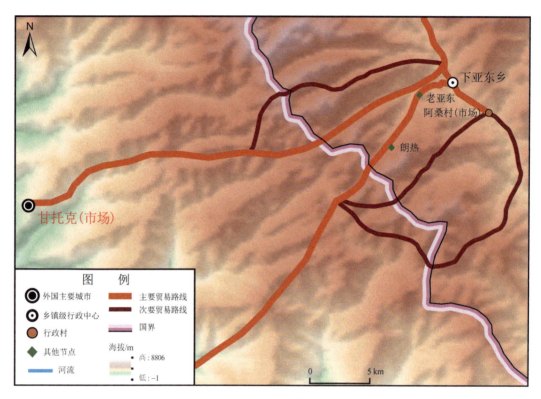

图 3.3　阿桑边贸市场传统贸易路线示意图

2）岗巴县

岗巴县岗巴镇吉汝村和昌龙乡乃村与印度锡金邦的拉庆中库、岗托等地有传统的季节性边贸往来，其中主要集中在吉汝村。

交易物品：锡金的商品主要有木材、大米、白面、布匹、煤油、点心、苹果、日用品等；岗巴地区提供的商品主要有糌粑、牛羊肉、羊油、氆氇、卡垫等。双方的商品交换一般为 1 头牦牛可交换 8 只羊，羊毛 75 kg，盐 25 g，绒衣、绒裤 16 件，球鞋 16 双。

交易时间：锡金商人每年 5 月至 6 月入境一批，12 月前后入境两批，每批 70 ～ 100 户，每户 1 ～ 3 人，共 100 余人。其中夏季持续 20 天左右，秋季 1 个月左右。6 月至 7 月，岗巴地区商人到锡金。

年交易额：1961 ～ 1962 年，境外边民到岗巴地区进行小额贸易活动 260 余人次，交换商品主要有家具、粮食、衣物，贸易总值在 10 万元以上。

道路类型为骡马道，货物的运输主要靠畜驮、畜车拉和人工背运。

1963 年，由于锡金被印度控制，印度在中锡边境增兵设卡，封锁山口，实行禁运，边境小额贸易完全中断。

岗巴市场（图 3.4），其对应锡金境内的拉卓市场。

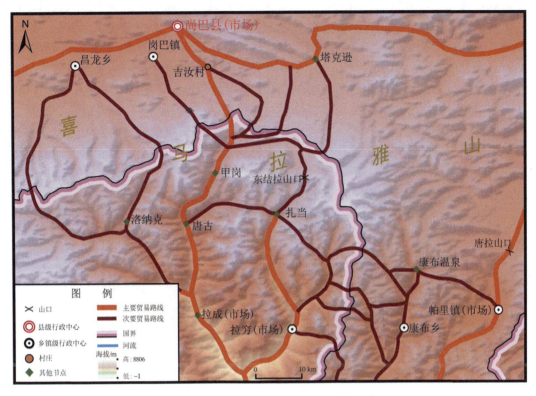

图 3.4　岗巴边贸市场传统贸易路线示意图

吉汝村，藏语语意为"喜悦部落"，曾名吉鲁。距离县城驻地岗巴雪村 10.5 km，位于强加曲南岸，为边境第一村，距离中印（锡金邦）边境线 5 km；常住人口 96 户，边境线长达 30 km，通外山口 7 处；平均海拔 5050 m；距离洞朗直线距离 100 km；坐望 5 座 7000 m 级雪山，外观宛如"金刚杵"；有夏季放牧点 8 处（赵春江，2017）。

达吉拉山口，位于印度锡金邦北部、中国西藏岗巴县塔克逊村正面两国交界的分水岭上。山口地势平坦，口部阔展，宽度约 200 m。海拔约 5200 m。

3.6.2　贸易路线

根据西藏老人玉拉·土登格列的记忆，拉萨人前往印度的路线为"从拉萨骑马到聂塘宿营（大部分），然后到曲水。到曲水后，若是冬季，靠坐船过河，若是夏季，就坐聂索的牛皮船。此后走到岗巴拉山脚下的岗巴子地方宿营，从这里出发就能到达贝笛的地方。之后还分别路过浪卡子、热隆、股西、江孜、康马、嘎拉、渠那、亚东（也有在下司马宿营的）。从亚东出发后，未翻越乃堆拉之前有一宿营地。第二天从这里出发，翻越乃堆拉后就进入印度境内，共需要十五六天的时间"。此外，有来自日喀则等地的少量商人也准备另辟蹊径以突破卓木人的垄断，"西金（锡金）已有新道直达边界，路甚平坦，由后藏前往，两日之程可到达"（张永攀，2017）。同时，据史料记载，光绪三十年（公元 1904 年，藏历第十五饶迥木蛇年）英国军队入侵时，以兵站为基础，在亚东—江孜沿途的春丕塘（除在朗热）、下司马（春丕）、告乌、帕里、堆纳、嘎拉、萨马达、康马、萨吾岗（也作少冈）、江孜等地设置 11 个驿站（刘武坤，1997），最初为英军的兵站，在 1904 年 9 月英军自拉萨撤走之后，主要供英印人员来往住宿及邮运和维护沿途电线等人员的食宿、储存通信器材之用，由英国人负责管理。1934 年 12 月黄慕松离藏途经江孜、帕里时记录道："房舍整齐，陈设清洁，电话、电报均可北至拉萨，南至印度"，"由印度到江孜，英国按最近交通建设，设立邮政局、电报局"，于各班格庐（印度名，即旅馆之意，每站距离 80 ～ 90 里）均设立电话，互通消息。

1) 大吉岭—噶伦堡—则里拉山口—亚东—拉萨

具体路线：大吉岭—噶伦堡—则里拉山口—朗热—老亚东—春丕（下司马）—告乌—帕里—堆纳—多庆—嘎拉—萨马达—康马—萨吾岗—江孜—拉萨（图 3.5 与图 3.6）。

图 3.5　大吉岭至拉萨贸易路线（大吉岭至江孜段）示意图

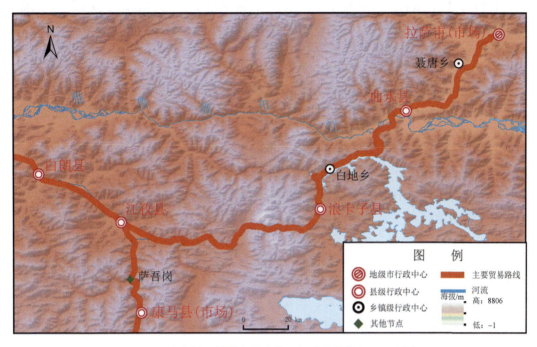

图 3.6　大吉岭至拉萨贸易路线（江孜至拉萨段）示意图

早在 17 世纪时期，一些西方传教士开始进藏，其中，法国传教士多米尼科和密歇朗智罗由于在拉萨经费不足，被迫返回印度，1709 年 5 月 19 日，从江孜至帕里一线返回印度（伍昆明，1992）。

1774 年 5 月 13 日，英属印度总督沃伦黑斯廷派遣波格尔出使中国西藏，企图打开中国西藏的贸易大门，他从加尔各答出发，先后经过不丹、帕里和江孜，最后于同年 11 月 8 日到达日喀则。

1782 年 2 月，英国再次派遣特纳沿波格尔路线出使中国西藏。

1811 年 10 月 21 日，曼宁借"朝圣"之名乔装入藏，从不丹进入西藏，先后经帕里、江孜等地，最后到达拉萨。

1881 年，英国殖民者修通了加尔各答至大吉岭的铁路；1879 年修通了大吉岭至噶伦堡的公路。

1885 年，英国派遣马克雷使团沿提斯塔河而上直达干坝宗（岗巴县）边界进藏，遭到阻止。

1903 年 12 月，荣赫鹏率领部队入侵中国西藏，从大吉岭出发，经纳塘，翻越则里拉山口，占领春丕河谷，随后分别占领帕里、堆纳等地，最后攻陷拉萨，于 1904 年签订《拉萨条约》。

1908 年，驻藏大臣联豫及其家属经海路赴藏，从加尔各答出发，经大吉岭、噶伦堡等地进入西藏。

1910 年 2 月，十三世达赖喇嘛从拉萨经亚东出逃至锡金。

1911年4月18日，日本人矢岛安二郎在西藏到达亚东。其北京出发经西安、成都，于1910年6月来到打箭炉（今康定），化装成普通藏人，骗过沿途各地兵民，经长途跋涉，1911年3月到达拉萨，后南行至帕里，于4月中旬经亚东去大吉岭，并谒见了达赖喇嘛。

1912年6月24日，达赖喇嘛从噶伦堡返回西藏，随后开始驱逐藏内汉人，被驱逐汉人全部经亚东一线经海路返回中国内地。此后，亚东至拉萨的路线成为进藏和贸易的主要路线。

1933年12月7日，十三世达赖喇嘛圆寂，国民政府特派参谋本部次长黄慕松为致祭专使，从成都出发至拉萨，随后沿拉萨至亚东线路返回南京。

1939年12月和1940年5月，吴忠信先后两次沿海路到达加尔各答，后经则里拉山口进出西藏地区。

1939年第二次世界大战爆发，国民政府在寻求修建从印度阿萨姆地区至中国四川西昌地区的公路计划失败后，最终选择从亚东一线，经那曲、玉树等地将战略物资运输至内地，但是在英国和西藏地方政府的暗中干涉下，只能运输非军事货物，期限为1年，自1942年7月起，至1943年3月，西藏地方政府见英属印度、西藏及国民政府未达成任何协议，于是将货物运输关闭，对抗战造成严重损失，汉藏贸易再次中断（戈尔斯坦，1989）。

贸易商品：

其一，西藏地区与印度之间的贸易，西藏地区出口羊毛、皮张、牛尾、猪鬃、藏香、藏毯、土豆等；进口粮食、茶叶、食糖、呢绒、布匹、手表、香烟、装饰品、颜料等；

其二，西藏地区与不丹、锡金之间的边民贸易，以物易物的形式为主，交换的产品多为生活必需品，如粮食、盐、水果、蔬菜、衣服、布料等。

运输方式：驮运，主要采用牦牛、骡马等牲畜进行驮运；距离较短的采用人工背运。

贸易人员：帕里至亚东段的贸易由卓木人垄断，其他地区的藏民贸易者被限制在帕里，无法进入亚东一带。卓木人大部分以贩卖西藏羊毛出口，转贩印度各货进口为生，自从亚东关开设后，获利颇丰（张永攀，2017）。

流通货币：卢比、藏钞、银圆。其中以卢比为主，其次为藏钞，并有少量银圆。据1955年以前的统计，卢比流通量为20万卢比；藏钞为8万两；银圆（袁大头）1000（李坚尚，1999）。

贸易额：经亚东一线的贸易约占西藏进出口贸易总额的80%左右（李坚尚，1999）。

沿线站点如下：

大吉岭，藏语语意为"金刚之洲"，位于印度西孟加拉邦西北部，西邻尼泊尔的伊拉姆地区，北靠锡金，东接噶伦堡。原为锡金领土，1765年当地绒巴人（也称雷布查人）以锡金法王朗杰平措的名义修建了一座寺院，取名大吉岭，从此这一地区被称为大吉岭；1815年，廓尔喀入侵锡金时，该寺遭到严重破坏；1835年，英国租借大吉岭村庄，并进行扩建，引入尼泊尔、不丹、锡金等地移民，种植茶叶，刺激贸易和商业发展，人口由1839年的100人左右增至1849年的1万多人；1840年时，英国人修筑了从班卡巴里到大吉岭的公路，在班卡巴里和玛哈尔迪姆建造了平房，在大吉岭和克相修建了宾馆，逐步将其扩建成了疗养基地和兵站；1850 年成立大吉岭市政府，1852 年疗养所修建完成，并建立了集市和监狱，年税收达 5 万卢比，建立了司法体系，茶叶、咖啡、水果等种植业初具规模；1891 年修建火车站，吸引了周边大量的尼泊尔、不丹等国移民，大吉岭成为英国人连接喜马拉雅南北的重要战略基地（达瓦次仁，2018）。

根据吴忠信的记录，入藏前往大吉岭需要先经海路到达加尔各答，然后乘坐火车先抵达西里古里（距离加尔各答 499 km），最后从西里古里坐汽车前往大吉岭或噶伦堡，噶伦堡和大吉岭距离西里古里大约都是 80 km（吴忠信，1991）。

噶伦堡，绒巴语：Kalenpung，意为"我们在此集会"，海拔 1200 m，人口 2.86 万（公元 1981 年），曾是西藏地区通往印度的贸易中心，商贸繁荣。现为印度东北部西孟加拉邦的一个城镇，以茶叶生产为主，并有金鸡纳树种植园。根据吴忠信的记录，从大吉岭也可坐汽车到达噶伦堡，距离大约为 64 km。根据吴忠信的记录，从噶伦堡至亚东有两条路：一条是经隆吐山而到亚东；另一条是经冈多（甘托克）到达亚东。由于经隆吐山的道路较为困难，因此吴忠信最后选择经冈多前往亚东，交通运输主要为骡马与人力。根据黄慕松的记载，噶伦堡人口数千，大小街道中商店鳞次栉比，以印度和帕里商人为主，已经没有锡金人；噶伦堡距离大吉岭 43 km。

冈多，位于喜马拉雅山脉南麓，海拔约 1828 m，英国人自冈多至江孜，每隔一定距离便设立驿站，以供行人及商旅住宿使用。

隆吐山，位于西藏地区和锡金、不丹交界的热纳宗内，南通大吉岭、噶伦堡，北连亚东、帕克等地，是从喜马拉雅山南麓进入春丕谷地的第一个险要之地；原属西藏地方的热纳宗营官管辖；清嘉庆年初，八世达赖喇嘛任命锡金（哲孟雄）部长代办热纳宗营官事；1888 年英国发动隆吐山战役，侵占隆吐山（曾国庆和黄维忠，2012）。

雷诺克，1897 年，在撤销纳荡后，在此设立邮电局。

纳荡，1888 年英国发动第一次入侵中国西藏战争，在此驻兵，随后设立军队专用邮电局；1896 年，英国在纳荡正式设立邮电局，并在原兵站的基础上，于大吉岭至纳荡之间修建了五处驿站型的旅舍，供电线维修人员居住和存储器材以及邮差信使和来往人员食宿，此五处旅舍分别是：帕绍克，距大吉岭 29 km；噶伦堡，距离帕绍克 16 km；白栋距离噶伦堡 21 km；阿里，距离白栋 13 km；斯当境，距离阿里 13 km，距纳荡 16 km。纳荡距离亚东 22 km（刘武坤，1997）。亚东开关后，亚东关邮件全部通过纳荡邮局经海路转递，就连驻藏大臣及驻藏汉官的有些公文、家书、汇款等也是经由亚东关税务司之手送往纳荡再寄往北京、上海。1897 年 10 月，印度政府撤销纳荡邮电局。

格押，为藏文的译音，意为山嘴，位于隆吐山与则里拉山口之间（张永攀，2013）。光绪十八年西藏僧俗官兵上书钦差总统伊犁等处将军驻藏大臣色楞额、驻藏帮办大臣崇纲时提到过："热纳（指日纳）原有格押群地方，系商属卓木六寸所营地土，此处平地山谷，英人早于其间屡修房屋……"（吴丰培，1970）。

则里拉山口，详见上述贸易市场介绍。

老亚东，是山谷深处无人居住的荒陬（荒山），谷地狭窄，周围皆为陡峭之山峰，森林茂密，海拔 3194 m，南距朗热约 5 km，距则里拉山口约 11 km，距离大吉岭约 240 余里。据史料记载，亚东一地，两山相对，中有平朗，发源于咱利山的川溪与自那堆而来的河水在此交汇，顺山谷而下直向莫竹河（今春丕河）流去，直通仁进冈，远至卓木、帕里，向上直达咱利山口（刘武坤，1997）。

根据《中英会议藏印条款》，1894 年 5 月 1 日在亚东开埠设关，西藏地方政府在老亚东修建了住房和商房，以供英属印度派员入驻和英印商人租赁。同时，驻藏大臣从边防考虑，为防止英国殖民者借通商贸易向西藏地区渗透扩展其侵略势力，下令在老亚东至仁进冈之间的吉玛修建了靖西外关卡，派兵驻守，关外为通商之地。但自开关以来，由于遭到西藏地方政府私下抵制和反对，锡金和西藏商人都不愿来此进行贸易，至开关 8 个月，仅有 1 名外国商人前来。1904 年 10 月 23 日，关卡被英国入侵军队炸毁（刘武坤，1997），亚东关变得有名无实。

仁进冈，也作仁青岗，当地藏族称为"下桌木"，今下亚东乡、仁青岗村所在地，位于亚东峡谷与春丕谷连接处，是亚东通往藏内必经之地；海拔 2743 m，距离老亚东 2.5 km，距北部的格林卡约 15 km（刘武坤，1997）。

亚东，今下司马镇所在地，距离告乌 21 km，据黄慕松记载，进入亚东后，"……幸向宽阔，中贯一溪，向南奔流，两山皆积雪，山腹以下，皆有松树，此间名为春丕谷，有声柞世界……居房多平房，墙壁多用木板，屋顶以树皮为盖，不能充分防雨；春丕分上下两段，居民各为 200 余户，驻有商务总办及藏兵 20 余人，中间一段为英国租界，驻有英国商务代表、电报局长及印度官员 1 人，印度兵 25 名；此间有汉民 8 户"（西藏社会科学院和西藏学汉文文献编辑室，1991）。

早在 19～20 世纪时期西方探险者制作地图中均以春丕来表示。与春丕村不是同一地点，春丕村为桌木（外国人称之为春丕谷）地区的一个小山村，仅约 10 户人家，距离亚东关约 10 km。春丕谷，藏人称为卓木，分为上卓木和下卓木两部分，仁进冈在下卓木，格林卡（今嘎林岗）在上卓木。卓木是比老亚东大得多的山间谷地，地势低洼，且较平坦，为南北山水汇合之处（刘武坤，1997）。1894 年粗略调查统计（刘武坤，1997），全谷地共有 21 个村庄，394 户，大约 2500 人。根据荣赫鹏 1903 年抵达春丕谷的记载：山谷宽 183 m 或 274 m，耕地较多、草场丰茂，房屋建筑良好，村子较喜马拉雅山谷中的村更为富有，有大路沿阿莫竹河而下通往孟加拉平原，这条路可以绕过则里拉山口，这条路线看似是进入西藏的一条比较明显的道路。

1903 年 12 月，英国入侵西藏地区，其总部设在春丕村附近，后在村的下司马地方建设军营，设立医院、驿站，后英国将公署设在下司马，并先后将邮局和电报局迁往该处，统名春丕（刘武坤，1997）；1905 年英国将春丕自行开辟为新商埠，并增修了甘托克至乃堆拉山口，并延伸至吉玛村的新商路，春丕地方（包括下司马）人口、建筑逐渐增加，成为华人、洋人居住的新商埠区，亚东关税务司称其为"英国商埠"（刘武坤，1997）。之后私自将春丕称为亚东，并逐渐在当地流传开来，并渐为当地所接受，从而造成"亚东"地名的移位。1940年中国国民政府蒙藏委员会委员长吴忠信，在其奉使入藏主持第十四世达赖喇嘛坐床典礼报告中，写道："英人为控制亚东计，复在下司马建立营房，设邮电局、医院及学校等，遂废下司马之名不用，而名之为亚东，意在将亚东地点北移，俾便内蚀"（刘武坤，1997）。1908年，赵尔丰派遣黄德润前往亚东调查印茶入藏情况，同时陶思曾和土木工程师吕逢镶亚东进行测绘，并绘制了亚东全景图，但绘制的是老亚东商埠图（刘武坤，1997）。

据记载，清朝末年，亚东私营商业开始发展，在春丕村、下司马镇、帕里等地出现杂货店。民国时期，春丕村、下司马镇、帕里镇等地有木材行、客栈、小吃店等商铺10多家，当时，春丕村最为繁荣，附近的村民是这些商铺的主要顾客（西藏自治区地方志编纂委员会和西藏自治区亚东县地方志编纂委员会，2013）。西藏和平解放前，亚东因地处交通要道，当地头人及养畜大户均养有大批骡马供驮运，据统计，当时共有骡马1148匹。靠土地及骡帮，驮运维持生活的人占全县总人口的40%，靠背运等维持生活的占20%。据1955年统计，亚东有中商（汉商5户，藏商15户），印商5户，尼商1户（李坚尚，1999）。据统计，1959年亚东全县有村庄36个，2467户，9357人，主要集中在下司马、仁青岗、嘎林岗和切马村等（李坚尚，1999）。

格林卡（嘎林岗），今上亚东乡地区，清朝在此设立关卡，派兵驻守，称靖西内关；此地位置险要，上可以扼守帕里，下可以防卫锡金（哲孟雄）（张永攀，2017）。

告乌，黄慕松记作沟屋，吴忠信记作噶乌，距离帕里27km，据黄慕松记载：前往告乌的路段，大半路平，小半路不甚好走，地势极为险要，清朝有驻军120名。

帕里，今帕里镇，海拔4496m，距离堆纳35km，根据黄慕松的记载，帕里为高原聚落点，其民分两宗，东为夏敦宗管辖，有200余户农牧民；南为南葱宗，有200余户；两宗共同治理，归一宗本管辖，有收税僧官2人。西藏商人因为惧怕南亚的湿热气候，一般把货物运到帕里出售，而不再翻越喜马拉雅山向南前进（扎洛和敖见，2017）。

明崇祯十五年（公元1642年，藏历第十一饶迥水马年），西藏地方政权时期，在帕里正式设立帕里宗。帕里位于亚东县内，东邻不丹，西邻锡金，为西藏边境的货物转运城镇。帕里通往锡金的道路有3条，均在康布地区：①楚拉山口，位于帕里西北的40km处，可通锡金的拉金、拉穷，为康布人与锡金贸易的小道，冬天雪封山时极难行走；②郭惹拉山口，位于帕里西南40km处，是锡金、曲珍等地的农牧民进行边境贸易的通道；③措岭卡山口，位于帕里西40km处是锡金拉穷人进行边境贸易的主要通道，每年4~9月人、马可通行（李坚尚，1999）。

1903年12月20日英国侵略军到达帕里，帕里驻地西藏地方军早已空无一人，在此之前有英国人波格尔、特纳和曼宁到达此地。1939年蒙藏委员会委员长吴忠信抵达帕里，记录道：从亚东（下司马）行两日至帕里，西藏实行乌拉制，与中国古代的徭役类似，从亚东至帕里一段路途险峻，亚东的军事战略位置重要，一旦过了亚东进入帕里，虽然海拔到达4267m，但是帕里开阔，无险可守。

西藏地方政府在帕里设有"雪康"机构，主管经亚东出口物资的税收。征收出口税的品种有：羊毛、牛毛、皮张（为羊皮、猞猁、草狐、水獭等）、牛尾、猪鬃、毛花垫、氆氇、麝香、虫草、黄连等。征收入口税的只有茶叶。征收的税串如下：羊毛、牛毛，不论大小，每包征 1 卢比；羊皮（带毛），每捆 1 卢比；牛尾，每包 11 卢比 4 安，不足 1 包者，按根计算，每根 2 安；猪鬃，每包 5 卢比；毛花垫，每对 8 安；氆氇，每卷 8 安；麝香，不论大小，每个 1 卢比；各种皮张（牛、羊皮除外）；不分大小，好坏，每张 1 卢比。进口茶叶，每包收六块半或 20 包收 1 包，即收 5% 进口税（李坚尚，1999）。

据 1958 年前后调查，帕里有藏商 47 户，其中行商 17 户，外商 20 户，内有印商 17 户，主要从事批发业务。据一些资料估计，每年从江孜、日喀则、拉萨来这里贩运物资的商人有 1000 多人，由于来往人多，服务行业发达，有旅店 25 户、饭馆 5 户、酒馆 50 户、马夫 100 余人、小贩和手工业者 158 户，此处还有搬运工、拾牛粪、订架工等，总计约 1200 人（李坚尚，1999）。

据统计，抗日战争时期，经帕里的转运物资，每天进货量达 500 驮，出口羊毛、皮张达 50000 包；1953～1954 年，每日进货量多时达 1000 驮，1956 年高峰期，有时每日多达 2000 驮。1952 年以前有驮运牦牛 350 头，骡马 400 匹；1954 年时数量大幅增加，其中牦牛为 550 头，骡马 500～600 匹。同时运输费用也在逐年增加，1950 年以前，从噶伦堡至帕里，每驮货物收费 20～25 卢比；1953 年时增至 50～70 卢比；1954 年时为 60～80 卢比；1955 年时为 70～95 卢比，每月往返两次（李坚尚，1999）。

堆纳，黄慕松记作图纳，吴忠信记做堆拉，距离噶拉 41 km，海拔 4572 m，历史上属江孜宗管辖地，为半农半牧乡。

多庆，黄慕松记作多金，有民房 20 余所，距离噶拉 19 km。

噶拉，今康马县噶拉乡，位于噶拉措旁，黄慕松记做卡拉，吴忠信记做噶拉，距离萨玛达 23 km，地势较平，有 100 多户农牧民，历史上属江孜宗管辖地，海拔 4450 m，是以农业为主的半农半牧乡。

萨马达，今康马县萨玛达乡，黄慕松记做苏玛达，吴忠信记做桑马达，距离康马 23 km，有民房 30 余所。藏语语意为"半农半牧谷口"（西藏自治区革命委员会测绘局和西藏军区司令部侦查处，1979），境内有建于公元 8～9 世纪的艾旺寺，是以农业为主的半农半牧乡（中国政区大典编委会，1999）。

康马，距离江孜 48.5 km，有民房 20 余所。今康马县所在地，位于日喀则东南部，藏语语意为"红房子"，历史上属于江孜宗管辖，为半农半牧县。

萨吾岗，吴忠信记录为扫冈，黄慕松记录为锁冈，距离江孜 24 km，有民房 3 所，自江孜以后，沿途虽未行驶汽车，但各站皆有英人建立站房。今康马县少冈乡所在地，藏语语意为"良土岗，最好土质岗"，以农业为主。

江孜，1904 年英军入侵西藏被开辟为商埠之后，英国驻江孜商务局商务委员鄂康诺，违反条约规定，非法逼买民地，修建公廨，占地约 1.33 hm²，又强占年楚河滨地 26.67 hm²，辟做商场。1908 年，赵尔丰派遣陶思曾和土木工程师吕逢辚进行亚东测绘后，前往江孜进行测绘（刘武坤，1997）。根据黄慕松的记录，江孜有民房 1100 余户，有英兵 50 名驻于英人所建的汽车站内。

江孜、浪卡子、白地、曲水、聂唐、拉萨，这段路线的详细情况详见本章 3.3 节。

2) 噶伦堡—甘托克—乃堆拉山口—亚东—拉萨

具体路线：噶伦堡—甘托克—十里铺—昌古（Changu）—乃堆拉山口—春丕塘—亚东—帕里—江孜—拉萨（图 3.7）。

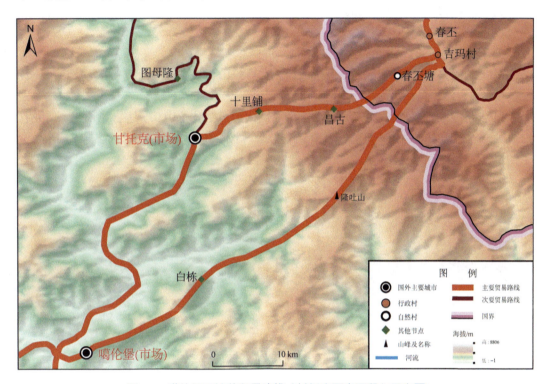

图 3.7　噶伦堡至拉萨贸易路线（甘托克至春丕段）示意图

路线使用情况：1905 年英国人修建了甘托克至乃堆拉山口可通马车的新路，随后又延伸到卓木的吉玛村（刘武坤，1997）；1923 年左右开辟了公路，开辟了至乃堆拉的商道。

沿线站点如下：

根据民国时期蒙藏委员会委员长吴忠信的入藏记录，对该条通道进行阐述，由于该条路线中的亚东至拉萨段与大吉岭至拉萨的路线相同。因此，本条路线将主要介绍噶伦堡至亚东段的沿线情况。

噶伦堡，详见上述路线一，根据黄慕松的记录，甘托克至噶伦堡 90.5 km，从甘托克坐汽车出发，行 9 km 到达新担（擔），有商铺数十家；走 10.5 km 至壬铺，市场繁荣，多为印度商人，从壬铺过桥就为锡金与大吉岭的交界处。由噶伦堡也可直接乘坐汽车前往西里古里，约 22.5 km，耗时 2.5 h（西藏社会科学院和西藏学汉文文献编辑室，1991）。

甘托克，吴忠信将其记录为冈多，位于喜马拉雅山脉南麓，海拔约 1828 m，英国人自冈多至江孜，每隔一定距离便设立驿站，以供行人及商旅住宿使用。根据黄慕松的记载，有居民数百户，约 3000 人，商店 20 余家，街市道路宽阔（西藏社会科学院和西藏学汉文文献编辑室，1991）。

十里铺，距离甘托克 10 英里，有英国人所修电台。

昌古，距离十里铺 18 km。

乃堆拉山口，海拔 4358 m。

春丕塘，距离昌古 19 km。

亚东（下司马），距离春丕塘 11 km。

3）甘托克—拉穷／拉成—开鲁拉山口／龙马拉山口／达吉拉山口／培龙拉山口—岗巴—嘎啦／定结—拉萨

具体路线：甘托克—拉穷／拉成—开鲁拉山口／龙马拉山口／达吉拉山口／培龙拉山口—岗巴—嘎啦／定结—江孜／日喀则—拉萨（图 3.8）。

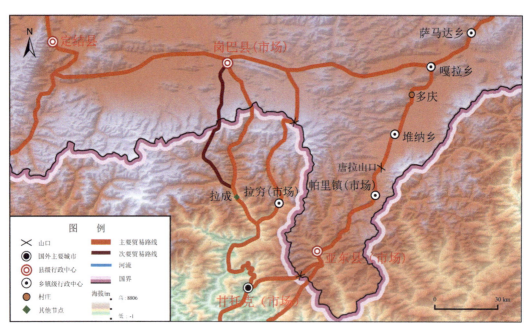

图 3.8　甘托克至岗巴贸易路线示意图

路线使用情况：1903 年荣赫鹏带领英军从大吉岭出发，沿着这条路线前往岗巴进行边界谈判。

沿线站点如下：

甘托克（略），详见上述介绍。

拉成，位于锡金北部拉成山谷的一个乡村，意为"big pass"海拔 2750 m，著名的旅游地，距离甘托克 129 km。

拉穷，位于锡金北部拉穷山谷，右邻西藏亚东县，海拔 2900 m，意为"small pass"，距离甘托克 125 km，目前印度在此地有驻军，1950 年以前由中国管辖，过去为西藏和锡金的一个传统贸易市场，主要的居民为雷布查人和西藏后裔，主要语言为尼泊尔语、雷布查语和菩提雅语。

开鲁拉山口，海拔 5182 m，根据荣赫鹏的记录，山口很容易通过，只有粗磨砂石。岗巴县，原为干坝宗。

3.6.3 中华人民共和国成立以来的中印边贸通道历史状况简述

在印度 1947 年独立后，全面继承英国的殖民遗产，对锡金实行渗透，加强控制，从借"保护"之名到最终实现完全的"吞并"，锡金成了印度侵犯中国的桥头堡。尤其是在 1974 年，印度强行吞并锡金，2003 年中国承认锡金变为印度领土一部分，此后，中国与锡金的贸易完全变为中印贸易。

1947 年，印度独立后与锡金签订《维持现状协定》，继承了英印政府特权，对锡金的政治、经济、军事主权予以逐步掌控。

1950 年 12 月，在由印度支持的"国家大会党"提请下，印度与锡金签订《印度和锡金和平条约》，从法理上将锡金正式置于印度的保护国地位。

同时，1947 年获得独立的印度政府在西藏问题上也完全继承了英国的殖民遗产，要求西藏地方政府遵守过去的条约，由印度接收英国在西藏地区的特权和利益，包括将英国商务代表和驻军卫队改为印度商务代表和驻军卫队，此后，印度不断通过亚东商埠偷运军火支援藏军。

1951 年，西藏和平解放。鉴于历史上西藏地方与印度在宗教与商业上的特殊紧密联系，以及当时中印通商的实际需要，经与印方数年交涉、谈判，最终废除了过去的不平等条约。同年，国家颁布《中华人民共和国暂行海关法》《中华人民共和国海关进出口税则》，1951 年 5 月 23 日，《中央人民政府和西藏地方政府关于和平解放西藏办法的协议》在北京签订。该协议规定西藏地方政府其时现行制度不予变更，西藏地方税卡仍由地方政府管理（西藏自治区地方志编纂委员会和西藏自治区亚东县地方志编纂委员会，2013）。

1954 年 4 月 29 日，中印签订《中华人民共和国和印度共和国关于西藏地方和印度之间的通商和交通协定》，规定了两国互设商务代理处及其外交待遇，印度撤除驻军卫队，撤销亚东、江孜两处英印商务代理处和与租界一个性质的边贸市场，以及驻扎在各地的外国武装、海关权，以及从亚东边境到江孜的邮电权和沿途享有治外法权的 12 个驿站等。亚东被中国政府同意指定为贸易市场。中国对出入境货物实行"三不政策"（不检查、不登记、不收税），在亚东没有设立海关，后因印方对双方出境货物实行登记，中方也对入境货物做了登记。亚东成为自由港，大量的英、印商品涌入西藏市场，其中尼泊尔商店迅速增加，印度商店有 20 多家（掌孝恩，2010）。

1951 ～ 1956 年，西藏商业部门从经亚东口岸用外汇向印度购进建设西藏所需的各项物资为 74 万驮，年平均 12.5 万驮。亚东口岸每年进出口贸易量就占整个西藏地区对外贸易的 60%。

1956 年 5 月 27 日，自治区筹委会常委举行第二次会议，一致通过"关于银圆外流的管理方案"，开始对银圆外流实施管制。

肖怀元等（1994）研究显示，"1956 年后，我国开始对亚东市场进行管理，设立海关，成立工商管理局、税务所和检查站，对市场治安秩序也进行初步整顿。这就引起印商的不满。1958 年尼赫鲁去不丹经过亚东住了一天，并去市场上巡视，沿街印、尼商人对他夹道欢迎，同时提出种种要求，主要是不仅反对中国开始对市场的管理，而且要扩大自由贸易范围，要求在江孜、日喀则和拉萨也要和亚东自由港一样。"（肖怀元等，1994）可见印度商业资本家在经济上控制西藏的野心。

在双方贸易中，西藏的出口商品主要是绵羊毛（平均每年 175 万斤）、麝香（平均每年 600 小两 [①]）。从印度进口的商品有大米、面粉、椰子油等（每年 2000 t 左右）；纺织类的有布匹、呢绒；百货类的有文化用品、儿童玩具、煤油；食品类的有白糖、饼干、水果糖、水果、肉类罐头、香烟；民族小商品类的有羊毛刷子、礼帽、高勒儿皮鞋、酥油壶、铝锅；建材类的有铁皮、玻璃、油漆、红黄铜皮；五金交电类的有收音机、留声机、缝纫机、自行车、摩托车、钟表等，1953 ~ 1961 年，对外贸易总额为 13862 万元。其中进口额 9796 万元，出口额 4066 万元，为逆差贸易。从上述贸易额来看，中方贸易需求量较大，商品种类也较多。这些商品的进出口对西藏经济的发展起了较大的促进作用。1949 ~ 1951 年由印度噶伦堡经亚东口岸输入西藏的货物，每年平均在 4 万驮左右（每驮大约 120 斤），平均价值 1200 万卢比。输入的货物主要是布匹、毛织品、香烟、茶叶和大米等。

根据《中华人民共和国和印度共和国关于西藏地方和印度之间的通商和交通协定》的有关规定，亚东被中国政府同意指定为贸易市场。中国对出入境货物实行"三不政策"（不检查、不登记、不收税），没有在亚东设立海关，但后因印方对双方出境货物实行登记，中方也对入境货物作了登记。亚东成为自由港，大量的英、印商品涌入。尼泊尔商店猛然增多，印度商店有 20 多家。西藏商业部门从 1951 ~ 1956 年经亚东口岸用外汇向印度购进建设西藏所需的各项物资为 74 万驮，年平均 12.5 万驮。亚东口岸每年进出口贸易量就占整个西藏地区对外贸易的 60%。

1959 年 11 月，中国海关总署从内地部分省区海关抽调 31 名干部进藏，分赴亚东等地，接收原西藏地方政府设在边境岸的税收组，同时进行正式对外办公准备工作。1961 年 12 月 15 日，国务院发布《国务院关于在西藏地区设立海关的决定》，中华人民共和国亚东海关正式设立。

1962 年 5 月 10 日，亚东海关正式对外办公，全称"中华人民共和国亚东海关（处级）"，地址设在亚东县春丕村（西藏自治区地方志编纂委员会和西藏自治区亚东县地方志编纂委员会，2013）。同时在亚东成立工商管理局、税务所和检查站，对市场治安秩序也初步进行了整顿，市场设施逐步健全，公路、交通、能源、通信等基础条件齐备，亚东成为西藏边境贸易条件最好的一级口岸。1962 年中印边境冲突后，印度封锁了边境，禁止与西藏地方来往，撤走驻亚东商务代理处，亚东口岸随即关闭，中印间贸易中断。

改革开放以来，中国政府与印度政府就恢复亚东口岸开放问题举行过多次会谈，

[①] 今市制分 1 斤为 10 两，故俗称以前分 1 斤为 16 两之两为小两。

双方都在积极努力争取早日开放亚东。进入 20 世纪 80 年代，随着中印关系缓和，亚东开始出现少量的边民互市贸易，不丹和印度边民每月有百余人到亚东帕里和下司马镇进行易货贸易。边民互市贸易额由 1980 年的几万元发展 1989 年的 224 万元，1992年达到约 400 万元。20 世纪 90 年代，每年到亚东经商的不丹边民近 50000 人次，民间互市贸易额达 360 多万元。

20 世纪 90 年代以来，中国政府向亚东口岸投入了大量的资金进行建设，仅 1994年就拨了 1500 万元的建设费用于口岸的建设。现在，亚东口岸是中国对印度开放的国家一类边境公路口岸，是西藏自治区最大的边贸中心口岸之一。中国通向南亚市场的一个重要窗口和通往南亚最大贸易通道、重要枢纽、集散地、平台和中转基地；西藏自治区境内最大的、口岸服务功能设施最完善的一类边境公路口岸，西藏自治区境内重要的边境旅游目的地。

2006 年亚东乃堆拉山口贸易通道恢复开放，乃堆拉边贸市场同时开放，标志着西藏对印度贸易的历史新起点，十余年来乃堆拉边贸通道的贸易额从 2006 年的 158 万元增加到 2016 年的 5868 万元，比 2006 年增长 36 倍，其中 2015 年乃堆拉山口贸易通道贸易额达到 1.52 亿元，为历年最高。2016 年全县共实现边贸总额 9906.48 万元，其中40% 为对不丹的贸易。

到 2020 年，亚东县共有传统性边民互市贸易市场 4 个（表 3.9）。

表 3.9　亚东县传统性边民互市贸易市场

中方市场	境外相对应市场或地区
仁青岗边贸市场（亚东县）	锡金甘托克和印度噶伦堡
帕里市场（亚东县）	不丹信格卡勒昔
阿桑市场（亚东县）	锡金甘托克和印度噶伦堡
堆那乡朗果边贸市场（亚东县）	不丹信格卡勒昔

资料来源：第二次青藏高原科学考察访谈记录、亚东县商务局《亚东边贸产业发展情况》。

今天，西藏自治区境内的 204 省道便是以清代中国与锡金之间贸易通道为基础修建的一条公路，途经地点大多为清代就已经出现的地名。这条省道是中印边境中段地区一条重要的公路，在中印两国贸易互联互通方面发挥着不可替代的作用。

3.7　小结

通过对历史时期中印边境中段地区传统贸易通道的史料梳理，发现这一区域贸易通道变迁呈现出以下四点特征。

第一，文献记载与文本书写方面经历了由"模糊笼统"到"清晰翔实"的转变。在早期文献记载中，由于这一区域人类活动较少、尚未进行大规模区域开发，因此时人并未用过多的笔墨记录这一地区情况。纸质文献不易保存，是这一地区早期历史概况文献数量较少的另一个重要原因。公元 7 世纪以后，随着吐蕃的兴起，西藏高原的经济社会文化发展拥有了新的水平,与周边地区的交往也与昔日有诸多不同。自此之后,关于西藏与南亚之间的政治经济文化沟通的记载渐渐出现于一些史家著述的典籍当中。清代是文献记载较多的时期,原因主要是清政府对西藏的管理逐步加强、边疆民族冲突以及西方殖民者对这一地区的觊觎,使得今人能够看到大量由清代时人留下的篇章,根据这些史料得以对当时的中印边境中段地区的边界线走向和城镇发展等进行初步的复原。

第二,在通商线路方面,历史时期中印边境中段地区的通商线路沟通的地区逐步扩大。元代以前,这一地区通商线路主要沟通西藏与南亚地区贸易,区域商贸活动多属于自发性质。自元代开始,西藏被纳入中央王朝有效管辖,当时元朝建立遍布全国通达各地的交通系统,西藏不仅在政治上与中央王朝紧密联系,而且在经济、文化、交通等方面与内地其他省份的联系日益密切。因此元代以后中印边境中段地区的通商线路,由原先联系西藏地方与印度等南亚国家进一步扩展至整个中国与南亚地区,通商线路沟通范围显著扩大。

第三,交易商品种类逐渐丰富。元代以前,由于地区生产力水平的相对落后,西藏地区与南亚地区交往较少,只存在少量的贸易往来,交易的商品以农牧业产品居多,手工业产品较少,边境地区商业活动以"藏印贸易"为主。之后随着生产力的发展,手工业生产技术不断提高,元代西藏纳入中央王朝正式管辖,内地其他省份生产的商品进入西藏,推动边境地区原先的"藏印贸易"转向"中印贸易"。到近代以来,随着英国对南亚地区的蚕食占领,英国大量工业产品经由较为便捷的中印边境中段通道进入西藏地区,边境中段地区贸易活动中出现的交易商品种类较以往有显著增多。

第四,从承担职能方面,表现出由"单纯经济交往"到"经济文化外交并举"的演变特征。在文明社会早期,中印边境中段地区只是存在少量的民间交流,而且是通过"以物易物"的形式出现。到后来随着吐蕃的兴起,通道不仅有民间自发商业交流,而且还有吐蕃与南亚国家的外交、宗教人员来往穿梭,然而当时自发商业交流占据主导地位。元代以后,随着西藏纳入中央有效管辖范围,中印边境中段地区贸易路线承担的职能不再以经济交流为主,而是经济、文化、外交并举。当时边境地区不仅活跃着大量商人,而且还有两国间对外交流的使者,中印边境中段地区的贸易通道发展成为中国与南亚大陆国家间沟通的桥梁之一。17世纪后,西方传教士一度希望经由此道进入西藏地区传教布道,只不过由于藏传佛教和西藏本土宗教势力过于强大而失败。近代以来,这一通道不仅是英国商品倾销西藏地区的交通要道,而且是英国对西藏地区进行政治渗透的主要路线。

要而言之,中印边境中段地区贸易通道在发展历程总体上是不断前进的,在发展历程中受政治因素影响较大。元代中央王朝将西藏纳入有效管辖,在政治上确立了中央的统治地位,从而推动中印边境中段地区商贸交流由区域"藏印贸易"为主向"中印贸易"转变。当然,回溯历史能够发现,拥有一个稳定的环境是该地区商贸发展的前提和基础。在和平时期这里是商贸繁荣的重镇,但在战争年代,这里就会陷于社会动荡的境地,商业贸易趋于萎缩甚至停滞。因此,唯有和平稳定的外部环境才能创造商业贸易的繁荣局面。

　　当前，国际形势正处在变革调整的关键期，各国相互联系和依存日益加深，整体符合和平与发展的时代主题。中印作为两个最大的发展中国家和 10 亿以上人口级别的新兴市场经济体，都是世界经济增长的重要引擎，都是促进世界多极化、经济全球化的中坚力量。一个良好的中印关系是维护世界稳定的重要积极因素，对促进全人类的发展进步意义重大。在发展振兴的道路上，中印两国面临着相似的任务。唯有坚定聚焦发展、深化互利合作，方能共同实现民族复兴，共同打造稳定、发展、繁荣的 21 世纪亚洲，共同为世界和平与发展做出积极贡献。

参考文献

阿里亚尔 L R, 顿格尔 T P. 1973. 新编尼泊尔史. 四川外国语学院新编尼泊尔史翻译组, 译. 成都: 四川人民出版社.

白玛朗杰, 等. 2012. 口述西藏百年历程. 北京: 中国藏学出版社.

白玛朗杰, 孙勇, 仲布·次仁多杰. 2015. 西藏百年史研究. 北京: 社会科学文献出版社.

柏尔. 1940. 西藏志. 董之学, 傅勤家, 译. 上海: 商务印书馆.

陈立明. 2003. 藏门珞民族关系研究. 成都: 四川大学博士学位论文.

陈庆英, 丹珠昂奔, 喜饶尼玛, 等. 2019. 西藏历史图说. 北京: 华文出版社.

陈庆英, 张亚莎. 2016. 西藏通史·宋代卷. 北京: 中国藏学出版社.

陈庆英, 张云, 熊文彬. 2016. 西藏通史·元代卷. 北京: 中国藏学出版社.

陈一石. 1990. 卢比浸淫康藏及其影响. 中国钱币, (1): 43-50.

崔保新. 2015. 西藏 1934: 黄慕松奉使西藏实录. 北京: 社会科学文献出版社.

达仓宗巴·班觉桑布. 1986. 汉藏史集. 陈庆英, 译. 拉萨: 西藏人民出版社.

达瓦次仁. 2018. 大吉岭历史归属问题研究: 兼论锡金与中国西藏的关系. 西藏研究, (3): 37-35.

大司徒·绛曲坚赞. 2002. 朗氏家族史. 赞拉·阿旺, 余万治, 陈庆英, 译. 拉萨: 西藏人民出版社.

邓锐龄, 冯智, 喜饶尼玛, 等. 2016. 西藏通史·清代卷. 北京: 中国藏学出版社.

狄方耀. 2002. 西藏经济学导论. 拉萨: 西藏人民出版社.

东噶·洛桑赤列. 1985. 论西藏政教合一制度. 陈庆英, 译. 北京: 民族出版社.

多杰才旦. 2005. 西藏封建农奴制社会形态. 北京: 中国藏学出版社.

戈尔斯坦 A. 2005. 喇嘛王国的覆灭. 杜永彬, 译. 北京: 中国藏学出版社.

葛全胜, 何凡能, 刘浩龙. 2017. 西藏亚东地区边界的历史演变及地缘战略分析. 中国科学院院刊, (9): 993-1002.

龚学遂. 1947. 中国战时交通史. 上海: 商务印书馆.

古伯察. 2006. 鞑靼西藏旅行记. 2 版. 耿升, 译. 北京: 中国藏学出版社.

河口慧海. 1998. 西藏秘行. 孙沈清, 译. 乌鲁木齐: 新疆人民出版社.

黄慕松. 1993. 奉使办理藏事报告书. 北京: 中国藏学出版社.

黄万伦. 1982. 英俄对西藏经济侵略的历史考察. 西藏研究, 3: 40-52.

基歇尔 A. 2010. 中国图说. 张西平, 等译. 郑州: 大象出版社.

觉囊达热那特. 1994. 后藏志. 余万治, 译. 拉萨: 西藏人民出版社.

科尔代罗 S, 蔺晓林. 2017. 印中对抗: 新德里的视角 (1960—1970). 冷战国际史研究, (1): 109-126.

廓诺·迅鲁伯. 1985. 青史. 郭和卿, 译. 拉萨: 西藏人民出版社.

拉巴平措, 陈庆英. 2016. 西藏通史·明代卷. 北京: 中国藏学出版社.

拉巴平措, 陈庆英, 周伟洲. 2016. 西藏通史·民国卷 (下). 北京: 中国藏学出版社.

兰姆 A. 1960. 英国与中国中亚通向拉萨之路: 1767-1905. 伦敦: 劳特里奇和凯根保出版社.

兰姆 A. 2002. 印度与西藏的贸易 (国外藏学研究译文集第 16 辑). 伍昆明, 译. 拉萨: 西藏人民出版社.

李坚尚. 1999. 西藏的商业与手工业调查研究. 北京: 中国藏学出版社.

李坚尚. 2000. 西藏的商业和贸易 (西藏的商业与手工业调查研究). 北京: 中国藏学出版社.

刘武坤. 1997. 西藏亚东关史. 北京: 中国矿业大学出版社.

刘武坤. 2000. 清末西藏邮政开办始末. 西藏研究, (4): 48-54.

卢暄. 2016. 南亚三地在印度对华战略中的角色探析. 印度洋经济体研究, (5): 16-29.

罗布. 2016. 难迈的步伐: 20 世纪上半叶西藏社会变革史论. 北京: 社会科学文献出版社.

吕平. 1999. 清末至民国时期的西藏邮政. 民国档案, (3): 27-31.

吕一燃. 2007. 中国近代边界史. 成都: 四川人民出版社.

吕昭义. 1996. 英属印度与中国西南边疆. 北京: 中国社会科学出版社.

吕昭义. 2016. 英属印度与中国西南边疆. 昆明: 云南大学出版社.

米尔咱·马黑麻·海答儿. 1983. 中亚蒙兀儿史: 拉施德史. 新疆社会科学院民族研究所, 王治来, 译.
    乌鲁木齐: 新疆人民出版社.

妮尔 D. 1997. 一个巴黎女子的拉萨历险记. 耿昇, 译. 拉萨: 西藏人民出版社.

恰白·次旦平措, 诺章·吴坚, 平措次仁. 2008. 西藏通史: 松石宝串. 陈庆英, 格桑益西, 何宋英, 译.
    拉萨: 西藏社会科学院.

荣赫鹏. 1934. 内政研究会边政丛书之三·英国侵略西藏史. 孙煦初, 译. 北京: 商务印书馆.

桑杰坚赞. 2000. 米拉日巴传. 刘立千, 译. 北京: 民族出版社.

单曲. 2006. 对中尼边境贸易现状的思考. 金融参考, (10): 72-74.

山县初男. 1986. 西藏通览. 郑州: 中州古籍出版社.

四川大学历史系. 1994. 中国西南的古代交通与文化. 成都: 四川大学出版社.

索尔兹伯里. 1978. 山顶王国锡金. 王承绪, 译. 杭州: 浙江人民出版社.

索朗旺堆. 1993. 亚东康马岗巴定结县文物志. 拉萨: 西藏人民出版社.

佟海山. 1997. 商品检验与边境贸易. 北京: 中国对外经济贸易出版社.

王珏. 1990. 西藏邮政杂考. 中国藏学, (1): 75-81.

王森. 2002. 西藏佛教发展史略. 北京: 中国藏学出版社.

王铁崖. 1957. 中外旧约章汇编 (第 1 册). 北京: 生活·读书·新知三联书店.

王文静. 1989. 1641—1793 年中国西藏与哲孟雄 (锡金) 的关系. 中国藏学, (3): 118-128.

吴丰培. 1970. 清季筹藏奏牍文硕奏牍. 台北: 北平研究院史学研究会.

吴忠信. 1991. 西藏纪要. 北京: 全国图书馆文献缩微复制中心.

伍昆明. 1992. 早期传教士进藏活动史. 北京: 中国藏学出版社.

西藏社会科学院, 西藏学汉文文献编辑室. 1991. 使藏纪程拉萨见闻记. 北京: 全国图书馆文献缩微复制中心.

西藏社会科学院, 西藏学汉文文献编辑室. 1999. 西藏地方志资料集成. 北京: 中国藏学出版社.

西藏研究编辑部. 1982a. 西藏志卫藏通志卷二《疆域》. 拉萨: 西藏人民出版社.

西藏研究编辑部. 1982b. 清实录藏族史料(九). 拉萨: 西藏人民出版社.

西藏自治区地方志编纂委员会. 2005. 西藏自治区志·外事志. 北京: 中国藏学出版社.

西藏自治区地方志编纂委员会, 西藏自治区定结县地方志编纂委员会. 2013. 定结县志. 北京: 中国藏学出版社.

西藏自治区地方志编纂委员会, 西藏自治区亚东县地方志编纂委员会. 2013. 亚东县志. 北京: 中国藏学出版社.

西藏自治区革命委员会测绘局, 西藏军区司令部侦查处. 1979. 西藏地名资料简编(初稿). 拉萨.

西藏自治区日喀则市地方志编纂委员会. 2017. 日喀则市志. 北京: 方志出版社.

西藏自治区政协文史资料研究委员会. 1991. 西藏文史资料选辑 13. 北京: 民族出版社.

喜饶尼玛, 王维强. 2016. 西藏通史·清代卷(下). 北京: 中国藏学出版社.

肖怀远. 1987. 西藏地方货币史. 北京: 民族出版社.

肖怀远, 卓扎多基, 西藏自治区工商行政管理局, 等. 1994. 西藏: 边贸市场建设与个体私营经济发展. 拉萨: 西藏人民出版社.

谢延杰, 洛桑群觉. 1994. 关于西藏边境贸易情况的历史追溯. 西藏大学学报(汉文版), (3): 48-51.

徐永清. 2017. 珠峰简史. 北京: 商务印书馆.

曾国庆, 黄维忠. 2012. 清代藏族历史. 北京: 中国藏学出版社.

扎洛, 敖见. 2017. 中国西藏与不丹之间传统贸易的三种模式. 中国边疆史地研究, 27(4): 126-135.

扎西龙主. 2014. 来藏印僧"及其入藏进程分期与特点. 宗教学研究, (1): 92-96.

张建世. 1994. 藏北牧民传统的盐粮交换. 成都: 四川大学出版社.

张永攀. 2013. 1895年中英"藏哲勘界"研究. 中国边疆史地研究, 3(4): 96-107.

张永攀. 2016. 乾隆末至光绪初藏哲边界相关问题研究. 中国边疆史地研究, 26(3): 77-87.

张永攀. 2017. 从帕里到噶伦堡: 清末西藏亚东关初建与近代西藏关贸肇始. 青海民族研究, 28(3): 178-184.

张云, 石硕. 2016. 西藏通史·早期卷. 北京: 中国藏学出版社.

张云林, 冠群, 拉巴平措, 等. 2016. 西藏通史·吐蕃卷(下). 北京: 中国藏学出版社.

掌孝恩. 2010. 亚东百年. 中国海关, (3): 30-31.

赵春江. 2017. 西藏吉汝村: 中印边境第一村. 中国国家地理, (9): 70-87.

中国大百科全书总编辑委员会. 1998. 中国大百科全书·外国历史 2. 北京: 中国大百科全书出版社.

中国藏学研究中心, 中国第一历史档案馆, 中国第二历史档案馆, 等. 1994. 元以来西藏地方与中央政府关系档案史料汇编. 北京: 中国藏学出版社.

中国藏学研究中心, 中国第二历史档案馆. 2005. 民国时期西藏及西藏地区经济开发建设档案选编. 北京: 中国藏学出版社.

中国第二历史档案馆,中国藏学研究中心.2000.西藏亚东关档案选编(下册).北京:中国藏学出版社.

中国第二历史档案馆,中国藏学研究中心.1996.西藏亚东关档案选编(上册).北京:中国藏学出版社.

中国人民银行西藏自治区分行金融研究所.1989.西藏地方政府近代金融机构:"造币厂".西藏金
　　融,3.

中国社会科学院民族研究所,西藏自治区档案馆.1997.西藏社会历史藏文档案资料译文集.北京:中
　　国藏学出版社.

中国社会科学院民族研究所,中国藏学研究中心社会经济所.2000.西藏的商业与手工业调查研究.北
　　京:中国藏学出版社.

中国政区大典编委会.1999.中国政区大典.杭州:浙江人民出版社.

周晶.2012.纷扰的雪山——20世纪前半叶西藏社会生活研究.兰州:兰州大学出版社.

周伟洲.2000.英国、俄国与中国西藏.北京:中国藏学出版社.

周伟洲.2016.西藏通史·民国卷(下).北京:中国藏学出版社.

第 4 章

中印边境东段地区传统贸易通道的
形成与变迁

　　中印边境东段地区位于我国藏东南边界，从喜马拉雅山南麓一直向南延伸至雅鲁藏布江平原与其下游布拉马普特拉河谷一带，南与印度阿萨姆邦接壤，西临不丹，东接缅甸，面积广大，腹地较深。该地区大部分属亚热带湿润性气候，气温适宜，降水量大。土壤肥沃，物产丰富，素有西藏的"江南"之称。中印边境东段地区在中国境内主要包括错那市、隆子县、米林市、朗县、墨脱县、察隅县六县（市）。该地区民族众多，主要分布有藏族、珞巴族、门巴族等民族群体以及僜人，文化丰富而灿烂。在印度境内主要涉及"阿萨姆邦地区"。该地区是同印度产生边界纠纷的前沿地区，也是中国古代同印度贸易交流联系较为频繁的地区。中印边境东段地区的贸易活动主要以门、珞民族群体为主体，他们既同北部藏族群体开展贸易，又将贸易向南延伸至雅鲁藏布江下游河谷，同现今印度阿萨姆邦的部分地区相交流。本章将以不同历史时期的贸易概况为中心对各个贸易通道开展了还原与考证（图4.1）。

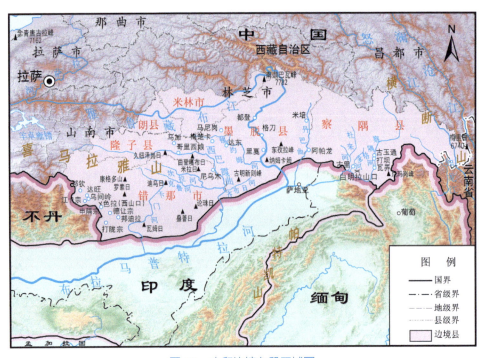

图 4.1　中印边境东段区域图

4.1　历史时期中印边境东段地区概况

　　中印边境东段地区在中国境内包括错那、隆子、墨脱、米林、察隅、朗县六县（市），历史上六县（市）范围内分为门隅、珞隅、察隅三大地区，惯称"藏南三隅"。该地区居住的民族群体来源广泛，元明清时期，常于此地区活动的群体就有门巴、珞巴、博噶尔、宁波、邦波、德根、僜人等，他们也是后世珞巴族、门巴族、僜人等群体的先民。三地六县（市）地区的联系非常紧密，受历史因素影响，史籍文献中多见该地区整体的描述性话语而缺少独立区域的具体史料记载。例如，错那市曾被授予管辖门隅地区的权益，而墨脱、察隅两县的部分地区本就属于门隅与察隅地区，中印边境东段的传统贸易也多在上述三地六县（市）内开展，了解该地区的历史沿革是我们追溯传统贸易通道的基础。

4.1.1　门隅地区历史沿革概况

门隅地区位于喜马拉雅山南麓，北起错那市内的波拉山，南与印度东北边界接壤，成为西藏东南部的门户。"门"或指代地势低洼的地区、峡谷，或指代南部茂密的森林（白玛朗杰，2018）。"隅"在藏语中通常指代地方与地域。门隅即指藏南地势低平、森林密布的地区。从气候与地形来看，波拉山口以北的错那高原地带，气候较为寒冷干燥，物产贫瘠。山口以南则地势低平，且达旺曲与娘江曲流经此地，水源充足而呈现出温暖湿润，物产丰饶的特点。在这样优渥的气候条件下，门隅地区也发源出众多聚落，此后演变成重要的城镇，现今仍被印度非法控制的达旺地区就是该地区较早开发的聚落并且演变成这一地区的经济文化中心。但该地区又因喜马拉雅山山高谷深，道路艰险，交通条件不便，除翻越山口与西藏地区贸易外，难以采取有效的交通方式完成商品交易以满足内需，门隅地区也由此得名"隐秘的花园"。因此，相对低洼的河谷地带成为门隅地区重要的地理发展单元，传统贸易路线也多开展于河谷沿线附近。

1）历史上的门隅地区

有关门隅地区的记载最早见于西藏始祖赞普鹘提悉补野时代。鹘提悉补野为西藏地区始祖赞普之名号，据《通典》记载："始祖赞普自言天神所生，号鹘提悉补野，因以为姓。"[①]在西藏早期的鹘提悉补野时代，门隅地区就已出现在我们的视野之中。著名的《唐蕃会盟碑》记载了鹘提悉补野开疆辟土的事迹："圣神赞普鹘提悉补野，自天地浑成，入主人间，为大蕃之首领。于雪山高耸之中央，大河奔流之源头，高国洁地，以天神而为人主，伟烈丰功，建万世不拔之基业焉……此威德无比雍仲之王威严煊赫，是故，南若门巴……虽均可争胜于疆场，然对圣神赞普之强盛威势及公正法令，莫不畏服俯首，彼此欢忻而听命差遣也"（王尧，1982）。可见居住在藏东南门隅地区的门巴族受西藏地方政权的领辖之早。

唐代贞观年间（公元627～649年），松赞干布统一全藏，建立了吐蕃。吐蕃是西藏第一个有明确史料记载的政权，门隅亦为吐蕃政权所统治。蔡巴的《红史》记载了"（松赞干布）将南面的珞、门，西面的象雄，北面的突厥，东面草地居民和森林居民收归治下。"[②]在松赞干布时期，西藏划分为"伍茹"（拉萨地区）、"约茹"（山南地区）、"叶茹"（日喀则江北段）、"茹拉"（日喀则江南地段），统称为"四茹"，

---

① （唐）杜佑撰：《通典》卷一百九十《边防六》，北京：中华书局，1988年，第5170页。
② （元）蔡巴·贡噶多吉著；陈庆英，周润年译：《红史》，拉萨：西藏人民出版社，1988年版，第32页。

即四翼。随着吐蕃对于地方控制的深入与细化，"四茹"后又增至"六茹"，其中门隅属于其中的"约茹"地区。门隅地区在吐蕃时代常被当作吐蕃政权流放犯人的区域，《西藏王臣记》载："二王子为牟汝赞波，先是藏王同香大臣二人密商统治赡部洲三分天下有其二的大计时，王子牟汝赞波骤然来到密商的地点，香大臣的儿子慌忙前来阻止说，请王子暂时不要去到密商地点。以此王子产生恼怒，当即用利刃杀死香大臣的儿子。这一讼案，经廓大臣用'三威'与'三和'相济的审判法来判决，处王子以暂短时间的流刑。继后仍从扪地区迎回王子，当王子登位的时候，被香大臣的继承人香·纳朗杀死[1]。"二王子所被流放的"扪地区"即门隅地区。统治者此行的作用与历史时期中国历代统治者习惯将犯人流放至海南一般，其原因大体不过偏远、艰苦等。门隅地区因封闭的地形难以同外界交流，温暖湿润的环境与西藏地区高寒的气候差别较大，犯人在此通常会感到孤寂、不适应而受到惩罚。

至唐末五代时期，吐蕃政权瓦解，西藏再度进入四分五裂的状态。在西藏政教合一的地方政权形势下，门隅地区亦呈现出混乱纷杂的状态，贸易经济发展停滞不前。直至元朝兴起，西藏收入元朝的版图。元朝中央政府将西藏地方划分为 13 个万户府，门隅地区部分便在其管辖之内。门隅地区在元代相继经历了萨迦派、帕竹噶举派的政教统治，并延续到了明代末期。在此期间，门隅地区的宗教发展进入了高峰时期，特别是在著名僧人唐东杰布的贡献之下，门隅地区的民众因其讲学佛法而得益良多。万历四十六年（公元 1618 年），帕竹政权被第悉藏巴政权所推翻，明朝灭亡后，达赖喇嘛成为西藏地方政治的宗教领袖。

清朝统治者为了进一步加强对于门隅地区的控制，将门隅地区划分为 32 个"措"及"定"，相当于如今的乡级行政机构，以还大力支持达赖喇嘛对西藏的宗教领导，赋予五世达赖喇嘛门徒梅惹·洛珠加措门珞地区的领导权，后五世达赖喇嘛又增派两名"拉涅"共同管理门珞地区。在梅惹喇嘛主持门隅地方政务期间，将达旺寺改宗扩建成更大规模的格鲁派寺院，并由五世达赖喇嘛亲自挑选官员、拨给钱粮供养运行，一时之间，达旺寺成为藏东南边境地区影响最大的寺院，其声威延续至今，但如今却被印度非法占领。由此，门隅地区宗教文化氛围浓厚，出现了众多藏传佛教领袖人物，此后的六世达赖喇嘛仓央嘉措也是门隅地区的门巴族人。清嘉庆以后，门隅地区一直受到西藏地方政府的重视，清政府与西藏地方政府还在门隅首府达旺设立了行政会议"达旺细哲"与非常设的行政会议"达旺住哲"以商讨政务。

近代以来，英国殖民者觊觎门隅，侵略西藏土地，门隅地区的安宁从此被打破。鸦片战争爆发后，英国殖民者占领南亚印度地区，妄图通过藏南通道将其产品倾销于西藏地区，同时通过边境通道劫掠西藏物产。于是在道光二十四年（公元 1844 年）胁迫 6 名门巴族头人，以每年 5000 卢比的租金强占门隅领土，强行租借了吉惹巴惹（即乌达古里）地区。在达到强占目的后，英国殖民者又妄图对其进行分裂，通过收买此地区的"拉涅"协绕扎巴等人，培植打拢宗与德让宗以对门隅地区进行分裂活动，但

---

[1] （清）五世达赖喇嘛；郭和卿译：《西藏王臣记》，北京：民族出版社，1983 年，第 65 页。

终未能得逞。协绕扎巴本人虽被达旺山民所杀死，但门隅地区的动荡还远未结束。协绕扎巴行动失败后，英国殖民者并未放弃侵占我国领土的意图。1911 年 10 月，辛亥革命爆发，清朝内乱不止，统治者无力管辖门隅边境地区，刚成立的国民政府又难以有效管理西藏地区，英国殖民者胁迫北洋军阀政府参加在印度西姆拉召开的"划界会议"，即臭名昭著的"西姆拉会议"。并非法侵占了中国境内包括门隅、珞隅、下察隅地区的大部分领土。

2）历史上的山南市错那市与隆子县

山南市错那市与隆子县是与现今中印边境东段地区相关的行政区县。由于地理位置与地形因素，错那市与隆子县以喜马拉雅山脉中段与门隅地区相隔，成为门隅地区向北沟通交流的重要站点。

吐蕃时期，统治者将"茹"以下的地区划分为若干个千户所，将管辖千户所的长官赐名千户长。千户长一般由吐蕃首领（赞普）担任，或由大族贵族内部世袭流传。吐蕃时期的错那市大部分归于"约茹"下的涅东岱千户所领辖。元代，前、后藏的地方行政区划变成了十三万户的设置，错那地方为恰域万户府所领辖。元顺帝时期，西藏地方行政制度也由万户府变迁为"宗"制，设有十三个宗，错那地方随后建立错那宗，错那宗建置一直保留到了新中国成立以后。到清咸丰年间，清政府与西藏地方政府加强了对门隅地区的控制。首先，在门隅地区设立降喀宗。其次，于清咸丰二年（公元1852 年），授予错那宗以参与管理门隅地区事务的权力，在原本管理门隅地区的行政机构——"达旺细哲"的基础上设置了更高一级的行政机构——"达旺住哲"，但实际控制权掌握在错那宗本手中。也就是说，在 19 世纪后半期，门隅地区的管辖权力已归属错那宗。

隆子县紧邻错那市，其建置沿革也同错那市十分相近。吐蕃时期，隆子县受"约茹"下的涅东岱所领辖。元朝建立后，萨迦派政权下的隆子县属于扎由瓦万户府所领辖，该万户府的驻地即在隆子县的加玉与拉竹地区。帕竹地方政权下的隆子县则改称为隆子宗，该名称随后一直沿用至新中国成立后的西藏民主改革时期。

4.1.2　珞隅地区历史沿革概况

珞隅地区是藏南三隅中的中部一隅。珞隅地区地形北高南低，北部群山连绵，海拔较高。闻名于世的南迦巴瓦峰便矗立于此，被珞巴族传称为"天柱""天梯"。珞隅境内河流众多，雅鲁藏布江流经此地并形成了地球上最大最深的大峡谷——雅鲁藏布大峡谷，其主体段位于珞隅地区内部。在气候上，珞隅地区北部山地为高寒气候，寒冷干旱。南部地区海拔较低，气候温暖湿润，为亚热带湿润性气候，雨量充沛，四季如春，孕育了珞隅地区良好的自然环境。

1）历史上的珞隅地区

早期历史典籍关于珞隅地区的记载较少，且常常以"门""珞"并载。《贤者喜宴》记载藏族人民从猿猴演化而来"犹如'珞'和'门'地方的人进行活动"（巴卧·祖拉陈哇和黄颢，1980)。《红史》载"（松赞干布）将南面的珞、门，西面的象雄，北面的突厥，东面草地居民和森林居民收归治下"[1]。其中提及珞隅的同时也提及了门隅。而吐蕃对于珞隅地区的态度也同门隅地区无异，由于珞隅地区地理环境封闭，气候条件与传统的藏族地区生活条件迥异，因此也被吐蕃视为边疆险恶之地，常作为吐蕃流放之处。吐蕃政府击败宿敌吐谷浑后，为了分化势力，便将部分吐谷浑属民转移到"罗门地区"，此处的"罗"即珞隅，"门"即门隅。清代《西藏志》记载："南即貉㺄，中隔一江，貉㺄乃野人，名老卡止，嘴割数缺，涂以五色，性喜盐，其地产茜草、水竹、紫草、茸。不耕不织，穴室巢居，猎牲为食，藏内有犯死罪者，人解送过江，群老卡止分而啖之。"[2] 同样，光绪《西藏图考》记载："貉㺄野人，古名罗喀布占国。在藏地之南数千里，其人荒野蠢顽，不知佛教，嘴剖数缺，涂以五色。性喜食盐，不耕不织，穴处巢居，冬衣兽皮，夏衣木叶，猎牲并捕诸毒虫以食"[3]。认为此地的生活非常原始，流放的罪犯都被送至此处为珞巴族人分食。宋末元初，蒙古军队统帅阔端率军进入西藏，所至地区无不臣服，珞隅同门隅一样，接受元朝中央政府的管辖。

明清以后，政府逐步加强了对门珞地方的控制，五世达赖喇嘛注重门珞地区的管辖，派出其门徒梅惹·朱巴加错喇嘛管辖门珞地区。清代乾嘉年间，珞隅附近宗教活跃地塔布地区的达拉甘布寺中的一名喇嘛甘布巴进入珞隅地方传教，并建立了被称为"莲花圣地"的仁青崩寺，相传该寺是多吉帕姆女神化身中心"肚脐"的所在地。寺庙建成后影响广大，作为政教一体的机构代表，仁青崩寺代表西藏地方政府对珞隅地区进行管理。到清末时期，由于门巴族东迁，在经济与教派信仰上与珞巴族之间产生的纠纷越来越大以至不可缓解，双方发生了大规模的械斗。这场兄弟民族之间的纠纷给予了此时的波密地方政权介入的机会，首领波密土王以强大的军事实力介入其中，暂停双方械斗，派出代表主持调停。与此同时，波密土王的势力也借此机会深入到珞隅地区。约1881年，波密土王在珞隅地区设立地东宗与嘎朗央宗，负责管理辖地、收取赋税，珞隅地区此时便掌握于波密土王之手。藏波战争失利后，波密土王失势，珞隅地区也重回西藏地方政府的管辖。西藏地方政府将宗名改为墨脱宗，又将嘎朗央宗建置撤销，改为达岗错，并入墨脱宗，将墨脱宗附近地方都划归给色拉寺所管辖，格当地区则划归给松宗寺管辖，帮辛地区则划归倾多寺管辖。但总体上西藏地方政府一直保持着对珞隅地区的管辖权力，三寺各自建宗，并派出宗本作为一宗主管，负责该地区的管理，收取赋税。西藏地方政府对珞隅地区的掌控一直延续到印度军队非法强占中国领土才被迫终止。

2）历史上的林芝市朗县、米林市与墨脱县

前述六县中同珞瑜地区相关的主要为现今林芝市的朗县与墨脱县。由于现今朗县的幅员范围是由几个宗的地域组合形成，因此其历史沿革也就相对复杂。但从总体上，

———

① （元）蔡巴·贡噶多吉着；陈庆英，周润年译：《红史》，拉萨：西藏人民出版社，1988年版，第32页。

② （清）允礼：乾隆《西藏志》不分卷，清乾隆五十七年刻本。

③ （清）黄楙材：《西藏图考》卷八《外夷附考》，清光绪甲午申荣堂本。

现今的朗县地区大体在塔布地区的范围之内。该地区在吐蕃时期属于"约茹"地区。吐蕃末期，现今朗县与米林市交界处首先爆发了起义，该地区也形成了地方贵族领辖的局面。到了元代，现今朗县的地域范围大致与元代扎由瓦万户和帕竹万户相近，但其地到底归属于哪一个万户府现今已无从考证。帕竹地方政权建立后，此地形成了多个宗级单位，在现今的朗县范围内存在有朗宗、金东宗、古如朗杰宗、加查宗几个宗的领地。新中国成立后，政府将几个宗的领地合并而建立了朗县。

米林市在吐蕃时期属于"约茹"地方管辖，此后工布王划地称王，实际上脱离了中央管辖，成为地方独立辖区。吐蕃分裂以后，米林地区形成了几个独立政权，由地方贵族首领统治。在元朝制度中，米林大体受乌思藏纳里速古鲁孙等三路宣慰使司都元帅府所辖。帕竹地方政权时期，米林主要受明朝设立的乌斯藏行都指挥使司管辖。清康熙二年（公元1663年），地方政府与中央政府决定在此地建立则拉岗宗，成为该地区较为完整的行政建制，统辖十六"第巴"。则拉岗宗最终在1959年改为米林县[①]。

墨脱县大部分属于历史时期的珞隅地区，即珞巴族人所聚居的地方。此地作为西藏地方政权的管辖边缘地带，早在吐蕃时期，此地就有已经有"白马岗"一称，至清末时期光绪七年（公元1881年），清政府在此地建立地东宗和嘎朗央宗，并在藏波战争后，合并改称为墨脱宗。新中国成立后，墨脱宗改为墨脱县。

4.1.3　察隅地区历史沿革概况

察隅地区以丹巴曲与珞隅地区相分界，该地区地处喜马拉雅山脉与横断山脉的过渡地带，地势呈现出北高南低的形态，总体上由西北部向东南部倾斜，起伏高差较大，高山河谷分列其间，地理垂直分异非常明显。最高峰为梅里雪山，相传为藏传佛教中的四大神山。察隅县境内河流众多，怒江、独龙江、察隅河均流经此地。由于河流冲积形成察隅地区内部的广大腹地，气候湿润，四季温暖，降水集中于春夏两季，降水量稍逊于前两个地区。总体而言，察隅地区气候条件较好，有良好的作物生长环境，从古至今都是西藏地区经济发展重镇。

察隅之名在史籍中多载为杂夷、杂榆、杂隅、杂瑜、咱㺄、咱义等。在当地僜人的神话传说中，我们可以找到察隅地区历史早期的某些踪迹。察隅地区僜人传统的阿加尼神话塑造了远古时代的金身英雄阿加尼。他降服野兽，劈山开地，战胜洪水，迎来太阳，他还创造发明了三石灶、石锅等工具。重要的是阿加尼与猴子结合生出了四子，老大"东客"、老二"东玛"、老三"东督"、老四"东岱"。此后，四子分家，老大、老二和老三都走到了其他地区。老大去了产金子出粮食的平原，成为汉族，老二到能放牧又能种植的地区成为藏族，老三则去离家不远的山区成为珞巴族，只有老四留在察隅地区成为僜人的祖先（中国社会科学民族研究所，1990）。珞隅地区也有相似的神话。

---

① 2023年4月，经党中央、国务院批准，撤销米林县，设立米林市。

珞隅族神话说有五兄弟，其中大哥东行至峨眉山地区，成为汉人，二哥患病留在波密地区，成为藏人，老三则留在珞隅地区成为珞巴人，老四西迁至门隅与主隅地区（今不丹），成为门巴人，老五往东行至不远的察隅地区成为僜人（中国社会科学民族研究所，1990）。两则神话深刻反映了在察隅、珞瑜地区生活的僜人与汉族、藏族、珞巴族等民族的联系与一定程度上的同源关系。

察隅地区毗邻门珞地方，文化上也同门珞地区相近，历代统治者都辖有此地。吐蕃建立之后，这一地区隶属于"约茹"管辖。宋末元初，元代统治者获得西藏管辖权，察隅地区成为乌思藏纳里速古鲁孙等三路宣慰使司都元帅府辖地。元朝灭亡后，明朝在西藏地区建置，后属于乌思藏行都指挥使司辖区。明清易代后，达赖噶厦政府统治察隅地区。学者赵心愚认为："雍正年间，清以桑昂曲宗、杂隅距打箭炉较远，将这一地区赏给达赖喇嘛。之后，西藏地方政府在桑昂曲宗设弟巴，兼管杂瑜及门空等地，向杂瑜、门空等地派协傲，设卡征税"（赵心愚，2013）。据《察隅县图志》记载："清末西藏地方政府在现今察隅县西北设置桑昂曲宗管理[①]。"宣统元年（公元 1909 年），西藏地区起兵阻击入藏川军即在此地聚集军队，此后被边务大臣赵尔丰及其管带程凤翔率领川军驱逐，解决藏军的叛乱后，赵尔丰派管带程凤翔、段鹏瑞率领川军即进驻此地，并在此地勘定界线，在桑昂曲宗与察隅地区设置了分治委员，此后又于民国元年（公元 1912 年）设立察隅县。《察隅县图志》记载了川督与边务大臣协商设立察隅县的原意："先以兵进驻杂隅，遴员勘界，以防英人北侵，是为察隅县设治原意"[②]，也即在清代及民国时期的大部分时间内，察隅等地都是由西藏地方政府所管辖，因此中国对其地的统治由来已久。但此后英国和印度方面却非法侵占了中国察隅地区的大面积土地。

清代开始，西藏地方政府在察隅地区建制。在县级政区正式建制之前，此地藏名为"察洼冈""察洼隆"等，至元代，察隅地区为乌思藏纳里速古鲁孙等三路宣慰使司都元帅府辖地，并将此地分为上中下三个地区。明代属乌思藏行都指挥使司辖区。康熙五十九年（公元 1720 年），划归察木多呼图克图管辖。此后，西藏地方政府在该地置正、副营官，复于其下设协傲（九品，管理地方缉捕事宜）等职。清末在此设立桑昂曲宗，民国后改为科麦县，新中国成立后于 1960 年改称桑昂曲县，1966 年改称察隅县。

4.2 清代以前中印边境东段地区贸易与通道的形成

中印边境东段地区贸易通道的主要开辟者与使用者为门巴族、珞巴族等民族群体和僜人。现今边境线上的门巴族、珞巴族和僜人、夏尔巴人都是跨境而居的，存在着习惯上的边民往来，实际就是现在的边民互市贸易，是以盐粮交换为主，同时也进行小生产工具和少量土特产品、畜产品及日用百货的交换（张卫民，1993）。历史时期不

---

① （民国）刘赞廷撰：《察隅县图志》，北京：民族文化宫出版社，1962 年，第 72 页。

② （民国）刘赞廷撰：《察隅县图志》，北京：民族文化宫出版社，1962 年，第 75 页。

同时段内中印边界东段地区的贸易对象不相同。具体来说，在地方政治控制较为薄弱的元明以前，中印东段地区的贸易呈现零散、随机的特点，此时的贸易主体主要为中印东段地区土著的藏族、门巴族、珞巴族、僜人、夏尔巴人等群体以及少部分延伸到喜马拉雅山南麓地区的聚落群体，贸易种类则主要是西藏地区的特色产品（如畜产品、活畜、毛织品、藏刀、藏式器皿、装饰品、毛织品等）与门珞边地地区的特色产品（如竹筐、篾器、木碗、木材等）。元明以后，随着中原政权对西藏地区控制的加强，该时段内中印东段的贸易更多受中原政权的影响，整体贸易从原先零散、随机的状态转为固定、系统的模式，随着东段地区和四川、云南等地区交流沟通的不断加深，双方的贸易品类之中茶叶、布匹、盐等汉族货物所占的比重也日益增多。可以说，明清以后，内地与西藏的交通对整个环喜马拉雅地区贸易的作用与影响愈发突出。

4.2.1　远古时期的交流

远古时期中印边境东段地区就已经有同外界的交往，但史籍记载此时的交往较少，直接与贸易相关的则更少，但我们能从神话传说中探求一二。珞巴族博噶尔部落神话传说——《宾鸟追马》中有远古时期藏东南地区同外界交流的相关记载："珞巴族人宾鸟在自己的田园中发现一匹白马并想将之捕捉，于是随之追逐至山北地带，在那里遇到了外族姑娘，白马即归其所有。而后，双方相互馈赠了本地的特产，宾鸟带来的是大米、姜片，姑娘拿出的则是食盐等物品"（中国少数民族文学学会，1982）。表明藏东南边境地区民族同山北地区藏族进行物品交换的历史事实。山北藏族曾踏足于此地，门珞族人循迹到达山北。山北藏族姑娘的馈赠是门珞族人所迫切需要的食盐，门珞族人与之交换的则是大米、染料草等本地特产。古老的贸易交换活动，通过珞巴族的传说故事而流传下来，说明藏东南边境地区贸易活动之悠久，这种传统"以物易物"的贸易方式甚至沿用至今。

考古材料中亦能找到远古时期中印东段地区同外界交流的证据。据《西藏地方经济史》记载："青藏高原至少有过两期史前人类活动，一期在晚更新世，而另一期在中全新世……苏热制品为代表的另外一些人群，可能于同一时间从喜马拉雅山脉以南经过河谷到达藏南地区"（陈崇凯，2008）。苏热旧石器遗址属旧石器时代中晚期的遗址，也就是说，藏南地区的人类活动年代至少可推断至距今五万年前。此外，近年来在雅鲁藏布江下游两岸的河谷台地采集到墨脱马尼翁地区的 17 件磨制石器。这些石器同林芝地区的云星、居木、加拉马、红光等遗址和地点发现的石器相比，在制作方法、形态和风格上是一致的。同样的，1973 年墨脱地方出土的石锛形态大体与林芝县地方出土的器具相仿（新安，1975）。至春秋战国时期，中国西南的四川、云南等地区就开始与缅甸、印度开始了交流，据学者研究"公元前四世纪，蜀（今成都为中心的四川西部）地方的商人组成的商队，赶着驮运丝绸的马帮，走过川西平原一段平坦的道路来到雅安附近，就进入崎岖的山间小道，经过邛都（今四川西昌），渡过金沙江，到巂、昆明地区（今云南大理一带），再到滇越（今云南腾冲及其东南），在这里和印度商人进行交换或者进到缅甸伊洛瓦底江上游，越过亲敦江和那加山脉，到阿萨姆，沿布拉马普特拉河谷再到印度平原或由伊洛瓦底江航行出海，经海路到印度"（陈茜，1981）。据此，我们可以推测，早在石器时代这些地区已经出现了物品或技术的交流。

4.2.2 吐蕃政权前后期的交流与贸易通道

西藏进入吐蕃政权统治时代后，加强了和平统一的发展态势，政权统一，生产力提高，与之对应的经济交流与对外交往活动也日趋增加，这也是西藏地方政府系统、稳定地与中原地区贸易交流的开端。但就其贸易总量和实际状况而言，不论是西藏地区同中原地区的贸易还是西藏地区的内部贸易，两者均为萌发阶段。至于目前所见的贸易资料，我们知道中原地区素来重视历史记录与书写，中国的史官制度自上古一直流传到今日。而关于同一时期西藏地区的内部贸易的历史记录传统则远不及前者，因而我们能从中发现的资料也相对较少。

首先，我们看到的是，吐蕃时期是西藏与中原交流的开端时期。多条同中原贸易的通道及市场在此时开始设立，并且其中部分支线还经过今日东段地区。特别是其中的川藏交流通道，为后世两地经济贸易的快速发展奠定了基础。这条通道，由于其起点为四川，而终点可达今印度东北部阿萨姆地区，因此我们常称为蜀身毒道。唐代僧人释慧琳在《一切经音义》中介绍了此道："今因传中说：往昔有二十余人，从蜀川出牂柯往天竺得达，因有此说。遂检寻《括地志》及诸地理书南方记等，说此往五天路经，若从蜀川南出，经余姚、越隽、不喜、永昌等邑，古号哀牢王，汉朝始慕化，后改为身毒国，隋王之称也。此国本先祖，龙之种胤也，今并属南蛮。北接互羌杂居之西，过此蛮界，即入土蕃之南界，西越数重高山峻岭，并历川谷，凡经三数千里，过土蕃界，更度雪山南脚即入东天竺。东南界迦摩缕波国，其次近南三摩怛咤国、呵利鸡罗国及就摩立底国等。此山路与天竺至近，险阻难行，是大唐与五天陆路之快捷方式也。"释慧琳高僧勾稽史地典籍，最终考出唐代"蜀身毒道"的具体路线及站点。他着重强调了从蜀地西出会经过蛮夷居住之地，蛮夷居住地区应指氐羌等族群居住的滇西北、滇西、缅甸等地，随后到达吐蕃国之南界。此处南界即"门、珞"地区，《唐蕃会盟碑》有载："圣神赞普鹘堤悉补野，自天地浑成，入主人间，为大蕃之首领……王曾立教法善律……外敌慑服，开疆拓土，权势增盛，永无衰颓……南若门巴……虽均可争胜于疆场，然对圣神赞普之强盛威势及公正法令，莫不畏服附首，彼此欢忻而听命差遣也。"而后翻越高山峻岭，渡过雪山南麓到达迦摩缕波国，此国即今日的印度阿萨姆邦。这一记载也符合我们今天的地理认识，即在今日的错那市、隆子县地区向南翻越喜马拉雅山脉南麓，可达雅鲁藏布江河谷地区，进而行至印度阿萨姆邦。与之相仿的还有其同时代著名僧人玄奘的《大唐西域记》也着重记载了这条道路。

除此之外，滇藏道路也是吐蕃时期经过中印边界东段地区的一条交通路线。方国瑜先生曾论及滇藏茶叶贸易："滇茶藏销历时千多年，就是说，云南茶至少在唐代已经行销到西藏"（蒋文忠，2014）。滇藏茶叶贸易的交通路线是最早经过中印边界东段地区的交通线。据陈崇凯先生研究，在吐蕃时期，吐蕃与其外部的交流主要通过4条交通路线，其中东南路线是与唐王朝交流使用最频繁的路线，具体走向为藏东河谷区经康区通往四川及云南的南诏。此线在通往云南南诏地方时分为东、西两路，东路沿金沙江河谷而下，到达今日云南丽江塔城（陈崇凯，2008）。据《大唐新语》所载："以铁索跨漾水，漾水为桥，以通西洱河蛮。"[1] 即在唐代已经形成通往滇西的交通道路了。《蛮书》亦载："大羊多从西羌，铁桥接吐蕃界三千二百口将来博易。"[2] 此路正指陈崇凯所述东路。西路则取道高黎贡山西边河谷地带以达滇地。《蛮书》载："大雪山，在永昌西北，从腾充过宝山城，又过金宝城以北大赕，周回北余里，悉皆野蛮，无君长也。地有瘴毒，河赕人至彼中瘴者，十有八九死。阁罗凤尝使领军将于大赕中筑城，管制野蛮。不逾周岁，死者过半，遂罢弃不复往来。其山土肥沃，种瓜瓠长丈余，冬瓜亦然，皆三尺围。又多薏苡，无农桑，收此充粮。大赕三面皆是大雪山，其高处造天，往往有吐蕃至赕货易，云此山有路，去赞普牙帐不远。"[3] 此处的腾充即今云南腾冲。腾冲西北之大赕，周回百余里，三面皆是大雪山。大赕，指今缅甸克钦邦北部的坎底坝，又称葡萄。越过坎底坝北部的高山，便可进入今西藏境内的察隅地区，并由此直通拉萨。有关学者也称："从坎底平原向北，就是康藏山，越山就是察隅。显然察隅自古就是藏缅通道的必经之路之一。从中国西藏的察隅、达旺南下到布拉马普特拉河流域是中国的藏族、门巴族、珞巴族及汉族与印度阿萨姆平原地区居民交往的两条重要通道，把中国西藏与东南亚、南亚、印度洋相连"（陈茜，1981）。

　　与此同时，我们还能在不同学者的研究中找到关于此时期西藏地区的内部贸易的情况，如拉萨同察隅地区之间的贸易通道。学者在茶马古道研究中发现，"藩尼察隅古道"为吐蕃时期藏东南贸易交通的发展奠定了基础。该路线从拉萨向南，从河谷地区穿过喜马拉雅山进入加德满都谷地，再经泥婆罗首都加德满都最后进入印度，此条道路的支线向东便延伸到了察隅地区。藩尼古道最早见诸唐代史籍。《释迦方志》载："其东道者，从河州西北渡大河，上漫天岭，减四百里至鄯州。又西减百里至鄯城镇，古州地也。又西南减百里至故承风戍，是隋互市地也。又西减二百里至清海，海中有小山，海周七百余里。海西南至吐谷浑衙帐。又西南至国界，名白兰羌，北界至积鱼城，西北至多弥国。又西南至苏毗国。又西南至敢国。又南少东至吐蕃国。又西南至小羊同国。又西南度咀仓法关。吐蕃南界也。又东少南度末上加三鼻关，东南入谷，经十三飞梯、十九栈道。又东南或西南，缘葛攀藤，野行四十余日，至北印度泥婆罗国（此国去吐蕃约九千里）"[4]。《释迦方志》中的记载弥补了同一时期《大唐西域记》中所未曾记录的道路，其作者道宣在此处所提"东道"，是指中国去往印度的路线之一，即从河州（今甘肃）出发，经都州（唐朝时辖境包括今天的青海乐都、西宁、湟中）、

① （唐）刘肃撰：《大唐新语》卷十一《褒赐》，北京：中华书局，1962年，第164页。
② （唐）樊绰撰：《蛮书校注》卷七，北京：中华书局，1962年，第204页。
③ （唐）樊绰撰：《蛮书校注》卷二，北京：中华书局，1962年，第42页。
④ （唐）道宣撰：《释迦方志》，上海：上海古籍出版社，2011年，第14页。

承风戍（今青海省贵德境内）、清海（青海）、白兰差（白兰国）、多弥国、苏毗国（今西藏）、敢国、吐蕃国而至北印度的尼波罗国，即甘肃—青海—西藏—尼泊尔—印度路线，此线亦称吐蕃泥婆罗道，而该道向东延伸即至藏东河谷地带的察隅地区，再向东即可连接上文所述的东南线以抵滇地。研究显示由于吐蕃长时期控制丝绸之路的重要部分，那些从本土向外的丝绸之路形成了完整的网络体系。其中的南下路线即由"藩尼察隅古道"所形成"南下路线。自东而西有：出察隅至东天竺、缅甸道；出亚东至噶伦堡、孟加拉国国道；出聂拉木至尼泊尔加德满都道；出吉隆南下入尼泊尔道；出普兰南入尼泊尔道"（陈崇凯，2008）。该路经过藏东河谷地带，出察隅地区往东则可达缅甸地区，往西则可达印度东北地区今阿萨姆邦附近。

从史料之中，我们还能探寻到此时西藏内部贸易中与门隅、珞隅地区的交流。由于政治控制未能够全面下沉到门珞地区，因而吐蕃仅对广大的藏南边境地区开设了两个山口进行民间贸易。据史料记载，此时的西藏共有八个山口作为商市："'拉杰'被解释为八个山口，'凯杰'指八个贸易市场，即上部三市：突厥、回纥（指克什米尔）、尼泊尔；下部三市：葛逻禄、绒绒、丹玛；中部二市，是指二东、东大集市。所谓大市场，指吐蕃与其他地区之间交换产品的大市场。中部二东指南、北二商市，是附近群众自愿相互交换生产品的市场。'拉杰'指八个山口，即没庐氏王赤松杰达囊分管的东方与汉地交接的绢与食品的山口；桂氏赤聂沃玛分管的南方米和糜子之山口；仲·琼萨沃玛分管的西方蔗糖和染料之山口；琼波·邦分管的北方盐与编牛之山口。四大山口连同四小山口，共八个山口。吐蕃全境经商，故名八商市"（恰白·次旦平措，2004）。这样的边境互市方式实际上是中原地区首创，"外族甚贵中国财物，极欲与中国互市，中国即以互市为羁縻政策，若不顺，则绝市"（李剑农，2011）。其中，"桂氏赤聂沃玛分管的南方米和糜子之山口"可能指面向藏南开设的商市。受地理条件与气候因素等影响，喜马拉雅山脉南麓河谷平原地带盛产稻米，故稻米作为重要商品促进了该地区贸易市场与口岸的形成。另外，随着政治控制不断加深，宗教影响逐步扩展到南部边地，而珞隅地区的扎日逐步成为周围佛教信徒的宗教圣地，为藏珞之间的交往创造了条件，同时也为通道的固定奠定了基础。

众多史料显示，吐蕃时期是中印边境东段地区贸易交流的形成时期，这一时期贸易的整体态势是：对外贸易通道雏形已具，边境交流口岸商市初步形成，而其中的贸易种类则主要是地区性的特色产品，如畜产品、活畜、毛织品、藏刀、藏式器皿、装饰品、毛织品等。需要承认的是，吐蕃时期奠定的交通基础为此后历朝历代双方的贸易带来很大的前期优势，广大的内地特别是川滇地区成为西藏地区不可分割的重要经济补充地。

但本书认为，吐蕃形成的中原交流路线仍然处于一种雏形阶段，两地之间的交流也并非十分频繁，且吐蕃时期喜马拉雅山脉南麓两侧的民间贸易仍然呈现出一种较为分散，并不系统的状况。出现这一现象的主要原因大致有三点。首先，中原王朝与吐蕃地区形成了较为密切且固定的交流关系。自松赞干布时期始，唐代采取了多种方式来促进双方关系深化，并在交往之中形成了大体上的交流通道，虽此后双方关系变化复杂，并非一直友善，但交流通道却保留了下来。其次，对于藏南地区的贸易交流来说。

藏南地区地理环境复杂险恶，影响交流。此地理单元内，族群聚落较为分散，大多分布于山脉之间的小型平原平地处，因而在吐蕃时期，现中印边界东段地区没有形成一个具有代表性的地方城市或大型聚落，但已经有散点式的聚落分布在此地周边，所以，各个不同聚落通往"南部米和糜子之山口"的通道也各不相同，已经存在间断性的交流贸易。只是，该时期史料记载也相对较少，难窥其貌。

4.2.3　元明时期的交流与贸易通道

在继承了吐蕃时期所遗留的贸易基础后，元明时期西藏与中原间的交易开始兴盛，并逐步占据主流地位。13 世纪以来，元朝掌握了对西藏地区的控制权力，为了更加有效的实施统治并更好地控制，元朝政府十分重视与西藏地区的交通状况。我们知道，元朝素有建立驿传制度的传统，其以大都为中心在全国范围内遍设站赤，形成了较为完备的交通网。西藏地区自然也不例外。元朝时期，西藏地区对于内地的茶叶需求量很大，并且元朝初年为了重振茶叶贸易，废除了茶叶专营制度，使得汉族茶商得以在西藏地区自由活动。这些商人来往于川藏之间，贩运的货物包括茶叶、丝绢以及汉族日用品，同时也将西藏的牲畜、毛皮、药材等特色产品运往内地。随着交通驿站的确定与两地贸易交流的逐渐频繁，元朝开始，川藏、滇藏贸易逐步成为西藏地区整体贸易的关键部分，这种贸易份额的上升自宋代以来就有其雏形。由于同中原之间的沟通使得双方商人获得了巨大利益，除了我们熟知的榷场贸易外，宋代还存在着很多官府管控以外的走私交易，且其内容极为丰富，品类应有尽有。"卢甘、丁吴、于阗、西蕃旧以麝香、水银、朱砂、牛黄、真珠、生金、犀玉、珊瑚、茸褐、驼褐、三雅褐、花蕊布、兜罗锦、碙砂、阿魏、木香、安息香、黄连、牦牛尾、狨毛、羚羊角、竹牛角、红绿皮交市……避免商税打扑"[①]。这些现象无不说明了汉藏贸易的地位在逐步上升，内地成为西藏无可替代的重要经济补充地。至元代，这种重要地位就更加凸显。此时西藏与云南地区的交流十分常见，两地之间的贸易额非常可观，以至于在此产生了通行货币。据记载康藏一带，则大数目用黄金，小数目通行盐币，用盐水煮成浓汁，然后用模子造成砖形，重约半磅，上圆下方，放在火旁烤硬，并加官印。"这些商人，也同样流窜在上述的西藏自治区的各个山区和其他地方。盐币在那里也一样通用。这些商人获得相当大的利润，因为这里乡下人的食物中要放盐，并且认为食盐是必不可少的。同时，城市居民仅仅把盐饼的碎片用在食物中。至于整块的盐饼则当做货币流通"[②]。

此外，元代以来的西藏同南亚之间的贸易也并未停止。宋元时期，《青史》即有记载："雅隆区的玛惹色波黄胡子去到印度东西方，也未求得如意的教法，遂同商人结伴而返西藏"（廓诺·讯鲁伯，1985），表明此时就有专人从事藏尼之间的贸易。并

---

① （南宋）李焘：《续资治通鉴长编》卷二九九，元丰二年七月己卯，北京：中华书局点校本，第 7272 页。

② 〔意〕马可波罗口述；鲁思梯谦笔录；陈开俊等译 . 1981. 马可波罗游记 . 福州：福建科学技术出版社。

且此时西藏地区仍然不断有人前去印度等地区求法。据记载，在吐蕃分裂后前往印度学习佛教的译师总计 150 多人，比前弘期增加两倍。在吐蕃分裂的后期从印度、巴基斯坦、阿富汗、克什米尔等地来西藏的班智达总计达 73 人，这也比前弘期记载的数字增加了两倍。当时西藏前往印度、尼泊尔、克什米尔学习的译师最短也要学七年，有的甚至达 20 年。最著名者大译师仁钦桑波 1 年学成返藏时，邀请了 32 位克什米尔艺术家，在他建立的寺院中工作（杨惠玲，2006）。此外，这时的贸易通道和宗教通道也紧密联系起来。例如，后弘时期，尼泊尔国王和帕若奉献吉祥塔和无数布匹给蔡巴噶举派僧人仓杜瓦钦波（陈庆英和张亚莎，2016）。藏传佛教息结派创始人荡巴第三次是"从尼泊尔同商人结伴而来藏"（廓诺·讯鲁伯，1985）。我们知道，藏传佛教中"转山"等活动是教徒表达虔诚信仰的重要方式，而在"转山"活动下形成的道路为贸易提供了基础。也就是说，元明时期的贸易通道一定程度上也受到了藏传佛教的影响。元朝中央任命八思巴为帝师，总领总制院统辖全国的佛教事务以及西藏全藏的行政事务，藏传佛教在元朝中央的重视下行至其发展的高峰时期，而佛教的兴盛也给地方交流提供了广阔基础，弘法传教活动又为贸易带来了天然的条件，这一时期，宗教传播影响弥补了政治分裂的局面，成为该地经济贸易发展的重要动力源。在 11～12 世纪，除宁玛派外，新创立的噶当派、萨迦派、噶举派等教派在卫藏（旧时西藏别称）许多地方建寺传法。这时靠近珞隅的塔布地方也是教派活跃的地区。噶举派的著名僧人藏巴嘉热益西多吉，就把隅境内的札日视为山乐金刚圣地，开创了称为"札日戎哥"的朝拜圣地活动。后来，该派中一些有名的人物如耶歇多吉、乳必多吉、滚巴多吉等也都到这里朝拜或修持。随着佛教的发展，朝拜札日演变成一项全藏性的宗教活动。朝拜札日同样给珞隅地区的贸易发展带来了机遇，朝拜札日的人群规模庞大，当时拉萨、那曲、门隅、后藏、山南、昌都等地的藏族、门巴族众人都来参加朝拜，每一次的人数甚至能达两万，所转路线长、时间长，从三安曲林、札日、朗久、马加至塔克新地区，前后多达 20 天。西藏地方政府每年都需在朝拜日的前一年派出有关官员与负责带路的巴依、玛雅和纳等珞巴族部客的首领联系，会商以致盟誓，之后通过这些部落首领再与德根部落的有关首领协商，以保证转神山顺利进行。不仅如此，西藏地方政府要给上述珞巴族部落的首领和群众，发放大量牛只、铁刀、铁斧、铜铃、铜镶、氆氇和装饰品等商品，其数目均有定制。据估计，仅牛一项的数量每次都得数以百计。若不如数交付，珞巴族各部落便不予放行。当到达塔克新后，前来参加转神山的藏族、门巴族与云集而来的珞巴族群众将进行自由的物资交换活动。

此时期，西藏内部与南部边境门珞地区的商业贸易同样也在稳步发展（扎西和普布次仁，2014），其贸易主要则是在不同的山口和交界地通过以物易物的形式进行互市。因为此时的南部边境地区民间贸易较为兴盛，来自不同部族的贸易群体在各个商市内进行贸易，西藏地方政府遂逐渐将小额自由交换制度改成有组织地开辟定点交易遂成定制，如规定藏、门、珞等民族可以到阿萨姆集市、门隅南部的乌达古里和萨地亚集市、珞瑜的阿龙、潘金、巴昔卡、加斯特伦、东嘎耶果山口等集市进行定点交易，在山南形成打隆、色、拉康、边巴边贸市场以及准巴、塔克新、三安曲林、加玉、斗玉、玉麦、扎日、库局、亚玛荣等边贸点；在林芝形成许木、日东、派、纳玉、嘎加等贸易点。西藏对这些地区出售的物资以食盐、畜产品、活畜、毛织品、藏刀、藏式器皿、装饰品、毛织品等货物为主，输入的物资以南亚的稻谷、茜草、胡椒、兽皮、鹿角、竹器、木器、果糖、宗教器具等为主（扎西和刘玉，2014）。

　　而至明代，同川滇等中原地区的贸易逐步成为西藏对外贸易的主要形式。明代政府对西藏的控制与管理大致沿袭了元代的管理方式，在保持西藏地方行政制度不变的前提下，西藏的经济贸易维持了良好的发展势头。藏族历史上杰出的政治家军事家降曲坚赞于至元十四年（公元 1354 年）统一西藏大部分地区后开始实行了宗本流官制，受封为大师徒。至第五任执政者扎巴坚赞（公元 1374～1432 年）又改成世袭制。并被明朝于永乐四年（公元 1406 年）遥封为灌顶国师阐化王。在这个时期里藏族社会秩序相对稳定，农牧业生产上升，手工业生产技术水平有显著提高。此时，西藏精细的氆氇更是远近驰名，屡次作为贡品上至明朝皇帝，"万历七年，贡使言阐化王长子札释藏卜乞嗣职，如其请。久之卒，其子请袭。神宗许之，而制书但称阐化王。用阁臣沈一贯言，加称乌斯藏怕木竹巴灌顶国师阐化王。其后奉贡不替。所贡物有画佛、铜佛、铜塔、珊瑚、犀角、氆氇、左髻毛缨、足力麻、铁力麻、刀剑、明甲胄之属，诸王所贡亦如之"[1]。

　　明代中后期，西藏地区和印度以及南亚地区的贸易联系也未曾间断。商人及当地的居民素来有同印度在阿萨姆地区进行边境贸易的习惯，并设有指定的边境贸易场所（王相伟和狄方耀，2018）。西藏经由门隅、察隅同印度阿萨姆北境的居民进行定期交换，其中门隅一线的交易量，尤为可观。居于珞瑜南部的珞巴族不仅经常到阿萨姆边境市集进行交易，并且按照悠久的传统，拥有对沿布拉马普特拉河岸（雅鲁藏布江下游）的部分村落，拥有征收实物的权利[2]。喜马拉雅山南北的商旅每年可按照一定的季节自由往来，双方牧民选择冬夏放牧的草场时，可任意流运迁徙，宗教徒朝圣拜山的活动，也畅通无阻（谢延杰和洛桑群觉，1994）。与此同时，随着边境贸易的不断发展，部分商人逐渐成为西藏地方与喜马拉雅南部诸国进行边境小额贸易的中介人，往返于西藏与喜马拉雅南部诸国进行商贸活动（图 4.2）。一些边境地区的边民及商人在习惯的交易地点互设贸易，互通有无（扎西和普布次仁，2014），研究表明，珞巴族的传统贸易在喜马拉雅山脉的南北两侧形成了环形流动图，珞巴族居于山地密林之中，交通不便，传统的贸易只能靠人力背运来完成，因此翻山越岭、架桥过河是这个时期的路途写照，至今南伊沟之中仍然保留着早期进行贸易而架设的独木桥和藤编桥。在交易过程之中，珞巴族一些部落除了通过交易满足自我需求之外，亦开始充当中介角色，从一个部落（地区）换到物品之后再去交换给另一个部落（地区）（高朋，2018）。

---

① （清）张廷玉撰：《明史》卷三三一《阐化王》，北京：中华书局，1974 年，第 8582 页。

② 麦根席：《孟加拉的东北边境》，Mackenzie A，North-East Frontier of Bengal，1844，p.21，转引自藏族简史编写组编写：《藏族简史》，拉萨：西藏人民出版社，1985 年。

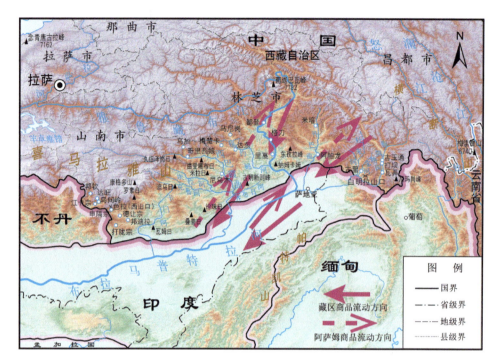

图 4.2　珞巴族传统贸易图

　　总的来说，元明时期，由于管理方式与区域的相对稳定与政治控制的深化，中印边境东段地区外部环境较为安宁。在同南亚大陆之间的交流贸易继续发展的同时，由吐蕃时期奠定的与中原交往的交通基础在此时发挥了更加重要的作用，川藏间的贸易成为此后西藏贸易经济中不可缺少的重要部分。

4.3　清代以来中印边境东段地区贸易与通道的发展

　　清代是中印边境东段地区贸易通道发展的巅峰时期，受政治与经济双重因素的影响，西藏同内地之间的交流通道成为西藏对外交通中最为关键的一环。清代以来，内地逐步构成了与西藏的城镇商业网络，除传统的茶叶贸易外，内地向西藏的贸易输入扩展到"针、棉线、茧油、风帕、布匹、烟叶、水烟之属，皆畅销夷人者，至绸缎食品器具等，则售与旅边之汉人，夷人亦兼购之"（付志刚，2013）。可见其贸易之盛。与此同时，清末民国时期的中印边境东段地区又饱受边界问题与英国殖民者的骚扰，其妄图打通与西藏的贸易通道，扩大在西藏地区的权益。致使贸易与战争成为这一时期的主题，西藏与内地间的交通在此时对于政治、军事安全的作用也就迅速提升了。要而言之，受到经济交流与国家安全的影响，清代以来的西藏与内地间贸易通道的地位达到了前所未有的重要程度。

4.3.1　清初滇藏印交通的形成与其发展

由于疏于管理，明末西藏至内地的交通状况并不乐观，至清初以来，受到战争影响，西藏地区与川、滇地区的交通路线成为极为重要的战争资源，因而道路的维护修整也就极受重视。而战争结束后，这些路线便成为双方经济沟通与交流的重要通道。清初以降，此地大小战事不断，清政府在此广设站驿，为此古道的修复与定型打下了基础。而此道也因此逐步为商旅行贾使用，成为川滇印藏之间经济贸易、文化宗教等来往的重要交通路线。

通过清初随军文士杜昌丁的《藏行纪程》，我们能够清晰地看到战争对滇藏之间交通的形塑。作者于五月底到闰六月渡过澜沧江，前往西藏地区的路程接近我们所关注的中印边境东段区域，特引其文如下：

> 二十六日，行李陆续渡江，候一日始齐，水即澜沧，山即葱岭，阴霾之气，无开日，相传达摩一苇渡江，只履西归处也。
>
> 二十七日，蒋公祭雪山，然后迤逦上山，巉岩怪石，峻赠翠岏，无一步可以循阶历级者，用爬山虎，攀藤附葛而上。马四蹄不能并立，毙者不计其数，臭气触鼻，不可响迩。无草无人烟，水声彻夜如雷，树木参天，皆太古物也。行五十里稍平处，下营。帐房仅下数顶。
>
> 二十八日，又上四十里，至山顶平处宿。险处较前更甚，不独中华未有，即塞外亦未之见也。
>
> 十二日，行数里，皆沿江，江南北两峰对峙，天然屏障，壁立水中，疑无路矣，忽复峰回路转，窄径，数武有一桥，过桥又开生面，行六十里至热水塘，宿。
>
> 十三日，行六十里至三巴拉，宿。
>
> 十四日，行五十里至浪打，宿。
>
> 十五日，行二十里至木科，又行四十里至宾达，宿。
>
> 十六日，歇。
>
> 十七日，行五十里至烈达，复行数里，宿。
>
> 十八日，行五十里至擦瓦冈，营官数里外远迎，服饰甚伟，侍从甚都、俯伏道旁，献茶果问风俗，则重译始通。先是营官闻蒋公至，遣人修道至坝台接壤地，及抵境，邀驻署中，制度壮丽，法令森严，门悬人头手足无算，其俗犯法应诛者，投喇嘛寺即免，中甸等处皆然。住二日（吴丰培，1985）。

云南至西藏的路程自然环境恶劣，需要穿过横断山脉、白马雪山与梅里雪山，跨过金沙江、澜沧江等大江大河，最终抵达西藏地界。据学者考证，"康熙五十九年（公元1720）十二月蒋陈锡'因秦蜀滇会剿西藏误粮，奉命进藏效力赎罪。藏故险阻，非人所行，从者皆散归'。杜昌丁怀知遇之恩，不忍舍去'独以倚闾之望，不能久稽，请以一载为期，送公出塞'。于十二月十六日从今云南昆明出发，经安宁、禄丰、楚雄、南华、祥云、大理、洱源、剑川、丽江、香格里拉、德钦、西藏左贡、八宿，至洛隆，已是六十年（公元 1721）七月初八。杜昌丁与蒋陈锡等人告别后，再沿原路于十月初一返回昆明。杜昌丁由昆明回到家乡后，将此次滇藏行程及所见所闻撰成《藏行纪程》，大概完成于康熙六十一年（公元 1722）初"（张钦，2020）。由此，我们还原出清代滇藏线路的具体路线：云南昆明—安宁—禄丰—楚雄—南华—祥云—大理—洱源—剑川—丽江—香格里拉—德钦—西藏左贡—八宿—洛隆。作为当时由滇入藏的路线中较为合理且快捷的一条，该路线理所当然成为清代滇藏之间军事往来的一条重要通道，康乾年间多个战乱冲突的进军路线均由此道。杜昌丁所载蒋氏入藏路线并不是孤例，这条道路此后在进兵、运粮的过程中发挥了重要作用。研究显示，雍正年间罗卜藏丹津叛乱，云南提督郝玉麟由滇入藏，即从此路出发。"郝玉麟出发之后即遣人于各处密探贼人信息，探得擦哇岗、奔打一带有贼人，是以兼程而进。贼人不虞大兵骤至，逃遁不及，于三月初七初九等日在擦哇岗擒获奸细贼人结松翁布等四名，于巴树地方擒获贼人扎石等三名，于处扎地方擒获贼人托各司哈等六名。可知此次郝玉麟领兵入藏，曾途经擦哇岗，且奔达、巴树（今八宿）、处扎（今曲扎）几处均在《藏行纪程》所载道路沿线或附近，因此推测此次进兵经由该道，从奔达北上察木多"（张钦，2020）。

通过查阅国图藏《卫藏新图（附青海）》[①]的部分信息，发现近代对于滇藏古道的认识已经较为成熟，地图中以虚线描绘出此地的常用路线，具体从丽江（限于图幅，丽江之前站已不能确认）至中甸，再经阿墩子，过溜桶江（澜沧江），到江对岸梅里树，经碧土后，上溯玉曲沿线，直到邦达后，合于传统的川藏通道大路，最终抵达拉萨。地图所示的道路基本上与清代早期杜昌丁所载的滇藏路线相符（《卫藏新图》所载站点为更加细致的小站，整条路线的走向与杜昌丁所记基本一致），同时，我们在《察隅县图志》之中，也能一窥清末由察隅入滇的总体路程："东路，出治南行九十里札巴，八十里却达，逾板厂山一百二十里至瓯玉，渡怒江东南通云南维西县[②]树莫汛，东德钦县"（重庆图书馆，2014）。这也表明滇藏"茶马旧道"作为此地的重要道路，自清初到民国初年一直沿用。

清初茶马贸易发展的背景下，这条道路中的作用更为突出。《藏行纪程》中提到杜昌丁等一行人经过了擦瓦岗地区，擦瓦岗即以察瓦龙为中心的门工、盐井等地，为察隅地区经济发达商贸繁盛的地区，且皆为茶马古道上的重要站点。在察隅当地民众的历史记忆与书写传承之中我们能看到滇藏通路对此地产生的印记。据学者对于察瓦龙（察隅县辖地）当地民歌"喜姆"的研究，我们能发现大量关于察瓦龙对外经济贸易的实证。"喜姆"是藏语的音译，其意即指代用歌谣的方式来占卜婚姻爱情命运，其中关于占卜的内容显然不是我们考察的重点，但其非重点描写的环境与事件却给予我们在经济贸易的探索上以极大的帮助。"'喜姆'是当地盛行的民间口传歌舞文化，

---

① 新亚洲舆地学社编辑：《卫藏新图（附青海）》，1：3490000，民国二年二月（1913 年 2 月），彩色，48.4 cm×68 cm，国家图书馆藏。

② 维西县全称为维西傈僳族自治县。

由于其通俗易懂、即兴创造、方便传诵等艺术形态特点,自然便进入了马帮人的日常生活之中,成为他们日常消遣的民间娱乐活动之一,以及马帮文化的一部分"(贡布多加,2019)。据贡布多加统计,其中有几条"喜姆"成为我们考察的重点,如"在令人陶醉的弦子舞场,我给舞伴送了印度靴子;靴子未破之前,怎能停止舞步""情人你去印度,请带回孔雀翎;在那金瓶口上,盼望你我相会"。此唱词中提到了印度靴子、孔雀翎等,则提示我们察瓦龙地区曾经与印度东北交往贸易,并且应该存在不少的交易额,才会在平常中常见印度日常产品。又如"你的汉制腰带,我的藏制腰带;汉藏两种腰带,送去拉萨陈列""一去藏汉两地,二踩骡马蹄子,三向三宝献礼""一来所跳之舞,比肩汉地飞翼;二来亘古舞步,比肩门域孔雀"(贡布多加,2019)等唱句又反映了察瓦龙地区的马帮踪迹经常来往于西藏与内地之间,并且使用汉人制品十分平常的情况。察瓦龙地区的民族对于拉萨的态度较为崇敬,又对于门隅地方的文化十分欣赏,这就说明察瓦龙地区与外界的交流十分兴盛。

除清人杜昌丁所记录的路线之外,我们还在其他不同记录中找到了关于这一线的站点记载。据陶德臣考证,传统滇藏茶叶贸易通道主要有:"历史上原有的茶马大道,称为'旧道'。旧道南起普洱茶区,西北抵西藏拉萨,马帮要走3～4个月。旧道可分五条:第一条由丽江南至金沙江边的石鼓,向北经维西、奔子栏、阿墩子(今德钦),然后进西藏的察禹、比土、百达、工布江达、墨竹工卡,最后到拉萨;第二条是昆明驮马经大关,临津木船,沿横江转金沙江;第三条从佛海(今勐海)、思茅(今普洱)、景东、丽江、阿墩子至察木多;第四条从昆明,经元谋,转会理;第五条从澜沧,经孟勐(今双江)缅宁(今临沧),云州(今云县)顺宁(凤庆)蒙化、下关、丽江、阿墩子抵察木多。后四条线称为滇康线(云南至西康),茶运察木多后循川茶运拉萨的旧道西进"(陶德臣,1997)。其中,作者指出茶马旧道的支线分为五条,第一条即经过察隅地区,这实际上提示了我们,自清代以来形成的滇藏道路在其发展之中已经逐步形成了数条支线。为厘清察隅支线的发展经过,我们查阅大致与杜昌丁同时期的士人倪蜕的作品。倪蜕与杜昌丁的生平也较为相似,其人本为松江人,入甘国壁之幕府,后随甘国壁入滇。康熙五十九年(公元1720年)甘国壁因罪革职,被罚自带口粮人马入西藏效力,而倪蜕则留在昆明定居,后在实地考察、"游幕四方"的基础之上完成多部作品,在其《滇小记·藏程》之中,他基本上记载了当时滇藏道路:云南通往西藏的道路有三,一由丽江鹤丽镇汛地出发,经六十九站至乌斯藏,一由剑川协汛地危习(维西)出发,六十七站至乌斯藏,一由中甸出发,经七十八小站至乌斯藏[①]。倪蜕与前述杜昌丁为同一时期的士人,均以公务入藏,因此二人作品之中都记载了由滇进藏路线,但两次由官方组织的入藏之行均未采用"怒江通道"作为进藏路线,可能是由于此条路线在清前期尚未成熟或利用得当,虽已有时人对之记载,但仍未充分利用此路。

滇藏贸易通道是藏东南地区的重要通路,其形成时期可追溯至吐蕃时期。在前述

---

① 维西傈僳族自治县志编委办公室主编,李汝春著:《唐至清代有关维西史料辑录》,不分卷,倪蜕《滇小记·藏程》,维西傈僳族自治县志编委办公室,1992年,第52-58页。

吐蕃时期的贸易通道考察之中，我们就已经列举了《蛮书》中的例子来印证此路至迟起源于唐代。但在早期历史之中，对于"滇藏怒江线"的记载却寥寥无几，究其原因乃是此路实际上是滇藏贸易通道的支线，清代早期对此路的利用还不成熟。因此，我们在搜寻清代中后期的史料中找到了关于此支线的线索。在近代对于茶马古道的认知之中，几条茶马古道入藏路线在今西藏邦达会合，之后分为两条，其中有一条通往拉萨即从邦达向西南行，其具体线路为德钦—察隅—然乌—波密—工布江达—墨竹工卡—达孜—拉萨。而在有关历史时期泰国北部华人的相关研究中，作者指出"在云南马帮中，回族马帮占有突出的地位。到18世纪末叶，云南回族商人马帮的足迹已遍及自西藏边境，穿过阿萨姆邦、缅甸、泰国和老挝，直到中国南方的四川、贵州等省及广西的广阔地区"（福布斯等，1988）。也就是说，云南回族马帮在18世纪末期，已经通过滇缅藏印之间的通道将其货物互通于这几个地区。同样，《茶马古道与滇川藏印贸易》一文中指出，"另外，从四川经云南到缅甸以后，可由其北部抵达印度东北角，并与从西藏察隅而来的茶马古道在印度相接"（申旭，1994），"滇藏怒江通道"作为茶马古道中的一个分支，在史籍中记载较少，但大量的贸易来往证实了这条支线使用之频繁。

查阅同期其他地图时我们发现关于此地的更多信息，在国图藏《喀木康全部图说》[1]中的《三察洼明细舆图》分图内，图作者大抵绘制了以察洼岗为中心的区域，"三察洼"指上中下察洼岗，"岗"在藏语中意为两水之间的高原地带，察洼岗处于怒江与澜沧江之间，在滇藏通道中占据重要地位，上图所示三察洼地区中的邦达镇是数条茶马古道的汇合点，之后经邦达向西南行，一路经过波密、工布、达孜最后抵达拉萨。因此察洼岗区域成为商贸往来的聚合地，因此察瓦龙地区传统民歌中常带有印度与中国云南等地的文化因素，也就不足为奇了。

目前在一些西方人的游记中我们也能够发现一些关于此路的记录。清末，大量西方人踏足云南西部进行探险与考察，如欧洲传道团、远东考察团等步入滇西，进行所谓的"云南西部大开发"，还有商人自行组织，通过探测、考察、游历等方式来实地调查印度缅甸至云南的道路，并且获取了许多资料，主要的有威廉姆斯、霍西等。其中法国《地理社会》杂志的记者弗朗索瓦·巴达让实地踏查了"滇藏怒江通道"。其路线大致为丽江—维西—康普—叶枝—巴东，到达巴东后，翻越碧罗雪山抵达菖蒲桶。我们知道，菖蒲桶即指今日之贡山丙中洛镇，藏语"菖蒲"意为一层一层，"桶"为平地之意，"菖蒲桶"意即层层平地，在沟壑深切的怒江峡谷地带，平地的价值自不必说，丙中洛镇就成为前往西藏地区的重要站点。在其探索的途中作者谈道："我们的最终目标是印度。我们力图通过一条最直接、尽可能短的道路到达那里。我们将争取寻找一条最靠近察隅的路，以便力求用恰当的方法解决萨尔温江和伊洛瓦底江上游支流在源头附近分离的问题。"最终，这位法国传教士发现了怒江河谷通向西藏的通道，由此进入察隅县察瓦龙地区。此后，其步履未停，"从此以后，我们将徒步旅行到12月底，也就是说要走三个月的路。由此地开始，我们进入第二旅程阶段，大致分

---

① 蔡廉洲编制：《喀木康全部图说》，民国十年（1921年），30 cm×41 cm，国家图书馆藏。

为三个路段：①9月22日至11月18日，从萨尔温江谷地到康普蒂平原。②11月18日至11月25日，旅居并穿越康普蒂平原。③11月25日至12月16日，从康普蒂平原到达阿萨姆第一个大村庄'比西'（Bishi）。由此向西行进便可直接抵达萨地亚"（巴达让，2001）。也就是说，法国传教士在抵达察隅地区后，继续前行通过察隅河河谷，抵达印度东北部阿萨姆地区。而他的游记也成为较早的完整记录滇藏印贸易通道的文献。

此地的贸易状况同样在清末民初得到了长足的发展。自民国二十四年（公元1935年），此地开辟驿道以来，此地的交流与贸易更加兴盛，《滇藏怒江通道之历史演变考察》一文指出："腊早至岩瓦的人马驿道修通后，封闭的贡山地区，终于有了一个通向内地的窗口，每年七、八月份高山冰雪融化时，维西小商背来茶叶、布匹、针线，换取贡山土特产品贝母、黄连、兽皮等山货药材，名曰'赶药会'"（李亚锋，2018）。

此外，在《喀木康全部图说》[①]的《上下褖貐明细舆图》部分中，绘图者以察隅河为主体，绘制了察隅河数条支流以及河流两岸的聚落点。从压必曲龚以南地方标识出国旗来看，符合程凤翔进兵察隅后的行动。据吕昭义研究得知，"威廉森1909年12月至1910年2月第二次逆洛希特河而上，在日马风闻清廷进兵桑昂和杂瑜，但到他离开时，尚未发现压必曲龚树有中国龙旗。在他返回后，1910年5月两个米朱（Miju）密西米人潘古姆村（Pangum）头人到萨地亚。据他们说，1000名中国军队已到达日马，有两名西藏人到他们的村子传达中国军队的命令，要求他们修筑从西藏至阿萨姆的能容两匹马并行的大路。6月，威廉森从来到萨地亚的一名叫哈拉姆（Halam）的密西米人得知，中国人已牢牢地控制了日马，并在洛希特河的一条支流叶普克河树立旗帜"（吕昭义，1997）。这也反映清末民国时期西藏地区边疆危机十分严重，同时，我们也能在图中发现一条在《三察洼明细舆图》中并未标注出的新路线，此线自洼隆（瓦弄）始，向北直至察隅县地区。限于图幅，察隅县以外的地方路线并未画出，但根据我们对藏东南地区路线的探索，洼隆以南应该通往印度萨地亚地区，而北上则最终会合于川藏路线，到达拉萨。整段路线为萨地亚—瓦弄—察隅—拉萨，基本上重合于上述外国人的实地调查。

同时，此地的贸易也多由此开展。据《菖蒲桶志》记载："菖属尽食砂盐，产于西康省盐井县，由察瓦隆蛮人运贩，概系以粮谷掉换，用银币购买者少。因察瓦隆产粮甚少，故运盐换粮，运回自食。民国十年前，每斤价银五仙，近来生活高昂，每斤价银一角五仙"（云南省怒江傈僳族自治州委员会文史资料委员会，1991）。该志主要记载了清末至民国二十一年（公元1932年）菖蒲桶地区的概况。也就是说，民国年间菖蒲桶仍然多以粮谷换得察瓦龙人的食盐，察瓦龙与菖蒲桶共处怒江河谷，前者居于上游而后者居下，他们的交流通道也正是本小节所述的"滇藏怒江通道"。

此外，清末光绪三十三年（公元1907年），夏瑚被委以"阿敦子（今德钦）弹压委员兼办理怒江事宜"的身份处理"白哈罗教"事件，事毕巡视怒江，对这一地区各

---

① 蔡廉洲编制：《喀木康全部图说》，民国十年（1921年），30 cm×41 cm，国家图书馆藏。

民族的生产及生活情况作了初步调查，并留下对此地的考察记载。光绪三十四年（公元1908年），夏瑚奉命再次入怒，对怒江、独龙江及更广阔的区域范围作了周密的考察，其行程最远到达滇西北最北自东而西的一线，即恩梅开江和迈立开江上游的六江（独龙江、狄子江、狄不勒江、脱落江、狄满江、木里江）流域，终点是木王坝，即今缅甸葡萄（肖迎，1998）。在其考察之中，夏瑚留下了日记，大致展示出了考察的行进路线，对于我们考察此地提供了一些材料。夏瑚的考察路线大致是基于察隅河河谷的路线，沿河谷东岸向南行，后在察隅河流向转西时，改沿嘎仑河河谷行进，是察隅河左岸的最大支流。随后，夏瑚继续向东前进，到达原梯贡拉并进行其招抚的政治目的，后又向西北，最终到达哈刚与妥坝地区招抚。夏瑚的路线虽部分与我们考察的路线相异，但为我们证实了从察隅河谷至印缅等地的路线的确存在，并且由于此地的气候环境而四季可行。自此观之，察隅河河谷为藏东南地区对外沟通的重要通道[1]。

根据以上材料我们发现，在滇藏贸易通道之中，察隅地区是众多由滇入藏路线中的一个站点，但从滇藏印三者贸易的全局角度来看，察隅县上通拉萨而下至印度，既能够联系云南也可以通达拉萨，而通过县境之内的察隅河通道则可以到达印度东北部的阿萨姆平原地区。也就是说，随着清代中后期"滇藏怒江通道"的逐步成熟，支线不断扩展，原有的贸易通道最终延伸到印度北部的阿萨姆邦地区，察隅县在滇藏印三地贸易中的地位不断上升，在中印边界东段贸易路线中产生的影响之大，自然是不言而喻的。

4.3.2　清至民国时期英国殖民者侵藏与通道发展

清代中后期，自英国殖民者侵藏以来，中印边境东段地区的历史再难与之分割。同时，在其侵略之中留存下来的史料，也为我们探寻这一时期的通道状况提供了帮助。英属印度第一次进入中国西南边疆是1774年博格尔出使札什伦布。出于政治经济目的，英国东印度公司在东南沿海碰壁之后，选择了一条迂回曲折的通向北京紫禁城的路线（吕昭义，1997），从缅甸手中夺取阿萨姆邦地区后，设法开展对西藏的贸易，逐步北上扩张领土，同时进行地理考察，英印政府寻求通往中国西南的通路。在他们的这些活动中，英政府逐步了解并承认了中印间的传统习惯线。乾隆三十六年（公元1771年），东印度公司向孟加拉总督发出指示，开拓与不丹、阿萨姆的贸易，并经此寻找通至西藏的贸易道路（吕昭义，1995）。18世纪末期，随着边境贸易规模不断扩大，这一地区逐步形成相对固定的传统边贸市场和贸易点达60多个，大部分设在中国境内。东段边境集市点中，较大的有措拉（现错那）、察隅等。在这些边贸集市点上，西藏输往其他国家和地区的主要物品有食盐、牛尾、牛皮、熊皮、羊毛、骡马、羊肉、氆氇等，输入的物品有檀香木、香料、各类皮张、辣椒、红糖、木耳、布匹及日用品等（扎西和普布次仁，

---

① （民国）刘赞廷撰，陈家琎主编：《西藏地方志资料集成（第二集）夏瑚日记》，北京：中国藏学出版社，1997年。

2014）。这为清代中后期的双边贸易打下了深厚基础。

缅甸和阿萨姆自古以来就是中国与外部世界联系的重要通道。由北向南奔腾而下的伊洛瓦底江（古称丽水）、萨尔温江（怒江）及其支流形成了水上航道及陆上走廊，把中国西南与东南亚、南亚、印度洋相连，中国的丝绸等产品顺流而下，传及中南半岛、南亚，或扬帆出海远达欧洲。从云南进入缅甸后向西行，跨越那加山、阿拉干山，就到达阿萨姆、孟加拉国。我们知道，唐代著名僧人玄奘游学印度曾到迦摩缕波（即今阿萨姆），记述其地与中国益州很早就有着交往。此外，从中国西藏的察隅、错那南下到布拉马普特河流域也是两条重要的通路，从察隅南下的道路，据《察隅县图志》载："南路，出城渡昂楚河，沿龚曲江东岸南行路道险峡，五十里至仲宜宿，七十里至洵曲宿，八十里至压必曲龚南通原梯龚拉，一由上杂隅沿龚曲江西岸南行，一百二十里徒令噶，七十里沙底，七十里协聱入猓猓界，经闷公东珠纳的咱总贡达引，南通缅甸之阿萨密。"从错那南下的道路则主要沿娘姆江（娘江曲）河谷展布，吕昭义在《达旺归属论》中也谈到娘姆江通道："娘江曲河谷无论从自然地理，还是从人文地理来说，都是门隅一个组成部分，历代西藏文献均将它纳入门隅地区。它是联结西藏地方与现在印控下的门隅诸地，尤其是拉姆所说的达旺本部的重要通道，与这些地方有着密切的宗教、文化、行政联系"（吕昭义，2014）。该通道不仅从物质上，更从文化、宗教、政治上深刻影响了门隅地区。

时至清末，英国殖民者逐步侵入该地区后，这一情况悄然发生了变化，他们以重利贿赂当地土人，以求谋取更多利益。在清末黄楙材对此地的认识中，我们也能看到英国殖民者的影响，据光绪《西藏图考》："黄楙材之言曰：自亚山以东，巴塘以西，江卡之南，腾越之北，中间一段，隔绝野番，旷古以来，人迹罕到。其道里远近，无从稽考，然审其山川之脉络，推其经纬之度数，广袤不下一千余里。山则重峦峭壁，无可梯绳。水则急溜奔泷，不任舟筏。其人穴居巢处，生啖蛇虫。近英人以利诱之，亦渐驯服云"[1]。从上可视，门珞地区少数民族近代以前一直保留着其传统的生活方式，同时维持着与西藏地方政府的关系，至近代这一状况才由英国殖民者侵藏而改变。传统上藏南三隅地区一直归受中国管辖，清政府与西藏地方政府享有对门隅、珞隅、察隅地区的管理权益，并且赋予部分头人在上述地区的征税权。但英属印度的入侵使这片区域的贸易大受影响，甚至影响到了中印传统贸易通道上的正常交流。例如，中印边境东段地区的山地部落在历史上就享有对于下游平原河谷地带群众的征税权利，双方贸易往来较为和谐，甚至在清代前中期，噶厦政府尚未对内征收统一的商业税，这些规定就已经涉及达旺地区，1731年摄政王米旺给达旺寺的文书中表示：

　　鉴于门隅臣民百姓远离西藏地区……为此我在此重申并规定以下特权：噶登南杰拉孜寺及其分寺的喇嘛，根据以往惯例……可以照常征收门隅各地夏、冬两季的献粮、酥油……前往印度边区经商的寺庙商邦，可以支派驮畜

---

[1]　（清）黄楙材撰：《西藏图考》卷八《外夷附考》，清光绪甲午申荣堂本。

乌拉，前往西藏内地筹办喇嘛所需衣料的商邦也可给予免税优待……望我全
体僧侣官员一体遵照执行，特颁此照（中国社会科学院民族研究所和中国藏
学研究中心社会经济所，2000）。

在英国殖民者非法划定边界的活动中，英国殖民者单方面同门珞察地区的山地部
落少数民族头人签订了多个合约来蚕食我国藏南边界。这些合约以支付钱财的方式换
取山地部落少数民族头人对英国殖民者所划边界地带的征税权利，极大程度减少了双
方贸易数量与额度，一些传统的贸易市场与通道逐渐衰落。英国殖民者企图以减少双
方来往的方式淡化削弱少数民族头人首领在平原地带群众中的威望与领导权力，这种
意图体现在大部分不平等条约之中。如：

依照总督阁下的安排，我们将获取卡里阿帕拉山口总收益的三分之一，
即 5000 卢比，我们自愿保证严格遵守以下条款：

第一条，我们保证从现在直到永远满足于上面所提到的 5000 卢比的款额，
而放弃获取该山口任何可能得到的收益的一切权利。

第二条，在我们通行（至山口时），我们保证我们的交易活动只限于在
乌代古里和蒙列代建立市场的地方，绝不干预农民，绝不允许我们的任何布
提亚人实施任何压榨的行为。

第三条，我们放弃了在山口的所有权力，永不再向农民征收任何地租。

第四条，我们同意向设在蒙列代的英国法院提出申诉，以求得对我们在
他们的土地上遭受的所有冤屈的补偿。

第五条，如果我们违反任何上述条款，我们将丧失获得上述补偿金的权利。

法朗士·简肯斯（Frans Jenkins）

总督代理（吕昭义，2013）

英属印度在此地的政治经营破坏了双边传统的贸易模式，成熟的贸易市场以及通
路逐步中止。条款中的乌代古里市场是中印边境东段地区的传统贸易市场，本属门隅
地区，后为英印殖民政府所占。此处曾有一条商路从娘江曲河谷南下至达旺，再过色
拉山口，经德让、邦迪拉，从喜马拉雅山南侧坡脚南下，过卡里阿帕拉等山口进入布
拉马普特拉河平原。乌代古里就是随这条商路贸易的发展而兴起的边境商业城镇。据
文献载："来自西藏各地，包括拉萨、西部、东部甚至北部的商人都云集这里，他们
中有的穿着中国服装，使用中国器具，各方面都像中国人。许多人带着家眷，用强壮
的小马驮运货物，每年到集市来的小马有数百匹之多"（吕昭义，2013）。英印殖民政
府意图将贸易限制于乌代古里市场和之后所建的蒙列代市场来减少两地人民的接触，
为此，不惜发动武装征讨，迫使山区部落放弃向平原居民的征税权。

卡里阿帕拉山口作为山地下达布拉马普特拉河河谷地带的重要山口，是门珞族人
或藏族人到达达旺地区进入乌代古里市场进行贸易的重要通道。但英属印度阿萨姆当
局关闭卡里阿帕拉山口，禁止贸易，迫使达旺南部的七王及达旺管理委员会的代表于

1843年和1844年冬季与英属印度总督代理人弗朗斯·简肯斯（FransJenkins）的助理戈登上尉（Captain Gordon）会谈，达成一项协议，门巴族头人放弃向卡里阿帕拉收取布沙，只保留了到指定地点贸易的权利（吕昭义，2013）。简肯斯向东印度公司报告说："在这条道路（指取道达旺的道路——引者）上，中国没有独立政权的阻隔……这是一条把中国的西北省区、西藏东部及鞑靼内地的产物带到英属土地的最近的道路。"可见达旺通道的重要性。

除此之外，英国殖民者妄图通过政治运营，达到其控制两地的贸易通道与市场的意图，这点在第2、第3号协定中体现得十分明显：

第2号协定：《阿卡—普尔巴特的塔吉王加入的协定》（An Agreement entered into by the Taghi Raja of the Aka Purbat, dated 26th Mauy 1250 B.E）

我加入了公元1842年1月28日的协定，该协定规定：我不得在与农民交往时伤害他们，我从1842年起从英国政府获得20卢比补偿金，并在查尔山口的所有村庄进行贸易。现在，以这种方式进行的贸易被认为对于农民是暴虐和不公平的，因此被要求终止。我愿约束我自己，将我的贸易活动限制在拉哈巴里（Lahabarree）和巴里帕拉（Baleepara）建立市场的地方，并遵守以下条款：

第一条，我本人及我的部落将把我们的交易活动限制在拉哈巴里、巴里帕拉和提斯普尔的市场内。我们将不再如以往那样进入农民的私人住宅与他们交往。

第二条，我将切实注意不使我部落的任何人在英国境内实施任何压榨行为。

第三条，我们将就我们受到的冤屈向英国法院提出补偿的申诉，我们永不自己进行私刑处罚。

第四条，从这一协定生效之日起，以下述补偿金的定期支付为前提条件，我保证遵守以上条款。

支付给西姆科里阿卡王（Seemkolee Aka Raja）　32卢比

支付给苏莫王（Soomo Raja）　32卢比

支付给内苏王（Nesoo Raja）　20卢比，总计120卢比

第五条，假若我违背上述任何条款，我将使我自己失去我的20卢比的补偿金，并丧失前往平原地区的特权。

法朗士·简肯斯（Frans Jenkins）

总督代理（吕昭义，2013）

本协定之中，英印殖民政府意图显现无余，其目的即是通过支付现金以及政治胁迫的方式，将原本能够自由交流、自由贸易的部落限制在拉哈巴里与巴里帕拉两个市场内，而这一市场的建立者就是英印殖民政府，妄图减少山地部落与平原地区来往的机会。

第3号协定:《江觉、哈扎里·卡瓦·阿卡王、昌·苏利·哈扎里·卡瓦、卡布努·哈扎里·卡瓦·阿卡王、尼朱姆·卡帕苏拉·阿卡王加入的协定》(*An Agreement entered intoby Changjoe, Hazari Khawa, Aka Raja, Chang Sumly Hazari Khawa, Kabooloo, Hazari KhawaAka Raja, and Nijum Kapasorah Aka Raja, on the 29th Maug 1250 B.E.*)

在这里,依照我们的习俗,我们手持一领虎皮、一领熊皮与象粪,宰杀一只家禽,立此誓言:我们永不对英国政府之下任何农民实施任何暴力与压榨之罪行,我们将忠实地遵守以下条款:

第一条,无论任何时候我们进入查尔山口,我们都将向帕特伽勒报告我们的到达,并公平地交换我们的货物,不以任何方式对任何农民犯下偷窃与欺骗的罪行。我们还要特别留心防止我们的任何人在尊敬的公司领土内犯任何罪行。

第二条,我们还保证永不成为任何现时或可能成为英国政府敌人的同伙,并承诺尽我们的力量以一切方式反对他们,我们还要报告我们所获知的任何有关反对英国政府的情报,并按照我们从当局收到的指令行动。如果一旦证实我们参加了任何阴谋,我们将失去进入英国领土的特权。

第三条,我们将以非武装形象进入平原地区,并将限制在拉哈巴里、巴里帕拉、乌朗、提斯普尔建立市场的地方,再不如同以往那样在农民的私人住宅内与他们交易;我们也不允许我们的人这样做。

第四条,所有与农民的民间债务都将通过法院而得以解决,我们承认在英国的国家中顺从于英国的法律。

第五条,我,卡帕苏巴阿卡王,同意接受60卢比的补偿金以代替对查尔山口的勒索款项;我哈扎里卡瓦阿卡王同意接受120卢比以代替同类的款项。这将被视为剥夺了我们与查尔山口的任何关联及我们从农民获取的一切索取。我们保证严格遵守上述条款,否则将丧失我们的补偿金。

法朗士·简肯斯(Frans Jenkins)
总督代理(吕昭义,2013)

乌达古里等重要市场及土仑山口通道等大小贸易重要通道是清代中印边境东段各大小宗贸易的重要组成部分。民族学调查显示,平原与山地部落之间常有小队贸易人群往来,经土仑山口通道,即错那—土伦山口—达旺一线前往平原地区换取日常生活用品如竹筐、木碗或基本粮食大米、大豆等商品。英方非法的控制方式阻碍了重要站点的贸易与交流,细则条款直接限制了双方的贸易往来,而鼓励发展了英属印方的贸易发展。

据麦根席记载:"1872~1873年,正式勘画了阿萨姆与达旺布提亚人间西起德奥萨姆河(Deosham)至洛塔河(Rowta)的边界。边界线为英国官员提出,布提亚人及来监察的西藏官员所接受。"如记载属实,这是唯一的中印边境东段经双方同意的边界期划。

在查德瓦尔山口地带，1826 年 2 月，英属印度官员马塞上尉（Captain Matthie）与鲁普赖甘、舍尔甘两个布提亚人的七王订了一项协议，英属印度达朗县每年向他们交付 2526 卢比以代替他们对山口平地的布沙权。后来英属印度将补偿金减少到 1740 卢比。1872～1873 年，英属印度勘画西起洛塔河东至加布鲁河（Ghabroo）间的查德瓦尔布提亚人边界。但这一边界线并未为布提亚人所接受，西藏地方也未派员监察。1876 年 2 月，布提亚人头人与达朗县副专员会见，才接受了这一划界。在阿卡人方面，1844 年简肯斯分别与卡帕觉阿卡头人扎吉、哈扎里卡瓦头人达成协议。在与扎吉签署的协议中，英属印度向卡帕觉阿卡人支付 120 卢比，扎吉保证：“我和我的部落将我们的贸易仅限于拉哈巴里（Lababarree）、巴里帕拉（Baleepara）和特兹普里（Tezpor）的市场，不再如以前那样在农民的私人家室中与他们交涉”（吕昭义，1997）。

1872～1873 年，英属印度划分阿卡人边界，剥夺了阿卡人在平地的传统放牧权，阿卡人激烈反对。卡帕觉人对于从波洛里河（Bholori）至卡里迪克赖河（KhariDikrai）间的边界划分尤为不满。英属印度在平地内划出 49 acre（英亩）[①] 土地“赐给”阿卡人，把阿卡人传统放牧权改变为英属印度的一种恩赐，并将这块“赐地”作为要挟阿卡人的一个工具。此后，山区部落多次采取行动反对英属印度的边界划分。1882 年 1 月，大批卡帕觉人、达夫拉人等越过边界在波塔沙里（Potashi）、迪朱（Dju）、纳米尼木克（Naminimukh）竖立界标，宣布界标以内为他们的领土，不允许任何人通行（吕昭义，1997）。达夫拉人方面，1872～1873 年英属印度打算勘划边界，达夫拉人袭击波哥内警察站以北 2 英里的安托拉村（Amtolla），英属印度封锁边境，布置军事进攻，未勘划边界。

在米里人和阿波尔人一方，阿波尔人反英态度最为坚决，阿萨姆当局利诱与封锁双管齐下均未收效，相反激起阿波尔人袭击平地村庄。英属印度在阿波尔边境沿线构筑堡垒，封锁山区，修筑道路，为大规模进攻作准备。在强大的军事压力下，1862 年，民荣阿波尔的 34 个头人与拉金普尔副专员比瓦尔（H.S.Bivar）达成了一项共有 16 个条款的协议（吕昭义，1997），主要内容为：民荣阿波尔与英属印度间恢复和平；民荣阿波尔承认英国领土延伸至山脚，并愿遵守英国政府占领平原的边境地区，并建立警察站、哨所，兴建堡垒，开通道路，民荣阿波尔人对此不持异议；民荣阿波尔人承认所有居住在民荣山以外的居民为英国臣民，保证不以骚扰英国领土上的居民为目的而侵扰、跨越边境；民荣阿波尔人可以前往平地市场或他们认为适宜集聚的贸易点，但除刀以外不得携带矛、枪、弓箭。1863 年，长期抵抗英国殖民者的克邦阿波尔人也与英国订立相同性质的协议。1876～1877 年，英属印度测量局试图在边境地区勘测边界，但遭到阿波尔人反对，不得不中止。

通过上述与山区部落的协议，英国以有利于它的方式解决了原传统习惯边界从不丹南部边界东端至迪邦河间山脚平地的两属问题，大体上确定了一条边界线。这条边

---

① 1 acre=0.404856 hm²。

界线沿山脚行走，从不丹南部边界东端至巴洛里河间是经过勘划的，竖立有界桩；巴洛里河以东，没有勘划，但为英国与达夫拉人、阿波尔人所订的协议所划分。后来，这条线被英国和英属印度称为"外线"。从有关协议和实地勘察看来，所谓外线就是国际边界。英印政府通过划线、设立阿萨姆萨迪亚地方管理机构的方式，人为地阻隔了我国西藏各部落与阿萨姆平原人民的交往（卢俊德，2011）。

拉姆指出："外线的存在是毫无疑问的。它包含在前面所述的与某些阿波尔部落的协议中。它遵循'山脚'线，沿所定的内线走向以北几英里延伸，其中一段，即沿山脚线从达旺地带东南角至巴洛伊河 27°N，93°20′E 处，于 1875 年勘定。从巴洛伊河至迪邦河岸的尼柴姆加特，外线没有勘画，但被限定为沿着'一条容易辨认的山脚线'。尼柴姆加特以东不存在外线，似乎只有内线标出英国的管辖范围"（吕昭义，1997）。

英国虽然通过与山区部落的协议将其边界扩展到山脚，但对于与山区交接的边缘地带并不能加以有效控制。一些阿萨姆平地的居民、探险家、收购橡胶和木材的商人、猎捕大象者进入山区边缘地带，有的深入山区活动，随着阿萨姆茶业的发展，一些茶园主在边境地区占地种茶。程凤翔《喀木西南纪程》中《诸路站程》一章，记载了此地的路程。"杂瑜至巴塘，由竹洼分路，札夷合路站程……竹洼分路由闷空至巴塘站程……竹洼分路由觉马至巴塘站程……杂瑜至察木多站程……下杂瑜至倮偻站程……"（吴丰培，1985）。

清末程凤翔、段鹏瑞等人在察隅地区的考察已经发现，桑昂曲宗以下即今察隅县西南部地区的土地肥沃，地广人稀。据《察隅县图志》载：

> 由桑昂下行，五日抵杂，丛林深树未尝间断，取材之富，莫此为甚。至于大小平坝，二三十处，有十余里为一坝，有四五里为一坝者。广狭不齐，等差则大小参半，肥硕不等，黑坟之土壤实多。俄京以下多乱石，竹瓦以下半属净土，且山势崇高，泉源溥博不口，疏凿之工足资灌溉之用。间有本坝乏水之处，引而导之，皆可遍及水利之便，莫此为甚。恍觉以下宜称当道，间有稻田，长林丰草，不省平畴之地。壤土既沃，石确亦稀，一百百四十里中，平坝共七八处。若于此地就势开垦，用功少而成功多，即内地上腴恐不及此处之收获也。至于水利，较上流犹便。百余里之沃壤沦为旷土而不耕，岂夷民尚农而不办土地之肥硕乎？良田地广民稀，人非弗偏及也。若得人招边垦夫，提倡农政，则六百余里之旷野可置良田数万顷，亦可添富民数千家，变穷谷为隩区，转移即是耳。若杂隅上、下两村，沿龚曲东、西江岸草抚而居，不可谓不多矣。然地大物博，地三分之二，而四面野山悉产黄连、虫草、贝母、知母等药，与熊、豹、狐狸等皮，又产獐子可取麝香，杂民耕耨之暇，或锄药，或猎兽，以取余资。

这一状况大体代表了察隅县周边地区的农业生产状况，而据察隅县不远处即是英国殖民者占据之处，同卷载："今据杂隅墨色耆老等称，杂隅界在极边，分上下两村，上村在龚曲江西岸，下村在龚曲东岸。沿江而下七站，为傈罗。又三站为阿子纳，又三站为英国地。"即下察隅地区离英国殖民者占据之地不过六站，广大的土地、肥厚的土壤以及便利的水利条件为茶叶种植提供了天然良机。英国茶园主于是广泛在边境地区开始其茶叶种植。

这也带来了一系列的连锁效应，茶园产业也深刻影响到了藏南地区周边的少数民族生活习惯，首先在日常的饮食结构之中，来自阿萨姆地区的茶叶占据了这些人日常茶叶饮用的大部分。在程凤翔的记载之中，我们发现察隅县所食用之茶以傈茶居多，此处的傈茶应为英国殖民者在阿萨姆地区所种植的茶叶。虽此茶质量劣于川、滇茶，但其运输距离较二者近得多，因而"惟附近雪山者，人户稍稀。桑南距傈罗四站，所用之茶，傈茶量多，滇茶次之，川茶绝少"，同时，程凤翔也记述了三种不同茶叶的价值，"价值以傈茶为贱，每一包合银六钱，一驮合银一两三钱。今查获土司之傈茶一百二十驮，滇茶一十四驮，价值随时低昂，皆不及川茶之贵"[1]。从中我们可见，阿萨姆地区生产的茶叶近乎占据了察隅地区的茶叶消费市场。此外，茶园产业的迅速扩张也影响到了本地居住者的原有生态以及其领地。正因如此，英国人在印度东北部与西藏南部的一系列殖民活动使得本地居民生活习惯产生了巨大改变。

于是，直接的矛盾时常爆发在此地。据记载，这些人经常与山区部落发生纠纷、冲突，有的丧生。英属印度对山区部落进行报复性军事远征，但部队深入山区耗费财力人力，并有很大风险。为了避免这类事件发生，并更好地控制这一地区的人民。阿萨姆当局认为"迫切需要控制我们的臣民与居住在管辖边界上的部落民间的商业关系（吕昭义，1997）。而清朝官员程凤翔等人则认为，此地百姓本就不重商业，"惜故步自封，不能与汉商交涉。草地风俗重，交易不重现欵。收买杂隅土产，以黄连为大宗。闷空之民，巨贾常赴滇边购办铜铁器具，来易黄连麝香等物。杂民往往先取器具，后上黄连。故往返多则七八月，少则亦五六月，始能收齐黄连。然以有易无来，货贵而土产必贱，利厚常过于三倍。若以现银购现货，则到底之价尚易于出口之价。华商运来谁能旷日持久以待易货。夷人之专利不及于华商。此杂隅交易大概情形也"（重庆图书馆，2014）。受到英国殖民者的介入，此地原本并不发达的商业贸易活动显然会陷入更加危险的困境之中。

1872 年，阿萨姆当局依据英属印度关于赋予主管政府为落后地区制定临时法律的法案，拟定《有关和平及某些孟加拉东部边境县政府的法令》，经总督批准实施（吕昭义，2014）。1873 年《孟加拉东部边疆条例》创立了所谓的"内线"，这条"内线"位于喜马拉雅山南麓，传统习惯边界线以南与阿萨姆邻接之间形成的一个缓冲地带，英国臣民及外国人未经许可不得跨越。

"内线"等于是一条隔离线，控制着商业活动和其他可能引起麻烦的扩张活动（周卫平，2006）。例如，须跨越该线，应向有关县的主要官员提出申请，经批准后发给通行证。这纯粹是一项行政措施，规定某一种人没有特别许可证不得逾越的一条线。

---

[1]　陈家琎主编：《西藏地方志资料集成》（第二集），北京：中国藏学出版社，1997 年，第 8 页。

在阿萨姆部落区域采取这项措施的用意是防止这些部落同那些会在危险地区出入以采取野生橡汁和猎取野象的人们之间发生摩擦。并且，种植茶园扩大到阿萨姆－喜马拉雅山麓，也会引起部落纠纷，政府认为对于这一方面的经济发展能有控制的办法，即划定一条行政边界（阿拉斯太尔，1966）。

根据这项法令，先后在达朗县、拉金普尔县及布拉马普特拉河的有关县的山区边缘地带勘画内线（吕昭义，1997）。所谓"外线"，是在"内线"之北的几英里，是顺着山丘脚下的地形走势而划的，极易辨认，其中一部分就是传统的习惯边界线。这一时期，山区居民带着土特产品到平原区赶一年一度的市集，没有受到什么明显的限制，因为没有违反英国倾销商品获利的原则。所以1876年到乌达古里市集来的山区居民达3600多人，到萨地亚市集的也达3000多人（吴从众，1988）。

同时，英国殖民者在察隅地区周边的活动也在清末时期逐步增多，特别在察隅南部边境压必曲龚一带，以游玩勘察等名义在藏南边地大肆开展非法活动，一度将在该地插下本国国旗。于是，清末川滇边务大臣赵尔丰即派程凤翔厘清情况，在段鹏瑞等人的不懈努力之下，出现了一大批有关察隅的相关调查资料，如《闷空全景舆图》《杂瑜全境舆图》《桑昂曲宗大江西面舆图》等，并附图说。在介绍察隅情况时，段鹏瑞称："至其地土，则两岸皆属膏腴，各箐溪流绮，交脉注无，随地垦辟，皆能决渠降雨，不劳堤堰之工，独惜人户寥寥，不但未垦之平壤荒地，尚在数千百亩之多，无人耕种。即已经垦种之水田，如下杂瑜之竹阴一带，上杂瑜之直巴、墨古西岸，下行之叶工等地，计又不下三千余亩，亦皆污莱不治，良由重江雪岭，隔绝内地。又凡人烟寥落之区，瘴气尤甚，故他处之人，既苦于力不能至，即至又苦于生聚艰难，此十年前巴塘竹瓦根民所为来此开垦，至今仅存数户也"（秦和平，2009）。

19世纪末中国处于半殖民地社会时期，清政府与英国签订了不平等条约《中英会议藏印条约》《中英续订藏印条约》等，使西藏地方政府对边境贸易的主动权丧失，西藏的大量畜牧产品、矿产品、药材等重要经济资源被运往印度，印茶、印币、英产轻工业品等大量涌入西藏，从而使西藏变成了英国的原料供应地和工业品销售市场，这一时期的边境贸易形势一直维持到20世纪新中国成立前（余娇娇，2017）。

英国不仅控制西藏地区边境贸易点和集市，还控制拉达克、锡金、不丹等喜马拉雅山南麓诸国，削弱了门、珞等民族对西藏地区贸易的依赖，门、珞区域的民众长期依赖西藏地区物资产品的局面发生了根本的改变（余娇娇，2017）。

清中后期，边疆危机视野下中印边境东段地区的政治局势不断变化，英印殖民政府同西藏噶厦政府之间的不断斡旋使得这一地区的经济贸易不升反降，几个重要的贸易站点与贸易路线为此而衰落，政治交锋之下的后果最终使得双方均受到负面影响。

中华民国成立后，国民政府仍然无力改变西藏边境地区被英印政府逐步蚕食的现实状况，导致了此时与南部边地之间贸易交流遇到了前所未有的困难，政治因素的压力使得西藏与门珞地区间的贸易逐步萎缩。相对应的，中国西藏与中原广大地区相联系的茶马古道则成为此时最为关键的道路。

1913～1914年,英国殖民者炮制干涉中国内政、阴谋策划"西藏独立"的西姆拉会议,英国驻锡金行政长官柏尔与西藏地方代表夏扎背着中国政府代表,私自划定藏印边界,把中国西藏所属的门隅、珞隅和下察隅地区划入英属印度版图。1914年3月24～25日,英藏双方在印度德里秘密进行了一场换文形式的交易,英国首席代表麦克马洪给西藏地方代表夏扎两份标有标记的印藏边界的地图并要求其在上面签字盖章(张永攀,2007)。20世纪40年代初,中国抗日战争进入最艰难的时期,英国人趁机侵占了中印传统习惯线以北的若干地区(曾皓,2013)。

抗日战争期间,由于运输阻滞,茶马古道一度成为中国内地连接西藏的唯一内陆通道,一时间,国内外商贸云集,茶价飞涨,噶厦政府于1943年开门茶之禁,在此期间曾有大批藏族商人携带各种商品来门隅收购门茶以及其他物品,门茶价格也呈现飞涨趋势,一时门隅贸易额大增,约达平时正常贸易的四五倍,抗战结束后又逐渐恢复正常(多布杰,2012)。在此期间,当沿海沦陷和滇缅公路被日寇截断之后,茶马古道也成为当时中国西南唯一的一条陆路国际通道,马帮驮队从印度运进大批的国际援助物资,有力地支持了中国的抗日战争(杨福全,2014)。随着抗日战争的胜利结束,川藏、滇藏与印度之间茶马古道上的马帮运输贸易一下子衰落下来。内地其他道路的迅速恢复,使地处偏远的丽江再度远离内陆贸易的主要线路。大量来自印度和西方的物资交流,不再需要用马帮这种世界上最昂贵、最缓慢的交通运输方式来进行了(刘小方,2007)。

总的来说,此时中印边境东段地区的贸易状况因战争、政治因素而变得十分复杂,同门珞等南部边地的贸易一度因之停止,而与中国内地的贸易通道由此显得更加关键。

4.3.3 新中国成立以来中印边境东段地区的贸易通道

1947年8月15日,印度独立,印度政府希望继续继承英帝国主义留给印度政府的殖民遗产,保留在西藏的特权,印度把西藏作为中印"缓冲国"的殖民思想指导着印度对中国的政策。这种拿来式的继承方式使得此前的状态并无改观,"渐渐地,来自印度的食盐、衣服、器皿等代替了来自西藏的物品。印度政府制定了系统化的策略尽力清除塔金市场上的西藏货物。"然而,有一些物品在印度市场上是无法找到替代品的,如来自西藏地区的铃铛、镯子和藏刀等,这些具有历史、传统连带关系的物品在珞巴族村落变得稀缺起来(Riddi,2006)。

新中国成立之后,朝鲜战争的爆发,使得中国政府一度无力顾及边疆,印度趁此机会继续在西藏南部地区进行军事扩张。1951年2月2日,印军侵占门隅地区的政教中心达旺。1949年后,中国云南、四川和西藏以及印度之间私人性质的大规模民间贸易基本上消失,走西藏草地的马帮结束了他们漫长的旅程,这条古已有之的民间商路不可避免走向衰落(Riddi,2006)。至1953年,印度非法占领中国藏南地区以后,珞藏贸易被阻断,印度输入的百货逐渐取代了来自西藏其他地区的物品。

早在 19 世纪，一名到过珞隅地区的英国殖民官员就曾向阿萨姆殖民政府建议："当前的倾向是寻找与阿萨姆平原的商业往来，以代替藏人同他们的食盐和刀剑的交换"（李坚尚，1986）。20 世纪后半期，在现代生活方式影响下，珞巴族年轻人已不再像祖辈那样珍视藏式传统器物，另外，基督教对中印领土争议东段地区珞巴族原始宗教信仰影响很大，当地珞巴族的宗教信仰已呈现出多元化特点，这也导致了珞巴族对藏式器物重视程度的降低。1980 年时，一些阿帕塔尼商人就来到尼西村落，从一些"现代化"了的、对这些东西已不再看重的尼西人中收购这些东西，然后向东渡过西巴霞曲进入墨脱县南部，将其以高价出售给阿迪人等一些传统观念较重的珞巴族部落[①]。至 1962 年 10 月，印度在边境向中国发动全面武装进攻，中国被迫进行自卫还击，此后两国关系中断，1976 年两国恢复互派大使，1984 年签署贸易协定，但是由于中印东段边界领土争端尚未解决，致使中印之间在东段边境地区的通道直至今日大多仍处于中断状态。

此外，我们在考察之中也通过实地走访获取了一些关于新中国成立以来的贸易和交通情况。2019 ～ 2021 年考察队前往察隅县、错那市、墨脱县、米林市等地考察，据各地的居民称，中印边界战争的爆发是影响传统贸易的主要因素，1962 年作为一个时间节点，其后双方的贸易近乎绝迹。而在此前，双方一直保留着交流贸易的习惯。据采访，印方的交易物品以大米、水果、茶叶等为主，中方则以羊皮、牛皮、羊肉、牛肉、牛奶、羊奶、氆氇、藏刀、石锅等商品为多。双方交易的时间则多在藏历 5 月、7 月、11 月，因季节不同而商品不一。其主要通道也即是上述的雅鲁藏布江通道、察隅河通道、多雄拉山口等通道。但受到战争影响，传统贸易也逐步消失了。

从历史轨迹上看，新中国成立以来的中印贸易受到了多种因素的影响，在曲折之中逐步消减，直至今日已经很难看到民间的自发贸易了。我们知道，在政治关系的影响之下，贸易交流总会成为其中的牺牲品，这个时候回看西藏同内地的交流特别是川滇等地与西藏的交流则显得更加关键，不论是从政治意义还是对西藏经济的补充意义来说，内地与西藏间的交通路线才是其中的命脉。

4.4　中印边境东段地区的贸易通道的形成与现状

中印边境东段地区的贸易通道在现今也在不断发展，前辈学者们在实地考察这一地区的基础之上，总结出了现代各民族所惯用的贸易路线与交易市场。对于藏族与珞巴族的贸易交流，李坚尚先生考证还原了六条传统藏珞贸易路线及通道主要的交换路线，现分列如下（李坚尚，1986）。

第一条，从墨脱达木、卡布和朱村经随拉山口至波密。走这一路线的人，主要是

---

① Christoph von Fürer － Haimendorf, Highlanders of Arunachal Pradesh: Anthropological Research in North － east India, New Delhi: Vikas Publishing House, 1982，转引李金轲，马得汶，李小虎：《珞藏传统贸易文化联系考述》，《湖北民族学院学报》（哲学社会科学版），2013 年第 4 期．

米古巴、米新巴部落，来回一次约花 12 天。一般带去茜草，马鞭杆（藤制）和打酥油茶用的竹筒，换回食盐、斧头等。由于波密地方官员的限制和歧视，珞巴人只能晚间入村，寻找买主，以避开他们的视线，如被发现，货物全被没收。走这一路线，每年约有 100 人次。由于这条路线只有七至九月份山口化雪时才能通行，如在其他季节，他们就只能到墨脱境内的藏族地区交换，主要带兽肉、兽皮和茜草，换取衣服，鞋和帽等。这一交换通道均在中国控制线内，是仅存的唯一藏珞贸易路线。

第二条，从都登、更仁、地东翻多雄拉到米林派村。走这一路线的人，主要是达额木、民荣等部落，此外，还有部分门巴人，来回一次要 20 天左右。他们带去的主要有大米、辣椒、皮张，换取食盐、铁刀、铁斧和装饰品等。带去的物资，必须先让色拉寺派出的代表及当地的地方首领选购，然后才能与其他藏族百姓交换。上述两个部落过去曾走其他路线到米林鲁霞、雪嘎等地交换，但自墨脱大地震后，道路堵塞，走派村这一路线的人增多，最多时达 300 多人次。印军占领都登、更仁后，此路的藏珞贸易完全中断。

第三条，从马尼岗或都登地区到米林纳玉。到这里交换的主要是两个部落，即从都登来的民荣部落和从马尼岗来的博嘎尔部落。民荣部落来回一次约 18 天；每年估计有 150 人次；博嘎尔部落来回一次约 7 天，每年约 500 人次。纳玉是藏珞两族交换的重要地点。民荣部带来的货物，主要有大米，其次为皮张、粗绸、黄姜、螃蟹、药材，换取西藏地区的食盐和羊毛、装饰品及铜制器具。博嘎尔部落带来的是辣椒、茜草、大米、麝香、熊胆等，换取食盐、羊毛、猪、牛、衣服、装饰品、铜制器具和铁器。由于这一路线较近，米林地区的珞巴族和藏族，在开山季节，亦有少数人奔走于马尼岗和纳玉之间，作些零星交换。自印军占领都登、马尼岗后，珞巴人过来受到限制，到了 20 世纪 60 年代，这一路线也完全中断。

第四条，从梅楚卡经洛山口到米林里龙。走这条路线来这里交换的主要是博嘎尔部落的雅莫人、此外还有德根部落、棱波部落和门巴族人。来回一次 10～15 天，每年约有 400 人次，带来的货物与到纳玉的博嘎尔部落相同。但德根地区的茜草质量最好，深受欢迎，他们以此换取食盐、刀剑和铁斧等。

第五条，从西巴霞曲上游经尼米金至塔克新或米及顿一线。这一交换路线主要是围绕藏族转札日神山而形成的。早在 12 世纪，札日就是有名的宗教圣地，每年都有不少香客到这里绕圈朝拜，其范围在米及顿周围。每遇猴年，由西藏自治区人民政府主持，转山人多至万人以上，转山范围扩大至塔克新。因此，米及顿和塔克新成为藏珞交换的重要地点。来交换的人，主要是德根部落村民，他们带来大米、辣椒、皮张，换取香客随身携带的串珠、铜铃及各类装饰品，一般通行时间短的需要三四天，长达 10 天左右。德根地区交通阻塞，印军也难以控制，交换没有断绝，因此这种交换，不受地方领主的干预，由双方直接成交。在米及顿，每年交换的人约 100 人次，如遇猴年，在塔克新人数可多达千余人次，但往后人数已有锐减趋势，每年只有数人到十多人前来。

第六条，从比夏、沙里、湖里和汝巴等地越秀拉拉山口，进入陇、准巴和斗玉等地。走这一线的主要是崩如、崩尼部落，来回一次约 20 天，他们带来大米、高粱、辣椒、茜草、药材和皮张，换回食盐、氆氇、羊毛、铜镶、铜铃和长刀等。多数人每年仅来一次，但一些富有的蓄奴主，每次有十多个奴隶为其背运货物。他们把换回的食盐，分装在行筒里送给朋友，收取回赠的皮张。经这一路线来交换的人，每年约 150 人次，但自 20 世纪 60 年代以来，人数锐减，一年偶尔有十多人，且多是探望在西藏地区的同族。在隆子三安曲林的一些珞巴族，也有少数人奔走于湖里、比夏和塔克新之间从事贸易活动（李坚尚，1986）。李坚尚对于此地的现状分析使得我们能够清晰地看到藏族、珞巴族两族人民通过一些便捷的山口，在喜马拉雅山脉这样的自然环境之下，也能够形成成熟的交流与贸易模式。目前，这一条贸易路线仍在运行。

我们结合中印边境东段贸易通道的史料记载、现状考察以及前人研究成果，发现在该地区各民族长期的历史发展中，中国境内形成了 14 个主要的传统贸易点或市场，中印之间形成了 4 条主要的传统贸易通道，如图 4.3 所示。

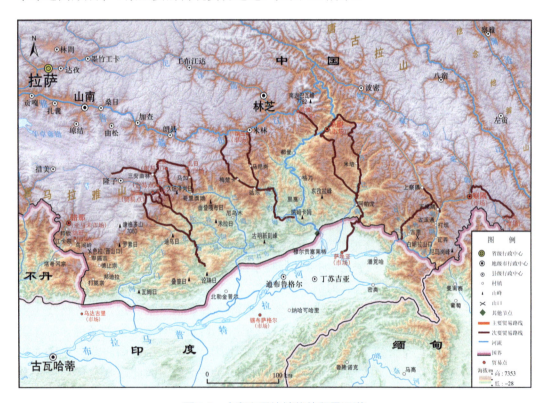

图 4.3　中印东段边境传统贸易通道

4.4.1　传统边贸市场

边境地带的民间贸易，以边民之间互通有无及边境小商贩之间的贩运形式为主。

交换物品均为双方的土特产品，属日常生活品的互补性质。一些口岸根据当地农牧民的交易习惯，举办定期交易会（罗莉，2003）。中印东段边境地区涉及中国境内2个市、4个县、7个镇、28个乡，各县及乡（镇）形成了不同的边贸市场，下面将围绕各县及各乡镇的传统边贸市场进行阐述。

1）错那市

错那市是中国门巴族、珞巴族分布较多的地区，门珞民族在同周边民族的长期贸易活动中，形成的规模最大、影响最广的贸易市场是门隅与西藏地区交界处的亚马荣市场（图4.4）。亚马荣市场在17世纪时就已经是著名的交易点（后来成为传统边贸市场），是门隅地区的大规模集市，每年有三次定期的集市贸易，分别在藏历五月、七月和十一月，每月十五日那天开市，每次七八天。开市期间，每年前来参加贸易的边民可达1500人次左右，门隅门巴族每年在亚马荣市场销售的大米有7万余斤、大豆3万余斤，此外还有大量的茜草。大米由西藏地方政府垄断收购，运往拉萨，一般人不准购买。门隅门巴族生产的竹筐、篾器、木碗、木材、辣椒、药材、腿带、达旺纸也在亚马荣贸易市场与藏族交换食盐、铁器、羊毛、氆氇、衣料、核桃、糌粑、奶渣、肉类等物（陈崇凯，2008）。在门隅地区，每年有西藏地区乃东、琼结、隆子、泽当甚至拉萨来的藏族商人于藏历十月驮运盐、肉干、酥油和氆氇至达旺，换取当地的土特产品，如大米、木碗、药材以及来自印度东北部的货物。藏商一般在达旺过冬，第二年春天解冻以后，再将换好的货物运回西藏地区出售。门隅门巴族与东部的珞巴族也有交换关系，门巴族用项圈上的珠石换珞巴族的水獭皮、粗棉布等。此外，古登集市也是一个规模较大的集市，每年藏历十一月开市。届时，藏族、门巴族、珞巴族、不丹以及印度商人云集，进行各种交换活动。同月，在门隅昂巴达拉也有一个盛大的集市，远道而来的藏族商人主要是贩卖骡马，门巴族、珞巴族群众主要是用当地的土特产品，如大米、竹木器皿、动物皮毛、动物角牙等和各种水果交换。据外交资料记载，在这些集市上："每年从西藏各地来的商旅，带来大量的货物和钱币，仅白银就至少值十万卢比，带来的货物有矿盐、毛织品、马匹、牦牛尾等换取大米、铁、珍珠、皮张和阿萨姆蚕丝绸。"下文即对这些市场进行简略的介绍（陈立明，2003）。

亚马荣市场位于错那市，对应印度阿萨姆邦的乌达古里边贸市场，连接的山口通道有娘江曲通道、棒拉山口、土伦山口、卡里阿帕拉山口、色拉山口。亚马荣位于错那市政府附近，往下不远便是西藏地区与门隅交界的波拉山，越过山口即到上门隅的勒布沟；往南越过棒拉山口即可抵达旺，经达旺往南去印度，往西可直达不丹。亚马荣是连接西藏地区、门隅和不丹的交会点，也是与不丹盐米交换地。错那有三条骡马道路通向达旺：第一条为娘姆江通道：错那—贡日门巴民族乡—勒门巴民族乡—达旺；这是一条四季通行的传统贸易通道，是门隅与西藏地区相联系的最重要的通道，也是西藏直通印度阿萨姆平原北缘乌达古里市镇的传统商道。第二条为棒拉山口通道：错那—棒拉山口—达旺，是夏秋季节门藏通行的骡马要道，冬季封山五个月，其间不能通行。第三条为土伦山口通道：错那—土伦山口—达旺，也是夏秋季节才能通行的骡马通道。

与之相对的是乌达古里市场，它位于印度阿萨姆邦达让（Darrang）县的一个城镇。由控制阿萨姆邦博多兰地区的博多兰地区议会管辖。这个市场创建于 19 世纪上半叶，1833 年，在英属印度东北边境的西部，英国印度公司一位卢瑟福特少校在乌达古里开辟了一个一年一度的集市，不久就日益繁荣地成为西藏地区和印度商人的会面场所。乌达古里市场的贸易发展迅速，据当时公司官员的报告，"从西藏各地，包括拉萨、西藏东部、西部，甚至北部的商人成群结队来到这里，他们当中一些人穿着汉族服装，使用汉族器具，实际上就是汉族。许多人带着家眷，赶着驮运货物的强壮的小马，每年有好几百匹运货的马来此。"1852 年，公司把集市南移到布拉马普特拉河北岸曼加代尔以方便孟加拉和阿萨姆的商人，然而山区的居民不能忍受平原地区的酷暑，不愿到曼加代尔，因此仍照旧办理，未加变动，贸易也未能得到发展。据统计，1876 年到乌达古里市场来的山区居民不下 3600 多人，到萨地亚市场的也不下 3000 多人。1870 年，到门隅南部乌达古里市集贸易的商人不下 3600 人，到印度萨地亚市场交换的人数不下 3000 人。

在上述市场之中，两个山口成为贸易点兴起的关键，即棒拉山口和卡里阿帕拉山口。棒拉山口是错那到达旺的重要通道之一，该山口为季节性山口，夏季才可通行，1951 年 2 月印军占领达旺，并控制了达旺以北的棒拉（山口）等地，这条传统贸易通道就此中断。

卡里阿帕拉山口也是达旺进入阿萨姆平原的一个重要贸易通道，每年冬季来自西藏的大队商人穿过山口进入乌达古里（Udalguri）集市。卡里阿帕拉山口周围的平地为达旺和阿萨姆共有，拉萨地方政府下属的达旺当局在冬季占有此地，夏季放弃。

达旺市场，也是这一地区较为重要的贸易市场（图 4.4）。连接的山口通道为：色拉山口—达旺—棒拉山口。达旺地区自古就是中国的领土，是旧时门隅的主体部分和藏南地区开发较早的富饶之地，被誉为藏南明珠。同时，达旺是六世达赖的故乡，因此也成为藏族民众心中的一块圣地。达旺地区的面积有 2172 km^2，属于中国西藏自治区山南市的错那市，是藏南门隅地区重要的政治、宗教中心。

达旺地区从青藏高原一直延伸到乌达古里正北方的阿萨姆平原，即印度和中国西藏地区之间一条重要的商路就是通过达旺地区。从达旺出境到印度阿萨姆邦的传统贸易通道，是由达旺向东南行下坡至门隅中部谷地江村，翻越色拉大山至申隔宗，再由申隔宗东南行经雍马洞至李村或德让宗，之后从德让宗南行至曼达拉山麓（即昂巴达拉山），越昂巴达拉山至普冬，进入所属阿萨姆邦的达喀拉丁，由达喀拉丁至塔拉，此处即与铁路衔接。此线是每年冬季中国西藏、不丹、印度等各路商人赴印境贸易的传统通道。另外，也有少数印商经此线到达旺地区贸易（多布杰，2012）。北方的商人主要下来觅购大米，带有白银、砂金、羊毛、食盐、麝香、中国丝绸和牦牛尾巴（用来打苍蝇）。1809 年通过达旺的阿萨姆－西藏贸易，估计总值 20 万卢比。

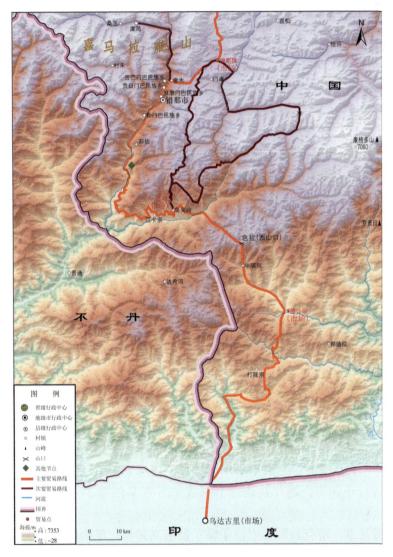

图 4.4　错那市传统贸易路线示意图

2）隆子县

加玉贸易点，加玉乡为西藏自治区山南市隆子县辖乡，乡人民政府驻共拉村。全乡辖 10 个行政村，即切堆村、切麦村、贡嘎村、杆吉村、普玉村、达孜村、强木金村、共拉村、庞村、卡布村，共有 43 个自然村。1959 年属加玉区，1987 年改加玉乡位于县境东南部，距县城 47 km。贸易点位于加玉乡卡布村，对应印度阿萨姆邦锡布萨格尔，连接的山口通道有觉姆拉山口、莫嘎岗山口、西巴霞曲通道。加玉乡在历史上就是珞巴人与藏族进行贸易往来的传统交易点，每年 7 ~ 10 月山口积雪融化，南面珞巴人便翻越山口进入卡布村进行物品交换，主要有珞巴族的刀以及捕猎的动物等，用来交换取我方的胶鞋等生活用品和一些小物品。从 2014 年开始，每年贸易人数在 50 ~ 60 人次左右，2015 年达到 74 人次。

准巴市场，准巴乡为西藏自治区山南市隆子县辖乡，辖知能村、哲村、达嘎村、吉巴村 4 个村委会，有 12 个自然村。位于山南市隆子县境东南部，东邻玉麦乡、南邻错那市、西邻加玉乡、北邻三安曲林乡，距县城 72 km。属高山峡谷地带，沿着雄曲河的流向呈条状分布，全乡平均海拔在 3100 m 以上。该市场位于准巴乡哲村，后迁至知能村，对应印度阿萨姆邦锡布萨格尔，连接的山口通道有仁我阿拉山口、卡雄拉山口、仁我阿拉通道、西巴霞曲通道。每年 7 ~ 9 月，南面珞巴人翻越仁我阿拉山口和卡雄拉山口，到准巴乡和知能村进行物品交换，每年大约 300 人次，带着珞巴刀、当地药材麝香以及捕猎的动物等物品来交换生活用品。

斗玉贸易点，斗玉乡位于隆子县斗玉珞巴民族乡，地处色曲河下游，位于隆子县境东南部，距隆子县城区 132 km，面积 333 km²，对应印度阿萨姆邦锡布萨格尔，连接的山口通道有阿相比拉、西巴霞曲通道。斗玉珞巴民族乡历史上与南面珞巴族有着亲缘关系，双方存在着传统贸易往来，直到今天，每年从南面穿越阿相比拉到斗玉进行物品交换的珞巴人仍有 10 人次左右。交易物品大部分是珞巴刀、麝香以及捕猎的动物等，用来交易生活用品。

玉麦贸易点，玉麦乡由玉门乡改制而来，是中国人口最少的乡，位于西藏隆子县南部，喜马拉雅山南麓，受印度洋水汽强烈影响，西与三安曲林乡、北与扎日乡、东与珞瑜地区、南与门隅地区接壤，辖 2 个行政村，乡人民政府驻玉麦村。行政区域面积 3545.97 km²，是隆子县境域面积最大的乡。2020 年，玉麦乡总人口为 234 人，共有 67 户居民，该乡产业以牧业为主，服务业与手工艺品零售为辅。乡驻地玉麦村，海拔 3560 m。该贸易点对应印度阿萨姆邦锡布萨格尔，连接的山口通道有都仁错康、西巴霞曲通道。玉麦乡是藏族转扎日神山的必经之路，逢转山时边民往来频繁，传统上就在玉麦进行物品交易。之后由于印度蚕食中国领土，无法实现大转山，中国百姓只能在北部进行小转山，每年从南部到玉麦进行贸易的有 2 ~ 3 批次边民，每批次 20 人左右。

塔克新贸易点，塔克新贸易点位于隆子县塔克新村，现为印度非法占领，隶属中国西藏自治区山南市隆子县，位于隆子县玉麦乡南部，西巴霞曲南岸，喜马拉雅山山脉北麓，是印控区较大的村庄。对应印度阿萨姆邦锡布萨格尔，连接的山口通道有西巴霞曲通道。从西巴霞曲上游经尼米金至塔克新或米及顿一线，这一交换路线主要是围绕藏族转扎日神山而形成的。早在 12 世纪，宗教文化的传播促进了藏珞之间的交往，扎日成为佛教著名神山，每年都有不少香客到这里绕圈朝拜，其范围在米及顿周围。每遇猴年，由当地政府主持，转山人多至万人以上转山范围扩大至塔克新。因此，米及顿和塔克新成为藏珞交换的重要地点。到这些地方交换的人，主要是德根部落。他们带来大米、辣椒、皮张，换取香客随身携带的串珠、铜铃及各类装饰品。边民来这里交换，距离近的只花三四天时间，远的达十天左右。这种交换，不受地方领主的干预，由双方直接在米及顿成交，每年交换的人约 100 人次。藏历猴年，在塔克新交易时，最多达千余人次。时至今日，每年只有数人到十多人次前来。

扎日乡市场（图 4.5），扎日乡位于隆子县境东北部，距隆子县城区 220 km。东与墨脱县为邻，南与玉麦乡的塔克新（印占）接壤，西与斗玉乡阿相比拉相连，北与朗县金东乡博沙拉山、米林市里龙乡朗贡村扎西岗为界。对应印度阿萨姆邦锡布萨格尔，连接的山口通道为扎日曲通道、西巴霞曲通道。扎日贸易点位于隆子县扎日乡，因境内北边的扎日神山而得名。扎日神山是藏族喇嘛教徒在藏历猴年要大规模朝拜一次的圣地，朝拜这时边民来往众多，便在山脚互相交换土特产品和日用品等。

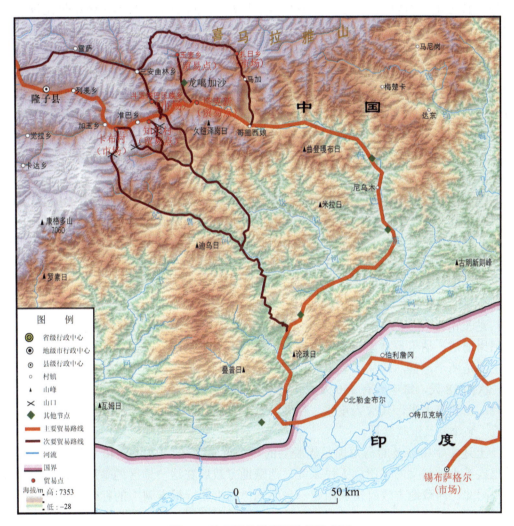

图 4.5 隆子县传统贸易路线示意图

3）米林市

派镇市场，位于米林市派镇，对应印度萨地亚边贸市场。连接的山口通道有多雄拉山口、德阳拉山口，雅鲁藏布江通道。派镇小集镇（墨脱转运站），位于米林市派镇镇政府所在地 3 km 处，是墨脱县与外界主要出入口，它是进入大峡谷和墨脱前难得的物资补给和游憩地。传统上，从都登、更仁、地东翻多雄拉到米林派镇，走这一路线的人，主要是达额木、民荣等部落，还有部分门巴人，往返一次要 20 天左右。每年 6～11 月多雄拉山口可通行，他们带去的主要有大米、辣椒、皮张，换取食盐、铁刀、铁斧和装饰品等。带去的物资，必须先让色拉寺派出的代表及当地的地方首领选购，然后才能与其他藏族百姓交换。上述两个部落过去曾通过德阳拉山口、鲁霞山口到米林鲁霞、雪嘎等地交换。

派镇作为交流站点历史较长，多年以来，派镇就是墨脱人来采购、运输生活物品的中转之地，所以它还有一个名称叫转运站。直到今天，派镇转运站仍是墨脱与米林之间贸易的重要中转点，墨脱人带着石锅、墨脱辣椒、花椒以及编织品来此交易铁皮、服装、肉类和钢材。1913 年 5 月英印政府派出的"阿波尔"测量队也曾溯雅鲁藏布江进入墨脱县背崩乡（罗洪忠，2012），翻越多雄拉山进入雅鲁藏布江大峡谷的入口处米林市派镇。墨脱大地震后，德阳拉、鲁霞等山口的道路堵塞，走多雄拉这一路线的人增多，最多时达 300 多人次。印军占领都登、更仁后，此路的藏珞贸易便中断了。在 2010 年嘎隆拉隧道贯通之前，往来多雄拉山口的货物都靠人背马驮，受大雪封山的影响，山口只能季节性通行。隧道修通后可全年通车，贸易量也大大增加。

派镇市场得以兴起的重要原因即为多雄拉山口。多雄拉山口海拔 4250 m，位于喜马拉雅山脉北段主脊，多雄拉雪山终年积雪不化，即使是在开山通行的几个月内，雨雪雹雾也是说来就来，其翻越难度甚至超过许多五六千米的高峰，许多负重的民工和马匹就这样永远留在山口，因此当地人谓之为墨脱路上"鬼门关"。这里是大陆高原寒流和印度洋暖湿气流的交汇处，气候风云莫测、经常大雾弥漫，因此气候问题也是现如今第二条墨脱公路面临的主要问题。

纳玉市场，位于米林市，对应印度萨地亚边贸市场，连接的山口通道有东拉山口、马尼岗通道。纳玉也称南伊，有"纳伊""乃玉""乃隅"等多种译写。到这里交换的主要是两个部落，即从都登来的民荣部落和从马尼岗来的博嘎尔部落。民荣部落来回一次约 18 天，每年约有 150 人次。纳玉是藏珞两族交换的重要地点，民荣部带来的货物，主要有大米，其次为皮张、粗硼、黄姜、螃蟹、药材，换取西藏地区的食盐和羊毛、装饰品及铜制器具。

上述文字中涉及的马尼岗是墨脱县的一个重要区域。19 世纪 40 年代，马尼岗的珞巴族头人被起义的珞巴族人民杀死，西藏地方政府在这一地区的基层政权组织遭破坏，因此，西藏地方政府重新组建一种名为"乃卡松、根卡阿"的行政管理机构来统治马尼岗，西藏地方政府对马尼岗的统治也因此得到了加强，并且这一治理模式一直延续至 20 世纪 50 年代印军非法占领马尼岗后才中断。梅楚卡的地位与马尼岗相似，它位于锡约尔河主支的巴恰西仁河（巴加西仁河）旁，海拔 1920 m，是难得的山间平地，这里气候湿润，物产丰富，1951 年 10 月，印军一部又在直升机的配合下，侵占了上珞隅的巴恰西仁，在梅楚卡等地强行建立兵营，严重损害了这一地区的传统贸易。

从马尼岗或都登地区到米林纳玉的路线有三条：①马尼岗—东拉山口—来果桥—南伊沟—纳玉村；②都登—更巴拉山口—背崩乡—多雄拉山口—派村—丹娘乡—纳玉

村；③米林—桑呷桑巴—郎贡珞巴族村庄，再翻越达巴新山。

　　传统上，博噶尔部落的人到纳玉交换比较多，每年藏历 5 ～ 10 月为交换季节。来回一次约 7 天，每年约 500 人次。除 8 ～ 9 月交差时附带作交换外，其余时间亦可前往。博嘎尔部落带来的是辣椒、茜草、大米、察香等，换取食盐、羊毛、猪、牛、衣服、装饰品、铜制器具和铁器。家境富裕的人家，每年约来 10 次。中等人家一年来 5 ～ 6 次，穷苦人家一年仅 1 ～ 2 次。博噶尔人以染草、辣椒为大宗前来交换，他们主要买回牲口、羊毛、装饰品、衣服和铁制品。

　　米林地区的珞巴族和藏族，在开山季节、亦有少数人奔走于马尼岗和纳玉之间，作些零星交换。自印军占领都登、马尼岗后，珞巴人往来受到限制，到了 20 世纪 60 年代，这一路线也完全中断。据西藏和平解放前曾管理藏珞贸易的藏族统战干部达曲说，在中印边界封锁以前，珞巴族的民荣部落人到米林纳玉邦加同藏族进行交换，每年 8、9 月各一次，每次持续 5 天，平均约 150 人次，全年达 300 人次，民荣人带来的东西主要有大米、兽皮和药用野兽器官等。此外还有酥油筒、螃蟹、生姜、藤绳子、民荣刀及称为比利、苏梅、嘎哥拉和明苏等几种药材。他们买回去的货物主要有食盐、绵羊毛、山羊毛、牦牛尾、铜耳环、铜手镯、海螺、串珠和藏刀等。每到交换季节，民荣部落的人以村为单位，集体前来，并事先派人到则拉岗宗与派驻纳玉的代表（基米雄巴）和三乃卡取得联系，三乃卡派则出村人前往东嘎拉等地架桥修路，以示迎接。

　　米林市还有另一条通外路线：里龙乡—塔马墩—洛拉山口—梅楚卡（图 4.6），里龙乡在纳玉村西南边，雅鲁藏布江沟通两地。马尼岗通道与梅楚卡通道沿河谷下行汇合，连接墨脱县阿隆、潘金，到达巴昔卡。运用这一线路较多的群体则是德根部落。德根部落通常是经珞山口（洛拉山口）进入里龙、乃巴，每年约计 400 人次。藏珞之间的交换，除了珞巴人到西藏地区外，还有一些居住纳玉的珞巴人和藏族人，带着货物到马尼岗、梅楚卡一带进行交换（西藏社会历史调查资料丛刊编辑组，2009）。在纳玉山沟，从事这种贸易的有 17 ～ 18 人，其中珞巴人 5 ～ 6 人，其余为藏人，每年每人平均去 2 ～ 3 次。由于马尼岗没有集市，到那里交换时直接到户。一般带去羊毛、氆氇藏装、装饰品。

　　4）墨脱县

　　白马岗市场，位于墨脱县墨脱镇，对应印度廷苏基亚市场，连接的山口通道有更巴拉山口，雅鲁藏布江通道，丹巴曲通道，永加拉山口，崩崩拉山口（图 4.7）。

　　墨脱宗是藏南地区历史较为悠久的地区，西藏政府对其管理由来已久。白马岗（现墨脱）冲吉（商务官）1906 年开始建立，1923 年由日杂堪穷公布四朗任冲吉。由于墨脱境内交通闭塞，没有专门的市场和专业商人，交换是门巴、珞巴人民一年一度获取生活必需品的重要途径。门巴族和珞巴族一个家庭就是一个自给自足的单位，各家庭用自己多余的产品换回自己缺少的东西，是一种传统而必要的交换方式，此外门珞民族还长期在此处同藏族人民进行数量不小的贸易活动。门巴、珞巴族用自己的农产品和土特产与藏族交换自己的生活生产必需品，如食盐、生活工具。与藏族的交换每个家庭都要进行，一年出山 1 ～ 2 次，秋季是交换的最好季节，通往外界的山口没有封冻，每交换一次往返 10～20 天。每年交换 1～2 次，并且交换的是全家全年食用的盐和其他物资，多数是以物易物的形式。这一地区传统的贸易通道是墨脱通向巴昔卡贸易市场的通道，具体线路为墨脱—更巴拉山口—都登—里夏—巴昔卡。从雅鲁藏布江下游的格刀、希蒙等上来进行交换的洞工珞巴族人也到达木等地进行交换。他们用带来的棉做的藏被"波申"、白粗布（"梳耶"）、粗纺织品（"布惹"）、猪肉、山羊皮和质量很好的洞工刀用以换取珞巴人从康巴人那里买来的项链和长刀。

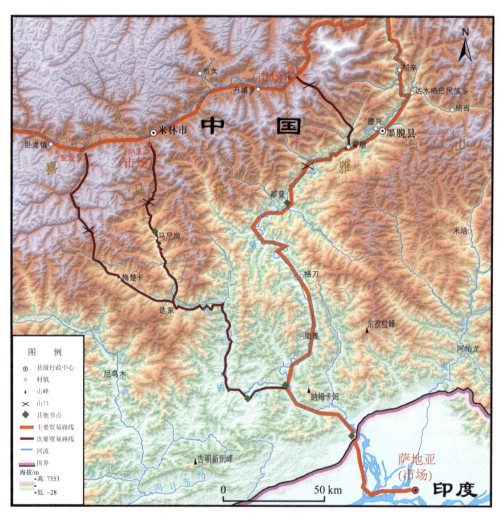

图 4.6　米林市传统贸易路线示意图

巴昔卡市场，也是墨脱县境内重要的交易市场，对应印度廷苏基亚市场。通向该市场的通道主要是雅鲁藏布江通道（图 4.7）。该市场位于中国西藏墨脱县靠近印度阿萨姆邦的地方，是举世闻名的千余里雅鲁藏布大峡谷的底部出口，海拔 166 m，在雅鲁藏布江下游西岸（现居中国藏南地区的底部）。该地区地势低平，河面变得特别宽阔，河面、滩涂以及湿地合起来宽达 10 km 是常态，土地肥沃，地势平坦利于耕作、资源丰富，属于藏南发展较好的一个小城。巴昔卡，为汉字译写的珞巴语地名。因巴昔卡特殊的地理位置和气候条件的影响，该地区终年温暖湿润，雨量充沛，年降水量高达 4495 mm，为我国陆地上降雨最多的地方之一，被称为"中国雨都"。

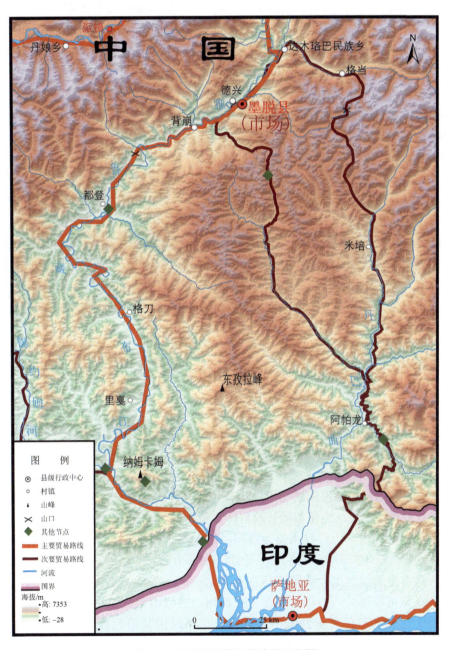

图 4.7　墨脱县传统贸易路线示意图

自英国殖民者侵藏以来，这里的贸易状况发生了很大改变。1911年9月下旬，英属印度政府兵分三路悍然发动了大规模的"阿波尔"远征，即主要纵队赴"阿波尔"地区，第二路赴克什米尔地区，第三路赴米里地区。这次武装侵略西藏东南珞隅、察隅地区，是英国继第二次侵藏战争以来最大规模的一次。10月28日，上千英军和数千那加族搬运苦力从萨地亚出发，在科博（Kobo）分两路：一路溯雅鲁藏布江而上，经帕西噶特（巴昔卡）到克邦村，另一路经密空（Mikong）向北抵罗同（罗洪忠，2012）。由于英军在数量和武器装备上占有绝对优势，珞巴族民荣部落不能抵挡，最终珞隅巴昔卡、克邦等村庄被英军占领。这次占领后建立了西部和东中部两个分区，东中部分区延伸到苏班西里东部，邓达斯成为第一任助理政务官，将巴昔卡、克邦等珞隅地区正式纳入他的控制下。位于此地的传统贸易也受此影响而衰落（《中国少数民族革命史》编写组，2000）。

5）察隅县

察隅市场，对应印度萨地亚边贸市场；主要山口、通道为察隅河通道，杜莱曲通道，知拉山口。有关察隅市场，值得一提的是近代我国对此边疆的经营活动。1911年5月，一位中国军官（川滇边务大臣赵尔丰治下程凤翔营右哨哨长张绍武）带领50名中国士兵和100名西藏苦力翻越格勒山口（Glei Pass，今察隅县的知拉山口），在巴兰岗附近的杜莱河谷待了一个星期，受命前来杜莱河（杜莱曲，下同）流域安抚、传召密西米人（西藏僜人），命令他们修路沿杜莱河下至洛希特河（鲁希特河，下同），发给由川滇边务大臣赵尔丰签发的护照，向持照人提供保护，并交给一面龙旗命令他们竖立在杜莱河与洛希特河汇合处，以示国界（吕昭义，2014）。

察隅和平解放前，西藏地方政府就与缅甸进行边境贸易，主要是委派日东当地头人到缅甸收购皮货、药材等。1951～1964年，边境贸易一度停止。1965年，昌都地区委员会指示察隅县公安局前往中缅边境地区，进行贸易试点工作。1966年，昌都地区商业局指派察隅县贸易公司到中缅边界正式进行贸易工作。1985年，察隅县政府根据中央及西藏地方政府相关指示精神，坚持政治上友好、经济上互利的原则，发展民间贸易。缅民自发到察隅县城进行贸易，由县边防大队负责维护贸易秩序。缅甸边民带来缅甸土特产，到察隅县城变卖为现金，再购买他们所需的商品，并以人民币方式结算，人民币在缅甸当地也流通使用。2005年底，年边贸成交额达20万元，为促进察隅县边境贸易更好发展，当年察隅县政府便投资151万元建立日东边贸市场。

知拉山口又称格勒山口杜莱曲为察隅河的支流，从知拉山口注入察隅河后，约90英里抵萨地亚。在4.3节中，我们已经论述了察隅历史上著名的茶马古道，察隅历史上著名的茶马古道通过这里。滇藏茶马古道除从大理、丽江、德钦进入西藏外，还有一路分支干线则可经漾沧、石门（云龙）至旧州，翻怒山至瓦窑、槽涧、泸水、六库、福贡、丙中洛、出石门关至西藏的察隅县。这条路因是沿怒江峡谷行走，其海拔在1500～2500 m，无高大雪山阻隔，可长年通行。到察隅后，可由西藏出境至缅甸，再到印度。亦可经波密至拉萨、日喀则到尼泊尔、印度。与知拉山口对应的印度市场名为萨地亚。萨地亚亦称萨迪娅，古名辛杜·赫特拉，是印度阿萨姆邦东北部城市，邻近中、缅两国。第二次世界大战中，是中印公路的起点。

抗日战争发生后，通过察隅的传统贸易通道成为此地区极其重要的物资运送通道，因此成为中日英多方关注的焦点。在 1940 年秋，日军出动大批飞机，对滇缅公路上的惠通桥、功果桥等重要桥梁狂轰滥炸，致使这条国际通路数度中断，援华物资运输告停（夏玉清，2016）。滇缅公路在 1940 年一度被封闭，甚至在 1942 年完全中断，迫使重庆方面以及后来的盟军开始选择新的中印通道。1940 年秋，国民政府交通部提出另辟一条通印度洋的通道，随后公路总管理处制定了实地勘测新的中印通道的几条线路的方案，最初均以西昌为起点，以印度阿萨姆邦萨地亚为终点，分川滇藏印（北线）和川滇缅印（南线）两线。其具体线路如下。

南线：西昌—盐源（125 km）—永宁（222 km）—中甸（165 km）—叶枝（152 km）—茨开（120 km）—孟顶（83 km）—木刻戛（25 km）—补脑登（75 km）—坎底（143 km）—赵岗隘口（Chaukan Pass 76 km）—萨地亚（245 km）。总计 1430 km。

北线：西昌—中甸—德钦—察隅—下察隅—萨地亚。

此外，察隅县的吉台市场也是该地较为重要的贸易市场，与之对应的是缅甸边贸市场纠嘎，连接的主要山口、通道有得拉拉、新开各杂拉、下索邦拉（图 4.8）。吉台边贸市场位于察隅县吉台村。早在 20 世纪 60 年代，察隅县就在吉台村修建有贸易市场、招待所、医疗点、电影放映点等，基础设施相对齐全，县贸易公司每年 7～12 月在吉太设点收购兽皮、麝香、贝母、知母、黄连等，交易方式多为以物易物。直至 80 年代，县贸易公司才取消设点收购，随之原有的设施被破坏。随着改革开放和各项政策的放宽，每年 7～11 月，在吉台村有数百名缅民与竹瓦根镇及古拉乡、察瓦龙乡群众进行边贸交易，人数正逐年增加。据粗略统计，70、80 年代年交易额 7 万～8 万元，2005 年初，林芝地区商务局在吉台投资 150 万元修建一所边贸商品房，年交易额达 30 余万元。

图 4.8　察隅县传统贸易路线示意图

4.4.2 传统贸易路线

通过以上章节对于中印东段地区数县内的重要贸易站点的梳理，我们基本上能够清晰地看到这一地区内几条重要的贸易路线，本章即对这些贸易路线的历史与现状加以分析复原。这里对中印边境东段地区的贸易通道进行简单的梳理，它主要分为四条，下文即由西至东进行简述。

首先是乌达古里—达旺—拉萨线，该线位于藏南地区西部门隅地区，被看作是由印度阿萨姆邦通往中国拉萨的一条捷径，是非常重要的传统贸易通道。经达旺又有两条四季通行的骡马道通往错那。一条走娘姆江，另一条翻越棒拉山口。

其次是西巴霞曲通道：锡布萨格尔—隆子县—拉萨。西巴霞曲是门隅地区-珞隅地区的界河，沟通印度锡布萨格尔与隆子县，连通拉萨。20世纪初英国阿波尔远征计划中米里分队曾走这条路进入中国藏南腹地。由隆子县准巴乡可翻越仁我阿拉山口，到达坎拉河源头，沿坎拉河河谷下行可与雅鲁藏布江汇合。

再次为雅鲁藏布江通道：廷苏基亚—巴昔卡—墨脱—拉萨。该线沟通巴昔卡与墨脱县，之后连接到拉萨。19世纪末与20世纪初英国派出的测量队曾几次沿这条路溯江而上调查中国珞隅地区获得情报，几次被珞巴族逼退。其中，西姆拉会议结束后，英国谍报人员贝利也从雅鲁藏布江而上，经格当乡到墨脱，再往西进入错那。

最后为东段的察隅河通道：萨地亚—察隅—拉萨，是一条可以四季通行的传统贸易通道。历史上著名的茶马古道有部分路线与这条路重合，以大理为起点，经西藏的察隅抵印度的萨地亚。19世纪中叶英国入侵中国西藏南部，英属印度政府官员由阿萨姆邦逆察隅河向北探查，寻求深入中国的道路。也就在这一时期，许多英国人把察隅河谷看作是将来通往中国的商路。清朝时夏瑚沿现在的察隅河东岸南行进行宣抚（王佩良，2017），最终进入现在的缅北。

上述各条贸易通道的形成均有其自然与人文因素的影响，其变迁通常受到政治经济因素的干预，下面即对每条通道的具体贸易站点以及其形成变迁因素进行具体分析。

1) 乌达古里—达旺—错那—拉萨

该通道的具体路线为：乌达古里—德让宗—色拉山口—达旺—错那市—热荣乡—泽当—拉萨（图4.9）。门隅南境直抵印度的边境市集乌达古里，双方最近处仅距11 km，所以是从西藏南下印度阿萨姆的一条捷径。这是西藏山南地区与门隅之间的主要交通干线，也是西藏直通印度阿萨姆平原上的乌达古里市镇的重要传统商道。贸易通道的另一头则是错那市，错那市往北可连拉萨，往南有三条路线通往达旺，之后有一条主要通道通往印度阿萨姆邦，徐近之在《西藏西康国防线上之通路及其重要》中提到："亚三省入藏之路，仅有干线一，惟及其扼要，起点为欧达勒古里（Odalguri），由阿穆拉塔勒入境，经塔克郎宗、提郎宗于塔汪东北，与由布丹来之路，同赴翠南"（徐近之，1936）。

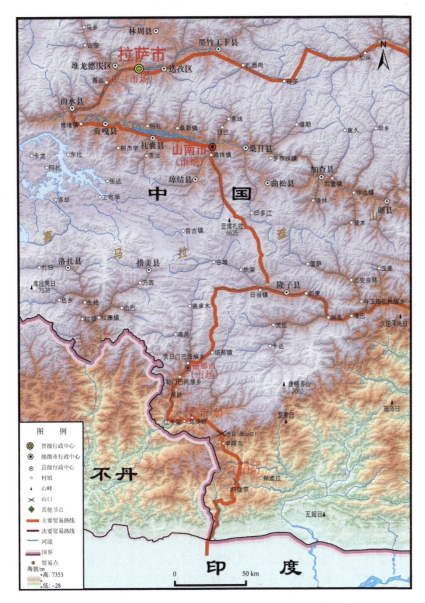

图 4.9　乌达古里—达旺—错那—拉萨传统贸易路线示意图

　　受近代英国经略南亚、东南亚影响，此通道在 19 世纪中后期地位更加重要。1826 年，英国用《阳达布条约》从缅甸夺得阿萨姆后积极经营该地。东印度公司先取得不丹南境与孟加拉接壤的大片土地的经营权，接着又漫无止境地扩大掠夺范围，他们垂涎中国喜马拉雅山区的森林、茶园和象群（《门巴族简史》编写组，2008）。阿萨姆平原土地肥沃，河流众多易于灌溉，适合农业发展。英国东印度公司获得开发权后，大量砍伐森林，辟为空地、种植茶叶，经营茶园，利用阿萨姆—达旺—拉萨这一传统商道，打入西藏市场，企图垄断西藏与内地贸易上最大宗的茶叶生意，以获取更多的经济利益。

235

英国殖民主义者认为门隅的乌达古里—达旺—错那这一条线的传统商道，是进入藏族地区，乃至中国内地的最短、最便捷的路线，中间不需通过尼泊尔、不丹等国即可进入雅鲁藏布江中、下游西藏最富庶的地带，中间没有独立政权的阻隔。又可以把中国西北各省以及西藏东部各地的原料运到英国的领地去加工，再将英国商品倾销到蒙、藏、西康、云南等地区（吴从众，1988）。正如驻印度东北边境总督的代理人詹金斯少校在 1847 年 8 月所记的："英国和中国两大政府的领土在此接壤，这是中国西北省份以及西藏和鞑靼东部的农产品输入英国的领地最近的通道。"20 世纪 40 年代英军就是沿此路从南向北侵入山南，1946 年占领了西山口（色拉山口），切断了西藏对达旺以南地区的管辖。新中国成立前，一般行程是由拉萨乘牛皮船至山南的瓦其渡口或泽当，约 3 日程（日程按乌拉马站计算）。由扎其乡乘马至错那约 7 日程。由错那宗骑马南行，第 1 日越甸底拉山，经竹日湖、东南越盖金拉山，经罗布塘草原至宿乌村住宿。宿乌村设有税卡，往来商人必须在此上税后能通过。第 2 日东南行须翻过几重小山，如帕马拉山、东果拉山，最高点为密拉山，过此即越过喜马拉雅山主脉，经波扬程南前行，沿着娘江曲河进入达旺河谷，当晚可抵达旺地带。

2）锡布萨格尔—隆子县—拉萨

这条通道的具体路线为：锡布萨格尔—伊塔纳噶—塔克新—准巴乡—加玉乡—隆子县—拉萨（图 4.10）。作为传统的藏南民族贸易通道，这条路线被发现得很早，19 世纪中叶英国殖民者就派测量队沿布拉马普河而上，沿雅鲁藏布江下游及支流西巴霞曲（也曾沿丹巴曲进入珞隅地区），1912 年底，阿波尔远征计划所派生的米里调查团勘察了苏班什里河（即西巴霞曲）的下游，并溯这条河的主要支流坎拉河而上，远达塔里。而这个所谓的"米里使团"由拉金普尔分区官员克乌德（G.C.Kerwood）负责，于 1912 年开赴雅鲁藏布江与不丹之间的西巴霞曲流域盆地。护送英军的是奈威尔（G. Nevii）和格拉厄姆（M. Graham）的第 15 廓尔喀步兵连 150 名官兵。分队从西巴霞曲出发，到它的支流康拉（Kamla），再向北面和西面推进，但因珞巴族的抵制而停滞不前，该年年末，英军企图再次前进时，又因恶劣的天气最终只能撤回印度。但在此次远征之中，英属印度方面记录了部分藏印边境地区的交流贸易状况，其首领克乌德在西巴霞曲支流康拉河流域的塔里村，发现藏人与珞巴族阿帕塔尼人的商业交易情况，如"藏人用兽皮交换阿帕塔尼人生产的大米"。还在一些村子发现许多藏人生产的刀、铜铃、小珠等物品，"明确表明了西藏在这个地区的影响"（罗洪忠，2012）。

这条线路的另一端则是印度城市锡布萨格尔，该城市在 1699～1788 年曾是阿洪王国的首都。阿洪人统治阿萨姆邦长达 6 个世纪，直到 1819 年他们的王国被缅甸吞并，原有统治阶级几乎被消灭，其国家也宣告灭亡。线路上的印度城市还有伊塔纳噶。伊塔那噶是一座古都，在公元 11 世纪为吉特利王朝首都，得名于建于 14 世纪的伊塔古堡，意思是砖堡。

通过上述介绍我们发现，这条通道上的城市聚落历史均较为悠久，而连接这些城市的通道本身，也应该具备长久的发展历史，这也是此通道存留至今仍然被广泛使用的原因所在。

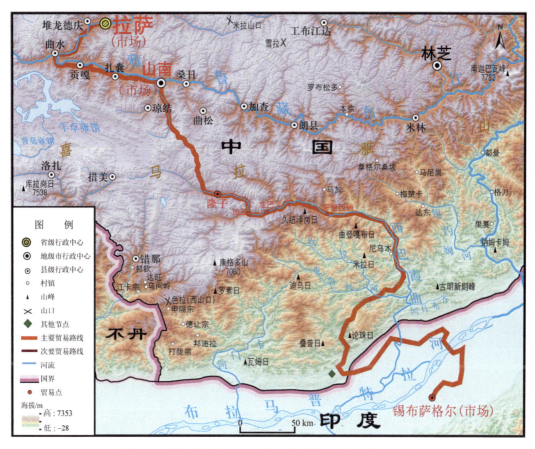

图 4.10 锡布萨格尔—隆子县—拉萨传统贸易路线示意图

3）巴昔卡—墨脱—里龙—拉萨

这条通道的具体路线为：巴昔卡—都登—更巴拉山口—墨脱—派村—米林—里龙乡—拉萨（图 4.11）。这条通道与前述第二条通道相距不远，有些站点更是重合的，其历史渊源也较为相似。20 世纪初期，英属印度政府派出的阿波尔远征队同样也考察了这一地区。该测量队于 1913 年沿雅鲁藏布江大峡谷出口处巴昔卡溯江而上，成功地翻越更邦拉山，到达大峡谷核心地段墨脱县背崩、甘代，终因前面的道路异常难走而放弃。同年贝利雇上几个挑夫做向导，与英属印度测量局的一个测量员摩斯赫德（H.T. Morshead）一起，徒步开始了"无护照西藏之行"。他们经墨脱金珠宗（现在的墨脱县格当乡）北上，到墨脱，然后沿着雅鲁藏布江河谷往西走，经现在的西藏隆子县边境实控区扎日，进入错那市，再经以贝利名字命名的"贝利小道"到达现在的门隅印占区西卡门县首府邦迪拉，经德让宗又北上达旺，经不丹返回印度，行程历时半年，这成为这条道路早期有记载的一次行程（贝利，1983）。

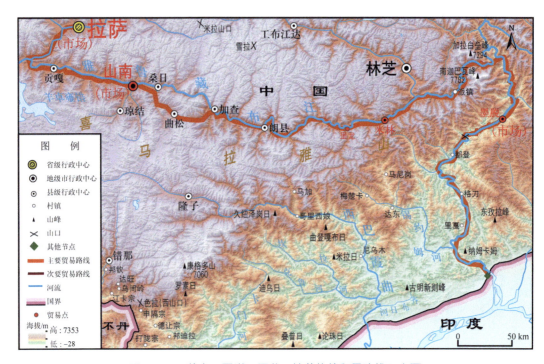

图 4.11　巴昔卡—墨脱—里龙—拉萨传统贸易路线示意图

4）萨地亚—瓦弄—察隅—拉萨

　　四条通道中最东段的通道具体路线为：萨地亚—瓦弄—察隅县—然乌镇—波密县—八一镇—工布江达—墨竹工卡—拉萨（图 4.12）。察隅属西藏东南的桑昂曲宗，有僜人和藏族杂居。察隅河从这里流往阿萨姆东北的萨地亚，是一条从印度到中国巴塘理塘的捷径。察隅县隔怒江与云南省相望，在历史上很早就有相互交往和商品交流的历史，人们的往来主要是以物易物的形式进行经济交流。作为茶马古道的支线，大宗茶叶就是通过藏族、纳西族的马帮穿行在高山峻岭中进行交易的，而云南的马帮则将察隅等地的麝香等土特产运往内地。这条道路延续了千年，是藏族和内地其他民族交往的经济通道。近代以来，这条运输线上又增加了棉纱等商品。由于该线受江水、雪山阻挡及滑坡的威胁，其支线不断增加，如有从丽江石鼓渡金沙江去会理、西昌，经川西过西藏察隅南行，再通往印度的路线。这条道路见证了藏族和内地民族交融交流的发展历史，今德钦县城升平镇，便是当年从云南进入川藏的最后一个古镇。滇藏茶马古道从这里离开云南，就可进入西藏的昌都、察隅、波密、林芝、拉萨各地，再进入尼泊尔、不丹、印度、阿富汗等国，并到达欧洲（蒋文中，2014）。

　　近代对该地区的研究指出，这一地区的人群主要沿洛西特河（察隅河）上下游开展一定规模的贸易活动。居住在西藏一侧的密西密人（僜人）不时出现在阿萨姆的集市上。不仅如此，自 19 世纪英国殖民者侵藏以来，该路线对英国商人产生了强大的吸引力，他们都曾在这里寻找过连接英属印度和中国西部市场的陆上通道。1826 年，英属印度官员维尔考克斯（Wilcox）和贝德福德（Bedford）从萨地亚北上进入密西米人地区（僜人地区），他们发现当地使用各种中国的器具、物品，认为由此可直接进入中国内地；1837 年，格里菲斯（Griffis）也从萨地亚北上考察；1845 年，洛拉特（Rowlatt）试图由这条路前往拉萨，法国的传教士也想走这条路进入西藏传教；1851 年，法国传教士克里克（Krick）上行至瓦弄；1854 年，他再次逆洛希塔河而上，在途中被密西米人所杀。英属印度以此为由发动对密西米人的讨伐；1867 年，英属印度政府派遣使者由这条路进藏试图前往康区与法国传教士建立联系，但被到密西米人中收税的西藏官员阻止（吕昭义，2016）；1885 ～ 1886 年，J.F. 尼达姆和莫莱斯华斯上尉也从这条路到过西藏，歇在西藏行政前哨绒密（即察隅）以南 1 英里左右的地方。一个英国官员溯洛希特河而上，到了西藏的察隅。他回来时，建议"沿着他走过的路线修筑一条通到西藏边境，作为推销英国商品的途径"（吴从众，1988）。这些实例表明，英属印度谍报人员在探察西藏时，惯常使用这条由来已久的贸易通道，即印证出此通道在这一地区的对外交流中作用巨大。

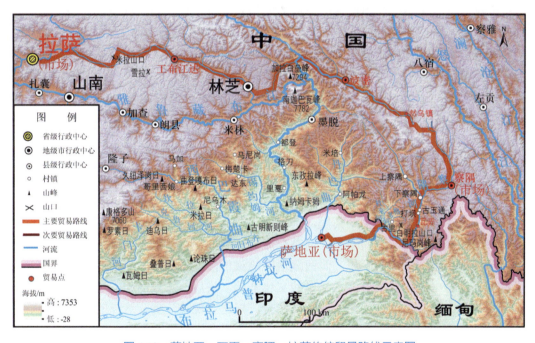

图 4.12 萨地亚—瓦弄—察隅—拉萨传统贸易路线示意图

4.5 小结

本章搜索了本地区的相关史料以及对于该地区少数民族的社会调查资料，系统地梳理了古代至近代以来的中印边境东段地区的地区概况以及贸易通道的发展情况，着力研究了通道形成的因素以及贸易内容。研究结果如下：

　　政治环境是影响中印边境东段地区贸易交流的根本因素。吐蕃统一藏地后，整个西藏地区的政治环境和谐，社会经济处于发展之中，多条同中原贸易的通道及市场在此时开始设立，并且其中部分的支线还经过今日东段地区。而在吐蕃灭亡后，由于失去了安宁和平的政治环境，该地区人民的贸易活动也遭到了负面影响，在经济上的建树与前代相比落差较大。政治环境恶化给经济发展带来的打击是不言而喻的，而优良的政治环境则会给该地区的贸易活动带来助力。明清时期，受中央政府支持的贸易活动明显增多，此地区的贸易活动不仅仅局限于与北部的藏族同胞的交流，也延伸到与南部甚至与印度阿萨姆邦的交流也逐渐增多。而近代以来，英国殖民者与印度对于中国藏东南边境的非法侵占则对于此地的经济贸易造成了严重打击，时至今日，历史悠久的传统边境贸易活动因印度方面非法侵占藏南地区而长期冻结，损害了中印两国人民的巨大利益。这也正是我们严正抗议印度非法侵占我国领土的深层原因所在。

　　中原地区在中印边境东段地区整体贸易中的地位不断提升。吐蕃时期，中原王朝就与吐蕃形成了较为密切且固定的交流关系。但此时中原地区并非吐蕃物资交换的主要来源地。元代之后，在中原地区形成的驿传制度逐步普及到西藏地区。到了明清时期以至近代，在长时间的族群交流与互动之下，与中原贸易交流的主线（川藏、滇藏）趋于稳固并形成制度。此前各个时代的制度建设给予双方贸易稳定的基础，明清以来对于西藏地区的控制也不断深化，如川藏边茶大道、灵关道，滇藏怒江通道等进藏路线从此前的不稳定变成更加稳固且有专人维护的状态。有赖于此，中原地区在西藏整体贸易交流上的地位不断升高，自清代以来，中原地区已经成为西藏地区的最主要贸易来源地。

　　中印边境东段地区贸易活动的宗教色彩鲜明。从宗教视野来看，我国西藏地区是一个藏传佛教盛行的地区，藏传佛教在西藏占据重要地位，是藏族人民不可分割的文化信仰，这样的宗教文化也给贸易带来了重大影响。首先，在贸易货物中，宗教文化性质的货物占据了部分比例。其次，宗教文化为贸易交流提供了基础，藏民族一直有信仰宗教的传统，而一致的宗教信仰是交流与贸易的文化基础。当今世界，宗教信仰差异已经成为暴力冲突的隐患，而西藏地区的藏传佛教虽有教派之别，但在根本上是同源关系，这为边境贸易奠定了深厚的文化基础。最后，宗教活动给边境贸易带来了广阔的机会。宗教活动通常伴随着弘法传教，修建寺院等活动，这样的活动总会给某一个地区带来大量的交流机会，而信众也会借此机会进行贸易活动，因此我们在研究贸易通道时，常常发现它与宗教活动的路线相仿，正是出于这一缘由。

　　以上即是对中印边境东段地区传统贸易交流特点的总结。现今，中印边境东段地区的贸易活动受印度方面的干扰而难以推进，但在世界和平与发展的大环境之下，我国更应该注重西藏与川、滇等地的贸易交流，打通内部贸易通道，深化同内地的贸易水平。同时，在坚持独立自主，自力更生的理论之上，合理开拓新时代边境贸易方式，从维护边境地区人民利益的目的出发，选择性地重启与印度方面的传统交流市场，无疑也是对中印边境东段地区的双边关系非常有利的。

参考文献

巴达让 F. 2001. 永不磨灭的风景：香格里拉——百年前一个法国探险家的回忆. 昆明：云南人民出版社.

巴卧·祖拉陈哇，黄颢. 1980.《贤者喜宴》摘译. 西藏民族学院学报，(4)：27-48, 85.

白玛朗杰. 2018. 西藏门隅地区的人文历史与现状. 北京：中国藏学出版社.

贝利. 1983. 无护照西藏之行. 春雨译. 拉萨：西藏社科院资料情报研究所.

陈崇凯. 2008. 西藏地方经济史. 兰州：甘肃人民出版社.

陈立明. 2003. 藏门珞民族关系研究. 成都：四川大学博士学位论文.

陈茜. 1981. 川滇缅印古道初考. 中国社会科学，(1)：161-180.

陈庆英，张亚莎. 2016. 西藏通史·宋代卷. 北京：中国藏学出版社.

重庆市图书馆. 2014. 重庆图书馆藏稀见方志丛刊 (40). 北京：国家图书馆出版社.

道宣撰. 2011. 释迦方志. 上海：上海古籍出版社.

多布杰. 2012. 中国门巴族. 银川：宁夏人民出版社.

福布斯 Ａ Ｄ Ｗ，关学君，郭庆. 1988. 泰国北部的"钦浩"（云南籍华人）穆斯林. 世界民族，(4)：48-54.

付志刚. 2013. 论清代西藏商业网络初步建构与城镇发展. 西藏大学学报（社会科学版），(3)：123-129.

高朋. 2018. 经济人类学视野下的珞巴族传统贸易——以西藏自治区米林县南伊乡为中心. 西藏大学学报（社会科学版），33 (3)：158-164.

贡布多加. 2019. 康南察瓦龙民间口传文献"喜姆"研究. 西藏研究，(1)：87-94.

霍尔 Ｄ Ｇ Ｅ. 1982. 东南亚史（下册）. 中山大学东南亚历史研究所，译. 北京：商务印书馆.

蒋文中. 2014. 茶马古道研究. 昆明：云南人民出版社.

廓诺·讯鲁伯. 1985. 青史. 郭和卿，译. 拉萨：西藏人民出版社.

蓝姆. 1966. 中印边境. 北京：世界知识出版社.

李坚尚. 1986. 藏珞贸易的民族学考察. 西藏研究，(3)：19-25.

李剑农. 2011. 中国古代经济史稿（上册）. 武汉：武汉大学出版社.

李亚锋. 2018. 滇藏怒江通道之历史演变考察. 西南边疆民族研究，(3)：85-92.

刘小方. 2007. 中国文化线路遗产的保护与旅游开发. 成都：四川师范大学硕士学位论文.

卢俊德. 2011. 印占中国领土东段地区历史及现状研究. 西安：陕西师范大学硕士学位论文.

罗洪忠. 2012. 峡谷风云：世界第一大峡谷人文历史解读. 成都：电子科技大学出版社.

罗莉. 2003. 藏族经济. 成都：巴蜀书社.

吕昭义. 1995. 英属印度对中国西南边疆政策综述. 中国边疆史地研究，(3)：18.

吕昭义. 1997. 关于中印边界东段的几个问题. 历史研究，(4)：18.

吕昭义. 2013. 19 世纪中期中印边界东段的若干协定. 中国边疆史地研究，23 (1)：60-74, 148.

吕昭义. 2014. 英帝国与中国西南边疆. 昆明：云南大学出版社.

潘汁. 2007. 阿洪王国的历史与变迁：印度东北部侗台语民族研究之一. 广西民族研究，(1)：145-153.

恰白·次旦平措. 2004. 西藏通史：松石宝串（上）. 陈庆英，译. 拉萨：西藏古籍出版社.

秦和平.2009.20世纪初清政府对西藏察隅等地查勘及建制简述.中国边疆史地研究,19(11):35-
　　51,148.

申旭.1994.茶马古道与滇川藏印贸.东南亚,(3):46-51.

陶德臣.1997.大西南茶叶运销路线考.农业考古,(2):195-197.

王佩良.2017.论夏瑚经营滇藏边疆事务.民族论坛,(2):13-17,28

王相伟,狄方耀.2018.近代中国西藏与印度的贸易.华西边疆评论,(1):139-165.

王尧.1982.吐蕃金石录.北京:文物出版社.

吴从众.1988.英国入侵西藏东南地方史略.西藏研究,(3):35-42,92,45.

吴丰培.1985.川藏游踪汇编.成都:四川民族出版社.

五世达赖喇嘛.1983.西藏王臣记.郭和卿,译.北京:民族出版社.

西藏社会历史调查资料丛刊编辑组,《中国少数民族社会历史调查资料丛刊》修订编辑委员会.2009.
　　珞巴族社会历史调查(二).北京:民族出版社.

夏玉清.2016.为了忘却的爱国者:南洋华侨机工研究.广州:暨南大学出版社.

肖迎.1998.清末夏瑚对怒江少数民族地区的经营思想.思想战线,(11):81-85,89.

谢延杰,洛桑群觉.1994.关于西藏边境贸易情况的历史追朔.西藏大学学报(汉文版),(3):48-51.

新安.1975.西藏墨脱县马尼翁发现磨制石锛.考古,(5):315.

徐近之.1936.西藏西康国防线上之通路及其重要.地理学报,(4):713-726.

玄奘,辩机.2000.大唐西域记校注.季羡林,等校注.北京:中华书局.

杨福全.2014.中国西南文化研究第二十一辑:茶·交通·贸易.昆明:云南人民出版社.

杨惠玲.2006.宋元时期西藏地区经济研究.广州:暨南大学博士学位论文.

余娇娇.2017.西藏对外贸易的发展现状、问题及对策建议.西藏发展论坛,(4):55-61.

云南省怒江傈僳族自治州委员会文史资料委员会.1991.怒江文史资料 第18辑 贡山独龙族怒族自治
　　县文史专辑.云南:文史资料研究组.

曾皓.2013.中印东段边界划界的法律依据.北京:中国政法大学出版社.

扎西,刘玉.2014.西藏边境人口较少民族分布区传统贸易及其特点分析.西部发展研究,(1):15-22.

扎西,普布次仁.2014.西藏边境贸易的历史演进与现实情况分析.西藏大学学报(社会科学版),(4):
　　1-7.

张钦.2020.《藏行纪程》所载滇藏交通研究.中国边疆史地研究,30(1):128-142.

张卫民.1993.西藏地区边境贸易的发展与海关监管.西藏研究,(1):12-20.

张永攀.2007.英帝国与中国西藏(1937-1947).北京:中国社会科学出版社.

赵心愚.2013.清末藏东南方志类著作《门空图说》《杂瑜地理》考论.民族学刊,4(3):39-41,102-105.

政协云南省贡山独龙族怒族自治县委员会,云南省怒江傈僳族自治州委员会文史资料委员会.1991.怒
　　江文史资料选辑 第18辑 贡山独龙族怒族自治县文史专辑.

中国少数民族文学学会.1982.中国少数民族民间故事选(下).北京:中国民间文艺出版社.

中国社会科学民族研究所.1990.僜人社会历史调查资料.昆明:云南人民出版社.

中国社会科学院民族研究所,中国藏学研究中心社会经济所.2000.西藏的商业与手工业调查研究.北
　　京:中国藏学出版社.

周卫平 . 2006. 百年中印关系 . 北京 : 世界知识出版社 .

《门巴族简史》修订本编写组 . 2008. 门巴族简史 . 北京 : 民族出版社 .

《中国少数民族革命史》编写组 . 2000. 《中国少数民族革命史 (1840-1949)》. 南宁 : 广西民族出版社 .

Riddi A. 2006. The Tagins of Arunachal Pradesh: A Study of Continuity and Chang. Delhi: Abhijeet
    Publications.

第 5 章

中尼边境地区传统贸易通道的
形成与变迁

尼泊尔位于喜马拉雅山脉南麓，地理位置上被印度和中国所包围，史料中对其名称有多种记载，如"泥婆罗""巴勒布""廓尔喀"。中尼传统贸易及相互交流历史悠久。公元5世纪，东晋高僧法显于隆安三年从长安出发，经新疆至印度，转入尼泊尔南部平原，朝拜了释迦牟尼诞生和圆寂的遗址；公元7世纪前后，泥婆罗赤尊公主嫁于松赞干布，此后，尼泊尔和西藏地区一直保持着密切的政治、经济、文化、军事关系；宋元时期，西藏地区与尼泊尔继续保持交往，西藏地区有尼泊尔风格的建筑，雕塑和壁画等；明代以后，中尼关系继续友好发展，作为交换媒介的货币开始出现；到清代，两者之间的通商往来一直伴随双方战争而进行。本章我们依据中尼边境地区的贸易通道相关史料，着力于历史时期中尼边境地区贸易通道发展情况的系统梳理。

5.1　历史时期中尼边境地区概况

中尼边境地区是指中国和尼泊尔接壤的双边地区，包括中国西藏自治区境内日喀则市的定结县、定日县、聂拉木县、吉隆县、萨嘎县、仲巴县和阿里地区的普兰县，共计7个边境县；尼泊尔境内的梅吉专区塔普勒琼县、戈西专区桑库瓦萨巴县、萨加玛塔专区索鲁孔布县、贾纳克布尔专区多拉卡县、巴格马蒂专区新图巴尔恰克县和拉苏瓦县、甘达基专区戈尔卡县和玛囊县、道拉吉里专区木斯塘县、格尔纳利专区多尔帕县、木古县和胡木拉县、塞蒂专区巴江县和马哈卡利专区达尔楚拉县，尼泊尔境内共计14个县（图5.1）。

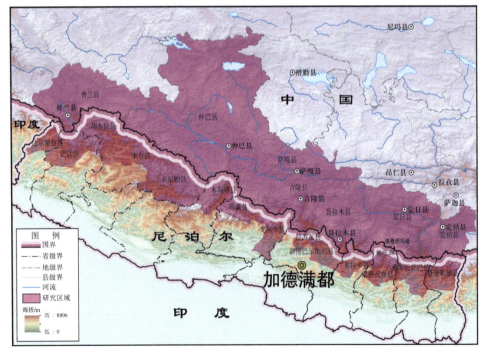

图 5.1　中尼边境地区示意图

5.1.1　日喀则地区中尼边境历史沿革概况

有关日喀则市的沿革，如前所述（本书 3.1.1 节）。在这其中，属中尼边境的日喀则市的县有定结县、定日县、吉隆县、聂拉木县、萨嘎县和仲巴县。

定结县，位于西藏自治区南部、日喀则市南部、喜马拉雅山北麓，东连岗巴县，西临定日县，北与萨迦县接壤，南与尼泊尔、印度毗邻，边境线长达 165 km。历史上的定结县曾名"丁结（明）、丁洁、丁吉、丁吉牙、丁鸡、坦克伊宗、定结宗（清）"。在藏文史籍中，依照神话传说"从湖水深处长出一座小山，以后在小山上建宗，取名定结宗"，称其为"水底长出"。《清续文献通考》记载："定集，一作丁吉牙，或作定结、丁家，在日喀则西南四百二十里，极高二十八度二十分，西经二十八度三十分，南通哲孟雄，其西属地曰喀尔达"[①]。该县边境线长 176 km，通尼泊尔山口 9 个。清代中后期，随着西南边疆危机的加深，定结县成为西南边陲的扼要之地。《中西并略指掌》记载："至若西南有萨喀、有济咙、有聂拉木、有绒辖、有喀达、有定结、有干坝、有帕克哩一带，既为沿边阨塞，皆宜审辨详识也"[②]。可见其在当时发挥着军事职能。

定日县为喜马拉雅高山地貌，平均海拔 5000 m 以上，藏语意为"定声小山"。传说一位喇嘛掷石，"定"的一声，落在该地，后来在该地小山上修建寺庙，即取名定日寺，故沿用"定日"为县名。西藏吐蕃时期，"定日"属"如拉"辖区范围。元朝西藏正式纳入中国版图，将西藏分为十三个万户辖治。"定日"为十三万户之一的"拉堆洛"万户所辖治。明朝帕木竹巴王朝时期（公元 1358 年），"洛定日"始为取代萨迦政权势力统治十三万户的帕木竹巴王朝辖治。到帕木竹巴政权后期，"洛定日"又称"洛贡"，先后由封建割据势力"贡塘巴""藏巴汗"所割据。公元 1642 年始，"洛定日"为清朝西藏甘丹颇章政权统治。清人黄沛翘撰《西藏图考》对定日的地理位置有详细记载："自定日三站至聂拉木，中隔通拉大山，阨塞天然，定日西八站至济咙，计有莽噶布堆官寨、洋阿拉山、巩塘拉山、宗喀城、灵瓦昌峡、察木卡山、梁招提壁、垒邦馨亦皆天然阨要，定日西南距绒辖四站，中有山峡崎岖，仅容一骑，又由定日西南入山，走札什宗隆，迈三站至喀达边隘（在绒辖迤东），中多阨险，定日西北遥通萨喀游牧界连阿里，此定日以外之形势也"[③]。乾隆五十八年，大学士福康安等折曰"查现在扼要总路，共有两路……一系定日，为聂拉木、济咙、绒辖要路，又可通萨喀等处"[④]。在交通并不发达的古代，定日天然的地理优越性使其在当时具有重要的军事职能。西藏和平解放后，1956 年 2 月中共日喀则分工委向协格尔、定日派出工作队。1959 年 7 月组建中共定日县委、定日县人民政府。1960 年 6 月，定日县人民政府成立。

---

① （清）刘景藻纂：《清续文献通考》卷三百三十《舆地考》二十六，民国景十通本。

② （清）陈龙昌：《中西并略指掌》卷二十三《军防五》，清光绪东山草堂石印本。

③ （清）黄沛翘撰：《西藏图考》续审阨篇，光绪甲午堂刊本。

④ （清）黄沛翘撰：《西藏图考》卷七，光绪甲午堂刊本。

　　吉隆县，隶属于西藏自治区日喀则市，位于西藏西南部、日喀则市西南部。县境南部和西南部与尼泊尔相邻，北以雅鲁藏布江为界与萨嘎县相邻，东与聂拉木县搭界。吉隆，藏语，为"舒适村""欢乐村"之意，在旧文中也写作"济咙""济隆""吉仲"等。早在元朝，曾有官员到吉隆处理要事。1778～1781 年，清朝中央政府曾派兵到吉隆抵御廓尔喀入侵西藏。《西藏图考》载："后藏至廓尔喀，有定结大道，必绕布鲁克巴等部，迂道月余，故我师由济咙近路入，左壁右湍，不容一骑，将军参赞亦时步进，故所贡象绕大路，次年春始至，前藏自大创以后，至今贡献不绝"[1]。"今为边商总汇之区……其自阿里起，沿廓尔喀境东南行，其要隘曰萨喀，曰达即拉山，曰宗喀，曰吗尔，曰滚达，曰卓党，曰济咙，曰俄咙，曰索绒，曰札木多，曰聂拉木，曰热索桥"[2]。可见，至清代，吉隆不光发挥着重要的军事作用，经济地位也凸显出来。

　　聂拉木县，隶属西藏自治区日喀则市，在喜马拉雅山与拉轨岗日山之间，东、北、西三面分别与定日、昂仁、萨嘎、吉隆四县交接，南与尼泊尔王国毗邻。"聂拉木"汉语意为"地狱之路"。元时属中国的行政区域受中央管辖。德佑二年（公元 1276 年），为阿里的一个行政区。明代万历四十六年（公元 1618 年），正式受乌思藏地方政府管辖。清代乾隆十六年（公元 1751 年），清政府废除西藏藏王制，建立地方噶厦政府，设立聂拉木宗，属阿里辖区。陈龙昌在《中西兵略指掌》中记载道："从前济陇、聂拉木、绒辖、喀达四隘口皆所以防廓夷，其他邻部，未尝滋事，故疏于设备。今时异势殊，彼为轻而此为重，似宜于江孜、定日、帕克里等处整顿边防，以防履霜之渐至"[3]。在清代，聂拉木为重要军事关口。1960 年，聂拉木正式建县，划归日喀则地区管辖。

　　萨嘎县，隶属西藏自治区日喀则市，位于西藏自治区西南部，日喀则市的西北部。地处喜马拉雅山北麓，冈底斯山脉以南的西南边缘，属边境县之一，全县边境线长105 km，为日喀则市西部三县（仲巴、萨嘎、吉隆）之中心，东与昂仁县、聂拉木县接壤，南与吉隆县、尼泊尔为邻，西与仲巴县，北与阿里地区的措勤县相接。萨嘎，藏语意为"可爱的地方"。公元 14 世纪帕竹政权在此设"萨嘎敦巴宗"。西藏和平解放前，萨嘎县称萨嘎宗，属西藏嘎厦（地方）政府管辖。1959 年 9 月 20 日，政府成立中共萨嘎县临时委员会，1960 年 4 月，成立萨嘎县人民政府。1960 年 5 月，中国共产党西藏工作委员会成立中共萨嘎县委员会。

　　仲巴县，隶属西藏自治区日喀则市，位于日喀则市的最西端。"仲巴"意为"野牛之地"。位于马泉河两岸，西衔阿里地区普兰县，北靠阿里地区革吉县、改则县，东邻阿里地区措勤县和日喀则市萨嘎县，南与尼泊尔接壤。国道219 线贯穿仲巴县东西，连接着日喀则市和新疆喀什，有着众多的县道和乡道，交通便利。1951 年以前仲巴县称珠珠宗，受阿里噶本管辖。1960 年改设仲巴县，由阿里专署管辖。2014 年 7 月，日喀则撤地设市，仲巴县属于日喀则市，县政府现驻帕羊。

---

① （清）黄沛翘撰：《西藏图考》卷二，光绪甲午堂刊本。
② （清）黄沛翘撰：《西藏图考》续审隘篇，光绪甲午堂刊本。
③ （清）陈龙昌辑：《中西兵略指掌》，卷二十三《军防五》，清光绪东山草堂石印本。

5.1.2　阿里地区中尼边境的历史沿革

有关阿里地区的建制沿革，如前所述（2.1.2 节）。在其中，属中尼边境阿里地区的县为普兰县。

普兰县，隶属于中国西藏自治区阿里地区，是阿里地区中尼边境的重要城市与口岸。位于西藏自治区西南部、阿里地区南部、喜马拉雅山南侧的峡谷地带及中国、印度、尼泊尔三国交界处。普兰县边境线长达 300 km，中印边界长达 100 km，中尼边界线长达 200 km，传统边界线从印度与中国西藏自治区札达县和普兰县的交界处起，沿分水岭至强拉山口附近的中国、印度、尼泊尔三国交界处止。

古象雄时期，普兰属"小羊同"。7 世纪随象雄纳入吐蕃治下，属上东岱。公元 923 年，吐蕃赞普后裔吉德尼玛衮逃至普兰，并受到普兰王的礼遇，最终被推举为该地首领，称为"阿里王"，其治所在今普兰噶尔冻。到吉德尼玛衮之子受封为王时（公元 950年），辖区西至朗钦藏布河（象泉河）下游罗布旦角（又称克勇星，今札达县楚鲁松杰乡楚鲁松杰村），东至达曲藏布河（马泉河）下游，南至尼泊尔北部、今印度喜马偕尔邦北部（普兰县地方志编纂委员会，2011）。公元 966 年，古格王系从阿里王系分出。11 世纪初，亚泽王系从阿里王系分出。公元 1130 年普兰王被古格兼并，普兰一带被纳入古格王管辖范围。公元 1630 年，拉达克攻占古格，普兰随后属拉达克管辖。在清代最初为"布拉木达克喇城"，汉译"布朗达克喀尔城"，西方探险家称为塔克拉噶（黄博，2009），其得名于城边的山形，"西番语，布朗，旧地名；达克，谓虎噶尔碉也；岭形如虎碉，城建于岭旁，故名"[①]。公元 1681 年，在驻藏大臣的带领下，藏兵驱逐拉达克，收复阿里，普兰归西藏地方政府统一管理。同年，西藏地方政府设立普兰宗，其隶属阿里噶本管辖。1960 年政府将"普兰宗"更名为"普兰县"。1970 年 1 月，随阿里地区归新疆管理，但行政区划上仍属西藏。1980 年，普兰重归西藏管理。

5.2　清代以前的中尼边境地区贸易与交往

西藏作为中国边疆地区，同南部的尼泊尔有上千年的交往历史。尼泊尔地处内陆，为典型的农业国，农产品资源较为丰富。而世代栖居在青藏高原上的藏族因地理环境的限制"逐水草而居"，以经营畜牧业为主，畜牧产品具有得天独厚的优势，而农产品需求量大。故藏尼这两个毗邻的民族，自古以来在经济上就存在着天然的互补性。

5.2.1　吐蕃时期西藏地区与尼泊尔的贸易与通道

西藏地区早在雅砻部落时期就已有了"水上架桥"的能力（霍巍，2013），说明当

[①]　（清）傅恒撰：《钦定西域同文志》卷 18《西番地名·阿里属》，《影印文渊阁四库全书》，台北：台湾商务印书馆，1982 年，第 329 页。

时在雅鲁藏布江南北两岸的交通往来已有固定路线和相当规模，交通的建设与发展也推动了西藏地区商业和对外交往的进一步发展（罗莉，2016）。随着吐蕃的兴起，统一青藏高原的松赞干布不满于吐蕃的领域范围，开始武力扩张并加强对外交流。早期的吐蕃政权就注重与周边地区进行有组织的贸易活动。《中国边疆通史论丛·西藏通史》也总结到至吐蕃时期，西藏地区已经建立了"以经过克什米尔地区为主，同时也有经尼泊尔、印度再至西亚，或者先至中亚，再至西亚"的交通道路（陈庆英和高淑芬，2003）。《德乌教法源流》在介绍松赞干布的伟大功绩时，提到了"拉杰凯杰"。"'拉杰'被解释为八个山口，即没庐氏王赤松杰达囊分管的东方与汉地交接的绢与食品的山口；桂氏赤聂沃玛分管的南方米和糜子之山门；仲·琼萨沃玛分管的西方蔗糖和染料之山口；琼波·邦分管的北方盐与犏牛之山口。四大山口连同四小山口，共八个山口。'凯杰'指八个贸易市场，包括上部三大市场：突厥、回纥、尼泊尔；下部三大市场：葛逻禄、绒绒、丹玛；中部两大市场，即南北二商市，是附近群众自愿相互交换生产品的市场。吐蕃全境经商，故名八商市……"（周伟洲，2000）。多个山口和市场的开放，足见吐蕃对外商贸的繁荣。

与此同时，松赞干布娶泥婆罗的赤尊公主[①]为妻。《汉藏史集》提到吐蕃松赞干布为求娶泥婆罗公主时言："若（泥婆罗）大王喜爱财宝，我可向三宝祈请，并分现化身，在此雪域吐蕃开发宝藏，并向四方开通众多山口，使五妙欲享用成百上千地化现，最后还能将归国及其他各国之财宝吸收至雪域吐蕃"（达仓宗巴·班觉桑布，2017），体现了吐蕃交通状况以及松赞干布对外交往通道的决心和信心。又据藏文史书《白史》记载："松赞干布的迎亲队伍从拉萨远赴芒域，携金币，沙金，金铠甲以及亲笔书信三封，从拉萨出发，浩浩荡荡地奔赴泥婆罗，迎接泥婆罗塔库里王朝鸯输戈摩之女赤尊公主"，随赤尊公主入藏的侍从中，有不少是精于手工业的泥婆罗人，他们"专业金银铜锡玉石及妇女首饰等细工，制作极精巧、至于花卉，雕镂逼真"（当增吉，2019）。

公元7世纪的赤尊公主入藏，被诸多学者认为是"蕃尼古道"的开通肇始。其实早在唐朝初年，经过今西藏吉隆宗喀地区的中尼通道就已畅通，赤尊公主进藏、唐朝使者王玄策出使天竺等，均通过该通道。这条通道有力地推动了西藏地方与泥婆罗的经济文化交流，在泥婆罗人入藏的影响下，西藏地区的政治、经济、宗教、文化、艺术等各方面均得到发展。

有关蕃尼古道的具体路线，《释迦方志·遗迹篇》做了较为详细的叙述："自汉至唐往印度者，其道众多，未可言尽，如后所纪，且依大唐往年使者，则有三道……又南少东至吐蕃国，又西南至小羊同国，又西南度咺仓法关，吐蕃南界也。又东少南度末上加三鼻关，东南入谷，经十三飞梯，十九栈道，又东南或西南，缘葛攀藤，野行四十余日，至北印度尼波罗国（此国土吐蕃约为九千里）"[②]。1990年，吉隆县唐高宗显庆三年（公元658年）镌刻的《大唐天竺使出铭》汉文碑刻的发现，证实了这条

---

① 赤尊公主，Bhrikuti，亦称尺尊公主，赤贞公主，墀尊公主。
② （唐）道宣撰：《释迦方志》卷上《遗迹篇》，上海：上海古籍出版社，2011年，第5页。

古道的存在。经霍巍考证，这条路线大致从拉萨出发，西行经后藏地区至吉隆县，再南下至尼泊尔。而咀仓法关，就是今吉隆马拉山口，"文史书中，吉隆旧称'答仓宗喀'或'宗喀'，'旦仓法关'发音与之相近，应系汉文文献中同一地名的不同译法，仓宗喀以下路程，是过马拉山口之后，吉隆县城所在地宗喀南行进入吉隆藏布沟山谷，经十三飞梯，过十九栈道进入泥婆罗境内"（霍巍，2000）。霍巍在《释迦方志》的基础上，结合《大唐天竺使出铭》考古资料考订了这些路线，吉隆古道为赤尊公主入藏的观点是可以站住脚的，但这一时期的其余线路和站点的记载不够详细，其细节有待于后世学者一一考证。

此外，这一时期还兴起一条经过阿里地区普兰县的麝香之路，有关麝香之路的商贸发展和线路，前已有述，此处不再赘述。

这些贸易通道还兼有传播佛教文化的功能。吐蕃时期尼泊尔佛教氛围浓厚，通过这些通道向外进行了文化传播。《大唐西域记》记载："尼波罗国，周四千余里，在雪山中。国大都城周二十余里。山川连属。宜谷稼，多花果。出赤铜、犛牛、命命鸟。货用赤铜钱。气序寒冽，风俗险诐，人性刚犷，信义轻薄，无学艺，有工巧。形貌丑弊，邪正兼信。伽蓝、天祠，接堵连隅。僧徒二千余人，大小二乘，兼功综习。外道异学，其数不详。王刹帝利栗呫婆种也。志学清高，纯信佛法。近代有王，号鸯输伐摩。硕学聪睿，自制《声明论》，重学敬德，遐迩著闻。都城东南有小水池，以人火投之，水即焰起。更投余物，亦变为火"[1]。8 世纪的赤松德赞时期，蕃尼古道掀起了求法和传法的高潮。印度佛教传入西藏的大师及其使者，往来都途经此道。据藏文史料《布顿佛教史》统计，"自天竺、迦湿弥罗、泥婆罗等地前来西藏传法的班智达 93 人，译师 192 人"（布顿，2016）。据《韦协》记载，寂护和莲花生大师抵达西藏后，将印度佛教，尤其是密宗首次传入西藏，二人在赤松德赞赞普的支持下，在西藏讲经、传法、建寺、翻译佛经、指导宗教实践（熊文彬，2020）。可见贸易通道的开通对佛教文化传播至关重要。

吐蕃中后期，西方的大食、西北方的回鹘、东北方的唐朝、东南方的南诏国，一直威胁着吐蕃王朝的政权稳固。频繁的天灾、疫病，西藏地区的气候条件、生产力水平和人口基数，也不足以支撑一个疆域扶摇万里的大帝国。加之王权与教权之间的斗争，教权与教权间的斗争，使其内部统治极不稳定。这些因素都使吐蕃国内的社会矛盾达到了不可调和的地步，吐蕃的统治逐渐走向崩溃，曾经繁盛一时的蕃尼古道也随之没落。

纵观整个吐蕃时期，在政权稳固时期，其贸易形式大致可分为对内和对外两种。在内部贸易方面，吐蕃与唐王朝用马、牛、毛等牲畜通过"唐蕃古道"去换购内地的丝绸、茶等商品。《新唐书·吐蕃传》记载唐玄宗开元年间"吐蕃又请交马于赤岭，互市于甘松岭。说明当时双方曾约定有固定的贸易地点，松潘县之甘松岭即是其一"[2]。同时，

---

① （唐）玄奘，辩机撰，季羡林等校注：《大唐西域记校注》卷第七《五国》，北京：中华书局，2000 年，第 612-615 页。

② （宋）欧阳修，宋祁撰：《新唐书》卷二百十六《吐蕃传》，中华书局，1975 年，第 542 页。

吐蕃的粮食、盐、酥油、乳制品、布匹和各种手工艺品等商品行业以及农牧业的发展都较快，手工业也愈具特色。"在一些民间卜卦时还专门有'交易不宜'和'交易得利'等卜辞记载"（藏族简史编写组，2006）。

在对外贸易方面，此时"东至唐朝的首都长安，西至天竺、大食，南抵洱海，北至中亚各国，到处都有吐蕃人的足迹"（张雪慧，1998）。外族商人会带着各种珍宝和特产来此售卖，吐蕃王宫也会收购大量的特产与珍宝，来满足王宫贵族们的需要。"当地的商人也会在王宫的附近开设市肆，来出售他们从远地运来的供人吃穿的食盐和布帛，还有稀有的装饰品，如珠翠和松耳石等"（罗莉，2016）。不仅如此，吐蕃时期整个南亚地区依托"蕃尼古道""麝香之路"，与尼泊尔、印度、大食等国的贸易通道，用宝石、日用器皿和武器等物品换取吐蕃本地出产的黄金、白银、兽皮、麝香、马、牛、羊及牦牛尾等商品，南亚大陆在此时也占据着与吐蕃贸易的主导地位。据《智者喜宴》记载，当时自"索波（可能指波斯）、泥婆罗取制食品、珍宝之宝库"（巴俄·祖拉陈瓦，2006），在同各地区或民族之间进行商业交流的同时，也带动了文化的传播与流入，此时"自东方汉土得工艺历算之术，自南方天竺译出佛经，自西方泥婆罗等处启食用宝藏，自北方突厥等处取得法治条规"（巴俄·祖拉陈瓦，2006），由此，吐蕃经济文化更为多元且繁荣。

5.2.2　宋代（吐蕃分裂割据时期）西藏地区与尼泊尔的贸易与交往

公元 842 年，吐蕃赞普朗达玛被刺身亡，吐蕃内部矛盾激化，境内分崩离析，王室后裔割据混战，形成两大对立集团，吐蕃政权全面崩溃。从五代到南宋的 300 多年间，西藏地区进入了各自为王、各霸一方、不相统属的大混乱时期，再也没有形成一个能号召全西藏地区的政权。在西藏地区的分裂割据时期，各宗教派别应运而生，并在精神上占主导和统治地位，故此时又称佛教"后弘期"。

后弘时期，不少著名的译师都曾沿蕃尼古道经吉隆到尼泊尔，再到印度学法，受到很大的尊敬。《萨迦世系史》载："喇嘛丹巴……成为受印度、尼泊尔、克什米尔、古格、普兰、'阿里三围'、汉地、蒙古地方、朵甘思、朵思麻等世界大部分地方的所有贤哲尊敬的对象"（阿旺贡嘎索南，2005）。这些地方都有道路可以到达吐蕃。宋真宗时，卓弥译师赴印度和尼泊尔学习佛法，回藏后译著出很多新密教法（廓诺·迅鲁伯，1985）。《直贡法嗣》载"玛尔巴大师途经芒域和尼泊尔前往印度"求法（直贡·丹增白玛坚参，1995）。"噶举派创建者之一的玛尔巴大师（公元 1012—1097 年）曾 5 次前往印度求法，其中 4 次经尼泊尔"（廓诺·迅鲁伯，1985）。公元 1042 年应邀到古格传法的印度著名佛学大师阿底峡（公元 982—1054 年）由印度沿蕃尼古道经尼泊尔从吉隆入藏后，先西北行至普兰，而后前往札达，3 年后又从札达原路返回吉隆。随后在噶当派著名大师仲敦巴（公元 1005—1064 年）的陪同下，从吉隆经拉堆绛（昂仁县一带）、日喀则的夏鲁寺、宁措、山南桑耶寺，最后抵达拉萨传法（廓诺·迅鲁伯，1985；仲敦巴·杰瓦迥乃，1994）。著名翻译家和佛学家热译师多结札（公元 1016—？）曾四次前往尼泊尔求法，第二次沿蕃尼古道返回，其路线是从吉隆入藏，后经定日、协嘎尔、萨迦、拉孜等到日喀则、山南、拉萨和康区等地传法（热·意西森格，2013）。噶举派大师日琼巴（公元 1084—1161 年）也曾 5 次经尼泊尔前往印度求法，其中第三次由吉隆返藏。以上各佛学家抵达尼泊尔的路线，大致沿用吐蕃时期的蕃尼古道，但宋代的唐蕃古道经吉隆入关后，大致沿聂拉木、定日、协嘎尔、萨迦、拉孜、日喀则一线前往山南和拉萨。具体路线有所变化。

众僧在求法传法的同时，也伴随着商贸交流。他们随同商人一起往来于藏、尼、印等之间。在往来之时，常常携带一些小商品和土产品进行交换也是常有之事。《青史》载："雅隆区的玛惹色波（黄胡子）去到印度东西方，也未求得如意的教法，遂同商人结伴而返西藏"（廓诺·迅鲁伯，1985）。尼泊尔国王和帕若还奉献吉祥塔和无数布匹给蔡巴噶举派僧人仓杜瓦钦波，而"他在返回西藏的途中死于热夏玛色地方，此地做买卖的喇嘛本葬其尸体"①。《米拉日巴传》亦载："多吉森格经营商业，作大买卖时，冬天去南方的尼泊尔，夏天则到北方的大牧场；作小买卖时只在芒域与贡塘之间活动"（桑杰坚赞，1985），也说明宋元时期西藏地区有专门从事藏尼交易的商人。

另有考古资料表明，宋代西藏地区与尼泊尔在建筑、雕塑等工艺方面也在往来，索朗旺堆等学者发现"普查队在中尼边镇吉隆镇调控发现的帕巴祖布拉康、从壁画风格到建筑特色，无不具有异域风情，宗嘎乡早年阿里贡塘王国时期城堡废墟内发现的卓玛拉康古寺，殿堂内的梁柱斗仿之上遍布着精美的雕刻，当中既带有汉地的艺术风格，又融汇有南亚次大陆艺术的情调神韵"（索朗旺堆，1993）。

但由于后弘时期该地区处于各部战事纷争阶段，大量佛教徒逃往中国阿里地区，以及尼泊尔、不丹、锡金等周边地区（伯戴克和张长虹，2012），通道呈现一定程度的衰落，在经济上亦无建树。大体看来，后弘时期随着吐蕃势力退出中亚、西域以及河西走廊，这时的边境贸易也退到了青藏高原边缘一带。在西藏对中原王朝的贸易方面，1074 年宋朝行茶马法，于成都置都大提举茶马司主其政，于晋、陕、甘、川等边地广开马市，大量换取吐蕃、回纥、党项等族的优良马匹，用以保卫宋王朝边疆，而汉地成为这些区域茶叶、丝绸、布料等重要物资的主要来源地。在藏尼贸易方面，曾经繁盛的"蕃尼古道"的职能和作用也在这一时期因政治因素有所削弱，但这作为一条佛法文化的传播之路，却不衰反盛，也在一定程度带动了藏尼的经济文化交流。故当增吉言："吐蕃的药材、皮毛、乳酪、酥油、食盐，印度、尼泊尔的佛经、铜器、佛像、香料、木雕、宝石，以及中原地区的丝绸、瓷器、纸墨、布料等等，都经此道流通交易，而吉隆则是这条商道上的边境商业贸易中心"（当增吉，2019）。

5.2.3　元明时期西藏地区与尼泊尔的贸易与交往

13 世纪，元朝统一西藏，西藏成为中国领土不可分割的一部分，中央政府在西藏

---

① 蔡巴·贡嘎多吉著；陈庆英等译：《红史》，拉萨：西藏人民出版社，1988 年，第 127 页。

设置宣慰使司，加强了对西藏的控制。中原与西藏地区经济联系更为密切，西藏地区经济发展、佛教势力壮大及其与邻近地区的经贸往来更加密切，西藏地区经济在周边地区经济的影响下形成了独具特色的本土经济"（杨惠玲，2006），尤其表现在西藏地区手工业、商业、佛教文化等方面的发展。元明时期，在政府的重视与相邻地区宣慰使司都元帅府的设置使得蕃尼古道继续发挥着其政治、经济、文化交流的作用，中尼两国亦有了更深入的交流，"元代在西藏设置的萨迦地方政府和管理纳里速古鲁孙的宣慰使司都元帅府就分别位于蕃尼古道沿线的萨迦和吉隆县境内"[1]。在频繁的政治交流背景下，元朝中央政府和西藏地方萨迦政权的诏令、命令和使者、官员都往来于蕃尼古道，蕃尼古道成为元代中央政府治理西藏和通往尼泊尔的官道，其路线与宋时基本一致。

在忽必烈统治时期，尼泊尔著名工匠阿尼哥的艺术造诣在中国得到了充分发挥。清邵远平《元史类编》记载："阿尼哥，尼波罗国人也。其国称之曰八鲁布。幼敏悟异凡儿，稍长，习佛书，期年即通大义。同学有为绘画妆塑业者，读《尺寸经》，阿尼哥闻之，即能记诵，长善画塑及范金为像。中统元年，命帝师八思巴建黄金塔于土番，尼波罗国选匠百人往。阿尼哥年十七，请行"[2]。阿尼哥应八思巴之邀请到大都修建佛教建筑，即是通过"蕃尼古道"进藏，再由"唐蕃古道"进入中原的。阿尼哥为元廷创作了大量的建筑、雕塑和绘画作品，为藏传佛教艺术的发展和中尼两国友谊的加深作出了重要的贡献。与此同时，随着藏传佛教在整个西藏的发展成熟，寺院、高僧、封建农奴主和世俗贵主共同垄断了西藏的商业，部分地区还享有免税的特权，寺院经济成为这一时期主要的经济模式。有不少僧人在寺庙附近组织集市贸易，从中收取财货作为税利（拉巴平措和陈庆英，2016）。《朗氏家族史》《青史》等史料也有对这一时期西藏经营寺院经济的记载。此时整个西藏的寺院经商范围比较广泛，有"西藏的羊毛、药材等土特产，内地的茶叶和布匹等生活用品"（拉巴平措和陈庆英，2016）。

公元1368年，西藏进入明政府统治期。明政府对西藏的控制与管理大致沿袭元代的管理方式，在保持西藏地方行政制度不变的前提下，建立了一套别具特色的僧官封授制度。明朝以开放的积极心态治理西南边疆，开拓经藏使道，曾多次派出使者经西藏地区与南亚大陆国家进行频繁互动。从洪武年开始，明朝就派遣以僧人、宦官为主的出访者，使团跨过喜马拉雅山脉，与周边的尼八剌（尼泊尔）等南亚诸部频繁互动。《明史》中记载了尼泊尔与明朝往来朝贡的历史："尼八剌国，在诸藏之西，去中国绝远。其王皆僧为之，洪武十七年，太祖命僧智光赍玺书，彩币往，并使其邻境地涌塔国。智光精释典，负才辨，宣扬天子德意"[3]。智光的师父是元末明初来华的印度密教僧人，智光在日后行走西藏地区、尼泊尔的路线中，受到其师父的指点，走的是从

---

① 嘎托·次旺诺布：《贡塘王朝源流》（藏文本），载恰白·次旦平措编：《五部史册》，拉萨：西藏藏文古籍出版社，1990年，第113，11页。

② （清）邵远平：《元史类编》卷四十一《杂行》，清康熙三十八年原刻本。

③ （清）张廷玉等：《明史》卷三百三十一《列传第二百十九　西域三·西天尼八剌国》，北京：中华书局，1974年，第858页。

河西走廊至西域再至尼泊尔的这一路线。明朝大学士杨荣曾身奉明朝四帝，身份显赫，为智光作铭，略记智光出使西域的具体行程："……甲子春，与其徒慧辨等，奉使西域，过独木绳桥，至尼巴辣梵、天竺国，宣传圣化，众皆感慕。已而谒麻葛菩提上师，传金刚鬘坛场四十二会礼，地涌宝塔，其国起敬，以为非常人。遂并西番、乌思藏诸国，相随入贡，比还，再往……"①。

由于智光的出使，尼泊尔等地的部落王室已经对明朝有所了解，也回派使者前往内地进行朝贡。《明史》中有"其王马达纳罗摩遣使随入朝，贡金塔，佛经及名马方物。二十年达京师，帝喜，赐银印、玉图书、诰敕、符验及幡幢、彩币。二十三年再贡，加赐玉图书，红罗伞。终太祖时，数岁一贡"②。的记载。洪武三十五年（公元1402年）八月，明成祖再次"遣僧智光赍诏谕馆觉、灵藏、乌思藏必力工瓦、思达藏、朵思、尼八剌等处，并以白金、彩币颁赐灌顶国师等"③。此后，明政府与尼泊尔等地的部落王室的往来更加密切。永乐元年（公元1403年）二月乙丑，"遣司礼监少监侯显赍书、币往乌思藏，征尚师哈立麻。盖上在藩邸时，素闻其道行卓异，至是遣人征之"④。"十一年命杨三保赍玺书，银币赐其嗣王沙的新葛及地涌塔王可般。明年遣使来贡，封沙的新葛为尼八剌国王，赐诰及镀金银印"⑤。永乐十六年（公元1418年），尼八剌遣使来贡，明朝又命中官邓诚赍玺书、锦绮、纱罗往报之，所经罕东、灵藏、必力工瓦、乌斯藏及野蓝卜纳。文献中邓诚的此次入藏还附有从西藏到尼泊尔的路线，其行走路线大约为从今甘肃入西藏，而后从日喀则地区进入尼泊尔。在永乐末年（公元1424年），邓诚再次受命与中官乔来喜一道前往尼泊尔，取道甘青。但不幸的是，"道安定、曲先，遇贼见杀，掠所赍金币"⑥。此次行程以邓诚被西藏地区部落劫杀而告终。宣德二年四月，"以遣太监侯显往乌思藏、尼八剌等处抚谕给赐，遣人赍敕驰谕都督佥事刘昭，领指挥使后广等原调洮州等六卫官军护送出境。仍敕川卜、川藏、陇答、罕东、灵藏、上笼卜、下笼卜、管牒、上邛部、下邛部、乌思藏怕木竹巴、必力工瓦等处及万户、寨官、大小头目、军民人等、给道里费，且遣人防护"⑦。

明初50年间，中、尼友好关系友好。但自15世纪末至18世纪末的300年间，尼泊尔谷地的政局四分五裂，东西各部山区长久割据，中、尼间使节往返就此中断。在尼泊尔政局动荡之时，其北部与西藏地方的贸易仍在继续发展。16世纪中叶，尼泊尔

---

① （明）葛寅亮撰：《金陵梵刹志》，卷三十二，明万历刻天启印本。

② （清）张廷玉等撰：《明史》卷三百三十一《列传第二百十九　西域三·西天尼八剌国》，北京：中华书局，1974年，第8586页。

③ 《明太宗实录》，卷十一，洪武三十五年八月戊午。

④ 《明太宗实录》卷一百三十七，永乐十一年二月己未。

⑤ （清）张廷玉等撰：《明史》三百三十一《列传第二百十九　西域三·西天尼八剌国》，北京：中华书局，1974年，第8586页。

⑥ （清）张廷玉等撰：《明史》卷一百五十六《列传第四十四·李英》，北京：中华书局，1974年，第4275页。

⑦ 《明宣宗实录》卷二十七，宣德二年四月甲子。

加德满都河谷的三个尼瓦尔土邦铸造的银币"章喀"开始流行于西藏地区，并与西藏地方正式缔结了提供货币并换取白银的条约，这是对当时贸易繁荣的真实写照。至清代，在西藏监造"乾隆藏宝"银钱时，尼泊尔银币才被彻底废止。货币的繁荣带动了边境地区城镇商业的兴起，长期同边境的尼泊尔保持着传统边贸往来，"除官方或领主从事的商贸之外，边民之间也进行频繁的小额交换，双方商人经常抵达对方地区从事贸易活动"（拉巴平措和陈庆英，2016）。因此，在明代西藏的一些集市中，会有一定数量的尼泊尔商人进行商品交易，货物商品也更为多元。

17世纪以后，西藏边境地区的互市贸易更趋频繁，如位于西藏西北阿里地区的边民习惯用硼砂、湖盐、羊毛、羊绒等土特产品与西邻的拉达克人和南邻的库马翁人交换马匹等物品，其中阿里地区的细羊绒尤其受克什米尔地区边民的欢迎。这一时期，地处后藏日喀则地区的聂拉木和吉隆已成为中尼边境地区重要的商品交易集散地，两地的边民习惯用羊毛、湖盐、牲畜等换取对方的粮食、铁器及布匹等日用品。与此同时，随着边境贸易的不断发展，一些商人逐渐成为西藏地方与喜马拉雅南部诸国进行边境小额贸易的中介人，他们往返于西藏与喜马拉雅南部诸国进行商贸活动，一些边境地区的边民及商人也有习惯的交易地点。

与宋元时期相比，明代由于中央王权的进一步收紧，对西藏地区控制更为严格，明代注重与尼泊尔等周边国家的交往实质上是明王朝经略边疆的重要举措，明朝初建，北元是明朝边疆的重大隐患，一旦蒙藏再次联合，势必对明朝构成战略威胁。所以，派遣大员经藏连通尼泊尔、印度诸部族，成为明朝治理西藏地区的重要内容。明代中国内地经西藏地区通往南亚诸国的道路，有鲜明的特征，只求政治影响，不求经济利益。在此背景下，不仅先前"蕃尼古道""茶马古道"贸易路线继续使用，川藏线、滇藏线的重要战略地位也逐渐凸显。这种交往更像一种"朝贡贸易"，这种举措虽然有积极的一面，但也制约了西藏地区与周边地区展开贸易的进程。

5.3 清代中尼边境地区贸易与战争

清代西藏地区喜马拉雅山脉以南的周边地区环绕着众多的部落，这些部落自东往西分别为不丹（布鲁克巴）（今不丹）、宗木、锡金（哲孟雄）、巴勒布、廓尔喀、作木朗。西藏地区与这些部落均有不同程度的贸易往来。清代西藏地区食物和生活用品等物资高度依赖外地输入，《卫藏通志》记载："藏内一切食用物件，全赖外番"[①]。这是当时西藏地区与外地经贸联系密切的真实写照。《藏事纪要初稿》在总结清代西藏地区对外贸易的整体概况时言："全藏商业，以拉萨、札什伦布、江孜等处较为繁盛，余则西以买多克礼市、阿尔摩拉、克什米尔与印度及亚细亚人往来……藏人所需货物，由中国内地运入者为食物、茶砖、绸缎、布匹、哈达等类，由尼泊尔运入者为五金米、藏香原料等类目哲孟雄运入者，为剪刀、镜子、火柴、洋烛、香皂等类，此类物品藏

---

① （清）袁昶纂：嘉庆《卫藏通志》卷一一《贸易》，拉萨：西藏人民出版社，1982年，第329页。

人尤所嗜好具，余为宗教器物，如经轮、铃子、索珠、油灯、缘钵等物……输出货物，除麝香、鹿茸、熊胆、豹骨、狐皮、药材、食盐、氆氇、赤金、藏红花等外，所产羊毛，底绒甚厚，质地轻细如丝，最合纺织之用。牛皮、绵羊、山羊毛亦最著名，每年夏季由干壩庄转运至哲孟雄、印度等处销售，价值极昂"[①]。已基本明确指出清后期西藏对外贸易的整体概况，但有关藏尼贸易的细节部分还有待细究。

5.3.1　清代前中期的中尼边境贸易与交往

有关尼泊尔的地理位置，清代史料《时务通考》言："廓尔喀一作库尔卡，本名尼伯尔，又称巴勒布，一作巴尔布或称白布廓尔喀，乃其别部。城名当孔道，而贸易繁，故其名独著，犹西域浩罕之称，安集延也，在东印度北境，东西南皆界英人孟加拉亚加拉属部，东界哲孟雄，北境毘连后藏，东西约一千六百里，南北约四百里"[②]。地理位置的独特优势，使其成为清朝与南亚贸易的重要通道。

清顺治二年（公元 1645 年），尼泊尔马拉王朝统治时期，派使节拉瓦尔·马拉与西藏代表签署了第一份有关喜马拉雅地区贸易的商贸协议，在藏尼商获得免除捐税、关税、赋税的特权，具体规定有："尼泊尔商人在边界地方运来销售者，每包米抽取一木碗，每年约收税米一百数十石，俱运交商上，备来年传大召念经之用。若尼泊尔商人运商品入藏贸易，除米石外，其他商品均不在边境收税，只是边境营官记明包数，呈报商上。货物到拉萨后，无论粗细，每包均纳银圆一个，即使金花、珊瑚、珍珠、缎正、细软之物，一律按包计算。只有藏红花例外，按每克纳银钱一元。西藏商民零星到边境向尼泊尔人贩盐者，每包也抽取一木碗为税。每年所收盐斤，由当地营官向尼泊尔商人换取藏香、纸张、果品等物，然后交于商上"[③]。贸易协议的签订为中尼贸易的正式开展拉开帷幕。

当时尼泊尔人常住拉萨、日喀则、江孜等地经商。他们往返于西藏与喜马拉雅南部诸国进行商贸活动，人数众多，是中国西藏地方的主要外侨，也是西藏地区对喜马拉雅山山外进行贸易的中介人。康熙末年，"有巴勒布商民四十名，商头三名，克什米尔商民一百九十七名，商头三名"，他们"向俱任其常兴贩，往来不绝"（杨公素，1992）。对于尼泊尔政府来说，跨喜马拉雅贸易的收入是政府最主要的收入之一，其数额与政府的地税税收相当，甚至要超过地税的收入。乾隆四十年（公元 1775 年），中尼两国第二次签署协议，进一步加强了喜马拉雅山脉地区的贸易联系，当时尼泊尔还亲自派遣使团进京，与中国建立友好关系（徐萌萌，2014）。地处后藏日喀则地区的聂拉木和吉隆已成为中尼边境地区重要的商品交易集散地，两地的边民习惯用羊毛、湖盐、牲畜等换取对方的粮食、铁器及布匹等日用品。尼泊尔通道不仅控制着西藏日用百货

---

① 石青阳：《藏事纪要初稿》第六章，民国二十二年，油印本。

② （清）杞庐主人：《时务通考》，卷二《地舆》，清光绪二十三年点石斋石印本。

③ （清）陈继东著：《西藏开拓南亚市场及其特殊性研究》，成都：巴蜀书社，2003，第 8-9 页。

的进口和羊毛的出口，也长期控制和影响着周边克什米尔、印度与中国西藏地区的贸易通道。总体上，藏尼间的贸易盛极一时，尼泊尔占据了穿越喜马拉雅贸易的垄断地位，其在跨喜马拉雅地区贸易的垄断地位一直保持了200年之久。

但尚武的廓尔喀人在统一尼泊尔过程中不断征战，扩张领土，极大地影响到当时西藏与南亚地区的边境贸易。廓尔喀本尼泊尔一小部落，《圣武记》载："廓尔喀本巴勒布国，旧分叶楞部、布颜（阳布）部、库木部，于雍正九年各奏金叶表文，贡方物，后三部吞并为一，遂与后藏邻"[1]。《西藏图考》记载："于雍正十年内附，十三年三罕俱奉金叶，表入觐"[2]。到乾隆初年时，廓尔喀在其酋长博纳喇赤的领导下强盛起来，凭借其强大的武力向四方扩张，先后征服了向清朝纳贡称臣的巴勒布部和其他一些小部落，据有尼泊尔，逐渐成为与西藏紧邻的一个新兴强大政权。在对更多利益的渴求下，乾隆五十三年（公元1788年），"（廓尔喀）藉商税增额、食盐糅土为词，兴兵闯边"[3]。打破了西藏地区与尼泊尔传统的友好关系，发动第一次侵藏战争，并占领了西藏边境济咙、聂拉木、宗喀3个宗（张其勤和吴丰培，1983）。史籍记载："廓尔喀之酋长喇纳巴都尔，既又兼并哲孟雄、作木朗、洛敏汤诸部落，遂与西藏以交易滋事"[4]。

面对这一变故，乾隆帝指示庆麟等官员进行防预，调番兵助剿，向廓尔喀宣示"朝廷"威德。檄谕称："聂木拉、济咙两处'虽近边蕞尔之区，原系藏中旧属，非尔之地。从前五辈达赖喇嘛时，尔等侵夺济咙，经达赖喇嘛发兵夺回，今尔整顿兵旅，谅系与他部起衅，不意滋扰藏界，犹欲向宗喀前来，殊出情理之外……大圣皇帝虽至仁慈，体上帝好生之德，似此狡焉思逞之徒，亦断不容稍为轻赦，必发大兵歼戮剿除"[5]。但廓方没有退兵。该年九月，清廷调川兵入藏驱逐廓尔喀，这一决策却遭到驻藏大臣、藏内僧俗一致反对，他们以无法筹办口粮为辞，拒不配合清廷武力驱逐廓尔喀人。乾隆帝非常恼怒，降旨谴责："此事朕为达赖喇嘛、班禅额尔德尼及藏内人众，特发内地之兵，唐古特等理应感激，急筹兵丁粮饷，乃噶布伦等，竟以不能办理为词"[6]。

与此同时，"巴勒布廓尔喀属下头目苏尔巴尔达布等，西向沮木郎部落掳掠，复东，向我边入寇"[7]。很快占领聂拉木、济咙、宗喀，向北围攻协噶尔，威胁扎什伦布。面对廓尔喀的围攻，驻藏大臣和西藏僧俗界伙同清廷特使以贿和方式同廓尔喀达成退兵协定，"许以每年给西番银元宝三百个，合内地银九千六百两，令其退还"[8]。最终导致第一次中尼交涉，清廷"未交一兵，靡饷百万"[9]的荒谬结局。廓尔喀人于乾隆

① （清）魏源：《圣武记》卷四《外藩》，中华书局，1984年，第235页。
② （清）黄沛翘撰：《西藏图考》卷八《附录外夷考》，光绪甲午堂刊本，第163页。
③ （清）魏源撰：《海国图志》卷21《西南洋·东印度各国》，岳麓书社，2004年，第713页。
④ （清）黄沛翘撰：《西藏图考》卷八《附录外夷考》，光绪甲午堂刊本，第163页。
⑤ （清）王先谦：《东华续录（乾隆朝）》乾隆一百八，光绪十年长沙王氏刻本。
⑥ （清）王先谦：《东华续录（乾隆朝）》乾隆一百八，光绪十年长沙王氏刻本。
⑦ （清）王先谦：《东华续录（乾隆朝）》乾隆一百八，光绪十年长沙王氏刻本。
⑧ （清）王先谦：《东华续录（乾隆朝）》乾隆一百八，光绪十年长沙王氏刻本。
⑨ （清）黄沛翘撰：《西藏图考》卷二，清光绪甲午堂刊本，第6页。

五十三年十月前陆续退去，但乾隆帝为扬朝廷之威，仍在圣旨中称，廓尔喀人最终退兵是因为清廷大兵"云集，将巴勒布贼匪，悉行驱逐歼除"[①] 所致。

乾隆五十五年（公元 1790 年），廓尔喀又以"藏中岁币复爽约，于是廓尔喀以责负为名，再举深入"[②]。八世达赖喇嘛对于议和一事并不赞同，因此拒绝支付此前廓尔喀派与西藏议定的三百个元宝，并遣使与廓尔喀谈判，要求撤回合同。但廓尔喀以西藏不履行合约为由，拒绝达赖喇嘛的议和，并在玛尔巴和英国人的煽惑下，挑起了第二次侵藏战争（多杰措和曾国庆，2013）。"据喇嘛噶布伦享称：'六月二十四日行至聂拉木，给信与廓尔喀，商议旧时未完债项，七月初六日，廓尔喀头人带领七十余人至聂拉木。次早，廓尔喀头人等领兵千余向聂拉木进发。我等见来人甚众，一时不能禁，将彼处桥梁拆毁。廓尔喀疑断其归路，混放鸟枪，致相争斗，廓尔喀即占据聂拉木，将噶布伦、戴绷等俱围在彼处'[③]。不久噶布伦丹津班珠尔及清教习兵丁王刚、冯大成等十余人被俘，聂拉木再次失陷，紧接着定日、萨迦、济咙等宗相继失陷（陈庆英和高淑芬，2003），廓尔喀主力三千余兵长驱直入后藏首府扎什伦布，"陷札什伦布大掠而去"[④]。驻藏大臣纷纷逃窜，留一群喇嘛在寺内占卜，"托言卜诸吉祥天母，不宜战"[⑤]。

第二次廓尔喀侵藏战争之后，由于在藏官员办事不力，派遣赴藏平乱的总督大员也敷衍塞责，廓尔喀之乱一直未得到良好的解决。为了维护国家主权，厘清西藏弊政，乾隆皇帝经深思熟虑，命福康安、海兰察亲统大军跨越国境线追击廓军。清军于是沿路攀登险山石崖，过独木偏桥，穿密林深谷，在极端恶劣的气候条件下，昼夜长途奔袭，历噶勒拉、堆补木、特帕朗古桥、甲拉古拉、集木集等地，奔赴战场。史书记载："相国福文襄公率索伦劲旅征之，悬军深入，累战克捷，逼其都城。先是英人既灭孟加拉，东印度诸部皆降，独廓尔喀血战保疆，未遭蚕食，且数数攻英属部，至是英人闻中国进兵，亦兴兵扰其边，廓夷震恐，赴大军乞降，献还所掠，并献首祸沙马尔巴之尸"[⑥]。乾隆帝本欲捣穴擒渠，"但念及当地节气较早，天气骤冷，若大雪封山，全体用命将士后果不堪设想，于是就指示福康安接受廓尔喀的乞降禀帖及恭词请罪，令其签写"永不犯藏"之甘结，并定期纳贡（中共日喀则地委宣传部，2013）。廓尔喀王接受了全部条件，还派人赴京呈进贡品多种。到 9 月，福康安率大军凯旋班师。

廓尔喀向清朝俯首称臣后，朝廷并未对其有其他苛刻要求，而将其与朝鲜、安南（越南）等地区相同对待。廓尔喀使臣进京和回国沿途的车马、食宿、护兵和脚夫皆由清政府提供，进京途中所经各省督抚都会给予使团赏赐。使团还有机会拜谒皇帝，得到赏赐。不仅如此，乾隆帝还谕示"现在尔自言五年一贡，届期自有贡使往来藏地，

---

① （清）王先谦：《东华续录（乾隆朝）》乾隆一百八，光绪十年长沙王氏刻本。
② （清）魏源撰：《圣武记》，北京：中华书局，1984 年，第 235 页。
③ （清）王先谦：《东华续录（乾隆朝）》乾隆一百十四，光绪十年长沙王氏刻本。
④ （清）杞庐主人：《时务通考》卷二《地舆七》，清光绪二十三年点石齐石印本。
⑤ （清）魏源撰：《圣武记》，北京：中华书局，1984 年。
⑥ （清）杞庐主人：《时务通考》卷二《地舆七》，清光绪二十三年点石斋石印本。

或尔国因道路险远方物无多,即十年一贡以达悃忱,亦无不可,所需物件自可于贡使进京之便顺道带至前藏,凭公交易亦属省便,其平时竟不必再通贸易,更可永杜争端,共安乐利"(冯树清,2010)。可见进贡使团进京途中不仅可以顺道带货物至西藏贸易,而且还能享受来自清政府免费的车马、脚夫运输服务,沿途还有兵丁护送以保安全。这对廓尔喀人来说是很有吸引力的,因此这个五年进贡使团自乾隆五十七年开始,一直到光绪三十二年的 100 多年都未停止过。

整个第二次廓尔喀战争,清政府兴师动众,调兵千军万马,耗银数百万两,阵亡官弁 300 余人,可谓代价巨大。但是最终迫使廓尔喀缴回所掠财物,投降纳贡 [①]。因为反侵略战争的胜利,清政府充分认清了西藏地方各事宜废弛,弊端颇多。鉴于这次战争主要由商业贸易和货币原因引起的,清政府于 1791 ~ 1793 年,对西藏地区进行全面整顿,制订系统的法规(董莉英,2008)。考虑西藏距内地甚远,距外番较近,藏内出产本少,一切日用所需,如布匹、米石、铜铁、纸张、药材、海螺、果品、蔗糖,以及藏番戴用之珊瑚、蜜蜡、珠子等物,皆系自阳布等处贩运而来,若一概禁止贸易,实于藏番不便(西藏研究编辑部,1982)。福康安要求清政府重开贸易,并提出进出口贸易管理的具体意见。后乾隆皇帝批准同意重开边贸互市,规定边境居民零星的小额贸易要区别于大额贸易进行不同管理,但不规定贸易次数和限期,其由地方官员管理,合理征收关税。1793 年,清政府颁布实施了《钦定藏内善后章程二十九条》,其中涉及商贸与交通的条约主要有:

> 为求西藏永远安乐计,今后由邻近各国来西藏的旅客和商人,需要进行管理,如果他们安分守己,遵守地方例俗,可以准其照旧经营商业,但是所有来往商人,必须进行登记,造具名册呈报驻藏大臣衙门备案。准许尼泊尔商人每年来藏三次,克什米尔商人每年来藏一次,各国商人、无论前往何地,须由该国主脑呈报驻藏大臣衙门,按照该商人所经过的路线签发路证并在江孜和定日两地新派官兵驻扎,各地商人经过时,须将路证拿出检验。如有外人要求到拉萨者,须向各边境宗本进行呈报,并由驻江孜和定日的汉官进行调查,将人数呈报驻藏大臣衙门批准。该外人到拉萨后,需要进行登记并接受检查。派驻各地的汉官及文书等人员,如有贪污受贿等行为,一经发现即予惩办。由不丹、哲孟雄前来拉萨办理朝佛等事的人员,也同样需要呈报路证。对于达赖喇嘛派往尼泊尔修建佛像或去朝塔的人员,也由各地宗本加以管理并进行检查,由驻藏大臣签发路证,如逾期不能返回,由驻藏大臣另外行文给廓尔喀王。这样办理既可澄清边务,也对西藏有利;
>
> 西藏章卡(市场所流行的一种硬币)历来掺假很多,今后政府应以纯粹汉银铸造,不得掺假。并依旧制,每一章卡重一钱五分,以纯银的六枚章卡换一两汉银;

---

① (清)方略馆编;季垣垣点校:《钦定廓尔喀纪略・前言》,北京:中国藏学出版社,2006 年,第 6 页。

今后廓尔喀、不丹、哲孟雄等藩属之回文，必须按照驻藏大臣指示缮写。关于边界的重大事务，更要根据驻藏大臣的指示处理。外方所献的贡物，也须请驻藏大臣查阅。所有噶伦都不得私自向外方藩属通信；

西藏的济咙、聂拉木、绒夏、咯达、萨噶、昆布等地区和廓尔喀疆土相连，又为交通要道，须树立界碑，限制互相出入。

政府之所有税收，有以银两折交物品者，即照所定新旧章卡兑换之数，按新铸旧铸，分别折收，不得稍有浮多。至采买各物，亦须公平交易，不得苦累商民；

在济咙（现吉隆）、聂拉木两地方抽收大米、食盐及各种物品之进出口税。可依原例办理，除非请示驻藏大臣同意，政府不得私自增加税额。

乾隆五十八年（公元 1793 年）《钦定藏内善后章程二十九条》的颁布，不仅使清政府在章程中对西藏地方的人事、行政、财政、军事等方面作了明确规定，还对西藏地方与邻邦的商贸交往活动进行了规范化的管理。这一时期，随着边境贸易规模的不断扩大，形成相对固定的传统边贸市场和贸易点达 60 多个，这些贸易市场和贸易点大部分设在中国境内。在商贸通道方面，西藏地方与南亚周边邻邦形成了数量繁多的边境通道，如聂拉木和济咙、绒辖、日土、噶尔宗、定结宗、措拉、卓木（亚东）、帕里、白马岗（今墨脱）、察隅等（谢延杰和洛桑群觉，1994）。这个是西藏地区通往印度、尼泊尔、锡金、不丹等地的重要商贸通道。在这些边贸集市点上，西藏地区输往其他国家和地区的主要物品有食盐、牛尾、牛皮、羊毛、兽皮、骡马、羊肉等，输入的物品有檀香木、香料、各类皮张、辣椒、红糖、木耳、布匹及日用品等，主要贸易对象除尼泊尔、印度以外，还有门隅、珞隅管辖范围内的区域以及不丹、拉达克、锡金等藩属国。边界商业秩序得到规范和管理，加上此时的廓尔喀迫于清政府军威，不敢再有欺凌、寻衅之心。此后的半个多世纪西藏地区与廓尔喀的关系又恢复和谐友好，双方往来更多，这种局面直到 19 世纪后期英国强迫签订一系列不平等条约而发生改变。

5.3.2　清代后期的中尼边境地区贸易与战争

清代中、后期，清政府经历了一系列战争，早已不复昔日的辉煌和强盛。外国列强的坚船利炮不仅打破了天朝上国的迷梦，也使得清政府政治体制的腐朽、落后等弊端逐渐暴露出来。太平天国起义的爆发更是加速了清王朝的没落，清朝的统治地位开始摇摇欲坠，边疆危机不断。与此同时，进入 19 世纪后，英属印度政府不断进行殖民扩张，先前作为清朝附属的各个朝贡国受到威胁，与之相应的贸易通商也受到影响。《时务通考》载："盖印度公司一意经营，利之所在，无孔不入。非必尽出于英国本意也，然彼知藏地为中朝所属，不敢轻开边衅，但诡计百端，用重赂以要结布鲁克巴、哲孟雄诸番，入其牢笼。彼皆孱弱，不能相抗。惟廓尔喀一部较强，地形险要，民志劲勇，仰仗天威，仅能自保。当抚以恩信，借固藩篱，一旦有变，足为先驱"[1]。上述材料表明，除廓尔喀之外，先前与清政府进行贸易通商的布鲁巴克、锡金（哲孟雄）在这一时期都受东印度公司所控制。直到 1815 年，英国东印度公司强迫尼泊尔签订《塞哥里条约》，在加德满都设置公司代办官邸并侵占廓尔喀南部几乎所有平原土地，自此，廓尔喀也沦为英国的附庸国。《西藏图考》记载："今英吉利占据五印度，兼并廓尔喀、哲孟雄诸部，铁路已开至独吉岭，其言重在通商，而唐古特部众又复迭次阻挠，难保不激生变故，且边界野番杂处，万一乘机窃发，处处堪虞，是则南界之防尤今日之急务也"[2]。面对此变局，清政府整治边防，《时务通考》言："从前济陇、聂拉木、绒辖、喀达四隘口皆所以防廓夷，其他邻部未尝滋事，故疏于设备。今时异殊，彼为轻而此为重，似宜于江孜、定日、帕克里等处整顿边防，以防履霜之渐至"[3]，但这种临时性的整顿措施并没有收到预期的效果，曾与中国西藏相邻或其藩属的喜马拉雅山诸邦逐一沦陷，成为英属印度政府侵略中国的帮凶，开始骚扰中国的西南边境。

廓尔喀沦为英国附庸之后，奉行对外依附英国的政策，进一步扩充军备，准备等待时机向西藏地区扩张。1855 年 3 月，廓尔喀兵分数路侵入西藏地区，开启了第三次侵藏战争。第三次廓尔喀战争廓军以聂拉木、济咙为突入点，先占据聂拉木、济咙，再向北推进，直指扎什伦布。4 月初，廓尔喀军队攻占聂拉木、济咙。消息传到北京，清政府要求驻藏大臣暗地设防，不可妄动兵力，并檄谕廓尔喀军自行撤回，企图不费一兵一弹令侵略军撤退。但廓尔喀并没有因此撤出所占据的西藏领地，反而继续增兵侵略。清廷多次妥协退让，但均不能令廓尔喀统治者撤军，又难以抽调兵力入藏，于是抵抗廓尔喀侵略的重担就落在西藏地方军民的身上。1855 年 11 月初，西藏地方军民发动反击，切断了廓尔喀的补给线。并将兵分为三路，同时攻击了聂拉木、济咙、宗喀等地的廓尔喀军队。廓军措手不及，经过几番激战，西藏军民歼敌数百，从廓尔喀手中夺回了聂拉木附近的帕嘉岭（Dhakaling）。后又收复聂拉木，并攻破宗喀外城。不过，在 12 月底，廓尔喀的后援军到达，再度击败藏军，夺回聂拉木等地，战事又告停顿。至此，由于西藏军民奋起抗击侵略，清廷又陆续增兵，廓尔喀统治者见继续作战对己不利，故遣人呈送禀帖，要求和谈。

1856 年，在清政府驻藏大臣赫特贺的主持下，尼泊尔与西藏地方代表签订了《西藏廓尔喀条约》，共十条，涉及贸易通商的条约内容如下：

> 嗣后，廓尔喀商民，西藏不抽商税、路税及他项税捐；
> 西藏允将以前所捕之锡克兵丁及战争中俘获之廓尔喀兵丁、官员、夫役、妇女、炮位归还廓尔喀。廓尔喀亦允将西藏军队、军火、牦牛及济隆、聂拉木、宗喀、布朗、绒辖各地西藏民人遗下一切物品归还西藏；
> 廓尔喀准在拉萨开设店铺，任便售买珠宝、衣着、粮食及其他各种物品；

---

① （清）杞庐主人：《时务通考》卷二《地舆七》，清光绪二十三年点石斋石印本。
② （清）黄沛翘撰：《西藏图考》卷八《附录外夷考》，光绪甲午堂刊本。
③ （清）杞庐主人：《时务通考》卷二《地舆七》，清光绪二十三年点石斋石印本。

拉萨商民如有争执，不容廓尔喀官员审讯；拉萨辖区内廓尔喀商民或加德满都回民如有争执，亦不容西藏官员审讯。西藏民人与廓尔喀民人如有争执，两方官员会同审讯。西藏民人罚款，归西藏官员，廓尔喀商民及回民罚款，归廓尔喀官员。

1856 年 7 月 6 日，条约批准。至此，第三次廓尔喀侵藏战争结束。通过《西藏廓尔喀条约》，尼泊尔取得在西藏设官员，任意开设店铺，自由经营，不纳税收，尼商犯法，西藏不得处断，藏尼人民间发生纠纷，由双方合同处断等特权，因而尼商遍入西藏地区各个交通要道，尼泊尔垄断了穿越喜马拉雅的贸易（董莉英，2008）。从《西藏廓尔喀条约》签订到 19 世纪 80 年代，尼泊尔在西藏地方与相邻国家的边境贸易中一直处于垄断地位。同时，环喜马拉雅地区商贸往来更加密切，在一些主要山口和通道附近逐渐形成较为固定的交易点，如甲岗、普兰、吉隆、聂拉木、错那、定结、帕里等。通过这些交易点，西藏的许多土特产和过境商品流向周边地区，境外的多种商品也通过这些交易点流入西藏，甚至经青藏、川藏等路线输入中原地区。贸易通道的发展也更加繁盛，据清末民国初年陈观浔编《西藏志》记载："由尼泊尔入西藏道路有四线：一由噶多曼都（加德满都）出济咙（吉隆）；一由噶多曼都（加德满都）经郎卡格密出聂拉木；一由叶楞城出俄辖（绒辖）；一由鄂博出喀达（日喀则市桑珠孜区东嘎乡喀达村）之东南"（陈观浔，1986）。在进入西藏地区之后，则沿用从吐蕃时期就开通的蕃尼古道，蕃尼古道沿线现存吉隆县的擦木卡清军古战场遗址、查嘎达索寺藏清军战刀、招提壁垒石刻题名、热索桥、灵瓦昌峡谷、琼嘎尔寺遗址和贡塘拉山口遗迹都是当时重要的遗迹。《多仁班智达传》《郭扎教法史》《次旺诺布传》等藏文文献和《卫藏通志》《西藏志》《西招图略》《西藏图考》等汉文文献都对这条古道的线路、站点，甚至里程进行了比较详细的记载。这些记载显示，清代藏尼直接通道自拉萨向西、向南至吉隆县热索桥出关，大致形成北、中、南三条平行的主线，这三条中段平行线路的走向及其沿线重要站点（熊文彬，2020）分别如下：

中路：拉萨向西，经今曲水、浪卡子、江孜、白朗、日喀则、拉孜，而后南下至萨迦、定结北部，再向西经定日和聂拉木北部至吉隆贡塘拉山，由此向南，经宗嘎镇至吉隆镇，最后至热索桥。

北路：拉萨向西，经曲水、浪卡子、仁布、日喀则、萨迦吉定，然后沿雅鲁藏布江至拉孜、昂仁、萨嘎，而后南下至吉隆贡塘拉山，再南至热索桥。

南路：自拉萨向西，经浪卡子至江孜后，南下至康马，沿喜马拉雅山北麓向西至岗巴、定结、定日南部，而后至吉隆。

综观整个清朝，从清初开始，西藏地方就同尼泊尔有着交往。至乾隆朝，以两次"中尼战争"为契机，中尼宗属关系正式确立。自此以后，廓尔喀王国被纳入清廷属国体系，成为清廷南亚次大陆上的重要属国。嘉道咸同朝是清廷统治由盛转衰的关键时期，王朝统治的衰亡直接影响到中尼宗属关系的发展。它不仅导致嘉庆、道光朝清廷对廓尔喀王国的抗英求援活动置之不理，而且为咸丰朝廓尔喀方利用太平天国起义之机侵入西藏地区提供了契机，最终迫使清廷同其签订屈辱的议和合同，将诸多不平等特权强加于西藏地区。同治朝后，清廷为了继续羁縻廓尔喀，仍认可中尼宗属关系，以此烘托自身的权威，支撑即将崩溃的宗属体制，并竭力防范廓尔喀捣乱生事，实现拱卫川藏的目的。总体上，光绪、宣统朝中尼关系与嘉道咸同相比，又有重大不同。

从蕃尼古道的作用与职能来说，较之于前代，清代蕃尼古道的作用更加多元与全面，并且部分作用与职能也发生了变化，特别是在稳固国防、维系中尼关系等方面发挥了突出的作用。首先，传统的求法、传法功能发生了显著的变化。据研究，当时的贸易与宗教紧密相连，西藏许多商品的输入、输出以及市场都由西藏的许多寺院和朝圣者运作（李强和纪宗安，2007）。络绎不绝的外籍人士进入，带动了边境贸易的发展，也延续了贸易通道的辉煌。从元代开始，藏族僧人前往尼泊尔、印度的目的已不再是求法，而是朝圣和传法，这一转变至清代尤为明显。其次，此前文献缺乏翔实记载的传统贸易通道的功能在此时也不断凸显。在清代，吉隆、聂拉木是蕃尼古道上两处重要的贸易口岸。西藏的湖盐、皮毛、氆氇、宗教法器，甚至包括内地的丝绸、茶叶和瓷器等物品都经此运抵尼泊尔，而尼泊尔的一些药材、颜料、香料和一些宗教法器也由此运抵西藏。再次，清代的蕃尼古道是清军平定廓尔喀人入侵的主干道，在维护国家的统一、领土的完整、巩固国防和强化中央政府对西藏地区的治理，以及内地与西藏之间的交流等方面都发挥了重要的作用。最后，廓尔喀军队被驱逐出境后，规定尼泊尔每隔五年，须定期向清朝政府朝贡。据统计，从1789～1909年，尼泊尔共向清朝派出19批朝贡使团（房建昌，2015）。因此，蕃尼古道也是清代尼泊尔的朝贡之道。

5.4 近现代中尼边境地区的贸易状况

18世纪以来，英国采用各种手段（包括战争）打开了中国西藏的通商大门，通过强迫清政府签订一系列不平等条约，攫取了免税、治外法权等一系列通商的特权。还通过开关亚东、江孜、噶大克，建立商埠，掠夺工业原料（如羊毛等），倾销工业产品等方式，加深了西藏的半殖民地化进程。这种情况到民国时期更是有增无减。1914年7月3日，英国诱迫西藏地方政府代表在《西姆拉条约》和秘密的《英藏通商章程》上签了字。尽管这两个条约根本没有得到中国中央政府的签字和承认，甚至英国政府也不认为这两个条约是合法有效的，因而不敢将其公布。但是，英国却以这两个条约为要挟，加快对西藏的经济掠夺进程。由此，藏尼贸易的中心地位被中印贸易所取代，尼泊尔作为西藏地方与印度等南亚大陆国家贸易的中介重要性进一步减弱。以尼泊尔在拉萨的商人数量为例，1907年尼泊尔在拉萨的商人还有500人，到1923年仅剩42人，直接表明中尼贸易发展的式微与衰弱。

5.4.1　民国时期中尼边境地区的贸易与通道

辛亥革命后，受英属殖民地印度及国内现代化的影响，十三世达赖开始推行具有现代化意义的新政，此番新政涉及货币金融业、商贸业、矿业和交通、通信业等经济领域。随着通商口岸的开放，英印商品的大量进口，西藏周边贸易继续发展，商品流通日趋活跃。十三世达赖顺应时势，开展税制改革，于 1915 年建立"甲察列空"，主管盐茶税收。同时，在阿里、噶达克、拉孜、帕里、聂达木、日喀则、拉萨、林芝等重要商贸城市设立盐、毛税卡，征收过境的盐税与羊毛税、皮张税；在那曲、加里、止贡、帕里等 24 处设立茶税卡；在亚东、帕里、吉隆、聂达木、噶尔、普兰等地设货税卡，征收从印度、尼泊尔进口商货的过境税。以上各项税收每年可征得税款约 14 万大洋（西藏自治区概况编写组，1984）。税制的改革改变了西藏地方币种混乱的局面，促进了商品的交换和流通，市面商品繁多，拉萨的商业贸易更为繁荣。市场中不仅有来自中国内地和蒙古国、尼泊尔、锡金、不丹等地的商品，甚至还有来自欧洲的珊瑚、琥珀、小金刚砖石等奢侈品。这一时期，"拉萨有北平商店 7 家，各具资本数十万元，经营绸缎及瓷器等物；尼泊尔商店约 150 家，多属小资本，经营杂货业；此外尚有来自各地之流动商人及当地小贩，类于路旁临时设摊交易，数亦可观"（朱少逸，1947）。也"使得西藏地方政府财政收入大增，一改西藏地方政府财政入不敷出的局面，增强了城市建设的经济能力，三大寺、大小昭寺和城市街道得到了修缮"（张涛，2016），还促进了拉萨及江孜、噶大克、亚东等主要商贸城市的发展。

但税制改革也触犯了部分阶层的利益。1929 年，拉萨的尼泊尔商人依持特权抗拒捐税，在混乱中，西藏噶厦枪杀了一名商人。在此背景下，英国殖民者怂恿尼泊尔抗议西藏噶厦惩治闹事分子，尼泊尔王子巴布塞姆希于是率兵 6 万于民国十九年三月侵藏，达赖喇嘛向国民党政府求援。国民政府主席分别致函于尼泊尔国王和达赖喇嘛，指出："尼中邦交笃厚，相沿已久，关系密切，迥异泛常。前闻尼藏突起纠纷，双方均有军事准备，本主席为两国人民之安宁计，至深系念，曾经驰书相劝停止军事行动，谅邀鉴察"（张永攀，2015）。蒋介石则致函达赖喇嘛表示"所有尼藏交涉由中央负责解决，藉维双方安宁。除特派蒙藏委员会参事巴文峻赴尼接洽外，慈派行政院参议谢国梁赴藏商办一切"（刘丽楣，2010）。英国殖民者见中国中央政府介入此事，也就派驻锡金政治专员来拉萨充当调解人，让尼泊尔与噶厦和平解决纠纷。巴文峻按计划去了尼泊尔，受到国礼待遇。尼泊尔政府深感"深处内地之一独立小国得与邻邦和睦相处，实为无上欣幸"（丁柏峰，2020）。藏尼纠纷得以解决。

这一时期西藏交通和运输仍然十分落后，没有近代的公路和铁路。仅有在 20 世纪 30 年代拉萨至罗布林卡一小段行驶汽车的公路。也有两辆进口的小汽车，分别由十三世达赖喇嘛和土丹贡培使用。其余西藏所谓的"道路"，也只是骡马能通行的小道而已。因此，当时的交通运输工具主要是牲口，如骡、马、牛、驴、羊群（主要在阿里地区），也有少量的马车。有些地方，如藏南边境地区因无牲口所行之道路，而只有靠人力背运。而雅鲁藏布江等水运方式，也仅有皮筏、小划船渡人、马而已。由墨竹工卡经拉萨到江孜，则可用小划行驶。骡马是当时商品长途运输的主要工具,云南、四川、青海各商帮均有"骡帮",除自运外,还替人驮运,收取运费。正因为如此,运输费用极高。据 1940 年入藏主持十四世达赖喇嘛转世坐床的吴忠信在报告中说:"由海道入藏,沿途均为现代交通工具,行旅甚便,惟一过锡金入藏境后,亦须使用乌拉牛马,计二十一站而抵拉萨,共力价亦与上同"(李坚尚,1999)。又据 1951 年的统计,由拉萨至噶伦堡用骡马驮运(每驮 120 多斤),运费要 39.80 银圆一驮,以当时大米价折算,运输费占售价的70%(李坚尚,1999)。至于交通道路,无论西藏境内或西藏通境外的道路都是历史上长期以来形成的。下面简述之西藏通境外的道路(1935 年黄慕松奉使入藏册封并致祭达赖大师报告书中所记西藏道路)最能代表民国时期的情况(李坚尚,1999):

> 通印度之道有二:
> 一是"由拉萨经江孜、帕里,到亚东,越龙头山,到喀伦堡(今译作噶伦堡),计程二十一站"。此为英印官员、商人入藏的主要道路。黄慕松返程即经此道。
> 二是"由拉萨经江孜、帕里,越纳都岭、昌谷,到锡金(哲孟雄)(锡金,时已为英国所控制)都城江都(今甘托克),山陡而平,英人在山脚中下已筑有汽车路,为印藏交通往来孔道,但在阴历一至四月大雪封山,即不易通行"。
> 通尼泊尔之道。"由拉萨经江孜,到扎什伦布、定日、聂拉木,到尼都加岛曼图(今译作加德满都)"。

不过第二次世界大战时期,由于日本对中国沿海地区实行封锁,许多战争和日常生活所需物资,需从印度经西藏转运到内地。于是,拉萨成了我国西南地区的一个重要商贸中心。西藏地方政府同时规定,所有从印度进入西藏的商品,都由尼泊尔的商贸集团公司统一管理。尼商从印度转运来的各种布料和其他商品,在拉萨被许多康巴商人、汉商中的四川和云南商人经川藏、滇藏线转到内地销售。西藏返销给印度和尼泊尔的货物则包括羊毛、麝香、牦牛尾巴、猪毛、牛羊皮、干奶酪、兽皮、银圆、银锭等(董莉英,2008)。总体言之,英印向西藏倾销的是工业制成品,而购入的则是羊毛等轻工业原料,这是这一时期藏印贸易的特征,即是西藏半殖民地化加深的经济的特征(周伟洲,2016)。

总体上,民国时期西藏的商业格局和贸易通道具有较强的继承性和一定程度的战略重要性,但由于受到英国势力的介入逐渐衰落,西藏地区与尼泊尔贸易的中心地位被中印贸易所取代。而由于战争的溃败,在中印贸易方面,西藏居于弱势地位,外贸逆差逐步增加,对英印的经济依赖性增强,具有较强的半殖民地色彩,对周边经济发展的带动力亦较弱。但此时开埠的亚东口岸也在悄悄崛起。

5.4.2　西藏和平解放后中尼边境地区贸易情况

中华人民共和国成立后的 1951 年,西藏实现了和平解放。西藏和平解放后,其外贸组成主要是对邻国的贸易和边民互市贸易。和平解放初期，根据"十七条协议"的规定，西藏地区"与邻邦和平相处，建立和发展公平的通商贸易"。中央为了扶持西藏开展对外贸易，由国家供应外汇，西藏的对外贸易这才逐渐发展起来。

1952 年初，西藏贸易总公司成立，国家在昌都、日喀则、江孜、黑河、丁青、波密等地也建立了国营贸易公司。同年，根据中央扶持西藏地区开展对外贸易的指示，西藏有计划地开展了同尼泊尔的对外贸易和边境小额贸易。这一时期，吉隆口岸延续之前就交换商品质量、交换比价等议定的协议，吉隆税卡为保护牧业生产，禁止母羊、羊羔出口，限制出口干松的数量。边民互市贸易中进出口物品一般不检查，进口物品一律免税，但要求口头申报；出口干松、羊皮、羊毛、活羊等货品征收出口税，其他一律免税。吉隆地方政府根据西藏地方政府颁布"税则"，"税则"按 117 个物品的不同价值分为 23 类（税目），物品计税单位金银按两、皮货论张、麝香凭个、藏红花记盒，余下以驮为单位。关税除茶叶征收实物外，其余均以藏币为单位征收。20 世纪 50 年代初，大量英、印等国货物经由吉隆口岸再经青藏、川藏、滇藏等路线流入青海、四川、云南、甘肃等地，为此，中国共产党中央财经委员会对由西藏进口转运内地的外货，规定了特定税率，西藏对外贸易才真正发展起来。

1955 年 8 月 1 日，中国与尼泊尔正式建交，在中尼建交后，为确保中尼双边贸易的长足发展，中尼两国在国家层面达成一系列共识。从此，中尼两国的贸易进入了新的历史发展阶段，中尼边境贸易拥有了稳定外贸环境坚实的政策保护，吉隆口岸也迎来了恢复与发展的重要历史时期。

1956 年，中尼两国在加德满都签订了《中华人民共和国和尼泊尔王国保持友好关系以及关于中国西藏地方和尼泊尔之间的通商和交通的协定》，两国代表团团长互换了照会。协定和照会就保持和发展中国西藏地方与尼泊尔人民之间的传统联系，互相通商来往、朝圣以及互设领事馆，尼泊尔撤退在拉萨和其他地点的武装卫队，以及侨民国籍等问题都做了明确的规定，协议旨在解决影响中尼友好关系的历史固有问题，并具体制定了中国西藏与尼泊尔开展贸易涉及通商协定、交通往来内容的政策规定，为西藏开展边境贸易给予政策支持。至此，中尼两国久已存在的友好关系在新的协定的基础上得到巩固与发展。

随着中国与尼泊尔通商和交通协定的签订，中国政府有步骤地恢复和发展中尼贸易，将拉萨、日喀则、江孜、亚东作为藏尼贸易市场。1950 ~ 1970 年，西藏仅从尼泊尔进口粮食、胡椒、糖、劣质纺织品、芥籽油、茶叶和煤油，而且数量极少，主要对尼出口绵羊毛、活羊、食盐等。1960 年，国务院决定在西藏设立海关，成立西藏自治区筹备委员会对外贸易局，在亚东、吉隆、聂拉木、阿里设外贸分局，向中国驻尼泊尔商务处派驻西藏代表，面向尼泊尔开放樟木、吉隆、日屋、普兰口岸；1961，国务院通过《国务院关于在西藏地区设立海关的决定》，确定在聂拉木、吉隆设立海关，主要面向尼泊尔市场，西藏地区实行的进出口税大大低于全国统一税率，允许中国西藏公私两种企业经营对外贸易，允许外国商人在中国指定地点或按照两国政府协议规定的地点经营进出口业务，藏尼之间的贸易继续稳步发展。1962

年，中方的国营公司对尼泊尔的贸易正式开始，贸易对象是尼国营公司和尼私商。1962 年 11 月，由于印度政府挑起中印边境武装冲突，亚东、帕里、普兰口岸关闭，这时对外开放的口岸只剩下聂拉木、吉隆两地，尤其是 1965 年中尼公路通车樟木后，中尼贸易日趋活跃，规模越来越大，由于国内外环境的变化，西藏边境贸易以对尼泊尔为主。为了使中尼贸易顺利开展，1964 年 5 月 19 日在加德满都中尼两国签订贸易协议，规定两国贸易以现汇支付。1965 年，随着中尼公路的开通，第二年尼泊尔与中国西藏自治区签署《中华人民共和国政府和尼泊尔国王陛下政府关于中国西藏自治区和尼泊尔之间的通商、交通和其他有关问题的协定》（利拉·玛尼·博迪亚，2010）。1968 年中尼两国政府签订"两国边境居民可在离边界 30 km 的范围内进行以物易物为基础的小额传统贸易"，这样在阿里和日喀则两地同尼泊尔交接的各传统交易点基本正常运行起来。

1974 年 5 月 31 日和 1981 年 11 月 22 日中方和尼方在加德满都再签订协议，将记账方式改为现汇支付。为方便边境小额贸易的管理需要，1976 年 1 月 5 日，西藏自治区革命委员会下放《批转区商业局关于对边境小额贸易的管理意见》，规定边境商业部门对小额贸易的交换比价要进行指导，坚持"购余供缺"的指导原则，1976 年 4 月，中尼两国进行了中国和尼泊尔关于延长两国政府《关于中国西藏自治区和尼泊尔之间的通商、交通和其他有关问题的协定》的换文（董莉英，2008）。

1980 年 6 月，中印关系解冻，1991 年中印签署了《中华人民共和国政府和印度共和国政府关于恢复边境贸易的备忘录》，1992 年断绝 30 年的西藏地方与印度的边境贸易重新得到恢复。但由于印度的戒备心理过强，导致边境贸易没有大的改观，特别是西藏地区与被印控制的门、珞民族传统边贸一直处于停顿状态。随着我国改革开放政策的实施，中央政府先后批准开放了樟木口岸、普兰口岸、日屋口岸、吉隆口岸。西藏各边境地县逐步完善基础设施，在同尼泊尔边贸实现大发展的同时，同印度的部分边贸恢复起来。2009 年西藏在阿里和日喀则边境确定了"建立南亚陆路贸易大通道"的总体发展目标，为促进西藏边境贸易奠定了基础。各边境地县也结合不同的区域特点，以"通贸兴边""边贸富县"等发展战略为目标，不断促进县域经济发展，西藏传统边贸市场也逐渐成为现代边贸市场。

21 世纪以来，尼泊尔政府进一步提出并开始实施"转口经济体"的发展战略，充分利用中印经济辐射的作用，通过中转贸易增加本国商品的附加值，分享中印经济快速增长的成果，以发展尼泊尔的服务业、旅游业，推动尼泊尔基础设施的建设，加快加工工业的发展（黄正多和李燕，2010）。在该战略的指导下，尼泊尔就可以很好地利用和中国地缘上便利的条件，在西藏地区与尼泊尔之间的山口和河谷等自然通道地区形成了许多传统的边贸市场、边贸口岸。"其中樟木、普兰、吉隆和日屋等就是其中几个主要的边境贸易口岸，这些口岸从西藏自治区辐射到中国内地，成为中国面向尼泊尔的窗口"（黄正多和李燕，2010）。近年来，随着青藏铁路通车，中尼公路大规模道路改造工程的完工以及中国与尼泊尔新航线的增设，为中国通向尼泊尔提供了较好的交通条件。

2009 年 12 月 26 日，尼泊尔总理马达夫·库马尔·尼帕尔正式访问了中国，在访问期间，发表了《中华人民共和国和尼泊尔联邦民主共和国联合声明》。中尼高层就两国关系发展和共同关心的国际和地区问题深入交换了意见并达成了广泛共识；双方决定，在和平共处五项原则基础上，建立和发展中尼世代友好的全面合作伙伴关系；双方同意，将发挥两国地理相邻的特点，进一步加强两国陆路和航空联系，并通过改善中尼间陆路交通基础设施，为加强双方交流合作和经贸往来提供便利[①]。2010 年 10月 31 日，在上海世博会高峰论坛开幕式和世博会闭幕式之际，温家宝总理会见了尼泊尔总统亚达夫，两国领导人确认中尼关系已成为大小国家平等相待、友好合作的典范。2017 年 8 月 15 日，中尼签署《中华人民共和国政府和尼泊尔政府关于促进投资与经济合作框架协议》，该协议的签署有助于进一步加强两国政府、企业和其他机构间的交流，推动中尼投资合作健康稳定发展，促进"一带一路"建设，保障在尼中国企业权益[②]。2019 年 10 月 12 日，中华人民共和国主席习近平会见尼泊尔总统班达里，两国元首共同宣布，双方将本着同舟共济、合作共赢精神，建立中尼面向发展与繁荣的世代友好的战略合作伙伴关系[③]。

5.5　中尼主要贸易口岸的历史变迁

5.5.1　樟木口岸

樟木口岸（图 5.2）位于聂拉木县樟木镇，樟木的藏语含义是"边缘"的意思，樟木镇位于喜马拉雅山中段南坡，29°9′N，85°9′E，平均海拔 2400 m，全镇建在中尼盘山公路两旁，总面积约 70 km²，下辖樟木、雪布岗、立新、帮村四个行政村。东西南三面与尼泊尔新图巴尔恰克县和多拉卡县两县接壤，对应尼方科达里口岸，边境线长约 110 km，距日喀则 478 km，距尼泊尔加德满都 128 km。历史上，樟木已经是中尼两国进行政治、经济、文化交流的主要通道之一，但是由于交通及地理环境的限制，这里进行的边境贸易规模不大，主要以边民互市的方式开展，也有少量的尼泊尔民间商人到西藏地区从事边贸活动[④]。

---

① 来源为中国政府网，网址为 https://www.gov.cn/jrzg/2009-12/30/content_1500381.htm。

② 来源网址为外交部，http://english.mofcom.gov.cn/article/zt_cv/lanmua/201708/20170802628956.shtml。

③ 来源网址为中华人民共和国政府网，https://www.gov.cn/xinwen/2019-10/13/content_5438992.htm。

④ 据团队 2018 年"第二次青藏高原综合科学考察座谈会议"会议资料与实地考察结论所得，参会人员：聂拉木县政府部门相关人员，阎建忠，彭婷。会议地点：聂拉木县政府，会议时间：2018年 9 月 28 日。

图 5.2　樟木口岸

　　盐粮交换发生在农牧区之间，以物易物是西藏产品流通的主要方法。为了防匪患、抵御自然灾害，人们往往几家人、一个村或一个部落等结伴而行，组成数十人的驮队。春、夏季，人们赶着牛羊去盐湖采盐；秋天，牧民将盐巴及牧区的牛羊肉等驮载到农区去交换农产品（李涛，2017）。每年的 11 月到次年的 2 月是农牧闲季，北部的牧民带着食盐、羊毛来到聂拉木，和当地的商人、农民交换粮食和日用品。每年的 3～10 月是开山季节，尼泊尔的背夫背着粮食来到聂拉木，与当地的居民交换盐巴等。当地的居民有时也把从牧民那里换来的食盐背到尼泊尔境内出售。聂拉木设有西藏地方政府主管盐粮交换的派出机构。据有关资料记载，藏北牧民运盐到此，不能直接与南来的尼泊尔人换大米，只能把食盐卖给政府派驻这里的机构或当地住户。并规定盐粮比价为 14 藏克食盐换 4 藏克大米；8 藏克食盐换 4 藏克小麦；12 藏克食盐换 4 藏克米片；1 藏克食盐换 1 藏克玉米。但当收购者把盐转卖给尼泊尔人时，规定比价为 5 藏克食盐换 4 藏克大米；5 藏克食盐换 4 藏克小麦；3 藏克食盐换 2 藏克米片；1 藏克食盐换 1 藏克玉米（李坚尚，1994）。

　　五世达赖喇嘛执政时（约在公元 1675 年）在樟木设有冲堆（商贸官），那时与尼泊尔的商贾往来就已有相当的规模（谢延杰和洛桑群觉，1994）。来往的尼泊尔商人还充当西藏与南亚其他国家经济交往的中介。1793 年，清政府颁布实施《钦定藏内善后章程二十九条》，"聂拉木税卡征收关税只论重量征收，每两约收几个章嘎（约等于印度 3 个半卢比）。人员入境不收税，出境收 2 个'门德马里'（约值印度 1 个卢比）。"击败廓尔喀侵略军后，为加强边境防务，清政府对边境的 14 个宗（县）委派五品官，以示加强管理并随之委派有冲堆官员。"20 世纪初，亚东关免征进出口税的同期，西藏地方政府在帕里、聂拉木、吉隆等地设有'雪康'（税卡），每个'雪康'设有 1 名到 3 名'雪巴'（税官）负责征收关税和过路税。其中，西藏地方政府在聂拉木设'雪康'并加强对聂拉木税卡的管理，封派一僧一俗雪巴管理税卡及该宗的一切事务。"

在 1904 年亚东关开关以前，樟木口岸是最大的口岸，大量的货物经过聂拉木进口再运至拉萨等地。1961 年 12 月 15 日，国务院第 114 次会议通过《国务院关于在西藏地区设立海关的决定》，确定在聂拉木设立海关。1962 年，聂拉木县充堆乡设关。随着 1965 年中尼公路通车和 1962 中印边境冲突后亚东口岸的关闭，原本仅次于亚东关的樟木口岸发展成为西藏境内最大的边境贸易口岸。口岸于 1966 年正式对外开放，1983 年批准为国家一类陆路口岸。随着中国与南亚国家贸易的迅速发展，樟木口岸边境贸易额大幅增长。"据有关部门统计：1965 年，中尼公路通车时樟木口岸实现的边境贸易额仅 50 余万元，到 1982 年突破千万元为 1200 万元，到 1992 年更高达 2.2 亿元。"随着贸易发展，樟木口岸交通、能源、通信、教育、卫生、广播电视等公共设施相对完善，海关、边检、国检、公安、工商、税务等行政职能机构和金融、住宿、餐饮、仓储、运输等经营性服务机构相对健全；贸易对象更加多元化，包括国营、集体、个体、区内、区外、本地等；交易方式更是多样化，过去的边境贸易仅限于以货贸易形式，现已发展到人民币、尼币、美元等多种货币结算的现汇贸易与易货贸易并存的多种形式。樟木口岸管委会与尼方有关部门建立了定期会晤机制，成立了中尼贸易联络小组，口岸综合协调功能进一步加强。樟木口岸已成为中国最大的中尼陆路通商口岸，承担着 90% 以上的中尼贸易量。2011 ～ 2014 年，樟木口岸贸易快速发展，2014 年出入境人员 142.58 万人次，出入境交通运输工具 31033 辆次，进出口货物 14.11 万 t，货物进出口额达到 126.76 亿元，比 2011 年增长 96.55%[1]。尼泊尔 "4·25" 大地震前的樟木盘山公路上，挤满了排成长队的尼泊尔货运车辆和扛着货物的夏尔巴背夫，印证着中尼贸易的繁荣。樟木镇以商贸新兴的迪斯岗村，随处可见当地居民开的尼泊尔进口商品商店。樟木口岸已经发展成为对内辐射西藏及相邻省区，对外辐射尼泊尔及毗邻国家和地区的边贸中心口岸，也是中国通向南亚次大陆最大的陆路开放口岸（刘玉皑等，2016）。在 "4·25" 尼泊尔大地震中，樟木口岸遭受巨大损失，房屋及基础设施严重损坏，对面科达里口岸的基础设施基本上全部损毁，影响了中尼贸易的正常发展，贸易中断。2019 年，樟木口岸恢复运行，截至 2019 年 12 月底，口岸出口货物总量达 3.09 万 t，货物贸易总额达 4.3 亿元，尼方入境车辆 3053 辆、中方车辆 1106 辆。2020 年，货物出口效率提升明显，出口货物量环比增长 241.51%，贸易额环比增长 118.23%，向尼出口货物量 1.63 万 t，实现贸易总额约 5.34 亿元[2]。

5.5.2　吉隆口岸

吉隆口岸（图 5.3）位于吉隆县城南部 69 km 处的吉隆镇，吉隆镇地势平坦开阔，地质条件相对稳定。同时，该镇可开发利用的土地资源较多，充足的土地资源可以满足大量的人员和货物流通、出口加工企业、餐饮住宿、休闲旅游等的建设用地。东与

---

① 见《西藏自治区口岸发展 "十三五" 规划》。
② 见 2020 年聂拉木县人民政府工作报告。

聂拉木县相邻，南与尼泊尔拉苏瓦、廓尔喀两县接壤，对应尼方热索瓦口岸，处于喜马拉雅山中段南麓，与樟木口岸隔山为邻。距离日喀则市 560 km，距尼泊尔加德满都 131 km，距拉萨市 830 km，与博卡拉、东朗等尼泊尔经济较发达市县和经济开发区相近①。

图 5.3 吉隆口岸

　　吉隆口岸有着悠久的对外贸易历史，自古就有官道、商道、栈道之称，历史上曾是西藏地方与尼泊尔最大的陆路通商口岸之一，是中尼两国的传统边贸市场和通往南亚的重要通道。吉隆口岸位于喜马拉雅山南麓吉隆藏布下游河谷，海拔 2100 m。由于每年喜马拉雅山口大雪封山 3 个月左右，带有一定的季节性。吐蕃时期，吉隆曾是大唐通往天竺的主要驿道和佛教传入西藏的主要通道，松赞干布迎娶尼泊尔的赤尊公主时也是途经吉隆进入西藏的。1751 年，西藏地方政府成立噶厦后，在吉隆至热索桥中间的"芒村"设有 1 个税卡，开始对来藏贸易者征税，但无固定的税率。1788 年，廓尔喀（今尼泊尔）王借口聂拉木、济咙（今吉隆）、绒辖 3 处收税过重和食盐渗土而入侵西藏，占领聂拉木、吉隆等地。1792 年 1 月，清政府派遣福康安率军入藏击剿廓尔喀入侵，福康安率大军将廓尔喀军驱逐出境后，清政府于 1793 年，颁布实施《钦定藏内善后章程二十九条》就关税问题作出规定，同时，将税卡前移至热索桥头的热索村，通常有税收人员 2 名，人员 3 年 1 轮换，吉隆税卡对进出口货物一律免税。

　　吉隆口岸离中尼边境传统的商业要道——热索桥只有 25 km，是民主改革前西藏边境贸易的重要集散地。吉隆盐粮交换的规模较大，每年出口食盐 26.5 万 kg，该地区

────────────

　　① 据团队 2018 年"第二次青藏高原综合科学考察座谈会议"会议资料与实地考察结论所得，参会人员：聂拉木县政府部门相关人员，阎建忠，彭婷。会议地点：聂拉木县政府，会议时间：2018 年 9 月 28 日。

与出产食盐的仲巴县的"扎布依茶卡（盐湖）"接近，这里出产的食盐由羊曲旦岗和崩巴地区牧民经萨嘎县运至吉隆出口，主要销往尼泊尔的穷结、嘎浪、郭仲及尼北部地区。吉隆县有 3 个盐粮交换的集散点，即吉隆村、宗嘎村及章地方，其中以吉隆村为主。吉隆村为吉隆县盐粮交换最大的集散地，每年尼方"绒巴"（藏族称尼人为"绒巴"）背粮来此交换盐巴的大约有 5000 人次。吉隆地区有 842 户，每年有 781 户从事粮交换，占总数的 93%，共约 3000 人次。另外，每年大约有 500 头羊参与驮运。以上共计每年出口盐巴约 26.5 万 kg，进口粮食约 18.5 万 kg。宗嘎距吉隆 85 km，除了直接与尼泊尔"宗"地区居民（衣着与藏族相同，宗嘎居民称他们为"宗巴"）交换外，还向吉隆村转运盐粮，每年由阿里的崩巴地区和日喀则的萨嘎等地的人，以牦牛约 6500 头，羊7000 只运盐巴计 44 万 kg。其中约 40 万 kg 在宗嘎村交换，其余直接运往吉隆。另外，尼泊尔"宗"地区居民每年以其耕牛约 2300 头运粮食约 10 万 kg 至宗嘎村交换，大约70% 的粮食换盐巴，其余的粮食换羊毛、羊肉等土畜产品。西藏地方政府规定，这里只能由"宗巴"入境，我方边民不能出境。此外宗嘎以及其所辖的俄玛村等地的农民，用粮食在此换取牧民的盐巴，再转运到吉隆，谋取微薄之利，这些地方每年运输总量共约驮牛 1500 头次（主要是犏牛），羊 1700 只次，运输盐巴约 10 万 kg。与此同时，群众也每年去宗嘎交换，约用耕牛 2000 头次，背夫 1000 人次，运输盐巴 14 万 kg。章地方距离宗嘎约 50 km，步行 2 天，每年有少量"宗巴"及牧民到此交换，约出口盐巴3.5 万 kg。吉隆县的盐粮交换，除在以上三个地区进行外，还有的在萨嘎地区交换，而从吉隆县境内"诺"山口（古诺朗果地区）运入尼泊尔，每年出口盐巴 35 万 kg。萨嘎牧民经吉隆境内直接出国交换，每年向尼泊尔地区出口盐巴 20 万 kg。

大约于 1941 年，西藏地方政府与尼泊尔之间协商，达成"明珠协议"，其中规定："凡尼泊尔人到藏地经商，可自找房东居住，但不得惹是生非。"在吉隆地区有专门接待商人的户头，计有"卡查儿"（藏尼混血儿）12 户，藏族 8 户，他们接纳尼商或是外地商人时，通常会收取小费。"绒巴"与宗本进行交换，一般房东不收取任何小费，卡查儿房东则按规定小费收 1 彻，除了以上长期担任接纳商人的户头外，其他藏族居民也不时接待少量商人。吉隆地区在每年大约接待"绒巴"5000 人。"绒巴"商人到该地区交换盐巴，主食自理，房东除提供住房外，只供给茶水和茶，一般只住一宿交换完货物后即刻返回。"绒巴"商人到该地后，藏族房东先请宗本察看交换的粮食，往往好粮先由宗本交换，其余的才能由别人交换。卡查儿人带有尼血统，1953 年以前，不受宗本的管理，接纳"绒巴"留宿无须上呈宗本，1953 年以后有所改变。外来的藏族人与"绒巴"不能直接交换，需要通过当地群众充任中间人。在宗嘎村，牧民运来盐后，与当地群众交换，也可与外来的"宗巴"或吉隆群众交换。牧民与外来群众（吉隆县以外）交换时，由宗嘎宗 70 户差民轮流担任度量衡的中间人，并从中抽手续费 10%，这样，房东不再另收房租。

由恶劣的自然条件，节俭的生活方式及传统的消费模式形成了这一地区季节性赶集的交换模式。绒巴来吉隆交换一般在藏历的 2～4 月及 8～10 月，其中 3 月和 9 月为旺季。吉隆群众在藏历 8 月至次年 2 月也出境交换，藏历 10 月和 11 月为旺季。藏历年前，吉隆群众也普遍前往尼泊尔，以尼币廓章购入一部分大米、面粉、面条、米片等，供佳节食用，每年进口粮食约 2.5 万 kg。宗嘎村的交换有所不同，"宗巴"来此交换的时间为 4 ~ 9 月，牧民也要在同一时期前往。另外在冬春两季雪不封山，牧民亦来。吉隆之间的交换，均在秋收后，藏历 8 月至次年 2 月，根据以上情况可以看到宗嘎地势高、气候寒冷，交换季节主要为夏秋两季。吉隆地势低、气候温和，宗嘎及其以北的牲畜，夏天不适应其气候，故交换主要在春冬两季。吉隆本地与绒巴交换，又因夏季多雨，冬季多雪，所以交换季节主要在春季后及秋末冬初。当然绒巴来的时间，还要根据尼境粮食收割时间而定（中国社会科学院民族研究所和中国藏学研究中心社会经济所，2000）。

1959 年前，吉隆地区除了 3 户尼商，31 户甲嘎康巴（甲嘎意为印度，这里指藏族与印度人混血儿）商人外，基本没有专门经营商业的居民。该区居民普遍以农为主，兼营农畜产品交换，他们在贸易季节视利润大小而决定经营次数。吉隆口岸双方边民自由进行小额贸易，中方出口的货物有食盐、活羊、羊毛、山羊皮、牦牛、干（作香的原料）、胡黄连、牛尾、藏被、氆氇、肉类等，进口以大米、青稞、小麦、玉米等粮食为主，还有布匹、煤油、沱茶、农具、清油、犏牛、肥皂等日用杂货。仅吉隆口岸每年进出口总量就有 80 万 kg，其中盐粮各占到 25 万 kg 左右。由于通向尼泊尔境内有崎岖不平的山路，大牲畜不能通过，主要靠人力背负和羊畜驮运。因此这里有很多的农牧民，尤其是青壮年男子，夏秋耕地，冬季交换时当背夫。吉隆地区每年有 800 ~ 1000 人出门当背夫，通常的运价是，吉隆—热索桥间人力背运每人每天所得至少可换 5.5 kg 青稞，吉隆—宗嘎往返一次需 5 ~ 6 天，每驮 5 元（中国社会科学院民族研究所和中国藏学研究中心社会经济所，2000）。

根据《西藏的商业与手工业调查》中吉隆口岸商业情况调查显示，吉隆地区共有藏尼商 71 户，406 人（藏商均系行商，尼商均系坐商），其总资金为 162890 元。其中藏商 68 户，397 人，其中从业人员 84 人，非从业人员 313 人；尼商 3 户共 9 人，其中从业人员 7 人，非从业人员 2 人。

除此而外，另有甲嘎康巴，此部分人没有土地和房屋，常年流动，一般冬去尼泊尔或印度，夏季来西藏经商，西藏地方政府和尼泊尔政府对他们没有任何限制和管理。这类商人共有 31 户，其中较大的 15 户，资金约 30000 元。另外还有一种叫"行户"的，系招待盐粮交换的商贩，从中收取约 20% 的盐或 5% 的粮食，从事此种职业的共有 22 家，为居民户的 10%。

1961 年 12 月 15 日，国务院第 114 次会议通过《国务院关于在西藏地区设立海关的决定》，确定在吉隆设立海关，1962 年吉隆口岸正式对外开放，1978 年批准为国家一类陆路口岸。20 世纪 80 年代，因为基础设施落后，中尼公路的开通，吉隆口岸对外贸易开始萎缩，口岸功能弱化，目前主要辐射萨嘎、仲巴、措勤、改则、昂仁等县。除吉隆县外贸公司外，没有其他贸易机构参与，因而，吉隆口岸进行的主要是个体商户开展的小额贸易和边民互市贸易。1985 ~ 2006 年吉隆海关人员暂时撤出吉隆口岸，直到 2007 年海关人员恢复常驻。"十一五"期间，吉隆县积极推动口岸开放，大力发展边贸。中央第五次西藏工作座谈会后，自治区党委、政府提出了"重点建设吉隆口岸，稳步提升樟木口岸，积极恢复亚东口岸，逐步发展普兰口岸和日屋口岸"的口岸发展思路，将吉隆口岸作为南亚贸易陆路大通道的关键节点列入了建设重点，拉开了重点建设吉隆口岸的序幕。2014 年 12 月 1 日，吉隆双边性口岸正式开通运行。2015年 5 月国务院正式批准扩大开放为国际性口岸。受"4·25"尼泊尔大地震波及，口岸严重受损，没能如期实现扩大开放，经过西藏自治区上下的努力，吉隆口岸于 2015 年10 月 13 日恢复双边性运行。2017 年 4 月 13 日，吉隆口岸扩大开放顺利通过国家验收，2017 年 8 月 30 日中尼吉隆—热索瓦口岸正式对第三国人员开放，扩大开放为国际性口岸。目前，吉隆口岸已成为面向尼泊尔开放的主要贸易口岸[①]。

　　进出口贸易数额方面，2015 年，吉隆口岸进出口货物总量 15305 t，同比（下同）增长 22.19 倍。进出口货物总值 61167.11 万元，增长 7.54 倍。2016 年，吉隆口岸进出口货物总量 104454 t，同比（下同）增长 5.82 倍，总值 33.57 亿元，增长 4.59 倍。2017 年，吉隆口岸进出口货物总量 11.74 万 t，同比（下同）增长 12.4%，货物总值 28.35 亿元，减少 17.1%。2018 年，吉隆口岸进出口货物总量 14.10 万 t，同比（下同）增长 20.10%；进出口货物总值 34.05 亿元，增长 20.76%。2019 年，吉隆口岸进出口货物总量 13.02 万 t，同比（下同）下降 7.7%；进出口货物总值 37.52 亿元，增长 10.40%。2020 年（截至 11 月），受疫情影响，吉隆口岸进出口货物总量 1.57 万 t，同比（下同）下降 86.9%；进出口货物总值 7.69 亿元，下降 78.9%。

5.5.3　普兰口岸

　　普兰口岸（图 5.4）位于阿里地区普兰县境内，地处 30°3′N，81°2′E，喜马拉雅山西段北麓，冈底斯山南侧的峡谷地带，其西南邻近印度，东南连接尼泊尔。普兰口岸是历史上印度教徒朝拜神山圣湖的必经之路，是西藏西北部地区对外贸易往来的主要口岸，兼容中印、中尼边境贸易，属于边境公路口岸[②]。早在 1040 年请阿底峡大师来藏时，便是由此地进入，说明早在 11 世纪强拉山口便成了印度与中国西藏地区的往来通道。印人来者多数到神山圣湖朝圣，圣湖玛旁雍错湖水晶莹清澈、碧蓝如天，湖后有一雪山冈仁波齐，山峰终年积雪，雪峰映着碧蓝的湖水，风景极为壮观，在阿里高原上确是极为圣洁雄伟的景色。这个神山圣湖被藏传佛教和印度教教徒视为极为神圣的圣地。

---

　　① 据团队 2018 年"第二次青藏高原综合科学考察座谈会议"会议资料与实地考察结论所得，参会人员：聂拉木县政府部门相关人员，阎建忠，彭婷。会议地点：聂拉木县政府，会议时间：2018年 9 月 28 日。

　　② 据团队 2018 年"第二次青藏高原综合科学考察座谈会议"会议资料与实地考察结论所得，参会人员：普兰县政府部门相关人员，阎建忠，彭婷。会议地点：普兰县政府，会议时间：2018 年10 月 7 日。

图 5.4　普兰口岸

　　每年经尼泊尔胡木拉县从普兰进入中国境内朝拜神山圣湖的印度、尼泊尔香客在
1 万人左右，如遇佛事活动，进境者更多达 4 万～5 万人，很多西方国家的旅游者也喜
好从这里进出我境。朝圣者和边民常带些小商品和土特产进行交换。1954 年中印两国
签署了《关于中国西藏地方和印度之间的通商和交通协定》，指定普兰为边贸市场。
1959 年 11 月，海关总署派人员到阿里地区的噶尔昆沙及普兰，接收原西藏地方政府税
收组。1961 年 12 月 15 日，设立阿里海关和普兰分关，并于次年 5 月 10 日正式对外办公。
与此同时，外贸、银行、边检、税务等机构也相继设立并开始办公。普兰的商业、饮
食、服务等行业因之带动起来，成为一个较大的商品集散地和边境贸易市场。中印边
境发生武装冲突后，阿里海关和普兰分关于 1963 年 5 月停止对外办公，普兰口岸仅保
留和尼泊尔的贸易及人员往来业务。1962 年 9 月 18 日，经中国外交部批准，同意尼泊
尔商户在普兰国际市场修建房屋，收取少量象征性地皮税，每年每间房收取 1 元人民
币，作为国家税收，行使主权。国家政策放松放宽，使普兰市场贸易空前繁荣。据当
时的记载："贸易活动集中在一个口岸，人多、牲畜多、物资多。一个时期，市场有
100 多顶帐篷，1000 多人，一两万头牲畜，商品堆积如山，市场十分繁荣。"由于边
贸的发展，普兰县的人口也随之增加，1987 年普兰县人口 6957 人，1997 年增至 7500
人。1992 年 7 月，普兰口岸与印度的贡吉相互开放，中印两国的边境贸易重新恢复。
据统计，1992 年普兰有当地个体户 30 家，外省区个体户 100 家，印度大客商 6 户，尼
泊尔客商 150 户。参加交易的流动人口每天在 200 人左右，1992 年实现边民互市贸易
和小额贸易 2000 余万元。另有阿里外贸公司等几家外贸企业在此设立分支贸易机构，
1992 年实现贸易总额也在 2000 万元左右。1994 年，根据西藏自治区的要求，外交部
正式批准适度开放普兰旅游通道，允许第三国旅游团体从普兰口岸入境，到神山圣湖

和噶尔县的狮泉河镇游览后，再从普兰口岸出境。1995 年，普兰边境口岸建设成为国家援助西藏的 62 个项目之一，划拨了 500 万资金，修建了边贸市场和口岸检查等单位的工作用房，同年成立了普兰口岸领导小组，入境香客和商客逐年增加（赵国栋和拉巴，2017）。2002 年，国家对普兰口岸联检大楼进行了改扩建。2004 年又新建起近 3.5 万 m^2 的新贸易市场，进一步促进了普兰边贸的繁荣。在普兰口岸从事贸易的印度和尼泊尔商人有 190 多户，其中印度商户 35 户，尼泊尔商家 150 多户。2009 年，普兰口岸边境进出口贸易额达到 2200 万元，出口占 60% 以上。但由于境外没有道路，尼泊尔至普兰县每年 11 月就会大雪封山，口岸不得不闭关，外国商民一般在每年的 7 ～ 9 月入境交易，属于季节性口岸贸易（那颖，2010）。

　　每年，尼泊尔商人用"马驮人背羊群捎"的办法，把当地产的藏红花、木碗、铜壶、装饰品等土特产和手工艺品运到这里，再雇车运到普兰县城市场上销售；返回时，又把普兰市场上的羊毛、羊绒等初级牧业产品和烟酒百货、食盐等日用品用车辆运送到这里，再用"马驮人背羊群捎"的办法运回去，在当地销售。时间一长，也就有商人在普兰开设门店了，随着交易增多，这样的门店越来越多，参与的人也就越来越多。据统计，2010 年普兰口岸有 200 多户国外客商，对外贸易总额达到 2457 万元，入驻普兰口岸经商的印度和尼泊尔固定客商达到 130 多家，流动客商达到 200 多户，海关监管出入境旅客 4843 人次[①]。2013 年共约有印、尼商户 338 家，其中注册的固定印度商户 14 家，尼泊尔商户 59 家，流动商户 265 家。传统的普兰口岸边贸市场和边民互市贸易市场发展较为缓慢，规模也较小。这种情况严重制约了普兰口岸的正常贸易发展，已远远不能适应普兰边境贸易发展的需要。目前，普兰口岸对尼为正式开放的国际性口岸，对印为印度官方香客朝圣和边民互市贸易通道。随着口岸基础设施的不断完善，口岸通关环境得到极大改善，2016 年进出口贸易总值为 3362 万元，出入境人员 3.45 万人次。据统计，截至 2016 年 11 月底，在普兰口岸从事经商的固定外商已达 365 户，从业人员 1336 余人。其中，尼泊尔商户 349 家，从业人员 1180 人；印度商户 16 家，从业人员 65 人。2017 年，普兰口岸出入境总人数 40402 人次，边民互市贸易总额 2111 万元（进口 810 万元，出口 1301 万元）。2018 年，出入境总人数 38758 人次，边民互市贸易总额 2259.25 万元（进口 644.88 万元，出口 1614.37 万元）。2019 年，出入境总人数达到 33816 人次，普兰海关监管进出口边民互市贸易货物总量 1767.5 t，总值 2072 万元。2020 年因疫情影响，口岸及边贸市场始终处于关闭状态，无交易往来[②]。目前，普兰口岸已初步形成了货物贸易和服务贸易并举、边民互市贸易和边境小额贸易并存、口岸边贸市场和边民互市点兼备的格局。因普兰口岸对面的尼方胡木拉道路为骡马驿道，无具体开闭关时间，联检部门 24 h 待命，全年无休。总体而言，普兰口岸的货物贸易方式以边民互市贸易为主，边境的小额贸易规模较小，一般贸易尚未起步，因而进出口的商品主要是初级农畜产品和普通轻工产品。2015 年出口货物以啤酒、饮料、

---

① 李青，赵京兴. 西藏边境口岸发展现实与展望. 北京：社会科学文献出版社，第 154-155 页。
② 西藏自治区阿里地区商务局：《口岸、边贸基本情况（2020 年 12 月 25 日）》。

山羊绒、毛毯、酥油、衣服等边民自用的生活物资为主，进口货物以铝锅、马鞍、木碗、佛珠等尼泊尔及印度特产为主；2016～2019年，出口货物以啤酒、饮料、方便面、毛毯、水泥等边民自用的生活物资为主，进口货物以木碗、佛珠、铝铜、毛毯、披肩等尼泊尔及印度特产为主。

5.5.4 日屋口岸

日屋口岸（图 5.5）位于定结县西南的日屋镇，与尼泊尔的瓦隆琼果拉口岸相对，为双边性的季节性开放公路口岸，镇区距拉萨市 585 km，距日喀则市 303 km，距定结县城江嘎镇 76 km，距车布达拉山口 38 km。日屋口岸是传统的中尼贸易通道，基础设施相对落后，海拔 4700 m，日屋口岸目前受到交通及邻国开放程度的制约，贸易额不大，市场辐射面也相对较小，长期以来，边民互市贸易以人背马驮的方式进行物物交换[①]。

图 5.5　日屋口岸

定结县与邻国的经贸关系悠久，历史上是西藏地方三个则珠巴（盐米交换地）之一，为西藏北部与尼泊尔进行商品交易的集散地，20 世纪初曾为西藏地方政府直接管辖的重要贸易地。定结县历史上有古都、日屋、萨尔三个边民贸易互市点。边民把北边的盐运到萨尔，经则达拉过不达拉山口而去瓦洛仲古到尼泊尔的瓦弄进行盐米交换。同时从尼泊尔带来檀香木、香料、各类皮张、辣椒、红糖、木耳等。1963 年旧历 8 月

---

① 据团队 2018 年"第二次青藏高原综合科学考察座谈会议"会议资料与实地考察结论所得，参会人员：日屋镇政府部门相关人员，阎建忠，彭婷等。会议地点：日屋镇政府，会议时间：2018年 9 月 23 日。

15 日三个互市点集中到日屋,从而形成了一个民间自发的日屋边境贸易市场。陈塘镇群众搞副业增加收入的积极性不高,守着珍贵的自然资源和药材,仍过着贫困的生活,群众世代肩扛背驮,把林区木材运往日屋镇交易,置换物资,维持生计。日屋镇至陈塘镇需步行 2 ~ 3 天,山路崎岖,一面靠山,一面临江,十分危险,夜宿山洞,运往陈塘镇的物资全部靠人背畜驮,没有运输工具,生活十分艰辛。1972 年经国务院批准,日屋镇被确定为国家二级口岸,由于交通不便,贸易额小,口岸进出人员仅几百人次,物品总值不超过百万元,是传统的边民互市贸易市场,与尼泊尔哈提亚·巴金市场对应。定结县为口岸市场的建设发展在财力、物力、人力上做了大量工作,形成了门面 35 间,帐篷 30 多顶的日屋边境贸易市场。该镇大部分的居民从事着与边贸相关的生意,日屋镇变成了繁荣的经贸市场。2007 年,日屋口岸边贸成交额突破 300 万元,达到 302.9 万元。2008 年受拉萨"3·14"事件影响,全年来此交易的商人仅 1228 人,完成边贸额 293.6万元。2010 年举行了首届日屋口岸物资文化及交流会,吸引 600 名尼方边民参会,有244 户中尼商户参展,实现交易额 339.91 万元。2010 年全年边贸交易额为 1034.55 万元,参与交易的尼方商人达 8700 多人次,贸易额比 2003 年增长了 11.7 倍,首次突破了千万元大关。2011 年日屋口岸边贸额约为 1300 万元。2012 年日屋口岸第二届边贸物资交流会,3000 多名尼方商人参加,完成 1534.57 万元交易额[①]。2013 ~ 2015 年,日屋口岸每年进出口总额的增长率超过了 15%,2016 年以后每年的进出口总额增长率在 10% 左右。2020 年日屋口岸完成进出口总额 5697 万元。

日屋口岸的边境贸易集中在每年的 5 ~ 10 月进行,6 月中旬至 9 月中旬是边民开展贸易的黄金季节,尼泊尔及中国西藏其他地方的客商陆续到达日屋口岸进行边贸活动。来此经商的国内外商人达 4000 多人,且一年一度的"夏尔巴民俗艺术节"云集在此的国内外商人多达 7000 人以上,羊毛、盐、砖茶、大米、面粉、青稞、卡垫、马匹、羊只、犏牛、玉米、芒稼、酥油、木材、日用百货等 100 多种商品在日屋进行互市贸易。西藏出口产品主要是盐巴、羊毛、活畜等畜产品,边境互市贸易出口的产品主要有活畜、以羊毛为主的活畜产品、原盐、青稞、大米、面粉等自产产品,服装、副食品、日用品等内地产品。边境小额贸易出口主要有羊毛、活羊、内地丝绸等纺织品,进口产品主要是民族用品、虫草等药材、手工艺品、副食品、木材等(西藏自治区定结县地方志编纂委员会,2013)。

5.5.5　陈塘口岸

陈塘口岸(图 5.6)位于定结县陈塘镇,陈塘镇东与尼泊尔塔普勒琼县毗邻,南与尼泊尔戈希专区桑库瓦萨巴县隔河相望,北与定结县日屋镇、西与定日县相连。陈塘镇距拉萨市 738 km,距日喀则市 384 km,距定结县县城 150 km,全镇总面积为254.55 km²,边境线长 120 km,有 14 个国界界桩,5 个山口通尼泊尔(波底拉、达来拉、

---

① 定结县日屋口岸汇报材料。

胜拉知玛、珠康、苏如拉），与尼泊尔王国的吉玛塘遥遥相望。1989 年陈塘镇被划入珠穆朗玛峰国家级自然保护区，在地理、环境、气候、地质、生物、民族、历史等方面形成了世界范围内不可多得的最佳科研基地。陈塘，为藏语音译，"陈"意为运输，"塘"意为路，合起来就是运输的路。因修建萨迦寺时，大量木料从陈塘运出而得名。传说，萨迦寺拉康钦莫大殿"忽必烈柱""老虎柱""野牦牛柱""海王之血柱"均取材于陈塘。

图 5.6　陈塘口岸

1972 年陈塘口岸被国务院批准为国家二类陆路通商口岸，截至 2021 年，陈塘口岸海关已经建设完工，海关主体建筑包括海关大楼、一站式服务大厅、口岸检查站、移民管理局 4 个部分，建筑面积达 15640 m^2。海关大楼距离尼方村庄七八千米的距离，但尼方的道路目前还未连通。疫情之前，尼泊尔人通过友谊桥来到陈塘镇进行边贸交易，2017 年，口岸交易额达到 300 多万元，辐射范围涵盖中方的陈塘和日屋以及尼方的吉玛塘卡村。双方自由贸易时间为每周三和周六两天，交易的方式主要是尼泊尔人将一些手工艺品、药材等通过人工背到陈塘镇进行交易，再从中方购买一些日常生活必需品、衣物等，交易方式或是用现金支付，或是用手工艺品或药材进行交换。以前的交易场所为各个商铺，并未设立统一的贸易场所，现在的交易场所设置在帕布区和夏尔巴边贸市场，由于帕布区市场新建不久，目前还未投入使用，夏尔巴边贸市场之前举办过夏尔巴文化节。

5.5.6　里孜口岸

里孜口岸位于仲巴县西南部，亚热乡境内，东邻萨嘎县昌果乡，南与尼泊尔木斯塘接壤，素有"东有茶马古道、西有盐羊古道"之称，边境线长 21 km。口岸距离亚热乡政府所在地 17 km，距离 219 国道 53 km，距离仲巴县城 58 km，距离萨嘎县昌果乡 45 km，交通状况为沥青公路，共有对外通道 23 个，5 个民间边贸互市点，为双边贸易口岸。里孜市场是传统的、季节性较强的市场，历史上与尼泊尔每年进行一次商品交换。主要出口农畜产品、活羊、羊毛、皮张等，进口手表、卡垫等商品。2012 年 1 月 14 日中尼双方在加德满都签订《中华人民共和国政府和尼泊尔政府关于边境口岸及其管理制度的协定》，协定中明确将仲巴县里孜口岸定性为双边性口岸。2017 年里孜口岸纳入到国家批复的公路口岸之一。2019 年 11 月 30 日，国务院正式批准同意里孜口岸对外开放（图 5.7）。

图 5.7　里孜口岸

里孜口岸历史上曾是西藏地区与尼泊尔之间的陆路通商口岸之一，是中尼双方政治、经济、文化交流的通道，也是中尼间的传统边贸市场。改革开放以来，里孜口岸边境贸易量增长很快，已具有一定的规模，成为日喀则西部接近阿里普兰口岸，与尼泊尔中西部边民通商贸易的重要边境贸易市场。里孜口岸每年开放两次，交易额达 1 亿元以上。口岸带动了周边县域经济发展，包括对尼方边境乡镇和中方日喀则、那曲、阿里地区都形成辐射带动。其区位优势明显，位于 219 国道南侧 12 km 处，是距离西藏西环线重要旅游廊道最近的一处双边口岸，同时是尼泊尔、印度香客朝拜阿里圣山圣湖的重要交通节点。里孜口岸离尼方第二大城市博卡拉 186 km（直线距离仅 50 km），至加德满都仅 398 km，24 号界桩至木斯塘县 94 km，发展尼、印贸易前景好，口岸进一步发展的潜力大。此外，随着青藏铁路向阿里地区延伸，里孜口岸今后将是中国西北环状铁路大动脉上一个重要的货物进出口站。从气象条件来看，从尼泊尔至里孜口岸段交通受地质、气象灾害影响较小，除冬季极端天气外基本畅通无阻，可以实现全年贸易。

　　2017 年以来，为了全面建设里孜口岸向正规化、国际化发展，国家加大资金投入力度建设发展里孜口岸，截至目前，里孜口岸国门联建楼、备勤用房及附属基础设施建设项目、口岸"一站式"服务平台基础设施、口岸入境货物查验场、边检应急及信息指挥中心、口岸基础附属设施建设等项目都已陆续建设完成。工程总投资 16720 万元，建设面积 28168 m²，用地面积 339 亩。

里孜口岸附近共有崩崩拉山口、曲庆拉山口、桑堆拉山口和曲琼拉山口共 4 条对尼通道，其中崩崩拉山口位于里孜口岸国门处，山口外的尼泊尔道路均是土路，住所较近的尼泊尔人可以在一天之内往返，目前能够通行的是前三个山口。2016 年仲巴县里孜口岸第一轮开放时间为 6 月 15 ～ 28 日，历时 14 天；第二轮跟玛永、加柱、亚斯玛、欧姆丁丁市场一起于 8 月 10 ～ 21 日开放，各历时 12 天。2017 年里孜口岸尚未正常开放，边民互市贸易由集市贸易和非集市的零星互贸组成。

5.6 中尼边境地区传统贸易通道

由于自然条件差异形成的物产差别，西藏的不同地区之间，西藏及周边地区之间，形成了久已存在的以物易物的初级商品交换形式，如农牧产品的交换、盐粮交换、本区土特产品和内地的茶、丝绸和瓷器产品的交换等。这种农牧产品之间的交换不仅使得双方人民互通有无，而且促成了中国西藏与尼泊尔的边贸市场的发展。公元 17 世纪初，由于边境对外商贸的进一步活跃，一些主要山口通道逐渐形成了较为固定的交易点。西藏的许多土特产和一些过境商品，通过这些交易点流向周边地区，境外的许多商品也通过这些交易点流入到西藏或更远的地方。在那时就形成的著名交易点（后来成为传统边贸市场）的有甲岗、普兰、吉隆、聂拉木、错那、定结、帕里等，在有的地方，西藏地方政府陆续设官，管理边境商贸活动。

中国和尼泊尔两国边民横跨喜马拉雅山的互市贸易从未中断，源远流长。在里孜、雄如、吉隆、樟木、绒辖、陈塘、卡达等地形成了较为固定的贸易通道和场所，有的贸易活动还延伸到了双方境内的腹心地区。例如，拉萨、日喀则早在 17 世纪便有了尼泊尔人开设的商店，在加德满都和尼泊尔其他城镇也有中国西藏人开办的商店。另外，中国和尼泊尔官方的贸易往来也从未间断。中尼间的贸易，因中尼边境地区地处高寒区，冬季雪封，雨季泥泞，全线跨境交通以人行道、骡马道为主，历来大宗运输都是用人力脚夫背运和畜驮。到藏地便使用小种马、骡子驮物，常常赶数十以至上百头牦牛运行。藏尼人民不畏艰险，勇于开拓，经过一代又一代人的努力，用双脚硬是踏出了通向内地、南诏、于阗以及印度、尼泊尔的人畜中小道和骡马驿道。喜马拉雅山脉全长 2400 km，平均海拔 6000 m，却有着 300 余条南北走向的近距离通道，将西藏与南亚各国联系起来，为西藏地方与南亚各国的贸易往来创造了条件。中尼边境地区经过长期的发展，共形成了 18 个主要的传统边贸市场，6 条主要的传统贸易通道。中尼双方边民间有着悠久的互通有无、调剂余缺的边境贸易史，成为西藏经济社会发展中不可缺少的重要因素。以下为每个主要的传统边贸市场、山口、通道的简要介绍。

5.6.1　传统边贸市场

1）定结县

陈塘市场（图 5.8），陈塘口岸前身，对应尼泊尔吉玛塘卡市场，连接的主要山口、通道为苏如拉。陈塘市场位于定结县陈塘镇，该镇边境线长 120 km，有波底拉、达来拉、胜拉知玛、珠康、苏如拉 5 个对外山口通道，距离定结县城 150 km，全镇总面积 254.55 km²，下辖 6 个行政村 12 个自然村，共有农牧民 513 户，总人口 2387 人，全镇属于林业镇，总耕地面积为 2.60 km²，主要种植农作物为鸡爪谷、青稞、玉米、土豆等。2020 年，全镇林地面积 142350.1 hm²，年末牲畜存栏数 1770 头（其中大畜 1274 头，小畜 399 只，猪 97 头），农作物总播种面积 113.24 hm²，粮食产量 420.85 t，农村经济总量 2293.09 万元（其中，第一产业 478.01 万元，第二产业 648.31 万元，第三产业 1166.77 万元）。人均可支配收入 10679.4 万元。西藏和平解放之前，陈塘归属于定日宗卡达溪卡管辖（即今天的定日县曲当乡，一说是绒辖溪卡，溪卡为以前的封建庄园），江孜工委成立后，归属于定结县。陈塘有大片原始森林，木材藏量丰富，每年都有对尼边民的木材交易。

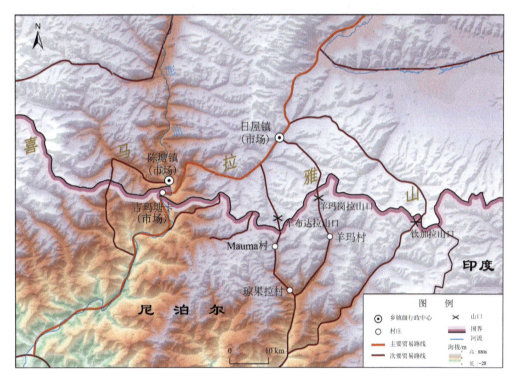

图 5.8　日屋、陈塘市场位置示意图

吉玛塘卡市场（图 5.8），其位于尼泊尔戈希专区桑库瓦萨巴县吉玛塘卡村，该村一共有 80 多户，500 多人，主要种植的农作物有鸡爪谷、土豆、小麦等。两地历史上就存在贸易往来，麝香曾经是陈塘与尼泊尔商贸交换的重要物品。在以前，尼泊尔的桑库瓦萨巴县不但是陈塘夏尔巴人的采购点，甚至日屋镇的藏族人也会赶着牛羊，到该县城去换粮食，往返需要 15 天左右。另外，陈塘镇也存在许多的夏尔巴人到尼泊尔打工以满足生计需要。随着陈塘公路开工，夏尔巴人的生活正在逐步改善，老百姓开始开店做生意，对面尼泊尔边民的生活物资大多从中方商店购买 ^①。

日屋市场（图 5.8），日屋口岸前身，对应尼泊尔哈提亚·巴金市场，是中国西藏与尼泊尔之间传统的边境贸易市场，属于集市型边民互市贸易市场。连接的主要山口、通道有羊玛岗拉、车布达拉。日屋市场位于定结县日屋镇，其边境线长 56 km，有羊玛岗拉、车布达拉、旺布拉、惹嘎拉、钦加拉 5 个对外山口通道。全镇总面积 1420 km²，下辖 5 个行政村（鲁热、古玛、吉米、日屋、德吉），共 308 户，1241 人，平均海拔 4900 m，镇政府所在地海拔 4660 m，2017 年农村经济总量 2368.63 万元，其中第一产业 629.03 万元，第二产业 536.8 万元，第三产业 1202.8 万元，农民人均纯收入达 6476.8 元，位居全县之首，是一个纯牧业的以边境贸易为主的乡镇 ^②。2020 年可支配收入 1543.58 万元，同比增长 27%（其中，家庭性净收入 414.58 万元，第一产业 151.07 万元；第二产业 71.5 万元，其中建筑业 59.75 万元，工业净收入 11.76 万元；第三产业 192 万元，其中交通运输 80.6 万元、商业经营 62.8 万元、服务业 8.1 万元、其他收入 40.5 万元），农牧民人均可支配性收入 12580.11 万元，同比增长 26.7%。

19 世纪 70 ～ 80 年代，国家在日屋镇设有国营的供销社，日屋镇是陈塘市场最重要的物资补给站，许多陈塘镇的人背着木料、药材、竹篓等特产，徒步到日屋镇交换青稞等粮食（陈塘镇虽然气候宜人，适合农作物生长，可是山势严峻，能开发成农田的地很少，所以当地生产的粮食不能自给）。日屋镇与尼泊尔梅吉专区塔普勒琼县毗邻，贸易辐射尼方琼果拉村、羊玛村、秃浪村等村落。

车布达拉山口，其为中尼传统贸易通道，海拔 5095 m，距离镇政府 30 km 左右，现为常年性通外山口，对应尼方村落 Mauma 村 ^③。

2）定日县

绒辖市场（图 5.9），其对应尼泊尔拉毛巴加尔市场，连接的主要山口、通道为聂鲁桥和绒辖拉基，均为季节性通道。绒辖市场位于定日县绒辖乡，该乡属于半林半牧乡，边境线长 72 km，行政区划面积 977.08 km²，境内平均海拔 3400 m，下辖 3 个行政村（仓木坚村、陈塘村、达仓村），共 208 户 901 人，劳动力 519 人，耕地面积 0.49 km²，主要种植土豆，牲畜 2221 头，林地面积 122 km²，草场面积 328 km²。境内虫草资源较丰富，近年来，虫草价格的不断上涨，为农牧民带来了非常可观的现金收入。

---

① 据团队 2018 年"第二次青藏高原综合科学考察座谈会议"会议资料与实地考察结论所得，参会人员：陈塘镇政府部门相关人员，阎建忠，彭婷等。会议地点：吉玛塘卡村，会议时间：2018 年 9 月 22 日。

② 据团队 2018 年"第二次青藏高原综合科学考察座谈会议"会议资料与实地考察结论所得，参会人员：日屋镇政府部门相关人员，阎建忠，彭婷等。会议地点：日屋镇政府，会议时间：2018 年 9 月 23 日。

③ 据团队 2018 年口述资料采访所知。采访对象：当地群众。采访人员：阎建忠，彭婷。采访地点：日屋镇，采访时间 2018 年 9 月 23 日。

2017 年，农村经济总收入为 1380.85 万元，农村居民平均纯收入为 11034.42 元 [①]。2019年，农村经济总收入 1531.43 万元，第一产业收入 299.87 万元，无第二产业，第三产业收入 1231.56 万元，农村经济纯收入 117.79 万元，农牧民人均纯收入 12216.32 元。

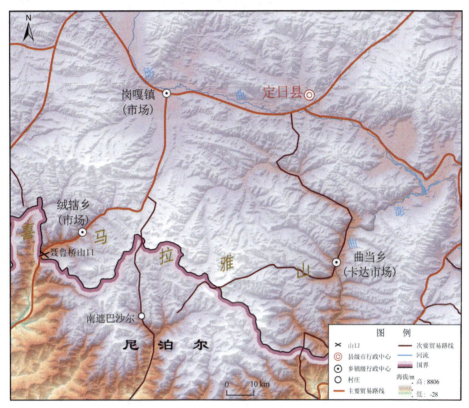

图 5.9　绒辖、岗嘎、卡达市场位置示意图

绒辖谷地，历史上是繁育犏牛、母牦牛、马匹的重要所在，而且绒辖有丰富的名贵树木、药材等林下资源。中方出口到尼方的主要商品有犏牛、盐、百货商品、民族手工艺品、雪莲花、凤毛菊、黄连、冬虫夏草等名贵动植物珍稀药材和商品，通过尼方进入中方的主要是大米、布匹、珠宝、干椒调料、其他国家进口商品等。聂鲁桥通道，海拔 2400 m 左右，属于季节性通道，可以绕山到达尼泊尔最近的村庄雀乡村。

绒辖市场贸易辐射尼方多拉卡县雀乡村，该村庄大概有 60 户，有藏族、夏尔巴人、尼泊尔人，历史上存在与中方绒辖乡陈塘村通婚的情况。主要种植小麦、水稻、玉米、土豆、水果等。尼泊尔的夏尔巴人长期从事盐粮交换，把西藏的食盐运到尼泊尔，换取粮食后，又运往西藏经销。据海门道夫研究，有些夏尔巴人，用 4 L 大米在西藏定日换 10 L 盐，随后又把盐背运到尼泊尔的丁拉等地出售，可换大米 30 L（Haimendorf，1975）。

---

① 据团队 2018 年"第二次青藏高原综合科学考察座谈会议"会议资料与实地考察结论所得，参会人员：绒辖乡政府部门相关人员，阎建忠，彭婷。会议地点：绒辖乡政府，会议时间：2018 年 9月 26 日。

岗嘎市场（图 5.9），其对应尼泊尔索鲁孔布市场，连接的主要山口、通道为兰巴拉。岗嘎镇位于定日县西南部，土地面积 1353.35 km²，离县城 71 km，边境线长 100 km，是 318 国道沿线的边境乡镇，是通往吉隆、聂拉木、樟木口岸的必经之路，海拔 4417 m 左右，属半农半牧镇。该镇共有 26 个行政村 34 个自然村，1611 户 8185 人。耕地面积 14.67 km²，以种植青稞为主，人均居民纯收入 9346 元 [①]。2019 年末出栏牲畜 8170 头（只、匹），存栏 29464 头（只、匹）。2020 年全镇第一产业产值为 4790.4 万元，第二产业产值 2905.5 万元，第三产业产值 6296.6 万元。

岗嘎市场贸易辐射尼方索鲁孔布县整个县，岗嘎镇边境贸易在尼泊尔边贸业中占有重要的历史地位，是从尼泊尔中部至西藏地区腹心地带的商业通道中心，亦可通过扎达县进入克什米尔地区。历史上，从尼泊尔索鲁孔布地区翻越兰巴拉山口进入岗嘎的商品主要有大米、布匹、珠宝、调料、犏牛等；经岗嘎进入尼泊尔的商品有谷物、牦牛、马、羊、毛、肉、盐、陶器等。直到 20 世纪 60 年代后，由于受各方因素影响，犏牛、马的贸易中断，逐步增多的交易品为：服装鞋帽、日用百货、床上用品、炊具、酒类、饮料、香烟、糖果、电子等商品，所涉及的人口约为 100 万人 [②]。

兰巴拉山口（NanggpaLa，图 5.9），海拔约 5800 m，这是一条可以追溯到丝绸之路时代的古老贸易路线 [③]，是中尼传统的小额互市贸易通道，距离最近的尼泊尔村庄为唐堆村（拿布庆镇所辖）。兰巴拉山口处修有便道，是中国、尼泊尔常年性边境通道。这条通道对于 Namche 人民来说非常重要，尤其是那些穷苦人民，他们过去常常从西藏购买便宜的衣服。Namche 是索鲁孔布县下辖的一个镇，其平均海拔 3440 m，2001 年该镇共有 1647 人，397 户，主要是夏尔巴人；该镇是尼泊尔珠峰地区最大的一个集市，一般徒步者会在这里停留一天作为休整，以适应高原。该通道已经于 2008 年关闭，中尼双方在此处再无贸易往来 [④]。

卡达市场，卡达市场为传统习惯性市场，位于定日县曲当乡，该乡面积 2666.9 km²，平均海拔 3700 m，处于珠穆朗玛峰东坡，信息闭塞、交通不便，距离县城 139 km，是一个农牧林综合型乡镇，是珠穆朗玛峰自然保护区的核心地带，也是嘎玛沟的主体地带，旅游资源丰富。全乡下辖 19 个行政村，57 个自然村，1302 户 6247 人 [⑤]。2020 年全乡常住总人口 6770 人，农作物播种面积共 512.86 hm²，粮食产量 2444.55 t，农村居民人

① 据团队 2018 年"第二次青藏高原综合科学考察座谈会议"会议资料与实地考察结论所得，参会人员：岗嘎县政府部门相关人员，阎建忠，彭婷。会议地点：岗嘎县政府，会议时间：2018 年 9 月 27 日。

② 据团队 2018 年"第二次青藏高原综合科学考察座谈会议"会议资料与实地考察结论所得，参会人员：岗嘎县政府部门相关人员，阎建忠，彭婷。会议地点：岗嘎县政府，会议时间：2018 年 9 月 27 日。

③ 雪域边防第一哨. http://www.rmhb.com.cn/yxsj/zttp/201712/t20171211_800111919.html.

④ 据团队 2018 年"第二次青藏高原综合科学考察座谈会议"会议资料与实地考察结论所得，参会人员：岗嘎县政府部门相关人员，阎建忠，彭婷。会议地点：岗嘎县政府，会议时间：2018 年 9 月 27 日。

⑤ 曲当乡见闻录 http://blog.sina.com.cn/s/blog_53b4d41f01018zg8.html.

均可支配收入 9756.4 元。曲当乡与尼泊尔索鲁孔布县接壤，有 1 条对尼通道——次仁卓玛拉通道，海拔 4100 m，从曲当乡—优帕—措卡布—沙基塘—次仁卓玛拉山口，大约 50 km。尼泊尔离次仁卓玛拉山口最近的村庄为邦多村，该村到山口处需半天时间。曲当乡是林下资源较丰富的林区，与定结县陈塘镇接壤，农耕地极少。从林下资源获取的副业收入是曲当群众的主要生活来源。当地群众在每年的旺季经过桑琼拉山进入嘎玛沟在尼泊尔的邦多进行交易，交易品种以药材、畜产品为主[①]。

卡达市场对应尼泊尔邦多村，该村位于珠穆朗玛峰东侧，有 500 多户，近 3000 人，由于路途不便等，边贸形式基本为尼方徒步进入中方辖区，出售商品以铝制灶具、粮食为主。他们的主要需求是服装鞋帽、日用百货、床上用品、手工产品、土盐等日常各类生活用品。

3）聂拉木县

樟木市场，其对应尼方科达里市场，主要的山口通道为友谊桥、立新、雪布岗－科达里。聂拉木与尼泊尔的通商贸易历史悠久，到了光绪年间已形成贸易市场（中国社会科学院民族研究所和中国藏学研究中心社会经济所，2000）。樟木市场位于聂拉木县樟木镇，其平均海拔 2200 m，全镇建在中尼盘山公路的两旁，总面积约 70 km²，下辖樟木、雪布岗、立新、帮四个行政村。全镇常住人口 3000 多人，其中有 1000 多人为中尼跨境族群夏尔巴人，常住人口大部分从事中尼边境贸易及与之相关的行业。樟木镇东西南三面与尼泊尔接壤，南向尼泊尔腹心地带，为国家一级公路——中尼公路之咽喉。从樟木到加德满都约 120 km，面对尼泊尔中腹地区，畅通的中尼公路带来了樟木边境贸易市场的发展和繁荣，地理上形成了樟木口岸到日喀则、江孜、拉萨以至国内兄弟省区的连接[②]。

科达里市场，其位于尼泊尔科达里村，该村隶属于巴格马蒂专区新图巴尔恰克县塔托帕尼乡，海拔 2515 m，与樟木镇通过中尼友谊桥相通。这里是西藏地区和尼泊尔之间重要的贸易中心，是商队跨越喜马拉雅贸易的起点，纽尔商人（Newartraders）从科达里向北走，经过库提山口（Kutipass）后向东转，到中国进行贸易交易。距离科达里 3 km 的地方是著名的温泉塔托帕尼（Tatopani），其意为热水，具有一定的治疗价值，因此人们从尼泊尔各地来到这里泡温泉[③]。

扎西岗市场（图 5.10），其对应尼泊尔毛巴加尔市场，主要的山口通道为拉布吉通道。扎西岗市场位于聂拉木县聂拉木镇扎西岗村境内，聂拉木镇为聂拉木县城驻地，

---

① 据团队 2018 年"第二次青藏高原综合科学考察座谈会议"会议资料与实地考察结论所得，参会人员：曲当乡政府部门相关人员，阎建忠，彭婷。会议地点：曲当乡政府，会议时间：2018 年 9 月 27 日。

② 据团队 2018 年"第二次青藏高原综合科学考察座谈会议"会议资料与实地考察结论所得，参会人员：聂拉木县政府部门相关人员，阎建忠，彭婷。会议地点：聂拉木县政府，会议时间：2018 年 9 月 28 日。

③ 据团队 2018 年"第二次青藏高原综合科学考察座谈会议"会议资料与实地考察结论所得，参会人员：聂拉木县政府部门相关人员，阎建忠，彭婷。会议地点：聂拉木县政府，会议时间：2018 年 9 月 28 日。

下辖 7 个行政村和 12 个自然村，均分布在 318 国道两侧，除了从事种植业和养殖业外，该镇有一部分百姓长期在县城从事商店、茶馆、旅馆等服务业。全镇耕地面积 3869 亩，草场面积 565621 亩，有温室 192 座。2017 年，全镇总收入 2337.37 万元，年人均收入 8294.89 元，年人均现金收入 4610 元。粮食产量达 172.4 万斤，牲畜 7147 头（小畜 3702 头）。扎西岗市场贸易辐射尼方拉布吉村，该村一共有 17 户，98 人左右[①]。

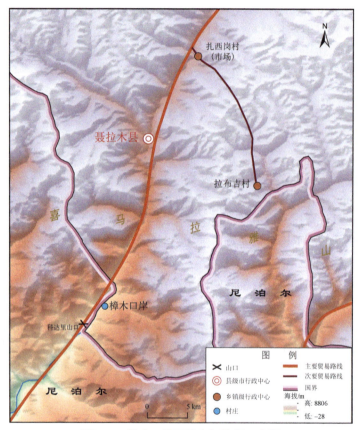

图 5.10　樟木、扎西岗市场位置示意图

4）吉隆镇

吉隆市场（图 5.11），对应尼泊尔热索阿根市场，主要的通道为热索桥。吉隆市场位于吉隆县吉隆镇，吉隆镇位于吉隆县东南部，与尼泊尔毗邻，是一个农牧并举的边境小镇，通外山口 2 个，边境线长 65 km，平均海拔 2950 m。镇域面积 1362 km²，下辖 2 个居委会，9 个村，876 户，3473 人，镇域常住人口 3632 人，镇区常住人口 909 人，就业人口 2000 人。2017 年，全镇耕地面积 3.25 km²，草地面积 187.82 km²，农作物总产量 1684.8 t，其中粮食产量 1015.4 t，年末牲畜存栏总数 4901 头。2016 年全镇完成地

区生产总值 3727.89 万元，人均收入 10244.6 元^①。2018 年，完成地区生产总值 5429.22 万元，比上年度增长 14.19%；农牧民人均纯收入 1.43 万元，比上年度增长 14.89%；牧业总产值 992.66 万元、农业总产值 861.63 万元、林业总产值 428.76 万元，副业总收入 3146.17 万元、手工业收入 78.7 万元、运输业收入 1015.1 万元，第三产业中服务业收入 10.35 万元、商业饮食业收入 147.9 万元、采集业收入 411.76 万元、劳务输出收入 456.9 万元。农作物总产量 1733.2 t，比上年度增长 6.49%。其中粮食产量 690 t，油料作物产量 194.6 t，蔬菜产量 757.2 t；年末牲畜存栏 5132 头（只、匹），其中大畜 4804 头，仔畜成活率 97.2%，成畜死亡率 1.3%；肉类总产量 82.4 t，奶产量 361.5 t，粮经饲比重为 12∶12∶1。

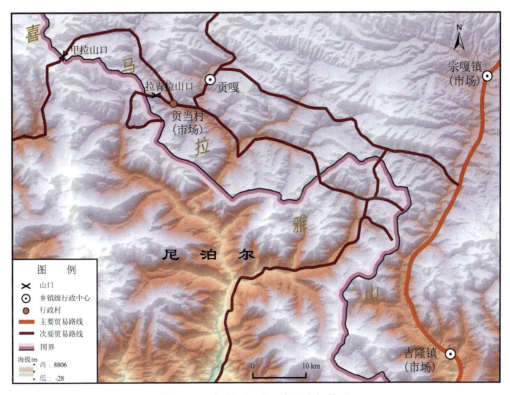

图 5.11　吉隆、贡当、宗嘎市场位置

　　吉隆市场主要从事盐粮交换，吉隆地区凡有牛户均参加吉隆至宗嘎一线的运输生产和盐粮交换。全区共有犏牛、黄牛约 800 头，平均每年驮运 6 次，共为 4800 头次，可运出口的盐巴及土畜产品 28.5 万 kg。吉隆北部的村庄，还有不少居民用人力背货，每年大约有 1000 人次^②。

　　① 据团队 2018 年"第二次青藏高原综合科学考察座谈会议"会议资料与实地考察结论所得，参会人员：吉隆镇政府部门相关人员，阎建忠，彭婷。会议地点：吉隆镇政府，会议时间：2018 年 9 月 30 日。

　　② 中国社会科学院民族研究所，中国藏学研究中心社会经济所：《西藏的商业与手工业调查研究》，北京：中国藏学出版社，2000 年，第 167 页。

贡当市场（图5.11），对应尼泊尔太因市场，主要山口通道为甲拉、拉青、塔普勒山口。贡当市场位于吉隆县贡当乡，该乡位于吉隆县西部，下辖4个行政村（贡当村、康北村、汝村、樟村），11个自然村，243户，1170人，有20%左右当地居民存在境外亲属关系，人均收入9000多元。拥有耕地面积83.33 km²，粮食产量430 t，2018年全乡农村经济总收入1760.87万元，比上年度增长19%，农牧民人均纯收入10985.82元，比上年度增长17.5%，粮油总产量1072.1 t，牲畜存栏数7283头（只、匹），出栏数1497头（只、匹），出栏率26%，全年副业总收入876.37万元，其中虫草为主的采集业收入294.31万元；劳务输出1.5万人次，实现劳务收入276.24万元。贡当乡有6个通外山口，甲拉山、拉青山、拉琼拉山、塔普勒山等，贸易辐射尼方3个乡6个村，均不通公路[①]。

塔普勒山口（图5.11），海拔5104 m，位于吉隆县贡当乡樟村境内，是中尼边境传统贸易通道之一[②]。

拉青山口（图5.11），位于吉隆县贡当乡汝村境内，为中尼边境传统贸易通道之一。2017年修建了从贡当乡政府至拉青山口的国防道。

宗嘎市场，对应尼泊尔太因市场，主要的山口通道为麦拉札青拉、塔普勒拉。宗嘎市场位于吉隆县宗嘎镇，为吉隆县县政府所在地，1961年建宗嘎区，1987年改乡。位于县境中部，面积3029 km²，人口1420户，4384人，下辖7个行政村，2个自然村。2018年，宗嘎镇农村经济总收入4530.18万元，比上年度增长17.4%；农牧民人均纯收入13515元，比上年度增长18.6%。落实农牧民种粮补贴18.06万元、湿地补偿费47.47万元、草原奖励补助资金194.53万元。2020年全镇农作物播种面积达7054.4亩，产量467.7万斤，产值974.53万元，年末牲畜存栏数13682（头、只、匹），其中大畜5134头、小畜8548只，全镇农村经济总收入为6110.2万元，同比增长10.2%；农牧民人均纯收入达到15069元，同比增长14%。吉隆地势低、气候暖和、道路崎岖不平，藏北的牦牛不能适应其气候，因而牧区运来的土畜产品，绝大部分在宗嘎交换，宗嘎至吉隆线的运输，主要靠当地边民的畜力和人力。宗嘎的群众8月至次年3月，先用自己收割的粮食在宗嘎与牧民交换盐巴，再驮往吉隆交换（计牦牛377头，每年运输2次，黄牛168头，每年运输6次，共计1762头次，驮运食盐及土畜产品100 t），换回粮食及日用百货。宗嘎至吉隆相距85 km，驮牛往返一次，约需3天时间[③]。

5）萨嘎县

雄如竹卡市场（图5.12），对应尼泊尔恰梅市场，主要的山口通道为鲁谷拉。雄如竹卡市场位于萨嘎县昌果乡境内。昌果乡位于萨嘎县西南部，西与尼泊尔交界，属于高海拔纯牧业乡。全乡辖4个行政村（昌果村、亚卡亚村、日拉村、古郁村），21个

① 据团队2018年口述资料采访所知。采访对象：贡当乡党委书记。采访人员：阎建忠，彭婷。采访地点：贡当乡，采访时间2018年10月1日。

② 据团队2018年口述资料采访所知。采访对象：贡当乡党委书记。采访人员：阎建忠，彭婷。采访地点：贡当乡，采访时间2018年10月1日。

③ 中国社会科学院民族研究所，中国藏学研究中心社会经济所：《西藏的商业与手工业调查研究》，北京：中国藏学出版社，2000年，第167页。

小组，共 449 户，1664 人。行政面积 3370 km², 平均海拔 5370 m, 境内边境线长 105 km[①]。2019 年全乡共有牲畜 11.5 万头（只、匹），地区生产总值达到 1.849 万元，农村居民人均收入达 12784 元，活羊出口将近 8000 只。截至 2020 年底，全乡共有草场面积 242.91 万亩，其中禁牧面积 25 万亩、草畜平衡面积 217.91 万亩、核定平衡载畜量为 60030 个绵羊单位；牲畜存栏共 33411 头（只、匹），人均收入 13953 元。2020 年底，昌果乡下辖的昌果村有 126 户、456 人，牛羊共 2000 多头。

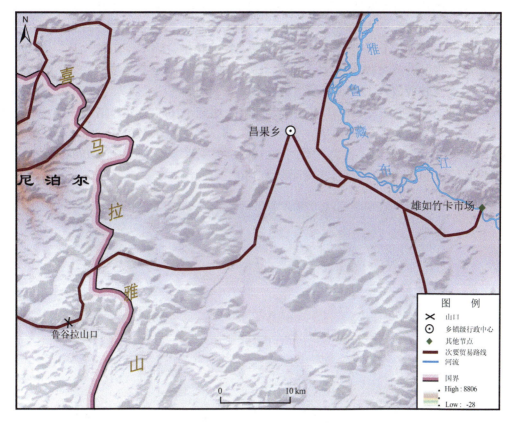

图 5.12　雄如竹卡市场位置

雄如市场在历史上是一个季节性的传统市场，在历史上曾达到年出口 12 万元左右的交易额，主要出口活羊、羊毛等畜牧业初级产品。年进口 5 万～6 万元，多为手表和卡垫（肖怀远和卓扎多基，1994）。

6）仲巴县

茶柱市场，对应尼泊尔买村市场，主要的山口通道为西则拉、孔拉、买拉。茶柱市场位于仲巴县纳久乡，该乡位于仲巴县西南部，距离县政府 90 km, 面积 4070 km², 下

---

① 据团队 2018 年"第二次青藏高原综合科学考察座谈会议"会议资料与实地考察结论所得，参会人员：萨嘎县政府部门相关人员，阎建忠，彭婷。会议地点：萨嘎县政府，会议时间：2018 年 10 月 3 日。

辖贡东、布容、热苏 3 个村委会，以牧业为主，牧养牦牛、绵羊、山羊、马等。2017 年共有牲畜 39511 头（只、匹），人均国民收入达 1.2119 万元。截至 2020 年底，全乡绵羊存栏 11845 只，山羊 4266 只，牛 13309 头，马 240 匹。2020 年纳久乡共有人口 394 户、1715 人，其中贡东村 122 户、451 人，热苏村 119 户、445 人，布荣村 153 户、579 人。

里孜市场，里孜口岸前身，对应尼泊尔木斯塘市场，主要的山口通道为科里拉、下巴拉。里孜市场位于仲巴县亚热乡，距县城 58 多公里（图 5.13）。该市场交通相对方便，车辆直接通到尼方洛姆塘镇。亚热乡位于仲巴县南部，是西藏日喀则西线海拔最高、条件最艰苦的边境乡，平均海拔约 5300 m，距离县政府 25 km，面积 4125 km^2，下辖里孜、草玛、塔氏 3 个村委会，以牧业为主，牧养牦牛、绵羊、山羊、马等[①]。2017 年，亚热乡实现经济总收入 4041.3 万元（含草补资金），比上年增长 257.9 万元，增幅 6.8%。全年牧业收入 1583.9 万元，占总收入的 39.1%；副业收入 2457.3 万元，占总收入的 60.8%；年纯收入 1842.1 万元，人均收入达到 1.1652 万元，增幅 30.6%。截至 2020 年底，全乡共 425 户 1670 人，其中女性 750 人，占总人数的 45.3%，全乡劳力共 865 人，其中女性 434 人，占总人数的 50.17%。全乡草场承包面积为 206.41 万亩，其中禁牧面积为 39.54 万亩，草畜平衡面积为 150.72 万亩。

图 5.13　里孜市场

里孜市场是传统的、季节性较强的市场，历史上与尼泊尔每年进行一次商品交换。主要出口农畜产品、活羊、羊毛、皮张等，进口手表、卡垫等商品。改革开放以来，边境贸易量增长很快，已具有一定的规模，成为日喀则西部接近阿里普兰口岸，与尼泊尔中西部边民通商贸易的重要边境贸易市场（肖怀远和卓扎多基，1994）。2019 年里孜边贸市场共开放两轮，共计 17 天（第一轮 10 天、第二轮 7 天），其间双方参市人流

①　据团队 2018 年"第二次青藏高原综合科学考察座谈会议"会议资料与实地考察结论所得，参会人员：仲巴县政府部门相关人员，阎建忠，彭婷。会议地点：仲巴县政府，会议时间：2018 年 10 月 5 日。

量达 8713 人次，双方贸易进出口总额达 1.16 亿元，其中出口额 9640.12 万元，进口额 2006.75 万元，贸易种类包括百货、银器、珠宝首饰、建材、虫草和电器等[①]。

木斯塘，为尼泊尔道拉吉里专区辖县，面积 3571 km²，人口约 15000 人，海拔 2500 m 以上，气候类型为高原山地气候，北面和西面与中国西藏自治区仲巴县和萨嘎县接壤。木斯塘居民多属于藏族，它现在仍保留西藏的传统文化与宗教。很早以前为吐蕃所统治，之后为"阿里三围"政权所控制，而后控制权几经变换，在公元 15 世纪，珞王国建立了首都罗曼塘，到了 17 世纪，渐渐以木斯塘之名为人所知。在 18 世纪末，尼泊尔的廓尔喀部落征服了此地，木斯塘便成为尼泊尔的"国中之国"[②]。

下巴拉（XarbaLa），位于西藏自治区仲巴县亚热乡境内，海拔 4731 m，地理位置为 29°18′3.6″N，84°0′3.6″E。

雄如市场，对应尼泊尔木斯塘市场。

荣来市场，对应尼泊尔木斯塘市场，主要的山口通道为下巴拉、桑堆拉（图 5.14）。

那木扎山口，位于仲巴县境内。

扎那拉（ChagnagLa）山口，位于仲巴县境内，海拔 5414 m，位于 29.0°N，83.6°E。

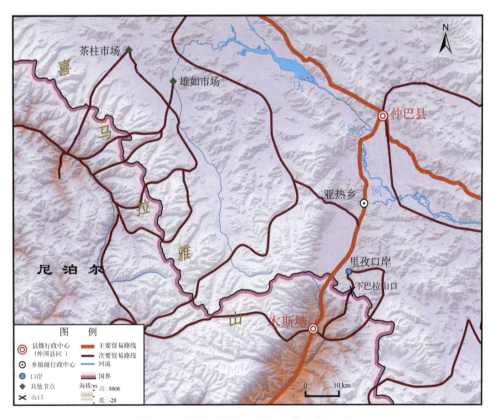

图 5.14　茶柱、里孜、雄如、荣来市场位置

---

① 西藏自治区仲巴县商务局。

② http://baijiahao.baidu.com/s?id=1585186002899148002&wfr=spider&for=pc.

7）普兰县

桥头市场（图 5.15），对应尼泊尔汤科特市场，主要的山口通道为丁喀拉[①]。普兰主要的贸易市场为普兰桥头市场，位于普兰老县城马甲藏布西岸，主要为尼泊尔商户，以洞窟和帐篷为主要设施，从事边民互市贸易。20 世纪 80 年代开始，随着普兰对内对外开放政策的逐步落实，尼泊尔边民及县内外个体私营商户开始在桥头市场摆摊设点，使桥头市场由原来的马甲藏布西岸逐渐扩展至东岸老县城，成为普兰县最大的集市贸易市场及边贸市场。1991 年 6 月，根据西藏自治区关于加强县级财源建设的有关指示精神，普兰县财政局投资 15 万元在桥头市场修建两栋土木结构房屋，使市场经营条件得到改善（西藏自治区阿里地区普兰县地方志编纂委员会，2011）。

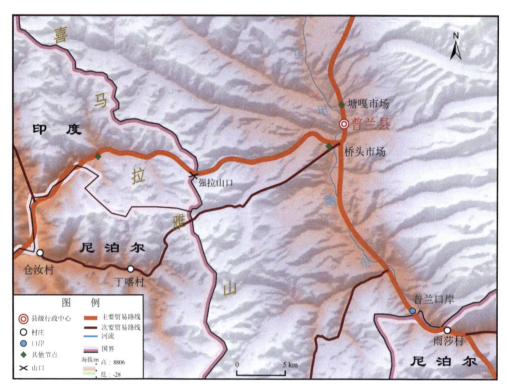

图 5.15　桥头、塘嘎市场位置

丁喀拉山口（TinkarPass，图 5.15），海拔 4700 m，位于普兰县境内，是中尼历史悠久的山口通道，是盐粮交易古商道，绝大多数尼泊尔边民从这里入关。此路较陡，难以行走，气候严寒，终年积雪，封山季节较长，仅容行人和羊群通过。对应尼泊尔马哈卡利专区的达尔楚拉县，马哈卡利专区面积为 7139 km^2，其中达尔楚拉县 2322 km^2，人口约 12 万，距丁喀拉山口约 100 km，距普兰口岸约 140 km（赵国栋和拉巴，2017）。达尔楚拉县没有公路，边民互市贸易靠牲畜运输，除了冬季封山以外，其余时间畅通

---

① 据团队 2018 年口述资料采访所知。采访对象：当地群众。采访人员：阎建忠，彭婷。采访地点：普兰县，采访时间 2018 年 10 月 7 日。

无阻,通行时间一般为每年 5 ～ 11 月(张海云,2018)。山对面为尼泊尔丁嘎村和仓汝村。据说翻过丁喀拉山口,行走半日即可到达尼泊尔境内的丁嘎村,历史上该地属于普兰宗本管辖,普兰宗本收取边民翻山的人头税。仓汝村海拔约 3200 m,距离尼泊尔达尔楚拉县城有三四天的路程,而到喜马拉雅山脉丁嘎山口仅有不到一天的路程(周文强等,2018),所以该村边民基本都到普兰从事贸易,换取必要生活物资。

塘嘎市场(图 5.15),对应尼泊尔宁普市场和印度嘎尔羊市场,主要的山口通道为斜尔瓦、丁喀拉和强拉①。

塘嘎市场位于普兰县城马甲藏布南岸台地,距离普兰县城 3 km,是阿里地区开放最早、规模最大、每年经营时间最长的一个贸易市场。中国、尼泊尔、印度三国边民主要在此地进行牲畜、粮食、食盐和日用百货等商品的交换。进口的货物主要是粮、布、茶、糖等,出口则以羊毛、牛毛、盐等为主(西藏自治区阿里地区普兰县地方志编纂委员会,2011)。普兰地区商业交换形式是以物易物,以货币为流通的商品交易为数甚少。商品流通主要有两种形式:一是牧民以羊牛驮着食盐和畜产品,跋山涉水到普兰农区换取青稞和日用品;二是普兰农区商人出境和尼泊尔商人进行交易。由于交易中顾主基本不变,长期交往,赊账情况较为普遍,商人一般春季付货(又叫放货),秋季"收货",多付货物下一次再行结算,如此循环买卖,多是物物交换、贱买贵卖,谋取利润(西藏自治区阿里地区普兰县地方志编纂委员会,2011)。外国商人到普兰经商的,由西藏地方政府官员管理。西藏地方政府派驻官员的任务主要是征收乌拉差役,管好市场和发展边境贸易。地方政府在边境上设有税卡,过境贸易交换必须进行税卡登记和接受检查(西藏自治区阿里地区普兰县地方志编纂委员会,2011)。历史上,塘嘎市场内有几家藏餐馆和尼泊尔、印度餐馆,规模不大,主要服务对象为零散客商(西藏自治区阿里地区普兰县地方志编纂委员会,2011)。1962 年,中印边境发生武装冲突后,由于印方封锁边界,除塘嘎市场继续同尼泊尔进行边贸外,其余所有中印传统市场关闭。1978 年 10 月 7 ～ 12 日,普兰县与尼泊尔胡木拉行政区负责人在普兰县就边境小额贸易等问题举行会谈,经双方协议,胡木拉向普兰出口木材 1000 m³、薪柴 10000 kg;普兰向胡木拉出口食盐 456700 kg、羊毛 31500 kg。交换时间为每年 5 ～ 11 月,地点在普兰县对外贸易公司,口头协议期限两年。1987 年,阿里地区行署制定《阿里地区边民互市贸易暂行管理办法》,明确边民互市贸易点,并对普兰县塘嘎市场主要交换商品提出限价管理,规定边民交换入境工业品和民族用品一次限额 4000 元,交换出境活畜不定限额,出境物品一次限 1000 元(西藏自治区阿里地区普兰县地方志编纂委员会,2011)。2000 年 10 月 22 日,塘嘎市场由塘嘎搬迁至普兰海关以南的普兰镇吉让居委会贡嘎堆作业组,占地面积约 6.67 hm²(西藏自治区阿里地区普兰县地方志编纂委员会,2011)。

斜尔瓦山口,位于中尼边境普兰县普兰镇斜尔瓦村,离普兰县城约 25 km。斜尔瓦的意思是分辨清楚、检查、核查的意思,可以猜想出这里很早就是个边卡,出入境接受盘查的地方。对面为尼泊尔雨莎村,仅隔一条约 4 m 宽的孔雀河。雨莎是印度民间香客及第三国团队到神山圣湖朝圣朝拜的中转站,每年 4 ～ 10 月,有大量第三国旅客出入,尼方直升机时常在这里接送游客。也是中尼商人木材及其他商品交易的重要场所。

强拉山口，又称里普列克山口（LipulekhPass），海拔 5334 m，地理坐标 30°14′2.69″N，81°1′43.7″E，位于中国、印度、尼泊尔三国交界处，中国西藏阿里地区普兰县县城的西南部约 30 km，是喜马拉雅山脉的一个山口。连接中国西藏普兰县（Purang；Taklakot）和印度北阿坎德邦库马盎地区（Kum aondivision），属于古代丝绸之路的一个分支。对应印方城镇贡吉，贡吉镇约有 1000 居民，至普兰县城约 80 km，在印度一方基础设施比较落后（赵国栋和拉巴，2017）。自古以来，强拉山口两侧的边民，越过该山口进行以货易贸。这里也是印度教教徒前往普兰县的玛旁雍错及冈仁波齐神山朝圣的必经之路。印度的印藏边境警察在此山口印度一侧设有一个边防哨所。1991 年 12 月，国务院总理的李鹏访印，两国又签署《中华人民共和国和印度共和国关于恢复边境贸易的谅解备忘录》，双方同意通过强拉山口开展边境贸易。1992 年，中印两国签署《中华人民共和国政府和印度共和国政府关于两国边境贸易出入境手续的议定书》。至此，中印边境贸易在中断 30 年后终于得以恢复，重新开放强拉山口以利两国边民进行跨境贸易（该口岸自 1962 年中印边境自卫反击战之后被关闭）。限于天气，强拉山口每年 6～9 月开放，印度出口的货物有古尔粗糖、大豆、烟草、香料、面粉、咖啡、植物油、印度酥油和各色消耗品；而中国主要出口羊毛、绵羊、山羊、硼砂、牦牛尾巴、黄油和生丝。

布尔热巴市场，对应尼泊尔千多市场，主要的山口通道为拉则拉、柏林拉、纳热拉、孔雀河通道[①]。

拉则拉山口（LazeLa），位于普兰县霍尔乡境内，地理坐标为 30°24′N，81°36′E，平均海拔 5029 m，对应尼泊尔格尔纳利专区胡木拉县。格尔纳利专区属尼泊尔中西部发展区，面积为 12481 km²，其中胡木拉县面积为 5655 km²，人口约 4 万人，首府锡米科特距斜尔瓦约 60 km，距普兰县城约 90 km，有 3 万居民（赵国栋和拉巴，2017）。锡米科特缺乏对外公路。胡木拉县是尼泊尔西北部前往神山"冈仁波齐"和圣湖"玛旁雍错"的必经之地。在春夏季时大约有 30 余户 120 名尼泊尔边民及商人居住，主要为游客提供旅游、餐饮、住宿等服务。在冬季封山之前，他们会返回胡木拉县地区。拉则拉山口距离胡木拉县首府约 65 km，距离边境村庄里米约 35 km（赵国栋和拉巴，2017）。贸易辐射尼方藏巴村、阿孜村、迪瓦村 3 个村庄，贸易量不大。现已修通公路，属于季节性通道，每年 5～11 月通行[①]。

柏林拉（BilingLa）山口，位于普兰县西北部，距离县城 46 km，海拔 5207 m，这里不但是国界线还是地理分界点：中国一侧是荒凉的大山，山巅上白雪皑皑，但翻过这个山口，进入尼泊尔境内不远处，就是一片茂密的原始森林，两边的高低落差达 3000 m。对应尼泊尔塞蒂专区的巴藏县，也是通往尼泊尔的通道，贸易量不大，尼泊尔的背夫在高山峡谷之间背草药和水果等物品入关进行贸易。塞蒂专区属尼泊尔远西部发展区，面积为 12543 km²，其中巴藏县面积为 3422 km²，人口约 17 万，首府为斋纳普尔（赵国栋和拉巴，2017）。

---

① 据团队 2018 年口述资料采访所知。采访对象：当地群众。采访人员：阎建忠，彭婷。采访地点：普兰县，采访时间 2018 年 10 月 7 日。

5.6.2　中尼传统贸易路线

古代西藏与南亚地区存在着密切的联系，也有着数条通往南亚地区的交通路线。这些交通路线在历史发展过程中对加速西藏与外界经济文化交流、繁荣西藏传统文化、促进西藏社会发展作出了重要贡献。这些交通路线在和平时代是社会发展的动脉，但在非和平时代则成为外敌入藏、威胁西藏地区安全的便利通道。中国和尼泊尔以喜马拉雅山脉为天然屏障，自古以来通过喜马拉雅山脉的各个山口通道进行着频繁的贸易往来。基于相关历史文献资料梳理，中尼边境的传统贸易通道主要有 6 条：①尼泊尔东部—陈塘—日屋—萨迦；②多拉卡—聂鲁桥通道—绒辖—岗嘎—定日；③加德满都—樟木—拉萨；④加德满都—吉隆—拉萨；⑤木斯塘—科里拉山口—仲巴；⑥锡米科特—雨莎村—孔雀河通道—普兰。下面将围绕这 6 条主要的传统贸易通道主干道进行介绍。

1）尼泊尔东部—陈塘—日屋—萨迦

具体路线：吉玛塘卡—陈塘—日屋—萨尔—定结—萨迦（图 5.16）。

图 5.16　尼泊尔东部—陈塘—日屋—萨迦路线

萨迦至陈塘驿道全长约 226 km，是中国西藏与尼泊尔进行商贸往来的重要通道。全程经过萨迦县扎西岗乡、麻布加乡，定结县江嘎镇荣孔村、江嘎村、次多村、夏琼村、达那村、帕定村；萨尔乡库金村、普贵村、雪村、拉康村、独牧村、思新村、强布村；日屋镇的鲁热村、日屋村、德吉村；陈塘镇那塘村、藏嘎村，最后到达尼泊尔吉玛塘卡。驿道地势陡峭，道路狭窄，中途没有驿站（西藏自治区定结县地方志编纂委员会，2013）。历史上，定结县内货物运输全靠人背畜驮，县内交易较多，长途运输极少。

尼泊尔东部的阿龙河溯源侧蚀最为严重，源头已达喜马拉雅山北麓（阿龙河在西藏境内称为朋曲河），发源于中国西藏自治区聂拉木县西南希夏邦马峰北麓，先东西向流在与叶如藏布河汇合后转为南北向，在今天西藏陈塘镇附近流入尼泊尔境内，是西藏地区与尼泊尔联系的便道（潘能龙，2010）。"乃尼泊尔东部入藏之捷径，至尼边公宗，直北翻高度约 6000 m 之潘古山往定日，或迂由萨迎至日喀则，此路之东，复有间道，即发大普郎宗，北行越体普山、尼纳山至定结以入日喀则，尼东之大吉岭，自该处经帕利雅隆山即至大普郎宗，利用此道至易"（徐近之，1936）。

定结县，地处边境，地理位置特殊，通外山口 20 余处，常年通道 6 个，传统边境贸易互市点 4 处（日屋、麦油普、新安塘嘎、陈塘），自古是中尼边境商贸的主要通商要地。民主改革以前，定结宗有县境外商户到县境内进行盐、茶等群众生活必需品和进口布匹、烟、酒、糖、煤油等日用百货的销售，并收购县境内生产的羊毛、皮张、药材等土特产品。同时，在每年深秋或初冬时节，藏北的牧民带着牛羊肉、酥油、奶渣等畜产品和藏北土盐，到县境内交换产品（西藏自治区定结县地方志编纂委员会，2013）。历史上，县境内无固定的贸易集市。民主改革以后，县城设国营供销合作社，各区、乡设供销社网点。20 世纪 90 年代，商业企业、供销社亏损严重，名存实亡。民间贸易较少，每年初冬时节，农牧民群众带着土盐和牛肉、羊肉、酥油、奶渣、羊毛等畜产品，自发在县境内的江嘎、陈塘和日屋开展为期一个月左右的自由贸易，以自愿和以货易货为主的形式进行商品交换（西藏自治区定结县地方志编纂委员会，2013）。

陈塘，藏语的意思是"运输的路"，距萨迦县城 15 km 有一座海拔 4500 m 的种拉山。"种拉"，藏语意思是牦牛哭泣的地方。传说当年修建萨迦寺时从陈塘搬运木材的牦牛经过这里时实在太辛苦，再也走不动了，所以就在这山顶上流下了眼泪[①]。

日屋，旧时一个重要的贸易集散点，详见中尼主要贸易口岸的历史变迁中日屋口岸介绍。

萨尔，藏语意为"陡峭"，历史上，定结县的定结和萨尔两地为习惯的交换地点，其中萨尔为重要的交换地点（西藏自治区定结县地方志编纂委员会，2013）。20 世纪初，西藏地方政府在萨尔派有 2 名税官，负责盐粮交换。税收实行包税制，每年向地方政府交大米 1500 包、茶叶 20 驮、林板 50 驮及其他羊皮等物品（西藏自治区定结县地方志编纂委员会，2013）。

---

① 青藏高原高海拔地区不能生长树木，所用木料都是从喜马拉雅山南坡谷底中采伐运输。

萨迦（Sakya，图 5.16），藏语意为"灰白土"，地处喜马拉雅山和冈底斯山之间，地势南北高，中部低。公元 11 世纪，昆·贡觉杰布为传授佛教新密，在仲曲河北岸山坡上建寺，故名萨迦。公元 13 世纪，元朝在此建立起萨迦地方政权，统治西藏近百年。公元 14 世纪以后，萨迦地方政权丧失了统治西藏的权力，但仍有领地，割据一方，萨迦法王世袭相传至 1959 年。1951 年后萨迦地方政府已开始在政治上接受噶厦政府领导。1956 年，中国共产党日喀则分工委萨迦工作组和萨迦地方政府联合组成萨迦宗办事处。1960 年 1 月 7 日合并萨迦宗、色仁则宗成立萨迦县人民政府，隶属日喀则地区管辖。

2）多拉卡—聂鲁桥通道—绒辖—岗嘎—定日

定日县与尼泊尔的双边贸易历史悠久，经过定日至尼泊尔，是连贯中国西藏与南亚地区的纽带。通过定日出境的商品货物覆盖范围极其广阔，远至古波斯地区。古时，中方盛产天然盐，但是缺乏粮食和布匹，而尼泊尔又缺乏食盐，因此，在这条线路上农牧民以食盐、羊毛交换尼泊尔的粮食和布匹。到 18 世纪时，中国西藏对外通商的主要国家为尼泊尔，定日的通商地位和作用日益突出。特别是经过与廓尔喀的战争后，通过绒辖口岸的边贸开始向岗嘎一带和其他地区延伸发展，通商交易的场所变得更多、交易的内容变得更广、覆盖的范围变得更大。中方向尼泊尔输出岩盐、沙金、牛羊和粗硼砂，尼泊尔则向中方输出硬币、粗棉布制品、稻米、铁和铜等。由于交通条件的限制，加之冬季经常遇大雪封山封路，到了近代定日县与尼泊尔的通商为季节性通商，多集中在每年 6～10 月。以绒辖、岗嘎、扎西宗和曲当为重点，中方出口到尼方的商品主要为盐、百货商品、民族手工艺品、雪莲花、凤毛菊、黄连、冬虫夏草等名贵珍稀药材和商品，通过尼方进入中方的主要是大米、布匹、珠宝、干椒调料和其他国家的进口商品等。

聂鲁桥通道，中尼聂鲁桥通道海拔 2400 m，距离绒辖乡政府所在地 30 km，乡政府所在地海拔 3400 m。

绒辖（Ronxar），在清朝乾隆年间的第二次廓尔喀战役，廓尔喀首次入侵西藏的边境乡镇绒辖。不久，清朝中央政府派福康安带领巴图鲁侍卫章京等率军围剿廓尔喀军，后廓军请降，清军收复了绒辖。当时经过双方协定在吉隆、聂拉木、绒辖等边界要塞处，"设了界标，厘定了疆域"。之后，绒辖正式被清政府认定为县一级机构——宗，成为"边营"。绒辖设学巴，也设宗本，清代西藏地方政府曾在绒辖设立海关税局，主要任务是负责税收。拉萨至绒辖 595 km，是通往尼泊尔的重要通道，也是去印度的通道之一（肖怀远和卓扎多基，1994）。

历史上，绒辖一直隶属西藏地方政府管辖，20 世纪之前归聂拉木宗管。1937 年九世班禅圆寂后，西藏地方政府推行新政中绒辖为独立溪卡。西藏和平解放后，绒辖又归聂拉木县管辖，1964 年划归定日县至今。该地极为闭塞，1971 年 11 月 7 日才有人民解放军入驻，完成了当地的民主改革。

绒辖沟有一寺庙——曲嘎寺（曲瓦寺），该寺是宋朝时期藏传佛教噶举派第二代祖师、佛学大师米拉日巴尊者（现为寺庙供奉的至尊米拉日巴）创建，亦是大师的圆寂之地，寺庙历史源远流长，是旧西藏时期海关收税点。绒辖西境为著名的拉布吉康山，是米拉日巴大师开创的西藏著名的朝圣地，历代噶举派高僧都曾到此神山修行。拉布吉康山距离绒辖沟非常近，因此崇尚苦修的米拉日巴，很快就相中了绒辖沟这块环境闭塞的清幽之地，从拉布吉康山来到绒辖乡的仓木坚村。从此仓木坚村的曲嘎寺就成了他的栖身之地。乾隆五十六年（1791 年），廓尔喀军从绒辖左不德村聂鲁桥攻入西藏，抢走日喀则扎什伦布寺无数宝物（图 5.17）。

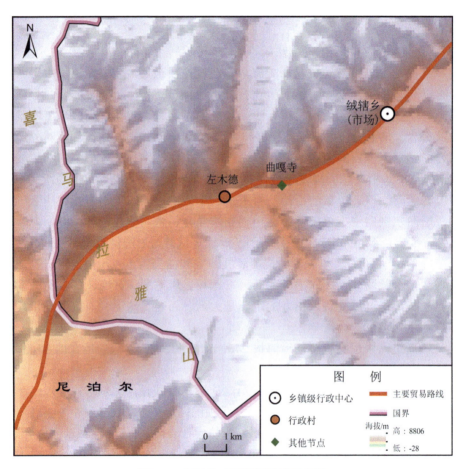

图 5.17　绒辖沟主要贸易路线示意图

岗嘎，又称"老定日"，是定日县老县城所在地。岗嘎曾经是一个重要的贸易场所，尼泊尔的夏尔巴人用大米、谷物、铁等交换西藏的羊毛、牲畜和盐等。在民主改革前，岗嘎共有商户 58 户，其中藏商 40 户，尼泊尔商户 18 户（翟胜德，1981）。

定日，在聂拉木之东北，长年楚河之上游，朋曲河之右岸，为藏南之重地，清时于戍兵外，特设一汛，置汉兵，驻守备，使统辖之，住户约 250 户，平日颇为荒凉，唯开至市之期或当有事之时，附近人民，辐辏于此，帐幕布满街衢，荒凉之区，忽变繁盛之市矣（何一民，2013）。

3）加德满都—樟木—拉萨

樟木是西藏通往尼泊尔的重要通道，并在这里形成了中尼边境地带的重要商品交易集散地。该通道的具体路线为加德满都—科里拉山口—樟木—聂拉木—岗嘎—定日—拉孜—日喀则—拉萨。据《西藏志·卫藏通志》记载，历史上该线路为扎什伦布（日喀则）—拉塘—刚坚喇嘛寺—花寨子—扎什刚坚—彭措岭—白达寨—札塘—拉子—白佳纪岗—札普—拉古咙古—罗罗—协噶尔—咱果尔—眉木—定日—朗古—巴都尔—达尔吉岭—聂拉木，由聂拉木南行过铁索桥入尼境，沿今波达科西河西南行至尼都加德满都（吴丰培，1982）。同时这条线路也是廓尔喀军入侵西藏和清军反击的路线（图 5.18）：据《钦定廓尔喀纪略》记载，1791 年（乾隆五十六年）8 月，尼泊尔在英国的教唆下第二次入侵西藏，诱劫达赖喇嘛派往边境的噶伦等官员，侵占聂拉木，遂分路再犯藏界，占领济咙，围攻宗喀，滋扰定结，抢占定日，并直抵后藏，将扎什伦布寺财物抢劫一空，猖狂之极。定结县日屋镇曲玛古战场遗址、吉隆县吉隆藏布江西岸上的樜木卡古战场遗址、定日县曲当乡夏古拉长城和聂拉木县如甲长城等古代防御工事遗址，都证明了这里曾经是清军与廓尔喀军激烈交锋之地，见证了双方的拉锯战[1]。

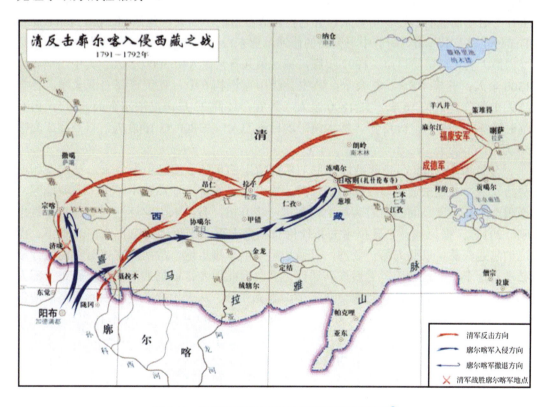

图 5.18　清代反击廓尔喀入侵西藏战争示意图[2]

① 《中国国家地理》2014 年第 10 期，第 194-201 页。
② 《中国国家地理》2014 年第 10 期，第 195 页。

从历史上看,这条路线为中尼双方进行盐粮交换的重要路线,主要出口的产品为盐、活羊、山羊皮、羊毛、氆氇等,进口产品主要是粮食,包括大米、小米、玉米、面粉、米片、小麦等。

科达里(Kodari)山口,即樟木口岸,是一条古商道。中尼两国隔河相望,自古以来,两国人民通过河上一条很小的木桥进行贸易和文化往来。1961年10月15日,中国和尼泊尔两国政府签订了修建加德满都—拉萨公路的协议。中尼公路通车后这里成为中尼贸易的主要通道以及游客入尼境观光的主要通道。

樟木与尼泊尔科达里口岸隔河相望,历史上就是中尼两国进行政治、经济、文化交流的主要通道。五世达赖喇嘛时(约在公元1675年)在樟木设有冲堆(商贸官),与尼泊尔的商贾来往就已有相当的规模。18世纪中后期,樟木成为对尼泊尔贸易的最大口岸。在西藏主要城市中一般只有一个宗本,而聂拉木却有三个。经由这个口岸出入的货物和所抽取的税都是很大的,货物只论重量征税,重两扣的货物约收几个章佳。外人由此入境免征税,但由此出境的人,每个人须收两个门德马里。只要在聂拉木纳完税后,可以走遍全藏而不需缴纳税款。1959年之前,每年有500～1000个流动尼商和35～40个永久性尼泊尔商户居住在樟木镇。这些商店主要是由著名的Kazara家庭主导的财团所拥有,还有更多来自喜马拉雅族社区的小商人,包括Sherpa、Tamang和Thangmi以及Newar。随着中尼公路的修通及亚东口岸的关闭,樟木逐步发展成为西藏境内最大的边境贸易口岸。1992年底,樟木镇共有常住人口3000多人,其中当地居民1300余人;驻樟木单位40余个,其中县级国家机构6个,外贸直属企业4家,各类法人企业分支机构16家,共1800余人。外省个体商22户,尼泊尔客商37户,另有临时经营户115户。1992年,樟木镇平均日流动人口在800～1000人,日商品成交额50万～100万元[1]。

聂拉木(Nyalam)是西藏通往尼泊尔商道上的重镇。清朝中期以来,英国在印度势力大增,并设法通过印度向中国渗透,农产品、廉价工业品等不断进入西藏地区,西藏地区与印度之间的商道客观上得到进一步开拓,聂拉木因此逐渐兴盛起来(付志刚,2013)。据记载:"聂拉木去扎什伦布西南七百八十里,有三百余户之市镇。由尼泊尔通西藏,以此为第一要冲,且系边境咽喉军事重地,故西藏官吏对于出入行旅必严查行李,细诘名氏,然后许其通行。其营商此地者,以尼泊尔之落巴勒布一部人为最多。盖彼俗驯良,与西藏交通虽早,悉克守分,从无构衅之事。由此市至尼泊尔首府加德满都,约五日可达(陈观浔,1986)。"1959年时,聂拉木有205户,843人,其中卡查儿50户,200人;尼商12户,22人;藏商50户,其中较大者5户,各有资金2万～3万元,这里的群众差不多都从事交换活动。在聂拉木,通往尼泊尔的商道有四条:一是从聂拉木经确子、樟木和达米玛桥进入尼境,此为大道;二是从

---

① 据团队2018年第二次青藏高原综合科学考察座谈会议"会议资料与实地考察结论所得,参会人员:曲当乡政府部门相关人员,阎建忠,彭婷。会议地点:曲当乡政府,会议时间:2018年9月27日。

聂拉木通过古集山到尼泊尔的错岗布；三是从樟木到尼泊尔的公当到扎立达拉；四是从樟木到尼泊尔的巴里布斯（中国社会科学院民族研究所和中国藏学研究中心社会经济所，2000）。

拉孜（Lhaze），藏语意为"神山顶"，光明最先照耀之金顶，地处西藏自治区日喀则市中部、念青唐古拉山最西部，处于 87°24′～88°21′E，28°47′～29°37′N，县城海拔 4012 m，地处雅鲁藏布江上游宽谷，历来有后藏地区粮食仓之称，素有堆谐之乡的美誉。1959 年与彭错岭宗合并，改置拉孜县，驻地拉孜乡，1967 年迁曲下至今。达斯于 19 世纪 80 年代到过此地，其《拉萨及卫藏游记》中作 Lhartsedjong，言能很好地俯瞰藏布江，为上部后藏主要贸易地（房建昌，1993）；埃德蒙在其著作《拉萨真面目》中提到拉孜有尼泊尔人的足迹（坎德勒，1996）。拉孜县历史悠久，地域开阔，交通便利，是日喀则市西部七县必经之要塞。据《西藏史地大纲》记载，拉孜"地当交通之冲，东通日喀则、江孜，西通萨噶、噶大克，南通协噶尔、定日、聂拉木，故亦设有要塞，驻兵镇守；境内有喇嘛寺，甚为壮观"（洪涤尘，1931）。

日喀则（Shigatse）史称藏，历来是西藏的一个重要行政区划，建制多变。13 世纪，西藏纳入中国版图，元朝将西藏分为十三个万户，日喀则有曲美、夏鲁、古美、拉堆强、拉堆洛、香巴六个万户。帕竹王朝时期，取消万户制度，在西藏设建十三个大宗（相当于现在的县），后藏有仁布、日喀则、白朗、江孜等宗。20 世纪初期，西藏噶厦政府把日喀则提升为基宗（相当于现在的地区），下设十六个宗和三十多个独立溪卡（庄园）。和平解放后，分设中共西藏工作委员会日喀则分工作委员会和中共西藏工作委员会江孜分工作委员会。1956 年，成立基巧级办事处（相当专署级）。1959 年，分别成立了日喀则、江孜专员公署，宗改为县。1964 年两专区合并为日喀则专员公署。1978 年，改称为日喀则地区行政公署（中共日喀则地委宣传部，1995）。扎什伦布寺与日喀则之间设有广大的广场，商业颇为繁盛，只不及拉萨（何一民，2013）。根据 1959 年西藏贸易总公司统计，1951 年时日喀则的商户为 242 户，其中坐商 46 户，行商 16 户，地摊 180 户；计藏商 225 户，尼泊尔商人 13 户，回商 4 户（中国社会科学院民族研究所和中国藏学研究中心社会经济所，2000）。日喀则的商业资金，据 1955 年《西藏商业调查》一文所述，有 130 多万元，其中包括堪厅商业资金在内（中国社会科学院民族研究所和中国藏学研究中心社会经济所，2000）。

拉萨（Lhasa）藏文意为"圣地"或"佛地"。拉萨作为西藏佛教世界朝圣的最高中心，藏有其最高化身达赖喇嘛，吸引了来自西藏各地甚至更远的朝圣者。特别是在重大节日的时候，如拉萨的人口通常是 1.5 万～2 万人，在新年庆祝活动之后的伟大的蒙兰祈祷（MonlamPrayer），拉萨人口将增加到这个数字的 4～5 倍（Bezruchka，2001）。农牧民的朝圣常常与小生意结合在一起。朝圣过程中人们的高度流动性、朝圣活动的规模以及朝圣者所涉的巨大距离，都促成了贸易的可能性。乾隆时期，内地和邻国商人在拉萨城人数甚多，于大、小昭寺之间形成了繁华的商品市场。大昭寺位于城区中心，为万民朝拜之地，每日人流环绕，万头攒动。大昭寺四周分布旅店、住宅、商店、寺庙等建筑，由此形成八廓街，为内地汉族商人、回族商人、藏族手工业

303

者以及尼泊尔商人的聚集地，国内外商人多沿街设摊，招徕朝圣的信徒。据达斯观察拉萨的街道两旁全是本地人和汉人开的商店，丝绸、瓷器、砖茶都摆出来卖（付志刚，2013）。拉萨形成了冲赛康、铁奔康（灶灰堆）、坚布康、旺堆辛嘎（大昭寺东面，紧挨着八朗学街区一带）、八廓街五大市场。据朱少逸观察贩运商品之商队，于每年十二月间，到达拉萨，卸货后再购取其所需要之物品，于次年三月间春水融化以前离去，因之，每年十二月至次年二三月，为拉萨商品交易最活跃之时期（付志刚和何一民，2012）。

1959年以前，尼泊尔商人在拉萨的人数很多，大约有100户，即100个商店左右。其中最有名望、经济上最稳定的尼商有夏门干布、莫底充康（又称珍珠商店）。这些尼泊尔商人商店的房子，都是原住在八廓街德尔藏族出租或卖给尼泊尔商人的。所以许多尼商商店仍然使用原来的房名来命名，其中有些房名虽然只有一个房名名称，内部却还有2～3个不同的商店。根据拉萨市档案馆提供的1961年调查资料显示，在拉萨的尼商主要分为两类，一类是藏尼混血的卡查儿，一类是纯粹的尼泊尔血统，时至1961年已是前者多于后者，其中大部分尼商经营内容为百货。纯尼泊尔血统的商人在总资本、滚动资本、自有资本和营业额方面，其实力都很雄厚，大大强于尼藏混血的卡查儿商人（中国社会科学院民族研究所和中国藏学研究中心社会经济所，2000）。西藏地区与尼泊尔之间的商业贸易往来的历史很久远，存在传统的民间盐粮和羊毛贸易，即西藏方面供给尼泊尔盐巴和羊毛，尼泊尔方面供给西藏大米、辣椒等物品。而尼泊尔商人到拉萨做生意的历史也很长，根据拉萨市档案馆所存1961年编制的《拉萨市商业基本情况调查经营情况综合表》外商部分说道：尼泊尔商人在拉萨市开业时间达1000年以上者有1户，500～1000年者有3户，200～500年者有4户。经过数百年来商业活动，拉萨已逐渐成为商业贸易中心，其中尼藏商业贸易占有十分重要的位置。以茶叶为例，至少在清末，内地茶叶已经经由西藏远销尼泊尔、印度（中国社会科学院民族研究所和中国藏学研究中心社会经济所，2000）。

第二次世界大战以前，拉萨的尼泊尔商人做生意，主要是从亚东方向进货。但由于西藏地区市场小、货物需求量小，生意并不好。自从第二次世界大战以来，中国爆发了抗日战争，内地抵制日货，许多内地商人都到西藏地区进印度商品，导致中国内地、西藏，以及尼泊尔和印度之间的商业贸易很兴盛。大量尼泊尔商人从尼泊尔涌入西藏地区，在拉萨形成了新的商户。拉萨以前是没有印度商人的，虽然有英国领事馆及其官员，直到1952年，中国和印度达成了一个协议，才有印度商人到亚东来做生意。在1912年以前，所有英属印度的商品要进入西藏地区都是从尼泊尔进货中转，西藏方面不直接与印度交往。1912年英藏之间达成协议，因此，从帕里开辟了一条通往印度的商道（中国社会科学院民族研究所和中国藏学研究中心社会经济所，2000）。第二次世界大战时，英属印度政府规定：所有从印度进西藏的商品，都由尼泊尔的商贸集团公司统一管理。尼泊尔商贸集团公司把各种商品再分配给西藏各贵族属下的商人和尼泊尔商人。亚东和帕里是当时的商品中转站，但以帕里为主。从印度和尼泊尔进西藏地区的商品在帕里集中卸货，而从拉萨来的藏商和尼商在帕里再雇马帮将商品运到拉萨。

拉萨和帕里之间当时有许多马帮运输队，共 50 多个马头，专门运输货物。当时的藏商和尼商们，按其资本和经营规模分为两种：一是经营规模大的商号一般都拥有自己的马帮；二是规模小的商号就得雇马帮运货。尼商经营的商品种类有：各种布料、金银首饰、珍珠、绿松石（来源伊朗）、珊瑚（货源意大利）、印度皮鞋、辣椒、红糖、面粉、大米等。西藏方面返销印度和尼泊尔的货物大部分是：羊毛、麝香、牦牛尾巴、猪毛、牛羊皮、干奶酪、兽皮、银子等。第二次世界大战时期的拉萨成为商业贸易中心，各类商人都在这里集中。尼泊尔商人从印度转运来大量的布匹和其他商品，在拉萨被许多康巴商人、汉商中的川商和云南商再转运到内地去销售（中国社会科学院民族研究所和中国藏学研究中心社会经济所，2000）。

4）加德满都—吉隆—拉萨

这条线路历来是中尼贸易的重要通道，也是通往加德满都的最短通道，其具体路线为加德满都—热索桥—吉隆—宗嘎—萨嘎—拉孜—日喀则—拉萨。据《西藏志·卫藏通志》记载，历史上该线路为由巴都尔分路—俄拉喇嘛寺—辖陇—白孜—达褚—撒喜—宗喀—滚达—卓党—济咙，然后顺吉隆河南行，至加德满都（吴丰培，1982）。前面的路径与聂拉木出境路径一致。

从县城所在地以北的马拉山至热索桥一线 90 km 的狭长河谷通道，曾经是西藏古代文明的荟萃之地，文化传播和贸易往来频繁，遗留了大量的历史传说和文物古迹，孕育了这一区域内悠久、丰富的历史文化。松赞干布迎娶尼泊尔赤尊公主入藏走的就是这条路线；文成公主入藏后，唐朝和吐蕃关系密切，中印藏道开通，途经尼泊尔通达印度，也是由吉隆出境。王玄策三次出使印度，使这条道路由中国西藏地区与印度进行文化交往的地区性通道，延伸为中印之间官方往来的另一重要通道（霍巍，2000），其出境路线为吉隆镇—吉甫峡谷桥—缘定石—吉甫村—吉普园。这条通道也是印度佛学家宁玛派祖师白玛穷乃（莲花生）由印度入藏的途经之路。传说是公元 8 世纪后期，赤松德赞从印度迎请莲花生大师入藏时，大师一行途经吉隆沟（今吉隆镇一带），曾在此住了一宿。大师见此地山清水秀，风景明媚，不胜感慨，又溪谷中的河水洁白如乳，溪底的卵石光润如玉，更是赞叹不已。于是，在翌日临行之前，欣然命名此地为吉隆，以表达其无限赞誉之情，吉隆之称谓遂流传至今。吉隆官道是唐蕃古道中的一段，它的形成与发展，反映的是大唐与吐蕃、大唐与天竺、吐蕃与泥婆罗之间的政治、经济、文化交往的历史。唐蕃古道分为南北两段，南段从长安至逻些（今拉萨），北段为逻些至芒域（今吉隆）（罗勇，2015）。乾隆时期，廓尔喀（尼泊尔）军队两度入侵西藏地区。1792 年 4 月 25 日，清朝福康安将军率清军 6000 人由拉孜出发，开赴吉隆、绒辖、聂拉木等处抗击廓尔喀兵。同年 7 月 8 日，廓尔喀国王投降，福康安奉旨与廓尔喀议和，通过协商，在吉隆热索桥头竖立界桩，首次以官方行为标明了边境线位置。元朝时，尼泊尔著名的工匠阿尼哥应八思巴之邀请到大都修建佛教建筑，也是通过蕃尼古道进藏，再由唐蕃古道进入中原的（刘秧，2019）。

这条线路也是著名的盐粮交换路线，吉隆地区边贸主要是尼泊尔边民用大米、青稞、犏牛、蔬菜、食糖、水果、布料等交换活羊、盐、羊毛、牛羊肉、药材、动物油、藏毯、皮张等。《西藏的商业与手工业调查研究》中显示，吉隆县的吉隆、宗嘎两地的边境贸易，每年出口总量大约 800 t，进口总量大约 350 t，其中除出口活羊 12000 只（折合肉 180 t），进口牛 150 头，折合肉 20 t，不需要运输力外；其余进出口总量 950 t，均需依靠畜力和人力运输。主要的运输路线有四条。

其一，从阿里专区的崩巴和日喀则专区的萨嘎、宗嘎等牧区将盐巴和羊毛等土畜产品运往宗嘎村。

其二，从宗嘎村将上述物资转运到吉隆村。

其三，尼泊尔宗地区居民运粮至宗嘎村换回盐巴及土畜产品。尼境宗地区的居民，每年平均来 5 次，共为 3000 头次，换盐巴及土畜产品 150 余吨。原西藏地方政府规定，中方边民，不得去"宗"地区交换。

其四，从吉隆村将盐巴等土畜产品运至尼泊尔的穷结、噶派、郭仲及加德满都等地。从吉隆集散地进出口的盐粮，主要走吉隆至尼境穷结、噶派、郭仲这一道路；出口的羊毛、皮张与进口的日用百货主要走吉隆至加德满都这一线，这些道路崎岖、狭窄，牛马不能通行，运输以人力背负为主，兼有少量羊子。每年"绒巴"参加背运的约 7000 人次，吉隆群众背负者约 3000 人次，参加运输的羊子约 500 头次，供给运出盐巴及羊毛皮张、氆氇等土畜产品约为 400 t。从吉隆至穷结背夫行程，来往 8 天，至噶派、郭仲来往 6 天，至加德满都来往 16 天（中国社会科学院民族研究所和中国藏学研究中心社会经济所，2000）。

热索桥，吉隆口岸，位于加德满都正北和中国日喀则地区吉隆县吉隆镇热索村境内，喜马拉雅山中段南麓的吉隆河与东林藏布河的汇合处，历来是中尼两国边民往来的重要门户。热索村是距离尼方最近的自然村，海拔仅 1800 m，属于亚热带山地季风气候区。比科达里山口地势稍低，而且较为宽阔，是通往尼泊尔的捷径，也是中尼两国进行贸易的中心线路，与樟木口岸隔山相邻。

吉隆（Gyilong，图 5.19），18 世纪吉隆沟就设立了国际市场[1]。驻藏大臣松筠于乾隆六十年（公元 1795 年）来到吉隆县的宗喀和济咙两地，发现济咙田肥，多产稞麦，凡有运货至宗喀以内贸易者，率由宗喀营官抽收牛粮，……于是宗喀等处百姓有背盐赴济咙易粮者。该处番民亦即私行抽税分用，其营官等亦不之问。此复成何事体？……（遂将）互相抽税一事，概行禁止。此外，藏人用阿里地区的池盐通过今吉隆、聂拉木一带边卡与尼泊尔易换粮食等物，但由于廓夷边民运米与藏番调换食盐，争价不一，据后之驻藏大臣讷钦的上奏，到了光绪十六年，两国失和，将盐米通商事务全行停止。在藏属边民难觅生计，而廓夷无盐可购，尤觉困苦不堪。……（至光绪二十四年）业经停关数年，其迫切情形已可想见。乃廓尔喀并不明言其故，藉端要挟，擅谓聂拉木、绒辖两处边界与先年旧址不符。禀请（清政府）派员查办"（房建昌，1995）。由此可见，吉隆自古以来就是一个重要的贸易地点。

---

[1] 旧西藏边关重镇吉隆 . http://www.nielamu.gov.cn/lswh_2069/201707/t20170705_1877565.html.

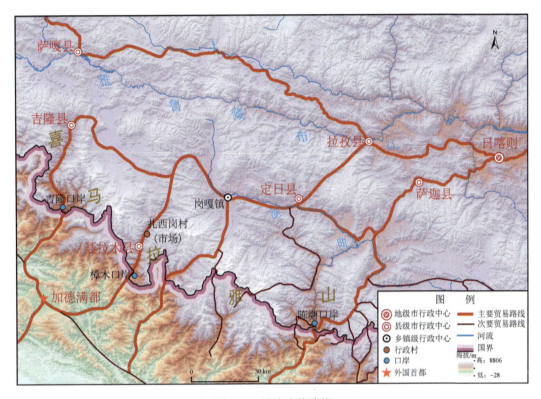

图 5.19　樟木吉隆路线

　　萨嘎（Saga，图 5.19），地处萨嘎藏布河之曲，为多克乍勒州之首邑，有大喇嘛庙，呼图克图驻锡于此；市街宽广，贸易兴盛，商贾则以尼泊尔属之尼瓦尔人为多（洪涤尘，1931）。驻藏大臣松筠来到萨喀（今萨嘎县）发现，萨喀草地无田禾，民皆游牧，……尚有所属之桑萨（桑桑，今昂仁县一区名）、偏溪（偏吉，今仲巴县一乡名）两处地方，各有小头人分管。数十年来民多穷困，幸境内北有盐池，百姓常往还四十余日，背盐赴济咙易米以度日。……萨喀境内之盐池，久为廓尔喀希冀。此地百姓若不及早抚养，或致尽数逃亡，则盐池未必仍为卫藏之所有（房建昌，1995）。萨嘎地区牧民进行盐粮交换的方式为：一是崩巴及萨嘎北部的领主、牧主与牧民去仲巴县扎布耶茶卡盐湖，由羊子将盐驮回家，再用牛或羊子运到宗嘎进行交换，羊子行程来往约需 100 天。二是由崩巴的牧民从盐湖运盐至萨嘎县的羊曲旦岗集散地交换后，再由萨嘎及宗嘎两地的农、牧民转运来宗嘎集散地区交换，换回所需的粮食及少量的日用百货。此外崩巴地区的牧民每年或者几年一次，以大约 20 头的牦牛驮运盐巴来此地交换吉隆出产的木料（中国社会科学院民族研究所和中国藏学研究中心社会经济所，2000）。另外，萨嘎县昌果乡与尼泊尔木斯塘地区仅仅一山之隔，自古两边边民就存在贸易往来。

　　5）木斯塘—科里拉山口—仲巴

　　这条路线是尼泊尔跨越喜马拉雅山脉最古老和常用的朝圣和贸易路线，周围地势较为平坦，不需要翻越太高的山口，是通过尼泊尔连通印度和中国西藏地区的重要通道。这条线路将印度的瓦腊纳西（Varanasi）和 Bodhgaya 与尼泊尔中部的迦毗罗卫（Kapilvastu，现称为提罗拉科特 Tilaurakot），蓝毗尼（Lumbini），布德沃尔（Bhutwal）和 Ridi 连接起来，进一步通过尼泊尔的木斯塘地区到西藏西部和雅鲁藏布江流域，从那里继续到和田（Khotan）以及喀什（Kashgar），部分通过拉达克（Ladakh）（Heide，2012）。在 11 ～ 13 世纪，著名的佛教学者和圣人 Atisha（公元 982—1054），Marpa（公元 1012—1097）和 Milarepa（公元 1040—1123）都先后通过这条线路，从木斯塘越过中尼边界，一路到达古格王国。这条通道是西藏—喜马拉雅地区最古老的正式过境点之一，数百年以来一直是跨喜马拉雅盐业贸易的主要通道。21 世纪初，随着一条国际汽车公路的修建，边境变得越来越活跃（Murton，2016），其具体路线为：木斯塘—卡利甘达基河谷—科里拉山口—亚热—仲巴。

木斯塘（Mustang，图 5.20），历史上木斯塘曾是古罗王国的领土，1380 年，第一任国王——亚梅·帕尔经过多年征战，创立了这个独立王国，定都于海拔 3840 m 的罗满桑。这里有印度平原通向喜马拉雅山最便捷的道路，所以战略地位和经济地位十分重要。15 ～ 17 世纪，木斯塘曾利用自身的战略位置之便，控制了西藏地区与印度间的贸易，其中盐巴的贸易是一个大宗，一度因为两地间的贸易而繁荣。18 世纪，其被尼泊尔吞并，王国的范围缩减到木斯塘北端珞城周围的地区，称为珞王国，一度是尼泊尔境内唯一的自治王国。木斯塘区域内有许多的岩洞，到了 20 世纪中叶，这里开始引起了西方探险家们的注意。德国科隆大学和尼泊尔的考古学家们开始探索容易进入的岩洞，在那里他们发掘出几十具至少已有 2000 年历史的骸骨，整齐排列在木床之上，用玻璃珠、黄铜和珠宝加以装饰，这些装饰品均非当地出产，表明了木斯塘当时作为贸易重镇的地位。木斯塘居民多属于藏族，现在仍保留西藏的传统文化与宗教，长期实行君主制度，宗教信仰以佛教为主。

卡利甘达基河谷（Kali Gandaki Valley），卡利甘达基河谷是木斯塘和仲巴县之间的一条纵贯喜马拉雅山南北的大峡谷，代表着两大地区的自然联系，是跨越喜马拉雅山脉的一条重要通道。西藏北部和印度南部通过这个河谷进行直接的交流，商人们沿着这条河谷前行，以藏地高山上产的盐换取印度平原河谷的粮食（Graafen and Seeber，1993）。

科里拉山口（Koro La Pass），位于中国西藏仲巴县与尼泊尔木斯塘的边界线上，海拔 4660 m，处于世界两大河流的山脊之间——恒河和雅鲁藏布江。从尼泊尔木斯塘尼冲（Nhichung），经过科里拉山口，到仲巴县里孜（Likse），这条通道是喜马拉雅地区最古老的边界过境点之一。21 世纪初期，科里拉山口处限制着中尼边境贸易，每年仅开放两次。目前，中尼双方都在积极进行道路、口岸设施等建设，力争将这里建设成为永久性开放口岸，届时将成为仅次于吉隆、樟木的第三大中尼边境口岸。

亚热，位于西藏自治区亚热乡是西藏日喀则西线海拔最高、条件最艰苦的边境乡，平均海拔约 5300 m，边境线长 41 km，通外山口 6 个。这里地广人稀，自然条件十分恶劣，风沙、干旱、霜冻雪灾等自然灾害频繁。亚热乡的里孜边贸市场自古就是中尼两国边民进行物质交换的重要场所 [①]。

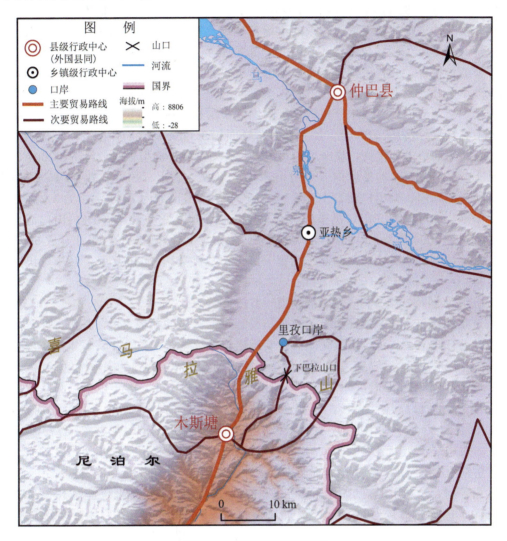

图 5.20　木斯塘至仲巴路线

仲巴（Tzongba，图 5.20），仲巴县仁多乡境内有一个盐湖——扎布耶茶卡，北靠改则县的拉秦，东邻措勤县的才扎。该湖面积 243 m²，水深 2 m，包括卤水、盐类沉积和生物三大类资源，其中盐类资源储藏超过 4000 万 t（达瓦次仁和图纳·布莱尔，2017），是世界三大锂盐湖之一。盐湖是湖泊发展到老年期的产物，扎布耶茶卡含盐岩层厚度超过 5 m，湖中盐类矿物丰富，目前已发现 20 多种，十分珍稀，旧时该湖之盐大量出口尼泊尔。1868 年 12 月初，一位学者来到了 Likche 寺（在今仲巴县南

----

① 据团队 2018 年"第二次青藏高原综合科学考察座谈会议"会议资料与实地考察结论所得，参会人员：仲巴县政府部门相关人员，阎建忠，彭婷。会议地点：仲巴县政府，会议时间：2018 年 10 月 5 日。

境），发现两位木斯塘商人，赶着约 60 头牦牛赴扎东北去驮盐，每头牦牛要驮一驮半或两驮（66～88 kg）（房建昌，1995）。历史上，仲巴县扎东、帕羊、干昔、龙格尔 4 个牧区均进行盐粮交换，较大的市场有里孜、加柱、干昔、荣来、拉不让渡口、那木拉 6 个地方（西藏自治区定结县地方志编纂委员会，2013）。噶厦政府在仲巴派有专管盐食税官，并且还规定，每只羊出口税收 8 个廓章，而外商一律免税，据说到民主改革为止，这种规定延续了 13 年，但为了限制尼商经营范围的无限扩大，规定尼商采购活羊应以粮食或生产资料交换为主（中国社会科学院民族研究所和中国藏学研究中心社会经济所，2000）。如今拥有草场面积 3.32 万 km² 的仲巴县，积极利用边境线长和通商口多的优势，瞄准尼泊尔市场，大力发展外向型畜牧业经济。2001 年，全县 13 个乡镇通过本县境内 5 个边贸市场（里孜、玛永、加柱、亚斯玛、欧姆丁丁）和普兰口岸，共出口活畜 103887 头，其中牦牛出口数为 1047 头，绵羊为 81868 只，山羊为 20970 只。出口活畜数占全县全年牲畜出栏总数的 41.50%，出口活畜纯收入达到了 2000 余万元；2017 年，仲巴县边贸市场共计开放三轮，累计开放 66 天，参与人数达到 11202 人次，商品（活畜）进出口总额共达 2.046 亿元，其中，出口额达 1.943 亿元，进口额 1030 万元[①]。

6）锡米科特—雨莎村—孔雀河通道—普兰

这条线路自古就是西藏重要的对外贸易通道，著名的盐粮古道，是中、印、尼三国边民进行政治、文化、宗教交流的重要通道，持续繁荣了数百年，每年夏冬两季，来自印度、尼泊尔的商人汇集在普兰塘嘎国际市场，增添了普兰的国际性色彩。

锡米科特（Simikot），胡木拉县首府，平均海拔 3415 m。多年以来，商队即商人和他们成群的牲口，几乎承担了全部货物的运输，每年的贸易期大概从 3 月持续到 11 月。商队曾经是这个地区的生命力，为每家每户供应他们需要的东西，如大米、谷物、盐等。商人一般用尼泊尔大麦换取西藏的盐，然后再用西藏的盐换取尼泊尔浅山区的大米。需要整整两周的跋涉，才能达到那些不受现代化影响的边境地区。

雨莎村，隶属于尼泊尔中西部卡尔纳利专区的胡木拉县，地理位置为 30°9′11″N，81°20′9.5″E，平均海拔为 3704 m。历史上雨莎村及邻近的几个村落都归属普兰宗本管辖，普兰宗本收取边民翻山的人头税，20 世纪 60 年代中国和尼泊尔划界后，此地划入尼泊尔范围。该村落的民间习俗、歌舞、文化、历史和宗教与普兰地界十分相似（周文强等，2018）。普兰县斜尔瓦村与雨莎村仅隔一条约 4 m 宽的孔雀河，隔河可以轻易交谈。两地边民自古以来就在普兰宗的塘嘎市场开展以盐粮交换为主的边贸互市。尼泊尔在河上架了一座缆桥，两村村民商业来往密切。

孔雀河通道孔雀河（马甲藏布）是普兰境内最大的一条外流水系。其发源于喜马拉雅山北兰批雅口附近的海拔 5995 m 的山峰北侧，源头（马羊浦）海拔 5400 m，北流

---

① 据团队 2018 年"第二次青藏高原综合科学考察座谈会议"会议资料与实地考察结论所得，参会人员：仲巴县政府部门相关人员，阎建忠，彭婷。会议地点：仲巴县政府，会议时间：2018 年 10 月 5 日。

至茄勒与布朗玛布加曲汇合折向东流至仁贡，改向东南流，流经普兰县城、科迦至斜尔瓦出境，流入尼泊尔境内。河对岸为尼泊尔雨莎村，是普兰县对外开放和对尼开放的重要通道，既是边贸和旅游通道，也是印度民间香客第三方旅游团入关通道。相对于普兰境内其他山口通道，这里交通相对方便，油路直通边境，尼方也在积极修路，向边境线推进（张海云，2018）。

普兰（图 5.21），西藏阿里地区普兰通往尼泊尔的山口通道，历来是当地民族迁徙和通商的路线。现居住在尼泊尔境内的宁巴人（Nyinba），是尼泊尔境内有藏族血缘的少数民族，其先民原住在西藏的普兰，后经过普兰山口迁徙到尼泊尔境内定居，并与当地居民融合成为现在的宁巴人。宁巴人在族源、语言、宗教文化方面与藏族有很大的相似和认同感，这是他们在中国西藏进行贸易时具有的优越条件（陈继东，2003）。具体介绍详见第三节普兰口岸。

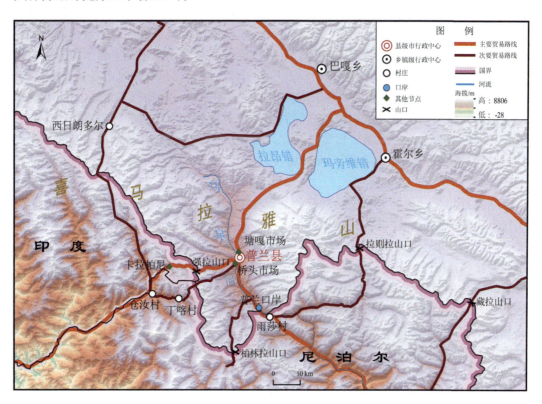

图 5.21　普兰县贸易通道

5.7　小结

中尼边贸通道在中国古代经济文化发展史上占有重要的地位。自公元 7 世纪赤尊公主入藏，蕃尼古道的开通肇始，经霍巍考证，这条路线大致从拉萨出发，西行经今西藏地区至吉隆县，再南下至尼泊尔；吐蕃中后期，西方的大食、西北方的回鹘、东北方的唐朝、东南方的南诏国，一直威胁着王朝的边境，曾经繁盛一时的蕃尼古道随之没落；宋元时期，不少著名的译师都曾沿蕃尼古道经吉隆到尼泊尔、再到印度学法，各佛学家抵达尼泊尔的路线，沿用吐蕃时期的蕃尼古道，但与唐代碑刻相比，宋代文献对蕃尼古道线路的记载显然更为翔实，其经吉隆入关后，大致沿聂拉木、定日、协嘎尔、萨迦、拉孜、日喀则一线前往山南和拉萨；明代，藏尼地区的商贸交易更加繁荣，并出现了作为交换媒介的货币，明代从西藏到尼泊尔的行走路线大约为从今甘肃入西藏，而后从日喀则地区进入尼泊尔；清代，藏尼通道上的交往继续走向繁荣，且商品贸易伴随着战争的交锋，由尼泊尔入西藏道路主要有四条：一由加德满都出吉隆；一由加德满都经郎卡格密出聂拉木；一由叶楞城出绒辖；一由鄂博出日喀则市桑珠孜区东嘎乡喀达村之东南；近代以来，西藏地区与尼泊尔继续友好发展，但由于受到英国势力介入的影响逐渐衰落，其贸易中心地位被中印贸易取代；新中国成立以后，中尼两国签订了通商和交通协定，废除了尼泊尔在中国西藏地方享有的特权，并确定在聂拉木、吉隆、普兰、萨嘎、定结、定日等地设立海关，逐步确立樟木口岸、吉隆口岸、普兰口岸、日屋口岸、陈塘口岸、日屋口岸、绒辖市场、岗嘎市场、卡达市场、樟木市场、扎西岗市场、吉隆口岸、贡当市场、宗嘎市场、雄如竹卡市场、桥头市场、塘嘎市场、布尔热巴市场等，藏尼之间的贸易快速发展，所形成的通道路线大致有以下 6 条：尼泊尔东部—陈塘—日屋—萨迦；多拉卡—绒辖—定日；加德满都—樟木—拉萨；加德满都—吉隆—拉萨；木斯塘—科里拉山口—仲巴；锡米科特—孔雀河通道—普兰。

贸易通道带动民族经济文化的交流，促生了边地经济与内地经济的频繁互动，它不仅对西藏的政治、经济、社会和文化产生了重要的影响，同时对中国与尼泊尔、印度和南亚诸国的交流也发挥了积极的作用。催生繁荣了边地经济文化走廊，使边民互市蔚为壮观。在通道贸易伴随的文化与文化的交融，构筑了区域经济文化的辐射效应。异域经济文化则在交融互通中，达到了兴盛发达的局面。中尼贸易通道经济文化的交融共生，反映的不仅是经济活动的形态，也折射出中国古代商人及商帮的经济理性和文化价值观。但应注意，这些交通路线在历史发展过程中对加速西藏与外界经济文化交流、繁荣西藏传统文化、促进西藏社会发展作出了重要贡献的同时，也为外敌入藏、威胁西藏提供了便利。

因此，国家应当制定出适合西藏实际情况的贸易发展战略，推动西藏对外贸易持续、健康、稳定的发展。扩大中国西藏同尼泊尔、印度、不丹等周边国家的经贸往来和人员交往，促进西藏产业结构的调整，注重发展具有比较优势的藏民族特色产业，提高畜牧业产品的比重，尽快形成以向周边南亚国家和地区开放为重点的全方位对外开放的新格局。在新时期国家"一带一路"倡议下，让这些历史悠久的古道进一步得到开发和建设，使其对西藏经济的腾飞和社会的稳定以及中国与南亚诸国的合作，产生积极而又重要的作用，必然是当务之急。

参考文献

阿旺贡噶索南 . 2005. 萨迦世系史 . 陈庆英等，译 . 北京：中国藏学出版社 .

巴俄·祖拉陈瓦 . 2006. 智者喜宴 . 北京：民族出版社 .

伯戴克，张长虹 . 2012. 西部西藏的历史 . 张长虹，译 . 藏学学刊：135-199.

布顿 . 2016. 布顿佛教史 . 郭和卿，译 . 贵阳：贵州大学出版社 .

陈观浔 . 1986. 西藏志 . 成都：巴蜀书社 .

陈翰笙 . 1961. 古代中国与尼泊尔的文化交流——公元第五至十七世纪 . 历史研究，(2)：98-99.

陈继东 . 2003. 西藏开拓南亚市场及其特殊性研究 . 成都：巴蜀书社 .

陈庆英，高淑芬 . 2003. 西藏通史 . 郑州：中州古籍出版社 .

达仓宗巴·班觉桑布 . 2017. 汉藏史集 . 陈庆英，译 . 西宁：青海人民出版社 .

达瓦次仁，图纳·布莱尔 . 2017. 阿里地区历史移民研究 . 西藏研究，(1)：85-92.

丹珠昂奔 . 2003. 藏族大辞典 . 兰州：甘肃人民出版社 .

当增吉 . 2019. 全球化与地方性：喜马拉雅地区藏传佛教器物的流通与制作：以尼泊尔鎏金铜佛制造业
　为例 . 青海民族大学学报（社会科学版），(2)：29-37.

丁柏峰 . 2020. 南京国民政府与西藏地方政府互动情况述论 . 青海社会科学，(4)：166-173.

董莉英 . 2008. 西藏地方与尼泊尔贸易试述 . 中国藏学，(1)：218-222.

多杰措，曾国庆 . 2013. 清代廓尔喀第三次侵扰西藏研究 . 北京：中央民族大学硕士学位论文 .

房建昌 . 1993. 清代西藏的行政区划及历史地图 . 中国边疆史地研究，(2)：62-76.

房建昌 . 1995. 西藏盐史研究 . 盐业史研究，(1)：28-45.

房建昌 . 2015. 近代西藏麝香之路考：兼论印度大三角测量局班智达、日本僧人河口慧海和侵藏英军噶
　大克考察团在沿路的活动等 . 西藏研究，(4)：17-37.

菲尔普顿 J. 2016. 尼泊尔史 . 杨恪，译 . 北京：东方出版中心 .

冯树清 . 2010. 晚清尼泊尔五年进贡使团研究（1852-1906）. 石家庄：河北师范大学硕士学位论文 .

付志刚，何一民 . 2012. 略论清代以来西藏城市的历史地位 . 贵州民族研究，(5)：131-136.

付志刚 . 2013. 论清代西藏商业网络初步建构与城镇发展 . 西藏大学学报（社会科学版），(3)：123-129.

何一民，付志刚 . 2013. 清代西藏城市体系变迁及其空间特征研究 . 湘潭大学学报（哲学社会科学版），
　(4)：136-141.

何一民 . 2013. 民国时期西藏城市的发展变迁 . 西南民族大学学报（人文社会科学版）. (2)：36-45, 246.

洪涤尘 . 1931. 西藏史地大纲 . 南京：正中书局 .

黄博 . 2009. 清代西藏阿里的域界与城邑 . 中国藏学，(4)：9-16.

黄凌江 . 2008. 线描西藏：边境城市、集镇、村落、边贸市场探访 . 北京：中国电力出版社 .

黄正多，李燕 . 2010. 中国—尼泊尔经贸合作：现状、问题与对策 . 南亚研究季刊，(4)：67-72.

霍巍 . 2000. 西藏西部佛教文明 . 成都：四川人民出版社 .

霍巍 . 2013. 从考古发现看西藏史前的交通与贸易 . 中国藏学，(2)：5-24.

坎德勒 E. 1996. 拉萨真面目 . 拉萨：西藏人民出版社 .

廓诺·迅鲁伯 . 1985. 青史 . 郭和卿，译 . 拉萨：西藏人民出版社 .

拉巴平措,陈庆英.2016.西藏通史元代卷.北京:中国藏学出版社.

李坚尚.1994.盐粮交换及其对西藏社会的影响.西藏研究,(1):47-54.

李坚尚.1999.西藏的商业与手工业调查研究.北京:中国藏学出版社.

李强,纪宗安.2007.18世纪中期清政府对西喜马拉雅地区贸易的影响.暨南史学,(1):265-276.

李涛.2017.曾与"丝绸之路"齐名的食盐之路.中国盐业,(18):64-67.

利拉·玛尼·博迪亚.2010.尼中关系的历史、现状与未来.王娟娟译.南亚研究季刊,(4):27-32.

刘丽楣.2010.国民政府化解尼藏战争危机的历史意义.中国藏学,(4):18-23.

刘秩.2019.喜马拉雅区域"通道"的文化内涵及现实意义:以吉隆河谷为例.四川师范大学学报(社会科学版),(1):153-159.

刘玉皑,赵鹏,马宁,等.2016.西藏樟木口岸边境贸易发展情况调查.西藏民族大学学报(哲学社会科学版),(2):76-82.

罗莉.2016.西藏自治区经济史.太原:山西经济出版社.

罗勇.2015.吐蕃时期吉隆(芒域)古道历史文化研究.西藏:西藏大学硕士学位论文.

孟正民,房日晰.2016.中华经典中的寓言 清卷.西安:三秦出版社.

那颖.2010.西部地区边境贸易研究.兰州:甘肃人民出版社.

潘能龙.2010.清代入藏交通与西藏军事安全.郑州:郑州大学硕士学位论文.

普兰县地方志编纂委员会.2011.普兰县志.北京:中国藏学出版社.

热·意西森格.2013.热译师传威德之光.多识仁波切,译.成都:四川民族出版社.

桑杰坚赞.1985.米拉日巴传.刘立千,译.成都:四川民族出版社.

索朗旺堆.1993.吉隆县文物志.拉萨:西藏人民出版社.

汪永平.2017.阿里传统建筑与村落.南京:东南大学出版社.

吴丰培.1982.西藏志·卫藏通志.拉萨:西藏人民出版社.

西藏研究编辑部.1982.西藏志·卫藏通志.拉萨:西藏人民出版社.

西藏自治区阿里地区普兰县地方志编纂委员会.2011.普兰县志.成都:四川出版集团巴蜀书社.

西藏自治区定结县地方志编纂委员会.2013.定结县志.北京:中国藏学出版社.

西藏自治区概况编写组.1984.西藏自治区概况.拉萨:西藏人民出版社.

肖怀远,卓扎多基.1994.西藏边贸市场建设与个体私营经济发展.拉萨:西藏人民出版社.

谢延杰,洛桑群觉.1994.关于西藏边境贸易情况的历史追朔.西藏大学学报(社会科学版),(3):48-51.

熊文彬.2020.蕃尼古道及其历史作用.中国藏学,(1):38-48.

徐近之.1936.西藏西康国防线上之通路及其重要.地理学报,3(4):713-716.

徐萌萌.2014.中国与尼泊尔双边贸易研究.大连:东北财经大学.

许肖阳.2019.朝贡与殖民—19世纪中英在喜马拉雅地区的博弈.北京:中央党校博士学位论文.

杨公素.1992.中国反对外国侵略干涉西藏地方斗争史.北京:中国藏学出版社.

杨惠玲.2006.宋元时期藏区经济研究.广州:暨南大学博士学位论文.

藏族简史编写组.2006.藏族简史.拉萨:西藏人民出版社.

翟胜德.1981.藏族地区边境城镇的建设为题:对定日岗嘎兴衰的分析.北京:中国社会科学院研究生院民族系出版社.

张海云 . 2018. 秩序、流动与认同：西藏三口岸边民贸易调查记 . 北方民族大学学报（哲学社会科学版），
　（3）：53-60.

张其勤，吴丰培 . 1983. 清代藏事辑要 . 拉萨：西藏人民出版社 .

张涛 . 2016. 浅论民国时期西藏地方经济特点 . 内江科技，37（10）：79-80，82.

张雪慧 . 1998. 试论唐宋时期吐蕃的商业贸易 . 西藏研究，（1）：38-48.

张永攀 . 2015. 论中国－尼泊尔关系在西藏稳定和发展中的价值、影响与展望 . 南亚研究季刊，（3）：
　23-31.

赵国栋，拉巴 . 2017. 普兰口岸对西藏经济社会发展的意义与发展策略 . 港口经济，（7）：23-17.

直贡•丹增白玛坚参 . 1995. 直贡法嗣 . 克珠群培，译 . 拉萨：西藏人民出版社 .

中共日喀则地委宣传部 . 1995. 日喀则概况 . 西藏：西藏军区印刷厂 .

中共日喀则地委宣传部 . 2013. 大美日喀则（上）. 济南：山东人民出版社 .

中国社会科学院民族研究所，中国藏学研究中心社会经济所 . 2000. 西藏的商业与手工业调查研究 . 北
　京：中国藏学出版社 .

仲敦巴•杰瓦迥乃 . 1994. 噶当祖师问道语录 阿底峡传（藏文本）. 青海：青海民族出版社 .

周伟洲 . 2000. 英国、俄国与西藏 . 北京：中国藏学出版社 .

周伟洲 . 2016. 民国时期西藏地方社会经济研究 . 西藏民族大学学报（哲学社会科学版），37（2）：1-16 .

周文强，孙芮茸，嘉措，等 . 2018. 西喜马拉雅的盐粮古道与国际市场 . 西藏人文地理，（3）：28-55.

朱少逸 . 1947. 拉萨见闻记—西藏第十四辈班禅喇嘛坐床典礼纪实 . 北京：商务印书馆 .

Bezruchka M S. 2001. Tibetan border worlds: A geohistorical analysis of trade and traders. Wilderness and
　Environmental Medicine, 12（3）: 220-221.

Graafen R, Seeber C. 1993. Important trade routes in Nepaland their importance to the settle ment process.
　Ancient Nepal, （133）: 34-48.

Haimendorf C. 1975. Himalayan Traders. London: John Murray.

Heide S. 2012. Linking Routes From the Silk Road Through Nepal: The Ancient Passage Through
　Mustangandits Importanceasa Buddhist Cultural Landscape. 2nd International Conference, Mukogawa
　Women's University, Nishinomiya, Japan: 354-359.

Levine N E. 1988. The Dynamics of Polyandry-Kinship, Domesticity, and Population on the Tibetan Border.
　Chicago: The University of Chicago Press.

Manandhar V K. 2004. A Comprehensive History of Nepal-China Relations Up To 1955A. D. . New Delhi:
　Adroit Publishers.

Murton G. 2016. A Himalayan border trilogy: The political economies of transport infrastructure and disaster
　relief between China and Nepal. Cross-Currents: East Asian History and Culture Review, 3（18）: 96-109.

Rose L E. 1971. Nepal, Strategy for Survival. California: University of California Press.

Uprety P R. 1998. Nepal-Tibet Relations 1850-1930. Kathmandu: Ratna Pustak Bhandar.

第6章

中不边境地区传统贸易通道的形成与变迁

不丹王国,简称不丹,是位于喜马拉雅山脉东段南坡的一个内陆国家,总面积约为 3.8 万 km²,东西长约 300 km,南北宽约 170 km。不丹东、西、北部与中国接壤,南部与印度相接。根据世界银行 2020 年发布的数据,不丹总人口达 77.2 万。主要民族为不丹族和尼泊尔族,不丹人民普遍信教,藏传佛教是不丹的国教。首都廷布,是全国的政治、经济、文化中心。官方语言为宗卡语和英语。

了解中不边境地区贸易通道的形成与历史变迁,有助于更好地了解历史时期两地贸易关系的演变,消除两地隔阂,为中不双边的外交和贸易创造一个良好稳定的平台。同时也有利于加强不丹在南亚地区中立国的作用,维持南亚地区政治的相对平衡,也为我国边境地区的政治稳定、经济和文化的发展提供政策依据。

6.1 历史时期的中不边境地区概况

中不边境地区主要包括我国境内西藏自治区日喀则地区亚东县、康马县和山南地区浪卡子县、洛扎县、错那市与不丹接壤的西方区萨姆奇宗(Samtsedzongkhag)、哈阿宗(Haadzongkhag)、帕罗宗(Parodzongkhag)、廷布宗(Thimphudzongkhag),中央区普那卡宗(Punakhadzongkhag)、旺杜波德朗宗(WangduePhodrangDzongkhag),南方区布姆唐宗(Bumthangdzongkhag),东方区伦奇宗(Lhuntsedzongkhag)、塔希央奇宗(Tashiyangtse)、塔希冈宗(Tashigangdzongkhag)、萨姆德鲁琼卡尔宗(SamdrupJongkharDzongkhag)地区。由于中不两国尚未建立正式的外交关系,中不的边界线亦未正式划定。中不边境传统习惯线的走向大致由西自中国、不丹、印度三国交界的吉布马珍山主峰开始,向东南至洞朗河与亚东河的交汇处,亚东河至鲁林河与亚东河的交汇处,再转东北沿鲁林河至卡拉,此后沿山脊北上直达卓莫拉日峰与喜马拉雅山最高分水岭相接。自卓莫拉日开始,边界大致由西向东沿喜马拉雅山脉直到美拉(亦切马山口),然后大体向东南至中国、不丹、印度三国交界的底宛格里附近,全线总长约 550 km。中不边境县如图 6.1 所示。

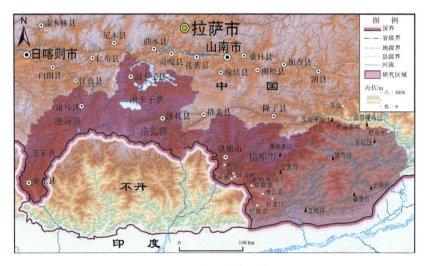

图 6.1 中不边境县图

6.1.1　日喀则地区与山南地区历史沿革概况

1）日喀则地区的亚东县、康马县历史沿革概况

亚东县详细历史沿革概况见于"中印边境中段地区贸易通道的历史形成与变迁"（3.1.1 节）部分。

康马县，位于西藏自治区南部的喜马拉雅山北麓，日喀则地区东部，南邻亚东县，西连岗巴县、白朗县，北靠江孜县，东与山南地区浪卡子县相邻，东南与不丹接壤。据《西藏地名资料简编（初稿）》记载："康马县，藏文意义为红房，红墙房。曾用名称：拉康马卢，康玛尔"[①]。清代黄沛翘《西藏图考》卷三"帕克哩北行经嘎拉、康玛尔两处至江孜汛"[②]。其中所说的"康玛尔"即为康马县。康马附近的地势状况，《西藏图考》卷二亦载："沿途多有阻塞，由江孜至康玛尔一带有连山丛石。自康玛尔迤南，间有山峡"[③]。可知康马北段山石阻碍，南段山峡相间，道路往来颇为难行。

追溯康马的起源，据早至吐蕃的传说，当时的王相禄东赞派大臣在这里修建了一座以红色颜料装饰的佛殿，故得名"康马"。吐蕃王松赞干布将控制的领地划分为具备行政、军事职能的五茹——卫茹（中翼）、夭茹（左翼）、茹拉（支翼）、叶茹（右翼）和苏毗茹。康马即属于"五茹"之一的支翼"茹拉"。这一区域，是吐蕃佛教文化的繁荣之地，先后建有康玛寺、乃宁曲德寺、艾旺寺等。公元 9 世纪后，赞普赤德微松的后裔杰则统治了年楚河流域，康马县当时为杰则的统治区域。11 世纪时，大译师仁钦桑波的弟子法意来到了康马县萨玛达乡，修建了著名的萨玛达寺。元代时，康马县属于夏鲁万户管辖。元末明初，萨迦朗钦帕巴贝桑布统治了江孜一带，建立了江喀孜宗，康马县当时属江喀孜宗管辖，清代康马县仍属江喀孜宗管辖（索朗旺堆，1993）。至 1960 年，划出江孜县所辖两个区成立康马县，隶属江孜地区。1964 年，江孜、日喀则两专区合并，康马县遂归日喀则地区管辖。2014 年 7 月，日喀则撤地设市，康马县属于日喀则市至今。

康马县地势南高北低，地貌为河谷地带，《西藏通史·宋代卷》记载："（通过后藏萨玛达地区）西藏赴印度、尼泊尔学习取经的僧人信徒从这条通道去南亚；而入藏传播的印度、尼泊尔高僧大德也同样从这里进入；这条通道成为 8 ～ 13 世纪期间东印度波罗佛教美术进入西藏的窗口，也是最早接受印度 - 尼泊尔艺术影响的地区"（陈庆英等，2016）。

2）山南地区的浪卡子县、洛扎县、错那市历史沿革概况

浪卡子县，位于西藏南部的喜马拉雅山中段，地处山南市西南部，北与措美、扎囊县交界，西与日喀则市江孜县、康马县、仁布县为邻，南与洛扎县和不丹接壤，隶属于西藏自治区山南市。据《西藏地名资料简编（初稿）》记载："浪卡子县，藏文意

① 西藏自治区革命委员会测绘局，西藏军区司令部侦查处编：《西藏地名资料简编（初稿）》，1979 年，第 117 页。

② （清）黄沛翘：《西藏图考》卷三《西藏源流考》，清光绪甲午堂刊本。

③ （清）黄沛翘：《西藏图考》卷二《西藏源流考》，清光绪甲午堂刊本。

义为白鼻尖，鼻形白山梁。曾用名称：浪卡（唐），浪噶子，浪噶则，郎噶子，朗噶则，朗噶孜，纳噶拉则，拉噶子，拉噶孜，南噶子，那则宗，那孜宗，纳噶尔宗，那夏子宗，浪卡子宗，那戛尔孜"[①]。不过在《清续文献通考》中有言："纳噶尔泽，一作浪噶子，在日喀则东二百五十里，极高，二十九度八分，西经二十六度十分"[②] 将浪卡子亦称为纳噶尔泽，还记录了浪卡子与日喀则的距离、地势情况和经度。清代黄沛翘《西藏图考》卷三载："白地，五十里。挞鲁尖，五十五里。浪噶子，宿计程一百五里。白地，三十五里，过叶赛。十五里，至挞鲁，有房舍柴草，有歧路：一由江孜，一由然巴。然巴春夏为商贩所必经，至冬则雪凌多阻滞，且翁古一带村落广粮食，戊申西征之役已改由浪噶子（一作噶浪子）取道，今因之。五十五里至浪噶子，路皆平坦，有碟巴人户"[③]。

浪卡子在吐蕃时期时归属于"约茹"管辖，藏名为"羊卓康晴布仁底阿玉"，意为"雪域上方的牧场是易养牦牛的五部之乡"。元朝时，统治西藏的萨迦首领管理西藏地区事务，在浪卡子建立万户府。明朝时，帕竹地方政权在浪卡子设立了可统治整个羊卓地区的浪卡子宗。1954 年西藏地方政府分设的浪卡子、白地、打隆 3 宗，归洛喀基巧管辖。1959 年，西藏民主改革后，将浪卡子宗和白地宗合并设浪卡子县，打隆与岭谷并设打隆县划归江孜专区，到 1964 年打隆县并入浪卡子县，划归山南专区管辖至今。

洛扎，洛扎县地处西藏自治区南部、喜马拉雅南麓，东南与措美县和错那市为邻，西北与浪卡子县相连，南与不丹接壤。据《西藏地名资料简编（初稿）》中记载："洛扎县，藏文意义为南岩。曾用名称：多洼，多哇宗，多宗（元），突宗，夺宗，对尔宗，洛扎多瓦宗，洛扎多宗"[①]。吐蕃时期为西藏约茹的千户之一。元朝时，洛扎属羊卓万户府所辖。帕竹地方政权时期，这里就出现了多宗、僧格宗和拉康溪 3 个宗溪，直到西藏和平解放前由洛喀基巧管辖。1959 年 5 月，3 个宗溪合并成立洛热县。1960 年 4 月将 3 个宗溪合并成立洛扎县，县府驻地洛扎镇，隶属山南地区管辖。2016 年 2 月，山南撤地设市，洛扎县属山南市管辖。

错那市，详细历史沿革概况见于"中印边境东段地区贸易通道的历史形成与变迁"部分。

6.1.2　历史时期的不丹历史沿革概况

黄盛璋在《清代中不边界历史研究》中对"不丹"之词源进行了考证："不丹"（Bhutan）一词来自梵文（"Bhotanta"），"Bhot"就是西藏古称吐番的番，指西藏，

---

① 西藏自治区革命委员会测绘局，西藏军区司令部侦查处编：《西藏地名资料简编（初稿）》，1979 年，第 117 页。

② （清）刘景藻纂：《清续文献通考》卷三百三十《舆地考二十六》，民国景十通本。

③ （清）黄沛翘撰：《西藏图考》卷三《西藏程站考》，清光绪甲午堂刊本。

"anta"意为"边""地"，所以"Bhotanta"即为西藏的边地①。由于缺乏足够的相关资料，加之不丹与中国西藏地区之间隔着艰险的喜马拉雅山，与拉萨的交通较为不便。又因西藏地区长期的教派斗争和宗教割据，统治者对这一地区的管理较为松散，导致人们对不丹早期的历史认识较为模糊。

见于文献记载的不丹历史可大致划分为古代史、近代史和现代史三个时期（张淑兰等，2018）。佛教在不丹的影响，始于藏王松赞干布统治时期（公元 629～650 年）。为了巩固统治、传播佛教，宣布佛教为吐蕃国教，以当时的逻些城（今拉萨）为中心，修建了一系列的寺院。这些寺院的地理分布准确显示吐蕃盛极一时的势力范围和统治区域。其中，包括在不丹的两座著名的寺庙——布姆唐谷地的强巴拉康（建于公元 640 年）和帕罗谷地的吉珠拉康（建于公元 649 年），至今这两座不丹最古老的寺庙仍然存在。佛教影响在不丹的发展过程是在和平氛围中进行的，它使地理和文化上与外界隔绝的不丹人开始了自己的历史和宗教信仰（王鸿余，1993）。佛教对不丹的第二个影响是藏传佛教宁玛派鼻祖莲花生大师应邀于公元 747 年来到不丹传法。莲花生是一位印度佛教大师，他来不丹之前长期在西藏地区传教，被政府请来调解西藏地区和不丹的边界纠纷，促进交战双方的停战言和并皈依佛教。莲花生大师为了弘扬佛教，游历了不丹的许多地方，在各地建立了声望（王鸿余，1993）。而后中国西藏和印度的许多僧人先后在不丹传教，使佛教得以在不丹盛行，并逐步出现了不同的派别。公元 9 世纪，吐蕃赞普朗达玛进行灭佛运动，将吐蕃拖入内乱的泥潭，对边疆地区的统治力逐渐弱化。受到迫害的喇嘛向南逃亡到不丹境内，在此后的一段时间，藏传佛教的各教派都在不丹进行渗透和传播活动（崔海亮，2017）。此外，拉赛藏玛在不丹的传道亦十分重要。拉赛藏玛在不丹史上是一位十分重要的人物，其弟朗达玛曾把他放逐到"巴卓门地"（今不丹帕罗宗）。进入不丹后，他先后在帕罗、廷布、沙尔等地讲经布道，修建宫殿，建立据点，为佛教在不丹的发展作出了积极贡献。拉赛藏玛及其子孙在该地生存繁衍，其势力范围渐渐扩大，曾一度达到我国西藏的门隅地区，并在今西藏南部的包括门隅、不丹、锡金等地区的广大范围中成立了许多部落，这些部落就是不丹的望族和佛教世家的祖先。

早期的不丹社会由于自然条件的限制，村落彼此间的联系很少，社会的发育程度很低，政治上、经济上都极端分散，因此其境内形成了一定数量和规模的部落甚至部落联盟（周娟，2007）。吐蕃崩溃以后，不丹逐渐脱离了西藏地方政府的有效管理，从而形成了一个相对独立的部落群，但境内寺院仍隶属于中国西藏寺院管辖，继续接受唐朝的"唐师国宝之印"印信。

近代不丹在成为统一国家的过程中，与西藏保持着密切联系。1616 年，由于在教权之争中失败，西藏竹巴噶举派高僧阿旺南杰逃往不丹，在他进入不丹后，凭借噶举派在不丹的原有势力和他个人的威望，逐渐兼并了其他教派。并以不丹中部和西部为

---

① 黄盛璋：《清代中不边界历史研究》，中国科学院地理研究所编印《边界历史地理研究论丛》，内部印行，1980 年。

根据地，短时间内统一了不丹境内的众多部落，于 1637 年建立了以竹巴噶举派为主导的政教合一的政权。阿旺南杰自称法王，集不丹的宗教大权和世俗大权于一身，成为不丹国内的最高统治者和最高权威（周娟，2007）。他在不丹的地方建制上，模仿西藏的社会制度建立了政教合一的管理体系，组建了僧侣集团——札仓，建立了以"宗"为核心的地方管理制度，实现了对不丹的有效统治。因此，从不丹的起源上来看，不丹本来就是藏人建立的国家（崔海亮，2017）。他们依靠其拥有的独立于中央政权的军事力量，在国内扩展自身势力，捞取政治资本，成为阿旺南杰死后不丹国内持续不断内乱的源头。

而此时的西藏地区，五世达赖喇嘛阿旺罗桑嘉措（公元 1617—1682）与四世班禅罗桑却吉坚赞（公元 1567—1662）与蒙古和硕特部的固始汗联合，于 1642 年最终除掉盘踞在日喀则的第悉藏巴·丹迥旺布，基本奠定了格鲁派在西藏地区的统治地位。五世达赖喇嘛巩固了在西藏的统治地位后，就开始着手恢复吐蕃地方政权时期对周边地区的统治，先后出兵尼泊尔、拉达克等国，重新使这些地区恢复对西藏地方政府的朝贡。

为了将不丹纳入西藏的势力范围，更重要的是为了消除不丹在今门隅地区的大肆扩张对西藏地方政权所造成的严重威胁。从 1644 年开始，西藏地方政府就对不丹连续用兵，大规模的武装进攻就达到 7 次之多。频繁的用兵并没有使五世达赖喇嘛获取任何好处，反而丧失了门隅地区一部分原本属于西藏地方政权的土地。五世达赖喇嘛在把不丹纳入西藏版图无望的情况下，曾试图和不丹谈判，以期能够解决或缓和两地领土争端和由于教派不同而产生的矛盾，但是和谈并不成功。在 1675 年以后的相当长的一个时期，不丹和中国西藏的紧张关系不但没有丝毫缓解，反而愈演愈烈，双方中断了以盐、羊毛为主的贸易，并在从协噶尔至错那漫长的边界线上全面陷入对峙僵持。其实自 12 世纪以来，随着不丹中央集权的形成和政治经济实力的增强，再加上吐蕃崩溃以后长期处于战乱和争权夺利的动荡之中，地方政府无暇顾及不丹等周边地区，不丹脱离中国西藏而要求独立的倾向日益增长。到 17 世纪中叶，随着政局的稳定，西藏统治者才注意到不丹存在独立倾向。为了维持对不丹的控制，西藏多次付诸武力（朱在明等，1999）。

17～18 世纪上半叶发生在喜马拉雅山区的军事冲突对该地区的历史进程产生了深远影响，这些战争的胜负结局并没有动摇中国西藏在该地区的影响力，也没有从根本上瓦解不丹（布鲁克巴）与西藏之间在种族、宗教、文化方面的渊源关系。但是，长期的对峙局面给双方利益造成了极大的损害，不丹（布鲁克巴）的宗教徒不能正常地到西藏学经、朝佛，而边境贸易的停滞使区域经济发展停滞，也对人们的生活带来了很大的不便。然而，当不丹（布鲁克巴）于 1730 年因为"夏仲"转世之争而发生内乱时，其统治阶级仍然请求西藏给予仲裁（扎洛，2012）。1731 年，不丹内部又发生激烈冲突。次年，西藏首领颇罗鼐乘机派人和五世班禅的代表同往不丹进行调解，不丹冲突双方同意维持和平，并向颇罗鼐表示愿意归顺大清帝国，派一名代表驻拉萨，每年向中国西藏地方政府交纳贡金。至此，不丹与中国西藏地区之间的冲突才得以彻底解决，结束了不丹（布鲁克巴）与西藏地区之间长达 75 年（公元 1656～1731 年）之久的战争状态（朱在明等，1999）。1734 年（雍正十二年），不丹首领接受了清政府册封，正式成为中国的藩属。

1772 年起，英国开始染指不丹，喜马拉雅的天然屏障和不丹奉行的"锁国政策"并没能抵挡住英国人的殖民冲动。1865 年，英国入侵不丹成功，与不丹签订《辛楚拉条约》，强迫不丹割让包括噶伦堡在内的第斯泰河以东约 2000 km² 的地区，并将不丹纳入了其势力范围。1910 年 1 月，英国同不丹签订《普那卡条约》，规定不丹对外关系接受英国"指导"，而作为回报，英国每年向不丹提供一定数额的补助金。可以说，从 1865 年到 1947 年印度独立，英国一直"指导"着不丹的对内对外事务。英国殖民体系溃败后，印度填补了英国留下的权力真空，并"理所当然"地将不丹视为自己的后院。1949 年 8 月，印度与不丹签订了《永久和平与友好条约》，规定"印度政府承诺不干涉不丹的内政，不丹政府则同意在对外关系上接受印度政府的指导"。这使印度政府在实质上承担了英国原先在不丹对外关系中的角色（杨晓萍，2012）。

中国与不丹有着悠久的历史关系，当地民众的主体就是藏裔人群，其宗教、风俗、语言文字、历法等历史文化都与藏族文化同源。在 1959 年之前，不丹在拉萨、帕里等地都驻有"洛基"①。

20 世纪 70 年代后，出于减轻在外交上对印度"过分依赖"的考虑，不丹重启了与中国的友好交往进程。中国与不丹虽然尚未建立正式外交关系，但双方一直保持着良好的交往关系，中国在边境一线建立了数个接待不丹商人的边贸市场，大量不丹边民进入中国境内从事贸易活动。1971 年，不丹投票赞成恢复中国在联合国的合法席位。1979 年起，两国领导人每年均互致国庆贺电。在涉台、涉藏等重大问题上，不丹也一贯在国际上坚定支持中方立场。随着中不两国不同层面交往的增多，以及同时期中印关系的改善，1981 年，不丹建议双方在合适的时候就勘定中不边界谈判。1984 年，中不双方正式启动边界问题部长级磋商，这是新中国成立后中不关系上具有分水岭性质的事件，因为 20 世纪 70 年代以前，中不边界问题是被纳入中印边界谈判范围内的。

1998 年，中不两国在第 12 轮边界会谈期间签署了《中华人民共和国政府和不丹王国政府关于在中不边境地区保持和平与安宁的协定》，这是两国第一个政府间协定。1984 ～ 2010 年，中不边界谈判已进行了 19 轮，两国边界基本维持了稳定与安宁，双方也就边界问题取得了不少共识，但至今，两国边界问题仍未彻底解决，其中"印度因素"仍是最重要的掣肘（杨晓萍，2012）。

进入 21 世纪后，中国和不丹的经济、政治和文化关系进一步发展，多边场合成为两国互动的重要渠道。在第 59 届联合国大会、第 60 届联合国大会及 2005 年"亚洲合作对话"外长会议期间，中国外长会见了不丹外交大臣坎杜·旺楚克；2008 年，中国驻印

---

① "洛基"即不丹驻藏代表，"洛"在此指不丹，"基"意为管事，其具体含义为："不丹国王每年派去拉萨向达赖进贡的代表"。"洛基"本是长住帕里的一名不丹大商人，19 世纪末期，不丹国王任命其为"洛基"。"洛基"不再居住帕里，经常来往于拉萨、帕里和不丹间，主要作用除了参加达赖喇嘛葬礼和坐床等重大典礼外，就是接待不丹朝贡或贸易使团；其次是要照顾不丹在西藏西部的宗教"飞地"。清朝末年至民国年间，"洛基"逐渐演变成为不丹常驻西藏的半官方机构。

度大使出席了不丹第五世国王吉格梅·凯萨尔·旺楚克的加冕典礼；2010 年第 16 届南盟峰会上，中国外交部副部长王光亚分别会见了不丹第四世、第五世国王和首相。在双边层面，2000 年和 2004 年，中不两国政府分别就不丹王国在澳门和香港特别行政区保留名誉领事以换文形式达成了协议。在每届北京举行的中不边界问题会谈期间，中国国家领导人总要与不方代表进行友好真诚的会谈。在文化、教育等其他领域的交往上，中不两国间更呈现出强烈的"民间先行"特征。2005 年，中国艺术团首次赴不丹演出并获成功。2011 年，不丹公主德禅·旺姆·旺楚克赴西藏自治区朝佛（杨晓萍，2012）。

6.2 清代以前中不边境地区贸易与通道的形成

人们对不丹早期的贸易和对外交流情况知之甚少。有研究认为，不丹的河谷地带可能在公元前 2000 年就有人类在此居住（澳大利亚 LonelyPlanet 公司，2019）。但是不丹的贸易情况缺乏记载，其贸易与交流问题只能依赖于极少量的中国西藏与印度的历史文献。

公元 7 世纪以前，不丹地区在尚未形成统一的政权组织、生产力低下的历史过程中，由于物品的缺乏，生活在这一区域的民众会主动寻求和外界的货物交换，这段发展过程应该是中不边境地区贸易的萌芽期。公元 7 世纪，吐蕃极盛时期，不丹成为吐蕃属地，吐蕃在政治、经济、宗教等方面都对不丹产生了辐射性影响，当时修建的众多佛寺、通道延续至今，拉萨成为不丹人心中的圣地，两地联系增强，进入贸易稳定期。

在 13 世纪以前，环喜马拉雅地区的贸易重心主要是西藏和南亚地区的贸易，大部分是自发性的区域商业活动，其中就包括了不丹与我国西藏地区的民间贸易往来。13 世纪以后，中央政府加强了对西藏地区的控制，两地间的联系逐渐增强，中原的货物开始大量进入西藏，这一地区的贸易重心变成中原、西藏和南亚之间的贸易，其贸易物品也变成了茶叶、丝绸等外来产品与羊毛、食盐等传统本土商品。究其两个阶段贸易对象和货物品类的变化原因，主要与西藏和中原地区的关系变化紧密相关。在元明以前中原对西藏地方的联系较为松散，而元明以后，国内经济中心东移南迁，西部地区的重要性开始凸显，西藏与中原的一体性增强，川藏线上的中原与南亚之间的贸易来往大大增加。

6.2.1 吐蕃时期的交流与贸易通道

中不边境地区地处喜马拉雅区域，地势较高，不便通行，故人们通常会认为历史时期中不两地间联系甚少。其实不然，不丹地势东北高西南低，西南部的低洼河谷地带早已有人类居住，从山谷之间穿行较为容易。有研究表明，不丹海拔最低的玛纳斯河谷曾经是印度和中国西藏之间重要的迁徙和商贸路线（澳大利亚 LonelyPlanet 公司，2019）。

祖拉陈瓦所著的《贤者喜宴》记载："（吐蕃）……东方之咱米（党项）兴米，南方之'珞'与'门',西方之象雄及突厥,北方之霍尔及回纥等均被收为属民之中"(巴卧·祖拉陈瓦,2010)。其中的"门",即指包括不丹在内的门隅地区,不丹地区可能已成为其属地。不丹和我国明确的交流最早见于《隋书》记载:"附国南有薄缘夷……大业中来朝贡"[①]。据郑天挺先生《〈隋书·西域传〉薄缘夷之地望与对音》根据对音与其他文献中的方位情况进行研究,认为薄缘夷之名即为今日不丹(郑天挺,1946)。这说明在隋朝大业年间(公元605～617年),不丹可能与我国就有了朝贡往来。

在中国西藏与不丹交界的地区,由于受到地势的限制,双方交流需要翻越喜马拉雅山区,大规模的通行很是困难。只有在夏季积雪融化的山口、山谷地带,才可能顺畅地通行。即使这样,吐蕃也利用这些道路,不断加强经济文化往来。松赞干布在统一西藏后,十分重视交通线路的发展,他按照"百里一驿"建立驿传制度,拓展四方对外通道,不断强化与东面唐朝的联系。这一东向发展趋势,为周边地形环境所决定,标志着吐蕃文明始终不断地在向其东部的中原文明倾斜和靠拢(石硕,1992)。在这一时期,吐蕃形成了"拉杰凯杰"。"拉杰"指吐蕃对外贸易的八大山口,"凯杰"指的是吐蕃对外的八大商业市场,是附近民众自愿相互交换产品的市场,其中就包括南部门隅(不丹)地区、印度,在这个市场主要进行大米、糜子等商品的贸易(陈崇凯,2008)。在不丹流传已久的莲花生大师降妖伏魔的传说与拉萨大昭寺前的唐蕃会盟碑,也体现了不丹在宗教文化、政治方面与西藏的紧密联系。在不丹贡确松寺发现的吐蕃铜钟是迄今为止最早能证明不丹与历史时期西藏地区有贸易往来的相关实物物证(夏吾卡先,2020)。文物背后蕴藏着深厚的历史与文化价值,为我们提供了该区域与中原汉地在政治、经济和文化上的联系以及和周边地区在交通、贸易等方面的诸多关键线索。公元823年用汉藏两种文字刻成立于大昭寺前的唐蕃会盟碑。其碑文东侧载"是故,南若门巴天竺,西若大食,北若突厥、拔悉蜜等虽均可争胜于疆场,然对圣神赞普之强盛威势及公正法令,莫不畏服俯首,彼此欢忻而听命差遣也"(王尧,1980)。其中"门巴"即对门巴族最早的记载,其范围包括不丹在内的门隅地区。茶叶也在这一时期传入吐蕃,茶叶本是一种王室医疗保健品,自茶马贸易发展起来之后,开始大量进入西藏地区,使得普通民众也能够饮茶,并逐渐形成一种全社会的风尚。

就贸易交流发展的阶段而言,吐蕃时期是中不贸易关系的形成期。该时段主要以满足边民生产、生活所需的互市贸易和边境小额贸易为主(扎西和普布次仁,2014)。据《卫藏通志》:"不丹(布噜克巴),藏西南约行月余,其罕诺彦林亲乃红帽之传,天道颇暖,物产与中国相仿。南行月余,即天竺国界。考其地,唐时归顺,赐册印,其文曰'唐师国宝之印'六字"[②]。唐代以后,不丹归顺于唐。王朝赐予的册印,名为"唐师国宝之印"。但具体的朝贡物品、贸易路线仍需进一步地研究。不过可以推测,在双方连通的线路上除了朝贡贸易的交流,民间商业贸易来往继续得以发展。图6.2是贡确松寺铜钟为吐蕃时期中不贸易的重要证明。

---

① (唐)魏徵等:《隋书》卷八十三列传第四十八《西域》,清乾隆武英殿刻本。
② (清)嘉庆《卫藏通志》卷十五《部落》,清光绪浙西村舍刻本。

图6.2　贡确松寺铜钟（夏吾卡先，2020）

6.2.2　元明时期的交流与贸易通道

公元 13 世纪以后，元朝一统后设置宣政院对西藏进行管理，正式将西藏纳入中央政府的管辖中。为了加强对西藏的控制，中原政府在青海进藏沿线设置驿站，对原废弛的驿站进行接济，同时，这一时期，西藏地区的畜牧业继续发展，农业中青稞的产量不断提升。在手工业制造方面，随着西藏和中原的联系日益紧密，中原地区先进的手工业技术传入西藏地区，形成极具特色的民族手工业（陈庆英等，2016）。元代通过数次人口普查，开始在西藏征收税赋和摊派差役。

明朝建立之后，中央政府派遣官员前往西藏地区招抚，任命帕木竹巴政权管理西藏地方事务。他们重视发展社会生产，完善道路和桥梁建设，方便了商贸往来。实行减负的税役政策，与民休息。诸种政策使得农牧业水平不断提升，经济上出现繁荣景象。不过不丹地区民众的生产水平没有多大进步，这是由于长期处于闭塞、艰难的自然环境中，明代门隅、珞隅地区的民众在氏族制度下的生产生活，与此前的年代相比没有根本的飞跃（熊文彬和陈楠，2016）。但是门隅地区还是一定程度上受到了辐射影响，生产关系的演变较为缓慢。

扎西和普布次仁在《西藏边境贸易的历史演进与现实情况分析》的研究显示，明代不丹的商人和尼泊尔、印度商人一道翻越喜马拉雅山，来到集市租赁房屋，用以物易物的形式进行频繁的小额交易，促使西藏地方政府开始有组织地在双方聚居区开辟定点交易，并规定藏、门、珞等民族可以到阿萨姆集市、门隅南部的乌达古里和萨地亚集市、珞瑜的阿龙、潘金、巴昔卡、加斯特伦、东嘎耶果山口等集市进行交换（扎西和普布次仁，2014）。在农产品生产方面，由于该区域内的气候受印度洋湿润气流影响，多种植水稻、玉米、辣椒等物，蔬菜果类也比较丰富（熊文彬和陈楠，2016）。其中关于玉米的传播路线，何炳棣在《美洲作物的引进、传播及其对中国粮食生产的影响》一文通过研究表明玉米的传播路线可能是多线并行的。其中一个可能的路线是通过为西陲设置的茶马市，输入中国内地（何炳棣，1979）。在手工业贸易物品方面，根据《明会典·朝贡》，主要有宗教类、实用类和西藏土特产品，呢料、毛纺织品（氆氇）、佛像、盔甲等金属制作品，以及硼砂、犀角、酥油、牦牛毛等土特产品[1]。其他的诸如瓷器、木碗、纸张、香料、盔甲、腰刀、马鞍等产品的制作，以及金、银、铜、玉石、珊瑚等矿藏的开采和加工也较多（熊文彬和陈楠，2016）。门隅地区的木碗尤其著名，销往周边各地。西藏地区生产较少或者不产的，装饰用品、原料，如玛瑙、琥珀、水晶、象牙、珊瑚、珍珠等原料，则通过商业等各种途径从印度等地区输入（熊文彬和陈楠，2016）。

6.3　清代以来的中不边境地区贸易与通道的发展

不丹在清代除了被称为"不丹（布鲁克巴）"[2]之外，还有"布滩、布坦"等称谓。如《时务通考》称："不丹（布鲁克巴），一名布滩，一作不丹"[3]。《清续文献通考》载："不丹，即布坦"[4]。在藏语中，不丹则被称为"竹巴"。

17 世纪以后，中不边境地区的贸易更加频繁。清朝统一全国，不丹同中国西藏地区的政治交往和贸易交流日益密切。18 世纪初，不丹政权分裂，两派激烈争斗。1730 年，颇罗鼐圆满调解不丹内乱，带领不丹双方代表谒见达赖喇嘛。雍正十二年（公元 1734 年）不丹使者入京，归附清朝。朝廷听取颇罗鼐的建议，和平统一不丹全境。不丹正式成为西藏藩属，确立了宗藩关系，每年定期来拉萨献上贡礼。在这基础上，不丹商人在贸易中得到了很多优惠政策，两地间的经济联系进一步加强。

19 世纪中叶，英军先后侵入尼泊尔、印度、锡金、不丹，侵略了喜马拉雅山区南部的清朝所有藩属国，打开了侵略中国西藏的南大门。列强同时制造其他中国边疆问题，使近代中国出现了严重的边疆危机，导致晚清政府对西藏地区的管理逐渐松弛。19 世纪末以后，英国强迫清朝签订一系列不平等条约，亚东、噶大克、江孜先后开关通商。英国人从中攫取通商特权，掠夺西藏地区资源，倾销各类工业产品，削弱了中不边境地区对西藏地区产品的依赖性。

1907 年，不丹的世袭君主制政体建立。1910 年，不丹与英国签订了《普那卡条约》，不丹在外交上接受英国指导，沦为英国的保护国，不丹与中国西藏的宗藩关系彻底解除。此后，英国凭借这些不具有国际法律效力的条约，一方面扩大对中国西藏地方的侵略，另一方面又通过各种方式和手段，胁迫中国政府续议和承认上述不具有法律效力的条

---

① （明）申时行：《明会典》卷一〇八《礼部·朝贡四》，明万历内府刻本。

② 《西藏考》《西藏记》《卫藏图识》《清史稿》中作不丹（布鲁克巴），《卫藏通志》为布噜克巴，《西招图略》二名同用。

③ （清）杞庐主人：《时务通考》卷二《地舆七》，清光绪二十三年点石斋石印本。

④ （清）刘景藻纂：《清续文献通考》卷一百三十九《职官考二十五》，民国景十通本。

约。在英国的唆使下，不丹与中国西藏在达旺地区发生了边界纠纷。因此，在民国时期，中不双方的贸易活动也相对而言走向冷淡。

6.3.1 清代中不边境地区贸易通道发展与变迁

自清朝初期，西藏地方政府开始对中不边境地区的过牧及边境贸易实行征税管理。康熙五十四年（1715 年），西藏地方政府与不丹代表就当桑等地归属进行商议，自迦杰岗至若续、绒曲、藏曲以内归属中国西藏。规定门隅地区除东面的绒多松以外，其余地区三分之二归属中国西藏地区，三分之一归属不丹。此后，驻藏大臣陆续在边界地区建立哨卡、兵营并定期进行边界及边防巡查。1731 年，西藏地方政府成功调解不丹纷争，不丹正式归附大清，经常派遣使者进京献上方物。据《卫藏通志》，不丹（布鲁克巴）法王奏雍正帝的奏折中提及上贡之物为"各色卡契带五条、卡契缎一定、珊瑚串一百零八箇、密腊一串三十六箇、五色花布四定、不丹（布鲁克巴）布二十定、卡契小刀一把、银碗一箇"（《西藏研究》编辑部，1982）。18 世纪末，清乾隆派兵解决了廓尔喀在西藏的入侵问题，颁布《钦定藏内善后章程二十九条》，其中对西藏地方与外界的商贸活动进行了规范化的管理，促进了这一地区边贸市场的发展。

清代西藏与不丹之间的贸易处在政府的控制和管理之下，这种贸易本质上是一种特许贸易。这种特许贸易的特点在于各级政府对贸易严格的管控。通过对贸易的管控，控制贸易的方向和规模，进而掌握在经济体系中的主动权。当然，西藏与该地区之间的这种特许贸易也有自身的特点，就其主体来说，藏传佛教寺院以及喇嘛在贸易中占据一定的地位，贸易与宗教的结合不仅能使贸易往来和宗教交流有效配合，还一定程度上巩固了寺院经济和喇嘛在经济体系中的地位（许肖阳，2018）。据乾隆《西藏志》记载，拉萨是西藏地区对外贸易中心点，辐射四方，是通商贸易的重要站点。参与商贸者多为各行各业的人，有官吏和僧侣。有趣的是，细致周到的妇女是主要贸易者，这与中原地区的商贸风俗差异较大。此外，这一区域交易的形式简单直接，商品摆在地上，采取以物易物的传统方式进行交易，输出商品有羊毛、麝香、砂金、红花、橄榄实、鹿茸、紫草、黑白香、氆氇、佛像、硼砂、食盐等（陈观浔，1986）。

我们对一系列历史资料与研究成果进行梳理[①]，发现不丹与中国西藏之间主要形成了两段通道。

一是廷布、帕罗、帕里、江孜、日喀则或拉萨；二是自达旺、错那、泽当、拉萨。

1）廷布—帕罗—帕里—江孜—日喀则或拉萨

这一条路线，主要从不丹首都廷布出发，途经（不丹）帕罗，进入西藏境内，到达帕里。北上前往江孜，这时候有两种选择：一是西行到达札什伦布寺或者向东北通往拉萨城。清代，为了打开西藏贸易市场，掠夺工业原料，东印度公司在 18 世纪末开

---

① 主要参考《西藏志·卫藏通志》《清光绪末年驻藏官员马吉符及其出使不丹记》《中国反对外国侵略干涉西藏地方斗争史》《西藏通史·清代卷上》《西藏札什伦布寺访问记》等文章和著作。

始派人通过不丹（布鲁克巴）进入西藏。1774 年东印度公司秘书乔治·波格尔趁不丹内争同助手哈米尔顿来西藏，孟加拉总督黑斯廷斯交给乔治·波格尔的任务是：①调查西藏的矿产和土特产品。②外国销售到西藏的货物种类。③金、银、麝香的产量。④孟加拉到拉萨的道路以及拉萨附近的道路情况。⑤拉萨政府的税收政策及其风俗习惯等（邓锐龄和冯智，2016）。他们 5 月中旬从加尔各答出发，6 月初到达不丹扎什曲宗（廷布）。在廷布逗留一段时间后，于 10 月初前往中不边境。10 月 16 日到达不丹帕罗宗，10 月 23 日穿越分界线，到达帕里，10 月 27 日到达堆纳，然后再经嘎拉，11 月 3 日到达江孜，11 月 5 日到达白朗，11 月 7 日到达雅鲁藏布江畔，并在南木林行宫拜见班禅喇嘛，最后一同到达札什伦布寺（马克姆，2002）。不过即使波格尔绞尽脑汁，班禅喇嘛始终坚持，西藏属于中国皇帝管辖的一个地方。通过数月的活动，他想要打开西藏贸易的目的落空，波格尔最后只好无奈地写道：中国在西藏的主权是阻止我在所有道路上前进的绊脚石（邓锐龄和冯智，2016）。不过通过这一次的出行，他为东印度公司搜刮了不少不丹与中国西藏地区的情况。此外，他们还注意到不丹作为连通中国西藏与孟加拉的重要枢纽作用，想方设法让不丹允许商人通行（邓锐龄，2004）。乔治·波格尔在日记中记载西藏从不丹进口的商品有大米、熟铁、毛料布和染料茜草，向不丹出口交换这些商品的商品是茶叶和中国内地其他日用品、岩盐、动物毛、绵羊皮和窄幅起绒粗呢等（马克姆，2002）。

1783 年东印度公司又任命 32 岁的中尉特纳为代表，带领达维斯、桑德尔入藏，这一趟的目的仍是谋求与西藏通商，他们走的是波格尔的老路，由加尔各答出发前往不丹，在廷布停留近一月，于 1783 年 9 月到达札什伦布寺（特纳，2004）。这一次的结果不变，他们寻求通商贸易的签约同样被七世班禅拒绝，不过特纳沿途测绘的地图在后来英军入藏的过程中发挥很大作用。此外特纳还整理了一份西藏贸易清单，对于东印度公司开发西藏市场提供了极为有用的情报。

"中国内地在藏销售的商品有锦缎、茶叶、烟草、银锭、朱砂、水银、乐器、貂皮、狐皮，以及各种干果。

西藏销往内地的有金砂、宝石、珍珠、珊瑚、麝香、毛衣、羊皮、孟加拉水獭皮等。西藏从尼泊尔输入银锭、硼砂、金砂等，并用金砂、茶叶、毛衣、盐与不丹换购烟、粗布、米、印度盐、茜草等。

西藏与克什米尔贸易的中转站是拉达克。在那里，克什米尔购入西藏的细羊毛，西藏人购买克什米尔披肩、干果。

英印的商品也经过尼泊尔、不丹销往西藏，有宽幅毛呢（其中黄色和红色最为畅销）、鼻烟盒、嗅烟瓶、刀、剪、眼镜、丁香、肉豆蔻、檀香木、珍珠、绿宝石、蓝宝石、天青石、珊瑚、黑色大理石、琥珀、贝壳、棉布、皮革制品、烟草、靛青与水獭皮等。

从西藏输入英印的商品有砂金、麝香和硼砂"（邓锐龄和冯智，2016）。

后来特纳向黑斯廷斯建议，组织印度商人，满载清单所列出的货物，前往西藏地区，收获丰厚利润。从研究层面来看，这份清单详细记载了西藏地区贸易的整体状况，梳理了中国西藏地区与内地、克什米尔和通过不丹尼泊尔与英印的贸易种类往来，对于我们了解当时的贸易发展情况具有很大的价值。

在1811年，又派出了医生曼宁，从不丹帕罗进入帕里宗与一名赴西藏军官同行，途经嘎拉、江孜、羊卓雍错到达拉萨（马克姆，2002）。

帕里是这条通道上的重要市场。《西藏志》中松筠在"关隘篇"称帕里向西可达定结，向北可达江孜，东接不丹（布鲁克巴）（陈观浔，1986）。帕里是一个重要的边境城市，至于帕里向东如何进入不丹境内，此书提到帕里与不丹相通的两个地方卡隘为哲孟山与哈尔山（陈观浔，1986）。哲孟山应为今则莫拉山。从帕里到不丹的具体通道情况，据中国社会科学院民族研究所中国藏学研究中心社会经济所合编的《西藏的商业与手工业调查研究》，梳理了帕里直达不丹的7条通道，均为山口：

> 其一，则姆拉山口，位于帕里东南约7公里，是通往不丹的重要通道，路面较平，终年可通人畜，直抵不丹的加沙宗等地，据说过去每天有二三十人背大米、青稞等到帕里交换。其二，纠龙山口，位于帕里东北约9公里，路况较好，每年4月至11月，人马均可通行。其三，西隆山口，位于帕里东南约8公里，道路较宽，人畜终年可通行，入不丹境后，向东可达捷卡马嘎，向东南可达哈宗。其四，曲梅岗拉山口，位于帕里东南12公里，可通不丹多吉宗、哈龙等地，不丹商人过此山口者较多。其五，林希山口，位于帕里东北50公里，每年4月至11月可通人畜，为帕里上下桑地区和不丹林希宗人民进行边境贸易的主要通道。其六，雅拉山口，位于帕里东北100公里，是帕里琼桂人和不丹加萨宗人边境贸易的主要通道，冬季雪山封山时不能通行。其七，错慈山口，位于帕里东北约40公里处，1904年英军在此进入，今已被乱石堵塞，通行困难（中国社会科学院民族研究所和中国藏学研究中心社会经济所，2000；李坚尚，1999）。

帕里—拉萨段通道的交易方式大多为零星贸易，主要的进口货物是木材、麻织品、生丝织品、香料、染料和孟加拉英国制的杂货（杨公素，2001）。谢延杰、洛桑群觉也对这一线路的商品贸易内容进行研究，他们在《关于西藏边境贸易情况的历史追朔》一文中称："锡金、不丹的人民也有用米、谷、土产到帕里交换他们必需的盐、茶的悠久传统"（谢延杰和洛桑群觉，1994）。西藏北部地区湖泊众多，"蕴藏着取之不尽的食盐。仅马尔盖茶卡的储量，可供全西藏人食用一万年以上，而该湖仅是藏北众多盐湖中的一个"（李尚坚，1994）。藏北地区的湖盐，分布面广，开采容易，且质量优良，成为藏人换取粮食的交换物。"不丹出口西藏地区的商品中，粮食的比重占一半以上，而粮食中以大米的出口为最大宗。但是，不丹全境的耕地面积极少，相应的种植水稻的面积就更少。因此每年出口到西藏地区的大米的数量远远不能满足西藏地区的需要。而西藏地区进口的大米一般是供应给与不丹交界的帕里、亚东，"帕克哩边地不产稞麦，皆与边外布噜克巴易米度日"（《西藏研究》编辑部，1982）……而亚东"物产除森林繁盛外，田畴无几，年产青稞甚少，居民食粮全待由不丹人输入稻米，及由喀伦堡输入稻米及玉蜀黍，资以生活"（《西藏研究》编辑部，1982）。

此外，不丹输入西藏地区的粮食作物还有黄豆、绿豆等豆类，藏地的红糖也是出自不丹境内，还有当地的水果"甘蔗、橘子、橄榄亦有贩至西藏"（徐丽华，2002）[①]。不丹出口的手工业以丝绸、棉布等纺织品为主。农村每家每户都有一间用于纺织羊毛、蚕丝、棉制品及地毯、卡垫的房间（朱在明等，2004）。这些用当地的土织布机手工织出来的布料，一般宽度不大，而且使用当地的植物染料染色，布料颜色变化多样、图案复杂漂亮。由不丹南部出产的山蚕做成的山蚕绸，质地细而轻，在西藏地区销路很好，一般是富有家族的女性的首选衣料。西藏地区的显贵官员的衣着一般取材于丝绸，显示身份的高贵和家境的富有，而穿戴由不丹的山蚕绸做成的衣物更是身份的象征。不丹妇女不仅有生产棉制品的传统，还善于生产防风、防雨的羊毛制品。不丹产的羊毛毯、氆氇、藏锦、葳毡、藏毯在西藏地区都占有较大的市场[②]。

不丹还生产纸张出口到西藏地区。造纸的原料是木材，生产出的纸张中一部分是用瑞香小灌木纤维制造的，其纸具有淡淡的香气，是西藏地区寺院书写经书等的上选纸张。不丹境内有一些造纸厂，大多使用的原料是树皮，"造纸的程序非常简单而且花费低廉"（特纳，2004）。不丹出口西藏地区的手工业品还有做工精细的金属物品，如男子随身携带的匕首，其刀把上雕有精细复杂的图案，美观大方。除了粮食和手工业品，不丹每年还有少量的木材、药草、香料、颜料出口到西藏地区。

茶是青藏高原不可缺少的饮料。不丹人平时喜欢的酥油茶中所需的茶叶大多是由藏地转运而来的。西藏喝茶的历史可以追溯到吐蕃时期，中原地区的茶传入青藏高原，成为人们日常生活不可或缺的东西。从唐朝开始，就出现了一条历史悠久、道路艰险的茶马道路——川藏茶马古道，"从四川西部重镇雅安出发，经康定、昌都，到西藏拉萨，再到邻国不丹、尼泊尔"（杨绍淮，2005）。十几个世纪以来，茶在这条古老的道路上源源不断地从汉地输入西藏地区，再从西藏地区转销到不丹和尼泊尔等藏文化圈内的国家和地区。英国政府对不丹很感兴趣，其目的是想通过不丹为侵略中国西藏进入内地做准备。19世纪后半叶东印度公司通过不丹为他们的中国贸易寻找了一个跳板，打通不丹—孟加拉的贸易路线主要是为了建立一个更广泛的贸易网络，从中国西藏延伸到内地。19世纪后半叶，英印政府看准西藏地区的每年巨大的茶的需求量，茶叶在西藏地区拥有广阔市场，为了控制茶叶贸易的经济效益，他们推销印茶，力图占领西藏地区市场。"英国殖民者在沿喜马拉雅山南麓的丘陵地带推广植茶，并从我国引进优良茶种和技术以资改良。于是西自库马翁，中经锡金、不丹，东至阿萨姆，沿着这一大片山坡地带，茶园林立，植茶业飞速增长"（杨作山，1997）。受到印茶的冲击，再加上英国殖民者阻挠，使得从西藏地区内输入茶叶的困难加大，不丹境内川茶的进口相对减少。

《西藏志·卫藏通志》也记录了前藏（即拉萨、山南地区）到不丹（布鲁克巴）

[①]　（清）周蔼联：《西藏纪游》，载徐丽华主编：《中国少数民族古籍集成（汉文版）》（九十七册），成都：四川民族出版社，2002年，第367页。

[②]　（清）萧腾麟：《西藏见闻录》，载张羽新主编：《中国藏学汉文历史文献集成》之《中国西藏及甘青川滇藏区方志汇编》（第二册），北京：学苑出版社，2003年。

扎什曲宗（即不丹首都廷布）沿线站点，并描述各站点的人口、田地面积、柴草情况和相距里程等基本情况（《西藏研究》编辑部，1982）。这段线路穿越十七驿站，到达不丹首都廷布，计程 1400 里，而且对于驿站附近的人户、柴草和田亩等也有明确的记录。可以了解到诸如嘎拉、帕尔、香郎等站设施齐备，条件良好，便于为往来旅客提供住宿、补给装备，廷布的出产、家禽等都类于中国等讯息。

这条线路除了沿帕里进入西藏地区外，亚东也是这段路线往来的一个选择。例如，1907 年亚东靖西关同知马吉符出使不丹即取道亚东进入不丹，到达不丹的帕罗，调查不丹近况。返回时取道帕里，返回藏境（房建昌，1994）。

有关亚东到不丹具体的通道情况，中国社会科学院民族研究所和中国藏学研究中心社会经济所合编的《西藏的商业与手工业调查研究》一书总结了亚东直达不丹的通道：亚东有 8 条通往不丹（布鲁克巴）西部的商道，分别经过多勒桥、普松山口、帮噶曲登山口、索杰拉山口、上亚东经古布宗、下司马经丁青岗、下亚东经阿桑、汤拉山口。

> 多勒桥，位于朗马坡，又称不丹桥或阿桑桥，全年可通行，是下亚东人与不丹旦塘、哈宗、巴珠宗等地人民来往的主要通道。
>
> 普松山口，位于上亚东的东面，是不丹卡拉相学、旦塘、哈宗等地人进行边境贸易的主要通道，除了冬季下雪封山外，人马均可通行。
>
> 帮噶曲登山口，位于亚东东边，是一条通往不丹的大道，地势平坦。
>
> 索杰拉山口，位于上亚东的东南几千米处，不通骡马。
>
> 从上亚东朝东南，到古布宗，穿康及山谷，过一山口便到不丹。此路只供人行，不通骡马。
>
> 从下司马向东，经丁青岗，此路没有固定路径，但可进入不丹，不通骡马。
>
> 从下亚东阿桑沿河南下，东行经不丹东阿桑，可达印度之桑地等，但是森林茂密，多猛兽，冬季不通行。
>
> 汤拉山口，从下亚东阿桑南行，经洞朗，进入不丹境内的半汝拉，可达其境内的东阿桑地区（中国社会科学院民族研究所和中国藏学研究中心社会经济所，2000）。

2）达旺—错那—泽当—拉萨段

这一路线位于中不边境东段，主要路线是：自达旺出发，经过错那，泽当等地，到达拉萨。

自达旺到拉萨，沿途经过 23 个驿站，分别是殷岗、珠干、扎木喀尔莫、蒙驼、哥那城、给巴、塘售、色拉萨、由必、拉克张、喀尔干、达拉、噶尔麻拉克罕、必萨独库索、珠克雅休塘、鄂穆布、泽当、独穆达、萨麻野扎巴、哥克尔哈拉、张珠、德庆、拉萨，具体的路线以及各个驿站基本的情况，可见于《西藏志》载：

> 达旺者，不丹之一都府，而又属于达旺河水域之地方之总称也。由此地至西藏之道路，概言之，大半属于山道，然险峻部分甚少，土地高度平均亦不过万二千尺。沿途随处皆有村落，且无薪材、水草缺乏之忧，故此道路既

非若北道常过荒凉无人之境，亦非若北道屡逾断崖绝壁之险，在西藏中可称
最佳之路，但由哥拉城至达旺间，闻由冬至春云深壅道，往来全断。由达旺
经般冈珠干等地之道路，虽有山岭横隔，然尚可行，唯冬季深雪阻路，行旅
最感困难。般冈驿近旁颇多树木，驿站亦在林中。般冈以南之地，总称蒙休尔，
言语风俗与西藏大异。珠干因当往来要冲，拉萨政府设税于此，凡出入之货
物，约以值十抽一征收之。哥那城约三百余户，稍为繁盛，有石迭颇为坚牢。
有温泉数所，温度约华氏九十一度，乃至百七十度，各所不一。由此经给巴
村至塘售驿之路，上高原沿那拉牙母湖畔，湖长六里，广四里，冬季全湖结冰，
塘售驿亦由拉萨派有官吏。此地拔海面一万五千余尺，寒冷异常，闻旅客常
有为风雪冻毙者。此驿尚有通霍尔之一支路，为队商所常往来者也。由塘售
过油必、色拉萨二村落至拉克张，路势倾斜，缓为登跻；土质丰沃，耕地甚多，
人民亦勤稼穑。由此至达拉塘，地势渐高，及一万六千余尺，此地盖为雅兰
河与雅尔藏布河之分水界之一大高原也。野多牛羊，四望成群。设有最大休
憩所，以便旅人止宿。冬季高原全为积雪所覆，寒威凛冽，毛发俱悚。由噶
尔麻拉克罕经珠克雅休塘而至鄂穆布之间，属于雅兰河之水域，道路即贯通
其谷地，寺院村落，散列路旁。地之高度亦大减，在一万一千五百尺乃至
二千尺之间。珠克雅休塘者，大驿也，居民约四百户，有城塞。从珠克雅休
至鄂穆布间，道路极佳，西藏未见其比。泽当与独穆达间，有渡场横断雅尔
藏布河，河面约百五十尺，水深约二十尺，流势甚急。由独穆达经过萨麻野
哥穆巴而至哥克哈尔拉之道路，距雅尔藏布河仅八里。途很平坦，惟细沙委地，
尺进寸退，行步稍觉困难。由哥克哈尔拉至张珠之道路颇良于行，谁以五里
之间，逾越一万六千六百二十尺之山道，真觉崎岖可畏。此地一带地势旷邈，
河流缭绕，景色绝佳。腾格里湖之南，年前唐拉山巍然高竿；其北亦有崇山
峻岭相对峙；东则有雅拉沙穆布之高峰。诸山中最高者达于二万四千余尺，
峰头白雪如冠，千古常戴。由此至德庆间，沿拉萨河之支流，道路势如波状，
高下不地质虽极膏沃，然土人鲜知耕耘之法，开垦之方，委天赋之沃野良
土于荒芜而不治，惜哉！德庆驿人烟稠密，国货略备，于市街外廓之高地
设一城塞，以资防卫。又有一大伽萨，结构壮丽，有三百喇嘛僧居住。由
此至拉萨之道路，横截拉萨河之上流，再经数村落即是（陈观浔，1986）。

　　这些细致而丰富的描述，对于我们了解当时的情况有很大的帮助。达旺至拉萨段
这条通道，总体而言较为适宜边境地区人们的往来通行。但从哥那城到达旺段，正月
至四五月份均大雪封山，阻碍道路，隔绝了人们的往来，两地人民进行贸易的时间自
然要避开这几个月。

　　文中所记载的站名，现今大多难以考证，现对部分可考驿站进行考证。

　　达旺，据《西藏志》记载，达旺者，不丹之一都府（陈观浔，1986）。怀疑其将我
国西藏山南错那市的达旺误认为不丹。通常所说的达旺泛指达旺地区，近 2200 km²。

　　哥那城，据《西藏志》描述，怀疑其中提到的"哥那城"就是西藏山南错那市。

错那市在西藏自治区南部，属山南地区。面积 3.5 万 km²。2020 年人口 1.6 万。辖 1 镇、9 乡。县人民政府驻错那镇。错那，系用汉字译写的藏语地名，意为"湖尖、湖鼻、湖边、湖的前面"。曾译错拉、翠拉、错纳、翠纳、崔纳、满撮纳、们错那、扪错那、扪搓纳。1960 年错那宗与觉拉豁等合并，改设错那县，属山南专区。1970 年属山南地区。

泽当，即今西藏乃东县北，雅鲁藏布江南岸泽当。相传是西藏古代人类发祥地。泽当，藏语意为"猴子玩耍坝、游戏场"。清末辛亥年版《西藏新志》卷上："泽当为前藏都府，在雅鲁藏布江支流雅兰河之右岸。市街繁旺，贸易亦盛"（许光世和蔡晋成，1911）。

德庆，亦称得秦，即今西藏达孜县驻地。清乾隆《卫藏通志》卷四："德庆其地多候馆，往来者恒栖止之，路傍有塘铺"（松筠等，1982）。德庆藏语意为"极乐地、大安"。1960 年与邦堆豁、拉木豁合并设达孜县。

拉萨，即今西藏拉萨市，西藏首府。吐蕃时名热萨，意为"山羊背土"。即以山羊背土建大昭寺之典故而命名。曾译为逻些或逻娑，后演变为拉萨或喇萨，藏语意为"圣地"。自吐蕃松赞干布迁都于此，现为西藏政治、经济、文化中心。1960 年设拉萨市。

般岗、珠干、扎木喀尔莫、蒙驼、给巴、塘售、色拉萨、由必、拉克张、喀尔干、达拉、噶尔麻拉克罕、必萨独库索、珠克雅休塘、鄂穆布、独穆达、萨麻野扎巴、哥克尔哈拉、张珠等处皆不可考。

这一块区域，清代就受到英国人的觊觎。英国人认为：有一个明显的缺口。紧靠不丹东部，一块楔形的西藏领土一直伸到平原，一位英国官员在 1844 年写道："在这里英中两大国的政府⋯⋯有共同的边界；把中国西北省份以及西藏和鞑靼东部的农产品输入英国的领地，这是最近的通道。这块楔形的土地叫作达旺地区，因北面的达旺寺得名，并由达旺寺管辖。居住在这里的部落受西藏文化影响很深，大部信奉佛教。通过这个地方有一条重要商道，英国人就在接近它的南端的乌达古里设立一年一度的集市以鼓励贸易往来。整个达旺地区纵深 60 英里，是属于西藏的。对此英国人从来没有怀疑过，也没有提出过异议"（马克思威尔，1971）。也就是说，从乌达古里—达旺—错那—拉萨，这是英国殖民者认为进入中国内地最便捷的路线，事实也如此。1844 年英国取得印度乌达古里租借权后，通过收买贿赂、挑拨离间等手段进行分裂活动，制造了多次争端。《清文宗实录》咸丰元年·卷五十也注意到了这一情况，对于门隅地区频繁的争端："何以尚敢恃强聚众，不遵传审，是否另有别情？"[①]

1852 年派驻达旺的拉业喜饶扎巴（即格龙土王）等人，受到英帝的诱骗收买后，背叛祖国，妄图在色拉山以南的打隆宗，德让宗宣布独立。后因失败，逃往印度。在这以后，清政府加强了对门隅地区的管控，设立差赋收税点，视察中印边界。同时当地头人及边境村落头人等于 1838 年向西藏地方当局递交保证书，保证不使边界主权丧失。保证书主要内容如下："我下列具名盖章诸人为承奉自愿保证永不变异甘结一式三分事。如所颁布告七条中之第五条所载，吉惹巴惹之土地、百姓从前由外国占据后，每年按规定收缴土地租金五千卢比，今后前去收款人绝不得有对利害不加思考，只图取款到手，

---

① 《清文宗实录》卷五〇，咸丰元年十二月戊戌。

而订立或答应具有非法内容之文件，照对方之意欲摆布等致使边界主权丧失，以招惹纷扰而汉藏官增添麻烦之英情事发生，而应自重其事。由我们达旺寺及边界之巴布（印语先生之意）头人等予以保证"（吴从众，1988）。对于英国的野心西藏地方政府是有防备的，当地人民同样明白自己是中国的百姓，达旺地区是属于中国的领土。

6.3.2　民国时期中不边境地区贸易通道发展与变迁

整体而言，民国时期西藏与英属印度之间贸易的整体特征是：英属印度向西藏输出工业品，输入各种工业原料。西藏地区半殖民化的程度加深，严重影响到中国内地与西藏地区历史时期长久形成的贸易联系，西藏地区经济在一定程度上受英属印度挟制。国民政府也意识到这一问题的严重性："查西藏与边区各省商务关系，在昔本甚密切。由内地入藏之货，如川滇之茶糖，苏杭之绸缎，北平之佛教及法器饰物，江西之瓷器，皆为藏人所乐用；由藏输出之货，如毛皮、麝香、药材等类，销路亦广。商贾贸易甚为繁盛，民族情感因以敦睦。鼎革以还，情势变迁，在藏汉商多数被迫出境，藏商亦裹足不来内地。西藏与边省商务，除茶叶一项尚能源源畅销外，其余货物均被英印垄断。加以频年康藏多事，盗贼充斥，即茶叶一项，销路亦远不如前。影响所及，不但使西藏经济之权操于外人之手，且使边省与西藏关系日渐隔绝"（中国藏学研究中心和中国第二历史档案馆，2005）。这说明当时国民政府就已意识到不仅经济上被削弱联系，政治上也可能出现裂痕。

民国时期在中不边境地区，已形成大小不一的商品市场。大如帕里已经成为交通发达的贸易重镇，吸引了大批从事商业的商人来到此地，这里的贸易种类繁多；小的边境地带，人们自发形成的集市，主要是农牧民的农畜产品和装饰品，采取以物易物的形式，与不丹地区进行贸易交换。手工业方面仍有不丹纸输入的记载："民间个体户产的纸质量较差，且不够需要，每年还有大批不丹纸输入"（李有义等，2003）。民间对纸张的需求量较大，即使使用较差的纸张也空缺不少，看来不丹的纸张销量还不少。入境税收政策进一步发展，早在 18 世纪时，自不丹等地前来的商人入境时就都得抽税。1907 年张荫棠督办藏地，开始征收包括盐、茶、土碱、牛尾、羊毛等五种类商税，后来逐渐增大收税范围。其后又不断制定新的税法，主要分为三类：①进出口税，来自印度、不丹进口，西藏地区输出的特产也要收税。②中国内地进入西藏地区的大部分货物也都要收税。③对小商贩也要进行收税（周伟洲，2016）。民国时期中不边境地区的贸易通道情况据黄慕松的记载："由拉萨帕里，越米咱里山人尼境，到布那克哈（廷布）"[①]。随着英国通过清末签订的一系列不平等条约，开放亚东攫取了通商特权，扩大了对西藏的经济掠夺，英藏贸易不断增加，西藏半殖民化程度逐渐加深。根据《1910—

---

① 黄慕松：《黄慕松奉使入藏册封并致祭达赖大师报告书》，载中国第二历史档案馆，中国藏学中心合编。

1925 年亚东商路藏英（印贸易统计表）》，亚东开关后，15 年的时间，西藏输入的印度商品价值额从 825141 卢比增加到 2793682 卢比，西藏输往印度的商品价值从 956214 卢比增加到 2528579 卢比（陈庆英等，2016）。同时在江孜地区，大量低价收购羊毛，转运到噶伦堡高价售出，攫取高额利润。

6.3.3 新中国成立以来中不边境地区贸易通道发展与变迁

自印度 1949 年 8 月 8 日与不丹签订《永久和平与友好条约》之后，虽然依据条约印度不得干涉不丹的内政，但不丹的外交很大程度上受到印度的影响。然而，现实情况是印度不仅在外交上对不丹有很大制约作用，在政治经济等多方面也对不丹有很大影响。1959 年以前，不丹（布鲁克巴）在拉萨、帕里等地驻有商务代表——"洛基"。1959 年，不丹关闭其与中国边境的通道，当时跨境贸易随即中止，掐断了 20 世纪两地之间所剩不多的互相交往的途径。

20 世纪 60 年代，中不关系有缓和复苏的迹象。政治上，中国开始承认不丹的主权，并且希望与不丹协商边界的划定事宜；经济上，中国有向不丹提供经济援助的意愿。当时的不丹首相多尔吉在谈及中不边界问题时强调："不丹不担心中国会对不丹有任何威胁"。但是，这些措施都遭到了印度的阻挠，印度希望不丹一直处于它的控制之下。随着国内实力的增强，不丹越来越希望摆脱印度的控制、取得外交自主权，同其他国家开展国际关系，从而进一步增强国力。1961 年，皇家政府仅有 1 亿努扎姆资本，在印度的帮助下，开始实行五年计划经济发展，从而结束了自然经济发展状态。同年，国民议会在第 16 次会议上成立了账户与审计委员会，负责监督建设资金的使用情况。1968 年成立了国家银行，使不丹从以物易物时代过渡到了货币交换时代。1971 年不丹加入联合国之后，一直谋求与印度进行协商，希望修改双方于 1949 年签订的《永久和平与友好条约》，将其中不丹外交自主权由印度进行掌控的内容删去，但是印度方面一直对不丹的请求不予理睬。不丹乒乓球队于 1977 年和 1979 年两次访问中国。自 1979 年开始，中不两国领导人均在各自国庆日互致贺电。20 世纪 90 年代以来，虽然中不两国并没有建立正式的外交关系，但是两国之间并非没有官方往来，中不两国在其他领域有着良好的合作。双方之间的民间贸易开始增加，在文化、教育等领域的交往也正在起步。印度的从中作梗一直是中不发展友好关系的一大障碍。自 1995 年开始，不丹顶住西方国家所施加的巨大压力，连续对反华提案投出反对票，反对中国台湾高雄举办 2002 年亚运会的申请，并在 2000 年底 55 届联大上支持中国粉碎"台湾参与联合国"的提案。种种迹象表明，不丹一直在政治上谋求与中国建立正常的外交关系，并表现出友好的态度。1972 年不丹建立了自己的工业体系。进入 20 世纪 80 年代后，不丹积极开展对外贸易并取得了重大进展。

1990 年，不丹皇家政府计划委员会称，当年国内生产总值达 22.25 亿努扎姆（约合 51446 万美元），人均国内生产总值为 4414 努扎姆（约合 1058 万元），国内通货膨胀率为 7.8%。进入 20 世纪 90 年代以后，不丹经济增速加快。1990～2000 年，不丹经济的增长速度平均达到 5.95%，创下历史最高水平。随着现代经济产业的出现，不丹农业生产在国内生产总值中所占比重逐年下降，2002 年农业产值在国内生产总值中所占比重从 20 世纪 60 年代以前的约 60% 下降至 33.8%，工业（包括能源、矿业和建筑）在国内生产总值中所占的比重却逐年增加，电力和旅游业成为不丹外汇收入的重要来源，2003 年度的旅游收入达到 6047 万元。此外文教卫生、外贸、商业、银行、通信、交通运输在国内生产总值中所占比重都有较大增长。2003 年，不丹 GDP 较上年度增加 7.7%，达到 246.5 亿努扎姆（约合 39.09 亿元）。2007 年，不丹与印度之间签订了《不印友好条约》，终于删除了 1949 年《永久和平与友好条约》中"印度控制不丹外交自主权"的内容，不丹获得外交独立权。

不丹的国土面积虽然小，人口不多，但与我国经济的互补性很强，况且毗邻的印度、缅甸和孟加拉国都是人口大国，市场需求非常庞大，随着边境的不断开放，边贸潜力不可估量。如果能进一步改善边境口岸的交通设施，与不丹的贸易量将会大大增加。双边经贸关系自 20 世纪 90 年代以前，由于不丹的严格控制，双边经贸极少，但民间贸易从未中断。90 年代以后双边民间贸易逐年增加，进入 21 世纪以来，中不两国在政治、经济、文化以及国际问题等方面进行了一系列的接触和诸多的合作，两国关系逐渐进入非建交但相对热络的层次。2000 年中国对不丹进出口总额为 1406.6 万元。2001 年约 1152 万元。2013 年，中不贸易额已达到为 12535.1 万元，同比增长 11.5%。2020 年中国与不丹双边货物进出口额为 9834.3 万元。两国的民间贸易交往频繁，不丹输往中国的商品主要是虫草、红景天等高原药材，两国还就冬虫夏草等药材的资源管理与区域贸易合作进行了相关的探讨，并达成了相应的共识。中国出口到不丹的商品大致以毛毯等日用品为主。

如前所述，发展与不丹的边境贸易不仅有助于提高当地居民的收入，如果贸易环境改善，还有可能发展成为中国轻工业产品进入南亚市场的机遇。近年来，中国发展外向型经济取得了显著的成就，但是，通过西南边境特别是西藏边境发展对南亚贸易一直未能取得预期的效果。这种局面的形成受到宏观微观两种因素的影响。宏观因素主要是国际关系层面存在制约性因素，在毗邻中国的南亚国家中，除了尼泊尔与中国保持良好贸易关系外，不丹与中国尚未建立正式外交关系，尽管中国在亚东、康马、洛扎、错那等县（市）都开辟有针对不丹人的贸易市场，欢迎不丹商人前来开展贸易，但是，迄今为止，每年只有少量不丹商人进入中方境内进行贸易，不丹方面仍不允许中国商人出境开展贸易活动。印度虽然拥有庞大的人口数量和巨大的市场，但是，其在一定程度上仍对中国缺乏战略信任，这对开展边境贸易设置了诸多限制。可以说，区域性国际关系改善对边境贸易具有决定性的影响。另外，开展边境贸易的基础设施条件、相应的公共服务等还有明显的不足。比如，不丹与中国西藏的边境贸易都有需要畜驮人、背运输货物的路段，未能最大限度地实现公路运输，势必限制了运输量的扩大，提高了运输成本。相应的跨国金融服务、信用担保服务等尚未启动，存在一定的交易风险。

6.4 中不边境地区贸易市场及通道的形成

由于高海拔、严寒、多山等自然条件的限制，西藏本身出产的物品很难满足人们的消费需求，因此对外贸易就成为西藏经济生活中不可或缺的组成部分。人们在高山隘口、深邃峡谷中开辟了许多贸易通道。由于喜马拉雅山南北两侧的气候差异，夏季贸易多在西藏一侧，而冬季贸易多在不丹（布鲁克巴）一侧，故而有"夏商""冬商"之分（图6.3）。

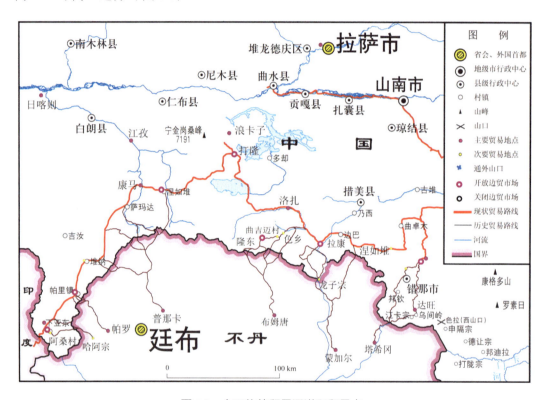

图 6.3　中不传统贸易通道和贸易点

历史上，中不之间的贸易既包括西藏地方政府、不丹王室及所属地方性宗政府参与的官方贸易，也包括大量边民参与的民间贸易。边境贸易不仅满足了双方居民的日常生活所需，同时在双方的宏观经济中占有重要地位，激发了双边地区的经济活力，在边境地区形成了多个贸易点，如自西向东有亚东、帕里、涅如堆、打隆、萨布（后来搬迁到隆东）、拉康、亚马荣等。贸易通道主要有四条：一是帕罗—江孜—日喀则或拉萨，二是普那卡—日喀则或拉萨，三是布姆唐—拉萨，四是塔希冈—拉萨。西藏的畜产品、食盐等特产，以及不丹的竹木制品、大米、颜料等都通过这些市场通道完成交易。

6.4.1　传统边贸市场

1）亚东县

主要的边贸市场有亚东市场、帕里市场，民众常去的市场为不丹境内的信格卡勒昔。

主要山口、通道为则莫拉山口、纠龙山口、西隆山口、曲梅岗拉山口、岭昔山口、雅拉山口、错惹山。

历史上，亚东县境内的边民与不丹、锡金的边民小额贸易往来不断。20 世纪 50 年代至 60 年代，以土畜产品交易为主，70 ～ 80 年代，主要以布匹、红米、活畜交易为主。20 世纪 80 年代改革开放后，物资供应充足，交换的商品有小家电、红米、首饰等各种产品，交易地点主要集中在帕里镇和下亚东乡的阿桑村以及堆纳（西藏自治区地方志编纂委员会和西藏自治区亚东县地方志编纂委员会，2013）。1989 年，不丹边民和商人进入亚东进行小额贸易共计 2100 起、2900 人次，贸易总额为 160 多万元（西藏自治区地方志编纂委员会和西藏自治区亚东县地方志编纂委员会，2013）。20 世纪 90 年代，每年到亚东经商的不丹边民近 5000 人次，民间互市贸易额达 360 多万元（西藏自治区地方志编纂委员会和西藏自治区亚东县地方志编纂委员会，2013）。不丹马帮进入亚东县贸易有两条路线：夏天走北线到帕里镇；冬天走南线到下亚东乡阿桑村。到 2000 年，亚东县共有传统性边民互市贸易市场 4 个，中方市场境外相对应市场或地区为：帕里市场对应不丹信格卡勒昔；桑姆市场对应锡金拉卓；阿桑市场对应锡金甘托克和印度噶伦堡；仁青岗市场对应锡金甘托克和印度噶伦堡（西藏自治区地方志编纂委员会和西藏自治区亚东县地方志编纂委员会，2013）。

清代西藏地方征收的商业税主要分为"削差"和"冲差"两种。关税卡又分为羊毛卡、盐卡、茶叶卡等，专门征收羊毛税、盐税、茶叶税等。关卡主要设在帕里，共有 36 个税卡。西藏地方税卡大都实行包税制度，即税卡每年按规定的数额向政府交税，所余的税款作为征税人员报酬等开支。光绪二十年（公元 1894 年，藏历第十五饶迥木马年）清中央政府在亚东设卡后，西藏地方政府在帕里等地的"雪康"（税卡）派"雪巴"（税官），均按惯例征收关税和过路税。民国二年（公元 1913 年，藏历第十五饶迥水牛年）亚东关关闭后，西藏地方政府在亚东春丕继续设卡，检查进出口货物，在帕里设卡，收缴税款。西藏地方政府对羊毛、牛尾等进出口特殊商品管制较严。民国三年（公元 1914 年，藏历第十五饶迥木虎年）地方政府规定，尼泊尔商人经帕里出口上述货物，必须提前 10 天提出申请，办理许可证。西藏进口香烟、汽油等由邦达昌等大商户专营（西藏自治区地方志编纂委员会和西藏自治区亚东县地方志编纂委员会，2013）。在有传统与不丹、锡金等边民进行盐粮交换的帕里等地，每到边民交换季节亚东卓木总管和帕里宗官员也会到交换地点征收税收。

帕里，旧译为帕克里，清代文献中亦有称帕克哩。位于西藏自治区日喀则地区亚东县中部，为半农半牧镇，是著名的交通枢纽，有"世界高原第一镇"之称，自古为藏南军事重镇，也是传统上中国西藏与不丹以及孟加拉平原地区进行贸易的重要地点，距离传统边境线 5 km 左右。民主改革之前，为帕里宗驻地，1960 年始建帕里区，1964 年改设帕里镇。距离县城 50 km，面积 425 km²，平均海拔 4360 m。拉亚公路由镇中心穿境而过，交通、战略地位十分重要。经济以牧业为主，兼营农业和副业，盛产虫草、贝母等多种天然中草药材，主要畜种和农作物有牦牛、绵羊、黄牛与青稞等，帕里牦牛因为个大、体肥、肉质好而享誉内外[①]。帕里镇与不丹仅一山之隔，和不丹的传统边境线长 64 km，对外通道 7 条（则莫拉山口、纠龙山口、西隆山口、曲梅岗拉山口、岭昔山口、雅拉山口、错惹山口）（扎洛，2012），这也是历史上不丹、锡金等王室前往拉萨的主要道路。

交易时间：主要为每年春、夏、秋季，大约有 1000 多人次的不丹商人来到这里。

交易内容：不丹商人带来炒米、手表、草药等货物，来交换热水瓶、胶鞋、布料等日常用品（西藏自治区地方志编纂委员会和西藏自治区亚东县地方志编纂委员会，2013）。帕里是西藏三大盐粮传统交换地（藏语叫"则珠巴"）之一。由此出口的多为盐、羊肉、氆氇，进口的主要是大米。习惯上的交换比价 1 斗盐换 1 斗米。

2）康马县

主要的边贸市场：涅如堆市场，民众默认、常去的市场为不丹拉雅格窝。

主要山口、通道为：瓦姐拉山口、雅拉山口。

自唐朝初年开始，在中国西南地区（主要是云南、四川、西藏），逐渐形成靠人背马驮"以马易茶"的"茶马古道"（分滇藏线、川藏线两路），并延伸入不丹、印度、尼泊尔境内，康马是其中重要的一段，拉萨、江孜、日喀则通往边城亚东直至印度必经康马。因其面向南亚的特殊地理位置，康马历史上不仅有骡马驿道，还建有相应的驿站。元中统元年（公元 1260 年），元世祖忽必烈派员到西藏设立 27 个驿站，其中康马境内就设立了乃宁、萨玛达、嘎拉等驿站，并经过明、清、民国，一直维系到 20 世纪 50 年代。

康马边民与不丹边民贸易交换由来已久，源远流长。1948 年以前，不丹林希宗在每年的藏历六月十五日左右都会派出一些人到康马嘎拉乡一个叫"压荡"（拉木湖下边一块草地）的地方进行实物交换。1948 年，康马百姓反抗乌拉差役，才断绝彼此间的贸易往来。河东乡也有与不丹边民交换的习惯（每年藏历四月十四日至十月），主要是进口木料，1959 年中断（西藏自治区康马县地方志编纂委员会，2017）。1964 年 11 月，不丹边民又开始到康马的打惹、萨玛达、孟则、金桂四乡进行以物易物的边贸活动，恢复了曾一度中断的中不边境贸易。交换的物资主要有竹制品、染料、大米、木料、毛皮等。康马与不丹习惯性小额贸易的地点有六处，即原涅如区乃隆公社的吕村；原河东公社的热果村、雄章村、打惹村；原萨玛达区孟扎公社一处；原嘎拉区琼桂公社一处。据不完全统计，1968～1977 年，共有不丹边民 257 人到康马进行小额边境贸易，贸易次数达 101 起，他们用大米、染料、布匹等商品，与康马边民交换羊毛、肉食等物资（西藏自治区康马县地方志编纂委员会，2017）。1976 年 7 月 15 日，经自治区革委会同意，撤销孟扎村边境小额贸易交换点。落实生产责任制以后，随着物资的不断

_____

① 据团队 2020 年"第二次青藏高原科考座谈会议"会议资料与实地考察结论所得，参会与考察人员：亚东县政府部门相关人员，阎建忠、程先等，会议地点：帕里镇，会议与考察时间：2020 年 9 月 1 日。

丰富，边境贸易一度中断，每年仅有零星的不丹商人到本县交换。

涅如堆的藏语意为"深沟的上游"，该乡位于康马县东部，全乡平均海拔 4486 m，南与不丹接壤，东与山南地区浪卡子县相连，西靠康马镇、萨玛达乡，北接涅如麦乡。乡政府驻地乃村，距县城 18 km，距离边境线的直线距离为 30 多千米，全乡面积 1600 km^2，约占全县总面积的四分之一，耕地面积 3.48 km^2，主要种植青稞、油菜等，草场面积 1026.67 km^2，乡境内卓日拉康峰海拔 7208 m，是康马县面积最大、海拔最高的乡。

涅如堆边贸物资交流会：1993 年藏历 6 月 15 日（7 月 23 日），康马县人民政府搭台在涅如堆乡举行"边境贸易物资交流会"。参加边贸会群众和各地商户 4000 余人，其中不丹商人 40 人，商品种类有藏被、毛毯、褥子、藏式家具、虫草、贝母、羊肉、牛肉等 1000 余种，日成交额达 15 万元左右，"边贸物交会"一般持续一周左右时间。自 1994 年开始，边贸会由涅如堆乡政府主办，至 2000 年各地商人和群众共有 38425 人参加，其中不丹商人 525 人，成交额达 1208 万元。销售产品包括藏被、毛毯、褥子、藏式家具、虫草、贝母、羊肉、牛肉等，其中不丹商品以虫草为主，有少量的干果（西藏自治区康马县地方志编纂委员会，2017）。

2014 年开始，"边贸物交会"由康马县政府举办，交易地点设在涅如堆乡政府旁边的涅如边贸市场。2018 年，参与边贸会的群众和各地商人有 2 万～3 万人，销售帐篷有 150 多顶，其中不丹商人 120 人，交易额达 983 万元。一般是不丹商人用马或骡子等驮运货物到瓦姐拉山口处，中方乡政府到山口处通砂石路，由中方派车到山口处接货，经过一系列查验过后才能将货物运到中方边贸市场交易。不丹商人过来实际逗留时间为 5～6 天，4 天左右时间参与交易，住宿由中方统一提供，一般设在边贸市场二楼，住宿费为 10 元 / 晚。由于不丹边民到山口处交通不便，交易的商品以虫草和果干为主，一般在 10 斤左右，来中方交换日用百货，买的东西较多时，也会在中方购买牦牛、马、骡子等牲畜来方便驮运[1]（图 6.4）。

图 6.4 康马县涅如边贸市场

---

[1] 据团队 2020 年"第二次青藏高原科考座谈会议"会议资料与实地考察结论所得，参会与考察人员：康马县政府部门相关人员，余燕，张茜茜等，会议地点：康马县政府，会议与考察时间：2020 年 9 月 3 日。

3）浪卡子县

主要的边贸市场：打隆市场。

打隆市场，位于浪卡子县打隆镇，南对不丹，西邻亚东口岸，北面距泽当、拉萨等区内腹心地区很近，交通方便，虽然离边境线较远，但它在传统的商品交换中已形成一个有吸引力的边贸市场（肖怀远和卓扎多基，1994）。

现在打隆镇的物资交流会主要以区内外的客商为主，每年藏历6月22～28日举行，每年的贸易成交额达2000余万元，交易的商品从木碗、酥油桶、藏靴、卡垫、氆氇等民族手工艺品和奶渣、牛羊肉等畜产品，到锅碗瓢盆、鞋袜服装等日用百货一应俱全，达2000多种，涵盖了农牧民生活的衣、食、住、行、购、娱等各个方面[①]。

4）洛扎县

主要的边贸市场：萨布（隆东）市场，民众默认、常去的市场为不丹参巴。

主要山口、通道为：麦拉噶琼拉山口。

位于西藏山南地区洛扎县色乡曲吉迈村，后来搬迁到隆东，是一个传统边贸点。沿色曲河向南，翻越喜马拉雅山的麦拉噶琼拉山，在南坡不丹一侧的参巴（不丹扎西曲林县的一个靠近中国边境的牧区村）也是一个传统贸易点。两地之间往昔以来就设有贸易关卡，双方自由贸易，无任何税收。由于麦拉噶琼拉山海拔5300 m，经常大雪封山，两侧村落距离遥远，大约要两天的路程，因此两地之间无法形成常年的贸易集市。

因为萨布与参巴贸易往来、开市交易的需求甚大，因此，清萨的代表召集各方代表齐集查佩地方，商谈此事，最终在苏鲁菊塘由清萨的代表、夺波宗代表、竹巴方面代表赞栋翁则等形成决议：有关萨布与参巴两地之集市，双方代表一致达成协议，双边各举办4次集市[②]。若因供货不足而不能前往4次，则须由政府适当投放茶、绸缎、盐、羊毛、皮张等物资，应使藏人愿去参加贸易者全部放行。总之，需多方努力使年度4次贸易集市不得中断（扎洛，2012）。一年一度的色乡隆东边贸交易会对于色乡政府，甚至洛扎县政府来说都是一次很重要的活动，自1991年以来从未间断过。

拉康市场，民众默认、常去的市场是不丹龙子宗的古如堆。

主要山口、通道为陆龙山口（俄东桥）、下拉山口、羊窘拉山口、廷拉山口和白玉恰公拉山口。

拉康市场位于洛扎县拉康镇，陆龙山口通向不丹龙子宗的古如堆，途中4天，过22座桥，双方以俄东桥为界，不丹负责修12座桥，拉康负责修10座桥（包括俄东桥），往返需要10天时间。下拉山口通向不丹的开马宗，途中9天，往返18天。拉康镇原有134户，1959年以前大部分以经商为主，普遍参与商业活动。根据拉康村87户的调查：依靠经商或主要依靠经商为生的31户；雇工雇驮子大宗经商的6户；小额经商的12户；为不丹商民开店

---

① 据团队2020年口述资料采访所知。采访对象：浪卡子县政府部门相关人员。采访人员：阎建忠，程先等。采访地点：浪卡子县，采访时间：2020年8月28日。

② 西藏档案馆历史档案：《在洛扎夺宗萨布地方门巴人、竹巴人和藏人一起进行商品贸易的市场每开放四次的布告抄件》，西藏自治区档案馆藏噶厦政府档案外交类——中不（丹）关系，卷宗号略。

的 6 户；为牧区牧民开店的 14 户，共 69 户，占 87 户的 79.3%，其余 18 户，在商业活动期间也都有一定的交易行为。龙子、开马两个宗 44 个村的群众，每年来境贸易时，大都住在这里；每个店接待 7～8 个村的不丹群众，100～120 人（扎洛和敖见，2017）。

交易时间：拉康地区大型商业活动每年有两次，第一次是在藏历十二月初到来年二月初；第二次是藏历六月初到九月初，以洛扎雄曲河枯水季节即冬季为主要贸易时段。第一次贸易有官方贸易，也有不丹边民贸易；第二次贸易主要是边民贸易。官方贸易的主体是西藏的拉康宗和不丹的龙子宗、开马宗，在贸易之前，不丹的龙子宗和开马宗派（古日河上游一地方）代表到拉康和宗本协商，议定交换品种、价格和交换时间，议定之后不丹商人入境。1958 年不丹政府派 20 人，龙子宗派 300 人，开马宗派 70 人，阿西王母（不丹王姐姐）派 400 人，由其代表公嘎那杰、洛本江北、大杰带领来拉康运货交换。拉康宗本垄断经营大米和盐巴两项大宗交易，不许民间交换或买卖。除去官方运货，即是边民运货交换。不丹边民除在第一次官方贸易完了之后交换一部分物资之外，在第二次还有约 70 人左右来拉康运货交换。不丹官方和边民两次来拉康共 860 人，每年平均运货两次，共达 1700 余人次[1]。

拉康到不丹贸易也是官方贸易和边民小额贸易两种。官方贸易，事先由拉康宗本派代表到不丹的龙子宗、开马宗进行商谈，交谈之后，运货交换。1955 年以前每年去不丹两次，第一次去 32 人（15 个岗差和 17 个米拉），第二次去 15 人（15 个岗差），1955 年以后因为不丹来拉康物资增多，每年只去一次。边民小额贸易没有统一组织，即是边民自由交换。拉康乡有 69 户、119 人经常去不丹贸易，有的人去一次，有的人去两次，每年约达 260 余人次[2]。

根据中国社会科学院近代史研究所研究员扎洛对洛扎县的实地调研，拉康离不丹（当地人仍用传统称呼——竹巴）比较近，30 多千米，自古以来就有相互贸易的传统，贸易往来的通道就是洛扎河谷。夏天雪山消融，河水汹涌，河谷无法通行；秋冬季节，河水水位较低，双方在各自境内的河上架桥。据说要在河上架 22 座木桥，中方由拉康宗宗本负责，下令给某村，村里组织有经验的人开始架桥。所有的桥架成后，砍一棵大树顺流而下，那边的人看到大树信号就知道桥已经架好，可以来往了，当时架桥比较矮，春天涨水就冲毁了，来年秋天得重新架桥。双方无固定的贸易市场，交易的商品主要是：中方为氆氇、帽子、鱼干、牛油等，不方为不丹特产木碗、木盒、茜草等。不丹人来中方从事贸易的人较多，冬天有一二百人过来，都是租住在中方居民家里。中方有几个大的生意人与不丹人有合作关系，有的人一个冬天会多次往来两地。拉康镇上面的卡九寺也经营贸易，僧人们有时直接去印度阿萨姆进货，如绸缎、布料等。

---

[1]　据团队 2020 年"第二次青藏高原科考座谈会议"会议资料与实地考察结论所得，参会与考察人员：康马县政府部门相关人员，余燕、张茜茜等，会议地点：康马县政府，会议与考察时间：2020 年 9 月 3 日。

[2]　据团队 2020 年"第二次青藏高原科考座谈会议"会议资料与实地考察结论所得，参会与考察人员：康马县政府部门相关人员，余燕、张茜茜等，会议地点：康马县政府，会议与考察时间：2020 年 9 月 3 日。

拉康镇居民也通过各种方式参与边境贸易，以增加家庭收入。例如，拉康居民为不丹边民开设旅店的有 6 户，不丹的龙子、开马两个宗所属 44 个村的商户前来贸易时大都住在这些旅店里；有 14 户家庭为西藏腹心地带的牧民开商店，成为商业代理人；还有的家庭参与货物运输，获取运输报酬。边境贸易不仅影响到边境地区居民的生产生活，构成了他们经济生活的重要组成部分，同时，边贸还显示出巨大的辐射能力。根据有关拉康边贸的调查，拉康宗所属的杜如村并非边贸地点，但村民与不丹商人往来频繁，"大部分群众均与不丹商人有过买卖关系，全乡有 13 户是常到不丹经商，每年要去二三次"。每年前来拉康参加集市贸易的人员中将近一半来自浪卡子县、措美县等县。出口的商票品主要是盐巴、青稞、氆氇、羊油、肉类、羊皮等，主要也来自腹心县份。据统计，每年从腹心县份运来拉康的货物达 11 万余斤，价值 12 万余元，其中出口 7 万余斤。特别是其中的大宗商品比如上万斤的羊油、干鱼、羊毛等都来自浪卡子县羊卓雍湖等地。而自不丹进口的商品则多数销往西藏腹心地带，成为很受欢迎的稀缺物品。

贸易内容：拉康到不丹的贸易，据调查，1958 年从不丹进口的物资种类和数量大致如下：大米 1500 斤，干辣椒 7000 斤，玉米 1000 斤，青辣椒 150 斤，红颜料（草本植物）3200 斤，红糖 3500 斤，橘子 7000 斤，梨 700 斤，纸 1800 张，铁犁 300 块，铁锅 50 个，酥油盒 60 个，茶叶 560 斤，不丹布 75 匹，木碗 240 个，高粱 20 斤，黄豆 20 斤，干蘑菇 30 斤，葡萄干 10 斤，胡椒 10 斤，竹筛席 40 个，竹篓 80 个。另外，还有生猪、猪肉、鸡、酒、生姜、口袋、腿布、腰带等小量物资，计 30 余种，物资量达 71000 余 kg，计值 3 万元左右。向不丹出口的物资主要有：氆氇 2000 卷，藏被 400 条，牛羊肉 7000 斤，羊油 10000 斤，羊皮 10000 张，干鱼 7000 斤，奶渣干 3500 斤，盐巴 2000 斤，卡垫 10 个，马垫 40 个，藏毯 10 个，炒青稞锅 60 个[①]。每年出口物资量和价值，基本和进口物资相等。拉康市场各种商品交易见表 6.1。

表 6.1　拉康市场各种商品兑换交易表

序号	商品	可交换物（即价格）
1	大米 1g	盐巴 1g
2	羊毛 1 张	干辣椒 2g
3	氆氇 1 卷	干辣椒 14g
4	油 3 斤	干辣椒 4g
5	玉米 5g	氆氇 1 卷
6	藏纸 1 条	玉米 2g
7	羊肉 1g	干辣椒 1g
8	藏毯 1 条	玉米 2.3g
9	铁锅 1 个	玉米 0.5g
10	马垫 1 个	玉米 5g
11	红糖 1 斤	羊油 1 斤
12	干鱼 3 条	玉米 1g

① 《洛扎县拉康乡边境小额贸易情况的调查》，1961 年 7 月 14 日。

续表

序号	商品	可交换物（即价格）
13	红颜料 1g	铁锅 2.5 个
14	不丹布 1 匹	氆氇 0.83 卷
15	犁铁 1 块	铁锅 1 个
16	橘子 1 斤	银子 4 两

注：1 斤 =500g；1 两 =50g。

资料来源：扎洛和敖见，2017.

每年前来拉康参加集市贸易的人员中将近一半来自浪卡子县、措美县等县。出口的商品主要是盐巴、青稞、氆氇、羊油、肉类、羊皮等，主要也来自附近县份。据统计，每年运来拉康的货物达 11 万余斤，价值 12 万余元，其中出口 7 万余斤。特别是其中的大宗商品比如上万斤的羊油、干鱼、羊毛等都来自浪卡子县羊卓雍湖等地。而自不丹进口的商品则多数销往西藏腹心地带，成为很受欢迎的稀缺物品。

5）错那市

主要的边贸市场：亚马荣。

亚马荣位于错那附近，那里是一个广阔的高山牧场，地势平坦，牧草茂盛。从"亚马荣"往下不远处便是西藏地区与门隅交会的波拉山，越过山口即到上门隅的勒布沟，往南行越过棒山口可抵达"达旺"，往西可直达不丹。它是连接西藏地区门隅和不丹的交会点。得天独厚的地理环境，使这里成为各族人民进行商贸活动的重要场所，也是远近闻名的商品集散地。

亚马荣市场一年有三个固定的集市日期：藏历五月十五、七月十五和十一月十五，一般为 5～8 天。届时来自西藏腹地、康区、藏北的藏族，来自门隅的门巴族，来自不丹的商人甚至有来自大吉岭、噶伦堡的印度商人，每次有近万人汇聚在亚马荣，举行盛大的物资交流会。西藏地方政府有专门的官员进行集市的管理，在"亚马荣"设有"哲康"[①] 的常设机构，进行大米贸易，并负责征税。征税以征收实物税为主，税率是参加交换物品的十分之一。

门巴族参与交换的物品主要是一些当地出产的土特产品，主要有大米、大豆、辣椒、木碗、木桶、竹筐、藤篾器皿、藏纸、各种药材、染草等。集市上的交易有两种方式：一是用藏币购买；二是以物易物。藏商或其他商人同门巴族的大宗物资交易主要是以物易物小量交易使用藏币，而一般群众之间的交换则都是以物易物。集市上交易十分活跃，购销两旺。门巴族参加集市贸易，主要是为了换回生活必需品，如换回糌粑、食盐、肉类、氆氇、羊毛、衣服及其他各种铁制工具。他们输出的物品则有 20 多种。

门巴族与珞巴、藏族这种长期以来互通有无的交换，形成了门、珞、藏各族人民之间相互依赖的经济关系和密切往来的友好联系。亚马荣市场，今天仍焕发出勃勃生机。它独特的地理环境和优越的自然条件，使它成为门、珞、藏、汉人民之间进行经济交往和同印度、不丹等国人民进行边境贸易的重要集市。

①　哲康，旧时西藏地方政府派驻错那、门隅的财粮机构之一。

345

6.4.2　贸易通道的形成

　　1958 年以前，不丹对西藏的贸易是经由横跨喜马拉雅山脉障壁的大山口运送。由于各省间交恶争吵不休，每一重要商业中心都有穿越边界的路线。并且由于受到自然条件的限制，不丹与中国西藏地区之间往来的通道并不多，到处横亘着雪山峻岭，且较为容易受到季节的影响，这些道路在夏天会遭受洪水的肆虐，冬天会因为大雪封山而中断。例如，帕罗的贸易通道选择通过方便的则莫拉山口前往帕里宗；普那卡商人深入西藏内部的江孜和日喀则时要登上莫河谷地到林希山口；经过莱察瓦到库拉冈利峰东部最常去的路线之一已为布姆唐商人所控制，这里是不丹与中国拉萨市之间的较短路线。

　　直到 20 世纪 50 年代中期，印度同不丹西部大部分的贸易取道西藏的春丕河谷，19 世纪英国对西藏的条约中规定在亚东开辟印度商埠，它成为同印度交易货物的主要市场。从帕罗、廷布和普那卡来的通商大道，同印度与中国西藏地区之间的噶伦堡—拉萨路线在这里相会。通过这些通道，西藏地区输出的产品主要有盐、茶、羊毛、皮张等，不丹输出的产品主要是粮食、手工业品等。西藏地区与不丹之间的贸易通道主要有四条：一是帕罗—江孜—拉萨或日喀则，二是普那卡—拉萨或日喀则，三是布姆唐—拉萨，四是塔希冈—拉萨。

　　1）帕罗—江孜—拉萨或日喀则

　　通道路线：如图 6.5 所示，具体有两段线路：一是自不丹帕罗出发，沿则莫拉山口、帕里、堆纳、康马，此时可折向西北沿江孜、白朗到达日喀则，或是东北经浪卡子抵达拉萨；二是亚东直达不丹西部的通道。

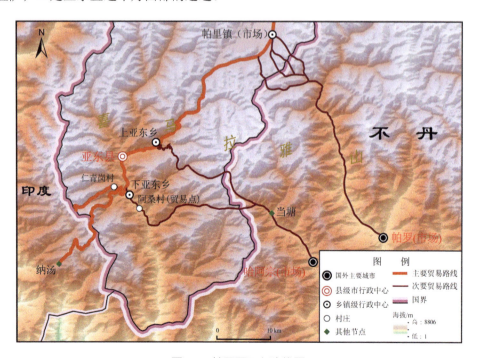

图 6.5　帕罗至亚东路线图

重要站点如下：

帕罗河谷，位于不丹西部，平均海拔 2300 m，谷地面积约 55 km²。该谷地土质肥厚，物产丰富，在帕罗宗以北分为两条支谷，以南延伸至汪河。不丹政府在此建有农场、农艺场和养殖场等。河谷盛产水稻、玉米、小麦、棉花、柑橘、苹果等，是不丹的主要产粮区之一。谷壁温带针叶林茂盛，主要矿产资源为石墨和石灰石等，其中石墨储量达 1500 万 t。谷地交通较为发达，帕罗市位于谷地中央，与廷布、都基宗、契卡、哈宗等均有公路相通。不丹皇家政府在帕罗宗建有民族博物馆、师范学院等，国内第一个飞机场（于 1990 年扩建为不丹的唯一国际机场）也建在这里。帕罗河谷在历史上是不丹的权力中心，对不丹历史产生过重大影响。帕罗河谷是不丹最美丽的河谷之一，同时也是不丹的宗教和旅游胜地。著名的帕罗宗、都基宗、仁蓬宗均坐落在谷内。在廷布未成为不丹首都之前，不丹国民议会常常在仁蓬宗举行。都基宗建于 1639 年，距今已有 300 多年历史，由纳旺·纳姆加尔法王设计并建造。位于该谷地的克楚寺为中国唐代西藏王松赞干布所修建，克楚寺一直是不丹古老而著名的寺庙之一，也是不丹朝圣者的圣地（朱在明等，1999）。

帕罗，不丹西部重镇，作为不丹连接世界的枢纽，和我国西藏也有悠久的人文和商贸联系。基于地理位置的优势，帕罗成为喜马拉雅东部重要的贸易中心，北面与中国西藏的一个重要的商业城镇帕里相连，南部与孟加拉国朗布尔相连。关于帕罗在喜马拉雅贸易中的区位优势，伊登（Eden）这样描述："帕罗应该是东部最大的城市之一；它坐落在一个完全平坦的平原上，从低矮的国家很容易到达，只有两条很好的路连通西藏的一个主要贸易市场，它应该是西藏、鞑靼和印度贸易的转口港"。由于这些优势，帕罗的市场上出现了大量的大型仓库，包括各种进口产品，如阔布、棉花、餐具、大米、珊瑚、茶、香料、皮革等和其他欧洲制造制品，连同岩盐、麝香、金银、硼砂和丝绸。

帕里镇，位于喜马拉雅山脉南部一片开阔的草滩上，西藏民主改革前帕里镇为帕里宗驻地，1964 年改设帕里镇，扼守亚东峡谷，俯瞰孟加拉平原，自古为藏南军事要塞，是日喀则地区边境重镇之一，处于交通枢纽地位，距亚东县城治地下司马镇西部 50 km 处，日亚公路即 204 省道穿过帕里镇中间。帕里镇与不丹仅一山之隔，帕里经过桑珠曲林—扎托根巴—谷区贡—觉目拉日均可至不丹，在巴桑卡有 4 个山口均可来往于不丹和帕里之间。通不丹的山口离群山环抱中的帕里最近的只有几千米，有不少不丹边民连看病都选择骑马走一天的路到帕里来。帕里镇海拔 4360 m，以"世界最高镇"而著称，正在打造高原第一镇新貌，街道两边是修葺一新的两层建筑物，街面卫生清洁，街灯整齐新颖。

帕里在历史上是与不丹进行商贸的地点，从日喀则市出发，经过白朗县、江孜县、康马县到亚东县下司马镇这一线，是历史上的中印贸易通道。中国和不丹之间的民间小额贸易十分兴盛，贸易认同与贸易实践并未因中国和不丹两国尚未建交的事实而受到影响[1]。

---

[1]　据团队 2020 年"第二次青藏高原科考座谈会议"会议资料与实地考察结论所得，参会与考察人员：亚东县政府部门相关人员，阎建忠、程先等，会议地点：帕里镇，会议与考察时间：2020 年 9 月 1 日。

　　帕里是西藏三大盐粮传统交换地（藏语叫"则珠巴"）之一。夏季时节，常由不丹的巴竹宗经则莫拉山口进入帕里；冬天的贸易来往自元代便开始，从不丹经麦拉呼穷山口到邓后，而通洛扎（肖怀远和卓扎多基，1994）。1962 年 11 月，中印边境冲突后，帕里口岸关闭，中不边境贸易随即中断，各有关机构相继撤销。不过在 20 世纪 70 年代以后，帕里边境的民间贸易也一直在进行。边境贸易主要是对不丹与锡金，进口大米、面粉、蔬菜、水果、猪肉等，从不丹进口的纸张，一律要卖给季朱巴。不丹进口的纸张质量较佳，据说主要用于印制藏币；出口商品主要是茶叶、食盐、日常生活用品、牛羊肉等。每年进出国境进行小额贸易交换的人在 70 人左右，入境 20 多人，出境 50 多人（西藏自治区地方志编纂委员会和西藏自治区亚东县地方志编纂委员会，2013）。近年来，随着中国经济科技的快速发展，西藏群众的生活水平也有了明显的提高，西藏边民的许多日用工业品都对不丹边民有很大的吸引力。许多中国商品都很受不丹人的欢迎，如胶鞋、水壶、电子表、彩电、冰箱等。现在，不丹商人到帕里镇做生意，只要在镇上公安部门办理简单的手续即可。每年春、夏、秋季，大约有 1000 多人次的不丹商人来到这里，不丹商人带来了炒米、手表、草药等货物，来交换热水瓶、胶鞋、布料等日常用品（西藏自治区地方志编纂委员会和西藏自治区亚东县地方志编纂委员会，2013）。

　　有关不丹商人在帕里的贸易模式，西藏方面制定了称为"飞鸟归巢"的管理制度，即不丹商人必须与帕里居民形成固定的联系。不丹商人在滞留帕里期间，必须居住、生活在固定的帕里居民家中，同时由帕里居民提供生活服务和安全保障，包括雇备驮运的牲口等；而不丹商人则向落脚住户支付报酬——"打勒"[①]对从不丹往帕里进口的货物，西藏地方另设"哲康"进行管理，设在靠近不丹边境桑木、聂如。由于帕里与不丹的联系密切，过去不丹政府在帕里派驻一位代表，其职能有二：一是帕里宗会审藏民与不丹人之间的纠纷；二是代表不丹巴珠宗的南加寺在帕里采购食盐、肉类，并将南加寺出产的大米、糌粑等出售（中国社会科学院民族研究所和中国藏学研究中心社会经济所，2000）。

　　亚东居民与不丹、锡金居民之间的边境小额贸易可分为两类，一是边民之间的互通有无，互相交换其生活必需品，物物交换；一是边境小商的贩运。但无论哪一种，其数额有限，均是人们生活必需品，如粮食、盐巴、衣服、水果、家庭用品等，这些交换的商品主要通过人工背负运输（中国社会科学院民族研究所和中国藏学研究中心社会经济所，2000）。

　　据 1960 年统计，多年定居于亚东的外侨共 17 人，其中尼泊尔人 12 名，不丹人 2 名，锡金人 2 名，拉达克人 1 名。他们多与藏族通婚，并占有生产资料，因而混血儿较多。据不完全统计，亚东共有 109 名混血儿，其中藏族与印度混血儿 17 人，藏人与锡金混血儿 14 人，藏族与不丹混血儿 13 人，藏族与尼泊尔混血儿 65 人（中国社会科学院民族研究所和中国藏学研究中心社会经济所，2000）。

---

　　① 所谓"打勒"，原指运输费用，后来引申为劳动付给的报偿，其征收以人数和货物的多少来计量，计算体积（斗量）之物如粮食类，计算数量之物如水果、劳动工具类等各有标准。

2）普那卡—日喀则或拉萨

这条路线见于曾继仪《西藏地理讲义》：自不丹入藏之路有数道。一自首府塔思苏丹[①] 东北行，经普奈楷（一作布那喀）[②]，乃正北行。经穿宁沙古马辛葛力逾山。分二道，东北经春堆入拉萨，西北经江孜通札什伦布[③]。不过据笔者遍查史料，未见此路通行状况。这条路线可能为小规模贸易而形成的通道，主要是双方边境民众进行的货物交换[④]。

沿线站点情况如下（图 6.6）。

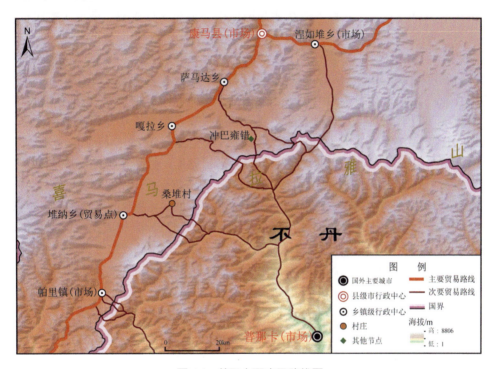

图 6.6　普那卡至康马路线图

普那卡河谷，位于廷布宗以东，平均海拔约 2000 m。谷地平坦开阔，气候温和，谷地较低处为亚热带松林所覆盖，较高处（海拔 3000 m 以上）为温带常绿栎林。河谷盛产水稻、小麦、玉米、豆类、棉花以及多种水果和蔬菜。不丹著名的古都——普那卡宗位于谷地中央，稍北分两条支谷颇河和莫河延伸，宗以南与旺堆颇章谷地相连。谷地风景优美，气候宜人。1955 年以前，普那卡为不丹的首都，现亦有"冬都"之称，仍是不丹最高的宗教领袖基堪布的东宫。在每年的 10 月 1 日（不丹历），基堪布总要

---

① 指廷布。

② 即普那卡。

③ 曾继仪编辑：《西藏地理讲义》，载徐丽华主编：《中国少数民族古籍集成（汉文版）》（九十七册），成都：四川民族出版社，2002 年，第 147 页。

④ 《1616 年至 1959 年的不丹与中国西藏关系史研究》中引用这段路线，并在其后补充道"1774 年英国人波格尔经由不丹到达扎什伦布寺和 1784 年塞缪尔·特纳经由不丹到达日喀则所走的都是这一条路（周娟，2007）。"实际上波格尔和特纳均由不丹到达帕里，再北上，应和此段路线无关。

率领中央寺院僧人从夏宫扎西却宗搬迁到普那卡过冬，在翌年的 5 月 1 日，又从普那卡搬回扎西却宗（朱在明等，1999）。

林西拉山口，其是不丹普那卡至西藏江孜、日喀则的重要通道（杨志华等，1991），海拔约 5300 m。

康马，其是拉萨经江孜前往不丹、印度的重要通道。在康马接近江孜的南尼乡，有一座年代久远的南尼寺——"南尼"就是"久远"的意思。1904 年，侵入中国西藏的英国军队从康马北上，西藏人民在康马南尼寺与英军进行血战，展现了藏民抵抗侵略的决心与勇气。

江孜，一作季阳则，盖季阳同江，则同孜，为译音之异也。城在日喀则东南年楚河之畔河谷内，海拔较高，河谷的最低海拔约 4010 m，城北稍高大约 4050 m。东至拉萨约 250 km，西去日喀则城约 150 km，南达亚东约 180 km，扼藏境交通之要冲，印度人入藏也多取道于此，故为西藏南部之要隘。清代曾设要塞于年楚河畔的崖壁上，派驻兵 50 名，一武官率之，藏兵 200 名，以二武官统之。于光绪三十二年（1906 年）开埠，"惟贸易以不丹为主，商业地位亚于拉萨、日喀则，而甲于亚东、噶大克，为西藏第三大都会也。输出品多金沙、藏香、麝香等，制造业亦盛，如织物、毛毯、马鞍等，颇称有名"（洪涤尘，1936）。清朝时期，英军侵略西藏地区，遭到西藏军民的英勇抵抗，爆发了江孜保卫战，经过此次大战，江孜遭到了很大破坏，元气大伤。民国初年，康藏战事迭起，交通中断，内地货物多改由海道入藏，英、印、日货物也大量从亚东进口，经由江孜分转各地，拉萨及各地所需日用品都经江孜分别运往。故而江孜又因其区位优势而成为后藏重要的商贸城市，由此得到了较大的发展。为了便于西藏和海内外交流联系，江孜还设立了一所邮电局（何一民，2013）。据 1954 年西藏贸易总公司江孜分公司统计，西藏和平解放江孜共有 99 户商户，资金 29.52 万元，其中坐商 5 户，资金 4.95 万元；行商 14 户，资金 16.57 万元；摊贩 80 户，资金 8 万元（中国社会科学院民族研究所和中国藏学研究中心社会经济所，2000）。江孜是著名的卡垫之乡，这里生产的卡垫早就驰名中外。达龙庙会位于江孜、山南交界处，有拉萨、江孜、日喀则、帕里、亚东、不丹、锡金等地商人，交易品种繁多（陈崇凯，2008）。

3）布姆唐—拉萨

通道路线：如图 6.7 所示，布姆唐（市场）—麦拉噶琼拉山口—色乡（市场）—洛扎县（市场）—边郊乡—拉康镇—边巴乡。

重要站点如下。

布姆唐河谷，位于同萨宗的东北面，平均海拔约 2750 m。该谷宽阔平坦，呈东北—西南走向，土地肥沃，物产丰富，气候较干燥，干旱地段多草甸，间有稀疏落叶松和灌木林。布姆唐宗坐落在这个既辽阔又美丽的河谷里，这里辟有大型农场，面积达 330 hm^2 以上，是不丹的重要粮仓。该河谷放牧条件好，1976 年不丹政府在这里建有绵羊和牦牛饲养场，是不丹的重要牧区之一。布姆唐地区还是不丹的宗教圣地，在不丹的宗教史上占有非常重要的位置（朱在明等，1999）。

不丹东部的布姆唐每年举行两次大型集市活动，吸引了许多藏族民众前来参加。西藏商队运去羊毛、砖茶、食盐和麝香，以交换不丹的大米、纸张和干辣椒。西藏地方政府在邻近不丹的一些地方派驻了收购大米的官员，负责从不丹收购大米。藏族民众历来沿着马纳斯河谷路线，长途跋涉到阿萨姆的高哈蒂附近的庙宇去朝圣①。

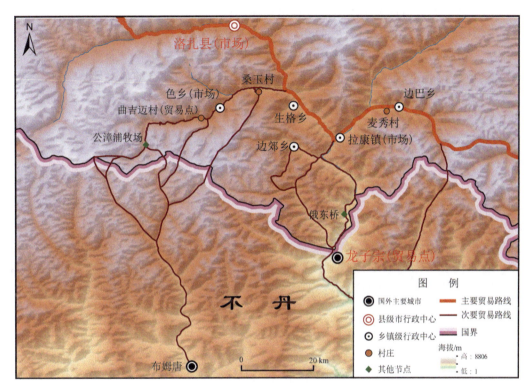

图 6.7　布姆唐至洛扎路线图

　　洛扎，此地区与喜马拉雅山南麓地区的贸易活动可以追溯到吐蕃时期，当时吐蕃国力强大，商业繁荣、边民贸易往来活跃。但是相关的文字记载十分缺乏，无从了解当时的细节。西藏洛扎县与不丹两地以喜马拉雅山脊为界，能够通行的山口并不多。根据中国社会科学院近代史研究所研究员扎洛对洛扎县的实地调研，洛扎县有 11 条道路可通不丹。

　　扎日乡，翻越贡拉噶姆山，从乃村隆布的通布山攀绳可过，牲畜不能通行，贸易货物都是人背为主。

　　色乡，有 5 条通道：翻越岗噶贝松山，人可通行，牲畜不能通行；翻越门拉噶琼山，人畜都可通行；翻越俄巴俄昂山，人可越岭，牲畜不能通行；翻越杂日嘎拉山，人可通行，牲畜比较困难；从桑玉村翻越夺日拉山。

　　拉郊乡，翻越白玛林雪山，人畜都可行。

---

① 据团队 2020 年"第二次青藏高原科考座谈会议"会议资料与实地考察结论所得，参会与考察人员：亚东县政府部门相关人员，阎建忠、程先等，会议地点：帕里镇，会议与考察时间：2020 年 9 月 1 日。

申格乡，从穆村的嘉夏拉，过拉郊乡奇贡拉，人畜都可通行。

拉康镇，有3条通道：从俄东拉，顺洛扎河而下；翻越敏久玛岗拉山口，人畜都可过；翻越贝拉山—敏久玛—岗拉山线路也可通行。

边巴乡，布日村通过错纳县境，也可通往不丹。

历史上，由于民族和宗教的关系，不丹人先是来洛扎朝佛，久而久之，开始以物换物的易货贸易，这反映了经济上的互补性。洛扎的色卡古托寺、卡久寺等寺院，在不丹和印度都有较大影响。每年藏历7月15日，这些寺院举行的盛大佛事活动，吸引了来自洛扎和不丹成千上万的信徒、生意人。

4）塔希冈—拉萨

通道路线：如图6.8所示，（不丹）塔希冈（市场）—达旺（市场）—棒拉山口—亚马荣（市场）—错那市。

1945年，英印政府修通了从不丹塔希冈到西藏门达旺地区的汽车公路，侵占色拉山口以南门隅南部地区的英军继续禁止当地居民和过往商人按传统惯例向西藏地方政府机构缴纳税赋。1945年5月，英属印度阿萨姆邦督秘书米尔斯非法闯到提郎宗，要求当地西藏地方政府官员停止在门达旺地区征收赋税。西藏地方官员坚决表示继续代表中国西藏地方政府按传统惯例在整个门隅地区征收赋税，同时要求英国侵略军退出门隅南部地区，不要干涉西藏地方官员在当地行使征收赋税的主权权力（刁仕军，1996）。

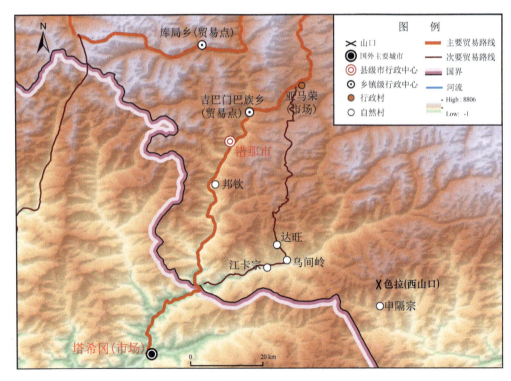

图6.8　塔希冈至错那路线图

不丹东部与西藏地区之间有许多贸易沿着洛布拉克河和多扎姆河往来，还有几条路线是穿过东部边界进入达旺的，其中从达旺有一条交通方便的路线通往西藏地区。洛布拉克谷地的通商旧道通向栋卡以北的山口，这条路线连接西藏 1966 年落成的汽车路，从沙因比起的多扎姆谷地路线是西藏到不丹东部最重要集镇塔希冈的最短路线（卡兰，1980）。

重要站点如下。

塔希冈河谷，其位于不丹的东部，平均海拔 850 m，面积约 100 km²，是不丹海拔最低的河谷之一。谷地呈东北—西南走向，玛纳斯河穿流其间，两岸热带植物茂盛，盛产水果和蚕丝，是不丹热带农作物和水果的主要种植区，手工纺织业亦较发达。1959 年以前，该河谷与中国西藏地区有着广泛的贸易往来，采用以物易物的方式，以大米、玉米、干辣椒、丝绸、油漆等物品换取西藏地区的食盐、羊毛和茶叶等物。东部重镇塔希冈宗和塔希央奇宗坐落在这个河谷，是通往中国西藏门隅地区的交通枢纽，在塔希冈市西南的杨普拉建有一中型机场（朱在明等，1999）。

达旺，是六世达赖仓央嘉措的故乡，门隅地区的宗教、文化中心。达旺属于西藏山南地区的错那市。达旺地区的面积有 2172 km²。门巴族占达旺一大部分的人口，首府达旺城乃六世达赖仓央嘉措的出生地。该地区的主要旅游胜地是五世达赖喇嘛罗桑嘉措主持修建的达旺寺。达旺寺是属于藏传佛教的格鲁派教派。达旺的地势为北高南低，平均海拔 3500 m，有大片的丛林和灌木。达旺地区的中心——达旺镇的面积约 5 km²，达旺河流过该镇的南面。

达旺从西藏高原一直延伸到乌达古里正北方的阿萨姆平原。印度和中国西藏地区之间一条重要的商路就是通过达旺地区，北方的商人下来购买大米，带有白银、砂金、羊毛、食盐、麝香、中国丝绸和牦牛尾巴。1809 年通过达旺的阿萨姆—西藏贸易，估计总值为 20 万卢比（兰姆，1966）。达旺地区自古就是印藏贸易和印不贸易重要的交通通道，在长期的对外交往中，已有数条商道与外界相连：

拉萨—错那—达旺线。这是西藏山南地区与门隅之间的主要交通干线，也是西藏直通印度阿萨姆平原上的乌达古里市镇的重要传统商道。新中国成立前，一般行程是由拉萨乘牛皮船至山南的瓦其渡口或泽当，约 3 日程（日程是按乌拉马站计算）。由扎其乡乘马至错那约 7 日程。由错那宗骑马南行，第一日越甸底拉山，经竹日湖、东南越盖金拉山，经罗布塘草原至宿乌村住宿。宿乌村设有税卡，往来商人必须在此上税后方能通过。第二日东南行须翻过几重小山，如帕马拉山、东果拉山，最高点为密拉山，过此即越过喜马拉雅山主脉，经波扬程南前行，沿着娘江曲河进入达旺河谷，当晚可抵达旺地带。

达旺—塔拉线。第一日由达旺东南行，下坡至门隅中部谷地江村，第二日由江村东南行翻越色拉大山至申隔宗。第三日由申隔宗东南行经雍马洞至李村或赶至德让宗。第四日由德让宗南行至曼达拉山麓（即昂巴达拉山），第五日翻越昂巴达拉山至普冬，第六日由普冬进入所属阿萨姆省达喀拉丁，第七日由达喀拉丁至塔拉，此处即与铁路衔接。此线是每年冬季藏、门、不丹、印度等各路商人赴印境贸易的传统通道。另外，也有少数印商经此线到达旺地区贸易。1960 年，印度公路已修至邦迪拉，由此东行 2 日可至珞瑜之拉干。

达旺—西经墨拉、沙定，可至不丹的扎西岗宗。第一日由达旺村南行下坡至门隅中部之谷地，或赶至宁桑拉山之北麓，第二日越宁桑拉山南行，下至山麓。第三日西南行约半站即抵扎西岗宗。此为不丹、门隅、西藏之交通主道。据达旺居民称，如有重要公事派马差由达旺村赶至扎西岗宗通常 1 日半即可到达。从达旺西经同岭、达巴、鲁拉、邦金、勒布，翻落拉山，可至错那，共 5 日程，为春冬两季通向西藏地区要道。但 1945 年时邦金—勒布段已不能通行牲口。

很早以来，就有一条商路，从娘江曲河谷南下至达旺，再过色拉山口，经德让、邦迪拉，从喜马拉雅山南侧坡脚南下，过卡里阿帕拉等山口，进入布拉马普特拉河平原。乌达古里就是随同这条商路贸易的发展而兴起的边境商业城镇，中国西藏以及云南、四川的商人驮运货物，到这里销售。英属印度兼并阿萨姆后，力图打开对中国西藏的通商门户，在乌达古里等地兴建市场，吸引从西藏地区来的商人，扩大对藏贸易（吕昭义，2014）。

6.5 小结

中不关系历史悠久，通过研究，我们发现了在不丹王国贡确松寺的吐蕃铜钟，具有很大的边疆史学价值与现实意义。它作为不丹境内发现的唯一一件吐蕃时期实物资料和丝绸之路南亚廊道内发现两地间文化交流的重要物证，为我们提供了该区域与中原汉地政治上的联系以及和周边地区在远程交通、贸易等方面的诸多重要线索。不过对于吐蕃时期两地间具体的路线，仍需要发现更多的资料进行考证。可见于史料记载的中不边境贸易通道主要出现在清代以后。我们根据文献内容进行梳理，发现中国和不丹之间具体的贸易通道情况，可见于记载主要为清代以后。在清代，中不地区形成了廷布—帕里—日喀则或拉萨、拉萨—泽当—错那—达旺两段贸易通道，人们通过这些通道进行着密切的商业往来。通过对相关图像和文字资料进行研究，并结合具体的实地考察，我们认为历史时期中国西藏与不丹之间的主要的边贸市场有：亚东县的帕里市场、康马县的涅如堆市场、浪卡子县的打隆市场、洛扎县的萨布（隆东）市场和拉康市场以及错那市的亚马荣市场；贸易通道主要有四条：一是帕罗—江孜—日喀则或拉萨，二是普那卡—拉萨或日喀则，三是布姆唐—拉萨，四是塔希冈—拉萨。这些交通道线不仅是西藏自古以来与不丹联系的纽带，为西藏的社会经济文化发展作出了重要贡献，也是西藏文化影响周边区域的通道，同时这些路线对西藏的安全也产生了重要影响。

总的说来，自然环境、贸易政策、商业利益、双方关系这几个因素是影响中国与不丹边境贸易情况演变的四大因素。由于受到自然条件的限制，不丹与中国西藏地区之间的往来的通道并不多，除了几个山口可以通行外，到处横亘着雪山峻岭，且受季节影响因素较大，这些山口通道在夏天经常受洪水影响，在冬天则频繁因大雪封山而中断。贸易政策方面，清政府加强了对西藏地区的管理和控制，制定了较为规范的贸易规则，双方得以在边境地区进行稳定的贸易交流。在殖民扩张和商业利益的驱使下，从西方传教士进入西藏地区开始，英国政府一直寻求打通至中国内地的陆路通道。他们通过降低商品生产成本，加之修建基础设施，改善道路的通达性，打通喜马拉雅地区的主要传统贸易通道，垄断贸易往来，攫取高额利益，力图将中国西藏地区连入南亚这个大市场。最后，两国关系变化对贸易具有较大的影响。随着 1910 年的《普那卡条约》签订与印度 1949 年 8 月 8 日与不丹签订《永久和平与友好条约》之后，虽然依据条约不得干涉不丹的内政，但不丹的经济、政治和外交等方面很大程度上受到英国、印度的影响。虽然自 20 世纪 80 年代以来，中印关系趋于缓和，传统贸易通道开始恢复，但由于双方战略互信和多段边界争端问题，边境通道恢复和建设缓慢。

　　中国和不丹是山水相连的友好邻居，双方应把握历史发展机遇，积极推动建交进程，早日恢复双边贸易。

参考文献

澳大利亚 LonelyPlanet 公司 . 2019. 不丹 . 2 版 . 陈佳妮，郭翔，译 . 北京：中国地图出版社 .

巴卧·祖拉陈瓦 . 2010. 贤者喜宴 . 北京：中央民族大学出版社 .

陈崇凯 . 2008. 西藏地方经济史 . 兰州：甘肃人民出版社 .

陈观浔 . 1986. 西藏志 . 成都：巴蜀书社 .

陈庆英，张亚莎 . 2016. 西藏通史宋代卷 . 北京：中国藏学出版社 .

陈庆英，张云，熊文彬 . 2016. 西藏通史·元代卷 . 北京：中国藏学出版社 .

崔海亮 . 2017. 民心相通基础上的不丹与中国西藏的经济文化交流 . 西藏民族大学学报（哲学社会科学版），(1): 36-42.

邓锐龄，冯智 . 2016. 西藏通史·清代卷上 . 北京：中国藏学出版社 .

邓锐龄 . 2004. 邓锐龄藏族史论文译文集（上下）. 北京：中国藏学出版社 .

刁仕军 . 1996. 捭阖虎狼：旧中国历次外交战实录 . 保定：河北大学出版社 .

多布杰 . 2012. 中国门巴族 . 银川：宁夏人民出版社 .

房建昌 . 1994. 清光绪末年驻藏官员马吉符及其出使不丹记 . 中国边疆史地研究，(1): 54-64.

房建昌 . 1995. 西藏盐史研究 . 盐业史研究，(1): 28-45.

何炳棣 . 1979. 美洲作物的引进、传播及其对中国粮食生产的影响 . 世界农业，1: 34-41.

何一民 . 2013. 民国时期西藏城市的发展变迁 . 西南民族大学学报（人文社会科学版），(2): 36-45, 246.

拉萨市地方志编纂委员会 . 2009. 拉萨市志·下 . 北京：中国藏学出版社 .

兰姆 A. 1966. 中印边境 . 北京：世界知识出版社 .

李尚坚 . 1994. 盐粮交换及其对西藏社会的影响 . 西藏研究，(1): 47-54.

李晓林 . 2007. 山的那边是不丹：西藏边境纪事之八 . 中国民族，(4): 52-55.

洪涤尘 .1936. 西藏史地大纲 . 南京：正中书局印行 .

李有义 , 等 . 2003. 李有义与藏学研究：李有义教授九十诞辰纪念文集 . 格勒，张江华编 . 北京：中国藏学出版社 .

吕昭义 . 2014. 吕昭义学术文选 . 昆明：云南大学出版社 .

马克姆 . 2002. 叩响雪域高原的门扉乔治•波格尔西藏见闻及托马斯•曼宁拉萨之行纪实 . 张皓，姚乐野，译 . 成都：四川民族出版社 .

马克思威尔 N. 1971. 印度对华战争 . 北京：生活•读书•新知三联书店 .

潘能龙 . 2010. 清代入藏交通与西藏军事安全 . 郑州：郑州大学硕士学位论文 .

卡兰 PP. 1980. 不丹：自然与文化地理 // 马孟超，陈德恩，胡士铎，译 . 杭州：浙江人民出版社 .

松筠，黄沛翘 . 1982. 西藏图考 . 拉萨：西藏人民出版社 .

特纳 S. 2004. 西藏札什伦布寺访问记 . 苏发祥，沈桂萍，译 . 拉萨：西藏人民出版社 .

王鸿余 . 1993. 略论不丹历史的发展 . 南亚研究，（1）：27-34.

王尧 . 1980. 唐蕃会盟碑疏释 . 历史研究，（4）：93-108.

吴从众 . 1988. 英国入侵西藏东南地方史略 . 西藏研究，（3）：35-42.

西藏自治区革命委员会测绘局，西藏军区司令部侦查处 . 1979. 西藏地名资料简编（初稿）》，内部出版 .

西藏自治区康马县地方志编委会 . 2017. 康马县志 . 北京：中国藏学出版社 .

《西藏研究》编辑部 . 1982. 西藏志•卫藏通志 . 拉萨：西藏人民出版社 .

夏吾卡先 . 2020. 不丹王国发现吐蕃铜钟研究：兼论吐蕃钟的形制与文化源流 . 西藏研究，(4): 104-109.

肖怀远，卓扎多基 . 1994. 西藏边贸市场建设与个体私营经济发展 . 拉萨：西藏人民出版社 .

谢延杰，洛桑群觉 . 1994. 关于西藏边境贸易情况的历史追朔 . 西藏大学学报（社会科学版），（3）：48-51.

熊文彬，陈楠 . 2016. 西藏通史•明代卷 . 北京：中国藏学出版社 .

许光世，蔡晋成 . 1911. 西藏新志 . 上海：上海自治编辑社 .

许肖阳 . 2018. 西藏与南亚经济交流的历史与现实 . 南亚与东南亚研究，（4）：64-119.

西藏自治区地方志编纂委员会，西藏自治区亚东县志编纂委员会 . 2013. 亚东县志 . 北京：中国藏学出版社 .

杨公素 . 2001. 中国反对外国侵略干涉西藏地方斗争史 . 北京：中国藏学出版社 .

杨绍淮 . 2005. 雅安边茶与川藏茶马古道 . 中华文化论坛，（2）：52-58.

杨晓萍 . 2012. 走进神秘山巅邻国不丹 . 世界知识，（14）：30-31.

杨志华，任佩瑜 .1991. 国防教育备要 . 北京：国防大学出版社 .

杨作山 . 1997. 辛亥革命前西藏对外贸易述略 . 固原师专学报（社会科学），（5）：53-60.

扎洛，敖见 . 2017. 中国西藏与不丹之间传统贸易的三种模式 . 中国边疆史地研究，（4）：126-135.

扎洛 . 2012. 清代西藏与布鲁克巴，北京：中国社会科学出版社 .

扎西，普布次仁 . 2014. 西藏边境贸易的历史演进与现实情况分析 . 西藏大学学报（社会科学版），（4）：1-7.

张淑兰，王祥宇，吴柊磊 . 2018. 不丹 . 大连：大连海事大学出版社 .

郑天挺 . 1946. 〈隋书•西域传〉薄缘夷之地望与对音 . 国学季刊，6(4): 57-60.

中国第二历史档案馆, 中国藏学研究中心. 1993. 黄慕松吴忠信赵守钰戴传贤奉使办理藏事报告书. 北京: 中国藏学出版社.

中国藏学研究中心, 中国第二历史档案馆. 2005. 民国时期西藏及藏区经济开发建设档案选编. 北京: 中国藏学出版社.

中国社会科学院民族研究所, 中国藏学研究中心社会经济所. 2000. 西藏的商业与手工业调查研究. 北京: 中国藏学出版社.

周蔼联. 2002. 西藏纪游 // 徐丽华. 中国少数民族古籍集成 (汉文版) (九十七册). 成都: 四川民族出版社.

周娟. 2007. 1616 年至 1959 年的不丹与中国西藏关系史研究. 兰州: 兰州大学博士学位论文.

周伟洲. 2016. 西藏通史·民国卷下. 北京: 中国藏学出版社.

朱在明, 唐明超, 宋旭如, 等. 1999. 当代不丹. 成都: 四川人民出版社.

朱在明, 唐明超, 宋旭如. 2004. 列国志——不丹. 北京: 社会科学文献出版社.

第 7 章

中缅边境地区传统贸易通道的形成与变迁

缅甸是东南亚的一个多民族国家，其北部、东北部与中国云南、西藏接壤，两国边境线长达 2185 km，其中滇缅段长 1997 km，中缅边境沿线涉及范围广，其自然、人文地理环境复杂。中缅边境沿线大体可分为上段与中下段两部分，上段因地处青藏、云贵两大高原接合部的横断山区，地势起伏较大，自西向东分别经怒江、怒江山脉、澜沧江、云岭山脉以及金沙江（长江）等高山大川，境外涉及伊洛瓦底江及其上游恩梅开江和迈立开江流域。中、下段多属怒江—萨尔温江、澜沧江—湄公河两大国际河流中游的低纬度、低海拔丘陵河谷湿热地带，大部分无山川阻隔，在地理空间上连成一片。由于上述两段海拔差距大，因此在气候方面也不尽相同。以上段的怒江傈僳族自治州（简称怒江州）与下段的西双版纳傣族自治州（简称西双版纳州）为例进行比较，位于高海拔地区的怒江州分为河谷亚热带、半山温暖带、高山中寒带、高山草原地带，然而属于低海拔地区的西双版纳州则分为坝区和河谷地带的热带季风气候、低山区的南亚热带季风气候、山区的亚热带季风气候。由于中缅边境沿线绝大部分地段无高山大川阻隔，空间区域流通，为两国间的贸易往来提供了便利。其中位于中国西藏南部的察隅县不仅属于环喜马拉雅区域，也属于中缅边境沿线区域。同时，察隅县与贡山独龙族怒族自治县（简称贡山县）、福贡县、泸水市、保山市、临沧市、西双版纳州、普洱市、德宏傣族景颇族自治州（简称德宏州）、缅甸的克钦邦和掸邦地区等中缅边境沿线市县一同构成了一个关系密切的区域性整体。因此，为保证论述的连贯性与合理性，我们在探讨环喜马拉雅地区的贸易通道时，亦需要对所有中缅边境市县进行探讨。中缅边境地区是指中缅两国接壤的双边地区。

7.1　中缅边境地区及其历史沿革概况

中缅边境地区是指中缅两国接壤的双边地区，包括中国西藏自治区察隅县、云南省怒江州（包括贡山县、福贡县、泸水市）、保山市、临沧市、西双版纳州、普洱市、德宏州，以及缅甸的克钦邦、掸邦地区。两国边境如图 7.1 所示。

7.1.1　藏南滇西北边境地区

1）察隅县

"察隅"，为汉字所译写的藏语地名，其藏意为"人居住的地方"，曾被汉语译为杂夷、杂隅、咱义等，是藏南三隅之一（另外二隅分别为门隅和珞隅）。其地处 97°27′E，28°24′N，位于西藏自治区东南部，隶属于今西藏林芝市，东与云南省迪庆藏族自治州（简称迪庆州）德钦县和昌都市左贡县相邻，西与墨脱县（珞隅）相接，北连昌都市，南接缅甸和印度，边界线长达 588.64 km，其中中缅边界 187.64 km，中印边界 401 km，是西藏地区重要的边境县之一。历史上，察隅地区又分为上察隅地区和下察隅地区。下察隅地区位于今中印边境东段印占区东部，现属于中国西藏自治区林芝市察隅县和墨脱县行政区划的一部分（中国社会科学院民族研究所，1990）。

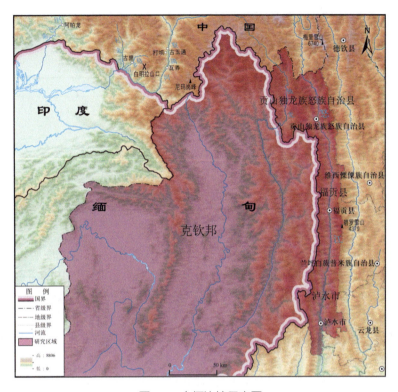

图 7.1　中缅边境示意图

　　事实上，早在吐蕃时期，察隅地区就属于当时的藏王松赞干布的管辖范围。13 世纪以后即元朝时，划入乌思藏纳里速古鲁孙等三路宣慰使司都元帅府管辖区，明归入乌思藏行都指挥使司辖区，明后期西藏地方当局对该地区的管辖基本稳定，并在之后不断巩固。

　　清代，中央政府对察隅的管理不论是行政方面抑或经济方面都逐渐完善。康熙五十八年（公元 1719 年）为配合平息西藏地区的叛乱，四川永宁协副将岳钟琪奉令率军由川入藏，到达昌都时，联合官员前往桑昂曲宗等地招抚当地头领，《西藏图考》载："招乍丫、察娃、作（左）贡、奔达、桑阿却宗（桑昂曲宗）、察木多等地"[①]。并以其势力大小为依据，委任官职，皆归昌都呼图克图管辖，确立清朝统治。雍正四年（公元 1726 年）察隅等地被作为香火地赏赐给达赖喇嘛。之后西藏地方政府在桑昂曲宗设立营官（第巴），兼管察隅等地；向察隅（当时称察隅为杂瑜）派遣协傲，在窝穰等地设立关卡，征收货物税，但整体上西藏地方政府对察隅的统治十分松散。直至 1910 年英殖民者侵占中国片马后，中央才开始重视对察隅的管辖。清朝末年中央在此设县，派遣官员进行实地勘测，确定主权。委任苟国华为县知事，将县治设在绒密（日马），向下划分保、村，任保正以及村长，官僚体系逐渐完善；在经济上组织移民，发展茶树经济；军事上，以县治为中心驻扎军队，加强防御等（秦和平，2012），以上举措加

---

① （清）松筠，黄沛翘撰：《西招图略·西藏图考》，拉萨：西藏人民出版社，1982 年，第 279 页。

强了清政府对察隅的统治，阻挡了英殖民者的入侵。1912 年清政府被推翻后，英、印企图占领下察隅地区，20 世纪 40 年代以后，下察隅地区逐渐被英、印侵略者占领，见表 7.1。

表 7.1　英、印侵占下察隅地区各地时间、地点表

年份	侵略地点
1994	前门里、金古底、瓦弄
1951	瓦弄
1954	丹布克
1956	马登良
1957	安尼尼
1959	杭里、宗喀、埃脱林

资料来源：中国社会科学院民族研究所编：《僜人社会历史调查》，昆明：云南人民出版社 1990 年，第 199 页。

　　由于察隅部分地区（主要是下察隅）至今仍被印度所占领，因此现所说的察隅地区，其面积实际要小于中古时期所说察隅。1950 年复改置桑昂曲宗，1960 年又改设桑昂曲县，属昌都专区。1966 年改名为察隅县，县府迁至吉公，1983 年划归林芝管辖区。截至 2018 年末，察隅县下辖 3 个镇、3 个乡：上察隅镇、下察隅镇、竹瓦根镇、古玉乡、古拉乡、察瓦龙乡①。根据第七次人口普查数据，察隅县常住人口为 28237 人。

　　2）贡山县

　　贡山独龙族怒族自治县（贡山县）是云南省怒江傈僳族自治州下属的一个自治县，地处 98°08′E ～ 98°56′E，27°29N′ ～ 28°23′N，位于滇西北怒江大峡谷北段。东连云南省迪庆藏族自治州德钦、维西两县，南接本州（怒江傈僳族自治州）福贡县，西与缅甸联邦毗邻，北依西藏自治区林芝地区察隅县，全县总面积达 4379.24 km²，国境线长 172.08 km。

　　贡山全境处于滇西横断山脉地带。在这里，喜马拉雅山的余脉分三大山岭（担当力卡山、高黎贡山、碧罗雪山）逶迤伸入，怒江、独龙江由北向南，纵贯而过，"三山并耸挺立，两江纵贯割切"，组成了典型的高山峡谷地貌。

　　气候方面，贡山县属亚热带季风气候，雨量充沛，由北而下的青藏高原冷空气受横断山脉阻挡，与受印度洋暖湿气流影响形成的西南季风接触而发生剧烈的降雨。每年 2 月中旬开始进入雨季，到 10 月结束，长达 9 个月之多，常年温凉湿润，无明显的干湿季之分。

　　贡山县西汉时为越嶲郡边徼地。唐南诏时属剑川节度。宋大理时属谋统府管辖地。元属临西县，属丽江路军民宣抚司。明为维西康普、叶枝土千总管辖，属丽江军民府。清属丽江府维西厅。乾隆年间，北段受西藏察瓦龙土千总管辖，南段为维西康普、叶枝土千总管辖。雍正元年（1723 年）"改土归流"后直属维西厅。

　　贡山史称"菖蒲桶"，后因其居高黎贡山之首，改称"贡山"。民国元年（1912 年）

———
　　① 参见戴均良等主编：《中国古今地名大词典》（下），上海：上海辞书出版社，2005 年，第 3172 页。

为兰坪营盘街"殖边总局"管辖，置菖蒲桶殖边公署。民国二年（1913 年）置菖蒲桶行政委员会。民国五年（1916 年）改菖蒲桶行政委员公署，后置贡山行政区。民国七年（1918 年），归属维西县。民国十一年（1922）年置菖蒲桶行政区。民国二十二年（1933 年）设贡山设治局。1949 年 8 月 25 日贡山县和平解放，1950 年 3 月 11 日成立贡山临时政务委员会，同年 4 月 8 日成立贡山县政府。1956 年 10 月成立贡山独龙族怒族自治县。截至 2010 年，贡山独龙族怒族自治县下辖有 2 镇，为茨开镇和丙中洛镇，3 乡，为捧当乡、普拉底乡和独龙江乡。据第七次人口普查数据，截至 2020 年 11 月 1 日零时，贡山独龙族怒族自治县常住人口为 38471 人。

3）福贡县

福贡县隶属怒江傈僳族自治州，地处 98°41′E ~ 99°02′E，26°28′N ~ 27°32′N，位于云南省西北部。东与维西县、兰坪白族普米族自治县（简称兰坪县）相接，北临贡山县，南接泸水市，西与缅甸毗邻，全县总面积达 2756 万 km²，国境线长达 142 km。

气候方面，福贡县位于横断山脉北段的碧罗雪山和高黎贡山之间，怒江大峡谷的中段，海拔差距大，再加上受到季风以及南下冷空气的影响，使得该县气候垂直变化明显，全县内拥有亚热带、北亚热带、暖温带、寒温带、亚寒带、寒带六个气候带，以亚热带季风气候为主[1]。

"福贡"因地处高黎贡山东麓，以嘉言祈福而得名或意为"幸福的高黎贡山"。西汉属越嶲郡地，东汉归入永昌管辖，唐南诏时期属剑川节度，宋大理国属谋通府，元属丽江路，明清时期皆属丽江府。民国元年（公元 1912 年），怒俅殖边队第一小队进驻上帕镇（县城），设立上帕殖边公署以及知子罗殖边公署，福贡开始设治。民国五年（公元 1916 年）改置上帕行政公署，属腾越道。民国十七年（公元 1928 年）改称康乐设治局，民国二十四年（公元 1935 年）改置福贡设治局，1949 年 6 月和平解放[2]。

中华人民共和国成立后改为福贡县，属丽江专区，1952 年改为福贡傈僳族自治区，两年后改为县，属怒江傈僳族自治区。1956 年隶属怒江傈僳族自治州。1986 年碧江县建制撤销，其北部架科底区、子里卡区、匹河区并入北边的福贡县，南部古登区、洛本区并入泸水县。2020 年，福贡县下辖六乡一镇，即上帕镇、马吉乡、石月亮乡、鹿马登乡、架科底乡、子里甲乡、匹河怒族乡，下设 57 个村民委员会、2 个社区、612 个村民小组，县政府驻上帕镇。根据第七次人口普查数据，福贡县常住人口为 114372 人。

4）泸水市

泸水市，为云南省县级市，位于云南省西部，是怒江傈僳族自治州州府所在地。东与兰坪县、云龙县相接，紧邻碧罗雪山，北连福贡县，南接保山市，西与腾冲、缅甸毗邻，国境线长 136.24 km，占云南省边境线全长的 3.36%。

全县总体地势北高南低，地处横断山脉纵谷南部，东部碧罗雪山与西部高黎贡山

---

① 参见杨福荣：《浅谈福贡县茶产业发展》，《云南农业科技》，2020 年第 4 期，第 33 页。

② 参见赵伯乐主编：《新编怒江风物志》，昆明：云南人民出版社，2000 年，第 58 页。

夹怒江由北向南纵贯全境，总体呈现"V"字地形，境内立体气候显著，从怒江到山顶依次包括亚热带、温带、寒带三个气候带，具有"一山分四季、隔里不同天"的说法（云南省泸水县志编纂委员会，1995）。

云南泸水地区，西汉属益州郡，东汉、西晋、东晋属永昌郡，唐南诏属永昌节度，宋大理属金齿部地，元属金齿宣抚使，明为镇道安抚司及杨塘安抚司，明末清初置六库、老窝、登埂、卯照、鲁掌五土千总，分隶永昌府和大理府。1913 年设泸水行政委员会。1914 年设泸水行政委员。1950 年 1 月 13 日，泸水县正式宣布和平解放，同年成立泸水人民临时政务委员会，设署于鲁掌，同年 6 月 1 日设泸水"设治局"，隶属于保山专区。1951 年成立泸水县人民政府。次年成立泸水县各族各界人民联合政府，隶属保山专区。1954 年改设泸水县人民委员会，同年把原属保山县上江区的蛮英、丙贡、富坝、赖茂四乡划入泸水县，并改属怒江傈僳族自治区（简称怒江区），泸水由保山专区划归怒江区管辖。1957 年 1 月，怒江区改名怒江傈僳族自治州，泸水隶属怒江傈僳族自治州。1961 年 6 月 4 日，根据《中华人民共和国和缅甸联邦边界条约》[①]，片马、古浪、岗房由缅甸联邦归还中国，置片古岗特区，直辖于丽江专署。1968 年成立泸水县革命委员会，并把隶属丽江专区的古岗特区划归泸水县。1975 年怒江傈僳族自治州首府从碧江县迁泸水县六库镇。1978 年云龙县的老窝公社划归泸水管辖，1981 年恢复泸水县人民政府（李德洙和杨聪，2015）。1988 年，改区为乡（镇），全市辖九个乡（镇）。1992 年，片马撤乡设镇。2016 年云南省人民政府下发关于撤销泸水县设立县级泸水市的通知，泸水正式成为县级市，由怒江傈僳族自治州管辖。2021 年 5 月 18 日，撤销六库镇，设六库街道、大练地街道。

5）保山市

保山市，为云南省地级市，处于滇西较为中部的位置，是中国通往南亚、东南亚以及欧洲的重要口岸。保山位于云南省西南部，东与大理白族自治州、临沧市相接，北连怒江傈僳族自治州，西临德宏傣族景颇族自治州，西北、正南与缅甸毗邻，总面积达 1.96 万 km²，国境线长 170 km。

气候方面，保山市地处于横断山脉滇西纵谷南端，属于低纬高原，加上境内地形地势复杂，立体气候明显，境内以亚热带季风气候为主，包括北热带、南亚热带、中亚热带、北亚热带、南温带、中温带以及高原气候七种气候类型，其日照阳光充足，夏无酷暑，冬无严寒，四季如春[②]。

"保山"，因山得名。设县治时，因其名与甘肃永昌县重名，于是借用驻地城西的太保山之名设为县名。保山是云南可追溯历史较早的地区之一，西汉时设不韦县，治今金鸡村，属益州郡；东汉永平十二年（公元 69 年）为永昌郡治。唐南诏国为永昌节度驻地，元代永昌府为大理金齿等处宣慰司都元帅府驻地，另置柔远路于今潞

———
① 1960 年 10 月 1 日，中缅两国在北京签订《中华人民共和国和缅甸联邦边界条约》，简称《中缅边界条约》。
② 参见云南省保山市志编纂委员会编纂：《保山市志》，昆明：云南民族出版社，1993 年，第 36 页。

364

江坝。明嘉靖三年（公元 1524 年）置保山为永昌军民府附郭县，因城西太保山得名；另置潞江安抚司及凤溪长官司。清代裁凤溪长官司入保山县。1913 年改永昌县，次年复为保山县。1914 年属腾越道。1929 年道废，直属省。1942 年为第六行政督察区专员公署驻地。1947 年属第十二行政督察区。1950 年为保山专区驻地。1956 ～ 1963 年改属德宏傣族景颇族自治州。1970 年为保山地区行署驻地。1983 年改置保山市（朱惠荣，1994）。截至 2016 年，保山市辖隆阳区、腾冲、施甸县、龙陵县、昌宁县，72 个乡（镇、街道）。

7.1.2　滇西南边境地区

1）临沧市

临沧市，是云南省地级市，因临澜沧江而得名，处于云南省西南部。临沧市东与普洱市相接，北临大理白族自治州，西接保山市，西南与缅甸毗邻，是云南昆明至缅甸仰光的陆路捷径。

全市境内主要受印度洋暖湿气候以及西南季风影响，属于典型的季风气候，具有亚热带低纬度高原山地的气候特点。全市包括六个气候带，即北热带、南亚热带、中亚热带、北亚热带、南温带，中温带。总体上四季气候差异不明显，具有夏无酷暑、冬无严寒的特点。

临沧市西汉时属益州郡。东汉、三国属汉、晋属永昌郡。唐南诏属永昌节度。宋大理属蒲蛮及金齿部。元属顺宁府。明为顺宁府孟缅长官司。清乾隆十二年（公元 1747 年），为缅宁厅，属顺宁府；光绪十三年（公元 1887 年），析缅宁、勐连地，设镇边厅。1913 年，改设缅宁县，属普尔道。1954 年 7 月，改设临沧县。2003 年改为地级临沧市（牛汝辰，2016）。临沧市辖临翔区、凤庆县、云县、永德县、镇康县、沧源佤族自治县、双江拉祜族佤族布朗族傣族自治县、耿马傣族佤族自治县共一区 8 县（牛汝辰，2016）。根据第七次人口普查数据，临沧市常住人口为 2257991 人。

2）西双版纳傣族自治州

西双版纳傣族自治州为云南省八个自治州之一，首府为景洪市。西双版纳位于 21°10′N ～ 22°40′N，99°55′E ～ 101°50′E。东北与江城哈尼族彝族自治县相接，西北临澜沧拉祜族自治县，东南、西南分别与老挝、缅甸毗邻，国境线长 966.3 km（李春波，2007）。

西双版纳地处热带北部边缘，北有哀牢山、无量山为屏障，阻挡南下寒流；南面东西两侧靠近印度洋和孟加拉湾，夏季受印度洋的西南季风和太平洋东南气流影响，形成高温多雨、干湿季分明而四季不明显的气候特征。由于境内海拔相差较大，由低到高形成热带季风气候、南亚热带季风气候、中亚热带季风气候共三个气候带，总体以热带季风气候为主，年温差与日温差都较小 [①]。

---

① 参见《西双版纳傣族自治州概况》编写组：《西双版纳傣族自治州概况 修订本》，北京：民族出版社，2008 年，第 2-3 页。

西双版纳古称勐泐，明代开始称为西双版纳。西汉时期，汉武帝开发西南夷地区，属益州郡，唐、宋时期西双版纳区域属于唐、宋王朝的地方政权"南诏""大理"所管辖。1180年帕雅真入主勐泐后，属第一代召片领（车里宣慰）管辖，后归附明朝，封为宣慰使。1661年归附清，沿袭车里宣慰职。1950年西双版纳全部解放，在车里、佛海、南峤、镇越四个县建立了人民政府，隶属于普洱行政专员公署。1953年西双版纳傣族自治区成立。1955年改为西双版纳傣族自治州。1957年将西双版纳州的十二个版纳合并为景洪、勐遮、勐海、易武、勐腊五个县级版纳。两年后再次合并为景洪、勐海、勐腊三省，属西双版纳傣族自治州人民委员会领导[①]。1973年8月，经国务院批准，西双版纳傣族自治州由中共云南省委、云南省革命委员会直接领导，从此，西双版纳州与思茅地区（现普洱市）分设，开始行使自治州职权。1993年12月22日，经国务院批准，撤销景洪县，设置景洪市。至今，西双版纳州辖一市两县（景洪市、勐海县、勐腊县），三区（西双版纳旅游度假区、磨憨经济开发区、景洪工业园区），31个乡镇和2个街道办事处，首府设在景洪市。根据第七次人口普查数据，西双版纳傣族自治州常住人口为1301407人。

3）普洱市

普洱市别称思茅，是云南省地级市，位于99°9′～102°19′E，22°2′～24°50′N，处云南省西南部。东临红河、玉溪，南连西双版纳，西北与临沧市相接，北接大理、楚雄，东南与越南、老挝毗邻，西南与缅甸接壤，总面积达45385 km²，为云南省内面积最大的市（州），其气候条件优越，地处低纬度山原区，属典型的南亚热带气候。又因处于云贵高原边缘，横断山脉南端向西南延伸的余脉，区域内山川较多，海拔相差大，气候垂直变化明显，具有热带、亚热带、温带三种气候类型，并伴随干热、湿热、温凉的季节特征。

普洱市古称思茅，"思茅"为少数民族部落称谓的转音，后借普洱山为名。西汉时为哀牢地，隶属益州郡。东汉、三国、两晋、南朝为南中涪地，均隶永昌郡。北朝、隋为濮部地，隶南宁州；明称勐拉，隶东里宣慰司。清设思茅厅。1949年，设立思茅县。1985年5月复设思茅县。1993年，升为县级市。2003年，撤销思茅地区，设立地级思茅市。2007年，设地级普洱市（牛汝辰，2016）。境内共辖一个市辖区、九个自治县（思茅区、宁洱哈尼族彝族自治县、墨江哈尼族自治县、景东彝族自治县、景谷傣族彝族自治县、镇沅彝族哈尼族拉祜族自治县、江城哈尼族彝族自治县、孟连傣族拉祜族佤族自治县、澜沧拉祜族自治县、西盟佤族自治县），103个乡（镇、街道），其中，街道1个，镇65个，乡27个（民族乡10个），社区71个，行政村993个。截至2020年，普洱市常住人口为2404954人。

4）德宏傣族景颇族自治州

德宏傣族景颇族自治州为云南省八个自治州之一，首府为芒市。位于97°31′E～

---

① 参见《西双版纳傣族自治州概况》编写组：《西双版纳傣族自治州概况》，昆明：云南民族出版社，1986年，第16-21页。

98°43′E，23°50′N ～ 25°20′N，处高黎贡山西南麓。东部、东北部分别与龙陵县、腾冲县相邻，北、西、南三面皆与缅甸毗邻，国界线长 503.8 km。

据考古资料证明，德宏傣族景颇族自治州早在距今四五千年以前已经出现人类生存遗迹。公元前 122 年，张骞出使西域所看到的"滇越乘象国"，即指今德宏和缅甸北部地区。西汉武帝开西南夷，德宏为益州哀牢地。东汉永平十二年（公元 69 年）置永昌郡，辖区包括德宏。魏晋南北朝时期，北魏太和三年（公元 479 年），改哀牢县为西域县。唐初，德宏属剑南道姚州都督管辖，公元 730 年唐中央封云南王，建立南诏地方政权，德宏属永昌节度使管辖。公元 936 年大理政权建立后，以龙江为界，以西属腾冲府，以东地区（包括茫施）属永昌府。元代设金齿安抚司，后升为宣慰司，之后将其分为东、西两路，德宏属西路。公元 1276 年，设大理金齿都元帅府，辖茫施、镇西、平缅、麓川、南甸以及南赕六路，后又设六路军民总管府统一管辖。明朝置南甸、干崖、陇川三宣抚司，芒市、户撒、腊撒三长官司。不久分盏达、遮放副宣抚司，芒市升为安抚司。公元 1609 年又分陇川建立勐卯安抚司，均归永昌府辖。清朝前期仍沿用明朝建制，后永昌府属下置腾越、龙陵两区，南甸、干崖、陇川、勐卯、盏达、户撒、腊撒归腾越厅管辖；芒市、遮放二司由龙陵厅管辖。

民国初期，设芒板（芒市及勐板）、勐遮（勐卯及遮放）、干崖（户撒及腊撒）、陇川、盏达五个弹压区以及南甸八撮县佐，属腾越道，以达"管慑控驭"目的。1917年改弹压委员为行政委员，弹压区为行政区。之后又废腾越道，改行政区为设治局，置潞西、瑞丽、陇川、盈江、莲山、梁河六个设治局，归第一殖边督办。后殖边督办被废，隶属腾冲边区行政监督专员。1945 年先后隶属保山、腾冲行政督察专员公署（德宏傣族景颇族自治州概况修订本编写组，2008）。1953 年 7 月成立德宏傣族景颇族自治区，1956 年改为德宏傣族景颇族自治州，保山专区并入。1963 年 8 月，德宏与保山地区的建制分开，德宏州辖潞西、梁河、盈江、陇川、瑞丽 5 县及畹町镇。1969 年 11 月，撤销德宏州，并入保山地区。1971 年 11 月，德宏州恢复建制。1985 年，畹町镇改为县级畹町市。1992 年 6 月，瑞丽撤县设市。1997 年 4 月，潞西撤县设市。1999 年 2 月 8 日，撤销畹町市，设立瑞丽市畹町经济开发区（副县级）。2010 年 7 月 12 日，潞西市更名为芒市。至今，德宏州辖 5 个县市（梁河县、盈江县、陇川县、芒市、瑞丽市），有 49 个乡镇、2 个街道办事处、5 个农场。根据 2020 年第七次全国人口普查数据显示，全州常住人口为 131.57 万人，其中城镇人口 64.39 万人。

7.1.3　缅甸边境地区

1）克钦邦

克钦邦为缅甸北部的自治邦，其首府在密支那。处于 23°27′N ～ 28°25′N，95°45′E ～ 98°44′E，东部与中国云南怒江州、德宏州毗邻，北接印度的那加兰邦和中国西藏察隅县，西连实阶省，南靠掸邦，面积约 8.9 万 km²，南北长约 470 km，东西宽约 300 km，克钦邦突出于中、印之间，被称为"缅甸的北大门"。

克钦族又称景颇、载瓦、喇期（茶山）、浪峨（浪速）等，与中国的景颇族同属跨境而居的民族。自古以来便友好交往，通婚互市。缅甸境内克钦族约 60 多万人，中国德宏州境内的景颇族有 10 万人。其语言属汉藏语系藏缅语族景颇语支。它分为景颇方言和载瓦方言，每种方言又有许多土语。克钦族源有"木转省腊崩"（意为天然平顶山）的传说。大体源于青藏高原东北部一带，公元 1～5 世纪沿怒江、伊洛瓦底江上游南迁，至唐代仍处于原始社会状态，以采集为生。南诏、大理国时期进入刀耕火种阶段，当时归属镇西节度使管辖。明代设里麻、茶山两长官司，清代改土归流。后又南迁，与傣族经济文化交流密切。19 世纪中叶英国殖民势力逐步侵入缅甸，1884 年英国迫使清政府签订界务条约，把尖高山以北（25°35′N）作为"未定界"，21 世纪初，英国鲸吞了包括户拱河谷、坎底、野人山、江心坡、小江流域的广大地区。1960 年中缅签订《中华人民共和国和缅甸联邦边界条约》，收回了片马、古浪、岗房，其余划归缅甸所有。缅甸将密支那、八莫两县并入，建立了克钦邦，定一月十日为邦庆日。由于民族矛盾尖锐，克钦独立军一直从事反政府武装斗争。当缅甸其他反政府武装相继与政府达成妥协时，克钦独立军便成为其重点围剿的对象。1989 年夏，缅政府军攻占了克钦独立军总部所在地芭蕉（靠近中国盈江昔马），其主力后撤至迈立开江一带（郭来喜和刀安钜，1993）。

2）掸邦地区

掸邦，缅甸联邦成员国，位于缅甸东部内陆，西面与克钦邦、克耶邦、克伦邦、曼德勒省、实皆省相接，北面、东面分别与云南的西双版纳、老挝、泰国接壤，面积 15.58 万 km²，首府在东枝市，是缅甸面积最大、人口最多的邦。行政区域上主要分为北掸邦、南掸邦和东掸邦。北部南渡附近有银、铅、锌、铜矿。北部和西部有铁路，分别由腊戍和东枝通向缅甸中部。中国畹町到腊戍的公路是中缅陆上交通的重要通道。

掸邦与克钦邦相同，在一段时间内属于中国领土，曾为土司管辖，其语言属藏语系壮侗语族壮傣语支。公元 1 世纪时建立古掸国，与中原王朝建立了密切关系，公元 1287～1531 年曾在缅北阿瓦王朝，史称掸族统治时期。元、明、清时在缅北设置的兴威、孟密、蛮莫、孟养等土司，均属云南所管。明末永历帝带领大批臣民逃入缅北，永历帝死后，其部分人员在此定居，与掸族结合（郭来喜和刀安钜，1993）。

在英国占领缅甸前，掸邦实行土司制度，由土司进行统治。土司每年都向缅甸皇帝进贡。缅甸皇帝虽对掸邦进行统治，实际并不过问其施政情况。公元 1885 年英国占领缅甸后宣布掸邦为落后地区，把掸邦与缅甸本部分开，单独加以统治。英国仍保持了掸邦的土司制度。英国又依其辖区的大小，把土司分为三等，一等称苏布瓦，二等称谬沙，三等称外昆木。当时全掸邦共有 35 个土邦，分别由 35 个大小不同的土司统治，他们各自称霸一方，封建割据。

1948 年缅甸独立后，掸邦仍保持了土司制度。《缅甸联邦宪法》规定，掸邦包括英国统治缅甸时所称之"掸联邦"及低邦的全部疆土。宪法甚至明文规定缅甸联邦国会的掸邦上议员由土司选出。掸邦议会及邦政府均掌握在土司手中。实际上，各土司仍然封建割据，各行其是。但同时，缅甸政府也即开始酝酿废除掸邦土司制度。1948

年上半年，缅甸政府组织了掸邦调查委员会，赴掸邦地区调查，草拟了改革方案。1950 年间，掸邦又发生了农民反对土司的示威事件，缅甸政府就乘机再度提出"废除土司制度，实行民主改革"的主张。1952 年秋，缅甸政府强使掸邦政府主席、孟密大土司规劝各土司放弃权力，掸邦土司被迫宣布放弃其权力。缅甸政府同时宣布对未交出政权的地区，实行军事管制。在这期间均有些土司激烈反对。20 世纪 60 年代初，缅甸政府再次宣布"彻底废除土司制"，并在掸邦设立了邦议会及邦政府（赵维扬，1989），1960 年，《中华人民共和国和缅甸联邦边界条约》签订，中国和缅甸掸邦边界划定。

中缅贸易历史悠久，早在秦汉时期即有记载。永平十二年，永昌郡的设立使得四川至缅甸的道路正式开通。唐宋时期，云南以大理为中心的南诏、大理地方政权兴起，中央王朝通过南诏、大理地方政权与缅甸的经济交往得到进一步加强。元明清时期，随着中国手工业工场的出现与发展，商品生产效率提高，对缅贸易也随之发展，明代开始中缅贸易的海上通道得到发展，清中期以前出现海路较陆路运输更为繁荣的趋势。延至近现代，继先后开通了滇缅公路、中印公路（史迪威公路）、昆洛公路（昆明—打洛）等国际交通线和昆明至缅甸仰光、曼德勒的国际航空线及澜沧江——湄公河中游的国际水道之后，目前正在进行各主要国际交通干线的高等级化改造。而在边境沿线地区，则除上列交通干线外，还分布着 40 余条与各边境通道口相连接的支线公路和难以计数的山林小道（鲁刚，2006）。中缅两国长期的贸易往来促进了边境沿线地区的经济发展，如今云南保山市、贡山县，缅甸的克钦邦、掸邦等地区早在中古时期就已经是中缅贸易通道上的重要节点。

7.2　宋以前"蜀身毒道"的确立与发展

中缅两国的贸易往来由来已久，至汉一代，两国间的贸易通道已初步确立。海上通道要比陆上通道出现早，西汉时期已经出现两条沟通中缅贸易的海上路线，为朝贡性路线。在陆路通道方面，据史书记载，中缅陆路贸易路线早在秦时已经有构想，最晚于西汉时期就已正式开通，位于古"西南丝绸之路"西部干线的"蜀身毒道"（从今四川至印度的通道）打通了今四川经云南至缅甸北部最终达印度直至欧洲的贸易路线，其中滇缅永昌道是有记载以来中缅间最早的贸易通道，之后历朝历代的滇缅间陆路贸易通道即在此基础上不断演变发展。

与秦汉相比，唐宋时期滇缅通道开始有两个显著变化。其一，通道总数增多。前代在海上通道的修建和使用上有所忽视，陆路通道在继承前代的基础上新增了两条要道。其二，汉代的滇缅通道以印度为终点，从云南进入缅甸后向西到达印度，缅甸只作为交通中介，而唐宋则出现了完全意义上的滇缅通道而深入缅甸南部。出现以上变化的原因较为复杂，一方面，汉以前南方丝绸之路主要以军事用途为主，其政治意义高于经济意义，南方陆上丝绸之路地位远不及西北陆上丝绸之路，滇缅贸易通道作为南方陆上丝绸之路中的一段也随之被忽略。同时，海上通道的繁荣也可谓是必然。另一方面，唐朝是中国古代王朝的鼎盛时期，开放程度高，这时期中印两国佛教僧侣交

第二次青藏高原综合科学考察研究丛书
环喜马拉雅地区贸易通道的历史形成与变迁

往频繁，在此基础上，中印陆上通道有了较大发展，缅甸作为该路线上的重要枢纽，中缅民间转贩贸易也得到一定程度的发展。

7.2.1 秦汉时期川滇贸易通道

中国西南的四川、云南同缅甸很早就有了经济交往。中国最早出现关于缅甸的记载，出现于《汉书·地理志》中的"谌离国"和"夫甘都卢国"都属于今缅甸境内，载"自日南障塞、徐闻、合浦船行可五月，有都元国；又船行可四月，有邑卢没国；又行可二十余日，有谌离国；步行可十余日，有夫甘都卢国。自夫甘都卢国船行可二月余，有黄支国，民俗略与珠崖相类"[①]。日南障塞即今越南境内，徐闻处于今广东西南部、合浦处于今广西南部，邑卢没国在今缅甸勃固附近，谌离国则在今缅甸叫脉，夫甘都卢国在今缅甸伊洛瓦底江中游卑谬附近，都元国处今印度尼西亚境内，一说在今马来半岛南部。

上则材料记录了从越南到印度的海上路线，其中涉及从中国广东、广西到缅甸一段，史料中虽并未说明上述路线是否用于两国间的经济贸易，但据《后汉书》记载，东汉时期中国与缅甸境内的数个"国家"已经出现朝贡贸易。《后汉书·明帝纪》："永平十七年（公元 74 年），西南夷哀牢、儋耳、僬侥……前后慕义贡献"[②]。《安帝记》："永宁元年（公元 120 年）十二月，永昌徼外掸国遣使贡献"[③]。《后汉书·哀牢传》中记述更为详细"永元六年，郡徼外敦忍乙王莫延慕义，遣使译献犀牛、大象。九年，徼外蛮及掸国王雍由调遣（使）重译奉国珍宝，和帝赐金印紫绶，小君长皆加印绶钱帛。永初元年，徼外僬侥种夷陆类等三千余口举种内附，献象牙、水牛、封牛。永宁元年，掸国王雍由调复遣使者诣阙朝贡，献乐及幻人，能吐火，自支解，易牛马头"[④]。由此可知，汉代时中缅之间的朝贡往来已十分密切，因此上述所说从中国广西、广东至缅甸的海上通道极大可能是中缅之间的朝贡贸易路线。来往商品多为海上奇物，《汉书》记载："黄支国……自武帝以来皆献见……入海市明珠、璧流离、奇石异物，赍黄金杂缯而往"[⑤]。以上商品应是从印度经缅甸后再由中国沿海进入中原用于朝贡。

除海上通道外，古籍中对中缅贸易的陆路航线也有记载，其中较为重要的一条是

① （汉）班固撰；颜师古注：《汉书》卷二十八《地理志第八下》，北京：中华书局，1964 年，第 1671 页。

② （南朝宋）范晔撰；（唐）李贤等注：《后汉书》卷二《显宗孝明帝纪第二》，北京：中华书局，1965 年，第 121 页。

③ （南朝宋）范晔撰；（唐）李贤等注：《后汉书》卷五《孝安帝纪第五》，北京：中华书局，1965 年，第 231 页。

④ （南朝宋）范晔撰；（唐）李贤等注：《后汉书》卷八十六《南蛮西南夷列传第七十六·哀牢》，北京：中华书局，1965 年，第 2851 页。

⑤ （汉）班固撰；颜师古注：《汉书》卷二十八地理志第八下，北京：中华书局，1964 年，第 1671-1672 页。

从四川经云南到缅甸、印度的一条通道，被称为"蜀身毒道"。

1）四川至缅、印通道的设想——蜀身毒道

"蜀"指今四川一带，"身毒"即今印度。《史记》提到："及元狩元年，博望侯张骞使大夏来，言居大夏时见蜀布、邛竹杖，使问所从来，曰：'从东南身毒国，可数千里，得蜀贾人市。'或闻邛西可二千里有身毒国"①。可见在汉代时，就有四川成都一带的商人到达缅甸、印度一带经商，贩卖的商品包括邛竹杖与蜀布。何为"邛竹杖"，《史记·大宛列传第六十三》中解释道"邛都邛山出此竹，因名'邛竹'。节高实中，或寄生，可为杖"②。邛为地名、山名，"邛竹杖"即为用当地所产竹子所加工成的手杖，此解释应该没有争议。而"蜀布"又具体指什么呢？现主要有两种说法：一种认为是布，即麻织品；一种认为是蜀锦，即丝织品。根据张守节正义解释"布，土芦布"③。而汉代成都、汉中一带所出产的麻布也十分有名，《盐铁论校注》中记载："蜀、汉之布也，亦民间之所为耳"④。亦有学者认为"蜀布"实为黄润细布又称"筒布"，是一种麻织品，《文选·蜀都赋》记其"黄润比筒，籯金所过"⑤，故其价值极高。而赞同蜀锦的学者则以丝织品在中国历史久远，汉时成都出产的"蜀锦"更是名气在外，再加上运输路程远，丝织品的利润更大，且古人有时将丝绸称为细布，《后汉书·西域传》"又有细布，或言水羊毳，野蚕茧所作也"⑥。故认为丝织品可能性更大。两种说法都其可取之处，而目前学界更倾向于"蜀布"为"筒布"的说法。

中缅贸易货物我们大致有了了解，但其具体的贸易路线仍不明确。在"蜀身毒道"这条线中，云南是一个重要点，这一时期，四川到云南的路线主要有两条：

一条为"五尺道"秦时所修，从今四川宜宾到达云南曲靖，《史记》载："秦时常頞略通五尺道，诸此国颇置吏焉"⑦。《史记正义》引《括地志》云："五尺道在郎州"⑧，唐代郎即今云南省曲靖一带。此道路的开通促进了巴蜀地区经济的发展，"十余岁，秦灭。及汉兴，皆弃此国而开蜀故徼。巴蜀民或窃出商贾，取其筰马、僰僮、

---

① （汉）司马迁：《史记》卷一一六《西南夷列传第五十六》，北京：中华书局，1963年，第 2995 页。

② （汉）司马迁：《史记》卷二三六《大宛列传第六十三》，北京：中华书局，1963年，第 3166 页。

③ （汉）司马迁：《史记》卷二三六《大宛列传第六十三》，北京：中华书局，1963年，第 3166 页。

④ （汉）桓宽撰；王利器校注：《盐铁论校注》卷第一《本议第一》，北京：中华书局，1992年，第 109 页。

⑤ （南朝梁）萧统选，李善注：《文选》，上海：商务印书馆，1936年，第 89 页。

⑥ （南朝宋）范晔撰，（唐）李贤等注：《后汉书》卷八十八《西域传第七十八·大秦》，北京：中华书局，1965年，第 2919 页。

⑦ （汉）司马迁：《史记》卷一百一十六《西南夷列传第五十六》，北京：中华书局，1963年，第 2993 页。

⑧ （汉）司马迁：《史记》卷一百一十六《西南夷列传第五十六》，北京：中华书局，1963年，第 2993 页。

牦牛，以此巴蜀殷富"①。据汉晋史籍考证，五尺道的具体路线是从僰道（宜宾市）沿羊官水（横江）经牛叩头（大关岔河北）、马博颊坂（大关岔河附近）到朱提（昭通附近）经今曲靖到滇池地区（蓝勇，1992）。

一条为"灵关道"汉武帝所开，《史记·司马相如列传》中对此有大致记载，曰："通零关道，桥孙水，以通邛都"②。其通往云南的具体路线据蓝勇考证：

> 汉晋时期灵关道可考路线必经临邛县（邛崃）、若栋（今名山县境长坪）、长岭（雅安西南）、邛崃山杨母阁、九折坂（均在今大相岭上）、旄牛县（今汉源县境）、灵关（深沟）、台登县（喜德泸沽）沿孙水（安宁河）到邛都（西昌）、经会无县（会理）、三缝县（会理黎溪）渡泸水（今拉鲊）到靖蛉（永仁、大姚一带）、楪榆县（大理）。另外，此道到越嶲郡后除取三缝渡口外，西南可取定筰渡口（今盐源境）渡泸，东南可取会无堂狼渡口（今邛家境）渡泸（蓝勇，1992）。

事实上，汉武帝采纳张骞意见，第一次尝试打通蜀身毒道并未成功，"天子乃令王然于、柏始昌、吕越人等，使间出西夷西，指求身毒国。至滇，滇王尝羌乃留，为求道西十余辈。岁余，皆闭昆明，莫能通身毒国"③。由于云南的闭塞，汉武帝原定的贸易通道并未打通，直到永平十二年，哀牢国内附，永昌郡（今云南保山地区）的设立使得"蜀身毒道"正式开通。

2）中印通道的确立——设永昌郡

汉明帝为通蜀身毒道，注重对云南地区的开发，于永平十年，设置益州西部都尉，居于嶲唐。永平十二年设永昌郡，《后汉书·南蛮西南夷列传》记载："永平十二年，哀牢王柳貌遣子率种人内属……显宗以其地置哀牢、博南二县，割益州郡西部都尉所领六县，合为永昌郡。始通博南山，度兰仓水，行者苦之"④。哀牢国内附后，汉武帝加紧开发永昌郡，民歌"汉德广，开不宾。度博南，越兰津。度澜沧，为他人"③。描述了大批民工开发永昌郡的情景，表达了民工的怨愤。

自永昌郡设立后，此地成为中国西南地区一个重要的陆路对外国通商的中枢城市，是四川、云南通往缅甸、印度的交通要道。《华阳国志》记载，当时永昌郡内有"闽濮、鸠獠、僄越、裸濮、身毒之民"⑤，既包括中国傣族和佤族的先民，也有缅甸以及印度人，从侧面说明当时云南永昌和缅甸之间是存在陆路交通联系。但仍有学者质疑秦汉

① （汉）司马迁：《史记》卷一百一十六《西南夷列传第五十六》，北京：中华书局，1963年，第2993页。
② （汉）司马迁：《史记》卷一一九《司马相如列传第五十七》，北京：中华书局，1963年，第3047页。
③ （汉）司马迁：《史记》卷一百一十六《西南夷列传第五十六》，北京：中华书局，1963年，第2996页。
④ （南朝宋）范晔撰，（唐）李贤等注：《后汉书》卷八十六《南蛮西南夷列传》第七十六，北京：中华书局，1974年，第2849页。
⑤ 常璩撰：《华阳国志》卷四《南中志》，北京：商务印书馆，1958年，第60页。

时期"蜀身毒道"存在的真实性。持西汉或者汉代极可能并没有形成"蜀身毒道"观点的学者主要有三条论据：第一，自然条件艰难，商贩不可能作很长距离的旅行；第二，沿途经济落后，不可能为贸易的发展和商道的开辟提供条件；第三，商贾无法穿越原始部落控制的地区（江玉祥，1995）。《古代西南丝绸之路研究》一书针对以上原因进行了探讨，从史料出发，认为《蛮书》所记上缅甸至滇西一段虽自然条件极为艰险，但仍有商贾足迹。关于第二点，书中以旄牛道为例进行反驳，战国时该道沿线仅有三个自由都市，并无"中心城市"，但此道依旧是一条畅通的商道。另外古代商人为获取高额利润，往往通过投保的方式穿越原始部落控制的地区。总的来说，在巨大的贸易利润驱使下，中缅两国民间商人往往会冒险运输，在此过程中两国间的商道逐渐畅通[1]。综上所述，汉朝时"蜀身毒道"就已经存在，并经历了从繁荣到衰微的过程，从记载此道的文献集中于汉晋时期即可证明。但不可否认的是，此通道受到沿线自然条件、少数民族以及沿途地区经济落后等问题影响，其繁荣程度远不如同时期的西北丝绸之路，并且在部分段落中还需以水路配合补充，如滇西经上缅甸至阿萨姆沿线，从昆明出发经陆路到达缅甸八莫，到达八莫后利用水路将货物运往仰光，最终达印度境内。汉代商人曾利用该水道将大秦（古罗马）物产运至永昌郡[2]，《三国志》载："大秦既从海北陆通，又循海南，而南与交阯七郡夷通，又有水路通益州永昌"[3]，直接导致不属于本地商品的出现。

　　另外，受地形影响，当时中印缅交界段存在若干山口，其中库阳山口、珠干山口、朋干山口皆位于中缅交界坎底（今缅甸葡萄）一带，并且历史上曾有少数民族从该山口迁入印度的记载（赵松乔，1958），由此猜测当时的商人存在着从滇越经以上三个山口进入缅甸境内的可能。

　　除上述通道外，汉晋时期滇缅印之间还有一条辅助性通道，即"安南通天竺道"，其中涉及滇缅一段为：从缅甸沿海路，绕马六甲海峡从汉代南海道登陆（今越南境内），再从交州（越南河内）经昆明地区南下经个旧（今云南省个旧市）、蒙自达益州，然后转接永昌道出缅印至海的道路[4]。

　　由以上可知，至汉晋时期，中缅间的海路及陆路通道皆已开通，海路有两条，一条为：从徐闻（今广东）、合蒲（今广西）出发，沿南海经都元国后南行到达缅甸境内，经邑卢没国（今缅甸勃固）、谌离国（今缅甸叫脉）过伊洛瓦底江后达夫甘都卢国（缅甸卑谬附近）；另一条为：从缅甸沿海路，绕马六甲海峡从南海道经交州（越南河内）过昆明南下经个旧（今云南省个旧市）、蒙自达益州。

　　① 参见江玉祥主编：四川大学古代南方丝绸之路综合考察课题组编：《古代西南丝绸之路研究》第 2 辑，成都：四川大学出版社，1995 年，第 19-33 页。

　　② 参见江玉祥主编：四川大学古代南方丝绸之路综合考察课题组编：《古代西南丝绸之路研究》第 2 辑，成都：四川大学出版社，1995 年，第 24 页。

　　③ （晋）陈寿撰：《三国志》，北京：中华书局，1982 年，第 862 页。

　　④ 参见周智生：《中国云南与印度古代交流史述略（上）》，《南亚研究》2002 年第 1 期，第 55-64 页。

陆路通道方面则配合以水路兼行：从今四川成都出发，经邛崃、雅安、沿安宁河至越嶲郡后，可选三缝渡口（今会理）、定笮渡口（今盐源境）或会无堂狼渡口渡泸水，进而到达云南境内；或从宜宾出发，沿横江经昭通、曲靖到达滇池附近。到达云南后，经滇越进入缅甸境内后，商人从八莫通过水路到达卑谬、仰光。商人达滇越后，存在经库阳山口、珠干山口、朋干山口入缅的可能。汉晋时期南方丝绸之路具体路线如图 7.2 所示。

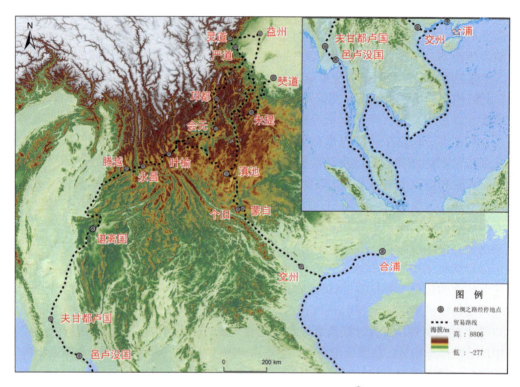

图 7.2　汉晋时期南方丝绸之路路线图 [①]

7.2.2　唐宋时期"蜀身毒道"的发展

唐宋时期的滇缅通道继承汉代，从云南经中缅边境坎底（缅甸葡萄）而进入缅甸境内，但具体经哪个山口仍不明确。由于此通道夏热冬寒，仅二三月可入，且需要当地人为向导，故无论是汉代还是唐宋使用皆相对较少。除此路外，唐宋时期滇缅还有两条较前代新开通的要道，以诸葛亮城为界分为不同道路。这一时期，缅甸境内的骠国和蒲甘国先后兴起，不仅与中央王朝保持着良好的朝贡关系，还与同时期兴起的以大理为中心的南诏、大理地方政权有经济贸易往来。

与前代相同，唐宋时期中缅间往来仍是以朝贡为主要目的。唐朝时，缅甸境内的

---

① 蓝勇：《南方丝绸之路》，重庆：重庆大学出版社，1992 年，第 9 页。

骠国、弥臣国曾五次进贡唐王朝，进献内容主要为乐曲、乐人等。例如，贞元十七年"骠国王雍羌亦遣弟悉利移城主舒难陀献其国乐，至成都，韦皋复谱次其声，又图其舞容、乐器以献。凡工器二十有二，其音八：金、贝、丝、竹、匏、革、牙、角，大抵皆夷狄之器，其声曲不隶于有司，故无足采云"①，十八年"骠国王遣使悉利移来朝贡，并献其国乐十二曲与乐工三十五人"②。宋朝时，缅甸正值蒲甘王朝的兴盛时期，当时从大理进入缅甸的日程较短"蒲甘国，自大理国五程至其国"③，朝贡也相对频繁，史料记载中央王朝与蒲甘王朝前后共有四次朝贡往来，分别为宋真宗景德元年（公元1004年）、宋徽宗崇宁五年（公元1106年）、宋高宗绍兴六年（公元1136年）以及宋宁宗时期，进贡物品包括白象，《明史·土司传》"宋宁宗时，缅甸、波斯等国进白象"④，白象作为佛教中重要的信仰代表，在缅甸是十分珍贵的动物，这也从侧面体现出中央王朝与缅甸朝贡贸易紧密。

除朝贡贸易外，与缅甸的商品贸易也有记载，以南诏与缅甸之间的贸易为例，据《蛮书校注》记载："骠国在蛮永昌城南七十五日程，阁罗凤所通也。其国用银钱……有移信使到蛮界河赕。则以江猪、白毡及琉璃、罂为贸易"⑤，"与诸蛮市，以江猪、白毡、琉璃、罂、缶相易"⑥。骠国即今缅甸卑谬，所谓的"移信使"应该为骠国的朝贡使节，朝贡过程中带领众多商人一同入境以便进行贸易往来。

密切的贸易往来凸显了交通道路的重要性，这一时期，中国四川、云南通缅甸的交通道路，较前代而言更为清晰。

从成都到缅甸的路大致可分为两段，以云南大理为界，分为川滇、滇缅两段。首先是川滇段，根据《蛮书》记载，此段从成都府城出发，经蜀州新津县、雅州（今雅安）、黎州（今广元）、嶲州（今西昌）、会川、乘皮船渡过泸江、过弄栋城（在今姚安县）、云南城（今祥云），再过五十里到达阳苴咩城（今云南大理）⑦，共经过五十一个驿站，总里程达二千七百二十里，"自西川成都府至云南蛮王府，州、县、馆、驿、江、岭、关、塞，并里数计二千七百二十里"⑧。对于川滇段所经具体路线、里程，蓝勇《四川古代交通道线史》中有详细考证，见表7.2。

---

①　（宋）欧阳修，宋祁撰：《新唐书》卷二二《礼乐志》，北京：中华书局，1975年，第480页。

②　（后晋）刘昫等撰：《旧唐书》卷一三《德宗本纪》，北京：中华书局，1975年，第396页。

③　周去非：《岭外代答》卷二，丛书集成初编本，第21-22页。

④　（清）张廷玉撰：《明史 第6册》卷三百十四《云南土司传二》，长沙：岳麓书社，1996年，第4634页。

⑤　（唐）樊绰撰；向达校注：《蛮书校注》卷十《南蛮疆界接连诸蕃夷国名第十》，北京：中华书局，1962年，第233页。

⑥　（唐）樊绰撰；向达校注：《蛮书校注》卷十《南蛮疆界接连诸蕃夷国名第十》，北京：中华书局，1962年，第237页。

⑦　参见（唐）樊绰撰；向达校注：《蛮书校注》卷一《云南界内途程第一》，北京：中华书局，1962年，第11-13页。

⑧　（唐）樊绰撰；向达校注：《蛮书校注》，北京：中华书书局，1962年，第10页。

表 7.2　唐代南方丝绸之路川滇段馆驿里程表

唐地名	今地名	距离（唐里程）
成都	成都	40
双流二江驿	双流县治	40
新穿口	双流花园场	40
新津三江驿	新津县治	40
延贡驿	邛崃延贡镇	40
临邛驿	邛崃县治	40
顺政驿	邛崃大塘	50
雅州百丈驿	名山百丈镇	40
名山顺阳驿	名山县治	40
严道延化驿	雅安市西	40
奉义驿（长责关）	雅安县南 40 里飞龙关	60
荥经南道驿	荥经县治	75
汉昌驿（葛店）	荥经郑家坝	60
皮店	皇泥铺	30
邛崃关	大关	50
潘昌驿	—	—
山口城	草鞋坪垭口	60
黎武城	汉源清溪区	60
汉源场	九襄镇	25
白土驿	九襄富村	10
通望木筧驿	汉源县治	40
望星驿	晒经山	45
清溪关	汉源甘洛交界之深沟	50
大定城	海棠区治	60
达士驿	甘洛寮坪	50
新安城	越西县保安	30
菁口驿	越西县治	90
永安城	越西县南菁	30
瞿笮馆	越西小山	50
木瓜岭　（水口）荣水驿	登相营（鹦鹉关）	50
初裹驿	喜德冕山	35
北谷（台登谷）	泸沽峡	40
台登平乐驿	冕宁泸沽镇	40
苏祁驿	西昌礼州北	40
崖州三阜城	西昌青柯山	40
沙野城	西昌西打罗	80
羌浪驿	德昌县治	80
阳蓬岭（俄准岭）	德昌东南安宁河谷诸山	70
俄准岭馆	甸沙关附近	30

续表

唐地名	今地名	距离（唐里程）
菁口驿	会理白果	40
□驿	会理益门	30
会川镇	会理县	60
目集驿	唐和集县，今会理凤营区	55
河子镇	会理黎溪大海子	70
泸津关	会理拉鲊渡口	30
末栅馆	渡口大龙潭	20
迦毗馆	永仁县治	70
渠桑驿（清渠铺）	永仁南蜻蛉渡口处	80
藏傍馆	大姚赵家店	74
阳褒馆	大姚城东北	60
弄栋城	姚安城北	70
外弥荡馆	姚安西黑泥尺村	80
求赠馆（法双驿）	祥云普淜镇	100
云南城	祥云云南驿古城村	70
波大驿	祥云县治	40
渠蓝赵馆	即白崖城，今弥渡红岩	40
龙尾城	大理下关	30
阳苴咩城	大理县城西	50

资料来源：蓝勇：《南方丝绸之路》，重庆：重庆大学出版社，1992 年，第 52-54 页。

　　滇缅段即从大理至缅甸、印度的道路，其中诸葛亮城是一要关，《腾越厅志》记载：诸葛城"在分水岭上，旧有关，相传诸葛武侯所筑，一宿而成"[1]。从大理出发经诸葛亮城后即分两路均可达缅甸，其路线《新唐书》中记载十分详细。《新唐书·地理志》记载：

　　　自羊苴咩城西至永昌故郡三百里。又西渡怒江至诸葛亮城二百里。又南至乐城二百里。又入骠国境，经万公等八部落，至悉利城七百里。又经突旻城至骠国千里。又自骠国西度黑山，至东天竺迦摩波国千六百里。又西北渡迦罗都河至奔那伐檀那国六百里。又西南至中天竺国东境恒河南岸羯朱嗢罗国四百里。又西至摩羯陀国六百里。

　　　一路自诸葛亮城西去腾充城二百里，又西至弥城百里。又西过山，二百里至丽水城。乃西渡丽水、龙泉水，二百里至安西城。乃西渡弥诺江水，千里至大秦婆罗门国。又西渡大岭三百里至东天竺北界箇没卢国。

① （清）陈宗海修；赵端礼纂：光绪《腾越厅志稿20卷》卷之二十《杂纪志古迹》，光绪十三年刊本，第2页。

又西南千二百里，至中天竺国东北境之奔那伐檀那国，与镖国往婆罗门路合[①]。

《南方丝绸之路》一书中，对上述两条路线中经过地点所对应的现代地名一一进行考证，如表 7.3 所示。

表 7.3　唐滇缅段所经地及里程表

唐地名	今地及简释	距离（唐里程）
羊苴咩城	今大理县西	
兰沧江大索桥	今霁虹桥，唐代距龙尾驿七驿	300
永昌故郡	今保山县城	300
汤浪	保山柳湾山谷地	
怒江	怒江	
穿赕	保山市潞江坝湾	
诸葛亮城	今高黎贡山上分水岭古城，今叫城门洞，明清时上有古关城，砖砌而成，传武侯筑，明代已圮。唐为馆驿	200
乐城（些乐城）	今潞西县境	200
万公八部落	今缅北珊邦西北地区	
悉利城	今缅甸叫脉	700
突旻城	今缅甸叫栖瓦城一带	1000
黑山（大黑山）	青山山脉，又叫饮山山脉、小黑山	
迦摩缕波国 Kama·Rupa	印度阿萨姆邦高哈蒂	1600
奔那伐檀那国 Purusa·Pura	孟加拉国帕布纳（Pabna）	600
羯朱嗢罗国 Kajanghara	印度拉马杰马哈（Pajmabal）	400
摩羯陀国 Kagadna	印度巴特那（Paatna）	600
腾冲城	今腾冲县城	
弥城	腾冲古永	

资料来源：蓝勇：《南方丝绸之路》，重庆：重庆大学出版社，1992 年，第 68-69 页。

由表 7.3 可知，川商到达大理后，经永昌（今保山）渡怒江到达诸葛亮城（在今云南保山市西隅，高黎贡山东坡）后再分为两路，一路从诸葛亮城向南出发，四百里后进入骠国（今缅甸卑谬）；一路从诸葛亮城向西出发，经过腾冲到达丽水城（今缅甸密支那）、安西城（今缅甸猛拱）（图 7.3、图 7.4）。

另外，《蛮书校注》卷二也有记载："大雪山在永昌西北，从腾充过宝山城，又过宝山城以北大赕，周回四百余里，悉皆野蛮，无君长也。……大雪山，其高处造天，往往有吐蕃至赕货易，云此山有路，去赞普牙帐不远"[②]。可见当时大理到云南的贸易通道并不止一条。

① （宋）欧阳修，宋祁撰：《新唐书》卷四十三下《地理七下》，北京：中华书局，1975 年，第 1152 页。

② （唐）樊绰撰；《蛮书校注》卷二《山川江源第二》，北京：中华书局，1962 年，第 42-43 页。

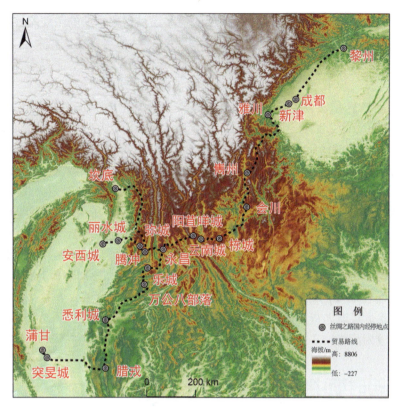

图 7.3　唐宋时期南方丝绸之路国内段路线图 [①]

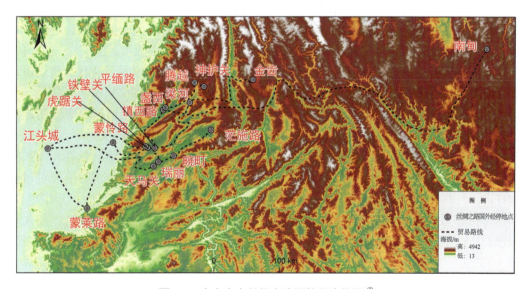

图 7.4　唐宋南方丝绸之路国外段路线图 [②]

---

① 蓝勇：《南方丝绸之路》，重庆：重庆大学出版社，1992 年，第 10 页。
② 蓝勇：《南方丝绸之路》，重庆：重庆大学出版社，1992 年，第 11 页。

除用于贸易外，唐宋四川到缅甸、印度的道路还是僧侣求法的主要路线。史书记载，曾有二十余名僧侣从四川去往天竺求佛法，其路线"从蜀川南出，经余姚（姚州）、越嶲、不喜（不韦）、永昌等邑……西过此蛮界即入土蕃国之南界，西越数重高山峻岭，涉历川谷，凡经三数千里，过土蕃界，更度雪山南脚，即入东天竺"①。

以上，唐宋时期由于贸易与文化交流的加强，史料中关于交通路线的记载也较为详尽，其中大理是陆路交通线上的一个重要地点。巴蜀商人从四川至大理路线上文已详细介绍，故不再赘述。从大理到缅甸至少有两条路线，第一条从大理出发达诸葛亮城（位于今高黎贡山）后又可再分两条路线。其一，从大理出发，经永昌郡（云南保山市）后渡怒江到达诸葛亮城后，经乐城（今云南省芒市境内）进入缅甸卑谬境内，继续向南依次经过万公八部落（缅北珊邦西北地区）、悉利城（缅甸叫脉）、突旻城（缅甸栖瓦城一带）后，向西跨青山山脉进入印度。其二，从诸葛亮城向西经云南腾冲、盈江进入缅甸丽水城（缅甸克钦邦地区），渡丽水、龙泉水达安西城（缅甸孟拱），再经弥诺江水（缅甸钦敦江）进入印度。

第二条路线则从腾冲经云南盈江，再经中缅边境坎底（缅甸葡萄）进入缅甸境内。该路线虽是通往缅甸的近路，但由于夏热冬寒，仅二三月可入，并且"仍须译解数种蛮夷语言，兼赍买道之货，仗土人引道，展转问津，即必得达也"②。故使用相对较少，路线记述也较为简略。

7.3　元明时期中缅间贸易通道的发展

进入元明时期，中缅关系更加紧密，边境贸易趋于繁荣。元代的"蜀身毒道"较前代最大的变动在于成都至云南段具体路线的改变——从成都南下至会理后，不是像以往折向西南渡拉鲊古渡，渡金沙江，经姚安进入云南，而是向南经黎溪、姜驿，从江边渡口，经元谋县进入云南。产生这种变化的原因主要是云南政治、经济中心的东移，即从唐宋以洱海为中心转向以滇池为中心。滇缅通道方面，元代继承了唐代入缅通道，即从今腾冲西至盏西到神护关到缅甸孟养，另外还有四条新开路线分别从天马关、虎踞关、铁壁关所出，最终皆汇于缅甸江头城，相对而言，元代中缅通道军事上的地位更为突出。由缅输入的商品仍以玉石为大宗，其中以白象进贡较为特殊。

明初期中缅间的陆路贸易变化不大，几乎继承元代滇缅贸易要道，包括元代入缅主线。之后由于政治原因中缅两国皆对原边境贸易商道下令禁止，传统的滇缅贸易受到打击，与此相对，两国间的海路贸易随之兴起，加之郑和下西洋的推动，中国广东、福建等沿海省份与缅甸之间的贸易通道得以畅通发展，但路线记载相对简洁，商人从福建、广东出发，经南海进入缅甸，过缅甸木邦、摆古后到达江头城外的大明街进行交易。

---

① （唐）释慧琳撰：《一切经音义·正续编·五》卷第八十一《大唐西域求法高僧传上卷》，台北：大通书局，1985 年，第 1773-1774 页。
② （唐）释慧琳撰：《一切经音义·正续编·五》卷第八十一《大唐西域求法高僧传上卷》，台北：大通书局，1985 年，第 1774 页。

7.3.1　元代中缅之间朝贡贸易的发展

公元 1253 年，大理国被灭，云南统一于元朝中央政权的管辖之下，此后，中央王朝开始征服缅甸，《元史》记载，元十七年二月"诏纳速剌丁将精兵万人征缅国……（五月）诏云南行省发四川军万人……同征缅国"[1]，至元二十三年（公元 1286 年）缅降，设立缅中行省，二十五年"敕缅中行省，比到缅中，一禀云南王节制"[2]，缅甸正式成为元的附属国，受云南行省节制。出于政治及军事需要，滇缅交通在元代得到了整治，元贞元年，当时的云南行省进言称"敢麻鲁有两夷未附，金齿亦叛服不常，乞调兵六千镇抚金齿，置驿入缅"[3]，中央从之。之后"增云南至缅国十五驿，驿给圆符四、驿卷二十"[4]，对边境地区的管理较前代更为完善。

元缅战争结束后，两国朝贡贸易得以发展，《元史》记载："大德元年二月，以缅王德立普哇拿阿迪牙尝遣其子信合八的奉表入朝，请岁输银二千五百两、帛千匹、训象二十、粮万石，诏封的立普哇拿阿迪提牙为缅王，赐银印，子信合八的为缅国世子，赐以虎符"[5]。在之后七十多年中，缅甸曾十三次派遣使者来朝，元朝先后共六次派遣使者去到缅甸。

《元史》记载当时进入缅甸的通道主要有三条："金齿头目阿郭之言曰：'……尝谓入缅者有三道，一由天部马，一由骠甸，一由阿郭地界，俱会缅之江头城'"[6]。"天部马"现已无从考证其准确位置，又《明史》提到："木邦军民宣慰使司……西北有孟炎甸，有天马关"[7]。学者夏光南认为此处的天马关虽是设于明代，但很可能为元史所记天部马或代指此地，从此地西出南坎八莫可达江头城[8]。此通道的详细路线应是从金齿经茫施路（潞西）沿龙川（今瑞丽江）经今宛町、南坎出天马关（陇川弄岛以外缅甸哈布拉新蚌，又称在邦欠山上，距瑞丽城 170 里）到江头城（杰沙）。也可以从金齿、南甸（梁河）经杉木笼到陇川、猛卯（瑞丽）出天马关到江头城。从天马关也可七日程到孟密（蒙米特）再经尼古到阿瓦（曼德礼）（蓝勇，1992）。

"骠甸"元时曾设骠甸军民府，隶属于云南行省，方国瑜《中国西南历史地理考释·下》考证此地为龙川江边孟卑（方国瑜，1987），今缅甸马贝英。但蓝勇从《元史》记载以及路线便利方面考虑，认为骠甸在今陇川县陇川坝子，其具体路线为从龙川章凤街出虎踞关（陇川境外洋人街西那路班）经蒙莱鲁（缅甸英洛）可直达江头城，再

① （明）宋濂等：《元史》卷一一《世祖本纪》，北京：中华书局，1976 年，第 222-224 页。
② （明）宋濂等：《元史》卷一五《世祖本纪》，北京：中华书局，1976 年，第 311 页。
③ （明）宋濂等：《元史》卷一八《成宗本纪》，北京：中华书局，1976 年，第 396 页。
④ 参见（明）宋濂等：《元史》卷二十《成宗三》，北京：中华书局，1976 年，第 431 页。
⑤ （明）宋濂等：《元史》卷二百一十《外夷三》，北京：中华书局，1976 年，第 4659 页。
⑥ （明）宋濂等：《元史》卷二百一十《外夷三》，北京：中华书局，1976 年，第 4656 页。
⑦ （清）张廷玉撰；中华书局编辑部点校：《明史》卷四十六《地理七·云南》，北京：中华书局，1974 年，第 1192 页。
⑧ 参见夏光南：《中印缅道交通史》，上海：中华书局，1948 年，第 68 页。

通孟买（蓝勇，1992）。《南诏野史》中引《滇小记·缅程》对此路也有记载，从腾越两日后可达蒙来路，再经此路入缅甸境内[①]。

史料中的"阿郭"应指金齿头目，干崖总管之名，阿郭一路即"由今之南甸、干崖出八莫，以达瓦城，为云南通缅正路"[②]，即从干崖宣抚司（盈江旧城）出发，沿大盈江经盈江出铁壁关后到达八莫、江头城。以上入缅道路最终于江头城汇合。江头城位于缅甸北部，但其故址仍有争议，或说在今缅甸八莫，或在今缅甸杰沙附近，或在今八莫以南的恭屯（辞海编辑委员会，1982）。根据学者陈孺性的考证，江头城位于今八莫附近，即明代的贡章[③]，又根据谭其骧主编《中国历史地图集》对元代云南行省复原后发现，江头城位于伊洛瓦底江西岸，距离杰沙更近。本书中关于江头城的地理位置描述同样认为江头城位于八莫、杰沙南部，相比较而言距离杰沙更近。

由上述可知，元时入缅通道至少有五条，均从云南出发达缅甸江头城。①从今潞西出发，沿瑞丽江经今宛町、南坎出天马关到达江头城。②从金齿、梁河经杉木笼到陇川、瑞丽出天马关到江头城。到达天马关后再走七日可达缅甸孟密，以上两条皆从天马关所出。③从今陇川出发，从虎踞关入缅，经缅甸英洛到达江头城。④从今云南武定一带出发，沿大盈江出铁壁关，经八莫到达江头城，此为元代入缅甸的正路，且直至明清时期仍然沿用。⑤从今腾冲西至盏西到神护关到缅甸孟养，此路也为唐代入缅通道。以上路线主要用于朝贡贸易，朝贡物品以白象最为特殊，其中八莫附近的江头城为交通线上的重要城市。

7.3.2 明代陆路贸易的衰落与海路贸易的兴起

明代，中国封建经济得到发展，随着手工业工场的出现，商品生产效率大幅提高，对外贸易需求上升。同一时期，缅甸处于东吁王朝兴起时期，国内经济也有所发展。在此背景下，两国贸易取得了新的发展。直至明中后期，陆路贸易受到政策限制，中缅之间的海上贸易随之迅速发展。本节就明代中缅贸易主要分为陆路路线以及海上航线两个方面进行叙述，并对贸易商品、具体路线进行初步探析。

1）滇缅陆路贸易的发展与衰落

明代中缅之间的陆路贸易，主要指滇缅贸易。西南丝绸之路上的缅滇一段对中缅贸易十分关键，其最早可以追溯到汉代所开的"蜀身毒道"，该通道经过历朝历代的修缮，一直为内地经西南通往缅甸、印度等东南亚国家的主要通道。元代时，为满足政治及军事需要，缅滇一段的驿站得以完备，极大地便利了明代中缅陆路的商贸往来。明清时期入缅的主线继承了元代阿郭道一线，即从腾冲经梁河沿大盈江出铁壁关，经八莫达缅甸江头城。来往货物方面，中缅之间的贸易商品种类繁多，陆路交通线上，

---

① 参见（明）倪辂辑；（清）王崧校理；胡蔚增订；木芹会证：《南诏野史会证》，昆明：云南人民出版社，1990年，第116页。

② 参见夏光南：《中印缅道交通史》，上海：中华书局，1948年，第68页。

③ 参见陈孺性：《江头城与牙嵩鉴》，《南洋问题研究》，1991年第4期，第103-108页。

缅输中的货物以宝石、棉花为大宗。

棉花是明代缅甸输入中国的主要商品之一。当时中国西南地区产棉量少，而缅北盛产棉，于是商人从缅北收购大量棉花后，沿伊洛瓦底江经八莫运进云南，从中国输入缅甸的商品包括丝绸、茶叶、铜铁器皿等，在运输过程中既要通过船只运输，又要借助骡马。霍尔在其著作《欧洲与缅甸》中记述了当时考可斯上尉随商队从缅北到中国的见闻："棉花成了中缅的主要贸易货物。从实街出发的商船满载棉花——每只船上都装载有上百筐，被源源不断地运往中国。这些商队再从中国运回生丝、绸缎、茶叶和铜铁器皿"（陆耀新和卢品慕，2013）。另外在八莫修建了一座关帝庙，以供来往商人休憩，还兼备存放丝绸、棉花的仓储功能。

除棉花外，宝石是缅甸输入中国的又一主要商品。据《明史·舆服》记载，明代女性无论是后宫妃子还是平民仕女，皆以金玉珠翠为饰品[①]。从史料记载中可以发现，中国的商人很早便发现缅甸境内拥有丰富的宝石、玉石矿，其中以孟养、孟拱等地出产的宝石为佳。《西南夷风土记》载："孟密东产宝石、产金……芒市亦产宝石，产银。孟艮、孟琏亦产银，迤西产琥珀、产金、产阿魏、产白玉、碧玉。茶山茶绿玉。干崖产黑玉"[②]。《腾越乡土志》："玉石、琥珀出自缅地猛拱、户拱、猛绥诸厂，采购来腾有太璞完与不完者，经玉人雕琢，玉有结绿、棕黄、白璧最上，翡翠最下……名目甚多"[③]。明人沈德符记述"云南宝井，环孟艮、孟养诸夷俱有之，惟孟养所称最"[④]。"宝井"代指玉石矿或宝石矿。随着中国对宝石需求量上升，大量商人入缅甸境内开采、收购宝石以赚取利润。《南中杂说》载："此石（宝石）大而光者，皆以归之于王，细碎而黯黑者，则以入市"[⑤]。实际上，滇商在缅甸所采购的为原石，需运输至腾越进行加工，制成各式精美饰品后出售，宝石价格取决于其成色好坏，"贾人收石入关，状如瓦砾，号曰荒石，腾越工人磨之以紫梗，砥之以宝砂，而宝光始出，以赤者为上，曰玫瑰水、曰鸽子血、曰石榴红，皆佳品也，曰老红则弃物矣"[⑥]。随着贸易的扩大，逐渐形成了以腾冲为中心的宝石加工市场。

明清继承了元代入缅主线，徐霞客《滇游日记》中记载道："自铁壁而出，亦为南路，通蛮莫，为缅甸阿瓦正道"[⑦]。即此路从腾冲经南甸（梁河）、干崖宣抚司（盈江旧城）后顺大盈江出铁壁关经八莫达江头城，共计 15 日程。此路为滇缅间运输棉布、宝石、棉花等商品的要道。

①　参见（清）张廷玉撰：《明史》卷六十六、六十七《舆服》，北京：中华书局，1974 年，第 1621-1633 页。

②　（明）朱孟震著；福庆纂：《西南夷风土记》，北京：商务印书馆，1936 年，第 8 页。

③　（清）寸开泰纂：《腾越乡土志》卷八《矿物·商务》，光绪三十一年，抄本。

④　（明）沈德符撰：《历代笔记小说大观·万历野获编下》，上海：上海古籍出版社，2012 年，第 652 页。

⑤　（清）刘昆：《南中杂说》，北京：中华书局，1985 年，第 37 页。

⑥　（清）刘昆：《南中杂说》，北京：中华书局，1985 年，第 37 页。

⑦　（明）徐宏祖：《徐霞客游记·滇游日记九》，北京：北京燕山出版社，2007 年，第 403 页。

除上述主线外，滇缅间的贸易通道还有以下几条要道，以运送宝石为主。

（1）腾冲入缅南路：从腾冲出发到南甸，经干崖、蛮哈山（今陇川附近）出天马关，10日程到猛密（今缅甸蒙米特），共计1100里左右。经宝井（今抹谷克）、瓦城（曼德礼）到浦甘。

（2）腾冲入缅西路：从腾冲经盏西神户关（盈江盏西勐戛山）经不断山南段到猛养，或从盏西从"支那"隘经野牛坡入缅甸。此路系开采孟养玉石的要道。

（3）腾冲西入缅大路：从腾冲经古永隘、今猴桥，翻尖高山南端甘败地山口经昔董到密支那。

（4）腾冲入缅东南路：从腾冲、猛连、龙陵、芒市、遮放从汉龙关到木邦（新维）经腊戍、锡伯、叫脉、眉苗、瓦城到蒲甘，此路系明清输入木邦洋布的要道。

（5）虎踞关路：此路为继承元代的又一要道，出虎踞关经蒙怜、蒙莱路到江头城（蓝勇，1992）。

除以上路线外，《明史》记载：顺治十六年正月"大兵入云南，由榔走腾越。定国败于潞江，又走南甸。二十六日，抵囊木河，是为缅境"[1]。《狩缅纪事》记载了当时官员由云南入缅甸的路线，官员从永昌出发，经十日达盏达，之后达到铜壁关，出关后到囊本河，距离缅关仅十里，又过三日进入缅甸蛮莫[2]。根据记载，该路线主要为军事用途，不能明确是否有用于贸易。具体路线如图7.5所示。

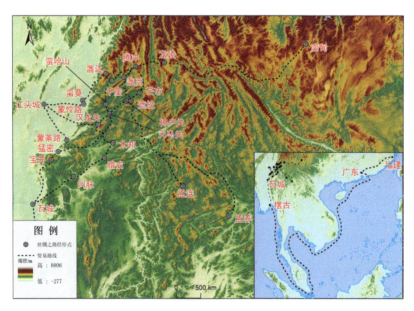

图7.5　明代南方丝绸之路路线图[3]

---

①　张廷玉撰；中华书局编辑部点校：《明史》卷一百二十《朱由榔传》，北京：中华书局，1974年，第3656页。

②　参见刘茝：《狩缅纪事》，杭州：浙江古籍出版社，1986年，第6-10页。

③　蓝勇：《南方丝绸之路》，重庆：重庆大学出版社，1992年，第13页。

　　过于密切的贸易往来让中缅两国朝廷产生了危机感。明朝政府认为中缅陆路贸易的繁荣加重了边患危机，因此对中缅民间贸易进行了限制。明英宗时云南总督王骥上言请求严管边防，曰："云南东南接壤交阯，西南控制诸夷，其在内地亦多蛮种，性习不俈，变诈不一。曩者，麓川之叛，多因近边牟利之徒，私载军器诸物，潜入木邦、缅甸、车里、八百诸处，结交土官人等，以有易无，至有教之。治兵器，贪女色，留家不归者，漏我边情莫此为甚，以故边患数生，致数年干戈不息，军民困毙"①，英宗从之。明中央在中缅边境设立关卡，对往来贸易货物进行排查，《南中杂说》载："查前明旧制，腾越三站之外设立八关，以协镇標兵分防其地，汉彝互市，则关外有市场，防弁及巡司主之，其犯铜铁之禁者，必诛无赦，是不欲以利器假彝人也"②。而缅甸朝廷对华商入境贸易亦有顾虑。《西南夷风土记》曰："槟榔、木邦，两江环带，水陆通达，缅人不容华人由之，恐防天朝取径也"③。《南中杂说》载缅甸："盖其国禁甚严，不以精妙之物漏入中原，惧开征求之门，别生边衅也"④。陆路贸易在两国政治的影响下受到限制，与此相对，明中后期中缅海路贸易得以发展。

　　2）海路贸易的兴起

　　明初中央施行海禁政策，禁止私下进行海上贸易，至永乐年间朝贡贸易兴起，郑和七次下西洋将海上朝贡贸易推至高潮，但民间的海上贸易仍被禁止。直至隆庆元年，全面放开海上贸易，中国沿海地区民众纷纷出海经商，促进了中国与东南亚国家之间的海上贸易关系发展。

　　中缅的海上贸易主要是中国南部的沿海的福建、广东，与下缅甸的马都八、丹那沙林、勃生等港口城市之间的贸易往来。自郑和下西洋以来，越来越多的商人意识到东南亚的贸易市场，"郑和下西洋图"中明确绘制了下缅甸的多个沿海城市，如落坑（今仰光）、打歪（今土瓦）、八都马（在今缅甸萨尔温江入海处的莫塔马一带）等城市⑤，可见当时已经有商队到达过这些地方。当时，华商通过海上航线向缅甸输入铜铁瓷器，而缅向中输入宝石、棉花、米谷等货物，《西南夷风土记》中记载了当时中缅贸易船只往来以及华商聚集缅甸的场景，"海水日潮者二，乘船载米谷货物者，随之进退。自古江（摆古江）船不可数，高者四五尺，长至二十丈，大桅巨缆，周围走廊，常载铜铁瓷器往来，亦闽广海船也"⑥，"江头城外有大明街，闽、广、江、蜀，居货游艺者数万"⑦。其中从福建泉州运入缅甸德麻尔达拨里海港德麻尔达萌城的青瓷更是

　　①　赵桅辑编：《明实录·清实录烟瘴史料辑编》卷117，北京：中央民族大学出版社，2014年，第236页。
　　②　（清）刘昆：《南中杂说》，北京：中华书局，1985年，第37-38页。
　　③　（明）朱孟震著；福庆纂：《西南夷风土记》，上海：商务印书馆，1936年，第9页。
　　④　（清）刘昆：《南中杂说》，北京：中华书局，1985年，第37页。
　　⑤　参见向达整理：《郑和航海图》，北京：中华书局，1961年，第54-55页。
　　⑥　（明）朱孟震著；福庆纂：《西南夷风土记》，上海：商务印书馆，1936年，第7页。
　　⑦　（明）朱孟震著；福庆纂：《西南夷风土记》，上海：商务印书馆，1936年，第6页。

被称为"麻尔达拔里"陶瓷器 [①]，由此可以想象当时中缅海上贸易之繁荣。

据《西南夷风土记》的记载当时缅甸境内的"槟榔、木邦，两江环带，水陆通达" [②]，可以断定商人进入缅甸后经槟榔、木邦与陆路联系。其具体路线为：商人从福建、广东出发，经南海进入缅甸，过缅甸木邦、摆古后到达江头城外的大明街进行交易。

总的来说，明一代贸易大体可分为陆路贸易与海上贸易路线。前期，陆路贸易十分繁荣，缅甸的宝石、棉花大量输入中国，而中国则向缅甸输入丝绸、茶叶、铜铁等货物。主路线系继承唐代入缅南路的路线，由于中缅陆路边贸的繁荣促使一批新兴贸易城镇的繁荣，其中包括八莫、腾冲等地，并以这些城镇为中心向周围发展，形成了一定范围内的商业贸易区。到后期中缅朝廷出于对政治上的顾虑，对两国民间贸易加以限制，陆路贸易有所减弱，与此同时，中缅间的海上商贸快速发展。中缅海上贸易从福建、广东出发，经南海进入缅甸，过缅甸木邦、摆古后前往江头城外大明街交易，其中来往的商品包括中国的瓷器、铁铜等，缅甸的宝石、棉花、米谷等。

7.4 清代以来中缅贸易及其通道发展

清初，中缅贸易有了进一步发展，腾越、新界、蛮莫等地区仍是两国贸易往来的重要场所。这时期西北丝绸之路贸易被波斯、意大利等国的丝织业以及兴起的南方海上丝绸之路所侵夺，为南方陆上丝绸之路贸易的发展提供了良好契机。清代滇缅道甚为通畅，主道仍是继承了元代以来的大道，另外小路也多有开辟，民间贸易加强，加上这一时期贵族对宝石需求量增加，贸易路线多以缅甸产宝石的地区为终点，如孟密、孟养等。

雍正时期由于政治上的失误，导致缅甸朝廷下令禁止向中国输入棉花，乾隆年间又经历了四年的清缅战争，两国陆路贸易一度跌入谷底。事实上，中缅政府虽禁止民间贸易，但两国人民仍通过海上通道进行贸易往来，缅甸商人从仰光、羊翁等地经海上通道将商品运至广东的各个港口售卖。由于海上路线的发展，陆路的贸易城市经济发展急速下滑，以腾越最为典型，直至乾隆五十五年，两国再次开关通市，贸易才恢复正常化。

7.4.1 清中前期陆路通道的衰落与海上通道的兴起

清代，棉花、宝石仍是缅甸输入中国的主要货物，而腾越地区依旧是双方贸易往来的重要场所。《腾越州志》记载："今商客之贾于腾越者，上则珠宝，次则棉花，宝以璞来，棉以包载，骡驮马运，充路塞道。今省会解玉坊甚多，砻沙之声，昼夜不歇，皆自腾越至者"（屠述濂，1967），重现了当时中缅商客贸易往来过腾越的场景。由于大量商客往返腾越，沿途还设置号房以供来往商人休息，《腾冲乡土志》记载当时沿途的号房多达十数所，可见来往商人数量繁多。

---

① 参见杨万里：《中国青瓷史略》，上海：上海人民出版社，1956 年，第 52 页。

② （明）朱孟震，福庆纂著：《西南夷风土记》，北京：商务印书馆，1936 年，第 9 页。

腾越商人向走缅为多，岁去数百人，有设立号房于新街、瓦城、漾贡者，亦有不设号房，年走一次者。近日风气渐开，涂永昌、龙陵、下关等地照常贸易外，到滇垣者约有十数号，下货则以洋料、布疋、鹿角、燕窝、土药、玉器各种为大宗，运省销售，所有本利盖以买办。绸缎、丝襟、衣服、小帽、华黑、纸张、药材、器皿等类，发运回腾，出卖获利颇厚，估计来往货物所值不下二三十万金，其人比贸缅者，较为开通云[①]。

或在此地进行商品贸易"故州城八保讹为百宝街"（屠述濂，1967），与百宝街类似，大理的集市每年三月开，各路商客在此处赶场交易，故得名三月街。《腾冲乡土志》对此有详细记载：

年春季前赴大理赶场，俗谓之三月街，凡玉石中如、手镯、手箍、口底玩器、琥珀中如戒箍、烟壶、钮子、朝珠等件，以及各项可销之货，俱载遇到彼求售，赶集之人五方襍度，交易而退，大半购买骡马，回归得市利倍数，且鹤庆前有松桂，一会腾商之往彼贸易者，其情形与三月街相似，亦有商务中之大端也[①]。

另外还有老官屯、新街（两地均位于八莫附近）、蛮莫等处亦为商贾辐辏之地。据清政府内部的官员记载说："每年秋冬瘴消，缅夷以其所产之盐、咸鱼、棉花、象牙等项，用船载至老官屯、新街江岸，而内地附近民人以内地所产之铁针、棉线、布鞋、绸缎、红绿黄丝、布匹、核桃、栗子等物，用牛马驮至老官屯、新街江岸，而内地附近民人以内地所产之铁针、棉线、布鞋、绸缎、红绿黄丝、布匹、核桃、栗子等物，用牛马驮至新街、老官屯与之交易。至二月瘴发，即各散回"（冯立军，2005）。《清实录》也有记载："蛮莫、新街一带，闻向为缅夷贸易处所，沿江而下，并有缅夷税口，则其地交易之货必多"[②]。

由于滇缅贸易的发展，中国云南及缅甸均形成了大大小小的交易场所。其中入缅的具体道路在道光《云南志钞》中有详细记载，文中将滇缅路线分为两部分，首先是腾越至边关的路线：

入缅之路，由腾越州城南六十里为曩宋，十里为南甸土司，故为府。由南甸左行六十里为龙抱树，又五十里为杉木笼山，山之险者也。又三十里为蛮陇，又六十里为陇川土司，又四十里为邦中山，又一百里为猛卯土司，凡四百五十里。自南甸右行二十里至沙冲，二十里至猛宋，五十里至黄陵冈，五十里至干崖土司，八十里至盛达土司，三十里至太平街，又自翁轮三十里至铜壁关，凡三百五十里。此自腾越州由南分左右之里数也。自陇川八十里至腊撒土司，户撒在其北三十里，自腊撒至铁壁关八十里，由铁壁关而左二十里至蛮等，七十里至虎踞关，又五十里至南喜，三十里至等拐，又十里

① （清）寸开泰：《腾冲乡土志》卷八《矿物·商务》，抄本，第 14 页。
② 《清实录·高宗纯皇帝实录》卷八〇八《乾隆三十三年四月上》，北京：中华书局，1986 年，第 919-920 页。

天马关。此境内南行之里数也[1]。

由上所述,腾越州至边关有三条要路:①南线,由腾越州出发经曩宋(今云南梁河县)、南甸、杉木笼(今云南省陇川县)、陇川至猛卯。②北线,腾越州出发经南甸(今云南梁河县一带),过干崖、盏达、太平街至铜壁关。③中线,从陇川经腊撒、铁壁关、虎踞关、南喜至天马关。而从边关入缅的道路则有多条,其中《云南志钞》记载了五条,即:

> 一自腾北道四程至茶山界,自腾西道八程至里麻界,十程抵孟养境;一自州南一程至南甸,二程至干崖,四程至盏达蛮哈山,十程由蛮暮至猛密,二十七程至缅甸,三千里有奇至南海;一自腾南一程至南甸,四程至陇川,自陇川西南又十程至猛密,转达缅。自陇川东道又十程至木邦,转达景线,即古八百媳妇国;一自腾东南道二程至蒲窝,二程至芒市,转达镇康。旧谓古临夷之路,皆抚剿所必由。惟茶山所住,号野人境,峭壁不可梯绳,弱水难于舟筏,而茶山、里麻,前明设有两长官司。明季时为野人所驱,奔入内地,今尚有早土司后裔,已为齐民,其地闭塞,不通久矣。古勇、明光、滇滩诸隘之设,防野夷也[2]。

由上述资料所示,当时入缅的五条道路分别为:①从云南出关后经茶山、里麻界(今缅甸北部恩梅开江以西,迈立开江以东地区)至孟养即到达今缅甸的克钦邦一带,伊洛瓦底江上游,最终达玉石的产地——孟养。②从云南出关后经干崖、盏达、蛮莫至猛密,由猛密转达缅甸阿瓦(今曼德勒)。此路线从元代已经通行,明清时期为入缅的主道,其中蛮莫是重要的商品交换地,从蛮莫顺大盈江可至八莫,再利用伊洛瓦底江达猛密或阿瓦。《腾越沿边图说》中对蛮允经蛮莫达新街的路线有详细记载:

> 蛮允与新街间中隔野人,自新街用小舟逆流而上,三日至蛮暮。蛮暮以上乱石崖,不能通舟。蛮允以上复可通舟辑,其坝竹渡为诸司通衢。海坝江即槟榔江,由蛮允地东北流来,会盈江、盏达河,西南流出蛮暮,入大金沙江。由蛮允一日过铜壁关,二日浪宿,三日蛮暮,四日新街,计程约二百七十里,此为上路。一日石梯,二日红蚌河,三日蛮暮,四日新街,计程二百七十里,此为中路。一日蚌洗,二日红蚌,三日蛮暮,四日新街,计程二百五十里,此为下路(陆韧,1997)。

可见,当时蛮允至新街可依靠水路之便直抵阿瓦,这也是最为便捷的路线。③由腾越至边关经南甸、陇川西南至孟密,与第二条道路汇合再达阿瓦。④由陇川向东南经木邦达景线。⑤由腾越经芒市后达镇康,出木邦后再入缅甸[3]。

上述五条通道多为中缅民间交易所用,而两国间朝贡的路线是经虎踞关所入,

---

① (清)王崧著;杜允中注;刘景毛点校:(道光)《云南志钞》,昆明:云南省社会科学院文献研究所,1995年,第227页。

② (清)王崧著;杜允中注;刘景毛点校:(道光)《云南志钞》,昆明:云南省社会科学院文献研究所,1995年,第227-228页。

③ 参见陆韧:《云南对外交通史》,黄茂裁:《西辅日记》,昆明:云南民族出版社,1997年,第236-239页。

具体路线为：

> "由虎踞关入，经孟卯、陇川等处，以达南甸，设南营都司以备之。自外海轮舶南来，直抵新街，商贾咸趋。北道由腾越城西南行经南甸、干崖、盖达三宣抚司，历四程而至蛮允，过此即野人境。其间有三路。下为河边路，中为石梯路，上为炎山路。上路……行四日至蛮暮，入缅甸界。舟行一日可达新街"①。

由以上史料可知，清朝前期中缅两国贸易往来较前代有所发展，华缅商人主要利用牛马、船运输货物，内地商人经三条主要通道至云南后出关到达缅甸境内。来往货物品类繁多，中输缅的货物包括棉线、布鞋、绸缎、干果等，缅输中的货物包括玉石、棉花、盐、象牙等，其中珠宝、棉花为输入的主要货物。但两国的贸易友好关系未能一直延续下去。清中叶起，由于政治问题，两国的贸易往来一度跌至谷底。与此同时，商人为赚取利润另辟海路作为贸易通道，海上贸易随之快速发展。

首先是康熙六十一年，永昌知府误信木邦欲内附的流言，并上报至省，雍正年间此事再次发生，导致两方关系恶化，木邦"遂早乃闭关索客，将汉人在彼为棉花商客者，悉行驱逐出关，且将棉花一项永禁，不卖汉地，并令嗣后勿种棉花，以绝汉人交易，窥视之端"②。其次，乾隆年间清缅双方于 1765～1769 年处于战争状态，商业贸易也随之受到影响，乾隆三十五年下令"以缅酋猛驳贡表不至，谕彰宝备之，并严禁通市"③。之后贸易方面"自用兵以来，概行禁止"④，中缅贸易的禁止导致了三个最为直接的后果。

第一，由上文可知，棉花是中国云南与缅甸交易的主要商品之一，与玉石不同，棉花主要是日常生活使用，交易量要远超于其他商品，如《腾冲乡土志》所说，"而缅产之运销于腹地者，尤以棉花为大宗，计每年所入，不下二、三千驮"⑤。禁止买卖棉花后直接导致"入口绵觔仅供被褥之用，泽纱洋线充斥街衢，纺织之利几于尽失"⑤，"云南布缕丝絮之用窘矣"⑥。缅甸的新街、八莫等处棉花则堆积如山，贩卖无门。

第二，商人为赚取利益加强寻找其他通道进行贸易，而与陆路相比海上通道禁令相对较松，商人通过海路运输货物，乾隆四十二年有官员上谕"到滇后，闻缅匪之晏共、羊翁等处，为洋船收泊交易之所是缅地棉花，悉从海道带运，似滇省闭关禁市有名无实等语"⑦。针对这一情况，中央下令"海口严行查禁，如有装载棉花船只，概不许其进口"⑦，但仍有商船私下运输棉花等缅甸商品。

① 赵尔巽等撰：《清史稿》卷一三七《兵志》，北京：中华书局，1976 年，第 4070-4071 页。
② （清）王崧：《云南备征志》卷十七，宣统二年孟冬日 云南官报局排印，第 106-107 页。
③ 赵尔巽等撰：《清史稿》，北京：中华书局，1976 年，第 483-486 页。
④ 《清实录·高宗纯皇帝实录》卷八〇八《乾隆三十三年四月下》，北京：中华书局，1986 年，第 920 页。
⑤ （清）寸开泰：《腾冲乡土志》卷八《矿物·商务》，抄本，第 12 页。
⑥ （清）王崧：《云南备征志》卷十七，宣统二年孟冬日 云南官报局排印，第 107 页。
⑦ 《清实录·高宗纯皇帝实录》卷一〇四三《乾隆四十二年四月下》，北京：中华书局，第 819-820 页。

第三，由于政策禁止贸易加上海上通道的发展，陆路通道几乎不再用于商业往来，其直接导致通道沿线因贸易发展的城市经济受到重创。以腾越为例，腾越至唐宋起就因其所处位置商业经济得以发展，后又为输入宝石的加工点，明初几乎为中缅商人的必经之地，经济快速发展。至贸易禁令实施后，商人大多放弃了这一传统路线，选择海上通道，腾越商情锐减，如清人寸开泰所说，从前的贸易往来："凡闽粤客商贩运珠宝、玉石、琥珀、象牙、燕窝、犀角、鹿茸、麝香、熊胆，一切缅货皆由陆路而行，必经过腾境，其时商务尚称繁威。自海船流通两广、福建，商旅均由新嘉坡、槟榔屿行经漾贡，直达缅甸，腾之商情因之锐减，此商务之一大变也"[①]。事实上，已有大臣发现禁止买卖棉花所带来的弊端，上言"如棉花等项，为滇省民人需用，似此等物件，与内地民人甚属有益，于禁例之中，不妨稍存通变"[②]，但并未被采纳。而缅甸由于丝绸的禁止入内，导致"恐人民无衣也"（哈威，1973）。

直到乾隆五十二年"缅甸效顺，亦准开关通市，于永昌、腾越、顺宁收征出口税，杉木笼、暮福、南河口征收入口税"[③]。至五十五年，缅甸使团乘来朝祝贺乾隆帝八十大寿之机，请求再开腾越，恢复贸易，乾隆欣而允之，言："至该国自禁止通商以来，需用中国物件，无从购觅，而该国所产棉花等物，亦不能进关销售。今既纳赆称藩，列于属国，应准其照旧开关通市，以资远夷生计"[④]。至此，中缅贸易恢复正常化。

7.4.2 晚清民国时期中缅海陆贸易通道的变化

晚清民国时期，在帝国主义广泛殖民的大背景下，中缅贸易可分为两大阶段。首先是18世纪中后期至19世纪初期，传统的陆上贸易再次正常化，与此同时中缅间的海上贸易得以发展。进入19世纪以后，随着帝国主义的侵略，中国逐渐沦为半殖民地半封建社会，缅甸则沦为英属殖民地，这一时期两国间的贸易实质为殖民经济贸易。

1. 陆路通道的恢复

乾隆五十五年再次开关通商后，滇缅传统贸易迅速恢复并继续发展。18世纪末至19世纪，传统的滇缅贸易进入兴盛时期，这一时期滇缅贸易主要有以下两个变化。首先棉花、宝石依旧是滇缅贸易主要商品，由于缅甸、英国政府的干预，华商进口棉花、宝石的成本大幅度提高；其次滇缅贸易范围有所扩大，华商逐渐从缅甸边地向内地深入，贸易重点出现南移趋势，缅甸的阿瓦、阿摩罗补罗等地成为华商新的聚集地。

1752年缅甸贡榜王朝建立，王朝建立初期以云南人为代表的华商已经频繁进入缅

① （清）寸开泰：《腾冲乡土志》卷八《矿物·商务》，抄本，第11页。
② 《清实录·高宗纯皇帝实录》卷一三二五《乾隆五十五年三月下》，北京：中华书局，1986年，第942页。
③ 赵尔巽等撰：《清史稿》卷十二五《食货志》，北京：中华书局，1976年，第3682页。
④ 《清实录·高宗纯皇帝实录》卷一三五一《乾隆五十五年三月下》，北京：中华书局，1986年，第90-91页。

甸阿瓦、阿摩罗补罗等地区进行商业贸易。学者陈孺性记载，当时"中国商贾在实阶、阿瓦等地收购棉花后，或租赁，或自备船只，把棉花运至八莫，然后用骡马运返云南。但棉花主要集散地为实阶"。另外，阿摩罗补罗由于往来华商众多，侨商多经营棉花、丝绸、宝石、玉石贸易，1773 年在此修建了一座"阿瓦观音寺"，寺内还挂着许多侨商为祈祝生意兴旺的牌匾，如有"以义为利""豫大丰亨"等。寺内还存有《重修观音寺》碑文，从文中"两国修睦，丝绵往来……商人鱼贯而入"及"诸色京广土货"的叙述（腾冲县政协文史资料委员会，1991），可见当时此地国际贸易繁荣，来往侨商众多。当时来往货物依旧以棉花为大宗，希穆斯在其著作《1795 年出使阿瓦记》中写道："中国云南与缅甸一直保持贸易往来，其中以棉花的贸易量最大。缅商从棉农那里收购棉花，沿伊洛瓦底江运到八莫，同中国商人交换商品，后者沿水陆两路把棉花运入中国"（希穆斯，2019），与学者陈孺性所记大体相同。由于棉花进口量大，经营棉花的华商采取在棉花未收获之前提前贷款给缅甸农民，等待棉花收获后以实物偿还贷款，但在 1854 年缅甸政府颁布了棉花专卖政策，由缅甸政府向棉农发放贷款，收获后再转售华商，"缅廷从绵农购进棉花的价格每百缅斤为二十铍银子，但以每百斤四十五铍银的价格，转售与华商"（陈孺性，2017），最终价格比原来多出数倍。另外，缅甸在 1885 年正式沦为英国殖民地，在此之后缅甸的采玉权完全由英国控制，"开采须付极重之矿税，始得运出"（夏光南，1948），华商往往需要付出高昂的采矿税，"玉之佳者，粤闽商亦直接运往港粤，中下货品，始销川黔各省"（夏光南，1948）。由于缅甸、英国政府的贸易政策，当时中国主要的两种的进口商品——棉花、宝石的进口成本大幅度上升，但由于棉花是生活必需品，其进口数量总体变化不大。

华商在缅经营者，根据经营方式的不同，可以将其划分为行商和坐贾。行商即通过游动性的交易方式，将一地或多地的货物运到其他需求较高的地区进行出售，与其相对应的，坐贾（或称坐商）为在某固定地点开店经商的商人。这一时期在缅华商众多，坐商经过祖辈的经营，至晚清民国时在缅已经形成了几个大的商号，商铺分散于各地，以商号"三成号"为例，根据《腾冲文史资料选辑》记载："'三成号'就是以今'三成号'小巷内李姓祖人为主的进出口华侨商号，经营棉花、玉石、丝绸。在缅甸古都阿瓦·曼德里以及缅甸北八募、密支那，国内腾越、永昌、下关、省城昆明，都设有栈口"（腾冲县政协文史资料委员会，1991）。除此之外还有和盛号、大有号、秀发号等，都是当时有名的在缅经营的商号。华人行商进入缅甸境内后，出于身份的认同与商业利益的驱使，他们通常与当地的华人坐商保持贸易合作，如 1855 年亨利·尤尔所作调查，记载：

> 这些（阿摩罗补罗）华商大部分为代理商，与在中国的家乡保持贸易往来。他们并不是从交易中赚取佣金，而是在商品销售的利润中分得提成。为此，他们常常每隔六七年就要回一趟中国清理相关的账目。……在阿摩罗补罗，有五六家代销商铺的年销售额最多可达二十万铢，另有超过二十五家商铺年销售额可过两三万铢。零售商则通常财力不济，他们常从上游供货的同胞那里以两三个月的赊销期拿货；待之小有积蓄，他们就用自有资金购入

棉花销往中国，届时再采购货品返程（李新铭，2017）。

另外，行商由于沿途危险较多，货物重，一般是利用马帮与中国保持密切的贸易联系。由于马帮长年出入滇缅进行贸易，故形成了几条较为固定的来回路线，据学者陈还的研究：

> 当时云南马帮出入滇缅形成了六条路线：西出古永、盖西及走锡马（万仞、巨石关外）以赴玉石、树乳等场者为走厂帮；自腾越经石梯（初有上中下三条分，今并归中路）出蛮暮而至新街者为火焰山帮；自永昌、龙陵出崩干（在天马关外）以抵碟硐（去新街六十里），蜚上新街者为碟硐帮；东出遮放、芒市以赴摩谷之宝石厂者为回回帮；由缅宁出木邦，走大山至阿瓦者为大山帮；由普洱等属出车里走茶山而下暮尔缅者为奔竜帮（大山、奔竜大半汉回帮驼）[①]。

由以上陈还的调查可知，当时滇缅主要有六条贸易通道，其中三条道路是抵达距离滇缅边境较近的缅北贸易集市；另外两条是先通过陆路到达八莫后，再沿伊洛瓦底江到达缅甸中部；剩余一条是通过陆路直达缅甸中部。

2. 中缅从传统贸易到口岸贸易的转变

通商口岸是近代中国受帝国主义侵略下的特殊产物。1840年鸦片战争失败后，中国被迫签订《南京条约》，依照条约规定中方开放广州、厦门、福州、宁波、上海五个对外通商口岸，中国近代通商口岸由此产生，此后所签订的各项不平等条约大多都涉及通商口岸的开放，此类被迫开放的口岸称之为"约开口岸"。"约开口岸"虽是侵略下的产物，但其贸易价值不可忽略，基于口岸开放带来的贸易经济发展，19世纪后期在中央及地方的支持下，部分地区相继开始自行开放商埠，即"自开口岸"，直到1928年自开口岸开放浪潮才结束。从1843年开放5个通商口岸，到1930年广东中山港的设埠，在中华大地上，共出现了104个开放商埠，4个租借地，加上香港、澳门，可供外国人贸易的口岸达到110个。除了山西、贵州、陕西、青海、宁夏等少数省份，中国绝大部分的省份都有了多个通商口岸（吴松弟，2006）。在此背景下中国的国际贸易得以发展，与缅甸的贸易往来更为密切。但由于近代以来中国受到资本主义国家侵略，逐渐沦为半殖民地半封建社会国家，而缅甸则受到英国的侵扰，至1885年后就完全沦为英国的殖民地，因此进入近代后的很长一段时间内，中缅两国的贸易其实质是殖民经济贸易，来往货物仍是以土特产品为主。这一情况直至19世纪末云南开埠三关后才得以明显改善。

进入19世纪，中缅贸易在很长一段时间内保持稳定，据英国学者的估算，得出1855年从缅甸输入云南的货物价值达23.5万英镑，其中仅棉花一项就达22.5万英镑，而从云南输出到缅甸的货物价值为1807万英镑，逆差额由该省输出金银铜铁等金属矿物填补（贺圣达，1992）。但在缅甸被英国占领后，中缅间这种贸易平衡发生了改变。

---

① 参见余定邦，黄重言编：《中国古籍中有关缅甸资料汇编》（下），中华书局，2002年，第1401页。

1600 年英国人创建东印度公司，逐渐垄断印度的商业贸易往来，自此之后英国的殖民活动开始向东南亚其他国家拓展，缅甸成为英国的目标之一。1826 年英国占领下缅甸部分地区，至 1885 年缅甸完全沦为英国的殖民地，成为印度的省级行政区。随着英国殖民势力对印、缅的占领与渗透，印、缅逐渐成为英国的在产业上既有分工而又相互合作的殖民经济圈。缅甸主要被营建为工业原料产地，而工业品的加工则主要在印度进行（张勇帅，2017）。其中缅甸被英国当作进入中国的跳板。早在 19 世纪末开始，英国就曾多次派出人员以考察、勘测以及商队等各种名义从缅甸一带进入中国，窥探结束后曾提出要建设一条从缅甸经云南的腾冲、下关等地达昆明的铁路，后期再延续至内地的设想。在滇缅铁路未正式修建成功之前，英属印度与中国的交易是通过缅甸作为中转，进入云南后再转运至内地各地，其中以印缅货物纱棉为主要货物之一。《中印缅道交通史》一书中记载当时纱棉进入中国的路线主要有五条，有三条由经缅甸分别为：

（一）孟买或马得拉斯之纱布运至仰光后，由仰光运至八莫密支那或腊戍，再转运十九日至下关，下关为迤西销售中心，再转东北最远分销及于西康之会理，转西北及西康之建昌雅州打箭炉，又由下关驮运十三日最终到达昆明，昆明为迤西迤南各县分销之中心，而下关及迤西各县销数约占全省之半。（二）由仰光驮运至棠吉、景栋、思茅后，再驮运内地。此途来货，除纱布外，尚有原棉，以销行玉溪为大宗。其地当蛮耗、思茅及昆明间内地交通之要冲，……为一棉布手工织造业之中心，倾销于迤西迤南数十县，边地夷民，尤利赖之。（三）仰或运至香港，经海防东京而水运至蒙自之蛮耗。以由仰光出八莫及景栋为最便，故货运之量亦最多（夏光南，1948）。

当时印度的棉纱大量输入以云南为首的全国各地，促进了云南纺织业的发展，如1847 年外国传教士史梯芬所言："八年以前云南织布很少，而现在织布业很庞大，这种增长完全由四川移民和廉价的印度棉纱几乎是同时来到云南所致"（陆韧，1997）。直至 20 世纪初期，由于中外交通的顺通，本国纺织业的发展，英、日以及本国的纱布大量倾销，印度棉纱独占云南市场的局面不复存在。除棉纱外，缅甸输入中国的另一大宗——玉石的运输路线也有所变化。由于鸦片战争的影响，中缅间的玉石贸易一度低迷，直到 1861 年起，玉石采购逐渐恢复正常，采购玉石的广东商人改变原来的陆上运输路线，直接由海路从广州前往缅甸，由仰光至曼德勒，再用帆船将玉石从海路运回广州加工琢磨（聂德宁，1998）。

为把握缅甸境内滇缅海路交通主干线的运输贸易权，英国将视野转向对伊洛瓦底江的争夺，其原因在于伊洛瓦底江是滇缅贸易中重要的水上运输通道，从境外输入的货物可借助伊洛瓦底江直达缅甸工商业重镇——曼德勒，同时曼德勒还是缅甸南北交通的枢纽。基于此原因，1862 年，英国强迫缅甸方签订商约，以此取得伊洛瓦底江贸易以及航行权，在之后的六七年内，由英国控制的伊洛瓦底江轮船公司相继开通仰光至八莫以及至曼德勒的航班。《1795 年出使阿瓦日记》中记载，当时滇缅之间存在着广泛的贸易："从阿瓦输出的主要商品是棉花……沿伊洛瓦底江运到八莫，同中国商人交换商品，后者沿水、陆两路把棉花运入中国"（贺圣达，1992）。除广泛利用伊洛瓦底江外，当时的仰光成为中缅贸易中重要的中转港口。

事实上，在 1852 年"第二次英缅战争"英国占领下缅甸后，就将仰光设为首府，并辟仰光为商业港口，作为中缅贸易商品间重要的进出口门户。1871 年学者王芝在游历经过仰光后在《海客日谈》中记载其所见，说道："漾贡（即今仰光）……广东、福建通商者数万，浙江、云南商人亦间有之，西南洋诸商尤众。……自隶英吉利，遂为海滨巨步，通商者莫不知漾贡名，英吉利视之甚重"（王芝，2016）。实际上，早在明清时期仰光就已经成为中缅海路贸易通道中的重要港口。明清时期虽在一段时间内曾明令禁止海上贸易，但由于陆路通道的关闭以及利益驱使，中缅间的海上贸易一直存在，其主要表现为中国广州、福建的港口与缅甸仰光之间的海上往来。

与缅甸输入中国的海上道路不同，中输缅的川丝、石磺等特产主要通过陆路交通输入。1856～1874 年，杜文秀于大理建立政权，其政治方面不是本书的重点内容，故不再多加叙述。在经济方面，杜文秀集团对滇缅边境贸易十分看重，主要是将所得的石磺、普洱茶用以换取四川的黄丝或直接收购云南、四川地区的黄丝、茶叶、石磺等特产运往缅甸销售，再将从缅甸运回的棉花经下关（大理）为中转，转运至昆明、重庆、成都、宜宾地区售卖。当时以下关为枢纽的商道有三条：第一条，由下关经永昌、腾越至缅甸八莫、瓦城。第二条，由下关经楚雄至昆明，再经昭通至四川、叙府（宜宾）。第三条，由下关经丽江至西藏拉萨（杨毓才，1989）。以上商业活动主要是由杜文秀政权在缅甸瓦城所建立的"元发""元兴"两家商号所进行。杜文秀政权经济的活跃，来往商人众多，中小商号在下关林立，使得滇西至缅甸的交通枢纽下关成为一座新兴商业城市，而滇缅边境来往必经的腾越，依旧是两国商人进出口贸易的中转站，其经济发展不置可否。直至 1874 年杜文秀政权被镇压后，其所建立的商业受到严重打击，以上商道受到阻隔，仅滇蜀商道依旧畅通。

除上述所提路线外，姚贤镐所编《中国近代对外贸易史资料》中对滇缅之间商业路线也有所记载，滇缅贸易往来"常走的道路有两条。一条直接从曼德勒经过锡尼（Thieunee）、永昌到大理府。另一条沿伊洛瓦底江上至八莫，从八莫又分出三条支路，汇于缅甸人称为莫锦的腾越，然后到达大理府"（姚贤镐等，1962）。虽未明确提及这两条路线所运货物为何，但提到两条路线中以八莫至腾越为主要路线，又为海路，可以推断所运货物大概率为棉花、棉布等。

以上，云南三关未开以前，中缅间的陆路交通路线以下关（今云南大理）为转运点，中输缅路线为：将中国内地货物运至大理，经永昌、腾越进入缅甸，继续向南运至八莫、瓦城交易。而缅输中的货物，从八莫进入云南后，至大理经昭通、丽江运至四川、西藏，陆路交通以两国的特产为主要货物。而海路交通中仰光则成为两国贸易往来的重要中转港口，海路主要以运输纱布为主，路线有：①从孟买等地收购纱布后，经仰光运至八莫密支那或腊戍后，进入云南大理，向东北可达西康会理，向西北则可到打箭炉（今康定）；②由仰光经棠吉、景栋、思茅进入昆明；③由仰光直接运至香港后再转运至云南蒙自。

1）云南三关开埠后的中缅贸易通道

与全国大多数地区不同，云南因地处西南一隅，其边疆性特征明显，经济上远离发展中心，以至于 19 世纪中期近代通商口岸兴起之初，云南省并未像其他大多数省份一样，社会经济出现巨大变动，那云南经济何时正式进入近代呢？对于这一问题，部分学者认为是以蒙自口岸的开放作为标志，如张勇帅在《空间视角下的近代云南口岸贸易研究》所说"1840 年的鸦片战争实际并未引起云南社会经济的大变动，1889 年，云南第一个通商口岸——蒙自的开放才是云南经济发展进入近代时期的标志"（张勇帅，2017）。此后，云南地区又相继开埠了腾越关与思茅关。近代云南三关的开埠导致滇缅贸易及其路线较之前有所变化，因此本部分将对三关开埠后的滇缅贸易进行简要概述。

一般认为近代云南为五口通商口岸，即蒙自、思茅（现普洱）、河口、腾越、昆明，但学者郭亚非对此有不同意见，认为"实际上，河口关是蒙自关的分关；自辟为商埠的云南府关（昆明关），则据所拟的八条章程分析，主要是为了方便进出口货物到达昆明后，以及由昆明起运货物时，可以在云南府办理完税手续，不用再去蒙自关交纳而开放的，显然它也非独立口岸"（郭亚非，1996）。本部分采用该学者的观点，认为近代云南的外贸口岸仅蒙自、思茅、腾越三大口岸，统称为云南三关。中缅贸易利益驱使列强加紧对中国境内尤其是云南地区口岸的开放，与其他约开口岸一样，云南三关的开埠也是一次次不平等条约签订下的产物。

蒙自口岸是云南三关中最先开放的口岸，是法国为沟通法属越南与中国云南商业通道背景下，通过一系列条约强迫中国所开设的口岸。1885 年中法战争中国失败后，双方签订《中法会订越南条约》承认法国对越南的殖民统治，在贸易方面指定两地，保胜以上、谅山以北为通商处，其章程与其他通商口岸无异，并在此设法国领事馆，法国商人可在此居住。次年中国与法国在天津签订《越南边界通商章程》，里面提出："本年内应由中国与法国驻华大臣互商，择定至保胜以上应开通商处所，亦俟两国勘界定后，再行订商"[①]。第二年六月两国又于北京签订《续议商务专条》，条约中明确提出"两国指定通商处所广西则开龙州，云南则开蒙自"[①]。又因蛮耗在红河水运中的重要性，法方要求开蛮耗处通商，并派任蒙自法国领事馆一名人员于此地驻扎，1889 年蒙自正式开放，至此法国达到了在云南开埠口岸的目的。

思茅（现普洱）是继蒙自后云南又一开埠口岸，是面向法属越南、英属缅甸共同开放的口岸。缅甸是英国设定的进入中国的跳板，原定吞掉缅甸后再进一步打通中缅贸易，以此进入中国内地，但由于缅甸人民的强烈反抗，英国只能暂缓原定设想，集中吞并缅甸，从而失去了开通云南商埠的先机，给了法国机会。1895 年中法签订《续议商务专条附章》中明确提出："云南思茅开为法越通商处所，与龙州、蒙自无异"（姚贤镐，1962）。并仿照其他口岸规定，法国可派一名领事驻扎于思茅，1897 年 1 月，思茅正式开埠。英国对缅甸的占领告一段落后，对中国的口岸开放问题再次提及，并于1897 年与中方签订《中缅条约附款》，将思茅列为对英国开放的口岸，至此思茅成为同时对英、法开放的口岸。

---

① 张秀芬，王珏，李春龙，等点校：《新纂云南通志七》，昆明：云南人民出版社，2007 年。

　　腾越关是云南三关中最晚开放的口岸。英国为挽回在开设思茅关过程中的失利，积极探索从缅甸进入云南的通道，通过多次派遣人员进入云南勘探后，最终决定在腾越设立开放口岸。1876年，清政府为解决"马嘉理事件"被迫同意英国提出在云南通商的要求。《中英烟台条约》第四条约定"或五年之内，或俟期满之时，由英国斟酌，订期开办通商"（王铁崖，1957）。1894年中法在伦敦签订《续议滇缅界务、商务条款》，即《中英滇缅条约》，其贸易内容包括"①生效六年内，英国对从滇缅输往中国的货物除米外概不征税，从中国运往缅甸的货物除盐外亦如此。②双方互派领事，英可设领事馆于蛮允，中国可设于仰光，互为办理商民入境手续。俟将来贸易兴旺，可设立别处边关时，再当酌量填设。③凡货由缅甸入中国，或由中国赴缅甸，国边界之处，准其由蛮允、盏西两路行走"（王铁崖，1957）。1897年两国又签订《中缅条约附款》，对《中英滇缅条约》中的有关条款内容进行商定，决定给予英国可自行选择，将原驻蛮允的领事馆改驻腾越或顺宁府的权利。以上条约内容客观上促进了中缅两国贸易的发展，加速了腾越关的开设。出于对贸易通道便利的考虑，最终英方决定改驻于腾越，1902年5月，腾越正式设立海关开埠口岸。

　　以上是蒙自、思茅、腾越三处"约开口岸"开放过程的简述，随着三处口岸的开放，云南省内的海关体系形成并不断完善，云南的对外贸易逐渐向口岸贸易过渡。

　　三关开埠后，云南的对外贸易发生了巨大的变化。首先云南在全国中的贸易地位较开埠前有了很大的提升。由于三关开埠后云南拥有了本省的口岸，对外贸易不用再完全依赖于外省的沿江、沿海口岸；其次是对外贸易对象从开埠前与滇缅为主逐渐变成与香港贸易为主。最后是贸易内容，开埠前的对外贸易主要是交换贸易，以双方的土特产为主，开埠后交换商品的种类更加丰富，机器所制的工业品成为新的主要进口商品，出口商品是以锡为主导下的单一矿产资源的出口贸易[①]。上述变化一方面促进了云南经济的快速发展，将云南纳入世界经济体系之中，另一方面由于是以单一矿产的出口为主导，不利于云南长期的经济社会发展。

　　蒙自、思茅、腾越三大口岸开埠后，影响着云南省内原有贸易路线。本部分主要是对思茅关、腾越关开埠后中缅贸易通道的变化进行叙述，之所以仅叙述腾越关以及思茅关的滇缅路线，有以下几个原因：首先，从上述三关开埠背景的阐述中，可以知道思茅关最初开埠是法国为沟通滇越间的贸易路线而通过一系列条约最终开设的，因此思茅关主要的贸易是通过红河与越南的贸易，与缅甸关系不大，而腾越关则正好相反，自古以来腾越就是滇缅贸易路线中的重要贸易点，一段时期内甚至是滇缅进出口贸易中的必经之地。其次，思茅关虽然是三关中贸易量最少的口岸，但开埠后一段时间内，其商业贸易的运输中涉及滇缅一线，后期其主要运输至西藏的茶叶，由于原有道路的阻塞，改为取道缅甸。基于以上两方面原因，近代云南开埠后的滇缅贸易路线实际以腾越关、思茅关为主要运输口岸，本部分将对相关路线进行概述。

————————

　　① 参见张勇帅：《空间视角下的近代云南口岸贸易研究：1889—1937》，北京：中国社会科学出版社，2017年，第43-56页。

2）思茅关近现代滇缅贸易通道

清乾、嘉年间为思茅商业最繁盛的时期，开埠后其出口商品单一，以茶叶为大宗，输入东南亚各国。而后期云南输入西藏的茶叶由于原贸易路线受阻，改道经印度、缅甸输入，其中缅甸一段主要涉及下关至腾冲一线。

茶叶是思茅口岸的传统贸易商品。滇茶一直是云南出口的重要商品，云南省六大产茶区分别为江城、镇越、车里（景拱）、五福、六顺、佛海，呈现出以思茅为集散地的形式，清代开始思茅由于茶叶贸易的兴盛，形成了以茶叶贸易为主，其他商业交易为辅的贸易特点，近代思茅口岸开埠后这一特点依旧存在。据《新纂云南通志》卷一六二《边裔考·边防·普洱府》记载，当时从思茅入缅甸主要三条路线：

> 自打落隘出口六十里至缅甸猛麻，又七十里至打丙，又七十里至猛港，又九十里至孟艮，又一千八百里至猛乃，又一千二百余里至阿瓦城。
>
> 自帚龙隘出口，二百五十里至缅甸大猛养，又三百八十里至猛丙，又一百八十里至邦海，又五百八十里至猛章，又二千二百余里至阿瓦国城。
>
> 自猛笼一百里至缅甸猛类，由猛类走漫牛、猛勇、猛歇，由漫牛西北猛麻，由猛歇走猛欠，由猛欠走猛堪，由猛堪走整克，由整克走猛岭，由猛岭走猛叭。由猛勇亦走猛叭，由猛叭走猛街，由猛街走猛来，由猛来走猛艮，又由猛街走独瓦，由独瓦至猛乃，又由独瓦至猛八，由猛八至阿瓦国城[①]。

可见当时从思茅出口的商品有三条路线运至缅甸的阿瓦城，但以上所记载的路线中间仍有很多经过的地名不够明确。陆韧对以上三条路线的走向以及沿线地名进行考证后，认为：第一条路线从思茅向南经永靖关、普藤（今景洪市普文镇）、关铺、关坪（今景洪市大渡岗乡关坪村）、小猛养（今景洪市勐养镇）、猛海（今勐海县）、猛混、猛板达打洛隘口。从打洛进入缅甸境内，经猛麻（今缅甸勐马）、打丙、猛港、孟艮（今景栋）、猛乃达阿瓦城，该路线是从思茅入缅甸的主要道路。

第二条路线经思茅后达永靖关，之后与第一条路线相同，直至猛松后分途，经顶真（今勐海县景真村）、猛遮、帚乃后至帚龙隘口出进入缅甸。经缅甸大猛养（今缅甸勐洋）、猛丙（今缅甸勐宾）、邦海勐章至阿瓦城。

第三条路则由思茅至永靖关后，经第二条路至小猛养（今景洪市）后从猛龙出国境，后经猛类（今缅甸勐雷）达景栋后，再经第一路线至阿瓦城。

以上路线充分利用了伊洛瓦底江的水路便利。虽未明确说明输入缅甸的商品，但由于前文所说，思茅对外输出中以茶叶为大宗，由此可推断进入缅甸的商品中大概率包括滇茶。滇茶除了运往内地以及东南亚的国家外，最主要还是运销至西藏地区，马帮从佛海、思茅、易武等地收购茶叶再运回西藏，之后由于滇藏山路阻塞，滇茶难以运入，1918年滇缅印藏商道打通，滇茶经缅甸后再运入西藏地区。"凡佛海、五福、车里等地所产，自阿墩子一途阻塞后，初由澜沧之孟连土司地出缅甸，西北至缅属北掸部中心之锡箔上火车，西南经瓦城、沙什而达仰光，换船至印度之加尔各答，由火车至西哩古里，

---

① （民国）龙云：《新纂云南通志》卷一六二《边裔考·边防·普洱府》，铅印本 1948.

换牛车或汽车至加邻旁，又改用骡马入藏，嗣以缅甸公路至公信（亦作贵兴），遂舍西北一线，改由佛海驮运打洛（属佛海）至缅甸之景栋（即孟艮），换汽车至公信达瑞仰，换火车至沙什达仰光，转加尔各答入藏"（云南省志编纂委员会办公室，1986）。

自滇茶经缅甸、印度运往西藏的路线畅通后，滇茶的销售量大幅度上涨，一度回到原有贸易水平。以上为思茅关开埠后滇缅贸易的路线及其变化，但正如之前所说，思茅关无论是贸易总量还是贸易地位都远低于其他两关，对滇缅贸易的影响十分有限。

3）腾越关近现代滇缅贸易通道

腾越自古以来就是滇缅贸易路线中重要的贸易枢纽点，在很长一段时间内从缅甸进口的玉石需要经腾越打磨后再输入云南，腾越一度为滇缅贸易交通的必经之路。腾越开关后，滇缅之间原有商路有所变化，如腾越至八莫这一路线在这一时期出现新路。

腾八一线（即腾冲至八莫的道路）从明代以来就是云南入缅甸重要的商道。1902年腾越关开埠后，先后于蛮允、小辛街设立分关，前者控扼腾八旧路，后者控扼腾八新路。《通禀各大宪请展限投解日期》记载了当时腾八旧路的情况，称"查腾越山多田少，别无出产，所有货物，皆由缅甸贩运而来。每年秋收，雨水稀少，则商贩驮马出关，由蛮暮运至干崖，陆续运永昌、下关销售。四五月，雨水发动即行停止，是以腾厘旺在冬春，衰于秋夏，其大概也。洋货则自漾贡，棉花则自缅降，玉石则自猛拱，皆由水路运至新界，至蛮暮，过野人山，抵蛮允，至千崖。若蛮允野人抢掠，则由新街改道走铁壁关，过陇川抵干崖"[①]。文中提到的野人山即南牙山，明清时为缩短贸易里程，在此地开凿石梯，出石梯的道路可直达蛮暮、新界，由于其对商路的重要性，腾越开关后在蛮允分关下再设石梯查卡，意图控扼该商路。南牙山之所以又称为野人山，其原因在于此地匪徒多，商旅常常在此遭到抢劫，加上石梯难走，在此背景下腾八一线另辟新路。陶思曾《藏輶随记》中记载："新路则自八募行三十里至猛募，又七十里至茅草地，又五十三里至芭蕉寨，又六十里至蛮线，又五十里至弄募，与老路会。……老路多系坡路，今雨潦方降，行旅不便，故均走新路"[②]。对于腾八线新老路里程的描述，万湘澄《云南对外贸易概观》一书的记述更为清晰，书中将腾越至八莫一线分为三段：

> 由仰光到瓦城为第一段，有水陆两路可通，水路由仰光搭乘块轮，低水位时七天，高水位时六天；陆路由仰光乘一天的火车可到瓦城。由瓦城到八莫为第二段，也有水陆两路，水路可乘快轮，无论低水位或高水位都是三天；陆路由瓦城乘火车一天到那巴，然后换车到卡萨，再由卡萨乘轮船到八莫。八莫到腾冲为第三段，也是进入云南的最后一段，为陆路驮运，新路经古里卡、蛮线到弄璋街；老路经过红蚌河、蚌洗、蛮允到弄璋街，两路均由弄璋街经干崖、遮岛、南甸，最后到达腾冲，需时都为八天（万湘澄，1946）。

---

① 李根源纂辑：《永昌府文征》文录卷17，陆韧：《云南对外交通史》，昆明：云南民族出版社，1997年。

② 李根源纂辑：《永昌府文征》纪载卷21，陆韧：《云南对外交通史》，昆明：云南民族出版社，1997年。

腾越至八莫一线以仰光为起点，从仰光至八莫路线中可选择水陆两种路线，陆路贸易段节点多，换乘相对复杂，但可以减少运输时长的消耗。滇缅经腾越关的贸易路线除腾八线外，主要的两条道路还有腾越至密支那、曼德勒的路线。前者是从仰光出发，到瓦城后转乘火车达密支那，再经鱼蚌进入云南境内，最终到达腾冲。后者是从曼德勒出发通过铁路至腊戍，经南坎、木姐进入云南境内，或以马帮分由芒市、南伞、孟定入境，最后到达腾越关管辖的畹町、章凤、瑞丽。

云南对外联系的加强曾在抗日战争期间起到了运输物资的作用。1937 年抗日战争全面爆发，华南地区大部分口岸被日本帝国封锁，这一背景下民国政府试图以云南为突破口，打通与东南亚地区的贸易通道。同年末，中缅公路开始修建，连接云南昆明至缅甸腊戍，另有支线连接中国边界经八莫至密支那，再经福高弗的阿萨密公路。1939 年底中缅公路正式通车，海外华侨通过该公路无偿运输大量军用物资至重庆。据统计，1939 年通过中缅公路运入的武器和物资达 27980 t。1940 年，英国政府与日本妥协，从当年 7 月 18 起封闭中缅公路，为期三个月，停止运输战争物资。1940 年 10 月 18 日重新开放后，经由该路运入的军用及其他重要物资，仅 1941 年一年内就达 132193 t。由 1939 年 7 月至 1942 年 7 月，在三年之内该路运输的战略物资总数达 45.2 万 t（林锡星，2000），极大地缓解了当时国内物资匮乏的局面。

7.4.3　新中国成立以来中缅贸易通道及其市场

新中国成立初期，缅甸是第一个承认新中国的非社会主义国家，这为中缅间的友好关系奠定了基础。在新中国成立至今，中缅间大体上保持着友好的外交关系。

总体而言，新中国成立以来，中缅边贸大概可以划分为 3 个阶段（林锡星，1997），第一阶段为 1952 ~ 1965 年为规划发展阶段，这一阶段中缅间的贸易往来以民间贸易为主，所走路线以人马驿道、古道居多。例如，福贡县的金秀谷古道与亚坪通道，两条路线均从福贡县出发，翻越高黎贡山山口，前者越过沙拉山口到达缅甸的腊马米、拉呻等村；后者经矢孔山口，到达缅甸俅江（即独龙江）极明，来往货物以食盐、布匹等生活用品居多。

第二阶段为 1965 ~ 1984 年，两国边贸时开时关，为不正常阶段。这一阶段的边贸受到政治影响，出现时开时关的不正常局面，两国民众的私下交易主要通过走私进行，走私货物通过由政府管理的几个口岸进入缅甸市场。包括缅泰边境的妙瓦底和大其力；缅印边境的达木；缅中边境的木姐。此外，还有一条从槟榔屿经海路到达缅甸土瓦一带的走私道路。走私市场上所贩卖的货物种类繁多，既有时兴百货又有机电产品（林锡星，1997）。

第三阶段从 1985 年开始至今，中缅边贸在 1985 年转入大发展阶段，20 世纪 90 年代进入高潮，中缅口岸贸易快速发展，以云南地区为代表。云南口岸历史悠久，具有独特的地缘优势，曾在发展中国与越南、老挝、缅甸、泰国、柬埔寨等国的睦邻友好关系中发挥过重要作用。1978 年改革开放以来，云南省的口岸建设进入新阶段。在原有昆明机场航空口岸、瑞丽、畹町陆路口岸的基础上，经国务院批准，又相继复通和开辟了 7 个一类（国家级）口岸：截至 2002 年，云南省有一类（国家级）口岸 10 个，其中陆路口岸 6 个：畹町、瑞丽、河口、磨憨、金水河、天保；航空口岸 2 个：昆明机场、西双版纳机场；水运口岸 2 个：景洪港、思茅港。此外，还有 80 条边民互市通道（郭晓合，2002）。这些口岸是云南及中国通向东南亚和南亚的门户。除口岸外，公路、航空以及海运等运输方式也得到发展。滇缅公路是以昆明为起点，至畹町后经畹町桥出境进入缅甸腊戌，此外中印公路也可途经缅甸，从畹町出发经缅甸南坎、八莫、密支那通往印度。缅甸与德宏相连是八莫港水运沿伊洛瓦底江直抵仰光或进入缅甸。1993 年德宏州机场建成正式通航（马天泽，2002）。现阶段中国正在大力建设连接东南亚的中缅铁路，从云南昆明出发最终到达缅甸仰光，全程总长 1920 km，中缅铁路一旦建成，将会成为两国间客货交流的主要通道之一。

综上所述，清中期以前中缅的贸易是根据政策的变化而变化。晚清民国时期，中缅传统贸易得以恢复，华人行商与坐商进行合作贸易，行商通过当时至少六条通道进行货物运输，至缅甸境内后贩卖给当地坐商，当时的主要贸易货物依旧为棉花。19 世纪之后，中缅两国逐渐殖民化，双方贸易实际受到西方殖民国家的限制。云南三关开埠后，滇缅贸易由传统贸易向口岸贸易所转变，其中以思茅、腾越两关为主。思茅关开埠前，形成以茶叶为主的出口商品单一的特点，开埠后仍延续这一特点。经思茅关进入缅甸的贸易商路有三条，最后皆是到达缅甸阿瓦城。腾越由于自古就是滇缅商道中的重要点，腾越关开埠后，经此的滇缅商路较思茅关更为复杂，进出商品也更为丰富。以腾越至八莫、曼德勒、密支那为主要路线。滇缅贸易的繁荣不仅带动了沿线一系列边贸重镇的发展，如八莫、腊戌等地，还促进了较为偏僻地区的发展，以缅甸景栋为例，景栋由于地理位置的局限，长时期保持着封闭、孤立的状态。20 世纪以后，景栋与云南间的贸易来往加强，"从十二月到四月底的旱季期间，景栋和云南边疆城市之间的贸易路线上，商人们穿梭不停，成千上万的马、骡帮，载着丝绸刺绣、棉布、服装、铁、盐、核桃以及其他产品进入景栋"（特尔福德和姜永兴，1989）。新中国成立后，中缅边贸经历了三个时期，90 年代以来两国边贸往来进入快速发展阶段，总体向运输方式现代化，货物多样化趋势发展。

7.5 中缅北段地区的贸易市场及通道的形成

中缅贸易历史悠久，早在秦汉时期即有记载。永平十二年（公元 69 年），永昌郡的设立使得四川至缅甸的道路正式开通。唐宋时期，云南以大理为中心的南诏、大理地方政权兴起，中央王朝通过南诏、大理地方政权与缅甸的经济交往得到进一步加强。元明清时期，随着中国手工业工场的出现与发展，商品生产效率提高，对缅贸易也随之发展，明代开始中缅贸易的海上通道得到发展，清中期以前出现海路较陆路运输更为繁荣的趋势。延至近现代，先后开通了滇缅公路、中印公路（史迪威公路）、昆洛公路（昆明—打洛）等国际交通线和昆明至缅甸仰光、曼德勒的国际航空线及澜沧江——

湄公河中游的国际水道之后，目前正在进行各主要国际交通干线的高等级化改造。而在边境沿线地区，则除上列交通干线外，还分布着 40 余条与各边境通道口相连接的支线公路和难以数计的山林小道（鲁刚，2006）。中缅两国长时期的贸易往来促进了边境沿线地区的经济发展，如今云南保山市、贡山县，缅甸的克钦邦、掸邦等地区早在中古时期就已经是中缅贸易通道上的重要节点。

7.5.1　贸易通道

历史上，丝绸之路是沟通东西方经济交往、文化交流的大陆桥，其中西南丝绸之路由天府之国顺横断山间南北走廊而下，在横断山南部西折，跨越深沟巨壑，途经缅印直通欧洲。有关西南丝绸之路古驿道的最早记载见于《史记·西南夷列传》，《史记·大宛列传》中也有相同记载。西南丝绸之路在汉代被称为"蜀身毒道"，即古蜀通往身毒（印度）的道路，其东起古蜀都，西至印度，是郡县相连、驿路相连的传统贸易通道，据史学家考证"蜀身毒道"分南、西两道，南道分为岷江道、五尺道，岷江道自成都沿岷江南下至宜宾，是李冰烧崖劈山所筑；五尺道是秦将常頞所修筑，由宜宾至下关（大理），因所经地域山峦险隘，驿道不同于秦朝常制，仅宽五尺，故称为五尺道。南道由成都—宜宾—昭通—曲靖—昆明—楚雄—大理—保山（永昌）—腾冲—古永—缅甸（掸国）—印度（身毒）。西道又称牦牛道，是司马相如沿古牦牛羌部南下故道修筑而成，即由成都—邛崃—芦山—泸沽—西昌—盐源—大姚—祥云—大理与南路汇合（奥岩，2001）。蜀身毒道一直是中国通往东南亚、南亚的重要陆上通道，这段古道在维护中国疆土完整、巩固边防方面发挥了巨大作用，同时也促进了中国与东南亚、南亚的商贸往来及文化交流。千百年来，中外使节、精明商旅、虔诚僧侣、忠勇军人通过这条古老而漫长的道路传递友谊，促进经济文化的交流和繁荣（王胜三，2015）。

到了元、明、清三代，缅甸在经济上与中国的关系更为密切，八莫和老光屯（八莫以南 14 km 左右处）两地是中缅边民从古至今贸易的中心。密支那以东的昔董有两条通道直通中国边境，一条从腾冲经高田、猴桥和昔董到密支那，从中国边境到密支那，全程约 250 km；另一条经南甸、盈江和茅草地等地至缅甸的八莫，全程约 225 km。这两条通道从古到今均为中缅两国的重要商道。另外，从盈江可至缅甸的当帛、甘道延、曼千、洗帕河等地；从陇川有路可通八莫和密支那；从怒江州的贡山、福贡、泸水等地有驮运路及小道可通缅甸北部边境的葡萄、孙布拉蚌、劳康、密支那等地。

据王家宾《缕陈腾越所属七土司及一带野山利弊情形》，"由七土司（按即南甸、平崖、盏达、户撒、腊撒、陇川、猛卯七土司）与缅甸通商之路共有 6 条：由蛮允（属南甸司）进蛮弄有上、中、下三路（原注：上路又名火焰山，中路又名石梯，下路又名河边）此三路最为近便，相距仅二百余里。由盏达进蛮弄，有锡马路，此路上猛洪、玉石、树乳等厂（按三地均属缅甸）亦间走之。由干崖进新街（今缅甸八英）有麻汤路，此路必经由户撒、腊撒之地。有腾越（今腾冲）出陇川经猛卯转上新街有洪桐路。由永昌（今保山）、龙陵出遮放，南坎者亦走此路"（张保华，1993）。这里所见到的记录，是从滇缅边境到缅甸的商业通道诸史料中最详细的一种。但是这6条商道都是只可容人马通过的崎岖山路，且在清末民初常有盗匪拦路抢劫，因而云南商人多结伴而行，俗称马帮。据王家宾的记载，滇商的马帮每帮"多则千余人二三千驮，少亦二三百人七八百驮或千余驮"，秋出春归，视路程远近而分次数（张寿孙，1993）。

另据陈还《缕陈缅甸近年情形》一文记载，这些云南马帮，又因所走道路、目的地或民族不同而有各自的名称，如由盏达走锡马赴玉石、树乳等厂的叫"走厂帮"，自腾冲经石梯出蛮莫而至新街的称"火焰山帮"，从保山、龙陵经猛卯以抵洪桐的为"洪桐帮"，由缅宁（今临沧）出木邦走大山至阿瓦（今缅甸曼德勒）的叫"大山帮"，从普洱、思茅出车里（今景洪）走茶山而下暮尔缅的为"奔竜帮"等。陈还统计，每年出入缅甸的货物约三万多驮，一万多人。此外，长期在缅甸"坐贾久居"的云南商人亦有数万之众。清末民初，在缅甸当坐贾的云南商人不下三万人，他们多半集中于曼德勒、八莫、猛洪、密支那、腊戌等缅北城镇从事商业活动。这些缅甸城镇大多距云南边境较近，来往比较方便，如八莫距云南边界只有161 km，"系缅甸与云南商货出入之门户，英（国）海关部在此设有验货厅，是华商居多，商务颇热闹"。猛硔位于曼德勒与密支那之间，有铁路与曼德勒和密支那相连，"护拱野人山所出之玉石、琥珀、橡胶、虎骨、鹿角均运至此间销售，华人之购玉石者，一年一次麇集于此"。密支那距云南界约145 km，有陆路三条通云南所属之腾冲。"腊戌"为北掸（即上缅甸之北掸邦）繁盛之区，有铁路通其他，……距云南边界约161 km，物产有火漆、牛皮各种。上述诸城镇距上缅甸之经济中心曼德勒都不远，且有铁路或水道与之相连。曼德勒又有伊洛瓦底江航道和铁路与下缅甸的仰光等城镇相连，于商品流通并无滞碍（张寿孙，1993）。上述中国云南通缅甸的6条道路和6个行商货驮，几乎都是冲着这几个缅北城镇而来。他们从云南运来的商品以及从缅甸运回云南的商品，绝大部分通过这些滇籍坐贾来销售和采购。滇缅贸易的兴旺发达局面，就是在他们的互相合作和推动下出现的（张寿孙，1993）。

怒江地理位置和环境特殊，是中国与邻国缅甸接壤地之一，国境线长。随着中缅边民商业的交往，怒江与缅甸开辟了吴中、泡西、排巴、俄夏、加科、古泉、旺路、亚平、马吉米、米各、马库11条通道，有些通道成为边民商业交往的要地（云南省民族事务委员会，2013）。随着对外开放的进一步深入和发展，国家投资1.8亿元对怒族地区境内11条通道中的亚坪通道，丹珠通道和峨嘎通道进行了扩建，为发展怒族地区边境贸易通道提供了交通设施，亚坪通道和丹珠通道从2001年就开始产生效益，峨嘎通道从2004年开始产生效益。2005年，怒族地区边贸进出口额突破3亿元大关，达3.85亿元，创历史最高水平，进口总额3.32亿元，出口总额0.53亿元。其中，亚坪通道完成0.26亿元，丹珠通道完成0.097亿元；进口木材485000 m³，其中，亚坪通道26000 m³，丹珠通道14000 m³；上缴税费3868万元，其中，亚坪通道223万元，丹珠通道25万元。由此可见，边贸通道建设既一定程度上促进了国家经济增长，与此同时，也为怒族地区创造了可观的物质财富，推动了怒族地区经济社会的向前发展（当代云南怒族简史编辑委员会，2014）。

1. 泸水市

1）俄嘎通道

俄嘎古道起于泸水市洛本卓乡俄嘎村（图7.6），途经罗介、西木当、本德，到子巴后，分南、北两路，北路从子巴开始，向西偏北，经心轰山、欧秀合洞、酋阿好、日利王底，翻越高黎贡山加俄都山口（中缅27号界碑，海拔3961 m），至缅甸境内恰丘村，

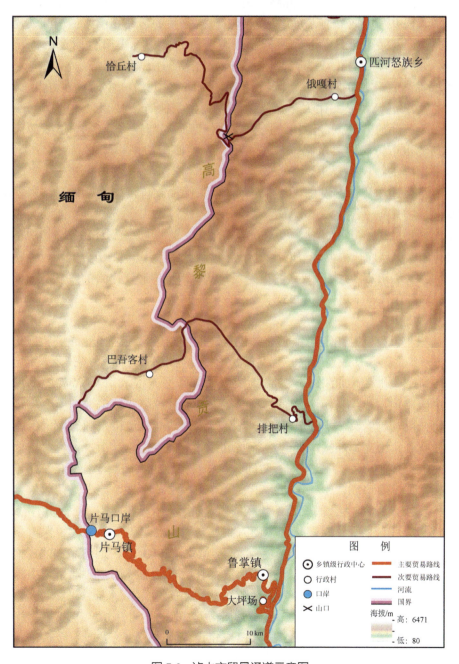

图 7.6　泸水市贸易通道示意图

其中俄嘎村至加俄都山口长约 24 km，加俄都山口至恰丘村约 24 km，全程共长 48 km；南路从子巴开始，溯俄嘎河西行，经闷七益、哈劳共脚、曹得、板好、亚基、细苦阿九，翻越高黎贡山草坡瓦皮山口（海拔 3230 m），进入缅甸境内后转向西北，渡小江源头河西辉到恰丘村，与北路汇合。俄嘎村至草坡瓦皮山口约 24 km，草坡瓦皮山口至恰丘村 27 km，全长 51 km。南路比北路长约 3 km，但南路海拔低，积雪封山时间为 4 个月，比北路早化雪一个月，路线较之北路平缓；北路山险路长，较南路艰险，风雪大。

中华人民共和国成立前，每年从俄嘎古道上来往的边民和商人达 100 人次以上，缅甸的民族工艺品、藤篾桌、藤篾椅、藤篾箩筐、背带、平节竹筒及山货、药材由古道进入洛本卓、古登、匹河等地，交换怒江州的山羊、茶叶、猪、狗、盐巴、酒等受缅甸居民欢迎的商品。中华人民共和国成立之后，中缅两国边民交往十分活跃。"大跃进"和"文化大革命"时期，边民来往有所减少。十一届三中全会以后，随着改革开放的深入，两国边民交往比任何时期都频繁。1992 年缅甸葡萄县有关人士到泸水市访问，要求整修俄嘎古道，发展两国边境小额贸易。怒江州、泸水市政府根据缅甸边民的要求，组织交通、外事等部门，对这条古道进行实地考察，撰写了道路修建和资源开发的考察报告（《怒江傈僳族自治州文物志》编纂委员会，2007）。

俄嘎通道的民族分布情况，不论在境内境外，均以勒墨人为最多，其次是怒族、傈僳族和俅族（该族在缅境称日旺族）。这些跨境而居的民族，历史上早已互相密切交往，甚至通婚。追求本源，大多数人的祖先还是从中国境内搬迁出去的，但由于时间久远，已无法确知其年代（李道生，1995）。

2）片马通道

片马很早以前就是中国与缅甸北部地区之间的一条重要的商业通道。据传，秦汉开通南方丝绸之路与印缅通商时，片马就是博南（今水平）古道，经云龙老窝、六库、渡怒江，到片马进入缅甸的一条支路。明永历二年（公元 1648 年）六库土司开拓片马，加强了中国内地、片马与缅甸之间的商业往来。清代乾隆年间云龙州及六库、老窝、登埂土司分段修筑老窝—六库—登埂—片马商道，从此该道可东通云龙、保山进入内地，西通罗孔、密支那连接缅印。这条通道有三个优点：一是山岭薄、海拔低，大雪封山时间短（只有一至二月），通行时间长；二是沿途少数民族淳朴善良，路不拾遗，来往安全，加上渡口江面平缓，过渡也安全，站口水草丰盛，便于马帮放牧；三是在邻国边民心目中，视此为民间交流的传统商道，尚无关卡重税阻碍，对商贾有利。因此，这条商道修成后，吸引了国内外许多商人到片马做生意，先后有腾冲、保山和四川等地的汉商到片马口岸设立商号，坐地经商（李道生，2007）。内地商品在此畅销，怒江沿岸特产也通过片马转销缅印。密支那历史上有两条陆上丝路重要通道与中国相接，一是经昔董、猴桥至腾冲；二是经八莫至盈江（因内战破坏，现未通）（郭来喜和刀安钜，1993），1980 年修通了片马公路，北上可达印度，南下可通仰光，1990 年将片马列为省级开放口岸，随即拨出大量资金投入口岸建设，修通了片马乡政府至古浪、岗房村公所的境内公路，境外与缅甸方面合作修筑片马至缅甸石灰卡连接密支那的片石公路。

3）排把古道

排把古道起于泸水市称杆乡排把村（海拔 2053 m），经爽加可罗山、闭母机山越高黎贡山排把山口（海拔 3808 m，中缅 26 号界碑），进入缅甸境内。沿着保德克河源头至巴吾库村（海拔 222 m），古道全长 36 km，徒步行程 1 天，是怒江州境内中缅两国间徒步行走道路中最短的一条通道。

根据故宫博物院档案材料记载：乾隆十三年（公元 1748 年），称杆弄更扒起义失败后，部分起义群众沿排把古道退至高黎贡山西坡的巴吾库一带。据此史实考证，排把古道的开辟已有 250 多年的历史。19 世纪末，20 世纪初，西方传教士进入怒江传播基督教，排把通道也是他们进入的通道之一，美籍加拿大人杨志英牧师曾利用这条通道出入中国边境，莅称夏、大兴地一带向内地传播基督教。抗日战争时期，日寇在攻占片古岗以后，也曾在巴吾库一带构筑工事，集结军队企图从这条通道入侵怒江，因有国军与当地群众密切配合，给予出其不意的袭击，才迫使日军从巴吾库撤退（李道生，1995）。

20 世纪 50 年代初期，中国边防军曾有一个连队驻扎在 26 号界桩处，为了保证军用物资供应，对这条通道曾进行了为时 2 年的维修，因此，道路宽阔，人员和马帮均可畅通无阻，一直堪称较为完善的人马驿道。60 年代，部队从这里撤出以后，这条驿道长久失修，野草丛生，部分路段几乎无法辨认，虽说在不同历史时期中双方来往有时频繁一些，有时稀少一些，但总是没有完全中断过，所以在原有基础上，要想重新修建这条人马驿道，估计是完全可以做到的而且也符合两国边民的利益和共同愿望（李道生，1995）。

排把山口两侧居住有傈僳族、怒族、独龙族（旧称俅人）等民族，这些民族跨境而居，跨界耕种，互相通婚，睦邻友好，交往频繁。新中国成立初期，怒江与内地的交通尚未畅通，缅甸的毛毯、棉毯、布匹、刀、锄、铁锅等从排把古道运送到怒江出售。瓦（窑）贡（山）公路建成，缅北交通相对就显得闭塞，缅甸边民到称杆、古登赶集的人数日益增多，购买大量的生产生活用品回国（《怒江傈僳族自治州文物志》编纂委员会，2007）。

1993 年 11 月，怒江州政协、泸水县政协联合对排把古道进行了实地考察，提出了开发排把古道的两大步骤：第一步对古道进行再次整修，使之成为人马可以通行的驿道，把缅甸边民急需的中国工业日用品运往巴吾库一带推销，再收购那里的土特产品和山货药材，使"人马能通行""货畅其流"；第二步把古道逐年修建成简易公路，通往保德克河顺小江而下，与片古岗公路连接，成为一条迂回公路，方便中缅两国边民交通往来，促进边境经济的发展（《怒江傈僳族自治州文物志》编纂委员会，2007）。

2. 福贡县

新中国成立前，福贡没有公路，只有几条通往内地的人马驿道。说是人马驿道，但有些路段比较狭窄，如果马驮起驮子就很难通过了。当时，福贡通往内地的人马驿道主要有以下几条：第一条是从福贡至碧江至兰坪，再从兰坪走往内地。当时，福贡人到拉井背盐巴或到营盘做生意，都走这条道，到福贡做生意的内地商人，大部分也是从这条道进来的。当时，兰坪营盘街是滇西最繁荣的固定交易市场之一，每月的初十、二十四日为街天，每逢街天，下关、保山、腾冲等的大商人驮起货物到兰坪营盘赶街。从福贡至营盘来回要走八天，如果到拉井背盐巴，来回要走十天。第二条是福贡上帕至达友至兰坪的富川。此条路进出的人较少，途中旅客只能住宿在岩洞里，很不方便，此条路来回要走八天。第三条是从鹿马登至阿迪马底至富川。此条路虽然来回才走六天，但路道狭窄，很危险，曾经跌死过人，因此来往人数很少。第四条是利沙底至吉昌、白济讯至维西县城，此条路路况较好，路程也较近，来回只需走五天。因此，这条路来往人员较多。利沙底、马吉两区的都走此条路到维西做生意。从利沙底出发，山上只需住宿一夜就可以到达澜沧江边的吉昌村。内地的一些商人也由这条道进入利沙底，再从利沙底至缅甸使江一带做生意（政协福贡县文史资料编辑室，1994）。

从福贡翻越高黎贡山进入缅甸的几条人马驿道，古泉驿道，傈僳族称之为"俞克政甲谷"，它从福贡上帕至古泉到缅甸的腊暴村至施腊当。此条道路程比较近，如果依据两国边境的最近村子计算，从福贡的古泉村出发，到缅甸密支那邦葡萄县科部迪区施腊当的腊暴村，只走一天的路就可到达。古泉驿道的开通已有三四百年的历史，早在400多年以前，居住在古泉一带的怒族，为了巩固对俅江一带实行的"俅管"，对此条古道进行修筑，逐渐迁入缅甸，傈僳族进入怒江以后，也经古泉驿道，一部分迁缅甸，因此古泉驿道上的两国边民基本上都是亲戚。缅甸腊暴村一带怒族和傈僳族，带着黄连、贝母、皮张等山货，常到福贡的上帕和古泉一带走亲访友做生意。古泉一带的人，也带着盐巴，赶着牛羊常到缅甸施腊当一带走访亲朋，做些生意。因此，新中国成立前在古泉驿道上来往的人员还是比较多的（政协福贡县文史资料编辑室，1994）。还有几条通缅甸的传统贸易通道。

1）金秀谷古道

金秀谷古道从福贡县子里甲乡金秀谷村出发，途经嘎打、老娃、瓦娃、明究王底、讨究，翻越高黎贡山的沙拉山口到达缅甸的腊马米、拉呻、腊波等村（图7.7）。

早期的金秀谷古道主要是中国和缅甸两国边民打猎，采挖贝母、黄连时行走的小道。1947年金秀谷保长裴阿欠（后为怒江傈僳族自治州第一任州长）与俅江的岗尼设科商议：金秀谷等地的中国村民，把古道从金秀谷村向西加宽修筑到沙拉山口，俅江的腊马张等村民由俅江托门往东修至沙拉山口。通过两地村民的努力，最后修成一条贯穿中国和缅甸的通道，并在沙拉岩米阶山顶建盖了三间木板房。新修的古道从金秀谷至沙拉岩米阶山顶约25千米，从沙拉岩米阶山顶至腊马米约60 km，长85 km，路宽0.25～0.3 m。

古道修通后，当每年高黎贡山冰雪融化后，金秀谷一带边民背着鸡、铁三脚、布匹、食盐、铁锅、百货到腊马交易。俅民也背着黄连、兽皮、熊胆、藤编器具来到怒江东边的金秀谷换取食盐等生活用品，每年来往数千人次，交易额达数万元。金秀谷古道成为中缅友好往来的主要通道。

　　1994 年，为了开发沙拉一带的森林资源，怒江州林业局投资 200 万元，沿金秀谷古道修建了 12 km 的简易公路。金秀谷古道沿途的尼共亚窟、甲约亚窟、腊甲亚窟、沙拉山洞等岩洞供来往人员歇宿，其中尼共亚窟位于福贡县西部子里甲乡金秀谷村境内的高黎贡山东坡，海拔 2140 m，由两个相连岩洞组成，洞高 3 m，宽 4 m，深 3 m（《怒江傈僳族自治州文物志》编纂委员会，2007）。

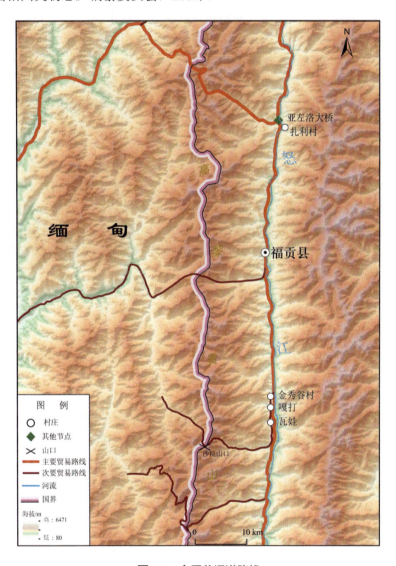

图 7.7　金秀谷通道路线

2）亚坪通道

　　福贡亚坪古道从福贡县鹿马登乡阿鲁底村经过，经吉布得、巴甲都、娃阿底、亚坪、恰马底、斯拉甲、嘎腊底，翻越高黎贡山的矢孔山口（海拔 3700 m）至缅甸伏江（独龙江）极明，行程 3 ～ 4 天，约 160 km（《怒江傈僳族自治州文物志》编纂委员会，2007）。

亚坪古道自清代开辟，至民国时期成为福贡县各民族至独龙江的主要通商古道。傈僳族称之为"施可政减谷"，它从福贡的上帕至鹿马登至亚坪，到亚坪的恰马底村后分两路进入缅甸：一路往西南方向，沿鲁夺洛河而上，并从希都罗山翻越高黎贡山到达缅甸的尼马希村。此条路道比较狭窄，坡度较高，但在中方路段，从亚坪到山顶一天就可到达。到缅甸境内还需要翻越思母山和外亲山两座大山，才到尼马希村。此道在缅境，经过马拉湄河，因此，傈僳族称此道为马拉甲谷。另一路是从恰马底村往西南方向，沿亚莫河行进，经矢孙山口，翻越高黎贡山到达缅甸的期拉村，此条道虽然路程较长，需要三天才到达缅甸的第一个村子，但地形比较平缓，路面较宽，所以生意人都愿走此条道路。此条道经过矢孔丫口，因此傈僳族称为矢孔甲谷。利沙底人也走此道，它从石拉甲分道，沿亚莫河北岸直下，到达利沙底乡的亚多村（政协福贡县文史资料编辑室，1994）。

由于亚坪古道地形平缓，路面较宽，再加上政府重视对亚坪古道的修整，因此两国边民和小商小贩都愿意经此道做生意，特别是维西人较多，如维西的李兰泉，时常经亚坪古道，做牛羊、布匹、盐巴、大米、茶叶等生意。其他各地经此道做生意的人也不少。故此，福贡设治局长保维德，曾经派员在亚坪古道上设卡，收牛羊过境税。另外，老娃达、马吉两处各有一条通往缅甸俅江一带的人马驿道，但路面狭窄，来往人数比较少，除了马吉乡的一些人走此条道外，其他地方的人很少走这条路（政协福贡县文史资料编辑室，1994）。

1943年4月，国民党大理11集团军、滇康缅特别游击区第二区游击队司令杨文榜率部队从大理到未定界赤土帕一带开辟边疆工作，杨文榜与福贡设治局股长孙模商议，派民夫整修阿鲁底至缅甸极明的道路。5～6月从怒江边修通到矢孔丫口，7月底从矢孔丫口修至缅甸的极明，8月底返回。通过这次整修，古道基本可通行人马，但仍属羊肠小道（《怒江傈僳族自治州文物志》编纂委员会，2007）。

1969年，中国人民解放军驻恰马底民族工作队多次发动民兵整修古道。1972年，前哨排的全体干部、战士30余人，率领抽调的民兵30余人，炸平了沿路的悬崖峭壁，经过一个多月的苦战，使原来攀藤爬壁的陡壁古道，变成可通行人和马的驿道。由羊肠小道到驿道，是军民共同劳动的成果，因此亚坪古道被称为"团结路"。1978年，国家拨出专款，在阿鲁底河上架起了一座长120 m，宽1.8 m钢索人行便桥。同时在斯拉甲附近的阿洛夺鲁河上也架起了一座钢索桥。1986年再次加宽、整修了高黎贡山丫口附近的通道，使路基宽达1～1.5 m，坡度降为10°～25°，更有利于人马通行。1994年1月，为了开发亚坪林业资源，福贡县人民政府与丽江巨甸林业局协商，用资源补偿的办法，修建了亚坪简易公路。在恰马底附近亚坪公路下方保留了一处供亚坪古道过往行人歇宿的马彼力亚窟歇宿地，歇宿地位于27°09′30.2″N，98°47′48.3″E，海拔2320 m。歇宿地由一个高10 m，宽9.5 m，深3.9 m的巨大岩石构成，坐西北朝东南，可容纳20多人歇宿（《怒江傈僳族自治州文物志》编纂委员会，2007）。

3. 贡山县

1) 独龙江驿道

独龙江乡地处中国著名的横断山脉的高山峡谷地带，位于云南省西北边陲。东邻丙中洛镇、茨开镇，北邻西藏自治区察隅县察瓦龙乡、竹瓦根镇，西南邻缅甸联邦共和国克钦邦。全乡国界线长 97.3 km，是中国人口最少的少数民族之一独龙族唯一聚集的地方。

独龙族以史称"太古之民"而闻名于世，直至新中国成立前夕，才结束树栖、穴居和野外生活，其社会形态和民族风俗保存了较多的原始遗留。长期以来，因地理阻隔，交通不便，信息不畅等原因，这里社会、经济和文化发展迟缓，曾是云南省乃至是全国最落后的地方之一。

中国的独龙族大部分居住在高黎贡山以西、但当利卡山以东的独龙江河谷流域，崎岖的山险阻隔着独龙族与外界的交往。1959 年起，《民族画报》先后有 4 批记者进入独龙江流域进行采访，逐渐向世人呈现"神秘"的独龙江乡半个多世纪以来的巨大变化。独龙江驿道从贡山县城丹当起，溯普拉河谷西行，经吉速底、双拉娃、娃土底、嘎足、其期、东哨房翻越高黎贡山，经西哨房、梅立王、孟当至独龙江乡政府地巴坡，全长 65 公里，每年 6 ~ 12 月为驿道通行期，12 月中、下旬至翌年 5 月大雪封山，不能通行（《怒江傈僳族自治州文物志》编纂委员会，2007）。在非封山期的半年里，也只能通过 1964 年修通的人马驿道与外界联系。马帮是唯一的交通工具，来回一趟贡山县需要六七天。在 1964 年之前，进出独龙江的路更加险峻，有时甚至需要攀岩，来回一趟贡山县，往往需要半个月的时间。直至 20 世纪 90 年代，贡山县交通局每年的主要工作就是组织和安排国家马帮，在每年的 7 至 11 月间把独龙江乡一年需要的粮食、药品、教学用品、日用百货等物资运送进去，然后再把当地的一些土特产运出来（图 7.8）。

1956 年以前，贡山进出独龙江的道路为步道，物资都是靠人背肩扛。1956 年，中共贡山县委为了改变独龙江乡（区）军民运输物资靠人背肩扛的状况，着手把步道改为驿道，但因工程艰巨，资金不足，修了 10 km 后停工。1961 年 6 月，贡山县委与驻贡山县部队协商，再一次着手修建贡山至独龙江驿道。9 月，驻怒江部队开始进行线路勘测，经过 28 天勘测工作完成（《怒江傈僳族自治州文物志》编纂委员会，2007）。

1963 年 10 月，贡山县成立独龙江国防驿道筑路委员会办公室。驿道于 1964 年 1 月开工建设，采用"民工建勤""军地结合"的办法，11 月竣工。建成的驿道总长为 65 km，路基宽 1.2 ~ 1.5 m，驿道上建有石台木面桥 3 座，小桥 16 座，途中修建了供来往人员住宿的奇期、东哨房、西哨房、三队四个驿站。驿道的修通成为独龙江峡谷划时代的大事件，贡山至独龙江的交通历史翻开了新的一页。过去贡山县城至独龙江步行需 3 ~ 4 天，如今步行 2 天，驮马 3 天就到了，独龙族人民与内地的距离大大缩小（《怒江傈僳族自治州文物志》编纂委员会，2007）。

1999 年 9 月 9 日，独龙江公路正式通车，在非大雪封山期间，坐车七八个小时就可以从贡山县城到达独龙江乡。2014 年全长 6.68 km 的高黎贡山独龙江隧道开通后，在过去封山的季节里，从贡山县城出发，只需三个多小时到达乡政府所在地，大大缩短了进出独龙江的时间。高黎贡山独龙江隧道贯通后，结束了独龙族同胞祖祖辈辈大雪封山半年的历史。

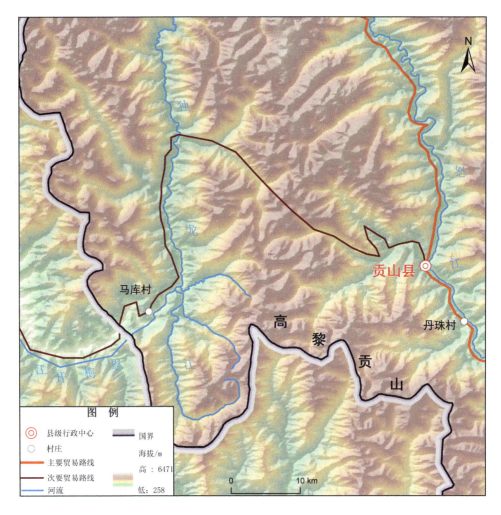

图 7.8　独龙江驿道走向示意图

2）丹珠古道

贡山丹珠古道起于贡山独龙族怒族自治县茨开镇丹珠办事处丹珠村，沿丹珠箐（河）向西经芒孜娃底、阿腊勐、阿罗胸底、水底，翻越阿弄山口（中缅 35 号界碑，海拔 3301 m），至缅甸境内密支那省葡萄县扩布德区拉打阁恰光达村（图 7.9），全长约 124 km，其中贡山县境内 39 km，徒步行走单程需 4 天。

丹珠古道是中缅两国人民探亲访友，进行小额贸易的一条古通道，特别是中缅两国边民自古相互间通婚频繁，使这条通道成为亲缘连接之路。通道的最兴盛时期是清末民初和 20 世纪的 20 ~ 30 年代，此时中缅未定界，拉打阁兴起淘黄金热，从四川、丽江、大理来的小商小贩雇人背着盐巴、茶叶、腊肉、铁器、布匹等货物，每年从中国运进约 5 万 kg 的货物；从缅甸运出的兽皮、山货、药材不少于 4 万 kg，同时黄金老板经过丹珠古道到拉打阁去做黄金生意，本地民族有三五成群到拉打阁去卖工谋生的，古道上人来人往，非常热闹，丹珠古道成为一条名副其实的黄金通道。

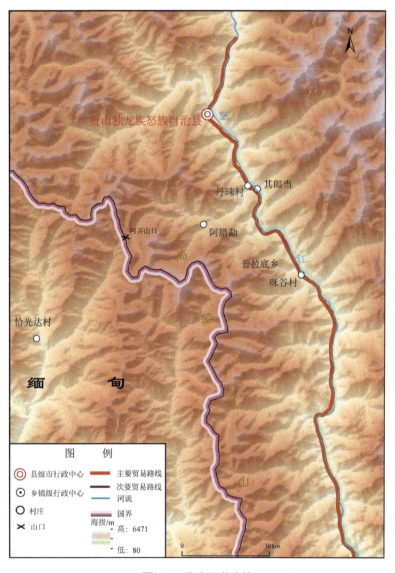

图 7.9　丹珠通道路线

　　"第二次世界大战"时期，日本帝国主义占领缅甸后，丹珠古道来往商客减少，古道一度受到冷落。中华人民共和国成立后，虽然中缅两国社会制度不同，边民通婚受到限制，但边民民间的往来并未间断。1960 年，中缅两国划定边界以后，相互往来又频繁起来。党的十一届三中全会以后，为了打破封闭的局面，开发这条古老的驿道，

1992 年，中共贡山县委、县人民政府组织县扶贫办、林业、交通、矿业及茨开镇的负责人和技术人员，对丹珠古道进行了为期20天的全面考察，提出了开发古道的综合报告。1993 年 10 月 15 日，贡山县人民政府与云南省云台山林业局协商，联合修建了丹珠林区公路（《怒江傈僳族自治州文物志》编纂委员会，2007）。

3）咪谷通道

咪谷通道，起于贡山独龙族怒族自治县普拉底乡咪谷村公所，止于缅甸北部葡萄县扩布德区拉打阁保的恰光达村，单边行程 5 天，约 100 km，距贡山县城约 124 km，其中国内段约 84 km（李道生，1995）。

咪谷道路最高海拔为 3985 m，每年 12 月至翌年 5 月为冰雪封山期，在此期间，通道处于全封闭状态。6 ～ 11 月为开山期，每年开通时间约为 6 个月（李道生，1995）。咪谷通道的辐射范围广，通道在中国境内部分与瓦贡公路仅有一江之隔，可通过瓦贡公路及其延伸之各条驿道，通向境内外。境外部分与缅北葡萄县扩布德区拉达阁保的各村寨相连，可辐射整个葡萄县及其周围地区。是一条扩大对外开放，发边境贸易的理想通道，占有一定的区域优势（李道生，1995）。

咪谷村公所的背面是缅甸的拉打阁地区。拉达阁位于缅北葡萄县的东北部，东与贡山县茨开镇普拉底乡和福贡具马吉乡接壤，东北部与贡山县独龙江乡巴坡村公所的朗王夺村接壤，南连扩布德区，北接中缅边界发麦瓦山 36 号国界碑。据武警咪谷边防检查室的同志介绍：高黎贾山以西的缅甸境内，大概有 8 个保（相当于我国的村公所办事处一级的行政机构），人口约有 4000 人。从咪谷村公所到缅北葡萄县城单程要走 15 天许。

咪谷通道的具体开发年代无从考证，但从中缅两国边民长期形成的探亲访友及经济互补、互通有无的小额贸易历史来看，该通道是有悠久的历史的。明清时期，缅北地带，归属维西叶枝土目王国相、桥头土目王国相二人管辖，拉打阁一带的俅人（国内称独龙族，缅人自称日瓦人），至新中国成立前夕，还保存着每年向叶枝土司府交税赋的义务。在此期间，不少怒江边的傈僳族和怒族人，甚至还有来自澜沧江、金沙江边的汉、白、纳西等民族的商贾小贩，也通过咪谷通道到缅北一带做小额生意，有的商人还雇上背夫，背去土布、油、盐、茶等生活日用品，换回皮张、药材等山货药材。清朝末年，随着英国人占领缅甸和英势力向缅北的扩张，各土司府才停止了委派"俅管"这种沿袭几百年的管理缅北广大地区的做法。缅北成为中缅之间的未定国界地区。

清朝末年开始在拉打阁掀起了淘挖黄金的热潮，不少人带着发黄金财的梦，从远地而来，投入拉打阁的淘金队伍。这股热潮一直持续到1942 年前后，仍呈现只升不降的趋势。在此期间，每年至少有上千的挖金人流，通过咪谷通道前往拉打阁挖金采金淘金的，还有不少去做黄金生意的生意人（李道生，1995）。

新中国成立前，两国边民还保持着长期以来的相互通婚的习俗，在咪谷村公所境内，至今好几个从缅甸拉打阁嫁过来的原缅甸籍妇女。新中国成立后，由于社会制度等国情的不同，停止了长期以来历史上形成的通婚习俗，尽管如此，两国边民间相互往来探亲访友的胞波情未断，两国人民经济上互通有无的小额贸易也从未间断，自 1978 年底党的十一届三中全会以来，随着中国改革开放政策的深入发展，中缅两国边民探亲访友和小额贸易得到更大的扩大和发展（李道生，1995）。

1978 年以后，贡山县咪谷边境通道又一次焕发了蓬勃的生机，出入境人数逐年增长，边境贸易额也呈逐渐上升的趋势。据武警咪谷边防检查室的同志介绍：从 1990 年以来，该通道年出入境人数大约有 200 人次。

大多数缅甸边民入境后，除带有探亲访友的顺带任务外，大多是来做小额生意的。以往还从缅甸自带或雇人背来藤篾器，背绳、背箩、皮张、山货药材以及麝香、熊胆等，换回盐巴、茶叶、电池、蜡烛、火柴、铁三脚、锅、盆、肥皂、洗衣粉、布匹、成衣、鞋类及铅笔、练习簿、大米等物资。据咪谷贸易小组的同志介绍：每年仅贸易小组向缅甸边民出售的商品零售额 1 万～ 2 万元，而缅边民与个体商户成交的数额则超过与供销社的成交数额。

过去，缅人到中国境内做生意，都是以物易物方式进行的，严禁用人民币或缅币进行货币交换。近几年来，随着国家在人民币流通管理办法方面政策的改革，缅人到中国境内做生意，很少有人背着或雇人背东西来，他们有的两手空空的，有的雇着背夫空手来，因为他们手中有人民币，而且数额还不小，有个别缅甸老板，一来就带上上千元甚至上万元的人民币。据调查，缅甸边民手中的人民币来源有二：一是福贡县马吉乡的个体商人常到缅甸拉打阁一带做生意，收购皮张、山货药材及当地土特产，辛夷花、黄连等，见什么收什么，这样缅人手中的资金十分充足。二是贡山老板带钱去拉打阁换东西，虽说人数不多，但带出去做生意的钱也不少。据说福贡县马吉至缅甸拉打阁只有三天路程，途中路况也相对好一些，这样往来也比较方便，不像咪谷通道，单边行程就有 5 天，而且要翻三座雪山，线路长，路况差，尽管 1984 年发动群众整修过一次境内的通道，但是距今已经 10 年过去，不少地段根本无法通行，给中缅边民的相互往来和经济交流，带来很大的不便（李道生，1995）。

7.5.2　边贸市场

从蜀身毒道的开辟及张骞出使西域时在大夏国（今阿富汗）所了解到的情况，至少在公元前 2 世纪，滇缅两地间已经有商业通道存在了。张骞在大夏国见到的蜀布和邛竹杖，就是沿着滇缅商业通道输往大夏的。又自东汉和帝时（公元 89 ～ 105 年）起至清末的近 2000 年中，缅甸与中国历代中央王朝及云南地方政权（如南诏、大理）间，也一直保持着经济贸易的联系（张寿孙，1993）。

近代以来，在帝国主义侵略背景下，中国或被动或主动地开埠通商口岸，国际贸易从传统贸易逐渐向口岸贸易转变，其中，云南省内口岸是云南及中国通向东南亚和南亚的门户，在中缅贸易交往中起到了重要作用。总体来看，中国在中缅边境沿线设置国家级边境口岸两个，即德宏的畹町、瑞丽，省级边境口岸 8 个，即怒江州的片马，保山地区的腾冲，德宏州的盈江、章凤，临沧地区的孟定、南伞，思茅地区的孟连，西双版纳州的打洛。此外，中缅边境沿线的潜在口岸与民间通道尚多，仅德宏州与缅甸邻接的 503.8 km 国境线上，就有设置口岸的 28 个渡口和 64 条通道（寸永宁等，1993）。

　　因怒族所居住的地方地形复杂，处于横断山脉中部地段，山高谷深，沟壑纵横，道路险阻，所以怒族没有直接与邻国构成大的通商口岸，整个怒江地区与缅甸的互相通往较为方便的是片马和独龙江区两处，其余通道在商业贸易方面受到一定的制约。怒族与邻国的商业交换是通过辗转贩运进行，边境贸易额小量少。与邻国相互交换的商品有贝母、黄连、厚朴、木耳、熊胆、麝香、皮货、土漆等药材土产品，食盐、茶叶、棉布、针线和一些日用商品（云南省民族事务委员会，2013）。其中，片马为省级口岸，是云南通往缅甸的重要门户之一（图 7.10）。

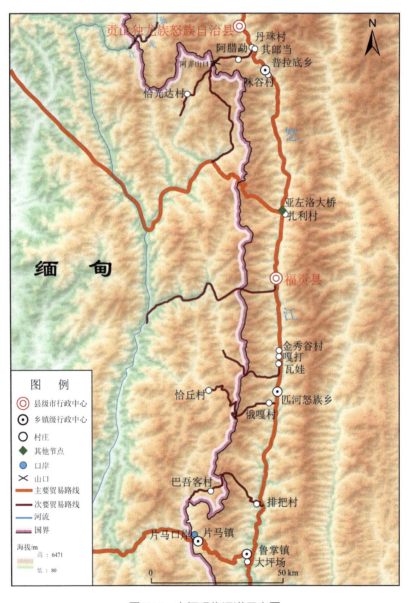

图 7.10　中缅现代通道示意图

　　片马很早就是中缅贸易往来的重要内陆口岸，是中、缅两国陆路往来的咽喉和捷径。片马口岸对应缅甸大田坝口岸。片马口岸位于泸水市片马镇人民政府所在地，处在高黎贡山自然保护区西坡腹地中缅边界北段 10 号至 25 号界碑之间，边界长 64 km，距泸水市县城 96 km，距缅甸北部城市密支那 224 km。口岸有三条公路通向国外，交通十分便利。该口岸是中缅边界北段 10 号至 47 号界碑 638 km 长边界线上唯一一座具备开发条件的内陆边境口岸，是怒江州 449 km 中缅边境线上 17 个主要通道中唯一通公路的省级开放口岸，成为中国滇藏两省区通往南亚的一个重要通道（杨德颖，1992）。

　　19 世纪末 20 世纪初，英国吞并缅甸后，先后派军队侵占中国领土片马，焚烧汉学堂，赶走教师，逐步进驻鱼洞、岗房等地区。登埂土司在片马的管事组织山寨头人和群众奋起反抗，由傈僳族、怒族、茶山人、独龙族等组成的 100 多人的蓑衣队，取得抗英胜利。1960 年，中缅签订边界条约，片马回归祖国。

　　早在明末清初（1648 年）片马就形成了边民互市，进行贸易活动的雏形。据史料记载，1820 ～ 1850 年，四川和保山腾冲的商人就在片马设立了商行进行商业活动，当地商人身背食盐到缅甸的密支那，换回邻国商品。同时还出现了从事织布、染布以及经营杂货的店铺。片片马附近的大田坝曾一度成为边贸市场，内地商品诸如腾冲棉布、大理茶、拉井盐、丽江米曲、鹤庆酒、四川土杂、广东成药，均成为畅销货，怒江沿岸的边民也将自产的生猪、羊子、花格子布等产品贩入片马互市。这些商品除在当地销去一部分外，大部分都由片马转销缅甸，还有的转口远销印度。缅商和边民输入片马市场的商品，多为缅甸北部（简称缅北）特产的珠宝、玉石、山货、药材以及怒江少数民族需要的棉毯、棉纱、锑制品等小百货。靠近缅甸的片马边民，还将其珍贵木材制成的杉木棺板大量投入边贸市场。这样日趋繁荣的片马边贸市场延续了很长一段历史时期，为增进两国边民友好往来和发展边境民族经济奠定了基础（李道生，2007）。据估计，1928 年从片马运到缅甸的生猪就达 4 万头，山羊 4000 只，黄牛 300 头，片马出产的杉木大板，也运往其他地区销售。那时形成的农贸市场，后来毁于战争（云南省民族事务委员，2013）。20 世纪初，英帝国主义武装侵占中国领土片马，边贸互市渐次萧条。第二次世界大战中，日寇铁蹄又践踏了片马地区和怒江西岸，片马地区的边境贸易才被迫中断。但是，尽管在那样极为困难的条件下，两国边民仍然通过各种途径，互相接触交往，少量以物易物的民间交易从未中断过。1961 年片马回归祖国以后，国家在片马设立了商业贸易机构，运入大量的工业品和日用百货，开展边境购销活动，满足了片马人民的需要，同时也吸引了缅境边民到片马市场，用他们的山货、药材、农副产品，向中方换取盐、布、酒、茶等日用百货，从而使片马的边境贸易又呈现重新恢复的好势头（李道生，2007）。

　　由于党和政府重视片马地区的建设和开发，1980 年修通了片马公路，1990 年将片马列为省级开放口岸，随即拨出大量资金投入口岸建设，修通了片马乡政府至古浪、岗房村公所的境内公路，境外与缅甸方面合作修筑片马至缅甸石灰卡连接密支那的片石公路，投资数百万元，新建 800 kW 的片马二级水电站、综合贸易大楼、停车场、宾馆、电话等交通、通信、能源和基础设施。从 1984 年起，片马口岸的商品交易不仅有小额商品，而且有电风扇、洗衣机、电视机等高中档次的商品经营。商业机构不断增加，个体、国营和联营在片马形成了体系。1987 年，泸水县乡镇企业管理局与广东南桥公司在这里联营，创建了第一家商号，随之"振沪商号""青山商号"相继在片马开办营业。据统计，1982～1988 年片马的边民入境互市已有 19825 起，88960 人次。1983年对外销售总值为 14.69 万元，收购总额为 11.59 万元。1990 年进出口总值达 450 万元，1991 年为 1094 万元，1992 年进出口贸易总值达 1457 万元，为 1988 年口岸开放前 60万元的 24 倍（云南省民族事务委员会，2013）。1992 年，片马乡政府确定每星期二为街期，每街期上市人数三四百人。片马抗英纪念馆、片马人民抗英胜利纪念碑建成以来，已接待游客上万人（杨德颖，1992）。

片马口岸 1991 年经云南省政府批准开放。口岸开放后，进出口商品由原来的日用百货等生活用品发展到电子产品、珠宝玉器、珍贵药材、木材等。1992 年片马乡改为片马镇，各级政府先后投入资金 15340 万元，进行交通、能源等口岸基础设施建设，建成片马 2×400 kW 水电站，完成了从六库至片马 35 kV 高压输电工程的建设。拓展改建了片古岗公路，初步形成了以片马为中心的公路网络，建成了日处理 1000 t 水的自来水厂，开通了 1300 门程控电话，完善了通信设施。边贸、税收、金融等管理机构和服务行业以及仓储运输、食宿等条件也日趋完善。片马开放后，与缅甸先后开通了下片马、片四河、岗房 3 个边贸进出口货物通道。片马口岸正逐渐成为集资源开发利用、产品加工和转口贸易为一体的多功能综合性口岸。随着对外口岸开放，边境商业贸易的发展，怒江州和泸水市二级政府成立了相应的片马口岸办公室和边贸管理办公室，加强对片马口岸的建设和边贸管理工作。片马边境商业贸易不断扩大，"片马商""民贸商号""边城商号""南亚商号""友谊商号""星星商号"等相继诞生在片马这块边境土地上。各种食店、旅社和商摊等服务性行业也在片马口岸兴起。这类商业经营者，有本地经营户，也有外省和境外的经营者，内商外商经营方式各异。如今，前来片马经营和考察的洽谈者日益增多，小小片马人来人往，呈现出一派繁荣的景象，展示了边境贸易的兴旺（云南省民族事务委员会，2013）。

7.6 小结

综上所述，中缅贸易历史悠久，最晚至汉时已经出现从四川经云南至缅甸的通道，即"蜀身毒道"。唐宋时期中缅间的贸易通道已不止一条，位于今云南保山市的诸葛亮城为中入缅通道的分叉点，另外，这一时期的通道不仅仅局限于贸易作用，还是两国佛教交流的重要路线。元朝时，中缅间的民间商业记载较少，主要为朝贡贸易，入缅通道至少有三条，均于缅甸江头城会合。明代时，中缅贸易通道分为陆、海两道，陆路贸易主要有两条，一条从孟拱出发，沿大金沙江往南，经孟养境内，过蛮莫、八莫后进入云南境内，将宝石循大盈江北上至腾越进行加工，再运至各地贩卖的中缅海上路线兴起，另一条则从孟密出发，渡过阿瓦河后到达木邦，过汉龙关后再达腾冲。

后期由于政策限制陆路贸易加上郑和下西洋的刺激，海上通道随之兴起，中国沿海城市与缅甸港口城市通过该通道进行贸易往来。清至民国时期中缅贸易往来以乾隆五十五年（公元 1790 年）为界，大致可分为清中期以前与晚清民国两个大的阶段。清中期以前又可分为两个阶段，前期滇缅陆路商道繁荣，华商经腾越、永昌沿小梁河、大盈江南下，过铁壁关进入缅甸境内，再沿江行至新街、老官屯、蛮莫一带进行交易，部分商人继续行至仰光一带，由缅入中的商人大多数需先行至腾越后再到各地进行商业交易；到了后期由于政治影响，陆路贸易削弱，从而刺激了海上贸易的发展。晚清民国，传统陆路贸易恢复并有所发展，商贾通过至少六条陆路通道继续滇缅间的贸易。

进入近代以后，由于帝国主义的侵略，缅甸沦为英国的殖民地，而中国社会也逐渐沦为半殖民地半封建社会，两国的贸易在很长一段时间内受到资本主义国家的控制，其实质是殖民经济贸易。这一时期以云南三关的开埠为界线，大致分为两个阶段。前一阶段又可分为缅输中以及中输缅两部分。缅输中货物以印度的棉纱为主，以仰光作为中转商埠，棉纱运至缅甸仰光后分为两路：一路经八莫、密支那或腊戍进入云南，另一路运至棠吉、景栋、思茅后，再驮运内地。中输缅的货物以川丝、石磺为主，从内地收购的特产经大理中转后再运入缅甸。随着云南思茅关、腾越关的相继开埠，滇缅贸易进入了一个新时期。经思茅关进入缅甸的贸易商路有三条，最后皆是到达缅甸阿瓦城。腾越由于自古就是滇缅商道中的重要点，腾越关开埠后，经此进出思茅关的商品更为丰富，包括刺绣、铁、盐、棉花等；滇缅商路也更为复杂，以腾八线（腾越至八莫）、腾曼线（腾越至曼德勒）以及腾密线（腾越至密支那）为主要路线。

中缅两国的贸易经历了一个漫长的发展，其间是随着两国政府间关系的变化而变化的。当双方陷入政治矛盾时，彼此间的民间贸易是受到限制或者直接被禁止的，严重影响到周边城市特别是通过贸易发展起来的城市以及依赖进出口商品城市的发展。中缅之间由于地理位置相近，又有天然的河流通道，故其拥有着历史悠久的经济贸易联系，而两国地理环境的差异使得两国的出产商品有着较大的互补性，导致两者的货物往来逐渐成为一种较强的彼此相互依赖的关系。例如，通过前文历史时期中缅贸易货物的简要介绍，可以发现总体上中国尤其是云南地区十分依赖从缅甸进口的棉花，缅甸境内棉花生产地的经济也因此得以快速发展，至乾隆时期由于中缅矛盾的激化，滇缅贸易几乎中断，导致云南地区的棉花价格大幅度上涨，而缅甸的棉花则无人问津。进入近代以后，中缅两国贸易的影响因素变多，不仅受到两国政府间关系的影响，还受到国际格局的约束。

历史时期中缅两国间的贸易关系绝大多数时间是和平友好，互利共赢的。历史的经验告诉我们，两国的贸易关系和则两利，通乃双赢，战则互损。

参考文献

奥岩 . 2001. 翡翠鉴赏 . 北京：地质出版社 .

陈孺性 . 1991. 江头城与牙嵩鉴 . 南洋问题研究 , (4): 103-108.

辞海编辑委员会 . 1982. 辞海•地理分册•历史地理 . 上海 : 上海辞书出版社 .

寸永宁 , 董海云 , 段晓辉 , 等 . 1993. 对缅边境贸易指南 . 芒市 : 德宏民族出版社 .

当代云南怒族简史编辑委员会 . 2014. 当代云南少数民族简史丛书 . 昆明 : 云南人民出版社 .

德宏傣族景颇族自治州概况修订本编写组 . 2008. 云南 : 德宏傣族景颇族自治州概况 . 北京 : 民族出
版社 .

段知力 . 2019. 试论清代中缅贸易关系及其特点 . 西南边疆民族研究 , (1): 1-7.

方国瑜 . 1987. 中国西南历史地理考释（下）. 北京 : 中华书局 .

冯立军 . 2005. 论明至清中叶滇缅贸易与管理 . 南洋问题研究 , (3): 80-89.

郭来喜 , 刀安钜 . 1993. 德宏州对外开放及口岸体系研究 . 北京 : 中国科学技术出版社 .

郭晓合 . 2002. 中国 - 东盟双边贸易次区域经济合作问题研究 . 北京 : 中国时代经济出版社 .

郭亚非 . 1996. 近代云南三关贸易地位分析 . 云南师范大学学报（哲学社会科学版）, (5): 59-63, 76.

哈威 G E. 1973. 缅甸史 . 姚梓良 , 译 . 北京 : 商务印书馆 .

贺圣达 . 1992. 缅甸史 . 北京 : 人民出版社 .

贺圣达 . 1992. 缅甸史 . 北京 : 人民出版社 .

江玉祥 . 1995. 古代西南丝绸之路研究 . 成都 : 四川大学出版社 .

蓝勇 . 1989. 四川古代交通道线史 . 重庆 : 西南师范大学出版社 .

蓝勇 . 1992. 南方丝绸之路 . 重庆 : 重庆大学出版社 .

李春波 . 2007. 科学理论与思想教育 . 昆明 : 云南民族出版社 .

李道生 . 1995. 怒江文史资料选辑 第 23 辑 . 芒市 : 德宏民族出版社 .

李道生 . 2007. 怒江调研 . 昆明 : 云南教育出版社 .

李德洙 , 杨聪 . 2015. 中国民族百科全书•13 白族、傈僳族、纳西族、怒族、独龙族 . 西安 : 世界图书
出版西安有限公司 .

李新铭 . 2017. 缅甸华人商会研究（20 世纪初至 60 年代初）. 厦门 : 厦门大学博士学位论文 .

林锡星 . 1997. 中缅边贸发展进程 . 东南亚研究 , (5): 39-45.

林锡星 . 2000. 中缅友好关系研究 . 广州 : 暨南大学出版社 .

鲁刚 . 2006. 中缅边境沿线地区的跨国人口流动 . 云南民族大学学报（哲学社会科学版）, (6): 5-10.

陆韧 . 1997. 云南对外交通史 . 昆明 : 云南民族出版社 .

陆耀新 , 卢品慕 . 2013. 中国 - 东盟商务简史 . 北京 : 中国商务出版社 .

马天泽 . 2002. 滇缅贸易延展西南丝绸之路 . 西部大开发 , (3): 10-14.

聂德宁 . 1998. 近现代中国与缅甸的贸易往来 . 南洋问题研究 , (4): 67-77.

牛汝辰 . 2016. 中国地名掌故词典 . 北京 : 中国社会出版社 .

《怒江傈僳族自治州文物志》编纂委员会 . 2007. 怒江傈僳族自治州文物志 . 昆明 : 云南大学出版社 .

秦和平 . 2012. 英殖民者对察隅等地的侵略及国民政府的应对——兼论军统巴安组在藏区的活动 . 中国
边疆民族研究 , (1): 177-193.

特尔福德 J H, 姜永兴 . 1989. 二十世纪初的缅甸景栋地区 . 东南亚研究 , (1): 89-94.

腾冲县政协文史资料委员会 . 1991. 腾冲文史资料选辑（第 3 辑）. 昆明 : 云南人民出版社 .

屠述濂. 1967. 腾越州志. 台北：成文出版社.

万湘澄. 1946. 云南对外贸易概观. 昆明：新云南丛书社.

王胜三. 2015. "一带一路" 百问百答. 北京：中国社会出版社.

王铁崖. 1957. 中外旧约章汇编 第 1 册 1689-1901. 北京：生活·读书·新知三联书店.

王芝. 2016. 海客日谈卷 3. 长沙：岳麓书院.

吴松弟. 2006. 中国百年经济拼图——港口城市及其腹地与中国现代化. 济南：山东画报出版社.

西双版纳傣族自治州概况编写组. 1986. 西双版纳傣族自治州概况. 昆明：云南民族出版社.

夏光南. 1948. 中印缅道交通史. 上海：中华书局.

向达. 1961. 郑和航海图. 北京：中华书局.

萧统选，李善注. 1936. 文选. 上海：商务印书馆.

杨德颖. 1992. 中国边境贸易概论. 北京：中国商业出版社.

杨万里. 1956. 中国青瓷史略. 上海：上海人民出版社.

杨毓才. 1989. 云南各民族经济发展史. 昆明：云南民族出版社.

姚贤镐. 1962. 中国近代对外贸易史资料. 北京：中华书局.

游明谦. 1995. 中缅边贸的历史、现状与未来. 郑州大学学报（哲学社会科学版），(2)：87-92.

云南省泸水县志编纂委员会. 1995. 泸水县志. 昆明：云南人民出版社.

云南省民族事务委员会. 2013. 怒族文化大观. 昆明：云南民族出版社.

云南省志编纂委员会办公室. 1986. 云南通志长编·下. 昆明：云南省地方志编纂委员会.

张保华. 1993. 市场经济的历史回顾（集思广益编）. 昆明：云南民族出版社.

张寿孙. 1993. 市场经济的历史回顾. 昆明：云南民族出版社.

张勇帅. 2017. 空间视角下的近代云南口岸贸易研究：1889-1937. 北京：中国社会科学出版社.

赵松乔. 1958. 缅甸地理. 北京：科学出版社.

赵桅. 2014. 明实录·清实录烟瘴史料辑编卷 117. 北京：中央民族大学出版社.

政协福贡县文史资料编辑室. 1994. 福贡县文史资料选辑 第五辑 霜耐冬回忆录专辑. 昆明：云南省新闻出版局.

中国社会科学院民族研究所. 1990. 俫人社会历史调查. 昆明：云南人民出版社.

朱惠荣. 1994. 中华人民共和国地名词典·云南省. 北京：商务印书馆.

赵维扬. 1989. 缅甸掸邦的经济社会状况. 东南亚，1: 53-57.

第 8 章

环喜马拉雅地区传统贸易通道的
变迁

　　位于南亚与东亚的西藏是中国西南边疆的重要门户。西藏的安定直接影响国家国土安全。在经济全球化、"一带一路"倡议、中国沿边开放背景下,边境地区的建设与发展成为国家治理发展边疆的重要战略目标。从 2010 年中央第五次西藏工作座谈会提出构筑西藏"两屏四地"的战略地位,到 2015 年第六次西藏工作座谈会明确提出"把西藏打造成为我国面向南亚开放的重要通道",明确和深化了西藏稳定与发展的基调。推动南亚大通道建设事关中国的国家利益,也是落实 2020 年第七次西藏工作座谈会中提出"必须统筹国内国际两个大局"的关键。环喜马拉雅地区边境贸易通道作为南亚大通道建设的重要组成部分,是西藏开拓南亚市场的前沿阵地和主要途径。在当前的形势下,调查和分析环喜马拉雅地区贸易通道的演变过程和分布特征,对优化边境地区的对外开放格局、促进南亚大通道建设、管控地缘风险具有重要现实意义。

　　历史时期喜马拉雅山脉南北麓地区交往密切、贸易频繁,罽宾道、勃律道、雪山道、蕃尼古道、噶伦堡—拉萨道、滇缅道、川藏茶马古道、滇藏茶马古道等传统贸易通道作为高原丝绸之路的重要组成部分,为中国边疆多边区域的经济生产、宗教文化等方面的长足发展,连接南北,沟通中西发挥了不同的重要作用。另外,贸易通道作为战略要道与交通路线,也是外国势力入侵中国的主要突破口。历史时期环喜马拉雅地区的贸易通道先后经历了萌芽、发展、形成、衰落与恢复期 5 个阶段(吴仕海等,2021)。在变迁过程中,其贸易对象、重心和物品也都在发生变化。元明以前,受生产条件、中原政权控制力等因素的制约,环喜马拉雅地区的贸易主要集中于近程贸易,远程贸易则受地缘接近因素影响,以西藏与南亚大陆的传统贸易形式为主。元明以来,西藏与南亚大陆为主的传统贸易形式逐渐被中原、西藏与南亚大陆三方共同参与的区域贸易所代替,贸易物品也从环喜马拉雅地区本土传统产品变为中原丝绸、茶叶等远距离贸易产品。不仅如此,在不同的区位、政治、经济等因素的驱动下,诸条通道的地位与作用亦不相同,其主体地位也从西部通道逐渐转向南部通道,近代以来贸易重心最终集中于中印、中尼通道与部分口岸与市场。本书从历史时期环喜马拉雅地区贸易通道的历史形成与变迁作为切入点,探索其通道地位变迁的过程及历史政治经济背景,为国家南亚通道建设提供相关依据。

8.1　历史时期环喜马拉雅地区贸易重心与物品的变化

　　历史时期环喜马拉雅地区形成了"一横多纵"的 21 条贸易通道,其自西向东依次为斯利那加至拉萨至康定通道、西部通道、中尼通道、噶伦堡至拉萨通道、中不通道和藏南通道(吴仕海等,2021)。历史时期环喜马拉雅地区传统贸易通道的形成与变迁过程悠久且复杂,历史时期环喜马拉雅地区传统贸易通道的历史变迁主要表现为不同阶段贸易重心与贸易物品的变化,而具体通道的走向与站点的变化却并不十分明显,其中原因与历史时期地缘环境的固定性与政治环境的变化紧密相关。总的来说,历史时期环喜马拉雅地区的贸易对象和重心存在一个从元明以前西藏与南亚大陆的传统贸易形式为主到元明以来中原、西藏与南亚大陆三方共同参与的区域贸易为主的过程。贸易物品的变化亦明显，其发展有一个从元明以前环喜马拉雅地区羊毛、盐、麝香等本土传统产品贸易种类增长为元明以来中原丝绸、茶叶等远距离贸易产品与本土产品共荣的过程。

8.1.1　元明以前以西藏与南亚大陆的本土产品贸易为主

藏族先民在高寒的气候环境下，经历了旧石器时代的采集经济到采集狩猎混合的生业模式，到新石器时代时则发展了采集渔猎经济为主，农耕游牧经济为辅的生业模式（石越，2018）。然而，以游牧为主的生业模式很难完全满足一个族群的发展。因此通过征服获取有限的资源与贸易成为相互交流的动力与出路。相关考古材料证明中印边境阿克赛钦地区、喀喇昆仑和昆仑山与新疆叶城一带的交通道线最迟在古老的象雄时期可能就已经凿通。基于生业模式和自然环境的差异而产生经济和物质交流交换的先决条件，藏东南中印东段门、珞地区亦有同外界的交往。但此时社会整体生产力发展水平很低，该地区的交流与贸易仅限于近程区域贸易，所交流的物资也仅为用于生存的生产工具与口粮。

至汉代，随着张骞对西域的了解和两汉王朝积极的西域扩张，通过于阗、皮山的商贸通道进入中原史书书写体系，从于阗、皮山西南至罽宾、天竺的丝绸之路南段支路为中原王朝带来了佛教文化和宝玉石等珍贵资源，实现了当时汉王朝对外交往的目的，也为了解西域提供了认知基础。罽宾是当时公认的中西贸易中转站，罽宾道也是中国和北印度之间最早的一条陆路，该道经 "西域南道翻越葱岭，过塔什库尔干（竭盘陀）至瓦罕谷地途中，越明铁盖达坂等处，可南下吉尔吉特（在今克什米尔），进而抵达罽宾、乌苌、犍陀罗等地，便进入北天竺"（石云涛，2007），此时还有不少沿雪山而行的 "中印雪山道"，这些雪山道主要经过塔什库尔干、明铁盖山口、喷赤河、巴尔克南或昆都士、兴都库什山、喀布尔、白沙瓦，最终到达旁遮普（印度）。这些通道作为丝路南道的重要支线逐渐开启丝绸、盐粮、麝香、玉石等商品的贸易。不仅如此，2017 年札达桑达隆果墓地的考古发现，亦表明从战国晚期到魏晋晚期（公元前 366 年～公元 668 年）的近千年间，以札达为中心的阿里地区与其西部的众多族群、南部的印度文明、东部的中原地区以及北部的新疆地区都有密切的交流与交往。[①] 此外，史料显示永平十二年，汉明帝为通蜀身毒道，在云南地区设立永昌郡。[②] 此后，永昌郡成为中原与外国通商的重要中枢城市，同时蜀身毒道亦基本成型，还有 "安南通天竺道"，此时的滇缅贸易通道是在高原人类活动扩张和部落之间的征伐下初步连通的。但需要注意的是，这些通道多绕藏西、藏东南边缘地带而行，不直接经过环喜马拉雅地区，对该地区的影响还很有限。中原史料鲜载此时环喜马拉雅地区的通道与交流情况，

---

① 《2020 年度全国十大考古新发现：西藏札达桑达隆果墓地》，《中国西藏》2021 年第 4 期，第 91-93 页。

② （南朝宋）范晔撰，（唐）李贤等注；《后汉书》卷八十六《南蛮西南夷列传》第七十六，北京：中华书局，1974 年，第 2849 页。

我们可以依据其封闭程度与地缘条件分析此时该地区沿河谷发展出一些通道，并开始部分中远程贸易，但贸易主体与对象主要还是南亚大陆地区。印度的红花，罽宾的金银、真珠、珊瑚、琥珀、琉璃、金缕罽绣、杂色绫涂布等亦通过这一时期开通的商道传入中国。同一时期，阿里地区开辟了食盐之路、麝香之路，向其东西两侧的地方输出食盐、麝香等特色物产。

公元 618 年，吐蕃开始控制西藏政权，在政治需求、佛教传播等因素的促进下，吐蕃时期形成连通环绕吐蕃的唐朝、门巴、印度、尼泊尔、波斯、拉达克、于阗、粟特以及勃律、苏毗等地的丝路网络与贸易市场，确定了八个山口作为对外贸易的重要市场（陈庆英和高淑芬，2003），并与周边互通有无，巩固统治基础，促进经济繁荣，吐蕃内外贸易网得到较快发展。一方面，门珞地区、中印西段等环喜马拉雅边远地区加强了与逻些城的沟通与交流，吐蕃内部贸易通道发展迅速。如阿里地区形成以日土为中心，北达叶城（碛南州），西北经列城（拉达克）到箇失蜜，东北至于阗，南下经噶尔，至札达，再东南经仲巴、日喀则到拉萨（逻些城）从而与中原内地交流的交通道线（西藏自治区交通厅和西藏社会科学研究院，2001）。另一方面，吐蕃对外交流仍旧以南亚大陆为主。此时开通的蕃尼古道是吐蕃沟通南亚大陆的重要通道，这条路线大致从拉萨出发，西行经今后藏地区至吉隆县，再南下至尼泊尔（霍巍，2000）。对此，田燕青发现"藏尼这两个毗邻的民族，在经济上自古以来就存在天然的互补性，尼泊尔地处内陆，为典型的农业国，故农产品资源较为丰富。而世代栖居在青藏高原上的藏族因地理环境限制'逐水草而居'，以经营畜牧业为主，故畜牧产品具有得天独厚的优势；藏尼间互通有无，和平往来，长期广泛地存在于民间"（田燕青，2015）。此外，在不丹王国的贡确松寺的吐蕃铜钟也证明了西藏地区与不丹的密切交往。在吐蕃统治西藏的几百年间，"盐粮交换"依然是这一时期主要的贸易特征，其中西藏主要进口南亚大陆的粮食、珠宝等商品，而湖盐、马匹、羊毛、麝香等产品则是销往南亚大陆与中亚，甚至欧洲的主要的出口物资。总体而言，这些贸易有效带动了西部勃律道、北部唐蕃古道、南部蕃尼古道、东部蜀身毒道等贸易通道的发展。

吐蕃后期至宋代，喜马拉雅山脉南麓尼泊尔等地亦有许多物品进入西藏地区。绛曲坚赞在萨迦寺学习期间，曾被赐予"泥婆罗关桃子（一种酸果名）的汁液"（大司徒•绛曲坚赞，2002）。南方的尼泊尔自古以来就是北部西藏民众出售羊毛的贸易市场，而北方的大牧场则出产畜牧产品。《米拉日巴传》记载："多吉森格经营商业，作大买卖时，冬天去南方的尼泊尔，夏天则到北方的大牧场；做小买卖时，只在芒域与贡塘之间活动"（桑杰坚赞，2000）。《青史》亦载："雅隆区的玛惹色波（黄胡子）去到印度东西方，也未求得如意的教法，遂同商人结伴而返西藏"（廓诺•迅鲁伯，1985）。宋代随着西藏与外界交流的频繁，在封建领主辖区、大寺院、交通要道、驿道附近逐步出现了一些民族市场，这些集市既是领主的政治中心，也是大的寺院所在和交通要道所经之地。到吐蕃后期青藏高原陷入分裂时期，西藏西部阿里的列朗、后藏的拉孜等地方也形成了贸易商市（东噶•洛桑赤列，1985）。这些市场上交易的货物多是农产品、畜产品，以及当地有一定特色的手工业产品。这些商品与普通民众生产、生活直接相关，就如同现代商业集散地所起到的对周围地区的辐射作用。与此同时，西藏对外掀起求法与传法的高潮，此时通往南亚大陆的贸易通道更为兴盛。当时青藏高原重新陷入了分裂割据的混乱局面，各方势力为了安定社会、发展自身实力，纷纷向南亚求法，由此掀起了南亚高僧来藏弘法、西藏高僧赴南亚求法的高潮，涌现出一大批仁钦桑布等优秀的翻译家，他们沿着西藏与南亚的交通线路，不仅为西藏与南亚的交往、交流作出了巨大贡献，同时也大力推动了藏传佛教自身的发展。因此，翻阅流传至今的藏文历史及宗教文献中，"来藏印僧"的名单和故事多次出现（扎西龙主，2014）。在吐蕃统治西藏的几百年间，"盐粮交换"依然是这一时期主要的贸易特征，其中西藏主要进口粮食、珠宝等商品，湖盐、马匹、羊毛、麝香等则是主要出口物资。

值得注意的是，自吐蕃以来，西藏与中原地区的交流不断加强，并日趋强势。藏东河谷区经康区通往四川及云南南诏的滇藏通道也是藏东南地区与中原交流的要道，茶马古道与蜀身毒道得到进一步的发展。其中，大理成为重要站点。此时环喜马拉雅地区的部分贸易通道出现变化与合并等现象，如西部勃律道作为主要行军路线几乎是前代"雪山道"和"罽宾道"的融合；藏东南的蜀身毒道基本继承汉代，但也出现了两条新开通的要道。但总体来看，中原与南亚、中亚和欧洲的交流还是多集中于北方丝绸之路。至公元869年，吐蕃全境爆发平民暴动，吐蕃政权随之崩溃。自此西藏地区政权不断更迭，但再也没有一个强大的政权能够控制整个西藏地区，西藏地区的贸易对象与重心都发生了重大变化。

8.1.2 元明以来中原、西藏与南亚大陆跨区域贸易的形成

元明以来，随着中原地区经济重心的东移南迁，中央政权对边疆地区控制能力大大增强，西藏土著对寺院经济的发展起到促进作用，西藏地区成为中原地区与南亚大陆贸易交流的中枢而开始发挥重要媒介作用。元时西藏正式纳入中国版图，中央王朝为通达边情，宣布号令，加强对西藏地区的治理。元代国家实行大一统，在乌思藏地区设立了十一处大驿站，驿传系统得以建立。自此，连接西藏、南亚地区与中原的商贸路线成为整个西藏交通体系的重要组成部分，也开启了藏印贸易向中印贸易过渡的历史进程。自此，罽宾、勃律道以及唐蕃古道等西部、北部通道的核心地位不断下降，川藏线、滇藏线的重要性开始凸显，在中印间经环喜马拉雅地区的贸易物品中，中原所产丝绸、茶叶等物品明显增多。这一时期整个西藏的寺院经商范围比较广泛，有"西藏的羊毛、药材等土特产，有内地的茶叶、布匹等生活用品"（拉巴平措等，2016）。

至明代，中央与西藏众多政教势力间保持了频繁而密切的政治、经济往来，在客观上促进了西藏手工业生产规模的扩大，交易货物商品也比以往更为多元。明代朝贡贸易与家族贸易兴起，西藏社会对于手工业产品的需求增加。在元代乌思藏各宗府建立发展的基础上，出现了一批人口集中、僧俗并居的城镇。由此，西藏与中原和南亚大陆之间互动频繁，特别是西藏作为中原地区的中介作用日益明显，北方丝绸之路的重要地位有所下降，海上丝绸之路、南方丝绸之路和经西藏的高原丝绸之路增强了中

原与南亚大陆的沟通。环喜马拉雅地区贸易活动中来自内地的如茶叶、丝绸等商品逐渐增加。明王朝也牢固地控制着西藏与周边地区的茶马贸易专利权。与此同时，西藏高原上定期的茶马贸易，在带动边境一些地区经济交流的同时，也带动了川藏线与滇藏线的重要贸易通道地位，从而为清代中国与南亚国家地区间贸易的进一步发展奠定了基础。但同时需要承认，明代西藏与南亚大陆的交流亦不少。此时西藏手工业生产所需原料除本地产品之外，也有一部分由境外传入。《西藏通史》记载明代西藏稀有或不产的玛瑙、琥珀、水晶、象牙、珊瑚、珍珠等原料，通过商业等各种途径从印度等地区传入（拉巴平措等，2016）。明代西藏手工业除毛纺织品生产之外，还有瓷器、木碗、纸张、香料、盔甲、腰刀、马鞍等产品的制作，以及金、银、铜、玉石、珊瑚等矿藏的开采和加工（拉巴平措等，2016）。尤其是西藏的瓷器，曾远销印度和尼泊尔。不仅如此，尼泊尔加德满都河谷的三个尼瓦尔土邦铸造的银币"章喀"在西藏的流行也说明西藏与喜马拉雅南麓国家之间贸易往来依旧频繁。

清代以来，国际局势一直在变化，环喜马拉雅地区的贸易通道及贸易物品受国际政治局势的影响愈发明显。清时的西藏地区依旧依赖与外邦的贸易补充自身物产的不足。《卫藏通志》记载："藏内一切食用物件，全赖外番"①。一方面，西藏与南亚大陆的贸易继续发展，西藏与南亚周边邻邦的历史交往中形成了数量繁多的边境通道，如聂拉木和济咙、绒辖、日土、噶尔宗、定结宗、措拉、卓木（亚东）、帕里、白马岗（今墨脱）、察隅等（谢延杰和洛桑群觉，1994）口岸与站点都是西藏通往印度、尼泊尔、锡金、不丹等地的重要交通和商贸通道。但另一方面，这些站点和商贸通道也在一定程度上起到了国际中转站的作用，促进中原地区、西藏与南亚大陆的联动发展。例如，新疆和田生产的丝、喀什和阿克苏地区的剪羊绒、白银和黄金常经西藏运销印度，同时中国内地和印度的一些商品也经环喜马拉雅地区的商贸通道相互流通。此时西藏输往南亚地区的商品有皮、羊毛、氆氇及畜肉等，输入的有檀香木、香料、红糖、布匹以及一些日用品等（狄方耀，2002）。

至清中后期,英国多次鼓动廓尔喀与东印度公司侵犯我国藏西与藏南诸地，随着"廓尔喀之役"、中国与英属印度战争的爆发，在战火危机和众多不平等条约之中，在需求与焦灼中，诸条贸易通道与川藏、滇藏线艰难地发展着，成为运送物资与坚守西南边疆安全的重要阵地，同时也成为西藏与南亚大陆沟通的重要桥梁。至于清末，由于随着英国对南亚地区的蚕食占领，特别是亚东的开埠致使环喜马拉雅地区的贸易通道与国际联系密切，大量如英国、英属印度以及中原地区的商品流入该地区。据《西藏亚东关档案选编》相关统计数据，1897～1907年，西藏出口产品以羊毛、皮、麝香等原料为大宗，进口棉布、绒布、五金、料珠、瓷器、钟表、珊瑚、茶、颜料、面粉、火柴、油漆、米、绸缎、糖、烟叶、雨伞等商品（中国第二历史档案馆和中国藏学研究中心，2000）。阿里、中原与印度三者贸易亦十分突出："（阿里）与中华、印度通商，贸易殊盛。商贾往来，道路维艰。山崩地裂，赖高桥绳索。攀援而过，技艺制造略精。所出不

___
① （清）松筠撰：《卫藏通志》卷一一《贸易》，拉萨：西藏人民出版社，1982年，第329页。

过珍珠、玉宝、毛货"①。慕维廉还指出，阿里地区"贸易多属妇人，而缝纫又多属男子。贸易之品，以藏茧、羊绒、氆氇、藏香、布等为大宗。然皆布席于地，不舍园阁也。藏香一项，尤与藏枣、珊瑚、蜡珠、木碗等，皆为入贡之物云"②。由此也可以看到，清后期，尽管印度控制了西藏，但西藏千百年来形成的贸易习俗和输出物品也有一定的固定性。

1959 年后噶伦堡和加尔各答等重要商务代理处随之撤销，多国间贸易通道随之关闭，通道陷入衰落阶段，主要表现为中印边界冲突，大量通道逐渐关闭。20 世纪 80 年代，中印关系解冻，政府双边休养生息，重视贸易，先后恢复强拉山口、什布奇山口的边境贸易，环喜马拉雅地区贸易通道，特别是中尼通道与重要口岸逐渐恢复活力并呈现勃勃生机，西藏继续发挥着其重要作用而作为中原与南亚大陆间交流的重要中介。到近代以来，边境中段地区贸易活动中出现的交易商品种类较以往有显著发展。

8.2 历史时期环喜马拉雅地区贸易通道的地位变化

贸易通道的地位变化反映了自然环境以及统治者战略侧重的变化。在不同的历史背景下，环喜马拉雅地区传统贸易通道的地位、具体作用与辐射影响均不相同。历史时期环喜马拉雅地区贸易通道先后经历了象雄部落联盟时期汉代丝路南道及其支线带动的西部通道的繁荣，到吐蕃统治下经克什米尔西部通道主体地位的延续，再到吐蕃崩溃后中央王朝统治下宋明清时期南部通道的崛起与近代以来中印中段、中尼通道与口岸外贸主导地位的突出到最后新中国成立以来中印、中尼贸易通道成为主要通道的一系列地位变化，其过程与统治阶层的意志与导向紧密相关。了解通道的地位变化与作用影响是我们从宏观上研究环喜马拉雅地区贸易通道的形成变迁以及驱动力，探索影响，总结历史经验教训的基础与关键。

8.2.1 象雄部落联盟时期西部丝路南道与支线的主体地位

汉晋时期的阿里作为西藏地区的政治、经济与文化中心，与西域新疆、中亚、南亚次大陆等地皆有密切联系，古象雄王国繁荣的玉石、食盐、丝绸、麝香、茶叶、白银贸易与本教文化在历史上对周边地区的经济文化发展产生了重要影响。相对而言，西部象雄部落联盟的历史记载较少，但张骞出使西域促进丝绸之路发展的史实作为汉代重要政治事件编入史册对中西政治层面往来具有开拓性意义。在汉武帝开疆拓土沟通西域的国家战略下，汉晋时期中印边界的阿克赛钦地区作为丝绸之路南道的重要中转站，又是连接象雄与藏中地区的中枢，经此地区的丝路南道为此时西藏与西亚、南亚的交流与贸易充当了媒介。

昆仑山北麓的丝路南道经阿克赛钦与罽宾道、中印雪山道、皮山道等重要支线越

---

① 〔英〕慕维廉（Muirhead, W.）撰：《地理全志（上）·西藏志》，刻本，第 12 页。
② （清）罗汝南撰：《中国近世舆地图说》卷二十三《青海西藏·民俗职业》，石印本，第 4 页。

葱岭，经塔什库尔干，出明铁盖山口，沿喜马拉雅山前往克什米尔、南亚等地，是汉晋时期经阿克赛钦地区十分重要的交通与贸易要道，此时罽宾道自祁连山南始，西出阳关，沿湟水至青海湖、柴达木盆地越葱岭（帕米尔），经阿里从克什米尔入印。该道形成时间最早，连通甚广，且距离最远，在佛教文化交流和丝绸南道的带动下，理所当然成为汉代官道（殷晴，2017）。但罽宾道常年雪山覆盖，艰险异常，当时的商人和使节更多选择路程虽远但较为平缓的雪山道进行来往。不仅如此，卡尔东大石遗迹（霍巍，2018）、甲木、札达县查踏墓地印有"王侯"字样的丝绸和"疑似茶叶"的食物残渣（西藏自治区文物保护研究所，2014）等考古资料显示早在丝绸之路开通之时或稍晚也已形成一条新疆通阿里高原的重要支线（霍川和霍巍，2017）。因该路与经新疆境内的丝绸之路的贯通时间大致相似，相关专家称之为"高原丝绸之路"（霍川和霍巍，2017）。这些以象雄与阿克赛钦为核心的高原丝绸之路的贸易往来是当时西藏地区贸易往来的主体。

与此同时，汉晋时期喜马拉雅山脉东部地区亦有远距离贸易痕迹，中缅朝贡贸易也已形成。张骞出使西域时在大夏国（今阿富汗北部）见到蜀布与邛竹杖，证明汉时成都一带的商品可经身毒到达大夏，但此时商品运输的路线不可考。石云涛依据《后汉书》卷八一《陈禅传》所载掸国使节"越流沙，逾悬度，万里来献"[1]，认为"蜀地物产是从西域来到中国中原地区的，而不是滇缅道"（石云涛，2007）。蓝勇则依据《史记正义·括地志》《史记·司马相如列传》等史籍考证了灵关道的集体路线，认为"南方丝路的滇缅段整个都十分畅通可能是在东汉永平年间永昌郡设置以后之事"（蓝勇，1992）。历史时期西南地区部落众多，毒瘴横行，该地区不可能进行大规模贸易活动，汉晋时期以象雄部落联盟为核心的阿里地区的贸易通道受中原政权政治经济因素影响而形成的主体地位是无可厚非的。

8.2.2 吐蕃统治下经克什米尔西部通道主体地位的延续

吐蕃时期西藏的政治中心开始东移。至松赞干布时期，确定了八个山口作为对外贸易的重要市场与周边互通有无。公元 8～9 世纪中叶，吐蕃与象雄、泥婆罗、唐等地进行联姻，开辟了从吐蕃至南亚的唐蕃、蕃尼等古道，也打通了拉萨至阿里地区、克什米尔拉达克地区至中亚和南亚地区的食盐之路和麝香之路。除此之外，随着佛教在吐蕃的迅速发展，藏传佛教开始向不丹、锡金、拉达克等喜马拉雅山脉南麓地区迅速传播，逐步开辟了与这些地区的贸易和朝圣通道。在政治需求、佛教传播等因素的促进下，吐蕃形成了通四方的丝路网络与贸易市场，但通道重心与主体依然在西部地区，"以经过克什米尔地区为主，同时也有经尼泊尔、印度再至西亚，或者先至中亚，再至西亚"（陈庆英等，2003）。吐蕃西出中亚的主要通道与前期的道路相似，大部分选择从西藏北上、西出，经阿克赛钦、喀喇昆仑山口、拉达克等重要站点与丝路南道各

---

① （南朝宋）范晔撰：《后汉书》卷八一《陈禅传》，中华书局，1965 年，第 1685 页。

支线汇合，越葱岭，经大雪山分多道前往中亚、南亚各地，成为高原丝绸之路的重要支线。勃律道东起河西四镇，西抵吐火罗，在阿里以西经过今克什米尔地区北部的大小勃律和阿富汗东北部的护密，在西出路线中占有重要地位。当时经阿克赛钦的吐蕃—于阗道是沟通连接各个通道的枢纽，也是开通最早、利用程度最高、与西部关系最为密切的路线。吐蕃在控制女国、勃律旧地后，打通了"食盐之路"（李涛，2017）。于阗和疏勒亦为吐蕃时期麝香贸易的重要通道与站点（阿里·玛扎海里，2006）。除此之外，此时还有从一条从吐蕃西南部出去的迦湿弥罗通道不仅可扼控吐蕃向勃律的进出，同时也是麝香贸易的主要通道之一，被称为"吐蕃王大道"（阿里·玛扎海里，2006）。总体上，阿里地区作为燃料、麝香、盐粮等重要物品的主要输出地，承载着象雄文明的交通、文化的深厚基础。在此基础上，西部通道还是吐蕃参与唐朝与大小勃律战争的重要交通战略要道，是三方政治势力碰撞与经济互利的主要载体，其作用与意义不言而喻。

与此同时，吐蕃时期西藏南部地区逐渐发展壮大，蕃尼古道、察隅至东天竺、蜀身毒道、迦湿弥罗道等通道日渐繁荣，总体上形成了以中印中段、中尼、中印东段边境地区为核心的天竺—泥婆罗—吐蕃—唐朝重要贸易纵线。其中以吉隆南下尼泊尔的蕃尼古道最为繁荣。早在唐朝初年，经过今西藏吉隆宗喀地区的中尼通道已开通。松赞干布时期赤尊公主进藏、唐朝使者王玄策出使天竺均走该著名的蕃尼古道。不一而论，蕃尼古道在当时所产生的作用是全方位的。它有力地推动了西藏地区与尼泊尔的政治、经济、宗教、文化、艺术和对外交往等方面的交流，吐蕃的药材、皮毛、奶酪、酥油、食盐，印度、尼泊尔的佛经、铜器、佛像、香料、木雕、宝石，以及中原地区的丝绸、瓷器、纸墨、布料等，都经此道流通交易。赤松德赞时期，印度佛教传入西藏的大师及其使者，如寂护、莲花生等往来途经蕃尼古道。吐蕃经日喀则在普兰分为两路，一路南下普兰通往南亚，一路北上日土，经拉达克、吉尔吉特西行，前往西亚各地（汪永平，2017）。出亚东至噶伦堡的孟加拉国国道、出聂拉木至尼泊尔的加德满都道为当时吐蕃与中印、中尼交往提供条件，在不丹王国贡确松寺发现的吐蕃铜钟也能体现不丹与吐蕃间的往来。此外，据陈崇凯研究，此时吐蕃与其外部的交流以东南路线的使用也很频繁（陈崇凯，2008）。东南路线上的察隅至东天竺的通道又称"蕃尼察隅古道"，是拉萨经察隅地区向东南转西进入尼泊尔前往印度东北地区的通道。唐代中缅蜀身毒道也是朝贡贸易、民间贸易与艺术文化交流的重要通道。大量如乐器、乐人、白象、丝织品、工艺品、珠宝等商品，舞蹈艺术经此道沟通了唐、缅甸、天竺的广大地区。总体上，南部通道的逐渐繁荣为后期通道核心地位的确立奠定了基础。

8.2.3　宋元明至清前中期中央王朝控制下南部贸易通道的核心地位

在宋元明至清前中期漫长的历史过程中，中原地区不断加强与南亚的交往，沙漠丝路中道趋于稳定，海上丝路日趋势大，整体贸易呈现稳步发展的局势。特别自元代始，王朝中央集权得到统一与加强，政府使用设置驿站、设立机构、集中贸易专利权等措施牢牢控制边疆集权，环喜马拉雅地区整体贸易通道的发展亦受中央王朝控制，南部通道的建设与发展得到统治者的大力支持，中印边境中段地区出现了部分民族特色市场，南部贸易通道的核心地位由此形成。总体上看，吐蕃分裂至1894年间，藏西地区以麝香、盐粮之路为代表的西部贸易通道虽有发展，但相较物产丰饶、商贾云集的南部通道，西部通道总体上失去了贸易通道的主体地位，中印中段、中尼、中印东段地区的贸易通道则在政府政策扶植下逐渐崛起。

吐蕃分裂后藏西列朗、后藏的拉孜等地方形成了部分贸易商市（东嘎·洛桑赤列，1985），但这些市场交易的货物多为农产品、畜产品以及当地有一定特色的手工业产品。虽然宋代之后朝廷在阿克赛钦地区设置了政治军事机构，但受海上丝绸之路的成熟、中亚中道的稳定、哥疾宁王朝与喀喇汗王朝的对峙战争、伊斯兰教的冲击等多种因素影响，中原王朝与民间地区对藏西地区贸易通道的关注度不断减少。整个元明时期，寺院经济成为这一时期西部战略要道主要的经济模式。寺院、高僧、封建农奴主、世俗贵主共同垄断了西藏的商业，不少寺庙在附近组织集市贸易，从中收取财货作为税利（拉巴平措等，2016）。至清代，藏西地区在清朝与准噶尔叶尔羌控制权争夺战、大小和卓之战和以达赖喇嘛为代表的格鲁派与拉达克地区的噶举派之间的政教之战中变得极不稳定，其中，喀喇昆仑山口道、叶尔羌、列城等重要山口的作用凸显，玉石贸易、羊绒贸易同样繁荣，奠定了近现代西部重要通道与口岸发展的基础，但总体上西部通道的使用率与重要性都有所下降。

相反，此时西藏南部地区的经济贸易有较大发展，中印中段、中尼、中不以及藏东南边境地区在与中原及南亚地区的频繁商业互通与佛教文化交流中形成了密集的交通贸易网络，南部通道的重要性大大加强。吐蕃分裂之后，各方势力为了发展自身实力，纷纷向南亚求法，由此掀起了南亚与西藏地区佛教高僧传法与弘法的高潮，涌现出一大批像仁钦桑布等优秀的翻译家，他们为西藏与南亚的交往、交流作出了巨大贡献。元代随着中央政府将西藏纳入有效管辖范围后，商路驿站制度也在西藏地区开始确立，连接西藏与南亚地区的商贸路线成为整个西藏交通体系的重要组成部分。驿传系统的建立与相对稳定的社会环境为西藏与内地及周边民族国家地区加强经济联系，进行朝贡贸易创造了积极条件，元朝政府在中尼边境设置了宣慰使司都元帅府等机构[1]，蕃尼古道由此成为元代中央政府治理西藏和通往尼泊尔的官道。此时西藏统治者还将藏南门、珞边民聚居区重要山口和交界地区的以物易物、小额自由交换形式改成有组织地开辟定点交易（扎西和普布次仁，2014）。例如，规定藏、门、珞等民族可以到阿萨姆集市、门隅南部的乌达古里和萨地亚集市、珞瑜的阿龙、潘金、巴昔卡、加斯特伦、东嘎耶果山口等集市为定点交易场所，在山南形成打隆、色、拉康、边巴边贸市场以及准巴、塔克新、三安曲林、加玉、斗玉、玉麦、扎日、库局、亚玛荣等边贸点；在

---

① 嘎托·次旺诺布：《贡塘王朝源流》（藏文本），载恰白·次旦平措编：《五部史册》，拉萨：藏文古籍出版社，1990年。

林芝形成许木、日东、派、纳玉、嘎加等贸易点。西藏对这些地区出售的物资以食盐、畜产品、活畜、毛织品、藏刀、藏式器皿、装饰品、毛织品等货物为主，输入的物资以南亚的稻谷、茜草、胡椒、兽皮、鹿角、竹器、木器、果糖、宗教器具等为主，元代西藏与南亚地区的交往进一步发展（扎西和普布次仁，2014）。

明代南部通道在宋元时期商贸发展的基础上，出现一批联通其他城镇贸易活动的枢纽城市，南亚国家的货币随着地区间的商贸交往开始传入西藏。明朝政府牢牢控制着西藏与周边地区的茶马贸易专利权，西藏南部边境地区朝贡贸易特色突出。《明史》记载了尼泊尔与明朝的多次往来朝贡历史[①]。双边朝贡的往来一直持续到 15 世纪末至 18 世纪末。史料记载此时南部贸易通道商品种类繁多，其覆盖与影响区域呈扩大趋势。明代日喀则所在的年楚河流域盛产牦牛尾、毡子、哔叽，并且擅长垫毯、绪边褥子、帽子、腰带、藏靴等手工业产品，以及瓷器、木碗、纸张、香料、盔甲、腰刀、马鞍等产品的制作，和金、银、铜、玉石、珊瑚等矿藏的开采和加工。入缅的主线则继承了元代阿郭道一线，中缅印边境之间的陆路交通线以宝石、棉花为大宗，贸易不断。明代中后期至清代前期，西藏南部与南亚地区的贸易联系更加紧密。喜马拉雅山南北的商旅每年可按照一定的季节自由往来，双方牧民选择冬夏放牧的草场时，可任意流运迁徙，宗教徒朝圣拜山的活动，也畅通无阻（谢延杰和洛桑群觉，1994）。西藏经由门隅、察隅同印度阿萨姆北境的居民进行定期交换，其中门隅一线的交易量，尤为可观。居于珞瑜南部的珞巴族不仅经常到阿萨姆边境市集进行交易，并且按照悠久的传统，对沿布拉马普特拉河岸雅鲁藏布江下游的部分村落，拥有征收实物的权利[②]。与此同时，随着边境贸易的不断发展，部分商人逐渐成为西藏地方与喜马拉雅南部诸国进行边境小额贸易的中介人，往返于西藏与喜马拉雅南部诸国进行商贸活动，一些边境地区的边民及商人在习惯的交易地点互设贸易，互通有无（扎西等，2014）。藏东南珞巴族的一些部落除了通过交易满足自我需求之外，也开始充当中介角色，实现了商品的跨区域贸易。过于密切的贸易往来让明朝产生了危机感，明朝政府甚至由此对其中民间贸易进行一定程度的限制以巩固政权，足见南下、东出的贸易通道的重要性。至清代前期，清政府与尼泊尔爆发多次廓尔喀战役。廓尔喀之役虽在一定时间内导致中尼贸易通道的中断，但其胜利与《钦定藏内善后章程二十九条》的颁布也使得西藏与南亚国家之间从以往无组织的自由商贸活动变得愈加有序与规范，同时也推动了清政府与锡金两国的经贸交流，乃堆拉山口等边境地区的商贸通道呈现出更加繁荣的态势。

---

① （清）张廷玉：《明史》卷三百三十一《列传第二百十九》，清乾隆武英殿刻本，第3626页。

② Mackenzie A: The North-East Frontier of India（《印度的东北边疆》），First Published in 1884, entitled "History of therelations of government with the hill tribes of the north-east frontier of Bengal". Reprinted in India 1995.Published and printed by K. M. Rai Mittal Publication, A-110, Mohan Garden, New Dehli, 110059（India）1981.

8.2.4 清中后期英国殖民控制下亚东口岸的外贸主导地位

南亚国家是清代西藏地方对外贸易的主要对象之一，清中后期，南亚大陆已完全沦为英国的殖民地，英国殖民者将亚东、樟木、普兰等南部重要口岸与相关通道作为侵略中国的跳板，由此爆发了严重的边疆危机。受国际环境影响，在殖民危机背景下清代后期中国与南亚地区贸易呈现诸多新的态势，中印中段噶伦堡至拉萨的通道与亚东口岸成为贸易交流的主要通道。清代国力衰弱，清政府被迫签订了一系列不平等条约，这些不平等条约不仅严重损害了中国内地与西藏地方的传统经济联系，加速了中国西南边疆的半殖民地化进程，还使西藏地方政府与清朝中央政府之间、西藏僧俗上层与清朝统治者之间的关系日趋恶化。在《中英会议藏印条约》《中英会议藏印续约》《拉萨条约》《中英修订藏印通商章程》等一系列不平等条约的签订下，清政府被迫开放亚东、江孜、噶大克等众多通商口岸。英国打通了噶伦堡至拉萨的通道，并在亚东至江孜建立了 11 个驿站，还取得了在亚东商务代理处派驻武装驻兵权、江孜商埠租地权、"治外法权"等一系列经济和政治特权，改变了西藏自古以来形成的以内地贸易为主的历史习惯，开启了英国殖民者掠夺西藏原材料，倾销商品的序幕。英国销售印茶入藏，百货未定税则，长期免税入藏并远销川滇省份。与此同时，清政府设立亚东口岸的海关税务司，在一定程度推动了中国近代陆上边境地区涉外贸易制度体系的建立、健全与发展。据统计，西藏与英属印度之间的贸易在亚东开埠后迅速增长，此时经亚东一线的贸易约占当时西藏进出口贸易总额的 80% 左右（中国社会科学院民族研究所和中国藏学研究中心社会经济所，2000）。亚东商路四通八达，成为国际性重要口岸。亚东通往不丹和锡金的道路各有 8 条，包括西藏地区与印度，西藏地区与美、法、日、澳大利亚、意大利和捷克等各国的外部通道，也包括亚东批发转运到帕里、江孜、日喀则、拉萨等地的内部通道。由此，亚东口岸成为西藏外贸的中心与枢纽。

与此同时，西藏地区其他口岸与通道也被迫打开。1914 年英国，试图控制和打通藏南地区的达旺战略要道、察隅战略要道和墨脱战略要道。亚东、普兰、吉隆、达旺等重要口岸，西部通道、南部中尼通道、噶伦堡至拉萨通道、中不通道、藏南通道全线成为我国西南边疆稳定至关重要的防线。但众多贸易口岸的开放未能启动近代西藏社会现代化进程。近代西藏社会在英国殖民主义者商品经济强有力的打击下，还维持着原有结构的固定形态和基本不变的适应方式（才项卓玛，2017）。

8.2.5 中华人民共和国成立以来中印、中尼贸易通道的主导地位

新中国成立以来，中印、中尼、中缅、中不各贸易协同发展，其中中印、中尼通道与口岸的战略意义与贸易比重最大，占外贸主导地位。新中国成立初期，中印同为第二次世界大战后取得民族独立和人民解放的国家，两国政治、经贸合作密切。1962年前，亚东口岸仍是中印两国主要的边境贸易市场。1954 年中国与印度签订了《中华人民共和国和印度共和国关于中国西藏地方和印度之间的通商和交通协定》，开放了

噶大克、普兰宗（塔格拉各特）、姜叶马加尔果、姜叶马查克拉、热姆惹、董不惹、波林三多、那不拉、尚格齐和扎锡岗 10 个边贸市场，什布奇山口、尼提山口、昆里宾里山口、达玛山口和里普列克山口（强拉山口）6 个山口，这些中印东、中、西段的通商口岸极大程度促进了中印贸易的发展。当时亚东口岸没有设立海关、出入货物不征税，进出人员也不检查，亚东成了一个自由港。大量的英、印商品涌入，不只日用品，还有许多奢侈品，高级手表、照相机、各种首饰、呢绒、高级香烟、糖果、酒类等货物远销青、甘、川、滇等地。1956 年签订的《中尼协定》亦使中尼贸易得到发展。

1959 年～1960 年，印度对中国西藏实施禁运政策，刁难和阻挡通过噶伦堡至拉萨通道前往锡金经营、驮运货物的西藏商人和骡帮，干扰中国驻印度的噶伦堡、加尔各答两地商务代理处的正常活动，并挑起边界争端。自此之后，中国驻印度噶伦堡和加尔各答商务代理处随之撤销。西藏边境贸易集中在中印边境的亚东口岸，经亚东的进出口贸易曾占西藏进出口贸易的 80% 左右（单曲，2006）。1962 年底，中印边界冲突爆发，中印、中锡、中不贸易通道全部关闭，中尼通道只剩下樟木和吉隆两条通道，中印边境贸易开始萎缩。此时西藏边境贸易主要集中于中尼通道与周边重要口岸集镇。

至 20 世纪 80 年代，中印关系解冻，中印两国于 1992 年和 1993 年先后恢复了强拉山口、什布奇山口的边境贸易；2006 年重新开放乃堆拉山口边境贸易；2015 年增开乃堆拉山口作为印度官方香客的朝圣新路线。亚东再次成为环喜马拉雅经济合作带沿线国家与中国海关进出口贸易总额最高的口岸。其他的边境小额贸易市场虽然有所恢复，但受中印边境关系影响，多数处于关闭状态。实地调查资料显示札达县楚鲁松杰乡、日土县都木契列近年来受中印关系影响逐步关闭；隆子县的加玉乡、准巴乡、斗玉乡和玉麦乡尚存有边境小额贸易往来[1]。此时中不边境的小额贸易有所恢复（单曲，2006）。当前中不之间的边贸市场主要集中在康马县涅如堆乡、错那市库局乡、亚东县帕里镇和堆纳乡、洛扎县色乡等地[2]。2017 年中国同环喜马拉雅经济合作带沿线国家海关货物进出口总额数据显示，2017 年中国与印度的进出口贸易总额为 8438762 万美元，与尼泊尔 98481 万美元，与不丹 642 万美元（王亮和黄德林，2019）。其中以海上贸易为多。与此同时，受区位与地缘条件的影响，环喜马拉雅地区的贸易格局逐渐向集镇聚集，中印、中尼通道逐渐形成主导性通道。边贸市场的发展初步形成了以口岸型为主、集镇型和村落牧场型边贸市场为辅的边贸体系，重要口岸与集镇成为此时环喜马拉雅地区重要贸易的载体与主体。目前，西藏边境边贸市场主要有 27 个，其中中尼边境 16 个，中尼印边境 1 个，中印边境 3 个，中不边境 6 个，中缅边境 1 个。总体

---

① 据团队 2018 年"第二次青藏高原综合科学考察座谈会议"会议资料与实地考察结论所得，参会人员：政府部门相关人员、阎建忠、彭婷、吴仕海等。会议地点：聂拉木县政府，会议时间：2018 年 9 月 28 日。

② 据团队 2018 年"第二次青藏高原综合科学考察座谈会议"会议资料与实地考察结论所得，参会人员：聂拉木县、康马县、浪卡子县、亚东政府部门相关人员、阎建忠、吴什海、余燕、程先、张茜茜等。会议地点：聂拉木县、浪卡子县、亚东县政府，会议时间：2020 年 8 月 28 日～9 月 3 日。

来看，口岸型边贸市场辐射范围广，而集镇型和村落牧场型效益差，辐射范围小；中印边境和中不边境贸易市场受中印关系、边境维稳等因素影响，呈现出萎缩态势；中尼边境贸易市场发展较快，但受边境维稳、交通可达性限制等因素影响，村落牧场型边贸市场发展缓慢。

8.3 历史经验与建议

环喜马拉雅地区的贸易通道作为国家边境地区的战略要道与交通路线一方面是区域发展的重要载体与支撑，另一方面也是外国势力打开西藏门户进而入侵中国的主要突破口，发展与危机并存。

历史时期环喜马拉雅地区的进出口贸易量在我国总体贸易总值中的比重并不高。自海上丝绸之路开通以来，中国与南亚的贸易交流主要通过海路进行。环喜马拉雅地区因自然气候、物产交通等条件的限制，虽与周边各国有一定的以盐粮、麝香、玉石等原材料为主体的交易，但总体上进出口总额比重低，该区域并未发展成为国家重点边贸核心重镇。相较于各大沿海口岸庞大的贸易总量与高额的边贸收入，环喜马拉雅地区贸易通道受地理地形、生产模式、周边国家的经济发展水平、国际大环境下国家的需求等多方原因影响，其进出口贸易总额占中国进出口贸易总和的比重是很少的。据资料，2022 年西藏对外贸易进出口总值为 46.01 亿元，对"一带一路"共建国家进出口总值为 23.79 亿元（狄方耀等，2023）。而据国家统计局资料，2022 年中国货物进出口总额达 420678 亿元，对"一带一路"共建国家进出口总额达 138339 亿元。由此，环喜马拉雅地区贸易通道对于南亚各国，特别是不丹、尼泊尔等内陆国家的贸易价值较大，但对于我国的政治战略意义与价值远高于贸易价值。改革开放以来，东南沿海海上运输通道，东北、内蒙古、云南等地区陆路对外贸易通道迅速发展，成为国家进出口贸易的主要集结区，绝大多数商品经此通向世界各地。在此情况下，环喜马拉雅地区的海关贸易并非处于国家外贸发展的核心区域。但作为边疆重要战略要道，环喜马拉雅地区的贸易通道又同新疆、云南等地区的交通要道一同成为国家边疆国土安全的第一道防线，其边防战略意义十分重大。在中印边界冲突日益严重的当下，战略互信与边界争端矛盾日益凸显。我国需结合西藏边贸的实际发展情况与传统贸易战略要道的军事战略作用，贯彻以内部通道的现代化建设和外部通道的管控的指导方针，采取合理方式推行区域发展战略。对此，我们提出以下基于历史经验的建议。

第一，加大内部通道建设力度，加快环喜马拉雅地区贸易模式的现代化进程，同时加强边境集镇口岸与拉萨、川、滇等地区的贸易联系。在实地科考过程中，我们发现环喜马拉雅地区传统的盐粮、农副产品等必需品正逐渐被周边各国生产的现代化日用商品所替代，传统的盐粮交换逐渐转向轻工业产品的贸易；交通运输方式正由人背马驮向汽车等现代交通运输转变；道路类型也由传统的骡马道向公路或铁路转变，但其总体转变进程与速度都很慢。与此同时，贸易产品、运输方式和道路类型的转变，将对传统边境贸易市场建设带来新的要求。基于传统贸易通道与贸易模式的保守性，国家需要在充分考虑西藏地区民众信仰、交易习惯等特殊因素的基础上，加强对国内传统贸易模式多视角的调查和研究，合理调整传统贸易模式，致力于加快建设新型现代化西藏贸易进程。除此之外，国家需要加大对拉萨的经济支援力度，充分发挥省会城市对边境地区的经济辐射作用。

第二，管控环喜马拉雅地区外部贸易通道与口岸，重视贸易通道的战略防御作用。从古象雄的兴衰到吐蕃的繁盛与分裂，再到近代以来西方传教士及英国殖民者对喜马拉雅地区传统贸易通道的探索和把控，历史战争背景下环喜马拉雅地区贸易通道的军事职能十分突出，重要通道与口岸的控制与占领是政权争夺的关键所在，其中亚东、吉隆、樟木、普兰等重要口岸成为侵略者倾销商品从而打开中国西南边疆门户的重要突破口。近代以来印度的前进政策和蚕食策略并未停止，沿主要传统通道步步为营，不断蚕食边界领土。统治者也意识到这个问题，清政府时期为防范准噶尔、廓尔喀等外族异邦侵扰，在西藏境内设置了若干条以台站和驿路紧密衔接的军事纽带，主要作为地方军机传报和国防运输的机构。这些道路系统在发展过程中逐渐形成了以拉萨、日喀则、昌都为中心的交通枢纽，并以此为中心，发展为四通八达的交通要道。近年来中印边境发生多次摩擦，2017 年 6 月 18 日的洞朗对峙事件，2019 年 9 月 13 日的班公湖对峙事件以及 2019 年 10 月 31 日印度政府强行成立"查谟和克什米尔直辖区"和"拉达克中央直辖区"的事件都严重威胁着边境的稳定与国土安全。就此情形，对部分环喜马拉雅贸易通道的外部延伸段进行适当管控，加强喜马拉雅山脉的天然屏障作用是特殊环境下应对印度侵扰与蚕食的必要措施。

第三，加大对环喜马拉雅地区友好邻国的经济帮扶力度，增强中尼、中巴等环喜马拉雅地区友好国家的睦邻友好关系，促进环喜马拉雅地区经济合作带与南亚大通道的构建。中尼通道是中国沟通南亚的主要通道。据聂拉木口岸管委会统计，2008 ～ 2014 年，樟木口岸的中尼边境贸易总额整体由 2008 年的 18.64 亿元增加至 2014 年的 143.24 亿元，年平均增长率为 111.4%。但受 2015 年尼泊尔"4·25"地震影响，口岸贸易急剧下降，致使樟木口岸一度关停。2019 年 5 月 29 日，樟木口岸恢复货运功能，但进出口货物总额仅有 3.0 亿元，较 2014 年减少了 97.0%，占环喜马拉雅地区贸易总额的比重较小。国家需重视中尼陆路贸易通道与口岸的建设，提升普兰、聂拉木等口岸的贸易核心地位，充分环喜马拉雅地区连接南亚腹地的桥头堡优势，促使中尼通道与口岸成为中国与尼泊尔乃至印度经贸合作的突破口，为国家整合东亚和南亚两大市场，构建"一带一路"原则下共商、共享、共建的，开放、包容、均衡、普惠的环喜马拉雅经济合作带与南亚大通道建设奠定基础。

第四，重视国内入藏通道的作用，提高川藏线、青藏线、滇藏线及新疆入藏路线等重要交通要道与西藏的互动与防卫工作，构建公路、铁路、航空、管道等多种运输方式并存的骨架网络，建立现代化高效物流运输体系。这也是政府军方及时守卫国土安全，危急时刻补给军需的重要保障。诸上入藏通道对历史时期西藏安全都产生过重大影响，特别是川藏交通线和藏南入藏交通线对西藏的安全最为重要。几乎每次安全危机中的各种军事行动都是通过这些入藏路线实现的，这些通道是清代以来外部势力图谋、影响西藏的重要途径，同时也是内地与西藏联动的命脉与唯一渠道。国家在建设通道的同时必须重视和加强国内入藏通道的安全防卫措施，需加强练兵、设卡、驻防与巡视。

参考文献

阿里·玛扎海里.2006.丝绸之路：中国—波斯文化交流史.耿昇，译.乌鲁木齐：新疆人民出版社.

才项卓玛.2017.口岸贸易与近代西藏社会：以 1894-1913 年亚东关为中心.拉萨：西藏大学硕士学位论文.

陈崇凯.2008.西藏地方经济史.兰州：甘肃人民出版社.

陈庆英，高淑芬.2003.中国边疆通史论丛：西藏通史.郑州：中州古籍出版社.

大司徒·绛曲坚赞.2002.朗氏家族史.赞拉·阿旺，余万治，陈庆英，译.拉萨：西藏人民出版社.

狄方耀.2002.西藏经济学导论.拉萨：西藏人民出版社.

狄方耀，高维民，王景景，等.2023.西藏扎实推进"一带一路"建设成就非凡.新西部，(8)：55-59.

东噶·洛桑赤列.1985.论西藏政教合一制度.陈庆英，译.北京：民族出版社.

霍川，霍巍.2017.汉晋时期藏西"高原丝绸之路"的开通及其历史意义.西藏大学学报（社会科学版），(1)：52-57.

霍巍.2000.王玄策和蕃尼古道.中国西藏，(2)：37-39.

廓诺·迅鲁伯.1985.青史.郭和卿，译.拉萨：西藏人民出版社.

拉巴平措.2008.西藏西部的文化历史：汉、英.北京：中国藏学出版社.

拉平巴错，陈庆英.2016.西藏通史·明代卷.北京：中国藏学出版社.

蓝勇.1992.南方丝绸之路.重庆：重庆大学出版社.

李涛.2017.曾与"丝绸之路"齐名的食盐之路.中国盐业，(18)：64-67.

桑杰坚赞.2000.米拉日巴传.刘立千，译.北京：民族出版社.

单曲.2006.对中尼边境贸易现状的思考.金融参考，(10)：72-74.

石越.2018.象雄至吐蕃经济史研究.北京：中央民族大学博士学位论文.

石云涛.2007.三到六世纪丝绸之路的变迁.北京：文化艺术出版社.

田燕青.2015.蕃尼古道探析.商，(48).

仝涛，李林辉，黄珊.2014.西藏阿里地区噶尔县故如甲木墓地 2012 年发掘报告.考古学报，(4)：563-587.

汪永平.2017.阿里传统建筑与村落.南京：东南大学出版社.

王亮，黄德林.2019."一带一路"视域下环喜马拉雅经济合作带贸易自由化问题研究：基于 GTAP 模型的分析.学术探索，(6)：53-60.

吴仕海，阎建忠，张镜锂，等.2021.喜马拉雅地区传统贸易通道演变过程及动力机制.地理学报.(9)：2157-2173.

西藏自治区交通厅，西藏社会科学研究院.2001.西藏古近代交通史.北京：人民交通出版社.

谢延杰，洛桑群觉.1994.关于西藏边境贸易情况的历史追朔.西藏大学学报（社会科学版），(3)：48-51.

玄奘，辩机.2000.大唐西域记.北京：中华书局出版社.

杨力源 . 2020. 历史唯物主义视野下的西藏民主改革 . 上海市社会主义学院学报 , (4): 53-57.

殷晴 . 2017. 6 世纪前中印陆路交通与经贸往来 : 古代于阗的转口贸易与市场经济 . 中国经济史研究 , (3): 82-95.

扎西 , 刘玉 . 2014. 西藏边境人口较少民族分布区传统贸易及其特点分析 . 西部发展研究 , (1): 15-22.

扎西 , 普布次仁 . 2014. 西藏边境贸易的历史演进与现实情况分析 . 西藏大学学报 (社会科学版), (4): 1-7.

扎西龙主 . 2014. "来藏印僧" 及其入藏进程分期与特点 . 宗教学研究 , (1): 92-96.

中国第二历史档案馆 , 中国藏学研究中心 . 2000. 西藏亚东关档案选编 . 北京 : 中国藏学出版社 .

中国社会科学院考古研究所 , 西藏自治区文物保护研究所 , 阿里地区文物局 , 等 . 2015. 西藏阿里地区故如甲木墓地和曲踏墓地 . 考古 , (7): 29-50.

中国社会科学院民族研究所 , 中国藏学研究中心社会经济所 . 2000. 西藏的商业与手工业调查研究 . 北京 : 中国藏学出版社 .